dtv

D1931887

ELIZABETH JANE HOWARD

Die Jahre der Leichtigkeit

Die Chronik der Familie Cazalet

~ Band 1 ~

Roman

Aus dem Englischen übersetzt
und mit Anmerkungen versehen
von Ursula Wulfekamp

dtv

Die Übersetzerin dankt dem Deutschen Übersetzerfonds
für die Förderung ihrer Arbeit.

Ausführliche Informationen über
unsere Autoren und Bücher
www.dtv.de

MIX
Papier aus verantwortungsvollen Quellen
FSC® C083411

Neuübersetzung 2018
3. Auflage 2018
dtv Verlagsgesellschaft mbH & Co. KG, München
© Elizabeth Howard 1990
Die Originalausgabe erschien erstmals 1990 unter dem Titel
›The Light Years‹ bei Macmillan, London.
© der deutschsprachigen Ausgabe:
dtv Verlagsgesellschaft mbH & Co. KG, München
Auf Deutsch erschien der Roman erstmals 1994 unter dem Titel
›Sommerjahre‹ bei Blanvalet, München.
Die auf S. 556 zitierten Verse aus dem Gedicht »Dover Beach«
von Matthew Arnold wurden von Walter A. Aue ins Deutsche übertragen.
Bisher konnte der Rechteinhaber nicht ermittelt werden.
Der Verlag wird rechtmäßige Ansprüche jederzeit abgelten.
Umschlaggestaltung: dtv unter Verwendung einer Illustration von Garry Walton,
vertreten durch Meiklejohn.co.uk
Gesetzt aus der ITC Cheltenham
Satz: Greiner & Reichel, Köln
Druck und Bindung: CPI books GmbH, Leck
Gedruckt auf säurefreiem, chlorfrei gebleichtem Papier
Printed in Germany · ISBN 978-3-423-14682-1

Für Jenner Roth

INHALTSÜBERSICHT

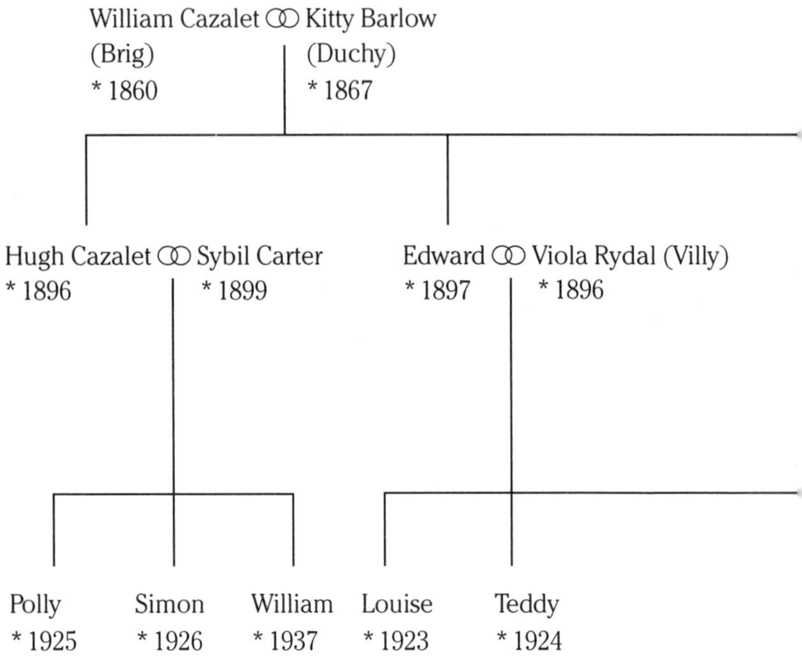
William Cazalet ⚭ Kitty Barlow
(Brig)
* 1860
(Duchy)
* 1867
Hugh Cazalet ⚭ Sybil Carter
* 1896
* 1899
Edward ⚭ Viola Rydal (Villy)
* 1897
* 1896
Polly
* 1925
Simon
* 1926
William
* 1937
Louise
* 1923
Teddy
* 1924

STAMMBAUM DER FAMILIE CAZALET

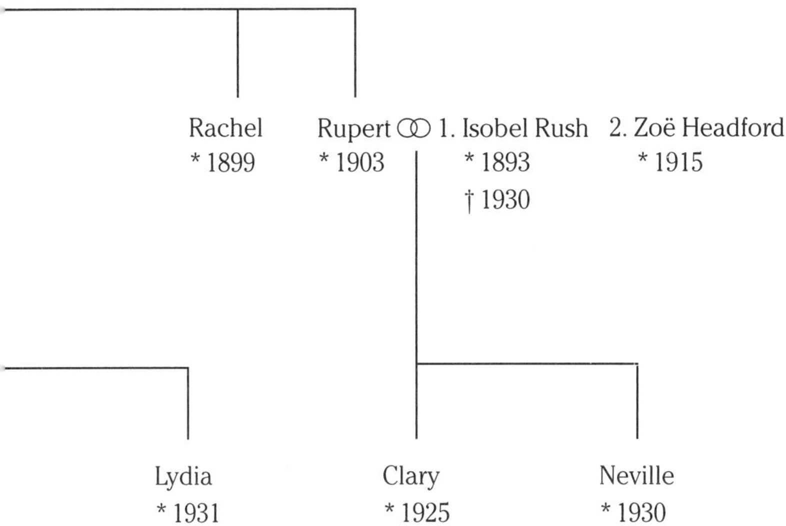

DIE FAMILIE CAZALET UND IHR PERSONAL

William Cazalet, genannt Brig
Kitty Barlow, genannt Duchy (seine Frau)
Rachel, ihre ledige Tochter

Hugh Cazalet, der älteste Sohn
Sybil Carter (seine Frau)
Polly
Simon
William, genannt Wills

Edward Cazalet, der zweite Sohn
Viola Rydal, genannt Villy (seine Frau)
Louise
Teddy
Lydia

Rupert Cazalet, der jüngste Sohn
Zoë Headford (seine zweite Frau)
Isobel (seine erste Frau, starb bei Nevilles Geburt)
Clarissa, genannt Clary
Neville

Jessica Castle (Villys Schwester)
Raymond (ihr Mann)
Angela
Christopher
Nora
Judy

Mrs. Cripps (Köchin)
Eileen (Hausmädchen)
Peggy und Bertha (Dienstmädchen)
Dottie (Küchenmädchen)
Tonbridge (Chauffeur)
McAlpine (Gärtner)
Wren (Pferdeknecht)
Billy (Gärtnerjunge)

Nanny (Kindermädchen)
Inge (deutsches Dienstmädchen)

Emily (Köchin)
Phyllis (Hausmädchen)
Edna (Dienstmädchen)
Nanny (Kindermädchen)
Edie (Haushaltshilfe in Sussex)

Ellen (Kindermädchen)

ERSTER TEIL

LANSDOWNE ROAD

1937

Für Phyllis begann der Tag um fünf vor sieben, als der Wecker (den ihre Mutter ihr geschenkt hatte, bevor sie ihre erste Stellung antrat) läutete und schepperte und rasselte, bis sie ihn zum Verstummen brachte. Im zweiten quietschenden Metallbett wälzte sich Edna mit einem Stöhnen zur Wand. Selbst im Sommer kam sie nicht aus den Federn, und im Winter musste Phyllis ihr manchmal sogar die Decke wegreißen. Sie setzte sich auf, zog die Klemmen aus dem Haarnetz und entfernte vorsichtig die Lockenwickler: Heute war ihr freier Nachmittag, und sie hatte sich die Haare gewaschen. Sie stand auf, hob das Überbett vom Boden, das nachts hinuntergefallen war, und öffnete die Vorhänge. Sonnenlicht verlieh dem Zimmer einen frischen Anstrich, das Linoleum verwandelte sich in Karamell, die angeschlagenen Stellen am weißen Email-Waschkrug färbten sich schieferblau. Sie knöpfte ihr Flanellnachthemd auf und wusch sich, so wie ihre Mutter es ihr beigebracht hatte: Gesicht, Hände und, mit einem ins kalte Wasser getauchten Waschlappen, vorsichtig unter den Achseln. »Jetzt mach schon«, sagte sie zu Edna. Sie schüttete das Schmutzwasser in den Eimer und zog sich an. Zuerst die Unterwäsche, dann streifte sie das Nachthemd über den Kopf und schlüpfte in das dunkelgrüne baumwollene Tageskleid. Sie stülpte die Haube über ihre unausgebürsteten Korkenzieherlocken und band die Schürze um. Edna, die morgens nur eine Katzenwäsche machte, zog sich noch halb im Bett an – eine Angewohnheit, die sie vom Winter beibehalten hatte (das Zimmer konnte nicht geheizt werden, und das Fenster blieb sowieso immer geschlossen). Um zehn nach sieben waren sie beide bereit, durch das schlafende Haus leise nach unten zu gehen. Im ersten Stock öffnete Phyllis die Tür zu einem der Schlafzimmer und trat hinein. Sobald sie die Vorhänge aufzog, hörte sie den Wellensittich ungeduldig im Käfig herumhüpfen.

»Miss Louise! Es ist Viertel nach sieben.«

»Aber Phyllis!«

»Sie haben mir gesagt, dass ich Sie wecken soll.«

»Ist es schön draußen?«

»Strahlender Sonnenschein.«

»Nehmen Sie Ferdie das Tuch ab.«

»Wenn ich's nicht mache, stehen Sie schneller auf.«

In der Küche (im Souterrain) hatte Edna schon den Kessel aufgesetzt und richtete auf dem sauber geschrubbten Tisch die Tassen her. Zwei Kannen Tee mussten gebrüht werden: die dunkelbraune mit den Streifen für die Dienstboten, von der Edna jeden Morgen Emily, der Köchin, eine Tasse brachte, sowie die weiße Minton für oben, die Edna mitsamt den passenden Tassen und Untertassen, dem Milchkännchen und der Zuckerdose bereits aufs Tablett gestellt hatte. Der Morgentee für Mr. und Mrs. Cazalet war Phyllis' Aufgabe. Danach würde sie im Salon, den Edna dann gerade lüftete und putzte, die ganzen Kaffeetassen und Gläser einsammeln. Doch vorher gab es für sie beide eine erste brühheiße Tasse starken indischen Tee. Für oben war es chinesischer, von dem Emily behauptete, sie könne den Geruch nicht ausstehen, vom Geschmack ganz zu schweigen. Sie tranken ihn im Stehen, noch bevor sich der Zucker richtig aufgelöst hatte.

»Was macht dein Pickel?«

Vorsichtig fasste sich Phyllis an die Nase.

»Ich glaube, er ist ein bisschen kleiner geworden. Gut, dass ich ihn nicht ausgedrückt habe.«

»Hab ich dir doch gesagt.« Edna, die nie Pickel hatte, war die Expertin dafür. Die widersprüchlichen Ratschläge, die sie freigebig und ungefragt verteilte, fand Phyllis dennoch tröstlich, in ihren Augen bewiesen sie Anteilnahme.

»Na, da können wir uns jetzt auch nichts von kaufen.«

Das konnten sie sowieso von nichts, dachte Edna trübsinnig,

und auch wenn Phyllis Hautprobleme hatte, war sie ein Glückspilz. Edna fand Mr. Cazalet wirklich liebenswert, aber im Gegensatz zu Phyllis durfte sie ihn nie im Pyjama sehen.

Kaum hatte Phyllis die Tür geschlossen, sprang Louise aus dem Bett und nahm das Tuch vom Vogelkäfig. Der Wellensittich tat entsetzt und hopste umher, aber sie wusste, dass er sich freute. Ihr Zimmer ging zum Garten hinaus und hatte etwas Morgensonne, die ihm ihrer Ansicht nach gut bekam. Sein Käfig stand vor dem Fenster auf dem Tisch, daneben gleich das Goldfischglas. Das kleine Zimmer quoll über vor ihren Besitztümern: die Theaterprogramme, die Kokarden und die zwei sehr kleinen Pokale, die sie bei Gymkhanas gewonnen hatte, die Fotoalben, das Buchsbaumkästchen mit den flachen Schubladen, in denen sie ihre Muschelsammlung aufbewahrte, die Porzellan-Tierfigürchen auf dem Kaminsims, das Strickzeug auf der Kommode neben ihrem heiß geliebten Tangee-Lippenstift – der knallig orange aussah, aber die Lippen rosa färbte –, der Pond's Cold Cream und einer Dose Talkumpuder Californian Poppy, ihr bester Tennisschläger und, das Wichtigste, ihre Bücher: alles von *Pu der Bär* bis hin zu ihren neuesten und kostbarsten Errungenschaften, den zwei Bänden der Phaidon Press mit Reproduktionen von Holbein und van Gogh, momentan ihre Lieblingsmaler. Außerdem standen in dem Zimmer noch eine Kommode voll Kleider, die sie so gut wie nie trug, und – das Geschenk ihres Vaters zu ihrem letzten Geburtstag – ein Schreibtisch aus englischer Eiche, gezimmert aus einem Baum, dessen Maserung sich als außergewöhnlich herausgestellt hatte. Darin bewahrte sie ihre wertvollsten Schätze auf: eine Fotografie von John Gielgud, und zwar signiert, ihren Schmuck, ein sehr dünnes Bündel mit Briefen, die ihr Bruder Teddy ihr aus dem Internat geschickt hatte (darin erzählte er ihr zwar nur vom Sport und riss dumme Witze, aber es waren ihre einzigen Briefe von einem Jungen), und ihre Siegelwachs-Sammlung – vermutlich die größte in ganz England, dachte sie oft. Außerdem gab es noch eine große alte Truhe mit lauter Kleidern zum Kostümieren – die abgelegte Abendgarderobe ihrer Mutter, zylindrische Perlen, Chiffon und Satin, Jacken aus Prägesamt, hauchdünne, entfernt orientalisch anmutende Schals und Stolen aus einer früheren Zeit, angeschmuddelte Federboas, eine handbestickte chinesische Robe, die irgendjemand aus der Verwandtschaft von seinen Reisen mitgebracht hatte, und Hosen und Tuniken aus Baumwollsatin, eigens genäht für Familienaufführungen. Beim Öffnen der Truhe stieg einem ein ganz besonderer Duft in die Nase, eine Mischung aus altem Parfüm, Mottenkugeln und Aufregung. Aufregung war ein leicht metallischer Geruch, vermutlich von den vielen angelaufenen Gold- und Silberfäden, die einige Kleidungsstücke durchzogen. Sich zu kostümieren und Theater zu spielen, das tat man im Winter. Jetzt aber war es Juli, und die endlosen, wunderbaren Sommerferien hatten fast schon begonnen. Sie zog eine Leinentunika und eine Aertex-Bluse an – tiefrot, ihre Lieblingsbluse – und verließ das Haus, um Derry auszuführen.

Derry war nicht ihr Hund. Sie durfte keinen haben, und um ihren Unmut darüber nicht einschlafen zu lassen, ging sie jeden Morgen mit dem sehr betagten Bullterrier der Nachbarn um den Block. Ein weiterer Grund, ihn auszuführen, war das Haus, in dem er lebte und das sie faszinierend fand. Es war groß – man konnte es von ihrem Garten aus sehen –, aber völlig anders als ihres und die ihrer Freundinnen. Zum einen gab es dort keine Kinder. Der Diener, der ihr die Tür öffnete, musste Derry immer erst holen gehen, was ihr Zeit gab, das Foyer mit dem schwarz-weißen Marmor zu den offenen Doppeltüren einer Galerie zu durchqueren, von der aus man in den Salon hinuntersah. Jeden Morgen herrschte dort die verschwenderische Unordnung eines rauschenden nächtlichen Fests: Es roch nach ägyptischen Zigaretten – wie diejenigen, die Tante Rachel rauchte –, und überall standen Blumen, die fast schon stanken, im Frühling Hyazinthen, jetzt Lilien, im Winter

Nelken und Rosen. Unzählige farbige Seidenkissen lagen umher, und Dutzende von Gläsern und offenen Konfektschachteln waren über den ganzen Raum verstreut, manchmal auch Kartentische mit Spielkarten, Schreibblöcken und Bleistiften mit Quasten. Immer herrschte dort Dämmerlicht, die cremefarbenen Seidenvorhänge waren halb geschlossen. In Louises Vorstellung waren die Besitzer – die sie nie sah – phänomenal reich, vermutlich fremdländisch und möglicherweise ziemlich dekadent.

Gassigehen mit Derry, der mit seinen angeblich dreizehn Jahren einundneunzig zählte, laut der von ihr erstellten Alterstabelle für Hunde, gestaltete sich etwas langweilig, denn mehr als einen kurzen Spaziergang mit häufigen, endlos langen Zwischenhalten an praktisch jedem Laternenpfahl schaffte er nicht. Aber es gefiel ihr, einen Hund an der Leine zu führen. Dann konnte sie die anderen Passanten mit Besitzerstolz anlächeln, damit sie dachten, er gehöre ihr. Außerdem gab sie die Hoffnung nicht auf, dass jemand von den Hausbewohnern oder einer ihrer dekadenten Freunde im Salon besinnungslos zusammengebrochen wäre und sie ihn näher in Augenschein nehmen könnte. Der Spaziergang musste kurz sein. Vor dem Frühstück um Viertel vor neun sollte sie nämlich noch eine Stunde üben und davor kalt baden, denn nach Dads Ansicht tat einem ein kaltes Bad richtig gut. Sie war vierzehn, und manchmal kam sie sich jung und tatendurstig vor, dann wieder fühlte sie sich altersmatt – zu erschöpft, um irgendetwas zu tun, das von ihr erwartet wurde.

Nachdem sie Derry zurückgebracht hatte, begegnete sie dem Milchmann. Sein Pony Peggy kannte sie gut, sie hatte nämlich einmal auf einem Streifen Stoff Gras für sie gezogen, weil Peggy nie aufs Land kam, dabei wusste doch jeder, der *Black Beauty* gelesen hatte, wie schlimm es für Pferde war, nie auf einer Weide zu stehen.

»Famoser Morgen«, sagte Mr. Pierce, als sie Peggys Nüstern streichelte.

»In der Tat.«

»Manch jungen Morgen sah ich flammend steigen«, wisperte sie im Weitergehen. Ihr zukünftiger Ehemann würde sie bemerkenswert finden, weil ihr zu allem ein Shakespeare-Zitat einfiel, wirklich zu allem. Andererseits würde sie vielleicht nie heiraten, denn Polly hatte gesagt, Sex sei langweilig, und ohne den könne man sich eigentlich nicht auf eine Ehe einlassen. Außer natürlich, Polly täuschte sich. Das tat sie oft, und Louise hatte bemerkt, dass sie Sachen als langweilig bezeichnete, die sie ablehnte. »Davon verstehst du nichts, George«, fügte sie hinzu. So nannte ihr Vater jeden, den er nicht kannte – das heißt jeden Mann –, und der Satz gehörte zu seinen Lieblingssprüchen. Sie läutete dreimal an der Haustür, damit Phyllis wusste, wer draußen stand. »Sprecht nicht, wo treue Geister eng verschlungen, von Hindernissen.« Es klang etwas widerwillig, mit diesen Worten eine Hochzeit zu erlauben, aber auch edel. Wäre sie nur Ägypterin, dann könnte sie Teddy heiraten, so wie die Pharaonen früher; immerhin war Kleopatra das Ergebnis von sechs Generationen Inzest, was immer Inzest sein mochte. Nicht zur Schule zu gehen hatte den ganz großen Nachteil, dass man völlig andere Sachen wusste. In den Weihnachtsferien hatte sie einen dummen Fehler begangen und ihrer Cousine Nora, die eine Schule besuchte, gegenüber behauptet, dass Sex ein alter Hut sei, was nur besagte, dass sie überhaupt keine Ahnung hatte. Gerade wollte sie noch einmal läuten, da öffnete Phyllis die Tür.

»Louise könnte hereinkommen.«

»Unsinn. Sie wird mit dem Hund unterwegs sein.« Bevor sie noch ein Wort erwidern konnte, drückte er seinen Mund mit dem kleinen borstigen Schnurrbart auf ihren. Nach einer Minute zog sie ihr Nachthemd hoch, und er lag auf ihr. »Mein Liebling Villy«, sagte er dreimal, bevor er kam. Der Name Viola hatte ihm nie über die Lippen gehen wollen. Als er fertig war, seufzte er tief, nahm seine Hand von ihrer linken Brust und küsste sie auf den Hals.

»Chinesischer Tee. Ich weiß nicht, wie es dir gelingt, immer nach Veilchen und chinesischem Tee zu duften. War's schön?«, fragte er noch. Das fragte er immer.

»Sehr schön.« Sich selbst gegenüber bezeichnete sie das als fromme Lüge, und im Lauf der Jahre hatten die Worte fast schon einen wohligen Beiklang angenommen. Sie liebte ihn, natürlich, was sollte sie also sonst antworten? Schließlich war Geschlechtsverkehr etwas für Männer. Frauen, zumindest anständige Frauen, sollten sich nichts daraus machen, aber ihre eigene Mutter hatte ihr zu verstehen gegeben (das eine, einzige Mal, als sie vage auf das Thema zu sprechen kam), dass eine Frau keinen gravierenderen Fehler begehen könne, als ihren Ehemann abzuweisen. Also hatte sie ihn nie abgewiesen, und wenn sie vor achtzehn Jahren neben dem durchdringenden Schmerz auch einen gewissen Schock darüber empfunden hatte, was es damit tatsächlich auf sich hatte, war dieses Gefühl durch Übung einem duldsamen Widerwillen gewichen. Gleichzeitig diente das Ganze auch als eine Art Liebesbeweis, also musste es in Ordnung sein.

»Lass mir die Badewanne einlaufen, mein Schatz«, rief sie ihm nach, als er das Zimmer verließ.

»Aber gerne.«

Sie schenkte sich eine zweite Tasse Tee ein, aber die war kalt. Also stand sie auf, öffnete die Türen des großen Mahagonischranks und überlegte, was sie anziehen sollte. Am Vormittag musste sie mit Nanny und Lydia zu Daniel Neal Sommergarderobe kaufen gehen, mittags war sie mit Hermione Knebworth zum Lunch verabredet, und anschließend wollte sie noch einmal zu ihr ins Geschäft. Vielleicht konnte sie ein oder zwei Abendkleider erstehen – zu dieser Jahreszeit, bevor ganz London für den Rest des Sommers wegfuhr, gab es bei Hermione meist ein paar Stücke im Saisonverkauf. Dann würde sie nicht umhinkommen, Mummy zu besuchen. Das hatte sie gestern nicht geschafft, allerdings konnte sie nicht lange bleiben, denn sie musste nach Hause zurück und sich fürs Theater und das Essen mit den Warings umziehen. Aber man konnte Hermiones Laden nicht betreten, ohne sich wenigstens zu bemühen, elegant auszusehen. Sie entschied sich für das hellbeige Leinen mit der marineblauen Rips-Paspelierung, das sie im Jahr zuvor bei ihr gekauft hatte.

Ich führe genau das Leben, das von mir erwartet wird, dachte sie (es war kein neuer Gedanke, sondern fast schon eine Beschwörung): was die Kinder erwarten, was Mummy immer schon erwartet hat und natürlich was Edward erwartet. So ist es eben, wenn man heiratet, und die wenigsten heiraten einen Mann, der so gut aussieht und so nett ist wie Edward. Nach einer sehr früh getroffenen Entscheidung hatte sie jede weitere Wahlfreiheit aufgegeben und damit ihr Leben um die erstrebenswerte Dimension der Pflichterfüllung erweitert: Sie war, als ernsthafter Mensch, zu einem oberflächlicheren Leben verurteilt, als ihrem Wesen entsprochen hätte (wenn alles sehr viel anders gekommen wäre). Sie war nicht unglücklich – sie hätte nur sehr viel mehr sein können.

Als sie über den Treppenabsatz zum großen Ankleidezimmer ihres Mannes mit der Badewanne ging, hörte sie über ihr Lydia schreien, was bedeutete, dass ihr von Nanny die Zöpfe geflochten wurden. Unter ihr setzte auf dem Klavier eine Etüde in C-Dur von Hans von Bülow ein. Louise übte.

~

Im Speisezimmer gab es Terrassentüren, die in den Garten hinausführten. Die Möbel beschränkten sich auf das Wesentliche: acht sehr schöne Chippendale-Stühle – ein Hochzeitsgeschenk von Edwards Vater –, ein großer, im Moment weiß gedeckter Tisch aus Lebbekbaumholz, ein Sideboard mit elektrischen Wärmeplatten, auf denen jetzt Nierchen, Rührei, Tomaten und Speck bereitstanden, cremefarbene Wände, einige Bilder aus Furnierintarsien, Wandleuchter im Pseudo-Adamstil mit kleinen muschelförmigen Schirmen, ein Gasfeuer im Kamin und ein abgewetzter alter Ledersessel, in den Louise sich gerne zum Lesen kuschelte. Insgesamt war es ein auf dezente Weise hässlicher Raum, was aber niemand bemerkte außer Louise, die ihn trist fand.

Lydia saß da, Messer und Gabel wie die sich öffnende Tower Bridge auf dem Tisch aufgestützt, während Nan Tomaten und Speck für sie zerschnitt. »Wenn Sie mir Nierchen geben, spucke ich sie aus«, hatte Lydia zuvor gesagt. Ein Großteil der frühmorgendlichen Unterhaltung zwischen ihr und Nan bestand aus beiderseitigen Drohungen, aber da keine der beiden es je darauf ankommen ließ, blieben die möglichen Konsequenzen unbekannt. Schließlich wusste Lydia genau, dass Nan nicht im Traum daran denken würde, den Besuch bei Daniel Neal abzusagen, und Nan ihrerseits konnte sich darauf verlassen, dass Lydia in Daddys Gegenwart niemals ein Stück Niere oder sonst etwas ausspucken würde. Er, Daddy, hatte sich wie jeden Morgen über sie gebeugt und ihr einen Kuss auf den Scheitel gegeben, und sie hatte seinen wunderbaren Holzgeruch gemischt mit Lavendelwasser eingeatmet. Jetzt saß er am Kopfende des Tisches, vor sich einen Teller mit allem und, an das Marmeladenglas gelehnt, den *Telegraph*. Mit Nierchen hatte er kein Problem. Er schnitt sie auf, und das scheußliche, eklige Blut lief heraus, das er mit gebratenem Brot auftunkte. Sie trank ganz laut von ihrer Milch, damit er aufschaute. Im Winter aß er arme tote Vögel, die er geschossen hatte: Rebhühner und Fasane, deren kleine schwarze Klauen fest zusammengekrampft waren. Er blickte nicht auf, aber Nan stellte den Becher aus ihrer Reichweite. »Iss dein Frühstück«, sagte sie in der ganz besonderen leisen Stimme, die Lydia nur von den Mahlzeiten im Esszimmer kannte.

Mummy kam herein. Sie lächelte Lydia an und ging um den Tisch, um ihr einen Kuss zu geben. Sie roch nach Heu und irgend einer Blume, bei der Lydia immer niesen musste, aber nur fast. Mummy hatte wunderschöne Locken, allerdings mit ein bisschen Weiß darin, was ihr Sorgen machte, weil Lydia nicht wollte, dass Mummy je starb, was bei Leuten mit weißen Haaren leicht passieren konnte.

»Wo ist Louise?«, fragte Mummy, was eigentlich dumm war, weil man sie noch üben hörte.

»Ich gebe ihr Bescheid«, sagte Nan.

»Danke, Nan. Vielleicht ist die Uhr im Salon stehen geblieben.«

Mummy aß zum Frühstück Grape Nuts, Kaffee und Toast und bekam ein eigenes Kännchen mit Sahne. Sie öffnete ihre Post, das waren Briefe, die durch die Haustür gesteckt wurden und über den gebohnerten Boden schlitterten. Einmal hatte Lydia auch Post bekommen: an ihrem letzten Geburtstag, als sie sechs wurde. Später war sie dann auf einem Elefanten geritten, hatte Tee in ihre Milch bekommen und ihr erstes Paar geschnürte Straßenschuhe getragen. Für sie war es der schönste Tag in ihrem ganzen Leben, was wirklich etwas hieß, weil sie ja schon so viele Tage gelebt hatte. Das Klavierspielen hatte aufgehört, und Louise kam herein, gefolgt von Nan. Sie hatte ihre Schwester sehr lieb. Louise war unglaublich alt und trug im Winter richtige Strümpfe.

»Mummy«, sagte Lou, »du triffst dich mittags mit jemandem. Das sehe ich an deiner Garderobe.«

»Ja, mein Schatz, aber ich komme noch mal zu dir, bevor Daddy und ich abends ausgehen.«

»Wohin?«

»Ins Theater.«

»Was seht ihr euch an?«

»Ein Stück, das *Der Kaiser von Amerika* heißt. Von George Bernard Shaw.«

»Ihr habt es gut!«

Edward blickte aus seiner Zeitung auf. »Mit wem?«

»Den Warings. Vorher treffen wir uns zum Essen. Punkt sieben. Smoking.«

»Sag Phyllis, sie soll meine Sachen rauslegen.«

»Ich darf nie ins Theater.«

»Louise! Das ist nicht wahr. Du gehst immer zu Weihnachten. Und zu deinem Geburtstag.«

»Geschenke zählen nicht. Ich meine, ich gehe nicht ins Theater, als wäre es etwas Normales. Wenn ich Schauspielerin werden will, sollte ich aber.«

Villy achtete nicht auf sie, ihre Augen waren auf die erste Seite der *Times* gerichtet. »Ach je. Mollie Strangways Mutter ist gestorben.«

»Wie alt war sie?«, fragte Lydia.

Villy sah auf. »Ich weiß es nicht, mein Schatz. Aber wahrscheinlich schon ziemlich alt.«

»Waren ihre Haare ganz weiß?«

»Woher wissen sie bei der *Times*, welche Gestorbenen sie in die Zeitung setzen sollen?«, fragte Louise. »Ich wette, dass auf der Welt sehr viel mehr Menschen sterben, als auf eine Seite passen. Wonach entscheiden sie, welche sie reinnehmen?«

»Das entscheidet nicht die Zeitung«, erklärte ihr Vater. »Leute bezahlen dafür, dort zu stehen.«

»Wenn du der König wärst, müsstest du auch dafür bezahlen?«

»Nein – bei ihm ist es etwas anders.«

Lydia hatte aufgehört zu essen. »Wie alt leben Leute?«, fragte sie, aber so leise, dass offenbar keiner sie hörte.

Villy, die aufgestanden war, um sich Kaffee nachzuschenken, bemerkte Edwards leere Tasse und füllte sie nach. »Heute hat Phyllis ihren freien Nachmittag«, sagte sie. »Ich kümmere mich um deine Garderobe. Versuch, nicht zu spät zu kommen.«

»Wie alt leben Mütter?«

Als Villy den Gesichtsausdruck ihrer Tochter bemerkte, sagte sie schnell: »Richtig uralt. Denk an meine Mutter – und an Daddys. Sie sind beide schrecklich alt und immer noch gesund und munter.«

»Aber natürlich könnten sie jederzeit ermordet werden – das kann in jedem Alter passieren. Denk an Tybalt. Und an die Prinzen im Tower.«

»Was heißt ermordet? Louise, was heißt ermordet?«

»Oder im Meer umkommen. Nach einem Schiffbruch«, fügte sie verträumt hinzu. Was würde sie nicht dafür geben, Schiffbruch zu erleiden!

»Louise, halt den Mund. Siehst du nicht, was du damit anrichtest?«

Aber es war zu spät. Lydia war in haltloses Schluchzen ausgebrochen. Villy nahm sie auf den Schoß und drückte sie fest an sich. Vor Scham wurde Louise ganz heiß, und sie machte ein trotziges Gesicht.

»Keine Sorge, mein Küken. Du wirst sehen, ich werde ganz uralt, und du bist dann schon richtig erwachsen und hast fabelhafte große Kinder, genau wie du, die Schnürschuhe tragen …«

»Und eine Reitjacke?« Die Tränen liefen ihr zwar noch übers Gesicht, aber sie wünschte sich eine Reitjacke – aus Tweed, hinten geteilt und mit Taschen, die sie beim Reiten auf ihren Pferden anziehen konnte –, und der Moment schien günstig.

»Das sehen wir noch.« Sie setzte Lydia wieder auf ihren Stuhl, und Nan sagte: »Trink deine Milch aus.« Das tat sie dann auch, weil sie Durst hatte.

»Und was ist mit mir?«, fragte Edward sie, nachdem er Louise einen strengen Blick zugeworfen hatte. »Wünschst du dir nicht, dass ich auch ewig lebe?«

»Nicht so sehr. Aber natürlich schon.«

Louise sagte: »Also, ich wünsche mir das. Wenn du über achtzig bist, fahre ich dich zahnlos und sabbernd im Rollstuhl durch die Gegend.«

Daraufhin lachte ihr Vater dröhnend, wie sie es gehofft hatte, sodass sie wieder in seiner Gunst stand.

»Darauf freue ich mich jetzt schon.« Er stand auf und verließ den Raum, die Zeitung in der Hand.

»Er geht auf die Toilette«, erklärte Lydia. »Um sein großes Geschäft zu machen.«

»Das genügt«, sagte Nanny scharf. »Über solche Dinge sprechen wir bei Tisch nicht.«

Lydia sah ausdruckslos zu Louise, ahmte mit dem Mund aber lautlos das Kollern eines Truthahns nach. Wie erhofft, prustete Louise los.

»Kinder, Kinder«, sagte Villy matt. Manchmal war Lydia zum Schreien komisch, aber Nannys Selbstachtung musste gewahrt werden.

»Geh nach oben, mein Schatz. Wir fahren bald.«

»Um wie viel Uhr sollen wir fertig sein, Madam?«

»Gegen zehn, Nanny.«

»Komm, guck dir meine Pferde an.« Lydia rutschte von ihrem Stuhl und lief zur Terrassentür, die Louise ihr öffnete.

»Komm schon.« Sie griff nach Louises Hand.

Sie hatte ihre Pferde im Garten ans Geländer gebunden. Es handelte sich um lange Holzstangen in unterschiedlichen Farben: ein Platanenstecken als der Schecke, ein silbriger Stock als der Grauschimmel, ein Buchenast, der aus Sussex stammte, als der Braune. Alle hatten kunstvoll aus Schnur geflochtene Halfter, neben jedem stand in einem Blumentopf Rasenschnitt, und auf einem Stück Karton war in farbiger Kreide ihr Name geschrieben. Lydia band den Grauschimmel los und trabte durch den Garten. Hin und wieder hüpfte sie unbeholfen in die Höhe und tadelte dann ihr Ross: »Du sollst nicht so bocken!«

»Schau, wie ich reiten kann«, rief sie. »Lou! Schau mir zu!«

Aber Louise, die Nannys Unmut fürchtete und noch beinahe eine Stunde Zeit hatte, ehe Miss Milliment kam, wollte vorher unbedingt *Überredung* auslesen und sagte nur: »Das habe ich doch, ich habe dir zugeschaut«, und ging – genauso schlimm wie ein Erwachsener.

Nachdem Edward Villy im Flur einen Kuss gegeben und Phyllis ihm seinen grauen Homburg gereicht hatte – zu anderen Jahreszeiten half sie ihm in den Mantel –, nahm er sein Exemplar des *Timber Trades Journal* und verließ das Haus. Vor der Tür erwartete ihn der glänzende schwarze Buick. Wie immer sah er Brackens massige Gestalt unbewegt wie eine Wachsfigur hinter dem Steuer sitzen, bei Edwards Erscheinen aber sprang er mit einem Satz aus dem Wagen, als hätte ihn ein Streifschuss getroffen, und stellte sich stramm neben die hintere Tür, die er für Edward öffnete.

»Morgen, Bracken.«

»Guten Morgen, Sir.«

»Zu den Lagerhallen.«

»Sehr wohl, Sir.«

Nach diesem Wortwechsel – jeden Morgen derselbe, sofern Edward kein anderes Ziel nannte – wurde nichts mehr gesagt. Edward ließ sich auf der Rückbank nieder und blätterte abwesend in den Seiten seiner Zeitschrift, ohne darin zu lesen. In Gedanken ging er den Tag durch. Eine oder zwei Stunden im Büro, um seine Post zu erledigen, dann würde er sehen, wie sich die Furnierproben von dem Ulmenholz machten, das sie aus den Überresten der alten Waterloo Bridge gekauft hatten. Nach einem Jahr Lagerung hatten sie vergangene Woche die ersten Blätter geschnitten, und jetzt endlich würden sie herausfinden, ob der alte Herr mit seiner Ahnung richtiggelegen oder sie ihn getrogen hatte. Das würde spannend werden. Dann Lunch in seinem Club mit ein paar Männern von der Great Western Railway, das höchstwahrscheinlich zu einem ansehnlichen Auftrag für eine Mahagoni-Lieferung führen würde. Nachmittags eine Besprechung der Direktoren – das heißt mit dem alten Herrn und seinem Bruder –, seine Briefe unterschreiben, dann blieb vielleicht noch Zeit für eine Tasse Tee mit Denise Ramsay, die gleich zwei Vorzüge aufzuweisen hatte: einen Mann, der häufig auf Geschäftsreise ging, sowie keine Kinder. Aber wie alle Vorzüge hatten auch diese ihre Nachteile: Denise war zu unabhängig und deswegen etwas zu sehr in ihn verliebt. Schließlich sollte aus der Sache nichts Ernstes werden, wie sie es nannte. Vielleicht würde für den Besuch aber auch gar keine Zeit bleiben, weil er nach Hause und sich fürs Theater umziehen musste.

Hätte jemand ihn gefragt, ob er seine Frau liebe, hätte Edward das natürlich bejaht. Er hätte nicht hinzugefügt, dass Villy die sinnlichen Freuden des Ehelebens trotz achtzehn Jahren relativen Glücks und dreier großartiger Kinder nicht goutierte. Das kam bei Ehefrauen häufiger vor – ein armer Kerl im Club, Martyn Slocombe-Jones, hatte ihm einmal spätabends nach einer Runde Billard und ziemlichen Mengen herausragend guten Ports gestanden, seine Frau verabscheue das Ganze derart, dass sie es nur gestatte, wenn sie ein Kind wolle. Dabei war sie eine verdammt attraktive Frau und eine wunderbare Ehefrau, wie Martyn betonte. In jeder anderen Hinsicht. Sie hatten fünf Kinder, und Martyn glaubte nicht, dass sie sich auf ein sechstes einlassen würde. Pech für ihn. Als Edward ihm vorschlug, er solle sich doch anderweitig Trost suchen, sah Martyn ihn nur aus seinen traurigen braunen Augen an und sagte: »Aber ich liebe sie, alter Junge, habe sie immer schon geliebt und nie eine andere angesehen. Du weißt doch, wie es ist.« Und Edward, der es nicht wusste, sagte: »Ja, natürlich.« Zumindest hatte er durch das Gespräch erfahren, dass er von Marcia Slocombe-Jones die Finger lassen konnte. Doch das störte ihn nicht weiter. Sie hätte ihm zwar gefallen, aber es gab so viele andere hübsche Frauen zum Flirten. Was hatte er doch für Glück gehabt! Dass er nicht nur lebend aus Frankreich zurückgekehrt war, sondern auch noch relativ unversehrt! Im Winter machte ihm die Lunge etwas zu schaffen, weil er in den Schützengräben gelebt hatte, über denen wochenlang das Gas hing, aber sonst … Er war zurückgekommen, direkt ins Familiengeschäft eingestiegen, hatte bei einer Party Villy kennengelernt und sie geheiratet, sobald ihr Vertrag mit der Balletttruppe ausgelaufen war und sie sich dem Verdikt des alten Herrn gefügt hatte, dass ihre Karriere mit der Hochzeit ein Ende finden müsse. »Du kannst keine Frau heiraten, die etwas anderes im Kopf hat. Wenn die Frau nicht die Ehe als ihre Hauptaufgabe begreift, wird die Ehe nie gut.«

Seine Einstellung war natürlich viktorianisch bis auf die Knochen, aber trotzdem, ganz unrecht hatte er nicht. Jedes Mal, wenn Edward seine Mutter betrachtete – was er selten tat, dann aber mit großer Zuneigung –, sah er das vollendete Abbild dieser Anschauung: eine Frau, die abgeklärt alle familiären Pflichten erfüllte und sich gleichzeitig ihre jugendlichen Leidenschaften bewahrte – für ihren Garten, den sie über alles liebte, und für die Musik. Mit ihren gut siebzig Jahren konnte sie noch jederzeit Doppelkonzerte mit professionellen Musikern spielen. Da er nichts von den dunkleren, komplexeren Wesenszügen verstand, die Menschen voneinander unterscheiden, konnte er nicht nachvollziehen, weshalb Villy nicht ebenso glücklich und erfüllt sein sollte wie die Duchy. (Die viktorianische Vorliebe seiner Mutter für eine schlichte Lebensweise – kein üppiges Essen, kein Firlefanz und nichts Prätentiöses, weder für sich noch im Haushalt – hatte ihr schon vor langer Zeit den Spitznamen »Duchess« eingetragen, den ihre Kinder zu Duch verkürzt und ihre Enkelkinder wieder zu Duchy erweitert hatten.) Er hatte Villy nie daran gehindert, ihren Interessen nachzugehen: ihr Wohltätigkeitskram, das Reiten und Skifahren, ihr Spleen, die verschiedensten Musikinstrumente zu erlernen, ihre Handarbeiten – Spinnen, Weben und so weiter. Und wenn er an die Ehefrauen seiner Brüder dachte – Sybil war ihm zu hochgestochen und Zoë zu anspruchsvoll –, kam er zu dem Schluss, dass er es gar nicht so schlecht getroffen hatte …

Louises Cousine Polly Cazalet kam schon eine halbe Stunde vor Unterrichtsbeginn, weil sie und Louise Wonder Cream hergestellt hatten, eine Gesichtscreme aus Eiweiß, gehackter Petersilie, Zaubernuss und einem Tropfen Koschenille für die rosa Farbe. Heute brachte Polly die hübschen, von ihr gestalteten Etiketten mit, und die wollten die beiden jetzt auf die ganzen Tiegel kleben, die sie von ihren Müttern bekommen hatten. Momentan bewahrten sie die Creme in einer Puddingschüssel im Gartenschuppen auf. Sie sollte an ihre Tanten und Cousinen verkauft werden und an Phyllis zu einem billigeren Preis, weil sie wussten, dass die nicht viel Geld hatte. Außerdem mussten die Tiegel sowieso unterschiedlich viel kosten, weil sie praktisch alle von anderer Größe und Form waren. Louise hatte sie ausgespült, und jetzt standen sie ebenfalls im Schuppen. Sie hatten alles dorthin gebracht, weil Louise, als Emily beim Einkaufen gewesen war, aus der Speisekammer sechs Eier stibitzt hatte sowie den Rührbesen. Die Eigelbe hatten sie zum Teil an Louises Schildkröte verfüttert, die sich aber nichts daraus gemacht hatte, nicht einmal vermischt mit Löwenzahn (ihrem Lieblingsfressen) aus Pollys Garten.

»Ich finde, die sieht komisch aus.«

Sie untersuchten die Creme noch einmal genauer.

»Ich glaube, die Koschenille war keine so gute Idee, sie war ein bisschen zu grün.«

»Dummkopf, mit Koschenille wird alles rosa.«

Polly errötete. »Ich weiß«, schwindelte sie. »Das Schlimme ist, sie ist ganz flüssig geworden.«

»Deswegen ist sie trotzdem gut für die Haut. Außerdem wird sie im Lauf der Zeit von selbst fester.«

Polly steckte den mitgebrachten Abfülllöffel in die Mischung. »Das Grüne ist gar keine Petersilie, das ist eine dicke Schicht.«

»Die setzt sich doch immer ab.«

»Wirklich?«

»Natürlich. Denk an Sahne.«

»Sollten wir sie nicht an uns selbst ausprobieren, bevor wir sie verkaufen?«

»Jetzt hör auf, ständig herumzunörgeln. Du klebst die Etiketten auf, ich übernehme das Abfüllen. Die Etiketten sind wirklich klasse«, fügte sie hinzu, und Polly wurde wieder rot. Auf den Schildchen stand »Wonder Cream« und darunter »Nachts großzügig auftragen. Bewirkt Wunder für Ihr Aussehen«. Auf einige Gläschen passten sie allerdings nicht drauf.

Miss Milliment traf ein, bevor sie fertig waren. Sie taten, als hörten sie die Glocke nicht, aber Phyllis kam, um es ihnen auszurichten.

»Sinnlos, *ihr* etwas zu verkaufen«, brummelte Louise.

»Ich dachte, du hättest gesagt ...«

»Sie meine ich doch nicht. Ich meine Miss M.«

»Guter Gott, nein. Eulen nach Athen wäre das.« Polly brachte Sachen oft durcheinander.

»Eulen nach Athen würde bedeuten, dass Miss M. bildschön ist.« Darüber schüttelten sie sich beide vor Lachen.

Miss Milliment, eine freundliche und ungemein intelligente Frau, habe ein Gesicht wie eine riesige alte Kröte, hatte Louise einmal gesagt. Als ihre Mutter sie wegen der unfreundlichen Bemerkung tadelte, erwiderte Louise, dass sie Kröten gern möge. Aber sie wusste selbst, dass die Antwort unaufrichtig war, weil ein Gesicht, das sich für eine Kröte gehörte, bei einem Menschen eher unpassend wirkte. Danach sprachen sie und Polly nur noch unter sich über Miss Milliments – zweifellos erstaunliches – Aussehen. Sie hatten sich für ihre Lehrerin ein von Tragödien bestimmtes Leben ausgedacht, oder vielmehr mehrere Leben, weil sie sich nicht über die Art der mutmaßlichen Schicksalsschläge einigen konnten. Außer Zweifel stand allerdings Miss Milliments betagtes Alter: Sie war Villys Gouvernante gewesen, und die hatte eingeräumt, dass sie ihr bereits damals, vor weiß Gott wie vielen Jahren, alt erschienen war. Sie sagte »Chymie« und natürlich »Chymikus« und hatte Louise einmal erzählt, dass sie in ihrer Jugend wilde Rosen in der Cromwell Road gepflückt hatte. Sie roch nach ungelüfteten alten Kleidern, was man besonders wahrnahm, wenn man sie küsste, wozu Louise sich, als Art Buße, seit der Krötenbemerkung zwang. Sie wohnte in Stoke Newington und kam an fünf Vormittagen die Woche, um die beiden Mädchen drei Stunden lang zu unterrichten, freitags blieb sie zum Lunch. Heute trug sie ihr flaschengrünes Kostüm aus Doublejersey und einen kleinen flaschengrünen Strohhut mit einem Ripsband, der direkt über ihrem sehr festen, fettigen Knoten saß. Zu Beginn des Unterrichts lasen sie, wie immer, eineinhalb Stunden laut Shakespeare.

Heute kamen sie zu den letzten beiden Akten von *Othello*, dessen Part Louise übernahm. Polly, die weibliche Rollen lieber mochte – und offenbar nicht merkte, dass es sich dabei nicht um die besten handelte –, las die Desdemona, und Miss Milliment war Iago und Emilia und alle anderen. Louise, die immer heimlich vorauslas, hatte Othellos letzte Ansprache auswendig gelernt, was wahrscheinlich nur gut war, denn sobald sie zu der Stelle

In Euren Briefen, bitt ich,
Wenn Ihr von diesem Unheil Kunde gebt,
Sprecht von mir, wie ich bin, verkleinert nichts,
Noch setzt ihm Bosheit zu.

kam, traten ihr Tränen in die Augen, und sie hätte nicht weiterlesen können. Am Ende fragte Polly: »Sind die Leute wirklich so?«

»Was meinst du mit ›so‹, Polly?«

»Wie Iago, Miss Milliment.«

»Ich denke nicht, dass viele Menschen so sind. Aber natürlich gibt es möglicherweise mehr, als wir meinen, denn jeder Iago braucht für seine Verruchtheit einen Othello.«

»Wie bei Mrs. Simpson und König Edward?«

»Natürlich nicht. Polly, du bist dumm! Der König war in Mrs. Simpson verliebt – das ist etwas völlig anderes. Er hat für sie auf alles verzichtet, dabei hätte er für alles auf sie verzichten können.«

Polly errötete. »Mr. Baldwin könnte Iago sein, der schon«, murmelte sie.

Miss Milliment sagte wogenglättend: »Wir können die beiden Situationen nicht ganz miteinander vergleichen, obwohl es zweifellos ein interessanter Gedanke ist, Polly. Und jetzt, glaube ich, sollten wir uns mit unserer Geografie beschäftigen. Ich bin schon sehr gespannt auf die Landkarte, die ihr für mich gezeichnet habt. Louise, holst du bitte den Atlas?«

»Ich finde, es steht Ihnen sehr gut.«

»Es ist bildschön. Nur habe ich diese Farbe noch nie getragen.«

Villy probierte gerade eines von Hermiones Schnäppchen: ein Kleid aus lindgrünem Chiffon mit einem Mieder, das einen tiefen, mit Goldperlen besetzten V-Ausschnitt hatte und ein kleines Plisseecape, das von den perlenbesetzen Trägern herabfloss. Der Rock war schlicht, aber geschickt geschnitten mit Bahnen, die eng an ihren Hüften anlagen und sich zu einem schwingenden Rock weiteten.

»Ich finde, Sie sehen hinreißend aus. Fragen wir doch Miss MacDonald nach ihrer Meinung.«

Schon trat Miss MacDonald hinzu. Sie war eine Dame unbestimmten Alters, die immer einen grauen Flanellrock mit Nadelstreifen und dazu eine Wildseidenbluse trug, Hermione treu ergeben war und in deren häufigen Abwesenheiten das Geschäft leitete. Hermione führte ein geheimnisvolles Leben, das aus Partys, Wochenenden auf dem Land und winterlichen Jagden bestand. Darüber hinaus richtete sie in Mayfair nette Wohnungen ein, die sie kaufte und zu horrenden Preisen an Menschen vermietete, die sie auf Partys kennenlernte. Jeder und jede verehrte sie: Ihr Ruf beruhte auf allumfassender Vergötterung. Der jeweils aktuelle Liebhaber, wer immer das sein mochte, verlor sich in einer Schar angeblich verzweifelter, angeblich hoffnungsloser Verehrer. Sie war keine Schönheit, aber stets hinreißend und gepflegt, und hinter ihrem schleppenden Tonfall verbargen sich ein kluger Kopf und Tollkühnheit bei der Jagd und wann immer es sonst von ihr verlangt wurde. Edwards Bruder Hugh war während des Kriegs in sie verliebt gewesen – er zählte angeblich zu den einundzwanzig Männern, die ihr in dieser Zeit einen Heiratsantrag machten –, aber sie hatte Knebworth geheiratet und sich kurz nach der Geburt ihres Sohnes von ihm scheiden lassen. Im Umgang mit Ehefrauen hatte sie großes Geschick, aber Villy war ihr aufrichtig ans Herz gewachsen, weshalb sie ihr immer einen besonders günstigen Preis machte.

Villy stand fast wie in Trance. Das zarte Kleid schien sie in eine grazile, exotische Fremde zu verwandeln. Dann bemerkte sie den Ausdruck der Billigung auf Miss MacDonalds Gesicht.

»Wie für Sie gemacht, Mrs. Cazalet.«

»Das Nachtblaue wäre aber so viel praktischer.«

»Ach, Lady Knebworth, wie wäre es mit der Café-au-lait-farbenen Spitze?«

»Eine fabelhafte Idee, Miss MacDonald. Holen Sie es doch.«

Sobald Villy die kaffeefarbene Spitze sah, wusste sie, dass sie es haben wollte. Sie wollte alle, und dazu gehörte auch ein Kleid aus weinroter Moiréseide mit großen Puffärmeln aus Ripsrosetten, das sie zuvor schon anprobiert hatte.

»Die reinste Qual, nicht wahr?« Hermione hatte bereits beschlossen, dass Villy, die gekommen war, um zwei Kleider zu kaufen, drei kaufen sollte, und da sie Villy kannte, war es unerlässlich, dass sie auf eines verzichtete. Ein Gespräch in vernehmlichem Flüsterton begann.

»Wie viel kosten sie?«

»Wie viel, Miss MacDonald?«

»Das Moiré zwanzig, das Chiffon fünfzehn, die Spitze und die nachtblaue Crêpe könnten jeweils bei sechzehn liegen. Ist das korrekt, Lady Knebworth?«

Kurz herrschte Stille, während Villy vergeblich versuchte, die Zahlen zu addieren. »Ich kann nicht vier nehmen, das kommt überhaupt nicht infrage.«

»Ich finde«, sagte Hermione bedächtig, »das Blaue ist etwas zu auffällig für Sie, aber die anderen drei stehen Ihnen ausgezeichnet. Wie wäre es, wenn wir für das Moiré und die Spitze jeweils fünfzehn ansetzen und für das Chiffon als Dreingabe zehn? Wie viel macht das insgesamt, Miss MacDonald?« (Das wusste sie zwar genau, aber sie wusste auch, dass Kopfrechnen nicht zu Villys Stärken gehörte.)

»Das sind insgesamt vierzig, Lady Knebworth.«

»Ich nehme sie«, sagte Villy, noch bevor sie weiter überlegen konnte. »Ausgesprochen leichtsinnig, aber ich kann nicht widerstehen. Sie sind alle wunderschön. Allerdings weiß ich nicht, was Edward dazu sagen wird.«

»Er wird begeistert sein, wenn er Sie darin sieht. Lassen Sie sie doch einpacken, Miss MacDonald, ich bin mir sicher, Mrs. Cazalet möchte sie gleich mitnehmen.«

»Eines davon werde ich heute Abend tragen. Vielen Dank, Hermione.«

Im Taxi auf der Fahrt zu Mummy dachte sie: Ich sollte mich schämen! Früher habe ich nie mehr als fünf Pfund für ein Kleid ausgegeben. Aber sie werden ewig halten, und ich habe es satt, immer dasselbe zu tragen. Außerdem gehen wir häufig aus, fügte sie im Stillen hinzu, als müsste sie sich jemand anderem gegenüber rechtfertigen, und beim Schlussverkauf im Januar habe ich mich wirklich sehr beherrscht und nur Haushaltswäsche gekauft. Und die Sachen heute für Lydia waren alle dringend notwendig – abgesehen von der Reitjacke, und die hat sie sich so sehr gewünscht. Das Einkaufen mit Lydia war tränenreich verlaufen. Sie konnte es nicht leiden, wenn ihre Füße in den neuen Schuhen geröntgt wurden.

»Ich will keine scheußlichen grünen Füße!«, protestierte sie, und dann weinte sie, weil Nan sagte, sie sei nicht alt genug für eine Reitjacke, und dann weinte sie, weil Nan ihr verbot, die Jacke auf der Heimfahrt im Bus zu tragen. Sie hatten zwei warme Unterhemden für den Winter gekauft, zwei Paar Schuhe, einen dunkelblauen Faltenrock aus Serge an einem weiten Oberteil und dazu ein reizendes passendes Jäckchen aus Baumwollsamt und zur Abrundung des Ganzen eine Leinenmütze für den Sommer und vier Paar weiße Baumwollsöckchen. Lydia hatte nur die Reitjacke gewollt. Sie wünschte sich Strümpfe wie Lou und keine Söckchen, die was für Babys waren, und sie wollte eine rote Samtjacke anstatt der marineblauen. Ihre Hausschuhe gefielen ihr nicht, weil sie mit einem Riemen zum Knöpfen geschlossen wurden anstatt mit Schnürsenkeln. Nach alldem hatte Villy das Gefühl, sich eine

Belohnung verdient zu haben. Jetzt standen ihr noch die neuen Sachen für Louise bevor und für Teddy, wenn er aus dem Internat kam, aber er würde nicht viel brauchen. Sie sah zu ihren drei wunderbaren Kleiderkartons, in denen die Ausbeute ihres Einkaufs lag, und überlegte, welches sie am Abend im Theater tragen sollte.

~

Angesichts des herrlichen Wetters ging Miss Milliment an diesem Mittag zu Fuß nach Notting Hill Gate, um im ABC zu essen. Sie bestellte ein Tomatensandwich und eine Tasse Tee und danach, weil sie noch Appetit hatte, ein Vanilletörtchen. So kostete der Lunch fast einen Shilling und damit mehr, als sie sich eigentlich leisten konnte. Beim Essen las sie die *Times*, das Kreuzworträtsel hob sie sich für die lange Heimfahrt auf. Ihre Vermieterin setzte ihr eine passable Abendmahlzeit vor und zum Frühstück Tee und Toast. Manchmal wünschte sie sich, sie könnte sich für abends einen Radioapparat leisten, denn das viele Lesen bekam ihren Augen nicht. Seit dem Tod ihres Vaters – ein Geistlicher im Ruhestand – wohnte sie möbliert, wie sie es nannte. Im Grunde störte es sie wenig, sie war nie der häusliche Typ gewesen. Der Mann, von dem sie geglaubt hatte, sie werde ihn heiraten, war vor Jahren im Burenkrieg ums Leben gekommen, und ihre Trauer war im Lauf der Zeit der ehrlichen Einsicht gewichen, dass sie ihm kein besonders behagliches Zuhause bereitet hätte. Jetzt arbeitete sie als Hauslehrerin. Ein Geschenk des Himmels war es gewesen, als Viola ihr schrieb und sie bat, Louise und dann auch ihre Cousine Polly zu unterrichten. Zu dem Zeitpunkt war sie bereits der Verzweiflung nahe: Das Geld, das ihr Vater ihr hinterlassen hatte, reichte gerade eben für ein Dach über dem Kopf; sie hatte nicht einmal das Geld für den Bus zur National Gallery, ganz zu schweigen von den Sonderausstellungen, bei denen Eintritt verlangt wurde. Ihre Leidenschaft galt Gemälden – vor allem den französischen Impressionisten, und insbesondere Cézanne. Es entbehrte ihrer Meinung nach nicht einer gewissen Ironie, dass andere sie nicht gerade für eine Augenweide hielten. Genau genommen war sie eine der hässlichsten Frauen, die sie kannte, aber seitdem sie das einmal zweifelsfrei festgestellt hatte, interessierte sie sich nicht mehr für ihr Äußeres. Ihre Kleidung bestand aus dem, womit sie ihren Körper am billigsten und einfachsten bedecken konnte, sie badete einmal die Woche (ihre Vermieterin verlangte extra für ein Bad), und sie hatte das Nickelbrillengestell ihres Vaters übernommen, das ihr gute Dienste leistete. Wäsche zu waschen kostete entweder viel Mühe oder viel Geld, deswegen war ihre Kleidung nicht allzu sauber. Abends las sie philosophische oder kunstgeschichtliche Bücher und Gedichte, und am Wochenende sah sie sich Bilder an. Aber was hieß »ansehen«! Sie weidete sich an jedem Bild, ging weiter zum nächsten, kehrte zu ihm zurück, bis sie es in die geheimen Teile ihres unförmigen Körpers aufgenommen hatte, aus denen die Erinnerung besteht, und dort reiften sie zu geistiger Nahrung. Wahrheit – deren Schönheit und auch Vermögen, bisweilen über das gewöhnliche Erscheinungsbild von Dingen hinauszugehen – bewegte und beflügelte sie, bis sie ganz und gar beseelt war von Bewunderung. Die fünf Pfund, die sie sich jede Woche mit dem Unterrichten der beiden Mädchen verdiente, ermöglichten es ihr, sich alles anzusehen, wozu ihre Zeit genügte, und eine kleine Summe auf die hohe Kante zu legen für die Jahre, wenn Louise und Polly sie nicht mehr brauchten. Mit dreiundsiebzig würde sie kaum eine neue Anstellung finden. Sie war einsam und gänzlich daran gewöhnt. Sie hinterließ für die Bedienung zwei Pence auf dem Tisch und bahnte sich mit ihrem leicht mäandernden Gang den Weg zur U-Bahn.

An ihrem freien Nachmittag ging Phyllis als Erstes zu Pontings. Dort war Sommerschlussverkauf, und sie brauchte Strümpfe. Außerdem machte es ihr Spaß, sich in aller Ruhe umzuschauen, obwohl sie wusste, dass sie sich dann stark versucht fühlen könnte, etwas zu kaufen – eine Bluse oder auch ein Sommerkleid, das sie nicht brauchte. Um sich das Geld für den Bus zu sparen, ging sie zu Fuß von Campden Hill zur Kensington High Street. Sie kam vom Land, der Fußmarsch störte sie nicht. Sie trug ihren Sommermantel aus blassgrauem Grobgewebe mit dem dazugehörigen Rock, die Bluse, die Mrs. Cazalet ihr zu Weihnachten geschenkt hatte, und einen Strohhut, den sie seit Ewigkeiten besaß und ab und zu neu verzierte. Außerdem hatte sie graue Baumwollhandschuhe und ihre Handtasche dabei. Phyllis verdiente achtunddreißig Pfund im Jahr und schickte ihrer Mutter jeden Monat zehn Shilling. Mittlerweile war sie seit vier Jahren mit dem Untergärtner des Guts verlobt, auf dem ihr Vater als Wildhüter gearbeitet hatte, bis er die Stelle wegen seiner Arthritis aufgeben musste. Die Verlobung mit Ted war ins große Ganze ihres Lebens eingegangen. Es war nicht mehr aufregend – war es im Grunde nie gewesen, da er und sie von Anfang an wussten, dass sie sich eine Hochzeit in absehbarer Zeit nicht leisten konnten. Wie auch immer, sie kannte ihn, seit sie zurückdenken konnte. Seit sie in London im Dienst stand, sahen sie sich vielleicht viermal im Jahr – wenn sie in ihren zwei Wochen Urlaub nach Hause fuhr sowie die wenigen Male, wenn sie ihn überreden konnte, einen Tag nach London zu kommen. London gefiel ihm nicht, aber er war ein guter, zuverlässiger Mann und erklärte sich manchmal bereit, sie zu besuchen – meistens im Sommer, denn sonst wussten sie nicht, was sie angesichts des Wetters machen sollten. Sie saßen in Teestuben und gingen ins Kino, was das Schönste überhaupt war, denn mit ein bisschen Ermutigung ihrerseits legte er den Arm um sie. Dann hörte sie ihn atmen, und hinterher wusste er nie, worum es in dem Film gegangen war. Einmal im Jahr brachte sie ihn zum Nachmittagstee in die Lansdowne Road mit. Da saßen sie dann in der Küche, und Emily und Edna stellten ihm einen Teller nach dem anderen hin, und obwohl er sich ständig räusperte, brachte er kein Wort heraus, und sein Tee wurde kalt. Wie auch immer, sie sparte zehn Shilling im

Monat fürs Heiraten, und so blieben ihr zwei Pfund, drei Shilling und drei Pence für ihre freien Tage, für ihre Kleidung und alles andere, was sie brauchte, also musste sie aufpassen. Aber immerhin lagen auf der Post fast dreißig Pfund. Über die Zukunft brauchte sie sich keine Gedanken zu machen, das gefiel ihr, und bevor sie heiratete, wollte sie noch ein bisschen was vom Leben sehen. Sie würde bei Pontings herumschauen, dann würde sie in den Kensington Gardens spazieren gehen und sich eine Bank suchen, um in der Sonne zu sitzen. Am Round Pond sah sie gern den Enten und den Spielzeugbooten zu. Danach würde sie im Lyons Tee trinken und zum Schluss in Notting Hill Gate ins Coronet oder ins Embassy gehen, je nachdem, wo ein Film mit Norma Shearer lief. Sie mochte Norma Shearer, weil Ted einmal gesagt hatte, sie sehe ihr ein bisschen ähnlich.

Bei Pontings gab es die Strümpfe im Schlussverkauf, drei Paar für vier Shilling. Es war proppenvoll. Sehnsüchtig betrachtete sie die Ständer mit den Sommerkleidern, die auf drei Shilling reduziert waren. Eines hatte ein Butterblumenmuster und einen Rundkragen, das genau das Richtige für sie wäre – das wusste sie einfach, aber dann kam ihr die gute Idee, bei Barker's nach einem Stoffrest zu gucken und sich selbst eins zu nähen. Sie fand einen hübschen grünen Voile mit einem Muster aus rankenden Rosen – drei Meter für zwei Shilling sechs Pence! Ein Schnäppchen! Edna, die etwas vom Nähen verstand, hatte Schnitte, also brauchte sie keinen zu kaufen. Sechs Pence zu haben oder nicht zu haben war schon ein Shilling, wie ihre Mutter zu sagen pflegte. Als sie schließlich den Round Pond erreichte, war sie müde, und dann wurde sie wohl schläfrig von der Sonne, denn sie döste ein. Danach musste sie einen Herrn nach der Uhrzeit fragen. Am Rand des Teichs trieb sich vor ihr eine Schar zerlumpter Kinder herum mit einem Säugling in einem ramponierten alten Kinderwagen. Sie fischten nach Stichlingen, die sie in ein Marmeladenglas taten. Als der Mann gegangen war, sagte eines von ihnen geziert: »Mein Herr, dürfte ich Sie wohl fragen, wie spät es ist?«, und dann kreischten sie vor

Lachen und äfften den Satz im Singsang nach, nur der Säugling nicht, der hatte einen Schnuller im Mund. »Das ist sehr ungezogen«, sagte sie und merkte, dass sie rot wurde. Aber diese Gören gaben nichts darauf. Ihre, Phyllis', Mutter hätte sie nie in einem solchen Aufzug aus dem Haus gehen lassen.

Sie hatte leichte Kopfschmerzen, und einen Moment dachte sie panisch, sie hätte ihre Regel bekommen. Das wäre zwar vier Tage zu früh, aber wenn, dann müsste sie sofort nach Hause, weil sie nichts dabeihatte. Doch auf dem Weg durch die Gärten zur Bayswater Road überlegte sie, dass es nicht sein konnte, sonst wäre ihre Haut viel schlimmer, und sie hätte mehr als nur den einen Pickel. Phyllis war fast vierundzwanzig und seit gut zehn Jahren in Stellung. Beim ersten Mal – in ihrem ersten Haushalt, wo sie wegen des Bluts weinend zur Haushälterin gelaufen war – hatte Amy ihr bloß gezeigt, wie man die Flanellstreifen faltete, und gesagt, dass jede Frau das bekam, und zwar einmal im Monat. Danach hatte niemand mehr ein Wort darüber verloren, außer Mrs. Cazalet, als sie ihr zeigte, wo im Wäscheschrank die Stoffstreifen aufbewahrt wurden. Aber mehr hatte sie nicht gesagt. Von ihr als Dame hatte Phyllis sowieso nichts anderes erwartet. Und obwohl sie und Edna wussten, wann es bei der anderen so weit war, erwähnten sie es auch nicht, schließlich waren sie in Stellung und wussten, was sich für Damen gehörte. So merkwürdig ihr die ganze Angelegenheit auch vorkam, es musste ja in Ordnung sein, wenn es jeder so ging wie ihr. Die Stoffstreifen wurden in einen Leinenbeutel gesteckt und jede Woche in die Wäscherei gebracht, »Hygienebinden« hießen sie auf der Liste. Natürlich hatte das Personal einen eigenen Beutel. Aber wie auch immer, alles war in Ordnung, und sie trank zwei Tassen Tee und aß dazu ein Rosinenbrötchen, und als sie beim Coronet ankam, ging es ihr viel besser.

~

Nach dem Unterricht blieb Polly zum Lunch bei Louise. Nan und Lydia saßen ebenfalls am Tisch. Zu essen gab es eine dunkelbraune Hackfleischsoße mit dicken weißen Spaghetti. Lydia nannte sie Würmer und bekam eine Ohrfeige, weil ihre Mutter nicht da war, aber sie weinte fast gar nicht, weil sie ihre Reitjacke über Louises ledernen Lesesessel gebreitet hatte, damit sie sie beim Essen anschauen konnte. Louise sprach fast die ganze Zeit über Othello, aber Polly, die sich Gedanken über die Gefühle anderer machte und sah, dass Nan sich nicht besonders für Othello interessierte, fragte sie, an was sie da stricke und wo sie ihren Urlaub verbringen werde. Nan strickte ein rosa Bettjäckchen für ihre Mutter und würde in zwei Wochen nach Woburn Sands in Urlaub fahren. Mit das Schlimmste an dieser noch so minimalen Unterhaltung war, dass Louise ihr anschließend vorwerfen würde, sich bei Nan einschmeicheln zu wollen, dabei stimmte das gar nicht: Sie konnte gut nachvollziehen, dass sich nicht jeder für Othello interessierte.

»Die Beine von Nans Mutter sind schlimm«, sagte Lydia. »Sie muss sie die ganze Zeit hochlegen für den Fall, dass sie abfallen. Sie sind wirklich sehr, sehr schlimm«, ergänzte sie nach kurzem Nachdenken.

»Das genügt, Lydia. Bei Tisch sprechen wir nicht über die Beine anderer Menschen.«

Was nur dazu führt, dass wir alle an sie denken, dachte Polly. Zum Nachtisch gab es Stachelbeerpüree mit Eischaum, was Polly nicht mochte, sich aber nicht zu sagen traute. Lydia waren derartige Bedenken fremd.

»Es riecht nach Kotze«, befand sie, »grünliche grausliche Kotze.« Nan hob sie aus dem Stuhl und zog sie aus dem Zimmer.

»Zum Donnerschlag!«, sagte Louise, die eine Vorliebe hatte für das, was sie für Shakespeare'sche Flüche hielt. »Die arme Lydia. Jetzt darf sie sich auf was gefasst machen.« Und tatsächlich war von oben gedämpftes Heulen zu hören.

»Ich mag keins.«

»Das wundert mich nicht, mir schmeckt es auch nicht besonders. Wir sollten die Wonder Cream fertig machen. Du hast Nan furchtbar Honig um den Mund geschmiert.«

»Das ist gar nicht wahr!«

Nachdem sie die Creme abgefüllt und alle Gläschen etikettiert hatten, brachten sie sie in Louises Zimmer. Danach lagen sie im Garten auf dem Rasen, bis der Eismann mit seinem Dreirad und dem Eiswagen angefahren kam. Jede kaufte sich ein Zitronenwassereis, dann legten sie sich wieder auf den Rasen und unterhielten sich über die Ferien und was sie tun würden, wenn sie groß waren.

»Mummy möchte, dass ich in die Gesellschaft eingeführt werde.«

»Was – du sollst Debütantin werden?« Louise konnte ihre Verachtung kaum verhehlen. »Du willst doch bestimmt einmal einen richtigen Beruf haben, oder nicht?«

»Was könnte ich denn machen?«

»Du kannst ziemlich gut zeichnen. Du könntest Malerin werden.«

»Ich könnte eingeführt werden und dann Malerin werden.«

»So funktioniert das nicht, Polly, ehrlich nicht. Dann musst du auf Bälle gehen, wo lauter dumme Leute herumstehen, und die halten alle ständig um deine Hand an, und du willigst aus reiner Menschenfreundlichkeit ein, einen von denen zu heiraten. Du weißt doch selbst, wie schlecht du Nein sagen kannst.«

»Ich würde niemanden heiraten, den ich nicht liebe.«

»Manchmal reicht nicht einmal das.« Insgeheim dachte sie an John Gielgud und ihre endlosen Träume, ihm auf atemberaubende und tollkühne Weise so oft das Leben zu retten, dass er nicht umhinkonnte, sie zu heiraten. Sie würden in einer Etagenwohnung leben (das Nonplusultra der Eleganz – sie kannte nur eine einzige Familie, die tatsächlich in einer Wohnung lebte) und in allen Stücken die beiden Hauptrollen spielen und zum Dinner Hummer und Mokkaeis essen.

»Arme Lou! Irgendwann kommst du drüber hinweg.«

Louise lächelte ihr trauriges, tapferes, verletzliches Lächeln, das sie vor dem Badezimmerspiegel einstudiert hatte. »Bestimmt nicht. Darüber kommt man nie hinweg.«

»Wahrscheinlich nicht.«

»Ehrlich gesagt gefällt es mir manchmal sogar«, gestand Louise. »Weißt du – mir vorzustellen, wie es wäre. Und ich denke auch nicht ständig dran.« Das kam der Wahrheit fast nahe: Manchmal dachte sie tagelang nicht daran. Ich bin die Art unaufrichtige Person, dachte sie, die es nicht ertragen kann, völlig unaufrichtig zu sein.

Sie sah zu Polly, die auf dem Rücken lag, die Augen vor der Sonne geschlossen. Obwohl Polly erst knapp dreizehn war, also ein Jahr jünger, wirkte sie nicht so. Sie war ausgesprochen direkt und ohne jeden Arg. Taktlos, wurde es oft genannt. Wenn man sie fragte, was sie dachte, sagte sie es – wenn sie es denn wusste. Aber wegen ihrer Aufrichtigkeit, die sie bisweilen quälte, war sie oft unentschlossen. Wenn man sie etwa fragte, ob sie es aushalten könne, eine Weile in einem U-Boot zu verbringen, ob sie ihr Pony erschießen könnte, falls es sich das Bein brach, oder ob sie, wenn sie eine Spionin wäre und gefasst würde, für ihre Heimat sterben könnte, ohne etwas zu verraten, dann sah sie einen aus ihren ziemlich kleinen dunkelblauen Augen an, und auf ihrer milchweißen Stirn bildeten sich Fältchen, während ihr Blick einen immer wieder streifte und sie mit der Wahrheit rang – häufig vergeblich. »Ich weiß es nicht«, sagte sie dann oft. »Ich wünschte, ich wüsste es, aber ich bin mir nicht sicher. Jedenfalls nicht so sicher, wie du es bist.« Insgeheim wusste Louise allerdings genau, dass sie selbst ihre Entscheidungen je nach Laune traf und dass Pollys Unentschiedenheit im Grunde ernsthafter war. Das ärgerte sie, aber sie hatte deswegen auch etwas Respekt vor Polly. Nie bestimmte sie, nie setzte sie sich in Szene, wie Nan es nannte, und oft konnte sie den Wald vor lauter Bäumen nicht sehen. Außerdem war sie unfähig zu lügen, bei was auch immer. Louise log nicht direkt – das galt in der Familie Cazalet als schweres Verbrechen –, aber einen

Großteil der Zeit verkörperte sie andere Menschen, und die dachten verständlicherweise anders als Louise und sahen Dinge auch anders, also zählte es nicht, was sie in der Zeit sagte. Als Schauspielerin war diese Art Flexibilität schlicht notwendig. Aber obwohl Polly sie manchmal wegen ihrer wechselhaften Reaktionen aufzog und sie wiederum Polly aufzog, weil sie so ernsthaft war und sich nicht entscheiden konnte, gingen sie in ihren Sticheleien nie zu weit. Ihrer beiden schlimmsten, realsten Ängste waren tabu: Louise litt entsetzlich unter Heimweh (sie konnte nirgendwo bleiben außer bei der Familie, und ihr graute bei der Vorstellung, auf ein Internat geschickt zu werden), und Polly fürchtete sich davor, dass wieder ein Krieg ausbrechen könnte und sie alle vergast würden, allen voran ihr Kater Pompey, der, als Katze, kaum eine Gasmaske bekommen würde. Bei dem Thema kannte Polly sich bestens aus. Ihr Vater besaß viele Bücher über den Krieg, er war dabei gewesen, hatte eine Hand verloren und war mit über hundert Granatsplittern im Leib heimgekehrt, die sich nicht entfernen ließen, und er bekam immer wieder furchtbare Kopfschmerzen – die schlimmsten auf der Welt, sagte ihre Mutter. Und alle Männer auf dem Foto, das auf seiner Kommode stand – lauter Soldaten in gelblichen, schlotternden Uniformen –, waren tot, bis auf ihn. Polly hatte seine ganzen Bücher gelesen und ihm beiläufig kleine Fangfragen gestellt. Die bewiesen ihrer Ansicht nach, dass alles, was sie gelesen hatte – das Schlachten, der endlose Schlamm und der Stacheldraht, die Granaten und Panzer und ganz besonders das entsetzliche Giftgas, das Onkel Edward irgendwie überlebt hatte –, wirklich stimmte: ein echter, ununterbrochener Albtraum, der mehr als vier Jahre gedauert hatte. Wenn es wieder einen Krieg gäbe, könnte er nur noch schlimmer werden. Schließlich sagten die Leute immer wieder, dass die Schlachtschiffe, die Flugzeuge, die Waffen und alles, was ihn schlimmer machen konnte, durch technische Entwicklungen verbessert worden waren. Also würde der nächste Krieg doppelt so entsetzlich sein und doppelt so lange dauern. Ganz insgeheim beneidete sie Louise, die nur vor dem

Internat Angst hatte: Schließlich war sie schon vierzehn, und in zwei oder drei Jahren würde sie zu alt dafür sein. Aber für den Krieg war niemand zu alt oder zu jung.

Louise fragte: »Wie viel Taschengeld hast du?«

»Weiß ich nicht.«

»Schau mal nach.«

Gehorsam öffnete Polly den Reißverschluss der kleinen Lederbörse, die sie an einer Schnur um den Hals trug. Ein paar Münzen und einige eher graue Zuckerwürfel fielen ins Gras.

»Du solltest den Pferdezucker nicht zusammen mit dem Geld aufbewahren.«

»Ich weiß.«

»Wahrscheinlich ist er mittlerweile schon giftig.« Louise setzte sich auf. »Wir könnten in die Church Street gehen, und danach könnte ich dich nach Hause begleiten und zum Nachmittagstee bleiben.«

Beide liebten die Church Street, insbesondere das obere Ende in der Nähe von Notting Hill Gate, wenn auch aus unterschiedlichen Gründen. Louise trieb sich immer in der Zoohandlung herum, die einen schier unbegrenzten Vorrat an begehrenswerten Lebewesen bereithielt: Grasschlangen, Molche, Goldfische, Schildkröten, riesige weiße Kaninchen, und dann die Tiere, die sie sich wünschte, aber nicht haben durfte – alle möglichen Vögel, Mäuse, Meerschweinchen, kleine Katzen und Hunde. Polly hatte manchmal keine Lust zu warten, während Louise alles bestaunte, und wenn es ihr zu langweilig wurde, ging sie nach nebenan. Dort gab es einen Trödelladen, der sich bis auf den Bürgersteig ausdehnte und alles Mögliche feilbot, von gebrauchten Büchern bis hin zu Porzellan, Seifensteinen, Elfenbein, Holzschnitzereien, Perlen und Möbelstücken, manchmal auch Gegenstände, deren Sinn und Zweck sich einem nicht erschloss. Die beiden Männer in dem Laden waren wenig hilfsbereit: Der Vater lag fast ausschließlich auf einer verblichenen roten Samt-Chaiselongue und las in der Zeitung, der Sohn saß in einem vergoldeten Sessel, die Füße auf einen gewaltigen Schaukasten mit ausgestopften Hechten gelegt, aß Kokosbrötchen und trank Tee. »Damit werden Handschuhe gedehnt«, sagte der Vater, wenn man ihn fragte; der Sohn wusste nie etwas. An diesem Tag entdeckte Polly zwei sehr hohe blau-weiße Kerzenleuchter, zwar ziemlich rissig und bei einem fehlte oben ein Stück, aber sie fand sie trotzdem wunderschön. Und dann gab es noch einen Keramikteller mit blauen und gelben Blumen darauf, ein dunkles Ritterspornblau und Sonnengelb, und mit ein paar grünen Blättern – fast der schönste Teller, den sie je gesehen hatte. Die Kerzenleuchter kosteten sechs Pence, der Teller vier: Das war zu viel.

»An dem fehlt etwas«, sagte Polly und deutete auf die Stelle.

»Das ist Delfter Keramik.« Der Vater legte seine Zeitung beiseite. »Wie viel hast du denn?«

»Siebeneinhalb Pence.«

»Dann musst du dich entscheiden. Dafür kann ich die Stücke nicht hergeben.«

»Um wie viel würden Sie sie denn hergeben?«

»Neun Pence ist mein bester Preis. Der Teller ist portugiesisch.«

»Ich frage schnell meine Freundin.«

Sie lief in die Zoohandlung, wo Louise in ein ernstes Gespräch vertieft war. »Ich kaufe einen Wels«, verkündete sie. »Den wollte ich immer schon haben, und der Mann sagt, dass jetzt eine gute Zeit dafür ist.«

»Kannst du mir ein bisschen Geld borgen? Nur bis Samstag?«

»Wie viel?«

»Eineinhalb Pence.«

»In Ordnung. Allerdings kann ich jetzt nicht zum Tee zu dir mitkommen, weil ich meinen Wels nach Hause bringen möchte.« Der Fisch schwamm in einem Marmeladenglas, das der Mann mit einer Schnur als Henkel versehen hatte. »Ist er nicht putzig? Schau dir nur seine hübschen kleinen Barteln an.«

»Putzig.« Polly gefielen sie zwar nicht besonders, aber sie wusste, dass Geschmäcker verschieden waren.

Sie ging in ihren Laden zurück und gab dem Mann neun Pence,

und er wickelte den Teller und die Leuchter nachlässig in eine zerlesene Zeitung.

»Ach, Polly! Ständig kaufst du dir Porzellan. Was willst du nur mit den ganzen Sachen machen?«

»Die sind für mein Haus, wenn ich groß bin. Ich habe noch lange nicht genug. Ich kann noch Unmengen kaufen. Die Kerzenleuchter sind Delft«, fügte sie hinzu.

»Wirklich? Meinst du van Meer? Schauen wir mal. Wenn sie gewaschen sind, sehen sie besser aus.«

»Ich weiß.« Sie konnte es kaum erwarten, nach Hause zu kommen und alles abzuspülen.

Sie trennten sich. »Bis morgen.«

»Ich hoffe, du bringst deinen Wels gut nach Hause.«

»Und wann fährst du nach Sussex?«

Villy, die es ihrer Mutter bereits mindestens dreimal gesagt hatte, antwortete mit übertriebener Geduld: »Am Freitag.«

»Aber das ist ja übermorgen!«

»Ja, Mummy, das habe ich dir aber schon gesagt.«

Ohne zu versuchen, ihre Ungläubigkeit zu verbergen, sagte Lady Rydal: »Das habe ich wohl vergessen.« Mit einem Seufzen rutschte sie in ihrem monströsen Sessel ein wenig hin und her und biss sich auf die Unterlippe. Damit wollte sie Villy zeigen, dass sie Schmerzen litt, aber auch, dass sie sie still erduldete, was Villys Ansicht nach zudem eine Ahnung davon vermitteln sollte, wie viele weitere Dinge sie still erduldete. Sie war eine schöne und ziemlich theatralische alte Frau. Aufgrund ihrer Arthritis gepaart mit einer gewissen viktorianischen Indolenz (beim ersten Hüftstechen hatte sie sich in ihren Sessel begeben und kam seitdem nur noch einmal am Tag aus dem ersten Geschoss herunter und ging dann, gestützt auf einen kräftigen Stock mit Gummispitze, zum Lunch und zum Dinner ins Speisezimmer) war sie nicht nur ziemlich in die Breite gegangen, sondern litt auch an chronischer Langeweile. Allein ihr Gesicht hatte sich sein autokratisches und bezwingendes Aussehen bewahrt: die vornehme Stirn, die großen Augen, deren ursprüngliches Vergissmeinnichtblau ein wenig verblasst war, die kleinen Rundungen ihres Porzellanteints, die ein Netz feiner Fältchen drapierte und festigte, die fein gemeißelten Burne-Jones-Lippen – all das zeugte von ihrer ehemaligen Schönheit. Ihr Haar war mittlerweile silberweiß, und sie trug immer große Ohrhänger – Perlen und Saphire –, die schwer an ihren Ohrläppchen zogen. Tag für Tag saß sie dort, prangte wie ein prächtiges Schiffswrack auf ihrem ausladenden Sessel und verschmähte die zaghaften kleinen Rettungsversuche, die ihre Kinder unternahmen, wie etwa Villy soeben mit ihrem Besuch. Sie konnte nichts tun, wusste aber genau, wie alles gemacht werden sollte. Ihre Vorstellungen über die Führung ihres Haushalts, über Mahlzeiten und Blumen waren sowohl originell als auch gut, doch in ihren Augen gab es keinen Anlass mehr, der ihrer Mühe würdig gewesen wäre, und die Extravaganz und Munterkeit, an die Villy sich erinnerte, waren mittlerweile unter einer Patina aus Selbstmitleid verborgen. Lady Rydal betrachtete ihr Leben als Tragödie. Durch ihre Verbindung mit einem Musiker hatte sie unter ihrem Stand geheiratet, doch als sie Witwe wurde, war dieser Familienstand alles andere als nichtig – schwarze Trauerkleidung, und im Salon waren die Rollos noch immer halb herabgelassen, obwohl er seit zwei Jahren tot war. Ihrer Ansicht nach hatte keine ihrer Töchter eine gute Partie gemacht, und die Gattin ihres Sohnes genügte nicht ihren Erwartungen. Für Freundschaften war sie zu ehrfurchtgebietend, und selbst ihre beiden treuen Bediensteten wurden nur beim Nachnamen genannt. Villys Meinung nach blieben sie einzig aus Respekt und aus Zuneigung für den verstorbenen Hausherrn bei ihr, aber Trägheit war ansteckend und erfüllte das ganze Haus: Uhren tickten matt, Schmeißfliegen summten an den Schiebefenstern und sanken betäubt herab. Villy glaubte, dass sie etwas sagen oder tun müsste, sonst würde sie einschlafen.

»Erzähl mir, was es Neues bei euch gibt.« Das war einer von Lady Rydals beliebten Eröffnungszügen und schwer zu beantworten, denn sie vermittelte bemühte Weitläufigkeit bei gleichzeitig abwesender Wissbegier. Villy (oder wer immer die befragte Person war) konnte entweder Antworten geben, die ihre Mutter unverkennbar langweilten, oder sie sprach von Dingen, die eines der beträchtlichen Vielzahl von Themen berührten, welche Lady Rydal missbilligte. Sie verurteilte jeden Verweis auf Religion, wenn nicht sie selbst ihn machte (Frivolität), sie erachtete Politik als unschickliches Thema für eine Dame (Margot Asquith und Lady Astor gehörten nicht zu den Personen, die sie zu sich einladen würde), jede Erörterung des Privatlebens der königlichen Familie galt ihr als vulgär (sie war vermutlich die einzige Person in London, die von Anbeginn der Affäre Edward VIII. nie mehr erwähnt und Mrs. Simpsons Namen kein einziges Mal in den Mund genommen hatte), und jede Äußerung über den Körper – sein Aussehen, seine Bedürfnisse und, am schlimmsten, seine Triebe – war völlig tabu (selbst die Gesundheit erwies sich als heikel, denn für Frauen gestatteten sich nur bestimmte Leiden). Wie meist griff Villy auf die Kinder zurück, von denen sie ihrer Mutter berichtete, während Bluitt, das Dienstmädchen, den Tee abräumte. Damit hatte sie immerhin Erfolg: Lady Rydal lächelte nachsichtig, als Villy ihr von Lydias Mätzchen bei Daniel Neal erzählte, sie ließ sich Teddys letzten Brief aus dem Internat vorlesen und erkundigte sich angelegentlich nach Louise, die sie besonders ins Herz geschlossen hatte. »Ich muss sie sehen, bevor sie aufs Land verschwindet. Sag ihr, sie soll mich anrufen, damit wir einen Termin für ihren Besuch vereinbaren können.«

Auf der Rückfahrt im Taxi dachte Villy, dass das schwierig werden würde, schließlich waren sie nur noch zwei volle Tage hier, ehe sie nach Sussex fuhren.

Edward hatte Bracken einstweilen entlassen, nachdem der ihn mittags vom Club zum Büro zurückgefahren hatte. Jetzt holte er bei Miss Seafang, seiner Sekretärin, die Wagenschlüssel ab, bestückte sein silbernes Zigarettenetui aus dem dank ihrer Umsicht stets gefüllten Ebenholzkästchen auf seinem riesigen Schreibtisch und sah auf die Uhr. Kurz nach vier – reichlich Zeit für Tee, wenn ihm der Sinn danach stand. Das Vorstandstreffen war abgesagt worden, weil der alte Herr schon nach Sussex fahren wollte und Hugh wieder einmal seine Kopfschmerzen hatte. Ohne den Aufbruch des alten Herrn hätte die Besprechung stattgefunden, und Hugh hätte mit bleichem Gesicht und zusammengekniffenen Augen schweigend dabeigesessen und nur hastig allen Vorschlägen zugestimmt. Seine Kopfschmerzen durften um keinen Preis erwähnt werden. Beim geringsten Anzeichen von Besorgnis reagierte er zuerst gereizt und dann wütend, also wurde kein Wort darüber verloren, und Edward bekam ein noch schlechteres Gewissen. Er liebte seinen Bruder, und er fühlte sich wie ein Schuft, weil er selbst den Krieg mit heiler Haut überstanden hatte, während sein Bruder mit derart entsetzlichen gesundheitlichen Folgen kämpfen musste.

Miss Seafang steckte, adrett wie immer, den Kopf zur Tür herein. »Mr. Walters wäre dankbar, wenn Sie einen Moment Zeit für ihn hätten, Mr. Edward.«

Er sah noch einmal auf die Uhr und empfand unvermittelt Vorfreude und Überraschung. »Guter Gott! Sagen Sie ihm, dass er bis Montag warten soll, ja? Ich bin sowieso schon spät dran für einen Termin. Er soll doch am besten gleich Montagmorgen kommen.«

»Das richte ich ihm aus.«

»Was würde ich ohne Sie tun!« Er schenkte ihr ein charmantes Lächeln, nahm seinen Hut und ging.

Den gesamten Heimweg, erst in der U-Bahn und dann im Bus, ging Miss Seafang diese Bemerkung in Gedanken immer wieder durch, schwelgte in diesem Lächeln und überhöhte es, bis es zum Lächeln seiner (natürlich vollkommen unschuldigen) Verehrung wurde. Er verstand sie und erkannte ihren wahren Wert, was niemand je zuvor getan hatte – im Gegenteil, ihr Wert war so sehr verunstaltet worden, dass die drögen Details sie gar nicht interessierten: ihre Zuverlässigkeit, ihr Händchen fürs Backen und ihre Beliebtheit bei ihren Neffen und Nichten.

~

Es ging weniger darum, ob ihm wirklich der Sinn danach stand, Denise zum Tee zu besuchen, vielmehr war es eine Frage des Anstands, überlegte sich Edward, als er von der City nach Westen fuhr. Er hatte der Armen noch nichts von seinem Urlaub erzählt, denn er wusste, dass sie dann unglücklich wäre, und er mochte es nicht, wenn sie unglücklich war. Und wenn Villy in der kommenden Woche dann in Sussex war, würde Denise erwarten, dass er mehr Zeit hätte, doch das traf ganz und gar nicht zu. In solchen Fällen rückte die Familie zusammen, und bis auf einen Abend in seinem Club waren Dinnerpartys für ihn arrangiert worden. Deswegen wäre es also wirklich besser, wenn er sie jetzt besuchte. Kleine Wogen von Verantwortungsgefühl und Aufregung stiegen gleichmäßig verteilt in ihm auf: Er zählte sich zu den glücklichen Menschen, denen es tatsächlich Freude bereitete, das Richtige zu tun.

~

Denise lag in einem schwarzen Nachmittagskleid mit breiter roter Schärpe in ihrem grünen Salon auf dem Sofa. Als ihr Dienstmädchen ihn ankündigte, sprang sie auf.

»Edward! Himmlisch, dass du kommst! Du kannst dir gar nicht vorstellen, wie langweilig mir war!«

»Du siehst nicht aus, als wäre dir langweilig.«

»Nun ja – auf einmal ist das Gefühl verflogen.« Sie streifte seine Wange mit den Fingern – ihre Nägel waren in der Farbe ihrer Schärpe lackiert. Ein Hauch Cuir de Russie stieg ihm in die Nase. »Tee? Oder Whisky?«

»Ich glaube nicht …«

»Schatz, du musst etwas trinken, sonst findet Hildegard das merkwürdig.«

»Also gut, Whisky. Ungewöhnlicher Name für ein Dienstmädchen.«

»Sie ist Deutsche, der Name ist also nichts Besonderes. Sag halt!«

»Ich meinte wohl eher, dass es ungewöhnlich ist, ein deutsches Dienstmädchen zu haben.«

»Ach – in der Agentur gab es mengenweise. Sie kosten nicht mehr, aber sie arbeiten mehr. Viele Leute haben jetzt eines.«

Es entstand eine Pause. Edward trank einen Schluck von seinem Whisky, und dann fragte er – nicht weil es ihn interessierte, sondern weil er diesen Schritt bei der ganzen Sache immer etwas heikel fand: »Was hast du denn gerade gelesen?«

»Die neue Angela Thirkell. Sehr unterhaltsam, aber ich wette, du liest keine Romane, Liebling, oder?«

»Ehrlicherweise muss ich zugeben, dass du recht hast.« Wenn er ganz ehrlich war, las er grundsätzlich keine Bücher, aber zum Glück stellte sie ihm die Frage nicht, und so gesellte sich diese Halbwahrheit zu allem anderen, was sie nicht über ihn wusste. Je länger sie sich kannten, desto mehr derartige Dinge gab es.

Sie hatte sich wieder aufs Sofa drapiert. Von dort, wo er stand, sah er auf ihren hübschen Nacken, den ihr volles kurzes Haar noch betonte …

»Meinst du, wir könnten vielleicht nach oben gehen?«

»Auf den Vorschlag habe ich nur gewartet.«

Mit ihr zu schlafen war großartig – sie gab sich passiv, war im Grunde aber leidenschaftlich. Angezogen wirkte ihr Körper eher mädchenhaft, doch nackt offenbarte er eine überraschende Üppigkeit. Edward sagte ihr, sie sehe ohne Kleider am besten aus, aber das kam gar nicht gut an. »Das klingt, als wäre ich ein Flittchen!«, und Tränen traten in ihre großen hellgrauen Augen. Allerdings hatten die womöglich nichts mit seiner Bemerkung zu tun, denn als Nächstes sagte sie: »Ich habe gehört, dass du in Urlaub nach Sussex fährst.« Ja, antwortete er, wer ihr das denn erzählt habe? »Ich habe beim Friseur zufällig Villy getroffen. Das ist über eine Woche her, und du hast es mir immer noch nicht gesagt!« Er erklärte, wie ungern er ihr Kummer bereite. »Willst du damit sagen, du wärst weggefahren, ohne mir Bescheid zu geben?« Und damit begann sie ernsthaft zu weinen. Er nahm sie in den Arm und wiegte sie und besänftigte sie, natürlich nicht, natürlich nicht, hielte sie ihn wirklich für derart gemein? Natürlich werde er derlei nie tun, und es seien ja nur zwei Wochen. »Ich liebe dich ganz schrecklich.« Das wusste er. Er schlief ein zweites Mal mit ihr, und das tröstete sie offenbar ein wenig. »Es ist schon etwas Ernstes, oder nicht?«, fragte sie, und nachdem er ihr mehr oder minder zugestimmt hatte, erinnerte er sie daran, dass er nie etwas tun werde, das Villy, die er auch liebe, verletze. »Und sie ist deine Frau.« Außerdem gebe es schließlich noch Nigel, ein grundguter Kerl, der sie abgöttisch liebe, wie jedermann wisse, und dann sah er wieder auf seine Uhr, damit er leichter sagen konnte, er müsse gehen – guter Gott, es sei ja schon so spät, jetzt müsse er aber wirklich gehen. Und das tat er auch, versprach aber, sich in der kommenden Woche zu melden, obwohl sie die reine Hölle werde, aber er versuche sein Bestes.

Langsam ging Polly die Church Street entlang nach Hause. Das alte Zeitungspapier flatterte schlaff um ihre Kerzenleuchter. Es war ein wunderschöner, sonniger Abend, der Himmel schimmerte blau, aber ein sanftes Blau, und die Menschen sahen sommerlich aus. Die Lüster in Mrs. Cricks Geschäft glänzten wie verzaubert in ausgefallenen, überirdischen Blau- und Grüntönen. Polly fragte sich, wer wohl so etwas kaufte: Nie sah sie jemanden mit einem Lüster in der Hand das Geschäft verlassen, also vermutete sie, dass Dienstboten sie früh am Morgen für die Paläste abholten. Vor dem Milchladen standen riesige metallene Milchkannen, innen war er wunderschön grün-weiß und cremefarben gekachelt. Polly hatte sich überlegt, dass sie in ihrem Haus genau einen solchen Raum haben wollte – nicht als Milchladen, sondern als kleinen Raum, in dem sie sitzen und malen konnte. Louise hatte gemeint, sie solle doch Kröten dort halten, das wäre schön kühl für sie, aber Polly wollte in ihrem Haus nur Katzen – eine weiße und eine schwarz-weiße Zauberkatze mit ganz langen Schnurrhaaren. Denn bis dahin würde Pompey tot sein. Er war schon ziemlich alt – mindestens acht, hatte der Tierarzt gesagt – und viermal von Autos angefahren worden: Sein Schwanz war an der Spitze gebrochen und hing in einem komischen Winkel herab, und für eine Katze bewegte er sich ziemlich steif. Immer wieder nahm sie sich vor, nicht daran zu denken, dass er sterben würde, aber andere Gedanken führten dazu, und dann bekam sie einen Kloß im Hals, und ihr wurde ganz heiß. Er konnte auch weitere acht Jahre leben, aber selbst dann würde sie noch kein eigenes Haus haben. Sie hatte schon dreiundzwanzig Pfund, vierzehn Shilling und sechs Pence dafür gespart, aber ein Haus kostete Hunderte, und sie würde schon jemandem das Leben retten oder ein ganz großartiges Bild malen oder im Sommer einen Schatz im Garten ausgraben müssen, um sich so etwas leisten zu können. Oder sie müsste eins bauen. Und im Garten würde Pompey sein Grab haben. Mittlerweile war sie in die Bedford Gardens abgebogen und fast zu Hause angelangt. Sie wischte sich die Augen an einer Ecke des Zeitungspapiers ab. Es roch nach Fish and Chips, und sie wünschte, sie hätte es nicht getan.

Sie musste die Leuchter und den Teller abstellen, um aufzuschließen. Von der Haustür gelangte sie direkt in den lang gestreckten Salon. Mummy spielte Rachmaninow – ein Präludium –, sehr laut und schnell, und so setzte sich Polly still hin, bis sie aufhörte. Sie kannte das Stück, Mummy übte es immer und immer wieder. Neben dem Sofa stand ein Tablett mit dem Nachmittagstee, aber noch unberührt: Sandwiches mit Anchovispaste und ein Kaffeekuchen. Polly wusste, dass es als unmusikalisch galt, jetzt etwas zu essen, und das durfte sie nach Ansicht ihrer Mutter um keinen Preis sein, also wartete sie. Dann war das Stück zu Ende. »Ach, Mummy, du machst wirklich Fortschritte!«, sagte sie.

»Findest du? Ein bisschen besser bin ich schon geworden, oder?«

Ihre Mutter stand vom Klavier auf und schleppte sich durch den Raum zu Polly und dem Teetablett. Sie war erschreckend dick – nicht alles an ihr, nur ihr Bauch: In ein paar Wochen sollte Polly ein Brüderchen oder Schwesterchen bekommen.

»Soll ich dir Tee einschenken?«

»Ja, bitte, mein Schatz.« Sie ließ sich aufs Sofa sinken. Sie trug ein salbeigrünes Leinenkleid, das ihre Schwangerschaft nicht zu verbergen suchte.

»Wie geht es dir?«

»Ich bin ein bisschen müde, aber doch, mein Schatz, es geht mir gut. War heute euer letzter Tag?«

»Nein, der ist morgen. Aber wir haben heute *Othello* fertig gelesen. Geht ihr heute Abend aus?«

»Das habe ich dir doch gesagt. In die Queen's Hall. *Othello* ist eine ungewöhnliche Wahl für Kinder in eurem Alter. Der *Sommernachtstraum* wäre meiner Meinung nach viel passender.«

»Wir lesen alle Stücke von ihm, Mummy, also kommen wir automatisch zu den ungewöhnlichen. Louise hat sich das ausgesucht. Wir dürfen uns doch immer aussuchen, was wir als Nächstes lesen.«

Schon komisch, dass man bei Erwachsenen alles ständig wiederholen musste. Vielleicht hatten Babys, wenn sie zur Welt kamen, deswegen einen so großen Kopf: Der blieb gleich groß, während das restliche Baby wuchs. Das Gehirn hatte also immer nur gleich viel Platz, um sich Dinge zu merken. Und das bedeutete, je älter man wurde, desto mehr vergaß man. Aber was immer Mummy sagte, sie war eindeutig müde, unter den Augen hatte sie bläuliche Flecken, ihr Gesicht war grünlich weiß, und ihr Bauch sah unter dem Kleid aus wie ein Ballon. Vielleicht wäre es besser, wenn Babys wie Eier wären, andererseits hatten Menschen nicht die richtige Form, um auf ihnen zu brüten. Wahrscheinlich könnte man es mit Wärmflaschen probieren …

»Polly! Jetzt habe ich dich schon zum zweiten Mal gefragt! Was ist in dem schmutzigen Zeitungspapier?«

»Ach, nur ein paar Sachen aus dem Geschäft neben der Zoohandlung.«

»Was denn genau?«

Polly wickelte den Teller aus und zeigte ihn her, dann wickelte sie die Kerzenleuchter aus und zeigte die her. Nichts davon fand große Zustimmung, was sie schon gewusst hatte.

»Ich kann überhaupt nicht verstehen, weshalb du dir ständig dieses alte Zeug kaufst. Was willst du nur damit?«

Polly konnte nicht lügen, also gab sie keine Antwort darauf.

»Ich meine, *ich* habe nichts dagegen, mein Schatz, aber dein Zimmer steht voller Plunder. Wozu brauchst du das alles?«

»Mir gefallen sie, und ich brauche ein paar Sachen, die mir gehören, für wenn ich groß bin. Louise hat sich einen Wels gekauft. Überhaupt, was hast du dir gekauft, als du in meinem Alter warst?«

»›Überhaupt‹ verwendet man nicht in dem Zusammenhang, Polly, das gehört sich nicht.«

»Entschuldigung.«

»Ich habe Möbel für mein Puppenhaus gekauft. Das Haus, mit dem du nie spielst.«

»Doch, Mummy, ich habe schon damit gespielt, wirklich.« Sie hatte versucht, das Puppenhaus zu mögen, aber bei dem war alles schon fertig, sie konnte nur dieselben alten Möbel und dasselbe alte Teeservice von einem Platz an den anderen stellen. Selbst die

Puppen hatten schon Namen, also bekam sie, Polly, gar nicht das Gefühl, dass sie ihr gehörten.

»Und ich habe es all die Jahre eigens für meine Tochter aufgehoben.«

Sie blickte Polly so traurig an, dass diese es nicht ertragen konnte.

»Vielleicht wird es dem neuen Baby gefallen.«

»Apropos – darüber wollte ich mich kurz mit dir unterhalten.«

Eine halbe Stunde später stapfte Polly mit ihren neuen Schätzen in ihr Zimmer hinauf. Ihr Zimmer! Aus dem sie wegen des blöden Babys rausgeworfen wurde. Das war es nämlich gewesen, worüber Mummy mit ihr sprechen wollte. Es war der größte, sonnigste Raum im obersten Stockwerk, und jetzt sollten irgendeine grauenhafte Nanny und das Baby es bekommen, und sie wurde in das kleine Hinterzimmer abgeschoben. Da gab es so gut wie gar keinen Platz, egal wofür. Außerdem konnte sie dann den Lampenanzünder und den Postboten und den Milchmann nicht mehr sehen, und ihre Freundinnen auch nicht. Sie würde hinten im Haus sitzen mit nichts als Schornsteinen vorm Fenster. Simon musste das Zimmer im Dachgeschoss behalten, weil er ein Junge war (was, in aller Welt, hatte das damit zu tun?). Und es ging ja nicht nur um sie, es ging auch um Pompey, von dem man nun wirklich nicht erwarten konnte, dass er das verstand. »Es ist einfach nicht gerecht«, murrte sie. Das war so richtig und so schrecklich, dass ihr die Tränen kamen. Simon war fast nie da, sondern im Internat, also wozu brauchte er ein Zimmer mit schrägen Decken und süßen kleinen Fenstern? Da könnten sie und Pompey genauso gut gleich im Wäscheschrank leben. Kein Wunder, dass Mummy sich wegen ihres Porzellans aufgeregt hatte. Das Gästezimmer – und etwas anderes war es nicht – war einfach viel zu klein. Und was machte ein Gast? Er verschwand nach ein paar Tagen wieder. Das sollte sie wohl auch. Bei dem Gedanken begann sie zu schluchzen. Genau das war der Grund – sie war in der Familie nicht erwünscht. Sie ließ sich auf den Boden neben Pompey fallen, der schlafend in einem Kleiderkarton auf einer Decke lag, die sie in ewig langer Arbeit für ihn gestrickt hatte. Als sie ihn weckte, um ihm die Neuigkeit mitzuteilen, öffnete er die Augen und verengte sie gleich wieder vor Wonne, während er sich wohlig unter ihrer Hand räkelte. Doch als sie sich an ihm ausweinen wollte, nieste er und stand auf. Ihr war schon früher aufgefallen, dass die Gefühle von Menschen ihn eher kaltließen. Wenn sie nur einen richtigen Garten hätten, gäbe es eine Schubkarre, und dann könnte sie ihre ganzen Sachen aufladen und zu Louise ziehen, deren Zuhause sowieso viel größer war. Sobald ihre Eltern ins Konzert gegangen waren, würde sie bei Louise anrufen und fragen, ob sie deren Schubkarre borgen könnte. Sie hörte die Haustür gehen, und das bedeutete, dass Dad heimkam.

Normalerweise saß Hugh Cazalet selbst am Steuer. Wenn er im Wagen las, taten ihm die Augen weh, und ohne Ablenkung ärgerte er sich mit einem unterschiedlichen Grad nervlicher Anspannung über die Fahrweise des Chauffierenden. Heute allerdings hatte er kurz vor dem Lunch wieder einmal seine Kopfschmerzen bekommen, konnte den Termin aber nicht absagen, da sowohl Edward als auch der alte Herr selbst Verabredungen hatten und nicht an seiner Stelle mit dem Kunden – einem aufstrebenden Architekten, der von der Handelskammer (nach Hughs Meinung etwas zu viele) Aufträge bekam – essen gehen konnten. Also fuhr er im Taxi zum Savoy und aß mit einem wildfremden Menschen – den er nicht besonders sympathisch fand, wie er bald feststellte – einen Lunch, in dem er nur herumstocherte. Diesem Boscombe gelang es, sich anmaßend zu geben und ihn gleichzeitig Sir zu nennen, sodass Hugh sich wie ein alter Kauz vorkam, obwohl sein Gegenüber höchstens sechs oder sieben Jahre jünger war. Außerdem trug er eine Fliege – die für Hugh ausschließlich zum Smoking infrage kam – und hellbraun-weiße Schuhe. Insgesamt hatte er etwas von einem Gauner an sich. Aber er suchte nach Furnieren für die Aufzüge eines großen Bürogebäudes, das er entworfen hatte – oder dessen Bau er zumindest beaufsichtigte –, und die Firma Cazalet hatte eine unvergleichliche Vielfalt an Harthölzern im Angebot, die zu verkaufen Hughs Aufgabe war. Das Essen belebte seine Geister, aber die Getränke stellten ein Problem dar. Die Höflichkeit gebot, dass er mit seinem Gast trank: einen trockenen Sherry vor dem Essen, von dem er (wie üblich und irrigerweise) glaubte, er würde ihm guttun, etwas weißen Burgunder zum Fisch und Portwein zum Käse. Den Portwein konnte er umgehen, aber da hämmerte ihm bereits der Kopf. Man vereinbarte einen Termin für die Besichtigung der Lagerhallen, wo Boscombe größere Muster als zehn mal zehn Zentimeter sehen konnte. Schließlich und endlich durfte Hugh die Rechnung unterschreiben und sich verabschieden. Ein zweites Taxi, dann war er wieder im Büro und konnte noch ein paar seiner Pillen nehmen. Er bat Mary, seine Sekretärin, alle Anrufe für ihn entgegenzunehmen und ihn bis zur Konferenz – angesetzt um fünfzehn Uhr dreißig – nicht zu stören, legte sich auf das Chesterfield in seinem Büro und schlief sofort ein.

Mary weckte ihn mit einer willkommenen Tasse Tee und der noch willkommeneren Nachricht, dass die Konferenz abgesagt worden sei. »Mrs. Cazalet rief an, um Sie an das Konzert heute Abend zu erinnern. Und, ach ja, Mr. Cazalet senior sagte, dass Carruthers Sie nach Hause fährt.«

Er dankte ihr kühl, und sie ging. Dank der Buschtrommeln im Büro wussten also alle schon wieder Bescheid, und alle behandelten ihn wie einen Greis, nur weil er ein bisschen Kopfschmerzen hatte. Seine Wut und sein Gefühl von Demütigung wegen seines elenden Körpers entluden sich auf jeden, der seine Schwäche anzuerkennen wagte: sein Vater, der sich erdreistete, ihm einen Chauffeur zu besorgen, seine Sekretärin, die aller Welt mitteilte, dass er ein Nickerchen machte. Warum konnte die dumme Frau nicht einfach den Mund halten? Wenn er nicht selbst fahren wollte, könnte Edward ihn nach Hause mitnehmen, und dann würden er und Sibyl mit dem Taxi ins Konzert kommen. Zur Beruhigung zündete er sich eine Gold Flake an und ging zum Schreibtisch, um bei Edward durchzurufen. Doch Edward war nicht mehr da, wie seine Sekretärin ihm erklärte; er sei vor einer halben Stunde gegangen. Auf seinem Schreibtisch stand ein Foto von Polly und Simon. Simon in seiner grauen Schuluniform mit kurzer Hose und Hemd blickte tapfer lächelnd in die Kamera, auf seinen vernarbten Knien hielt er eine Modellbau-Jacht. Aber Polly – seine geliebte Polly – saß mit gekreuzten Beinen im langen Gras, den Blick nicht auf ihren Bruder, sondern in die Ferne gerichtet. Sie trug ein ärmelloses Kleid, das ihr etwas über die knochige Schulter gerutscht war, und ihre Miene war streng und verletzlich zugleich. »Ich habe nachgedacht«, hatte sie gesagt, nachdem er die Aufnahme gemacht und sie gefragt hatte, was denn los sei. Polly! Sie war wie ein geheimer Schatz für ihn. Sobald er an sie dachte, überkam ihn ein Glücksgefühl. Er sagte niemandem, wie viel sie ihm bedeutete – nicht einmal Sybil, die wirklich zu viel Aufhebens um Simon machte, worüber er bisweilen auch mit ihr reden musste. Nun ja, ein drittes Kind würde für Ausgleich sorgen. Er drückte seine Zigarette aus, nahm seinen Hut und machte sich auf die Suche nach Carruthers.

Beim Nachmittagstee saß Louise mit Lydia und Nanny allein am Tisch und langweilte sich, weil Mummy noch nicht zurückgekommen war. Sie zeigte Lydia ihren Wels, aber die interessierte sich nicht dafür. »Fische sind blöd«, sagte sie, »außer, du dressierst ihn so, dass man ihn streicheln kann.« Die ganze Zeit über trug sie ihre Reitjacke, sodass sie vor Wärme ein rosarotes Gesicht hatte, und dann kleckerte sie aus Versehen Honig auf einen Ärmel. Daraufhin gab es Ärger, weil Nanny solche Flecken immer entfernte, als wollte sie die arme Lydia bestrafen. Gleich nach dem Tee floh

Louise aus dem Kinderzimmer und gab vor, sie müsse ihre Hausaufgaben machen. Sechsjährige gaben leider ziemlich langweilige Gesellschaft ab, und obwohl sie Lydia gernhatte, wünschte sie sich, ihre Schwester wäre schon etwas älter und verständiger. Aber vielleicht holt sie mich nie ein, dachte Louise: Ich werde Bücher immer als Erste lesen, und wenn sie schließlich zu besonderen Anlässen zum Dinner nach unten kommen darf und selbst entscheiden kann, wann sie ins Bett geht, werde ich das schon seit Jahren dürfen, und es wird für mich nichts Besonderes mehr sein. Nur wenn wir beide erwachsen sind, wird es natürlich keine Rolle mehr spielen, weil Erwachsene alle ungefähr gleich sind, unabhängig von ihrem Alter.

Mittlerweile war sie unten im Vestibül angekommen, wo der *Evening Standard* durch den Briefschlitz gefallen war. Den nahm sie mit auf ihren Ausguck oben auf der Schachtabdeckung des Esszimmeraufzugs – ein guter Platz, um Mummy beim Heimkommen abzufangen. Außerdem saß sie dort außerhalb von Lydias Reichweite, falls die nach ihr suchen sollte. Zeitungen waren meistens langweilig, bis auf die Theaterkritiken und die Seite einer Frau namens Corisande, die offenbar ganz viele schicke Partys besuchte und die Garderobe der Gäste mit atemberaubender Begeisterung beschrieb. Für ihre Sammlung suchte Louise nach einem Bild von John Gielgud, fand aber keins. Im Haus kam es ihr entsetzlich still vor, nur die Standuhr im Esszimmer tickte. Sie konnte nicht einmal im Salon den Bücherschrank aufschließen und einen der Romane lesen, die laut Mummy nichts für ihr Alter waren, weil sie, Mummy, jeden Augenblick zurückkommen konnte. Abgesehen davon fielen ihr nur Dinge ein, zu denen sie absolut keine Lust hatte: die Landkarte der britischen Inseln, die sie für den Unterricht zeichnen musste, die Gesichtscreme, von der sie Edna einen Tiegel verkaufen wollte, bevor sie zu flüssig wurde, sich mit ihrem Wels zu beschäftigen, an dem Lydia ihr mit ihrer Bemerkung etwas die Freude verdorben hatte, Mummys Weihnachtsgeschenk, an dem sie arbeiten sollte – ein Nadelkissen mit ganz feinen Kreuzstichen und einem ziemlich langweiligen Muster, das ihr schon lange keinen Spaß mehr machte. Ihr fehlte sogar die Lust, *Black Beauty* noch einmal zu lesen und sich richtig auszuweinen. Sie hatte dieses eine Leben, und jetzt vergeudete sie es. Die Minuten vergingen, und nichts passierte, außer dass sie atmete und älter wurde. Was, wenn den Rest ihres Lebens nichts passierte? Wenn sie einfach hier oben auf der Abdeckung sitzen blieb und älter würde? Die anderen würden ihr größere Kleider und Sandwiches hinaufreichen müssen, und wie würde sie auf die Toilette gehen? Es gab Menschen, die auf Säulen lebten, ziemlich verdreckte Heilige hatten das gemacht. Aber das ging nicht, sie musste ja Ferdie und die Fische füttern – es sei denn, sie führe in Urlaub und überließe die beiden Emily oder Phyllis, dann könnte sie doch auf einer Säule leben. Die Vögel und Fische einer Heiligen würde jeder bereitwillig füttern. Das Problem mit dem Heiligsein war, dass es für die Person selbst zu ihren Lebzeiten nicht so schön war, erst hinterher, nach ihrem Tod, allerdings für andere Menschen. Ein Wunder zu bewirken wäre famos – aber nicht, gemartert zu werden. Aber vielleicht konnte man ja eine Heilige werden, ohne Märtyrerin zu sein?

Sie hörte ein Taxi vorfahren. »Mach, dass sie es ist. Bitte, lieber Gott, mach, dass sie es ist.«

Ihr Wunsch wurde erfüllt. Sie sprang von der Abdeckung, gerade als Mummy die Tür öffnete. In der Hand hielt sie drei gewaltige Pappschachteln, die aussahen, als enthielten sie Kleider. Louise lief zu ihr, um sie zu umarmen, und riss ihr dabei eine Schachtel aus der Hand.

»Schatz! Du bist so ungeschickt!«

Louise brannte das Gesicht. »Ich weiß«, sagte sie unbekümmert. »Offenbar bin ich so zur Welt gekommen.«

»Das liegt daran, weil du nicht Acht gibst, was du tust.« Diese Bemerkung erschien Louise derart unsinnig (wie konnte man achtgeben, was man tat? Entweder man tat etwas, oder man gab acht), dass sie mitsamt den Kleiderschachteln wortlos nach oben stapfte.

Villy streifte ihre Handschuhe ab und blickte auf den Flurtisch, ob dort Nachrichten für sie lagen. »Ma'am, Mrs. Castle hat angerufen. Keine Nachricht.«

»Louise, pack die Schachteln nicht aus, bis ich oben bin! Louise!«

»Ja. Ich meine, nein, ich pack sie nicht aus.«

Villy ging in die dunkle Kammer, wo sie die Haushaltsrechnungen bezahlte und wo das Telefon stand. Ihre Schwester hinterließ nie eine Nachricht, meist weil das, was sie zu sagen hatte, zu bedrückend und zu kompliziert war, um in ein oder zwei Sätzen zusammengefasst zu werden. Villy nannte der Vermittlung die Nummer. Während sie darauf wartete, dass Jessica abhob, fragte sie sich mit einer Beklommenheit, die ihr egoistisch erschien, worum es denn wohl dieses Mal gehen würde. Bald müsste sie sich umziehen, und dann musste sie noch Edwards Kleidung bereitlegen …

»Jessica! Guten Tag. Du hattest angerufen? Was ist los?«

»Das kann ich dir nicht auf die Schnelle erzählen. Aber vielleicht könnten wir uns morgen zum Lunch treffen?«

»Meine Liebe, morgen ist Freitag. Miss Milliment bleibt zum Lunch, es ist Louises letzter Schultag vor den Ferien, Teddy kommt aus dem Internat … Natürlich könntest du zum Essen kommen, aber …«

»… wir könnten uns nicht unterhalten. Ich verstehe. Und wenn ich etwas früher käme … meinst du, du …«

»Ja, mach das. Ich vermute, dass nicht alles zum Besten steht?«

»Nicht so ganz, nein. Raymond hat eine neue Idee.«

»O mein Gott!«

»Ich erzähle dir morgen davon.«

Villy legte auf. Die arme Jessica! Sie war immer die Schönheit in der Familie gewesen, ein Jahr jünger als sie, aber sie hatte vor ihr geheiratet, mit zweiundzwanzig, kurz vor der Schlacht an der Somme, in der ihrem Mann ein Bein weggeschossen wurde und die ihm, schlimmer noch, die Nerven zerrüttete. Er stammte aus einer verarmten Familie und hätte in der Armee Karriere machen sollen. Ausgesprochen charmant war er mit seiner direkten, aufrichtigen Art gewesen – war er in gewisser Weise immer noch –, und er galt allgemein als beliebt. Sein auffahrendes Wesen und seine ihm eigene Unfähigkeit, sich länger für eine Sache einzusetzen, erschlossen sich erst, wenn man Geld in seine Hühnerfarm investiert oder ihn, wie in Jessicas Fall, geheiratet hatte. Sie hatten vier Kinder und steckten immer in Geldschwierigkeiten. Auch wenn Jessica sich nie beklagte, so war sie doch eindeutig der Meinung, dass Villy ein sorgloses, perfektes Leben führte, und der unausgesprochene Vergleich gab ihr sehr zu denken. Denn wenn sie tatsächlich alles hatte, warum genügte ihr das dann nicht? Langsam ging sie nach oben und versuchte, den Gedanken nicht weiterzuverfolgen.

Nachdem Polly, unverkennbar beleidigt, nach oben gegangen war, läutete Sybil, damit Inge den Tee abräumte. Sie fühlte sich völlig erschöpft. Nach den vielen Jahren noch einmal ein Kind zu bekommen bedeutete wirklich eine gewaltige Umstellung. Eigentlich war das Haus nicht groß genug, aber Hugh hing daran. Wenn allerdings Simon heimkam – in den Ferien, wenn auch Polly den ganzen Tag zu Hause war –, gab es außer ihren eigenen Zimmern keinen anderen Raum, in dem sie sich aufhalten konnten. Nanny Markby hatte deutlich gemacht, dass sie keines der älteren Kinder im Kinderzimmer dulden würde. Diesen Sommer würden sie natürlich in Sussex verbringen, aber Weihnachten könnte es sehr schwierig werden. Sybil wuchtete sich aus dem Sofa und schloss das Klavier. Täuschte sie sich, oder hatte ihr der Rücken bei den anderen Kindern wirklich nicht so viele Probleme bereitet?

Inge kam herein. Sie blieb in der Tür stehen und wartete auf Anweisungen. Ein englisches Dienstmädchen wüsste, was zu tun ist, dachte Sybil. »Inge, würden Sie bitte den Tee abräumen?«

Sie verfolgte, wie das Mädchen die Teller aufeinanderstapelte und alles aufs Tablett stellte. Sie war unscheinbar: grobknochig und mit teigiger Haut, fettigen, flachsblonden Haaren und ziemlich hervorstehenden blassblauen Augen, die mal ausdruckslos, dann wieder verschlagen blickten. Sybil empfand instinktiv Abneigung gegen sie, was sie vor ein Problem stellte. Würden sie nicht wegfahren, würde sie Inge kündigen, aber sie wollte verhindern, dass Hugh sich in ihrer Abwesenheit mit einem neuen Mädchen zurechtfinden musste. Als das Tablett beladen war, sagte Inge mit ihrem starken deutschen Akzent: »Die Köchin will wissen, wann Sie Dinner essen wollen.«

»Wahrscheinlich erst gegen zehn – nach dem Konzert. Sagen Sie ihr, sie soll im Esszimmer aufdecken, dann kann sie zu Bett gehen. Und Miss Polly bekommt um sieben ihr Essen auf einem Tablett in ihr Zimmer.«

Inge reagierte nicht. »Haben Sie mich verstanden, Inge?«, fragte Sybil nach.

»Ja.« Sie starrte unentwegt auf Sybils Bauch und rührte sich nicht.

»Danke, Inge. Das wäre alles.«

»Sie sind sehr dick, um nur ein Kind zu haben.«

»Das genügt, Inge.«

Mit anmaßendem Achselzucken trug sie das Tablett hinaus.

Sie kann mich auch nicht leiden, dachte Sybil. Die Art, wie das Mädchen sie angesehen hatte, war – sie suchte nach dem passenden Wort – irgendwie abschätzig, kalt und taxierend. Müde stieg sie die Treppe zu ihrem Zimmer hinauf, schälte sich aus dem grünen Kleid und schlüpfte in den Kimono. Dann ließ sie warmes Wasser ins Waschbecken laufen und wusch sich Gesicht und Hände. Was für ein Glück, dass sie sich ein Waschbecken ins Schlafzimmer hatten einbauen lassen: Das Bad lag einen halben Stock höher, und die Stufen waren wirklich eine Qual für sie. Sie zog die Schuhe und die knielangen Strümpfe aus. Ihre Knöchel waren geschwollen. Ihr Haar, das laut Hugh die Farbe von rohem Mahagoni hatte, war tief im Nacken zu einem kleinen Knoten zusammengebunden und über der Stirn kurz geschnitten – eine Frisur à la du Maurier, ebenfalls laut Hugh. Sie zog die Nadeln heraus und schüttelte das Haar aus, momentan fühlte sie sich eigentlich nur noch im Hausrock wohl. Ihr Blick schweifte zum Bett, und unvermittelt lag sie darauf. Ausnahmsweise einmal strampelte das Baby nicht. Das Liegen war eine Wohltat. Sie zog ein Kissen unter der Tagesdecke hervor, ließ den Kopf darauf sinken und war im nächsten Moment eingeschlafen.

~

Im Bewusstsein, dass er ziemlich spät dran war, betrat Edward leise das Haus, legte seinen Homburg auf den Flurtisch, sprang zwei Stufen auf einmal nehmend nach oben und ging sofort ins Schlafzimmer. Dort fand er Louise in einer Art Verkleidung und Villy, die vor ihrem Spiegel saß und sich das Haar kämmte.

»Guten Abend, die Damen«, sagte er.

»Ich bin Simpson«, erwiderte Louise.

»Guten Abend, mein Schatz«, sagte Villy und wandte ihm das Gesicht zu, damit er ihr einen Kuss geben konnte. Auf der fast leeren Kommode stand ein offener Tiegel mit Rouge.

Edward wollte Louise in den Arm nehmen, doch sie erstarrte und wich zurück. »Daddy! Ich bin doch Simpson!«

»Und es geht wirklich nicht an, dass du meine Zofe küsst«, sagte Villy.

Im Spiegel begegnete er ihrem Blick und zwinkerte ihr zu. »Ich entschuldige mich vieltausendmal«, sagte er. »Ich weiß wirklich nicht, was in mich gefahren ist. Habe ich Zeit für ein Bad?«

»Simpson, würden Sie für Mr. Cazalet ein Bad einlaufen lassen? Und dann können Sie meine Rubine bereitlegen.«

»Jawohl, Ma'am.« Louise machte als Simpson ein paar Schritte zur Tür, dann fiel ihr etwas ein. »Daddy! Du hast gar nichts bemerkt!«

»Was denn?«

Louise deutete zu ihrer Mutter, machte eine Geste, als ziehe sie sich ein Kleid an, und formte mit den Lippen etwas, das wie »du« aussah. Dann stampfte sie mit dem Fuß auf. »Daddy, du bist wirklich ein Dummkopf!«

»Das genügt, Louise.«

»Mummy, ich bin Simpson.«

»Dann lassen Sie sofort das Bad für Mr. Cazalet ein, sonst suche ich meine Rubine selbst heraus.«

»Ja, schon gut, Ma'am.«

»Worum ging das jetzt?«

»Das Kleid ist neu.« Villy stand auf, um es ihm zu zeigen. »Gefällt es dir?«

»Sehr schön. Wirklich sehr schön. Es steht dir.« In Wirklichkeit fand er es eher bieder. »Hat Hermione das für dich machen lassen?«

»Aber nein, mein Schatz. Das gab es in ihrem Saisonkauf. Ehrlich gesagt habe ich drei mitgenommen. Ich habe ein ziemlich schlechtes Gewissen.«

»Unsinn.« Plötzlich überkam ihn die gute Laune. »Du weißt doch, es gefällt mir, wenn du dich hübsch anziehst.«

Als er in sein Ankleidezimmer gegangen war, stellte sich Villy vor ihren großen Spiegel. Das Kleid hatte ihm nicht besonders gefallen. Aber davon verstanden Männer einfach nichts: Es war vielseitig – perfekt, um ins Theater zu gehen – und saß gut, die Berthe um den runden Ausschnitt überspielte ihre eher kleinen hängenden Brüste. Durch die entsetzliche Mode der Zwanzigerjahre, als sich alle Frauen die Brüste knabenhaft flach schnürten, war offenbar ihre Muskulatur erschlafft. Edward wusste zwar nichts davon, aber sie machte jeden Morgen Übungen, um ihre Brüste zu straffen, allerdings ohne sichtbaren Erfolg. Abgesehen davon hatte sie noch eine gute Figur. Sie setzte sich wieder an ihre Kommode und tupfte ein wenig Rouge auf die Wangen. Mummy hatte Schminke immer als vulgär bezeichnet, und Edward behauptete, es gefalle ihm nicht, aber ihr war nicht entgangen, dass die Frauen, die er am unterhaltsamsten fand, alle starkes Make-up trugen. Hermione zum Beispiel. Knallroter Lippenstift, lackierte Nägel und nachtblaue Wimperntusche … Villy holte ihren Lippenstift aus der Schublade und trug einen Hauch auf. Das dunkle Karminrot sah etwas merkwürdig aus, und sie presste die Lippen aufeinander, um die Farbe zu verteilen. Einen Tropfen Ormande von Coty hinter jedes Ohr, und sie war fertig.

Louise kehrte zurück, und die Rubine wurden aus ihrer flachen, ziemlich ramponierten Lederschatulle geholt: eine Kette und Ohrgehänge im Flachschliff aus dem achtzehnten Jahrhundert. Villy legte die Ohrringe an und schraubte sie fest, während Simpson mit dem Verschluss der Kette kämpfte.

»Sie können meinen Prägesamt und die braune Perlentasche herauslegen, während ich Miss Lydia Gute Nacht sage.«

»Jawohl, Ma'am. Ma'am, Mummy, muss ich mit Nanny zu Abend essen? Darf ich es nicht in meinem Zimmer serviert bekommen?«

»Warum, in aller Welt, denn das?«

»Sie ist bei den Mahlzeiten schrecklich langweilig. Also, eigentlich die ganze Zeit, aber beim Essen fällt es mir besonders auf.«

»Meinst du nicht, du könntest sie damit kränken?«

»Ich könnte sagen, dass ich Kopfschmerzen habe.«

»Also gut, aber nur ausnahmsweise.«

Lydia war im Kinderschlafzimmer, sie lag schon im Bett. Ihre Haare waren immer noch zu Zöpfen geflochten, feuchte Strähnchen kringelten sich wie Fühler um ihre Ohren. Sie trug ein blaues Baumwollnachthemd. Ihre Reitjacke lag ausgebreitet auf dem Stuhl neben ihrem Bett. Das Licht des Sommerabends drang durch die Öffnungen der Gardinenringe und durch den Spalt, wo die Vorhänge nicht ganz geschlossen waren. Sobald Villy hereinkam, setzte Lydia sich auf und rief: »Du bist die Schönste im ganzen Land!«

Das rührte Villy unwillentlich. »Und du bist mein liebstes Spieglein an der Wand.«

»Aber du siehst wirklich schön aus! Louise hat gesagt, dass ihr ins Theater geht. Wann darf ich auch einmal mitkommen?«

»Wenn du älter bist. Vielleicht zu Weihnachten.«

»Louise hat gesagt, wenn es im Theater brennt, dann kommen die Leute nicht mehr raus. In deinem Theater brennt es aber nicht, oder?«

»Natürlich nicht. Außerdem kommen die Menschen raus.«

»Du könntest einen Verkehrsunfall haben.«

»Herzchen, ich werde keinen Unfall haben. Warum machst du dir so viele Sorgen?«

»Ich will, dass alles so bleibt, wie es ist, in alle Ewigkeit.«

»Mein Liebling, das tut es auch.« Und dann fragte sie sich, weshalb es sie traurig stimmte, das zu sagen.

»Ich finde meine Reitjacke ganz toll. Machst du meine Zöpfe auf? Bitte? Sie sind viel zu fest für die Nacht. Nan frisiert mich immer so, dass es morgen früh gut aussieht, aber an jetzt denkt sie nicht. Die Zöpfe tun mir weh! Sie ziehen so fest an meinem Kopf, dass die Haare wachsen wollen.«

Villy entfernte die Gummibänder und löste die starren Zöpfe. Lydia schüttelte den Kopf. »Viel besser, Mummy. Und sei vorsichtig, damit du auch wirklich wieder nach Hause kommst. Du bist ziemlich alt, weißt du, und alte Leute müssen aufpassen. Du siehst nicht alt aus«, fügte sie aufmunternd hinzu, »aber ich weiß, dass du alt bist. Schließlich kenne ich dich mein ganzes Leben.«

Villy zuckten die Mundwinkel, doch sie sagte nur: »Ich verstehe. Jetzt muss ich aber wirklich gehen, mein Küken.« Sie beugte sich vor, und Lydia schlang die Arme so heftig um sie, dass sie die Luft anhalten und die Umarmung vorzeitig lösen musste. »Bitte sag Nan, dass du es warst, die meine Zöpfe aufgeflochten hat.«

»Das mache ich. Schlaf gut. Bis morgen früh.«

Bis sie mit Nanny gesprochen hatte und vom obersten Stockwerk die Treppe hinab nach unten ging, trat Edward aus seinem Ankleidezimmer. Er duftete nach Lavendelwasser und sah fantastisch aus in seinem Smokingjackett. Louise stand in der offenen

Schlafzimmertür und stieß mit der Zehenspitze unablässig gegen die Fußleiste.

»Hast du's ihr gesagt?«, fragte sie sofort.

»Nan? Ja, ja, natürlich. Simpson, wo ist mein Mantel?«

»Der liegt auf deinem Bett. Außerdem bin ich nicht mehr Simpson, ich habe mir nämlich die Schürze ausgezogen. Mummy, du hast meinen neuen Wels noch gar nicht gesehen.« Sie folgte ihr ins Schlafzimmer.

»Den sehe ich mir morgen an.«

»Nein, jetzt gleich. Morgen ist er nicht mehr neu.«

»Louise, wir müssen wirklich los ...«

Edward stand bereits im Vestibül. »Villy! Allez hopp!«, rief er hinauf. »Sonst kommen wir zu spät!«

»Mummy, das ist nicht fair! Es dauert keine Sekunde!«

»Hör auf zu quengeln, Louise.« Auf dem Weg nach unten kam sie an Louises Zimmer vorbei und ergänzte: »Dort sieht es entsetzlich aus. Wie oft habe ich dir schon gesagt, dass es den Dienstmädchen gegenüber nicht nett ist, wenn bei dir immer solche Unordnung herrscht?«

Schmollend trödelte Louise hinter ihr her. »Weiß ich nicht«, brummelte sie. Unten angekommen, drehte Villy sich zu ihr. »Also, mein Schatz, sei ein braves Mädchen und räum auf. Gute Nacht.« Sie beugte sich vor und gab ihrer Tochter einen Kuss, die ihn in stummer Ergebenheit entgegennahm.

»Gute Nacht, Lou«, rief Edward. Knallend fiel die Haustür ins Schloss, und sie waren fort. Drei Sachen lagen auf dem Boden! Das sollte ein riesiges Durcheinander sein! Sachen, die am Boden lagen, konnte man sehen, also wusste man, wo man nach ihnen suchen musste. Erwachsene waren wirklich das Hinterletzte, zumindest manchmal. Die Kinder hatten das Nachsehen. Wenigstens kam morgen Teddy nach Hause, dann hatte sie jemanden, mit dem sie richtig reden konnte. Eines schönen Tages würde sie in London im Theater auftreten, und ihre Eltern – die dann schon uralt wären – würden sie auf der Bühne sehen und sie inständig bitten, anschließend mit ihnen essen zu gehen, aber sie und John Gielgud würden eine schrecklich glamouröse Party besuchen. »Ich fürchte, ihr seid zu alt«, würde sie ihnen sagen müssen. »Um diese Zeit gehört ihr ins Bett, mit ein paar Grape Nuts auf dem Tablett.« Der Gedanke heiterte sie auf. Sie schlenderte in den Salon, holte *Der bunte Schleier* von Somerset Maugham aus dem verschlossenen Bücherschrank und nahm es mit nach oben. Im Elternschlafzimmer legte sie gerade ein bisschen von Mummys Rouge auf, als Edna hereinkam, um die Betten aufzuschlagen.

»Eigentlich dürfen Sie das nicht, Miss Louise.«

»Ich weiß«, sagte sie hochmütig. »Aber ich finde, ich sollte wissen, wie sich das anfühlt, schließlich werde ich das Zeug später einmal dick auftragen müssen. Sie verraten mich aber nicht, oder?«

»Vielleicht nicht, aber vielleicht doch.« Sie legte Mr. Edwards Pyjama zurecht – wunderschöne weinrote Seide – und freute sich, ausnahmsweise einmal Phyllis' Arbeit zu übernehmen.

Zu guter Letzt, um auf Nummer sicher zu gehen, musste Louise ihr einen Tiegel Wonder Cream schenken – den kleinsten –, damit sie Stillschweigen bewahrte.

Am meisten missfiel Hugh an dem Dienstmädchen, dass sie ihm beim Heimkommen unweigerlich auflauerte. An diesem Abend hatte er kaum den Schlüssel aus dem Schloss gezogen, da stand sie schon vor ihm. Als er seinen Hut auf den Flurtisch legen wollte, versuchte sie, ihn ihm abzunehmen, mit dem Ergebnis, dass er zu Boden fiel.

»Ich bin da, um Ihnen aus dem Mantel zu helfen«, sagte sie und bückte sich nach dem Hut. Es klang beinahe wie ein anzüglicher Vorwurf, dachte er und ermahnte sich gleichzeitig zum millionsten Mal, keine Vorurteile gegen Deutsche zu haben.

»Ich trage keinen Mantel«, sagte er. »Wo ist Mrs. Cazalet?«

Inge zuckte mit den Schultern. »Sie ist vorhin nach oben gegangen.« Sie stand immer noch zu nah bei ihm. »Möchten Sie einen Whisky?«, fragte sie. »Ich bringe Ihnen einen.«

»Nein danke.« Er musste sich regelrecht an ihr vorbeidrängen, um zur Treppe zu gelangen. Mit der Bewegung kehrte der pochende Kopfschmerz zurück. Insgeheim graute ihm vor der Queen's Hall, aber er wollte Sybil um nichts in der Welt enttäuschen, also würde er kein Wort darüber verlieren.

Sie lag auf der Seite, halb in den grünen Seidenkimono gehüllt, den der alte Herr aus Singapur mitgebracht hatte (jede Schwiegertochter hatte einen bekommen, aber die Duchy hatte die Farben ausgewählt – Grün für Sybil, Blau für Villy und Pfirsichfarben für Zoë), ihre schmalen Füße waren bloß und anrührend weiß. Über den schlaff daliegenden Arm zogen sich feine Adern vom Handgelenk bis in die Innenfläche ihrer hübschen Hand. Als er sich über sie beugte, erschrak er regelrecht beim Anblick einer ihrer Brüste – hart wie Stein war sie, weiß und geädert. Ihre Gliedmaßen erschienen ihm viel zu zierlich, um das ganze Gewicht zu tragen.

»Guten Abend.« Sie klopfte auf das Bett. »Erzähl mir von deinem Tag.«

»Wie immer. Warst du beim Arzt?«

Sie nickte und bemerkte dabei das leichte Zucken über und neben seinem rechten Auge. Der Arme, er hatte wieder einmal seine Kopfschmerzen.

»Was hat er gesagt?«

»Nun ja … um ehrlich zu sein, glaubt er – obwohl er nicht explizit zwei Herzen hören konnte –, dass wir Patachon auch bekommen.«

»Guter Gott!« Eigentlich hatte er sagen wollen: »Kein Wunder, dass du immer so erschlagen bist«, aber das meinte er nicht, oder nur zum Teil.

»Das macht dir keine Sorgen?« Ihr machte es auf jeden Fall Sorgen: ob Nanny Markby mit zweien zurechtkommen würde, ob

Hugh einem Umzug zustimmen würde, ob es doppelt so schmerzhaft sein würde …

»Natürlich nicht. Es ist spannend.« Insgeheim fragte er sich allerdings, woher, in aller Welt, das Geld für die Schulgebühren kommen würde, sollten es zwei Jungen sein.

Sie hievte sich in eine aufrechte Position und setzte sich auf die Bettkante. »Ein kleiner Ausgleich dafür, dass ich so unförmig bin wie ein Haus. Polly habe ich übrigens noch nichts davon erzählt.«

»Meinst du, du solltest unter diesen Umständen vielleicht lieber nicht nach Sussex fahren?«

»Ich bleibe nicht lange. Nur eine Woche. Sonst sehe ich Simon so gut wie gar nicht.« Der Rücken tat ihr noch weh – vielleicht auch, weil sie so lange in derselben Stellung gelegen hatte.

»Möchtest du heute Abend wirklich ausgehen?«

»Natürlich.« Sie wollte ihn um keinen Preis enttäuschen. »Es sei denn, du hast keine Lust?«

»Doch, wirklich – mir geht es gut.« Er wusste, wie viel Konzertbesuche ihr bedeuteten. Er würde noch ein paar von seinen Pillen nehmen, damit konnte er solche Abende meist durchstehen. »Wo ist Polly?«

»Oben. Ich fürchte, sie ist beleidigt. Ich musste ihr von ihrem Umzug erzählen. Sie ist gar nicht glücklich darüber.«

»Ich gehe kurz zu ihr hinauf und sage ihr Gute Nacht.«

Polly lag bäuchlings auf dem Fußboden und zeichnete etwas nach, das wie eine Landkarte aussah. Ihr glattes seidiges Haar – mehr golden und weniger rot als das ihrer Mutter – hing zu beiden Seiten über das schwarze Samthaarband und verbarg ihr Gesicht.

»Ich bin's.«

»Ich weiß. Ich kenne deine Stimme.«

»Poll, was ist los?«

Kurz herrschte Stille. »Man soll nicht ›ich bin's‹ sagen, sondern ›ich bin es‹. Ich hätte gedacht, dass du das weißt«, sagte Polly dann spitz.

»Ich bin es.«

»Ich weiß. Ich kenne deine Stimme.«

»Poll, was ist los?«

»Nichts. Ich hasse Erdkunde-Hausaufgaben.« Sie stach mit ihrem Bleistift aufs Papier ein und hinterließ ein Loch. »Jetzt habe ich meine Landkarte kaputt gemacht, und nur deinetwegen!« Mit gerunzelter Stirn warf sie ihm einen gequälten Blick zu, und zwei Tränen rannen ihr aus den Augen.

Er setzte sich auf den Boden und legte seinen guten Arm um sie.

»Alles ist so ungerecht! Simon hat das schönste Zimmer! Jedes Mal, wenn er vom Internat heimkommt, bekommt er sein Lieblingsessen, aber ich nicht! Und am Abend bevor er ins Internat zurückfährt, bekommt er wieder sein Lieblingsessen, aber ich nicht! Man kann Katzen nicht einfach mir nichts, dir nichts umziehen, sie gehen schnurstracks in das alte Zimmer zurück. Außerdem kann ich die neue Nanny nicht ausstehen – sie riecht nach Birnenbonbons, und sie mag keine Mädchen, sie redet nur ständig von meinem kleinen Brüderchen. Woher will sie das denn wissen? Wenn ihr nicht aufpasst, dann ziehe ich zu Louise, bloß glaube ich nicht, dass Pompey sich in eine Schubkarre setzen lässt, sonst wäre ich schon längst weg!« Schluchzend holte sie Luft. Hugh merkte, dass der Ausbruch ihr gutgetan hatte, denn sie suchte in seinem Gesicht nach Anzeichen von Bestürzung.

»Es würde mir das Herz brechen, wenn du mich verlässt und zu Louise ziehst«, sagte er.

»Wärst du dann wirklich und ehrlich entsetzt?«

»Ganz bestimmt.«

»Na, immerhin etwas.« Sie versuchte, missmutig zu klingen, aber er sah, dass sie sich freute.

Er stand auf. »Jetzt schauen wir uns doch mal dein neues Zimmer an und überlegen, was wir daraus machen können, ja?«

»Also gut, Dad.« Sie griff nach seiner Hand, aber es war der falsche Arm. »Das Zimmer ist nicht halb so schlimm wie ein Schützengraben im Krieg«, sagte sie und streichelte die schwarze Seidensocke, die den Stumpf bedeckte. »Wahrscheinlich wird es mir richtig ans Herz wachsen.«

Vor Mühe, sich die Sorge um ihren Vater nicht anmerken zu lassen, bekam ihr Gesicht einen ganz strengen Ausdruck.

Sobald ihre Eltern außer Haus waren, lief Polly zum Telefon, das hinten im Salon beim Klavier stand. Sie hob den Hörer ans Ohr. Keinen Moment später sagte die Vermittlung: »Die Nummer, bitte.«

»Park eins sieben acht neun.« Sie hörte ein Klicken, dann läutete es am anderen Ende. Sie betete, dass nicht Tante Villy abheben würde.

»Guten Abend.«

»Guten Abend, Lou! Ich bin's – Polly. Bist du allein?«

»Ja. Sie sind im Theater. Was ist mit deinen?«

»Die sind im Konzert. Weswegen ich anrufe – ich bekomme ein neues Zimmer. Mein Vater hat gesagt, dass ich es in jeder Farbe streichen kann, die mir gefällt. Was hältst du von Schwarz? Und er lässt ringsum Regale anbringen für meine ganzen Sachen – an den Wänden und überall, damit alles Platz hat! Schwarz wäre doch ganz gut für Porzellan, oder was meinst du?«

Am anderen Ende herrschte kurz Schweigen. »Niemand hat schwarze Wände, Polly«, sagte Louise dann. »Ich hätte gedacht, dass du das weißt.«

»Aber warum denn nicht? Leute tragen doch schwarze Kleider, es gibt sogar schwarze Tulpen.«

»*La Tulipe noire* war in Wirklichkeit tiefdunkelrot. Das weiß ich, ich habe das Buch schließlich gelesen. Es ist von jemandem, der Dumas heißt. Eigentlich ist es ein französisches Buch.«

»Du kannst doch gar kein Französisch lesen.«

»Es ist so berühmt, dass man es auch auf Englisch bekommt. Außerdem kann ich Französisch lesen«, fügte sie hinzu. »Aber nicht so, dass ich es richtig verstehe. Aber natürlich kann ich es lesen.«

Louise hatte sich eindeutig in Rage geredet. Also fragte Polly sie nach ihrem Wels.

»Es geht ihm schon ganz gut, aber ich glaube, er mag die anderen Fische nicht besonders.« Während Polly überlegte, was sie noch sagen konnte, um Louise milder zu stimmen, sagte die: »Mir ist entsetzlich langweilig. Ich habe mengenweise Rouge aufgetragen und lese ein Buch, das *Der bunte Schleier* heißt. Darin kommt Sex vor. Aber es ist nicht halb so gut wie *Überredung*.«

»Fändest du Dunkelrot wirklich gut?«

»Es gibt Tapeten, die wie der Himmel gemustert sind, darauf könntest du unterschiedlich große Möwen kleben. Warum nimmst du nicht so eine?«

»Mit den ganzen Regalen ist dafür kein Platz.«

»Solange es kein dröges Cremeweiß ist – wie du weißt, ist hier alles cremeweiß. Mummy sagt, dass es zu allem passt, aber ich finde, dass man einfach nichts sieht. Nimm Dunkelrot«, fügte sie in einem Anfall von Großmut hinzu. »Hast du deine Landkarte gezeichnet?«

»Ja, aber dann habe ich sie kaputt gemacht. Und du?«

»Nein. Wenn ich nur daran denke, vergeht mir schon die Lust. Es ist doch Unsinn, eine Landkarte von etwas zu zeichnen, wovon es schon eine gibt. Ich hätte ja nichts dagegen, wenn es eine unkartierte, unbewohnte Insel irgendwo draußen im Meer wäre. Wenn du mich fragst, ist das Leben, das wir führen, völlig sinnlos – kein Wunder, dass ich mich zu Tode langweile.«

»Die müssen's ja nicht machen.« Polly ließ sich von Louise anstecken. »Ich meine, die brauchen sich nach dem Essen nicht hinzusetzen und die Regierungszeiten der englischen Könige zu lernen oder die Exportwaren nach Australien, und sie müssen auch keine endlos langen Teilungen mit Mehlsäcken ausrechnen.«

»Da bin ich ganz deiner Meinung. Natürlich behaupten sie, dass sie das alles schon können, aber man kann sie ganz leicht ertappen. In Wahrheit geht's ihnen bloß um ihr Vergnügen.« Jetzt, wo sie sich gemeinsam gegen ihre Eltern verbündeten, wurde Louise endlich freundlicher.

»Sie lassen uns nicht einmal rechtzeitig mit dem Unterricht aufhören, um Teddy und Simon abzuholen. Sie können gehen, aber wir nicht. Das ist auch nicht gerecht.«

»Um ehrlich zu sein, Polly, stimmt das nur halb. Teddy und Simon wollen gar nicht abgeholt werden – außer von Bracken.«

»Warum denn nicht?«

»Die anderen Jungs. Gegen Väter haben sie nichts, aber Mütter sind hochgefährlich – sie tragen blöde Kleider und zeigen Gefühle.«

Von Schwestern sagte sie nichts, und Polly fragte lieber nicht nach. Simons gute Meinung von ihr bedeutete ihr zu viel, als dass sie darüber sprechen wollte.

»Morgen um die Zeit sind sie da. Und sie bekommen ihr Lieblingsessen.«

»Na ja, wir auch.«

»Aber wir haben es uns nicht ausgesucht. Sag mal, Polly, das mit dem Rouge – es geht nicht mehr ab.«

»Versuch's mal mit Spucke auf deinem Taschentuch, und dann reiben.«

»Habe ich schon. Es färbt zwar aufs Taschentuch ab, aber mein Gesicht bleibt trotzdem rot. Ich möchte nicht, dass es über Nacht draufbleibt.«

»Probier's mit unserer Wonder Cream.«

»Gute Idee. Übrigens, ich habe Edna einen Tiegel geschenkt. Was hat Simon sich morgen zum Essen gewünscht?«

»Gebratenes Hühnchen und Baiser. Und Teddy?«

»Kalten Lachs mit Mayonnaise und heißes Schokoladensoufflé. Ich kann Mayonnaise nicht ausstehen. Ich esse den Lachs immer so, ohne etwas dazu.«

Jeder wurde das Tablett mit dem Abendessen gebracht, aber sie unterhielten sich immer weiter, und so war es letztlich doch ein ganz schöner Abend.

»He! Sag mal – bist du wach?«

Simon reagierte nicht. Er hatte die Nase voll von Clarkson. Er blieb stocksteif liegen, denn es war im Schlafsaal nicht richtig dunkel, und Clarkson würde ihn beobachten.

»Hör mal, Cazalet junior, ich weiß, dass du wach bist. Ich will dich nur was fragen.«

Sein Pech, in einem Dreierschlafsaal zu liegen, vor allem, weil es sich bei dem Dritten um Galbraith handelte. Er war der Älteste, ein Schüler aus der sechsten Klasse, der ein Faible für Eulen hatte und oft verschwand, um sie zu beobachten, sobald Dunkelheit herrschte. Im Grunde störte das Simon weniger, immerhin hatte Galbraith sie ziemlich großzügig bestochen, nicht nur mit Schokoriegeln, sondern auch mit dem Tausch einiger famoser Zigarettenbilder – Galbraith sammelte nur die naturhistorischen. Allerdings musste er, Simon, sich dafür mit Clarkson abgeben, der sich endlos ausließ über Sachen, über die Simon schlicht nicht reden wollte.

»Ich meine, woher wissen sie, dass keine Pisse rauskommt – anstatt dem anderen Zeug?«

»Das weiß ich doch nicht.«

»Ich meine – ich habe mal nachgeschaut, es gibt nur ein Loch. Könnte es sein, dass Davenport sich täuscht?«

»Warum fragst du ihn nicht selbst, wenn du's unbedingt wissen willst?«

»Er hat es nicht mir gesagt, er hat es Travers erzählt. Und ihn kann ich nicht fragen, er ist der Vertrauensschüler. Als ob du das nicht wüsstest«, ergänzte er noch.

»Na, dann ging es dich doch überhaupt nichts an, oder? Warum hältst du nicht einfach den Rand?«

»Warum schießt du dich nicht einfach auf den Mond? Warum

bindest du dir nicht einfach Steine an die Füße und springst ins Schwimmbecken? Warum steigst du nicht …« Jetzt war er in Fahrt gekommen und würde sich ständig noch mehr Dinge ausdenken, die Simon tun könnte, wenn er ihn nicht rechtzeitig zum Schweigen brachte.

»Psst!«, sagte er. »Da kommt jemand!«

Das stimmte zwar nicht, aber Clarkson hielt den Mund. Angesichts von Galbraiths Drohung, was er mit ihnen anstellen würde, sollte die Hausmutter hereinkommen und feststellen, dass er nicht im Bett lag (kleine Stückchen von ihnen abzuschneiden – ohne dass die Hausmutter es bemerkte – und an seine Ratte zu verfüttern war das Neueste), hatten sie notgedrungen Stillschweigen gelobt. Clarkson hatte Simon das ganze Trimester hindurch mit seinen Überlegungen gelangweilt (und geängstigt), welche Stückchen wohl am meisten wehtaten und wie lange es dauern würde, bis sie daran starben. Dann lagen sie beide da und warteten eine Weile, und Simon überlegte sich gerade wohlig, was er tun würde, wenn er nach Hause kam – den Kran auseinanderbauen, den er in den letzten Ferien aus seinem Meccano gebaut hatte, und mit der Hängebrücke anfangen, von der Dawson ihm erzählt hatte (beim Auseinandernehmen würde er sich von Polly helfen lassen, aber nicht, wenn er die Brücke baute), zum Tee Schokoladenkuchen mit Walnüssen und kandierten Veilchen obenauf essen, und Mum würde dafür sorgen, dass er eine Scheibe mit einer Walnuss bekam …

»Weißt du, was Galbraith noch gesagt hat?«

»Was?«

»Dass er eine Tante hat, die eine Hexe ist. Und dass er sie bitten würde, uns zu verzaubern, wenn wir ihn verpetzen. Glaubst du, sie könnte das wirklich? Ich meine, könnte sie uns richtig in etwas anderes verwandeln? Also, denk doch mal an *Macbeth* …« Im nächsten Trimester würde die ganze Schule das Stück aufführen, und deswegen hatten alle Klassen es im Unterricht gelesen. Eine Weile schwiegen beide und dachten über diese Möglichkeit nach – in Simons Augen viel erschreckender, als ihnen Stückchen abzuschneiden, denn das würde früher oder später unweigerlich auffallen. »In was möchtest du auf keinen Fall verwandelt werden?«, fragte Clarkson beklommen.

»Eine Eule«, antwortete Simon wie aus der Pistole geschossen, »weil Galbraith mich dann jeden Abend beobachten würde.« Als Clarkson daraufhin vor Lachen johlte, fügte er hinzu: »Pass auf, gleich klingst du noch wie eine!« Da prustete Clarkson derart los, dass Simon aufstehen und minutenlang mit dem Kissen auf ihn eindreschen musste, bis er endlich aufhörte. Nachdem Clarkson etliche Male um Frieden gebettelt hatte, ließ Simon von ihm ab unter der Bedingung, dass er für den Rest des Abends die Klappe hielt. Er hätte sich zwar nicht dran gehalten, aber sie hörten, dass Galbraith über das Fallrohr heraufkam, und stellten sich sofort schlafend. Allerdings lag Simon noch stundenlang wach und dachte an Galbraiths Tante …

In einem wesentlich größeren Schlafsaal am anderen Ende des Hauses lag Teddy Cazalet auf dem Rücken und betete: »Bitte, lieber Gott, mach, dass sie mich nicht am Bahnhof abholt. Aber wenn sie doch kommt, dann mach, dass sie mir nicht vor allen einen Kuss gibt. Bitte, erspar mir zumindest das. Und mach, dass sie nicht den furchtbar dummen Hut aufhat, den sie zum Sporttag trug. Bitte, lieber Gott. Aber am besten mach, dass sie gar nicht kommt.«

~

»Bequem?«

»Mmm.« Sie spürte, wie sein Schnurrbart in der Dunkelheit tastend ihr Gesicht streifte. Zwar küsste er sie nicht auf den Mund, aber um sicherzugehen, fügte sie hinzu: »Ich bin schrecklich müde. Das Essen, das Mary uns serviert hat, war köstlich. Und sie sah wirklich zauberhaft aus, fandest du nicht?«

»Doch, ganz hübsch. In dem Stück haben sie ein bisschen viel geredet.«

»Interessant war es trotzdem.«

»Das schon. Ein kluger Bursche, dieser Shaw. Nicht, dass ich seiner Meinung wäre. Wenn es nach ihm ginge, würden wir wahrscheinlich alle im Bett ermordet werden.«

Sie drehte sich auf die Seite. »Mein Schatz, ich warne dich, mir fallen die Augen zu.« Doch einen Moment später sagte sie: »Du hast nicht vergessen, dass Bracken morgen Teddy abholen muss? Ich meine, natürlich fahre ich auch mit, aber mit dem Reisekoffer ist Bracken eine Hilfe.«

»Es ist vielleicht besser, wenn du nicht mitfährst. Ich habe mit Hugh vereinbart, dass wir Simon auch mitnehmen, das heißt doppelt so viel Gepäck.«

»Aber Teddy wird furchtbar enttäuscht sein, wenn ich ihn nicht abhole. Das mache ich doch immer.«

»Er wird's überleben.« Er legte den Arm um sie und streichelte die zarte Haut ihrer Schulter.

»Eddie – ich bin müde, wirklich.«

»Natürlich.« Er tätschelte ihr die Schulter und drehte sich um. Sobald er die Augen schloss, war er eingeschlafen, aber Villy lag vor Erleichterung und schlechtem Gewissen über ihre Erleichterung noch längere Zeit wach.

Miss Milliment saß in ihrem kleinen Hinterzimmer in Stoke Newington im Bett. Sie trug ein übergroßes, unförmiges Flanellnachthemd, darüber eine Schlafanzugjacke ihres Vaters, und trank ihr übliches Glas heißes Wasser. Das hatte sie in einem Topf auf dem einflammigen Gaskocher erhitzt, den sie sich mit widerwilliger Genehmigung ihrer Vermieterin ausschließlich zu diesem Zweck hatte anschaffen dürfen. Dazu las sie Tennyson. Die Vierzig-Watt-Birne hing schirmlos von der Decke, um helleres Licht zu werfen. Das Haar fiel ihr in zwei grau melierten Zöpfen zu beiden Seiten der weich überlappenden Kinnfalten herab. Hin und wieder musste sie die Brille abnehmen und trocknen – Tennyson und das heiße Wasser ließen die Gläser beschlagen. Den *Poet Laureate*, wie sie ihn immer noch nannte, hatte sie seit Jahren nicht mehr gelesen, aber beim Abendessen war er ihr unvermittelt in den Sinn gekommen. Weshalb hatte sie bei gefülltem Schafherz oder auch bei Apfelkompott mit Vanillesauce an Tennyson gedacht? Aber es war natürlich nicht das Essen gewesen, sondern der Umstand, dass sie alleine in Mrs. Timpsons Empfangszimmer aß, wo gedämpfte Stille herrschte und alles zum Schutz vor Benutzungsspuren abgedeckt war, und so erschienen Kauen und Schlucken und selbst das Einatmen der kohlgeschwängerten Luft wie eine dreiste Störung. Jeden Abend aß sie dort, eine unerbittliche Abfolge von Speisen, die sich alle zwei Wochen wiederholte. An diesem Abend aber, als sie sich mit dem Gedanken an den morgigen Lunch in der Lansdowne Road aufzumuntern versuchte, war ihr aufgegangen, dass es am Freitag der kommenden Woche keinen Lunch geben würde, ebenso wenig wie in den sechs darauffolgenden Wochen. Panik erfasste sie – ebenso plötzlich und schmerzhaft wie das Stechen in der Brust, unter dem sie ebenfalls litt –, aber bevor diese sich festsetzen konnte, unterdrückte sie sie. Sie dachte an die Sommerferien, als sie in Pollys Alter gewesen war – in Hastings? (Nostalgie hatte zwar etwas Tröstliches, entglitt einem aber wie ein altes Überbett.) Oder in Broadstairs? Auf jeden Fall erinnerte sie sich an einen ummauerten Garten und dass sie mit Jack in einen Obstkäfig gegangen war und Himbeeren gegessen hatte, allerdings nicht viele, denn ein Vogel hatte sich in den Käfig verirrt, und sie versuchte die ganze Zeit, ihn zu vertreiben … Aber wie kam sie vom Obstkäfig auf Tennyson? Ach ja, sie hatte aus Versehen die Käfigtür offen stehen lassen, und als das heraus kam, erzählte ihr Bruder – der fünf Jahre älter und sehr strikt war in solchen Dingen –, dass sie es gewesen war. Zur Strafe musste sie hundert Zeilen aus *Idylls of the King* auswendig lernen. Da war ihr zum ersten Mal die verblüffende Kluft zwischen den Absichten eines Menschen und den Konsequenzen bewusst geworden. Tennyson erwies sich als Offenbarung, ihre Strafe war Jacks Verrat gewesen. Sie versuchte, nicht an den Kummer zu denken, den Jack ihr bereitet hatte – wochenlang war er ein ihr wohlgesinnter, gar zuvorkommender Gefährte, nur um sie dann ohne Vorwarnung im Stich zu lassen –, und fragte sich, warum sich ein Verrat stärker im Gedächtnis festsetzte als eine Offenbarung. Schließlich war Tennyson ihr geblieben, Jack hingegen war tot. Wie hatte sie ihn verehrt! Seinetwegen hatte sie gebetet, hübscher zu werden – »oder überhaupt hübsch, Gott, wenn ich ehrlich bin«. Seinetwegen zügelte sie ihren Verstand, denn irgendwie hatte sie von Anfang an gewusst, dass er es nicht ertragen konnte, hinter ihr zurückzustehen. Aber erst nach vielen Jahren wurde ihr klar, dass er sich ihretwegen schämte, dass sie außer Sichtweite bleiben sollte, wenn seine Freunde ins Pfarrhaus kamen, und dass er sie von all seinen aushäusigen geselligen Unternehmungen ausschloss.

Als sie das erste Mal die Bemerkung hörte, sie sei nicht gerade eine Augenweide, war sie zwölf und saß lesend in einem Apfelbaum, während ihr Bruder und sein Freund Rodney unter ihr vorbeigingen. Zuerst wollte sie sich nur zum Spaß vor ihnen versteckt halten, aber ab diesem Moment hätte sie es nicht ertragen, ihren Schlupfwinkel zu verlassen. Viel sagten die beiden nicht, doch sie hatten gelacht. Auch Jack lachte, bis Rodney meinte, ihr Gesicht habe die Form einer Birne. »Sie kann nichts dafür«, antwortete Jack darauf. »Im Grunde ist sie ein guter Kerl, aber natürlich wird sie nie einer heiraten.« Warum kehrte sie zu dieser schmerzhaften Erinnerung zurück? Genau davon hatte sie stets allen jungen Menschen in ihrer Obhut abgeraten. Wohl weil sie ganz bisweilen – und natürlich nur, wenn sie müde war – nicht umhinkonnte, sich zu fragen, ob ihr nicht andere Möglichkeiten offengestanden hätten, ob sie ihr Leben nicht hätte verändern können. Zum Beispiel hatte sie Papa angefleht, sie studieren zu lassen, aber das Geld, das nach Jacks Studium übrig blieb, musste gespart werden, um ihm zu einer Anstellung zu verhelfen. Und so musste sie jede Hoffnung auf eine anspruchsvolle Lehrtätigkeit begraben. Und nach Tante

Mays Tod musste sie natürlich zu Hause bleiben und sich um Papa kümmern. Da hatte sie Eustace, einen von Papas Hilfsgeistlichen, schon seit vielen Jahren verloren; er hatte sich freiwillig gemeldet und war als Militärseelsorger im Transvaal umgekommen. Sie hatte nie verstanden, weshalb die Armee ihn genommen hatte, schließlich war er noch kurzsichtiger als sie. Aber sie nahmen ihn, und Papa untersagte ihre Verlobung mit der Begründung, Eustace werde für unbestimmte Dauer fort sein. Das werde nichts an den Umständen ändern, hatte sie Eustace versprochen, aber natürlich änderte es vieles: Seine Habseligkeiten wurden nicht an sie geschickt, und sie konnte zu ihrer Ehrenrettung nicht einmal auf eine Verlobung verweisen. Kein Ring – nur ein paar Briefe und eine Locke seines rotblonden Haars … Die Briefe waren alt geworden, auf dem dünnen, vergilbten Papier hatte sich die Tinte rostbraun verfärbt, nur die Locke blieb genauso rotblond wie früher, widernatürlich kräftig. Papa war sogar froh, als Eustace starb, er sagte, als verliehe er ihr damit eine Auszeichnung, dass es ihm nicht gefallen hätte, sie mit irgendjemandem zu teilen. Nun, die Misslichkeit war ihm erspart geblieben: Bis weit über achtzig, als er hypochondrisch, tyrannisch und bisweilen senil wurde, hatte er sie für sich allein gehabt. Wohlwollende Freunde hatten seinen Tod als Gnade und Erlösung bezeichnet, aber aus ihrer Warte hatte die Gnade sehr lange auf sich warten lassen. Seine Pension ging mit ihm dahin, und Eleanor Milliment entdeckte die Freiheit viele Jahre zu spät, als dass diese noch von praktischem Nutzen für sie hätte sein können. Auf Rat des Anwalts ihres Vaters verkaufte sie den Hausrat im Cottage, denn viele von Papas Freunden – die alle überaus hilfsbereit waren – machten sie darauf aufmerksam, dass sie es sich nicht leisten konnte, weiterhin dort zu leben. Seine Briefmarken- und seine Schmetterlingssammlung erwiesen sich als erstaunlich wertvoll, doch einige Aquarelle – Ansichten Norditaliens von Edward Lear – erbrachten kaum mehr als den Preis der Rahmen.

Mr. Snodgrass war nach eigenem Bekunden zutiefst enttäuscht, dass der Verkauf so wenig erzielte. Doch nachdem er und andere hilfsbereite Berater bezahlt worden waren, wurde das restliche Kapital investiert und trug ihr ein Einkommen von fast sechzig Pfund im Jahr ein, was, wie der alte Brigadier Harcourt-Skeynes – unbestreitbar – bemerkte, besser sei als ein Schlag ins Kontor. Nach ihrem Dafürhalten gab es zwar unendlich viele andere Dinge, die ebenfalls besser wären als das, sodass ihr diese Bemerkung wenig tröstlich schien, aber schließlich war der Brigadier für seinen äußerst eigenwilligen Humor bekannt. »Und du, Eleanor, bist bekannt dafür, dass du dich verbummelst und zu spät ins Bett gehst«, sagte sie laut. Mittlerweile lebte niemand mehr, der sie mit Vornamen ansprach, also verwendete sie ihn immer selbst, wenn sie sich ermahnen musste. Jetzt sollte sie aber noch einmal über den Gang verschwinden, ihre Gebete sprechen, und dann würde sie das Licht ausschalten.

~

Sybil und Hugh saßen bei Kerzenlicht in ihrem Speisezimmer bei einem kalten spätabendlichen Essen (Scheiben einer Schweinepastete von Bellamy in der Earl's Court Road, Kopfsalat mit Tomaten und roter Bete und dazu eine Flasche Rheinwein – Sybil mochte Weißwein lieber). Der Raum, der im Souterrain lag, war dunkel, und wegen des Kochherds in der Küche nebenan herrschte große Wärme. Außerdem war das Zimmer sehr klein für die Menge an Möbeln – ein zweibeiniger ovaler Tisch, acht Hepplewort-Stühle und ein langes, schmales, geschwungenes Sideboard. Obwohl die Terrassentür einen Spalt offen stand, damit etwas Luft hereinkam, flackerten die Kerzen nicht.

»Nun, wenn er recht hat, wird uns wohl nichts anderes übrig bleiben.«

»Er hat aber nicht eindeutig einen zweiten Herzschlag gehört.«

»Trotzdem, wir müssen die Möglichkeit ins Auge fassen. Die Wahrscheinlichkeit«, korrigierte er sich.

»Liebling, du weißt, ich möchte wirklich nicht umziehen – eine schreckliche Umwälzung –, außerdem hänge ich an diesem Haus, das weißt du ja.« Jetzt, da er sich schließlich doch mit der Vorstellung eines Umzugs abfand, sollte er unbedingt glauben, sie wolle die Veränderung ebenso wenig wie er.

»Ich finde es spannend.«

Zu diesem Duell in gegenseitiger Rücksichtnahme, das sie seit nunmehr sechzehn Jahren miteinander ausfochten, gehörte es, die Wahrheit ständig zu drehen und zu wenden oder bisweilen ganz zu verschweigen. Das nannte man Manieren oder Zuneigung und sollte die Eintönigkeit oder den steinigen Pfad des ehelichen Alltags erträglich gestalten. Keiner von beiden war sich bewusst, welche Tyrannei ihrem Verhalten innewohnte. Hugh schob seinen Teller zur Seite, eigentlich wollte er jetzt gerne eine Zigarette.

»Rauch doch, mein Liebling.«

»Bist du sicher, dass dich das nicht stört?«

Sie schüttelte den Kopf. »Aber ich esse noch ein paar Stachelbeeren.«

Nachdem er sie ihr geholt und sich eine Gold Flake angezündet hatte, sagte sie: »Eine Lösung wäre natürlich, Polly aufs Internat zu schicken.«

Abrupt drehte er sich zu ihr, was ein pochendes Stechen in seinem Kopf auslöste. »Nein – ich glaube nicht, dass das eine gute Idee ist«, sagte er schließlich mit übertriebener Nachsicht, als hätte er einen trivialen Vorschlag gütig in Erwägung gezogen. »Ich möchte seit Jahren ein Arbeitszimmer«, fügte er hinzu, um jedes weitere Gespräch darüber zu unterbinden. »Da habe ich an den Sommerabenden, wenn du auf dem Land bist, eine interessante Aufgabe.«

»Ich möchte bei der Suche dabei sein!«

»Natürlich, ich sondiere nur einmal den Markt. Trinken wir Kaffee?«

»Wenn du einen möchtest?«

»Nur, wenn du …«

Letztlich entschieden sie sich gegen den Kaffee und für das Bett. Während Hugh die Türen abschloss, schleppte sich Sybil die Treppe hinauf, die Schuhe in der Hand. Ihre Füße schwollen derart an, dass sie sich überall die Schuhe abstreifte und dann nicht mehr hineinpasste.

»Schatz, schaust du kurz zu Polly hoch? Noch mehr Stufen schaffe ich nicht.«

Polly lag auf der Seite mit dem Gesicht zur Tür, die einen Spalt offen stand. Sie hatte ihren Nachttisch so gedreht, dass sie die hohen Kerzenleuchter und den Keramikteller, der an der Nachttischlampe lehnte, sehen konnte, ohne den Kopf zu drehen. Im Mundwinkel klebte ihr etwas verschmierte Zahnpasta. Pompey schmiegte sich in ihre Kniekehlen. Er hörte Hugh (oder bemerkte das Licht, das durch die aufgeschobene Tür fiel), öffnete die Augen und schloss sie sofort wieder, als hätte er nie zuvor im Leben eine dermaßen langweilige Person gesehen.

Phyllis träumte. Sie träumte, dass sie das wunderschönste Samtkleid und eine Kette aus Rubinen trug, aber sie wusste, dass sie auf keinen Ball oder derlei ging, weil sie ihr den Kopf abschlagen wollten. Was wirklich nicht gerecht war, schließlich hatte sie nur gesagt, wie adrett er in seinem Pyjama aussah. Aber seine Königliche Hoheit hatte befunden, das sei Erwachsenen-Irgendetwas und sie müsse sterben. Dabei hatte ihr Charles Laughton eigentlich nie so recht gefallen – kein Vergleich zum Herzog von Windsor, der ein richtiger Gentleman war –, und nur weil sie die Kleider von Merle Oberon trug, war sie noch lange nicht sie. Das Ganze war ein einziges Missverständnis, aber als sie ihnen das erklären wollte, brachte sie kein Wort heraus – innerlich schrie sie, aber kein Ton kam ihr über die Lippen, und jemand schubste sie, und wenn es ihr nicht gelang zu schreien, würden sie es tun, und jemand schubste sie immer weiter …

»Phyl! Wach auf!«

»Ach! Ach, du liebes bisschen, ich habe einen schrecklichen Traum gehabt!«

Aber Edna wollte nichts davon hören. »Du hast mich geweckt. Das passiert immer, wenn du spätabends noch Käse isst.« Damit legte sie sich wieder ins Bett und zog die Decken über sich.

Nachdem Phyllis sich tausendfach entschuldigt hatte (selbst der Klang ihrer eigenen Stimme beruhigte sie), lag sie mit offenen Augen da und war einfach froh, niemand anderes zu sein. Sie wollte nicht wieder einschlafen für den Fall, dass sie dann wieder eine andere Person würde. Sie wusste, dass sie statt des Käses die Schinken-Zunge-Pastete aufs Brot hätte essen sollen. Sie dachte an den grünen Voile mit den Rosen, zu dem sich ein weißer Pikee gut machen würde, und dazu passende weiße Handschuhe. Sie drehte sich auf die Seite, und in kürzester Zeit lag sie wieder in einem dieser Korbsessel im Garten, und Mr. Cazalet beugte sich mit einem Cocktail über sie. »Grün steht Ihnen ausgesprochen gut, Phyllis«, sagte er. »Hat Ihnen das schon mal jemand gesagt?« Aber das hatte niemand, denn etwas in der Art würde Ted nie sagen … Mr. Cazalet hatte genau den gleichen Schnurrbart wie Melvyn Douglas. Das musste sich komisch anfühlen, wenn er einen küsste, aber daran konnte man sich sicher gewöhnen – wenn sie die Chance hätte, würde sie das … sich daran gewöhnen … ganz bestimmt …

Zoë Cazalet war ganz verrückt nach dem Gargoyle Club, und Rupert musste sie bei jeder sich bietenden Gelegenheit dorthin ausführen: an ihrem Geburtstag, am Ende des Trimesters, wenn Rupert ein Bild verkaufte, an ihrem Hochzeitstag und immer bevor sie, wie jetzt, wochenlang mit den Kindern auf dem Land festsitzen würde. Für sie gab es nichts Schöneres, als sich schick zu machen. Sie besaß zwei Kleider fürs Gargoyle, beide rückenfrei, eines in Schwarz und eines in Weiß, und zu beiden trug sie ihre leuchtend grünen Tanzschuhe und die langen Strassohrringe, die man gut und gerne für Diamanten halten konnte. Außerdem fuhr sie für ihr Leben gerne abends nach Soho – sie betrachtete die leichten Mädchen, die ein Auge auf Rupert warfen, und die Restaurants, hell erleuchtet von den ständig vorfahrenden Taxis, und dann bogen sie in die enge Nebenstraße der Dean Street ab, fuhren in dem schnörkellosen kleinen Aufzug nach oben, und sobald sich die Türen öffneten, hörten sie die Kapelle, gingen schnurstracks in die Bar mit den Zeichnungen von Matisse, die sie nicht besonders gut fand, was Rupert entsetzte, der sie als herausragend bezeichnete. Als Erstes tranken sie an der Bar einen Aperitif, Gin and It. Dort standen unweigerlich ein oder zwei attraktive, intelligent aussehende Männer, die sie mit einem erfahrenen Blick taxierten – sie wussten sofort, dass sie einiges wert war. Das gefiel ihr. Dann gab ein Kellner Bescheid, dass ihr Tisch auf sie warte, und sie nahmen einen zweiten Drink mit in den Saal, dessen Wände mit kleinen Spiegelglasfliesen dekoriert waren. Der Kapellmeister begrüßte sie immer mit einem Lächeln, als kämen sie jeden Abend, was sie natürlich nicht taten – nicht konnten –, bei Weitem nicht. Sie bestellten die Speisen und tanzten, bis der erste Gang aufgetragen wurde, und die Kapelle spielte »The Lady is a Tramp«, weil sie wussten, dass sie die Nummer liebte. Vor der Hochzeit war Rupert kein guter Tänzer gewesen, aber mittlerweile konnte er es gut genug – zumindest Foxtrott –, damit das Tanzen Spaß machte.

Jetzt war der Abend fast vorüber. Sie saßen vor einer Tasse schwarzem Kaffee, und Rupert fragte, ob sie einen Brandy wolle. Sie schüttelte den Kopf. »Zwei Brandys«, orderte er und fing ihren Blick auf. »Du überlegst es dir ja doch anders.«

»Woher weißt du das?«

»Das tust du immer.«

Kurz herrschte Stille. »Ich lasse mir ungern nachsagen, dass ich etwas immer tue«, sagte sie dann distanziert.

Verdammt!, dachte er. Sie war eingeschnappt. Noch ein falscher Satz, und sie würde in die Luft gehen.

»Liebling! Du steckst voller Überraschungen, aber nach drei Jahren musst du doch davon ausgehen, dass ich das eine oder andere über dich weiß, Zoë!« Er nahm ihre Hand, die schlaff in seiner lag. Nach einem Moment führte er sie an seine Lippen und küsste sie. Sie tat, als bemerke sie es nicht, aber er wusste, dass es ihr gefiel.

»Ich kann dir sagen, warum«, sagte sie, als beendeten sie gerade ein langes Gespräch über das Thema. »Wenn du alles über mich weißt, dann liebst du mich nicht mehr.«

»Wie, um alles in der Welt, kommst du denn darauf?«

»So sind Männer eben.« Sie stützte einen Ellbogen auf den Tisch, legte das Kinn darauf und betrachtete ihn kummervoll. »Ich meine, eines Tages werde ich alt und dick sein, ich werde graue Haare haben und dir nichts Neues mehr erzählen können, und du wirst mich entsetzlich langweilig finden.«

»Zoë ... wirklich ...«

»Ein Doppelkinn werde ich haben, mindestens zwei oder drei.«

Der Kellner brachte die Brandys. Rupert nahm das Glas in beide Hände und schwenkte es, sodass ihm das Bouquet in die Nase stieg.

»Ich liebe dich nicht nur wegen deines Aussehens«, sagte er.

»Wirklich nicht?«

»Natürlich nicht.« Er sah Tränen in diesen wunderbaren Augen glitzern, und sein Herz machte einen Satz. »Mein Schatz, aber natürlich nicht.« Durch die Wiederholung glaubte er seine Worte selbst. »Komm, lass uns tanzen.«

Auf der Heimfahrt – den langen Weg nach Brook Green – schlief sie ein, und er fuhr vorsichtig, damit sie nicht aufwachte. Ich trage sie ins Bett, dachte er, und dann kann ich kurz nach den Kindern sehen, ohne dass sie es merkt.

Er ließ sie im Wagen sitzen, um die Haustür zu öffnen, und auf dem Gartenpfad bemerkte er zu seinem Schreck, dass im Kinderzimmer noch Licht brannte. Als er sie aus dem Wagen holen wollte, war sie aufgewacht.

»Rupert, hilf mir, ich bin ein bisschen beschwipst.«

»Ich halte dich fest.« Er hob sie aus dem Wagen und trug sie ins Haus, die Treppe hinauf in den ersten Stock und weiter bis in ihr Schlafzimmer. Als er sie aufs Bett legen wollte, schlang sie die Arme um seinen Hals. »Ich habe dich ganz furchtbar lieb.«

»Ich dich auch.« Er löste sich aus ihrer Umarmung und richtete sich auf. »Schau mal, wie schnell du ins Bett kommst. Ich bin gleich wieder da.« Er ging und schloss die Tür hinter sich, ehe sie etwas erwidern konnte.

Zwei Stufen auf einmal nehmend, lief er nach oben. Ellen erwartete ihn auf dem Treppenabsatz.

»Was ist, Ellen? Ist etwas mit Nev?«

»Ja, aber er hat nicht damit angefangen. Clary hat schlecht geträumt und ist zu mir gekommen, und das hat ihn aufgeweckt, und dann hat er einen Anfall bekommen.«

Er folgte ihr in den Raum, wo sie mit Neville schlief. Aufrecht und mit aufgeknöpfter Pyjamajacke saß er im Bett und versuchte zu atmen, was ihm immer nur im scheinbar allerletzten Moment unter Schmerzen gelang. Es roch durchdringend nach Friar's Balsam und Menthol.

Rupert setzte sich zu ihm auf die Bettkante. »Guten Abend, Nev.«

Neville neigte den Kopf. Das Haar stand ihm in Büscheln ab, wie Gras sah es aus. Er kämpfte mit einem weiteren unendlichen röchelnden Keuchen und sagte: »Luft – geht nicht rein.« Nach einer weiteren Pause erklärte er würdevoll: »Richtig schwer.« Angst brannte in seinen Augen.

»Das glaube ich sofort. Magst du eine Geschichte hören?«

Neville nickte, und schon musste er wieder japsend nach Luft schnappen. Am liebsten hätte Rupert ihn in die Arme geschlossen, aber das würde dem armen Kerlchen auch nicht helfen.

»Also gut. Erinnerst du dich an die Regeln? Wenn ich aufhöre, musst du Luft holen. Es war einmal eine böse Hexe, und der einzige Mensch auf der ganzen Welt, den sie liebte, war ein kleiner schwarz-grüner …«, er machte eine Pause, die sie beide irgendwie überstanden, »… Dinosaurier namens Stocherbein. Stocherbein schlief in einem Dinosaurierkörbchen aus Stechpalmen und Disteln, denn er rieb sich den Rücken gerne an den Dornen. Zum Frühstück aß er Schnecken und Haferbrei, zum Mittagessen Käfer und Milchreis und …«, es ging doch etwas besser, oder nicht?, »… zum Abendessen Ringelnattern und Wackelpudding.« Jetzt hatte er ihn, seine Aufmerksamkeit überwog die Angst. »An seinem Geburtstag, als er gerade einmal zwei Meter maß …«

Zwanzig Minuten später verstummte er. Nevilles Atem ging zwar noch etwas keuchend, aber regelmäßig, er war eingeschlafen. Rupert deckte ihn zu und gab ihm einen Kuss auf die warme, verschwitzte Stirn. Im Schlaf sah er Isobel erschreckend ähnlich – die gleiche leicht unebene Stirn mit den zarten bläulichen Adern an den Schläfen, der gleiche klar konturierte Mund … Bei diesem letzten Bild von ihr, wie sie in ihrem gemeinsamen Bett lag, erschöpft von den dreißigstündigen Wehen, wie sie zu lächeln versuchte und langsam verblutete, legte er die Hand vors Gesicht. Danach hatte er sie festhalten wollen, aber sie war nur noch ein lebloses Etwas gewesen, das schwer in seinen Armen lag, trostlos, verloren.

»Jetzt haben Sie ihm aber schön beim Einschlafen geholfen.« Ellen stand auf dem Treppenabsatz und erwärmte gerade etwas Milch in einem Topf. Sie trug ihren unförmigen karierten Morgenrock, ihr gelblich weißer Zopf hing ihr über den Rücken.

»Ich weiß nicht, was wir ohne Sie tun würden.«

»Das brauchen Sie ja auch nicht, Mr. Rupert.«

»Ist das für Clary?«

»Ich muss sie ein bisschen beruhigen. Sie ist ein ungezogenes Ding. Wie oft habe ich ihr nicht schon gesagt, dass sie gerne zu mir reinkommen kann, solange sie leise ist! Aber nein, jedes Mal muss sie ihn aufwecken und den armen Wurm mit ihrem Theater in Angst und Schrecken versetzen. Es dreht sich nicht immer nur alles um dich, habe ich ihr gesagt, aber sie steigert sich immer in alles hinein. Na ja, so ist das Leben eben, stimmt's nicht?«, schloss sie und goss die Milch in einen mit Enten verzierten Becher. Das sagte sie bei allem, was nicht gut oder problematisch war.

»Ich bringe ihn ihr. Legen Sie sich wieder ins Bett, Sie brauchen Ihren Schönheitsschlaf.«

»Na, dann sage ich Gute Nacht.«

Er ging mit dem Becher in Clarys Zimmer. Neben ihrem Bett brannte ein Nachtlicht. Sie saß zusammengekauert da, die Arme um die angezogenen Knie geschlungen.

»Ellen hat dir eine schöne heiße Milch gemacht«, sagte er.

»Du warst Ewigkeiten da drin«, sagte sie, ohne den Becher zu nehmen. »Was hast du gemacht?«

»Ich habe ihm eine Geschichte erzählt und ihm geholfen, Luft zu kriegen.«

»Er ist dumm. Jeder kann Luft holen.«

»Für Menschen, die Asthma haben, ist das Atmen sehr schwierig. Das weißt du doch, Clary, sei nicht herzlos.«

»Das bin ich gar nicht. Es ist ja nicht meine Schuld, dass ich einen Albtraum hatte.«

»Natürlich nicht. Trink deine Milch.«

»Damit du nach unten gehen und mich allein hier oben lassen kannst. Außerdem kann ich heiße Milch nicht leiden, die kriegt oben immer eine grässliche Haut.«

»Bitte trink sie, Ellen zuliebe.«

»Ich mag Ellen zuliebe nichts machen. Sie kann mich nicht leiden.«

»Clary, red keinen Unsinn, natürlich mag sie dich.«

»Der Mensch, um den es geht, weiß, ob jemand anderer ihn mag oder nicht. Niemand mag mich genug. Du magst mich auch nicht.«

»Das ist Unsinn. Ich liebe dich.«

»Du hast gesagt, dass ich herzlos bin, und du hast gesagt, dass ich Unsinn rede.«

Sie funkelte ihn an. Er sah die klebrigen Tränenspuren auf ihrem sommersprossigen runden Gesicht und sagte sanfter: »Ich kann dich trotzdem lieben. Niemand ist perfekt.«

Aber sofort, ohne ihn anzusehen, brummte sie: »Du bist perfekt. Ich finde dich perfekt.« Ihre Stimme zitterte, die Milch schwappte über.

Er fischte die Milchhaut ab und aß sie. »Da. Jetzt siehst du's. Ich mag Milchhaut auch nicht besonders.«

»Daddy, ich hab dich so lieb!« Sie holte tief Luft und trank den Becher auf einen Satz leer. »Ich hab dich so lieb wie alle Menschen auf der Welt zusammen. Ich wünschte, du wärst der König.«

»Warum wünschst du dir das?«

»Weil du dann den ganzen Tag zu Hause wärst. Das sind Könige alle.«

»Also, morgen fangen die Ferien an, da bin ich auch immer zu Hause. So, und jetzt deck ich dich mal zu.«

Sie legte sich hin, er gab ihr einen Kuss, und zum ersten Mal lächelte sie. Sie fasste nach seiner Hand und drückte sie an ihre Wange. »Aber nicht nachts«, sagte sie. »Dann bin ich nicht bei dir.«

»Aber den ganzen Tag«, sagte er. Er wollte das Gespräch auf einer leichteren Note beenden. »Gute Nacht, schlaf gut und träum süß.«

»Von sauren Gurken«, beendete sie den Satz. »Daddy! Kann ich eine Katze haben?«

»Darüber reden wir morgen früh.«

Gerade wollte er die Tür hinter sich schließen, da sagte sie: »Polly hat eine.«

»Gute Nacht«, sagte er entschieden.

»Gute Nacht, herzallerliebster Dad«, antwortete sie fröhlich.

So, das haben wir geschafft, dachte er auf dem Weg nach unten, zumindest vorerst. Doch als er vor seiner noch geschlossenen Schlafzimmertür stand, überfiel ihn unversehens eine unvorstellbare Müdigkeit. Wegen Nevs Asthma konnte Clary keine Katze haben, was die Liste der Dinge, die sie ihm ankreidete, nur noch verlängern würde. Er öffnete die Tür und betete, dass Zoë schon schlief.

Das tat sie natürlich nicht. Sie saß im Bett, das Jäckchen um die Schultern, und wartete. Ungeschickt löste er den Knoten seiner Krawatte und hatte sie schon auf die Kommode gelegt, als Zoë sagte: »Du warst lange weg.« In ihrem Ton lag die Art von Beherrschtheit, die er zu fürchten gelernt hatte.

»Clary hatte einen Albtraum und hat Nev geweckt, und der hatte dann einen ziemlich schlimmen Anfall. Ich habe ihm geholfen einzuschlafen.«

Er hängte sein Jackett über die Lehne eines Stuhls und setzte sich darauf, um die Schuhe auszuziehen.

»Weißt du, was ich mir überlege?«, fragte sie mit gespielter Besorgnis. »Findest du nicht, dass Ellen langsam zu alt ist?«

»Wofür?«

»Um mit den Kindern klarzukommen. Ich meine – ich weiß ja, die beiden sind nicht gerade einfach, aber schließlich sollte sie ihr Kindermädchen sein.«

»Sie ist auch ihr Kindermädchen, und zwar ein sehr gutes. Sie tut alles für sie.«

»Nicht alles, mein Schatz. Ich meine, wenn sie wirklich alles täte, bräuchtest du Neville doch nicht beim Einschlafen zu helfen, oder? Wenn man es recht bedenkt.«

»Zoë, ich bin müde, ich habe keine Lust, mich wegen Ellen zu streiten.«

»Ich streite nicht, ich mache dich nur darauf aufmerksam, dass sie nicht so fähig und zuverlässig sein kann, wie du offenbar glaubst, wenn du keinen einzigen Abend außer Haus verbringen kannst. Auf geheimnisvolle Weise passiert immer irgendetwas dieser Art, wenn wir weggehen, jedes Mal.«

»Ich habe dir schon gesagt, ich möchte jetzt wirklich nicht darüber reden. Es ist mitten in der Nacht, wir sind beide müde …«

»Was heißt wir?«

»Also gut, ich bin müde …«

Aber es war zu spät, sie wollte eine Szene, um jeden Preis. Er versuchte es mit Schweigen, sie wiederholte nur ein ums andere Mal, dass er sich nie überlege, wie das Ganze für sie sei – nie habe sie ihn für sich, keine einzige Minute. Er rechtfertigte sich, sie schmollte. Er schrie sie an, sie brach in Tränen aus und schluchzte, bis er es nicht mehr ertrug und sie in die Arme nehmen, sie trösten und sich entschuldigen musste. Dann sagte sie mit Tränen in ihren grünen Augen, er wisse gar nicht, wie sehr sie ihn liebe, und hob ihren Mund – jetzt ohne den roten Lippenstift, den er nicht mochte – zu einem Kuss. »Ach, Rupert, mein Liebling! Ach!«, und als er ihr Verlangen spürte, stieg es selbst in ihm auf, und er küsste sie und konnte nicht mehr aufhören. Selbst nach drei Jahren Ehe betrachtete er ihre Schönheit nach wie vor mit Ehrfurcht, und er huldigte ihr und sah über alles hinweg, was Zoë nicht war. Sie ist noch sehr jung, sagte er sich immer und immer wieder in den vielen Stunden wie diesen: Sie wird erwachsen werden, und er weigerte sich zu überlegen, was das heißen könnte. Erst, nachdem er mit ihr geschlafen hatte und sie zärtlich und liebevoll und rundum entzückend war, konnte er schließlich »Weißt du, du bist ein egoistisches kleines Ding« zu ihr sagen oder: »Du bist ein verantwortungsloses Kind. Das Leben besteht nicht nur aus Vergnügen.« Und dann sah sie ihn folgsam an und antwortete zerknirscht: »Ich weiß, dass ich selbstsüchtig bin. Ich weiß, dass das Leben nicht einfach ist.« Es war vier Uhr, als sie sich schließlich auf die Seite drehte und er einschlafen durfte.

HOME PLACE
1937

Rachel Cazalet wachte immer früh auf, aber im Sommer, auf dem Land, erwachte sie zum Morgenkonzert der Vögel. In der danach einsetzenden Stille schenkte sie sich aus der Thermosflasche neben ihrem Bett eine Tasse Tee ein, aß einen Butterkeks und las ein weiteres Kapitel von *Die Flamme*, ein Roman, der ihrer Ansicht nach von allzu großer Intensität, aber gut geschrieben war. Wenn dann das hellgraue Licht in den Raum kroch (sie schlief bei offenen Vorhängen, um möglichst viel frische Luft zu bekommen) und der Schein ihrer Nachttischlampe fahlgelb, fast schmutzig wirkte, schaltete sie sie aus, stand auf, zog ihren wolligen Morgenrock und ihre formlosen Pantoffeln an (höchst seltsam, dass sie zu guter Letzt unweigerlich die Form von dicken Bohnen annahmen) und schlich die stillen breiten Korridore entlang und die drei Stufen zum Badezimmer hinab. Die Wände des nach Norden liegenden Raums waren mit dunkelgrün gestrichenen Pechkieferbrettern mit Nut und Feder bedeckt. Selbst im Sommer herrschte hier eine Eiseskälte. Insgesamt wirkte das Zimmer wie die Stallbox eines privilegierten Pferdes. Die Wanne mit ihren gusseisernen Löwenfüßen hatte einen grünspanfarbenen Fleck von dem Wasser, das aus den uralten Armaturen aus Messing und Porzellan mit ihren meist lecken Dichtungen tropfte. Rachel ließ sich ein Bad einlaufen, legte die Korkmatte an ihren Platz und verriegelte die Tür. Die Matte hatte sich aufgeworfen und kippelte, wenn man sich daraufstellte. Trotzdem, es sollte als Badezimmer der Kinder dienen, und die störten sich nicht an derlei Dingen. Die Duchy sagte, die Matte sei noch vollkommen in Ordnung. Die Duchy vertrat auch die Ansicht, dass man nicht zum Vergnügen badete: Das Wasser sollte lauwarm sein – »Viel besser für dich, mein Schatz« –, die Seife sollte eine Karbolseife von Lifebuoy sein, das Toilettenpapier ein pergamentenes von Izal, »Viel hygienischer, mein Schatz«. Mit achtunddreißig glaubte Rachel, unangemessen heiß baden und ein Stück transparenter Pears-Seife verwenden zu dürfen, das sie in ihrem Kulturbeutel aufbewahrte. Die volle Wucht der Gesundheits- und Hygienevorschriften mussten die Kinder ertragen. Wie wunderbar, dass sie alle kamen. Das bedeutete, dass es mehr als genug zu tun gab. Sie liebte ihre drei Brüder gleichermaßen, aber aus unterschiedlichen Gründen: Hugh, weil der Krieg ihn derart böse zugerichtet hatte und er das tapfer und klaglos ertrug, Edward, weil er so unglaublich gut aussah – wie der Brig in jüngeren Jahren, dachte sie –, und Rupert, weil er so wunderschön malen konnte, weil er nach Isobels Tod eine so tragische Zeit durchlebt hatte und weil er einen großartigen Vater abgab und sich Zoë gegenüber so liebevoll verhielt, die … sehr jung war, und vor allem, weil er sie, Rachel, so oft zum Lachen brachte. Aber natürlich liebte sie alle drei gleichermaßen, genauso wie sie – natürlich – keines der Kinder, die jetzt so rasend schnell heranwuchsen, bevorzugte. Am meisten hatte sie sie geliebt, als sie Babys waren, aber auch als Kinder waren sie nett und sagten oft die verrücktesten Sachen. Und mit ihren Schwägerinnen verstand sie sich ebenfalls gut, obwohl sie Zoë vielleicht noch nicht genügend kennengelernt hatte. Es musste schwer für sie sein, so spät hineinzuheiraten in eine große, eng verbundene Familie mit ganz eigenen Sitten und Gebräuchen und Scherzen, die man ihr erst erklären musste. Sie nahm sich vor, zu Zoë besonders nett zu sein – und auch zu Clary, die allmählich sehr pummelig wurde, die Arme, aber sie hatte wunderhübsche Augen.

Mittlerweile hatte sie ihren Strumpfhalter, ihr Unterhemd, ihren Unterrock, ihren Doublejersey-Schlüpfer, die kaffeebraunen Kammgarnstrümpfe mit dem Lochmuster und ihre braunen Halbschuhe angezogen, die Tonbridge immer polierte, bis sie glänzten wie ein schwarzbraunes Sahnebonbon. An diesem Tag entschied sie sich für das blaue Jerseykostüm (Blau war mit Abstand ihre Lieblingsfarbe) und dazu ihre neue Bluse aus Macclesfield-

Seide – blau mit einem Streifen in dunklerem Blau. Sie bürstete sich das Haar aus und band es zu einem lockeren Knoten, den sie ohne Blick in den Spiegel im Nacken am Hinterkopf feststeckte. Sie legte die goldene Armbanduhr an, die der Brig ihr überreicht hatte, als sie einundzwanzig wurde, und steckte die Granatbrosche an, die S. ihr bald nach ihrer ersten Begegnung zum Geburtstag geschenkt hatte. Die trug sie jeden Tag – keinen anderen Schmuck. Widerstrebend sah sie schließlich kurz in den Spiegel. Sie hatte eine schöne Haut, und ihre Augen funkelten vor Intelligenz und Humor. Insgesamt war ihr ansprechendes, aber durchschnittliches Gesicht – ein wenig wie das eines bleichen Schimpansen, sagte sie bisweilen – unbefangen und frei von jeder Eitelkeit. Sie steckte ein kleines weißes Taschentuch in die Goldkette ihrer Armbanduhr, griff nach den Listen, die sie am Vortag zusammengestellt hatte, und ging zum Frühstück nach unten.

Ursprünglich war das Cottage gegen Ende des siebzehnten Jahrhunderts als kleines Farmhaus im typischen Sussex-Stil erbaut worden. Die untere Hälfte der Fassade bestand aus Fachwerk, der erste Stock war mit roséfarbenen überlappenden Holzschindeln verkleidet. Von diesem Bau waren lediglich zwei kleine Räume im Erdgeschoss erhalten, zwischen denen eine schmale, steile Treppe direkt gegenüber der Haustür zu den drei jeweils durch eine Abstellkammer verbundenen Schlafzimmern hinaufführte. Irgendwann einmal hatte es einem gewissen Mr. Home gehört und den schlichten Namen Home's Place bekommen. Im neunzehnten Jahrhundert hatte man es zu einem Landsitz umgestaltet, hatte rechts und links jeweils einen großen Flügel angebaut, sodass das Anwesen aus drei Seiten eines Quadrats bestand, und dabei honiggelben Stein verwendet, große Schiebefenster eingesetzt und das Dach mit glattem blauem Schiefer gedeckt. Einer der Flügel beherbergte das Esszimmer, den Salon sowie einen dritten Raum, der unterschiedlich genutzt wurde – gegenwärtig diente er als Billardzimmer. Im anderen befanden sich die Küche, das Dienstboten-Esszimmer, die Spülküche, der Anrichteraum, Speise- und

Vorratskammern sowie der Weinkeller. Im Obergeschoss hatte der Anbau Platz für acht weitere Schlafräume geschaffen. In viktorianischer Zeit hatte man die nördliche Seite des Quadrats mit einer Reihe kleiner, dunkler Zimmer geschlossen, die unten als Dienstbotenunterkünfte, Stiefelkammer, Waffenkammer, als Zimmer für den gewaltigen und lauten Boiler, für ein zusätzliches Badezimmer und ein WC genutzt wurden und oben für Kinderzimmer sowie das bereits erwähnte Bad. Das Ergebnis dieser Abfolge architektonischer Bemühungen war ein verschachteltes Durcheinander mit einer Halle als Mittelpunkt. Von dort führte eine Treppe zu einer offenen Galerie hinauf, von der die Schlafzimmer abgingen. Dieses Atrium, dessen Decke bis knapp unters Dach reichte, erhielt Licht durch zwei Glaskuppeln, die bei schlechtem Wetter undicht wurden, was das Aufstellen strategisch platzierter Eimer und Fressnäpfe erforderlich machte. Im Sommer war das Haus kalt, den Rest des Jahres eisig. Im Erdgeschoss wurde es mit Holz- und Kohlenfeuern beheizt, und einige Schlafräume verfügten über einen Kamin, doch die erachtete die Duchy als überflüssig, außer für Kranke. Es gab zwei Badezimmer, eines im ersten Stock für die Frauen und Kinder, eines im Erdgeschoss für die Männer (und einmal die Woche für das Personal). Die Bediensteten hatten ein eigenes WC, der restliche Haushalt teilte sich die zwei neben den Badezimmern. Heißes Wasser für die Schlafräume holten die Dienstmädchen jeden Morgen von ihrem Wasserhahn im ersten Stock und verteilten es in dampfenden Messingkannen in alle Räume.

Das Frühstück fand in dem kleinen Wohnzimmer im Cottage-Teil des Anwesens statt. Die Duchy folgte bei der Nutzung von Salon und Speisezimmer viktorianischen Gepflogenheiten – Letzteres wurde nur zum Dinner verwendet und Ersterer nie, außer es kam Besuch. Jetzt saßen Rachels Eltern an einem Ausklapptisch, die Duchy brühte gerade Tee aus einem Kessel, den sie auf einem Spiritusbrenner erhitzte. William Cazalet saß vor einem Teller mit Eiern und Speck, die *Morning Post* vor sich gegen das Marmeladenglas gelehnt. Er trug Reitkleidung, zu der eine zitronengelbe

Weste und eine breite, dunkle Seidenkrawatte mit einer Perlennadel gehörten. Zum Lesen benutzte er ein Monokel und kniff das andere Auge so fest zusammen, dass die buschige weiße Braue beinahe seine gerötete Wange berührte. Die Duchy war ganz ähnlich wie ihre Tochter gekleidet, nur hing bei ihr an einer Kette ein Kreuz aus Perlmutt und Saphiren über die Seidenbluse. Sie füllte die silberne Teekanne und nahm den Kuss ihrer Tochter entgegen. Ein Hauch von Veilchenduft stieg auf.

»Guten Morgen, mein Schatz. Ich fürchte, allen steht ein heißer Tag für die Fahrt bevor.«

Rachel gab ihrem Vater einen Kuss auf den Scheitel und setzte sich an ihren Platz, wo sie auf den ersten Blick sah, dass ein Brief von S. gekommen war.

»Klingelst du bitte nach mehr Toast?«

»Frechheit!«, knurrte William. Er sagte nicht, was eine Frechheit war, und weder seine Frau noch seine Tochter fragten nach; sie wussten, dass sie dann nur zu hören bekämen, darüber sollten sie sich nun wirklich nicht ihr hübsches Köpfchen zerbrechen. Er betrachtete seine Zeitung wie einen widerständigen Bekannten, bei dem er (zum Glück) immer das letzte Wort behalten konnte.

Rachel nahm ihre Tasse Tee, beschloss, sich die Lektüre ihres Briefs für später aufzuheben, und steckte ihn in die Tasche. Eileen, die in London ihr Hausmädchen war, kam mit dem Toast herein. »Eileen, können Sie Tonbridge sagen, dass er mich um zehn Uhr nach Battle fährt und dass ich Mrs. Cripps in einer halben Stunde sprechen möchte?«

»Sehr wohl, Ma'am.«

»Duchy, meine Liebe, soll nicht ich Battle für dich übernehmen?«

Die Duchy kratzte gerade etwas Butter auf ihren Toast und sah auf. »Nein, mein Schatz, danke. Ich möchte mit Crowhurst über sein Lamm sprechen. Außerdem muss ich zu Till's: Ich brauche einen neuen Gartenkorb und eine Gartenschere. Ich überlasse dir die Schlafzimmer. Hast du einen Plan gemacht?«

Rachel griff nach ihrer Liste. »Ich dachte, Hugh und Sybil kommen ins blaue Zimmer, Edward und Villy ins Päonienzimmer, Zoë und Rupert ins indische Zimmer, Nanny und Lydia ins Kinderschlafzimmer, die beiden Jungen in das alte Kindertageszimmer, Louise und Polly ins rosa Zimmer und Ellen und Neville in das hintere Gästezimmer …«

Die Duchy überlegte einen Moment. »Und Clarissa?«, fragte sie dann.

»Ach, du meine Güte! Für sie müssen wir wohl ein Extrabett ins rosa Zimmer stellen.«

»Ich glaube, das wird ihr gefallen. Sie möchte doch sicher mit den älteren Mädchen zusammen schlafen. Will, soll ich mit Tonbridge wegen der Fahrt zum Bahnhof sprechen?«

»Ja, Kitty, Schatz, red mit ihm. Ich habe eine Besprechung mit Sampson.«

»Ich denke, wir werden heute zeitig zu Mittag essen, damit die Dienstmädchen abräumen und Tee in der Halle servieren können. Wäre dir das recht?«

»Was immer du meinst.« Er stand auf und stapfte davon, um seine Pfeife anzuzünden und seine Zeitung zu Ende zu lesen.

»Was wird er machen, wenn die ganzen Bauarbeiten hier fertig sind?«

Die Duchy blickte zu ihrer Tochter. »Er wird nie fertig«, antwortete sie nur. »Es wird immer etwas geben. Wenn du Zeit hast, könntest du vielleicht die Himbeeren pflücken, aber überanstreng dich nicht.«

»Du dich auch nicht.«

Aber angesichts der siebzehn Leute, die sie erwarteten, gab es wirklich eine Menge zu tun. Die Duchy verbrachte eine geschäftsmäßige halbe Stunde mit Mrs. Cripps. Sie saß auf dem Stuhl, der für sie von dem großen, blank gescheuerten Küchentisch herausgezogen worden war, die massige Mrs. Cripps lehnte sich mit verschränkten Armen an den Küchenherd. Während sie die Speisepläne für das kommende Wochenende besprachen, kam Billy, der Gärtnerjunge, mit zwei Körben voll Erbsen, dicken Bohnen und

Römersalatköpfen herein. Er stellte sie auf den Boden der Spülküche und starrte dann wortlos Mrs. Cripps und die Duchy an.

»Entschuldigen Sie, Ma'am. Worauf wartest du noch, Billy?«

»Mr. McAlpine hat gesagt, ich soll die Körbe für die Kartoffeln zurückbringen.« Er flüsterte, weil seine Stimme quiekste, was ihm peinlich war. Außerdem starrte er in letzter Zeit immer die Damen an.

»Dottie!« Mrs. Cripps schrie, so dezent es ihr möglich war. In der Abwesenheit von Madam brüllte sie. »Dottie! Mädel, wo bleibst du?«

»Sie ist hinten.« Das bedeutete, sie war auf der Toilette, wie Mrs. Cripps genau wusste.

»Entschuldigen Sie, Ma'am«, sagte sie wieder und verschwand in der Spülküche.

Nachdem sie die Körbe geleert und Billy unwirsch zurückgegeben hatte mit dem Auftrag, außer Kartoffeln auch Tomaten mitzubringen, widmete sie sich wieder den zu planenden Mahlzeiten. Die Duchy begutachtete die Überreste des Suppenhuhns, von denen Mrs. Cripps meinte, sie reichten auch gestreckt nicht für Frikadellen zum Lunch, während Madam befand, mit einem zusätzlichen Ei und mehr Semmelbröseln könnten sie sehr wohl genügen. Sie fochten ihren gewohnten Kampf über das Käsesoufflé aus. Mrs. Cripps war zwar als einfache Köchin angestellt worden, hatte aber vor Kurzem die Kunst des Soufflés gemeistert, das sie nun zu jeder anspruchsvolleren Gelegenheit zubereiten wollte. Die Duchy hingegen missbilligte zerlassenen Käse am Abend. Zu guter Letzt einigten sie sich auf ein Schokoladensoufflé zum Dessert, denn abends würden sie im Esszimmer lediglich zu neunt sein. »Morgen zum Lunch sind wir elf, denn dann sitzen zwei der Kinder bei uns am Tisch, und das heißt acht in der Halle.«

Und zehn in der Küche, dachte Mrs. Cripps.

»Und der Lachs für heute Abend? Wie hält er sich bei diesem Wetter?« (William hatte von einem Freund im Club einen frischen Lachs geschenkt bekommen.)

»Es wird ihn kalt geben müssen, Ma'am. Um auf Nummer sicher zu gehen, will ich ihn heute Vormittag pochieren.«

»Sehr gut.«

»Und ich habe Gurken auf die Liste geschrieben, Ma'am. McAlpine sagt, dass unsere noch nicht so weit sind.«

»Wie lästig! Nun, Mrs. Cripps, ich will Sie nicht länger aufhalten, ich weiß, dass Sie viel zu tun haben. Ich bin mir sicher, dass alles zufriedenstellend sein wird.«

Damit ging sie und ließ Mrs. Cripps zurück, die nun vier Pfund Teig machen, den Lachs pochieren, zwei gewaltige Reisaufläufe zubereiten und in den Ofen schieben, einen Sandkuchen und eine Ladung Haferkekse zusammenrühren und das Hühnerfleisch für die Frikadellen ablösen und zerkleinern musste. Dottie, die auftauchte, sobald sie hörte, wie die Duchy verschwand, wurde ordentlich geschimpft und beauftragt, Erbsen zu palen, zehn Pfund Kartoffeln zu schrappen und das gewaltige Milchfass für die zehn Liter frischer Milch zu reinigen, die von der benachbarten Farm angeliefert würden. »Und spül es ja gut mit kochendem Wasser aus, sonst wird uns die Milch sauer.«

Oben bezogen die Dienstmädchen Bertha und Peggy die Betten – die beiden Himmelbetten für Mr. und Mrs. Hugh und Mr. und Mrs. Edward, das etwas schmalere Doppelbett für Mr. und Mrs. Rupert, die fünf kleinen Eisenbetten mit den dünnen, durchgelegenen Matratzen für die älteren Kinder, die Betten der Kindermädchen, das große Kinderbett für Neville und das Feldbett für Lydia. Im rosa Zimmer stieß Rachel zu ihnen mit der Information, für Miss Clarissa würde ein weiteres Feldbett benötigt. Dann verteilte sie die für jeden Raum erforderliche Anzahl Bade- und Handtücher und klärte die Frage, wie viele Nachttöpfe benötigt würden. »Ich denke, zwei pro Kinderzimmer und je einer für die anderen Zimmer. Haben wir genügend?«, fragte sie mit einem Lächeln.

»Nur, wenn wir den nehmen, der Madam nicht gefällt.«

»Den können Sie zu Mr. Rupert ins Zimmer stellen. Geben Sie ihn nicht den Kindern, Bertha.«

Im Kinderspielzimmer und im rosa Zimmer gab es einen Linoleumboden und karierte Vorhänge, genäht von der Duchy an verregneten Nachmittagen auf ihrer uralten Singer-Maschine. Die Möbel waren aus weiß gestrichenem Holz, Licht warf eine einzelne Birne mit weißem Glasschirm an der Decke. Die Zimmer waren für Kinder bestimmt. Die Räume für ihre Brüder und Schwägerinnen waren besser ausgestattet. Dort lagen Sisalteppiche, umgeben von fleckigem, poliertem Holz, und im Päonienzimmer ein türkischer Teppich auf dem gleichen Holzboden. Es gab Mahagonimöbel, Kommoden mit Flügelspiegeln, weiße Häkeldeckchen und marmorne Waschtische mit passenden Krügen und Schüsseln aus Porzellan. Im blauen Zimmer stand zudem eine Chaiselongue. Das hatte Rachel Hugh und Sybil zugedacht für den Fall, dass Sybil die Beine hochlegen wollte. Die Vorstellung eines neuen Kindes begeisterte sie über die Maßen. Sie liebte Babys abgöttisch, vor allem die Neugeborenen. Die rudernden Bewegungen ihrer Hände gefielen ihr so gut, die Art, wie sie wählerisch die kirschroten Lippen schürzten und versuchten, einen aus ihren schiefergrauen Augen anzusehen, um dann abweisend dreinzublicken. Sie waren allesamt kleine Schätzchen. Rachel war Ehrensekretärin einer Kinderherberge, wie sie genannt wurde; eine Einrichtung, die sich um kurzzeitig oder dauerhaft unerwünschte Kleinkinder bis zu fünf Jahren kümmerte. Wenn Eltern, meist Musiker oder Theaterleute, auf Tournee gingen, konnten sie ihre kleinen Kinder zu geringen Kosten dort unterbringen. Die Findelkinder, die einfach auftauchten, in Decken oder auch in Zeitungspapier gewickelt in einem Karton lagen, wurden kostenlos versorgt; die Herberge war eine gemeinnützige Einrichtung mit einer fest angestellten Kinderschwester und einer Vorsteherin. Junge Frauen erhielten dort eine Ausbildung zum Kindermädchen, wodurch die Kinderherberge stets über Mitarbeiterinnen verfügte und gleichzeitig seine bescheidenen Finanzmittel aufstockte. Rachel gefiel diese Arbeit sehr, sie hielt sie für sinnvoll und wollte nichts auf der Welt lieber machen. Und da sie nie eigene Kinder haben würde, war das für sie eine Möglichkeit, mit einem konstanten Nachschub von Babys versorgt zu werden, die alle nach Liebe und Aufmerksamkeit verlangten. Zu Rachels Arbeit gehörte auch, Adoptiveltern für die unerwünschten Kinder zu suchen, und es war schrecklich mitanzusehen, wie ihre Chancen mit zunehmendem Alter sanken. Manchmal war das sehr traurig.

Sie machte ihren Kontrollgang durch die Zimmer der Erwachsenen, überprüfte, ob in den Schubladen auch sauberes Schrankpapier lag, ob die mit Patchwork bezogenen Keksdosen auf den Nachttischen mit Butterkeksen gefüllt, die Flaschen Malvern Water voll und die Schränke mit einer vertretbaren Anzahl Kleiderbügel bestückt waren – lauter Dinge, von denen sie der Duchy bei ihrer Rückkehr aus Battle berichten konnte, dass sie erledigt seien, damit ihre Mutter sich keine weiteren Gedanken darüber zu machen brauchte. Die Kekse waren weich, bröselig und wenig appetitlich geworden. Sie sammelte die Dosen ein und brachte sie nach unten zur Speisekammer, damit sie frisch aufgefüllt würden.

Mrs. Cripps balancierte auf der Handfläche ihrer Linken eine große Pastetenform, während sie mit einem schwarzen Messer den überstehenden Teigrand wegschnitt. Als Rachel ihr die Nachricht für Eileen übermittelte, meinte sie, sie werde die alten Kekse den Mädchen vormittags zur Teepause vorsetzen. In der Küche war es sehr heiß. Mrs. Cripps' ungewöhnlicher Teint – ein grünliches Gelb – glänzte vor Schweiß, ihr glattes, fettiges schwarzes Haar entkam strähnenweise den übergroßen Haarklemmen, und so, wie sie über ihre lange, spitze Nase hinweg aus verengten Augen auf die Pastete blickte, erinnerte sie noch mehr als sonst an eine großmächtige Hexe. Auf dem Tisch lagen, frisch geknetet, kreisrunde Teigballen, doch die würstchenfarbenen Finger der Köchin waren jenseits der Knöchel nicht bemehlt – sie hatte das, was man eine leichte Hand nannte. Beim Anblick der Pastete fielen Rachel die Himbeeren ein, und sie bat um ein Behältnis.

»Der Obstkorb steht in der Speisekammer, Miss. Ich habe Dottie nach Petersilie in den Garten geschickt.« Damit wollte sie freundlich zu verstehen geben, dass sie keine Lust hatte, den Korb zu holen, aber sehr wohl wusste, dass Miss Rachel das eigentlich auch nicht tun sollte.

»Ich hole ihn«, erbot sich Rachel wie erwartet sofort.

In der Speisekammer war es kühl und recht dunkel, zwei schwarz verklebte Fliegenfallen hingen vor dem Fenster mit seinem feinmaschigen Zinkgitter herab. Auf der langen Marmorplatte standen Lebensmittel in allen erdenklichen Stadien der Zubereitung: die Reste eines Bratens unter einer Musselinhaube, Scheiben von Reisauflauf und Mandelsulz auf Küchentellern, eine Kristallschale Milch zum Stocken, alte, krakelierte, verfärbte Krüge voll Brühen und Soßen, gekochte Dörrpflaumen in einer Puddingschüssel und, an der kältesten Stelle direkt unter dem Fenster, der riesige silbrige Lachs, das Auge stumpf vom Pochieren, der wie ein gelandeter Zeppelin dalag. Der Obstkorb stand auf dem Schieferboden, das Auslegepapier auf seinem Boden war lilarot von Fruchtsaft.

Sobald sie die Haustür öffnete und in den ehemaligen Cottage-Garten trat, überfielen sie die Hitze, das Summen der Bienen und das Brummen des Rasenmähers und der Duft des Geißblatts, des Lavendels und der namenlosen altmodischen Kletterrose mit der cremehellen Pfirsichfarbe, die sich üppig um das Vordach rankte. Im Steingarten der Duchy, ihrem neuesten Stolz, blühten flammengleich Blumen in kleinen Polstern und Kissen. Rachel wandte sich nach rechts und folgte dem Pfad ums Haus. Im Westen zog sich eine steile Böschung hin und endete im Tennisplatz, den McAlpine gerade mähte. Er trug seinen Strohhut mit dem schwarzen Band, eine Hose, deren runde Beine an Regenrohre erinnerten, und trotz der Hitze sein Jackett. Das tat er nur, weil er sich in Sichtweite des Hauses aufhielt, im Gemüsegarten zog er es aus. Sobald er sie sah, hielt er mit dem Mähen inne für den Fall, dass sie ihm etwas zu sagen hatte. »Herrlicher Tag«, rief sie ihm zu, und er tippte sich in Erwiderung an die Stirn. Herrlich für manche, dachte er. Rasen mochte er, aber ein Tennisplatz war innerhalb kürzester Zeit verschandelt, so, wie alle darauf herumrannten. Und Billy konnte er den Mäher nicht überlassen – der Junge erstarrte, sobald er das Gerät auch nur sah –, aber gleichzeitig dachte er besorgt an seinen Lauch und ärgerte sich über die Zeit, die er hier hin- und hermarschieren und Rasenschnitt in seine Schubkarre füllen musste. Gegen Miss Rachel aber hatte er nichts einzuwenden, es störte ihn auch nicht, wenn sie seine Himbeeren pflückte, was sie ihrem Korb nach eindeutig vorhatte. Sie ließ den Obstkäfig nie offen stehen, im Gegensatz zu manch anderen, die er kannte. Sie war eine nette, unkomplizierte Dame, wenn auch zu dünn. Sie hätte heiraten sollen, andererseits war sie vielleicht nicht der Typ dafür. Er sah zur Sonne. Fast Zeit, um sich bei Mrs. Cripps eine gute Tasse Tee zu holen. Die hatte ganz schön Haare auf den Zähnen, das durfte man nie vergessen, aber sie verstand sich auf eine anständige Tasse Tee …

Billy hockte auf dem Pfad zwischen den großen Blumenrabatten und beschnitt unbeholfen die Rasenkanten. Er öffnete die Gartenschere zu weit und ließ sie dann unnötig gewaltsam wieder zusammenschnappen. Jede Stelle musste er mehrmals beschneiden, damit sie ordentlich wurde, andernfalls würde Mr. McAlpine ihm den Marsch blasen. Manchmal erwischte er eine Sode und riss sie aus Versehen mit der Schere heraus, und dann musste er sie zurückstopfen und hoffen, dass es nicht auffallen würde. Mittlerweile hatte er eine Blase bekommen – an seiner rechten Hand war die Haut an einer Stelle völlig aufgescheuert, und hin und wieder leckte er den salzigen Dreck fort.

Er hatte vorgeschlagen, den Rasen zu mähen, aber das war aussichtslos seit dem Tag, als ihm das Ding kaputtgegangen war. Dabei hatte er gar nichts falsch gemacht, der Mäher musste einfach mal gewartet werden, aber er sollte schuld daran sein. Manchmal war die Arbeit schlimmer als die Schule, dabei hatte er geglaubt, nach der Schulzeit würde der Ärger ein Ende haben. Einmal im Monat fuhr er nach Hause, und dann verwöhnte Mum ihn, aber seine Schwestern arbeiteten alle in Stellung, seine Brüder waren viel älter, und Dad wiederholte nur ständig, wie glücklich er sich schätzen müsse, sein Handwerk bei Mr. McAlpine zu lernen. Nach ein paar Stunden wusste er nicht mehr, was er mit sich anfangen sollte, ihm fehlten seine Freunde, die alle an unterschiedlichen Orten arbeiteten. Früher hatte er immer alles mit der Gruppe unternommen: In der Schule waren sie eine ganze Bande gewesen, die fischen ging oder im Spätsommer für Geld Hopfen pflückte. Hier kannte er niemanden, mit dem er etwas unternehmen konnte. Es gab zwar Dottie, aber sie war ein Mädel, und deswegen wusste er nie, wo er bei ihr stand, und sie behandelte ihn wie einen Jungen, wo er doch Männerarbeit verrichtete – oder fast –, und auf jeden Fall verdiente er sich seinen Lebensunterhalt, genau wie sie. Manchmal überlegte er sich, ob er nicht Seemann oder Busfahrer werden sollte – der Bus wäre besser, weil Damen mit dem Bus fuhren. Nein, er würde nicht fahren, er würde Schaffner werden, dann könnte er ihre Beine sehen …

»Schwer bei der Arbeit, Billy, wie ich sehe.«

»Ja, Ma'am.« Er lutschte an der Blase, was ihr nicht entging.

»Das sieht ja hässlich aus. Komm nach deinem Abendessen zu mir, dann verarzte ich dich mit einem Pflaster.« Als er nicht nur verlegen, sondern auch ängstlich dreinblickte, fügte sie hinzu: »Ellen kann dir sagen, wo ich bin«, und ging weiter. Die war wirklich in Ordnung, dachte er, obwohl sie ganz dünne Beine mit Knubbelknien hatte, aber schließlich war sie so alt wie seine Mum. Eine richtig klasse Dame.

William Cazalet verbrachte den Vormittag auf die Art, die ihm am meisten behagte: Er saß mit der Zeitung in seinem dunklen Arbeitszimmer, das vor schweren Möbeln überquoll (er nahm nicht die geringste Rücksicht darauf, dass der Raum im ehemaligen Cottage die zweite Wohnstube gewesen war) und vertrieb sich die Zeit mit der Sorge, dass das Land vor die Hunde ging. Dieser Bursche

Chamberlain schien ihm auch keinen besseren Eindruck zu machen als sein Vorgänger Baldwin. Außerdem verstanden sich offenbar die Deutschen als Einzige auf eine anständige Organisation. Schade, dass George VI. keinen Sohn hatte, aber um das jetzt noch zu beheben, war es wohl mittlerweile zu spät. Und sollte es in Palästina tatsächlich einen Staat geben, dann bezweifelte er, dass genügend Juden dorthin auswandern würden, damit es sich geschäftlich für ihn bemerkbar machte – die Juden waren im Holzhandel seine Hauptkonkurrenten und verstanden sich verdammt gut darauf, auch wenn keiner von ihnen es mit dem Hartholzlager der Cazalets aufnehmen konnte, weder was Qualität noch was Vielfalt betraf. Auf seinem ausladenden Schreibtisch lagen zahlreiche Furniermuster: Lebbekbaum, Narrabaum, Pyinkado, Ebenholz, Walnuss, Ahorn, Lorbeer und Rosenholz. Er hatte die Muster nicht zu Verkaufszwecken mitgenommen, es gefiel ihm einfach, sie um sich zu haben. Oft ließ er sich aus den ersten Schnittstücken vom Furnier eines ganz besonderen Baums, der viele Jahre gelagert hatte, ein Kästchen zimmern. In seinem Arbeitszimmer gab es rund ein Dutzend davon, und noch mehr in London. Abgesehen davon war der Raum mit einem leuchtend rot-blauen türkischen Teppich ausgestattet, einer Büchervitrine, die fast bis unter die Decke reichte, mehreren Schaukästen mit gewaltigen ausgestopften Fischen – es bereitete ihm ungeheures Vergnügen zu erzählen, wie genau er sie gefangen hatte, und zu dem Zweck lud er regelmäßig neue Gäste ein –, und auf dem Fenstersims standen große Töpfe roter Geranien, die unentwegt üppig blühten und dem Raum etwas von seiner Düsterkeit nahmen. An den Wänden hingen in Dreierreihen übereinander Drucke: von der Jagd, von Indien, von Schlachten – nichts als Rauch und scharlachrote Jacken und das Weiße in den Augen sich aufbäumender Pferde. Auf den Stühlen stapelten sich gelesene Zeitungen. Schwere Karaffen halb voll mit Whisky und Port standen mitsamt den entsprechenden Gläsern auf einem Intarsientisch. Eine hinduistische Gottheit – das Geschenk eines Radschas während seiner Zeit in Indien – thronte auf einem Schrank mit flachen Schubladen, in denen er seine Käfersammlung aufbewahrte. Auf seinem Schreibtisch lagen Pläne für den Umbau eines Teils der Stallungen: Im Erdgeschoss sollten zwei Garagen entstehen und darüber eine Wohnung für Tonbridge und seine Familie – die Frau und den kleinen Jungen. So weit fortgeschritten die Arbeiten auch waren, ihm fielen immer wieder neue Verbesserungen ein, und deswegen hatte er Sampson, den Baumeister, einbestellt, den er auf der Baustelle treffen wollte. Eine der vier Uhren schlug die halbe Stunde. Der Brig nahm seine Tweedmütze vom Haken an der Tür und ging langsam zu den Stallungen hinunter. Auf dem Weg überlegte er sich, dass der alte Knabe, den er im Zug kennengelernt hatte … wie hieß er gleich? Irgendetwas mit C, dachte er, aber das würde er herausfinden, sobald sie zum Dinner kamen. Natürlich hatte er Mrs. Sowieso ebenfalls eingeladen. Allerdings konnte er sich nicht entsinnen, ob er Kitty von den beiden Gästen erzählt hatte, und das bedeutete vermutlich, dass er es ihr nicht gesagt hatte. Er musste einen Port raussuchen, der Taylor Jahrgang '23 wäre genau das Richtige.

Die zwei Stallgebäude standen im rechten Winkel zueinander. Links waren die Stallungen für seine Pferde, rechts die halb umgebauten ehemaligen Stallboxen. Wren striegelte gerade die Fuchsstute Marigold; William hörte das regelmäßig zischende, beruhigende Geräusch, noch ehe er die Tür erreichte. Von Sampson war nichts zu sehen. Als er näher kam, gerieten die Pferde im Stroh in Bewegung. William liebte seine Pferde, jeden Morgen, den Gott gab, ritt er aus, und in London hielt er Whistler, einen großen Grauschimmel mit einer Schulterhöhe von 170 Zentimetern, in einem Tattersall. Jetzt stand Whistler hier im Stall. William runzelte die Stirn.

»Wren! Ich habe Ihnen doch gesagt, dass Sie ihn rauslassen sollen. Er hat Urlaub.«

»Erst muss ich das Pony einfangen. Das erwische ich nie, wenn ich vorher den anderen rauslasse.«

Fred Wren war ein kleiner Mann, drahtig und zäh, und sah aus, als wäre seine ganze Gestalt zusammengequetscht worden. Als ehemaliger Stalljunge war er Jockey geworden, hinkte aber seit einem bösen Sturz. Fast zwanzig Jahre arbeitete er mittlerweile bei William. Einmal in der Woche betrank er sich, und alle fragten sich, wie er dann die Leiter in den Heuschober, seine Schlafstatt, hinauf bewältigte. Man wusste von dieser Gewohnheit, tolerierte sie aber, weil er in jeder anderen Hinsicht ein herausragender Pferdeknecht war.

»Mrs. Edward kommt, stimmt das?«

»Heute. Alle kommen.«

»Das habe ich gehört. Der Schwarzbraune für Mrs. Edward, das wäre der Richtige. Sie macht 'ne gute Figur im Sattel, das muss man ihr lassen. Das kann man nicht von vielen behaupten.«

»Da haben Sie recht, Wren.« Er tätschelte Marigold und wandte sich zum Gehen.

»Eine Sache noch, Sir. Können Sie den Handwerkern sagen, dass sie ihren Zement wegwaschen sollen? Die verstopfen mir die Rohre.«

»Das mache ich.«

Und sagen Sie ihnen, dass sie abends ihre Leitern wegräumen und meinen Hof nicht wie einen Saustall hinterlassen sollen. Holzspäne, Eimer und mit meinem Wasser aasen sie herum – die Nase voll hab ich von denen, den frechen Kerlen. Gestrichen voll. Als Wren das dachte, sah er seinem entschwindenden Arbeitgeber nach. Aber der alte Mann kannte kein Halten. Als Nächstes würde er die Stallungen abreißen, das würde ihn gar nicht wundern. Beim bloßen Gedanken daran wurde ihm ganz anders. In seiner Anfangszeit hatten Automobile und derlei noch gar nicht existiert. Mittlerweile gab es zwei davon, scheußliche stinkende Dinger. Wenn Mr. Cazalet auf die Idee kam, noch mehr davon zu sammeln, wo würde er sie dann hinstellen? Nicht in meine Stallungen, dachte Wren beklommen. Er war viel älter, als alle glaubten, das vermutete er zumindest, und er konnte die modernen Zeiten nicht leiden.

Wrens Klagen wegen der Abflussrohre brachten William ins Grübeln. Die neuen Gebäude brauchten ihre eigene Wasserversorgung. Vielleicht sollte er noch einen Brunnen graben. Dann könnten sich der Garten und die Stallungen das Wasser teilen – dann brauchte der Garten nicht mehr das Wasser des Hauses mitzunutzen, und … ja! Gleich nach dem Lunch würde er eine Weile mit der Wünschelrute rausgehen. Er würde auch mit Sampson darüber sprechen, aber der verstand nichts von Brunnen – er würde eher verdursten, als dass er Wasser fand. Beschwingt von der Aussicht auf ein weiteres Projekt, stapfte William zu den Garagen.

Tonbridge öffnete Madam den Schlag, und dankbar stieg die Duchy in den Fond des alten Daimler. Nach der Hitze der High Street kam es ihr im Wageninneren recht kühl vor, ein leichter Geruch nach Gebetsbüchern hing in der Luft. Der Kofferraum war voll mit der großen Lebensmittelbestellung, neben ihr auf dem Sitz lagen ihr neuer Gartenkorb und die Gartenschere von Till's, und auf dem Beifahrersitz stand eine Kiste Malvern Water.

»Jetzt müssen wir nur noch beim Fleischer meine Bestellung abholen, Tonbridge.«

»Sehr wohl, Ma'am.«

Sie lockerte eine Nadel, die sich durch den Hut in ihre Kopfhaut bohrte. Jetzt war es zu spät, um Rosen zu schneiden, das konnte sie erst am Abend wieder machen. Nach dem Lunch würde sie kurz ruhen und dann in den Garten hinausgehen. Bei solchem Wetter tat es ihr leid um jede Minute, die sie nicht im Freien verbringen konnte.

Der Fleischer brachte das Lammfleisch eingepackt zu ihr heraus. Er hatte sich eingehend entschuldigt, dass die letzte Bestellung nicht zur Zufriedenheit ausgefallen war. Als der Wagen wieder anfuhr, lüftete er zum Gruß den Strohhut.

Tonbridge besorgte die falschen Bonbons. »Ich wollte gemischte Früchte, nicht nur Stachelbeere. Sie werden sie wohl zurückbringen müssen.«

Langsam ging Tonbridge wieder in den Laden. Er kaufte ungern Süßigkeiten und mochte es gar nicht, sie umtauschen zu müssen. Mit ihm sprach die Inhaberin immer sehr scharf und erinnerte ihn an Ethyl. Aber natürlich tat er, was man ihm auftrug. Das gehörte zu seiner Arbeit.

Er fuhr die Duchy mit trübsinnigen dreißig Stundenkilometern nach Hause – ein Tempo, das er sich eigentlich für Mrs. Edward und Mrs. Hugh während einer Schwangerschaft vorbehielt. Die Duchy bemerkte es gar nicht. Autofahren war Sache der Männer, sollten sie doch so schnell oder langsam fahren, wie sie wollten. Sie selbst hatte nur einmal einen kleinen Pferdewagen gelenkt, allerdings war sie da noch wesentlich jünger gewesen. Aber sie merkte, dass ihn die Sache mit den Süßigkeiten verstimmt hatte, und so sagte sie, als er ihr zu Hause beim Aussteigen half: »Sicher werden Sie sehr erleichtert sein, wenn die Garagen fertig sind und Sie eine schöne Wohnung für Ihre Familie haben.«

Er sah sie an, der Ausdruck in seinen kummervollen braunen Augen mit dem blutunterlaufenen unteren Lid blieb unverändert. »Ja, Ma'am, das glaube ich auch«, sagte er und schloss die Tür. Während er den Wagen zum Ausladen vor den hinteren Eingang fuhr, sinnierte er bedrückt, dass ihm demnächst seine einzige Möglichkeit, Ethyl zu entkommen, genommen wurde. Dann würde sie hier sein, ständig nörgeln und sich über die Stille auf dem Land beklagen, ihr Bengel würde die ganze Zeit heulen und greinen, und sein, Tonbridges, Leben würde genauso schlimm sein wie in den Monaten, wenn die Familie in der Stadt lebte. Irgendeinen Ausweg musste es geben, bloß konnte er ihn nicht sehen.

Eileen hinkte den ganzen Vormittag der Zeit hinterher. Anfangs war alles nach Plan gelaufen, sie hatte ihre Hausarbeit – die Wohnräume – vor dem Frühstück erledigt. Aber beim Abwaschen des Frühstücksgeschirrs stellte sie fest, dass das gesamte Porzellan für die Mahlzeiten der Kinder seit Weihnachten nicht angerührt worden war. Das bedeutete, dass alles gespült werden musste, und natürlich konnte Mrs. Cripps nicht auf Dottie verzichten, und Peggy und Bertha mussten oben die Schlafräume herrichten. Eileen wollte sich ja nichts herausnehmen, aber sie fand, Mrs. Cripps hätte früher mit den Mädchen darüber sprechen und ihnen auftragen können, das zu erledigen. Noch hatte sie nicht alles geschafft, aber es sollte im Esszimmer einen frühen Lunch geben, was bedeutete, dass sie erst kurz vor zwei Uhr freie Bahn in der Küche hatten. Sie stand im Anrichteraum und formte mit Wasserperlen benetzte Butterkugeln, die sie für den Lunch und das Dinner in Glasschälchen füllte.

Die Tür stand offen, und sie hörte, wie Mrs. Cripps Dottie anschrie, die im Gang mit dem Küchenabwasch hin- und herschlurfte. Aus der Küche trieb der Duft von frisch gebackenem Kuchen und Haferkeksen herüber, was Eileen daran erinnerte, dass sie am Verhungern war: Zum Frühstück hatte sie nie viel Appetit, und vormittags hatte es dann nur einen kleinen Rosinenfladen gegeben. In London setzte Mrs. Norfolk ihnen gegen elf Uhr immer etwas Richtiges vor – Lachs aus der Dose oder ein schönes Stück Cheddar –, allerdings musste sie auch nicht für so viele Menschen kochen, wie es von Mrs. Cripps verlangt wurde. Zu Weihnachten und in den Sommerferien begleitete Eileen die Familie immer nach Sussex. Zu Ostern hatte sie ihre zwei Wochen Urlaub, dann fuhr Lillian, das Dienstmädchen in Chester Terrace, mit nach Home Place. Eileen war seit sieben Jahren bei der Familie und mochte sie alle gern, aber Miss Rachel verehrte sie – sie war eine der reizendsten Damen, die sie je kennengelernt hatte. Sie konnte sich beim besten Willen nicht erklären, weshalb Miss Rachel nicht geheiratet hatte. Aber vermutlich hatte sie im Krieg eine große Enttäuschung erlebt, wie so viele andere auch. Trotzdem, der ganze Sommer würde richtig viel Arbeit bedeuten, da wollte sie sich nichts vormachen. Allerdings freute sie sich, wenn die Kinder ihren Spaß hatten, und

Mrs. Hugh würde bald zum dritten Mal Nachwuchs bekommen. Zu Weihnachten würde es dann wieder ein Baby geben. So, jetzt waren die Butterkugeln fertig. Als sie das kleine Tablett mit den Schälchen in die Speisekammer stellen wollte, stieß sie beinahe mit Dottie zusammen – das Mädchen schaute nie, wo es hinging. Das arme Ding hatte einen Sommerschnupfen und auf der Lippe ein scheußliches Fieberbläschen, trotz der Heilsalbe, die Eileen ihr freundlicherweise geliehen hatte. Sie trug ein großes Tablett, voll beladen mit dem Küchengeschirr, um in der Halle aufzudecken.

»Dottie, du solltest das Tablett nicht so schwer beladen. Das könnte in einem Unglück enden.«

Doch so freundlich man sie auch ansprach, sie sah immer verschreckt aus. Eileen vermutete, dass sie Heimweh hatte, denn sie erinnerte sich genau, wie es ihr selbst in ihrer ersten Stellung ergangen war: Jeden Abend hatte sie sich die Augen ausgeweint und die Nachmittage damit verbracht, Briefe nach Hause zu schreiben, aber Mum hatte nie geantwortet. An die Zeit dachte sie nicht gerne zurück. Trotzdem, da müssen wir alle durch, dachte sie. Letzten Endes ist es so am besten. Sie ging in die Küche, um auf die Uhr zu sehen. Halb eins – sie musste voranmachen.

Mrs. Cripps wirbelte in der Küche umher, rührte hier etwas um, schob da etwas in den Ofen und riss dort etwas heraus. Die Hälfte des Küchentischs verschwand unter Schüsseln, Töpfen, Backutensilien, dem Fleischwolf und leeren Krügen, die alle abgewaschen werden mussten.

»Wo ist das Mädel? Dottie! Dottie!« Große Schweißflecken färbten ihre Achseln dunkel, ihre Knöchel quollen über die Riemen ihrer schwarzen Schuhe. Sie nahm den Holzlöffel aus einem Simmertopf, fuhr mit dem Zeigefinger flach darüber, kostete und griff nach dem Salz. »Kannst du sie für mich suchen gehen, Eileen? Das alles hier muss weggeräumt werden, und der Herd muss gut durchgerüttelt werden – ich habe keine Ahnung, was sie heutzutage unter den Koks mischen, wirklich nicht. Sag ihr, sie soll sich beeilen, wenn sie weiß, was das heißt.«

Dottie legte gerade in aller Seelenruhe eine Gabel, dann ein Messer und schließlich einen Löffel rund um den Tisch. Zwischen jeder Bewegung hielt sie inne, schniefte und starrte verträumt vor sich hin.

»Mrs. Cripps braucht dich. Ich decke den Tisch fertig.« Dottie warf ihr einen gehetzten Blick zu, fuhr sich mit dem Ärmel über die Nase und huschte davon.

Eileen hörte die Mädchen mit Mr. Tonbridge scherzen, während er die Einkäufe aus Battle ablieferte. Sollten doch die beiden den Tisch decken, dann konnte sie Mr. Tonbridge helfen. Sie wusste, wo alles hingehörte, was man weder von Peggy noch von Bertha behaupten konnte. Aber kaum hatte sie die Butter, die Sahne und das Fleisch in der Speisekammer verstaut und das Malvern Water in ihrem Anrichteraum abgestellt, hieß es, dass Mrs. Cripps anrichtete. Also hastete sie durch die Küche und die Halle ins Esszimmer, um die Spiritusbrenner unter der Wärmeplatte auf dem Sideboard anzuzünden, zurück in die Halle, wo sie den Gong zum Lunch schlug, und in die Küche, wo sich auf dem großen Holztablett bereits Schüsseln und Teller stapelten. Sie schaffte es gerade noch, es durch die Halle zu tragen und die Teller und Schüsseln zu verteilen, ehe die Familie zum Essen hereinkam.

~

Vier Stunden später waren mehr oder weniger alle eingetroffen: Die Erwachsenen tranken Tee im Garten, die Kinder mit Nanny und Ellen in der Halle. Sie waren in drei Autos gekommen. Edward lud die Koffer aus, und Louise trug ihren – ausgesprochen schweren – in die Halle. Tante Rach begleitete alle, um ihnen ihre Zimmer zu zeigen. Sie wollte Louise mit dem Koffer helfen, was diese aber nicht zuließ. Jeder wusste doch, dass Tante Rach einen schlimmen Rücken hatte, was immer das heißen mochte. Entzückt stellte sie fest, dass sie im rosa Zimmer schlief, und belegte sofort das Bett am Fenster, schließlich war sie die Erste. Sie sah das zweite Feldbett und schloss daraus, dass Clary sich das Zimmer mit ihr und Polly teilen würde. Das war dumm, weil Clary zwar (wie Polly) zwölf sein mochte, aber viel jünger wirkte. Außerdem konnte man keinen richtigen Spaß mit ihr haben. Und sie mussten nett zu ihr sein, weil sie keine Mutter mehr hatte. Trotzdem, es war himmlisch, hier zu sein. Sie packte ihren Koffer so weit aus, um ihre Jodhpurhose herauszuholen, damit sie sofort nach dem Tee ausreiten konnte. Eigentlich sollte sie gleich alles auspacken, sonst würden sie ihr das auftragen, wenn sie in etwas ganz anderes vertieft war, und das würde sie dann unterbrechen müssen. Sie hängte die drei Baumwollkleider auf, die sie auf Mummys Anweisung hin eingepackt hatte, alles andere stopfte sie in eine Schublade; außer ihre Bücher, die baute sie sorgsam auf dem Tisch neben ihrem Bett auf. *Große Erwartungen*, weil Miss Milliment ihnen das als Ferienlektüre aufgegeben hatte, *Verstand und Gefühl*, weil sie das seit mindestens einem Jahr nicht mehr gelesen hatte, und ein komisches altes Buch mit dem Titel *Die weite, weite Welt*, weil Miss Milliment gesagt hatte, als junges Mädchen habe sie mit einer Freundin immer gewettet, dass die Heldin weinen würde, gleichgültig, auf welcher Seite sie das Buch aufschlugen. Und natürlich ihren Shakespeare. Sie hörte ein Auto vorfahren und betete, es möge Polly sein. Sie brauchte jemanden zum Reden: Teddy war abweisend – ihre Fragen zum Internat hatte er nur vage beantwortet, und auf der Fahrt wollte er nicht einmal Autonummern mit ihr spielen. Mach, dass es Polly ist. Bitte, lieber Gott, mach, dass es Polly ist.

Polly war froh, als sie ankamen. Beim Autofahren wurde ihr immer schlecht, obwohl sie sich nie übergeben musste. Zweimal hielten sie ihretwegen an, einmal auf einem Hügel vor Sevenoaks und einmal jenseits von Lamberhurst. Jedes Mal war sie ins Freie gestolpert und hatte gewürgt, aber nichts war gekommen. Außerdem hatte sie sich auf der Fahrt mit Simon gestritten, wegen Pompey.

Simon sagte, Katzen würden es nicht merken, wenn Leute wegfuhren – was eine dreiste Lüge war. Pompey hatte ihr beim Packen zugesehen und versucht, in ihren Koffer zu klettern. Vor anderen Menschen verbarg er eben seine Gefühle. Er hatte ihr den Abschied sogar erleichtern wollen und sich in die Küche verzogen – weiter konnte er sich gar nicht von ihr entfernen. Mummy hatte sie immer wieder gefragt, ob sie sich auf Home Place freue, und das tat sie ja auch, aber jeder wusste doch, dass man zwei Dinge gleichzeitig empfinden konnte – und wahrscheinlich noch mehr als zwei. Sie vertraute nicht darauf, dass Inge nett zu ihm sein würde, obwohl sie ihr zur Bestechung einen Tiegel Wonder Cream geschenkt hatte. Aber Daddy hatte gesagt, dass er am Montag wieder zu Hause sein würde, und sie wusste, auf ihn war Verlass. Aber dann würde Daddy ihr fehlen. Es hatte eben alles zwei Seiten. Vor lauter Weinen in London und dann der Übelkeit während der Fahrt hatte sie jetzt Kopfweh. Auch egal. Gleich nach dem Tee würden sie und Louise zu ihrem Lieblingsbaum gehen – einem alten Apfelbaum, den sie in eine Art Haus verwandelten, wobei die Zweige verschiedene Zimmer waren. Das war ihr und Louises Baum, den scheußlichen Simon würden sie nicht rauflassen. Man hatte ihm aufgetragen, Pollys Koffer in ihr Zimmer zu tragen, doch sobald sie außer Sichtweite der Erwachsenen waren, hatte er ihn fallen lassen. »Trag ihn doch selbst«, hatte er gesagt. »Flegel!« Sie begann, den Koffer die Stufen hinaufzuwuchten. »Mistkerl!«, schob sie hinterher. Das waren die neuesten Schimpfwörter, die ihr einfielen – die hatte Dad neulich über einen Busfahrer gesagt und jetzt auf der Fahrt über einen Mann in einem Sportwagen. Oje! Mit Pompey und Simon sah alles nicht so rosig aus. Aber da stand die liebe Louise oben an der Treppe und kam heruntergeschossen, um ihr mit dem Koffer zu helfen. Allerdings trug sie ihre Reitkleidung, was bedeutete, dass sie nach dem Tee nicht zum Baum gehen würden. Es hatte wirklich alles zwei Seiten im Leben.

Zoës und Ruperts Fahrt war schrecklich. Zoë hatte vorgeschlagen, Clary solle mit Ellen und Neville im Zug fahren, aber nach Clarys Riesentamtam hatte Rupert nachgegeben und gesagt, sie solle lieber mit ihnen mitkommen. In ihrem Auto, einem kleinen Morris, gab es nicht genügend Platz für die ganze Familie, und selbst Clary allein wurde auf dem Rücksitz von den Gepäckstücken regelrecht eingeklemmt. Bald sagte sie, ihr sei schlecht, sie wolle vorne sitzen. Darauf meinte Zoë, Clary hätte nicht im Auto mitfahren sollen, wenn ihr schlecht würde, und sie könne nicht vorne sitzen. Also übergab Clary sich – das hatte Zoë jetzt davon. Sie mussten anhalten, und Dad bemühte sich, alles wegzuputzen, aber es roch grauenhaft, und alle waren wütend auf sie. Dann hatten sie eine Reifenpanne, und Dad musste das Rad wechseln, Zoë saß rauchend daneben und sagte kein Wort. Clary stieg aus und entschuldigte sich bei Dad, der ganz lieb zu ihr war und meinte, sie könne ja nichts dafür. Als das passierte, waren sie noch im schrecklichen London. Dad musste den Kofferraum ausladen, um an sein Werkzeug zu kommen, und Clary wollte ihm helfen, aber er erklärte, das sei eher nichts für sie. Dabei klang er ganz geduldig, was bedeutete, dass er schrecklich unglücklich war, es aber nicht laut sagen durfte. Das hörte zumindest sie, Clary, seiner Stimme an, und er musste ja auch unglücklich sein. Schließlich war ihm das Allerschlimmste passiert, was einem überhaupt passieren konnte, und er musste einfach weiterleben und tun, als wäre es nicht passiert. Also versuchte sie natürlich, genauso tapfer zu sein wie er, weil sie wusste, dass es für ihn noch viel schlimmer war. Sie konnte ihn lieb haben, so viel sie wollte, das würde es nie wettmachen.

Den Rest der Fahrt sprach keiner ein Wort, also sang sie zu seiner Unterhaltung: »Early One Morning« und »The Nine Days of Christmas« und eine Ähre von Mozart, so hieß das, aber sie kannte nur die ersten drei Wörter, und danach musste sie la la la singen. Aber die Melodie war schön, eine seiner liebsten, und dann »Raggle Taggle Gypsies O«. Als sie »Ten Green Bottles« anstimmen wollte, bat Zoë sie, eine Weile still zu sein, also blieb ihr natürlich nichts anderes übrig. Aber Dad dankte ihr für ihr schönes Singen, also hatte sie Zoë eins ausgewischt. Das war immerhin etwas. Die ganze restliche Fahrt musste sie eigentlich auf die Toilette, aber sie wollte Dad nicht bitten, noch mal anzuhalten.

Lydia und Neville hatten auf der Zugfahrt viel Spaß. Neville liebte Züge über alles, was durchaus vernünftig war, schließlich wollte er später einmal Lokführer werden. Lydia fand ihn sehr nett. Sie spielten Drei gewinnt, was allerdings bald langweilig wurde, weil beide gleich stark waren und deswegen keiner gewann. Neville wollte in das Gepäckfach über den Sitzen klettern – er sagte, er kenne einen Jungen, der immer so reise –, doch das ließen Nan und Ellen nicht zu. Aber er und Lydia durften im Gang stehen, was richtig abenteuerlich war, wenn sie durch Tunnel fuhren und im dunklen Rauch rote Funken sahen und ein wunderbar aufregender Geruch in der Luft lag. »Das Einzige ist«, sagte Lydia nach einigem Überlegen, als sie ins Abteil zurückgerufen wurden, »wenn du Lokführer bist, wo ist dann dein Zuhause? Denn egal, wo es ist, du fährst doch ständig woandershin, oder?«

»Ich nehme ein Zelt mit. Das baue ich dann in Schottland auf oder in Cornwall – oder in Wales oder Island. Wo auch immer«, schloss er großspurig.

»Du kannst mit dem Zug gar nicht nach Island fahren. Züge fahren nicht übers Meer.«

»Tun sie sehr wohl. Dad und Zoë fahren mit dem Zug nach Paris. Sie steigen in der Victoria Station ein, essen zu Abend und gehen ins Bett, und wenn sie aufwachen, sind sie in Frankreich. Also fahren Züge doch übers Meer. Damit du's weißt.«

Lydia schwieg. Sie wollte keinen Streit, also beschloss sie, nicht zu streiten. »Du wirst bestimmt ein richtig guter Lokführer.«

»Ich nehme dich auch umsonst mit, sooft du magst. Ich fahre mit dreihundert Kilometern die Stunde.«

Jetzt schwindelte er schon wieder. Nichts, wirklich nichts fuhr mit dreihundert Kilometern die Stunde.

»Worauf freust du dich am meisten, wenn wir ankommen?« Das fragte sie aus Höflichkeit, eigentlich interessierte es sie gar nicht.

»Auf mein Fahrrad. Und Erdbeeren. Und den Eisverkäufer.«

»Neville, die Erdbeerzeit ist vorbei. Jetzt gibt es Himbeeren.«

»Das ist mir egal. Ich esse alle Beeren, Erd- und Him- und Brombeeren. Und am allerliebsten mag ich die Brummbär-Beeren. Brummbär-Beeren, Brummbär-Beeren, Brummbär-Beeren!« Da sagte Ellen, er geriete außer Rand und Band, und wurde zur Vernunft gebracht, indem er seine Zunge herausstrecken musste und seine untere Gesichtshälfte mit einem Taschentuch und seiner Spucke abgewischt wurde. Angeekelt sah Lydia zu, aber gerade als sie dachte, sie sei besser dran, machte Nan bei ihr das Gleiche.

»Schreckliche Schmierer hast du da draußen auf dem Gang bekommen, das habe ich dir doch gleich gesagt.« Aber das musste bedeuten, dass sie gleich da sein würden, und das konnte sie kaum erwarten.

—

In der Familie Cazalet küsste man sich. Als der erste Schwung eintraf (Edward und Villy), küsste er die Duchy und Rachel (die Kinder küssten die Duchy und umarmten Tante Rachel). Der zweite Schwung (Sybil und Hugh) tat bei der Ankunft das Gleiche, und dann küssten sich die Brüder und die Schwägerinnen: »Wie geht es dir nur, meine Liebe?« Als Rupert und Zoë ankamen, küsste er jedermann, während Zoë das Gesicht ihrer Schwäger mit einem leichten Abdruck ihres knallroten Lippenstifts versah und ihren Schwägerinnen die cremige Wange darbot. Die Duchy saß in einem geraden Deckstuhl auf dem Rasen unter Araukarie und kochte im Silberkessel Wasser für einen starken indischen Tee. Während die Ankömmlinge ihr einen Kuss gaben, bilanzierte sie bei jedem kurz den Gesundheitszustand: Villy kam ihr sehr dünn vor, Edward war wie immer das blühende Leben, Louise schoss zu schnell in die Höhe, Teddy hatte fast schon das schwierige Alter erreicht. Sybil wirkte abgespannt, und Hugh hatte wohl gerade wieder einmal seine Kopfschmerzen überstanden. Polly wuchs zu einem hübschen Kind heran, also sollte man nie ihr Aussehen kommentieren, Simon war viel zu blass – ein bisschen Seeluft würde ihm guttun. Rupert wirkte geradezu ausgezehrt, und Zoë … aber da ließ sie ihre Vorstellungskraft im Stich. Grundehrlich, wie sie war, musste sie sich eingestehen, dass sie Zoë nicht … mochte und nicht über ihr Erscheinungsbild hinauskam, das ihrer Ansicht nach ein wenig zu auffällig war und ihr etwas von einer Schauspielerin gab. Nicht, dass die Duchy etwas gegen Schauspielerinnen im Allgemeinen einzuwenden hätte, keineswegs, man erwartete nur einfach nicht, eine in der Familie zu haben. Niemand bemerkte diese raschen Betrachtungen außer Rachel, die kurz Zoës Wildseidenkostüm mit dem weißen Häkelpullover und der langen Korallenkette bewunderte. Clary war nicht zum Küssen gekommen, sondern direkt ins Haus gelaufen.

»Sie hat sich im Auto übergeben«, erklärte Zoë ausdruckslos.

»Mittlerweile ist sie wieder ganz auf dem Damm«, sagte Rupert scharf.

Rachel stand auf. »Ich schaue nach ihr.«

»Mach das, meine Liebe. Wahrscheinlich sollte sie keine Himbeeren mit Sahne bekommen, das wäre zu üppig.«

Rachel tat, als hätte sie die Bemerkung ihrer Mutter nicht gehört. Sie entdeckte Clary, als sie gerade die Toilette im Erdgeschoss verließ.

»Ist alles in Ordnung?«

»Wieso?«

»Zoë sagt, du hättest dich auf der Fahrt übergeben. Ich dachte, vielleicht …«

»Das ist doch Ewigkeiten her. In welchem Zimmer bin ich?«

»Im rosa Zimmer. Mit Polly und Louise.«

»Ach. Gut.« Ihr Koffer stand im Durchgang vor der Toilette. Sie hob ihn auf. »Habe ich vor dem Tee noch Zeit, meine Sachen auszupacken?«

»Ich denke schon. Außerdem, wenn dir nicht nach Tee ist, musst du dich nicht an den Tisch setzen.«

»Mir fehlt wirklich nichts, Tante Rachel – ehrlich nicht.«

»Schön. Ich wollte nur noch mal fragen. Manchmal geht es Leuten schrecklich, wenn sie sich übergeben haben.«

Clary trat zögernd einen Schritt auf sie zu, stellte den Koffer ab und umarmte sie kurz, aber heftig. »Ich bin zäh wie Schuhleder.« Ein Anflug von Zweifel huschte über ihr Gesicht. »Das sagt Dad zumindest.« Sie nahm wieder ihren Koffer. »Danke, dass du nach mir gesehen hast«, schloss sie förmlich.

Rachel sah ihr nach, wie sie die Treppe hinaufstapfte. Sie war traurig. Ihr Rücken schmerzte, und das erinnerte sie daran, ein Kissen für Sybil mitzunehmen.

Als sie zur Teegesellschaft zurückkehrte, berichtete Zoë gerade Villy vom Männer-Einzel, das sie in Wimbledon gesehen hatte, Sybil erzählte der Duchy von dem Kindermädchen, das sie gefunden hatte, Hugh und Edward unterhielten sich über Geschäftliches, und Rupert saß etwas abseits auf dem Rasen, hatte die Hände um die Knie gelegt und beobachtete die Szene. Alle außer Sybil rauchten. »Schütte deinen Tee weg, mein Schatz«, unterbrach die Duchy sie. »Er ist bestimmt kalt. Ich schenke dir frischen ein.«

Rachel zeigte Sybil das Kissen, und dankbar hievte sie sich hoch, damit es ihr in den Rücken gesteckt würde.

Zoë, die die Szene verfolgte, warf Sybil verstohlen einen zweiten Blick zu und fragte sich, wie, in aller Welt, man sich derart unförmig in der Öffentlichkeit zeigen konnte. Sie könnte doch wenigstens etwas Weites tragen, aber nicht das entsetzliche grüne Kleid, das über dem Bauch spannte. Guter Gott! Hoffentlich würde sie nie schwanger werden.

Rachel nahm eine Abdullah aus der Schachtel, die auf dem Teetisch lag, und sah sich nach Feuer um. Villy wedelte mit ihrem kleinen Chagrin-Feuerzeug, und Rachel ging zu ihr.

»Der Tennisplatz ist spielbereit«, sagte sie, doch ehe jemand darauf eingehen konnte, hörten sie den Wagen vorfahren. Türen knallten, und Sekunden später liefen Lydia und Neville durch die weiße Pforte. »Wir sind über hundert gefahren.«

»Tatsächlich?«, sagte die Duchy und gab ihm einen Kuss. Überdreht, dachte sie. Das endet in Tränen.

»Ich hab mit Tonbridge gewettet, dass er nicht schnell fahren kann, also ist er gerast!«

»Er ist so gefahren, wie er sowieso gefahren wäre«, sagte Lydia herablassend und beugte sich zu ihrer Großmutter. »Neville ist ziemlich jung für sein Alter«, flüsterte sie vernehmlich.

»Ich bin nicht so jung für mein Alter wie du!«, brauste Neville auf. »Außerdem, wie kann man für sein Alter jung sein? Man kann doch gar nicht sein Alter sein, wenn man zu jung dafür ist!«

»Das genügt, Neville«, sagte Rupert, der sich die Hand vor den Mund hielt. »Gib deinen Tanten einen Kuss, dann gibt's Tee.«

»Ich küsse die, die am nächsten ist.« Er pflanzte einen Schmatzer auf Sybils Wange.

»Und die anderen auch«, trug Rupert ihm auf.

Neville seufzte theatralisch, gehorchte aber. Lydia hatte beinahe alle bereits geküsst und endete bei Villy, auf die sie sich stürzte.

»Tonbridges Nacken ist ganz rot. Und wenn man im Auto über ihn redet, wird er dunkelrot.«

»Du sollst nicht über ihn sprechen, sondern mit ihm, oder überhaupt nicht.«

»Ich war's ja nicht, das hat Neville gemacht. Mir ist es bloß aufgefallen.«

»Wir möchten kein Petzen hören«, sagte die Duchy. »Und jetzt lauft schön zu Ellen und Nanny.« Mit einem unglücklichen Blick gingen die beiden davon.

»Ach, sind sie nicht hinreißend? Und zum Schreien komisch?« Rachel drückte ihre Zigarette aus.

»Also – wie sieht's mit einer Partie Tennis aus?« Sie fragte sich, ob Villy sich darüber ärgerte, dass ihre Schwiegermutter Lydia getadelt hatte, und wusste, dass Villy für ihr Leben gern Tennis spielte.

»Ich bin dafür zu haben«, sagte Edward sofort.

»Hugh, spiel doch. Ich sehe dir auch zu.« Sybil wünschte sich nichts sehnlicher, als sich in ihrem kühlen Zimmer etwas auszuruhen, aber sie wollte nicht, dass Hugh auf sein Tennisspiel verzichtete.

»Wenn ich gebraucht werde, stehe ich jederzeit bereit.« Aber eigentlich stand ihm nicht der Sinn danach. Lieber wollte er in einem Deckstuhl liegen und lesen und seine Ruhe haben.

Ausnahmsweise einmal wurde ihnen die Gelegenheit verwehrt, sich gegenseitig für die vermeintlichen Wünsche des anderen aufzuopfern, denn Zoë sprang auf, meldete ihr Interesse an und sagte, sie werde sich rasch umkleiden gehen. Sofort sagte Rupert, gut, er werde auch spielen, und damit stand das Doppel. Die Duchy wollte Verblühtes von ihren Rosen abschneiden und einen Strauß pflücken, und Rachel war gerade zu dem Schluss gekommen, dass alle glücklich und beschäftigt waren und sie deshalb in ihr Zimmer gehen und Sids Brief lesen konnte. Da trat ihr Vater vors Haus.

»Einen schönen guten Tag allseits. Kitty, mach dir keine Sorgen, mir ist gerade eingefallen, dass die wie auch immer nicht zum Dinner bleiben können, sie kommen also nur auf einen Drink.«

»Wer, Schatz?«

»Der alte Knabe, den ich im Zug kennengelernt habe. Ich kann mich beim besten Willen nicht an seinen Namen entsinnen, aber er war ein richtig netter Kerl, und natürlich habe ich seine Frau auch eingeladen. Schade, dass ich den Port hochgebracht habe, aber ich vermute, dass wir ihn schon trinken werden.«

»Für welche Uhrzeit hast du sie denn eingeladen? Dinner ist um acht.«

»Ach, mit der Zeit ging es nicht so genau. Ich vermute, sie werden gegen sechs kommen. Aus Ewhurst sind sie – ich weiß noch, dass er das sagte. Rachel, hast du einen Moment Zeit? Ich möchte dir das Ende des Kapitels über Britisch-Honduras vorlesen, bevor ich dann deren Mahagoni mit dem westafrikanischen vergleiche.«

»Mein Lieber, das hast du mir schon einmal vorgelesen.«

»Wirklich? Na, sei's drum, dann hörst du es noch einmal«, und damit packte er sie am Arm und führte sie ins Haus.

»Warum lässt du ihn mit dem Zug fahren?«, fragte Hugh seine Mutter, als sie sich auf die Suche nach ihrer Gartenschere und dem Korb machte. »Bei Tonbridge im Auto würde er nicht annähernd so viele Menschen kennenlernen.«

»Wenn er mit Tonbridge fährt, besteht er darauf, selbst am Steuer zu sitzen. Und da nichts und niemand ihn daran hindern kann, auf der rechten Straßenseite zu fahren, weigert Tonbridge sich, von ihm gefahren zu werden. Wenn er mit dem Zug reist, muss keiner von ihnen nachgeben.«

»Hat die Polizei bei der rechten Straßenseite nicht auch ein Wörtchen mitzureden?«

»Doch, natürlich. Aber als sie ihn das letzte Mal anhielten, stieg er in aller Ruhe aus dem Wagen und erklärte ihnen, er sei immer auf dieser Straßenseite geritten und werde das nicht einfach abstellen, nur weil er in einem Auto sitze. Zu guter Letzt haben sie sich tatsächlich bei ihm entschuldigt. Bald wird das aber sowieso ein Ende haben, seine Augen sind wirklich ziemlich schlecht geworden. Red doch du einmal mit ihm, mein Lieber, ich glaube, auf dich hört er.«

»Das bezweifle ich.«

Sie trennten sich. Hugh ging nach oben, um nach Sybil zu sehen. Er nahm die Cottage-Treppe, um den Kindern auszuweichen, die alle in der Halle beim Nachmittagstee saßen.

Der war fast vorbei, und die älteren Kinder konnten es gar nicht erwarten, aufstehen zu dürfen. Sie alle hatten die obligatorische Scheibe Brot mit Butter gegessen, gefolgt von so vielen Scheiben Marmeladenbrot, wie sie wollten (die Duchy missbilligte Butter und Marmelade gleichzeitig – »etwas allzu üppig«, ihr vernichtendstes Urteil), danach gab es Haferkekse und Kuchen und dann noch Himbeeren und Sahne – alles hinuntergespült mit Bechern voll sahniger Milch, die Mr. York am Vormittag von der Farm angeliefert hatte. Ellen und Nanny teilten sich den Vorsitz, wobei sie genau auf den Status der anderen achteten, und verhielten sich ihren eigenen Zöglingen gegenüber wachsamer und strenger als zu Hause. Polly und Simon waren unbegleitet und damit vogelfrei, was sie merkwürdigerweise kleinlaut werden ließ. Manieren machten aus den meisten Leuten Langweiler, fand Louise. Unter dem Tisch stieß sie Polly gegen das Bein, und die verstand den Hinweis. »Bitte, dürfen wir aufstehen?«, fragte sie.

»Sobald alle aufgegessen haben«, sagte Nanny.

Neville war noch nicht fertig. Alle schauten zu ihm. Als er das merkte, schaufelte er seine Himbeeren in sich hinein, bis sich seine Backen blähten.

»Hör auf damit!«, sagte Ellen scharf. Daraufhin verschluckte er sich, öffnete den Mund, und eine klebrige Himbeermasse ergoss sich auf den Tisch.

»Ihr anderen dürft aufstehen.« Das taten sie, froh, der unvermeidlichen Szene zu entkommen.

»Wohin geht ihr?«, rief Clary Polly und Louise nach. Sie wusste, dass die beiden sie auszuschließen versuchten.

»Zu Joey«, antworteten sie und liefen zur Nordtür. Sie wollen mich nicht dabeihaben, sagte sich Clary und beschloss, allein auf Entdeckungstour zu gehen. Zuerst achtete sie gar nicht darauf, wohin sie ging, sondern dachte nur daran, wie sehr sie alle Menschen hasste. Louise und Polly verbündeten sich immer gegen sie, genau wie die Mädchen in der Schule. Wäre sie trotzdem mit ihnen mitgegangen, hätten sie sie nicht auf Joey reiten lassen, oder wenn doch, dann nur ganz kurz zum Schluss. Außerdem trug sie ihre Shorts, und die Steigbügelleder würden schrecklich in den Kniekehlen kneifen. Sie hörte Nevilles Schreie aus dem offenen Fenster im ersten Stock – das geschah ihm ganz recht, dem Blödmann. Sie stieß mit der Zehenspitze so heftig gegen einen Stein, dass sie sich wehtat …

»Pass auf!« Das waren die Fieslinge Teddy und Simon auf dem Fahrrad. Die waren gemein, weil sie überhaupt nicht mit ihr reden wollten. Sie unterhielten sich nur miteinander und mit Erwachsenen – aber meistens wurden sie im Lauf der Ferien ein bisschen netter. Mittlerweile hatte sie die Hausecke erreicht. Links sah sie den Tennisplatz und hörte die Rufe: »Null zu fünfzehn« und »Deiner, Partner!« Sie könnte sich als Balljunge anbieten, aber sie wollte Zoë noch nicht mal sehen müssen, vielen Dank auch. Sie hörte Dads dröhnendes Lachen, wenn er einen Ball verpasste. Er nahm Tennis nicht so ernst, im Gegensatz zu den anderen. Rechts von ihr lag der große Garten, und dahinter begann der Küchengarten. Dorthin würde sie gehen. Sie schlenderte auf dem Aschepfad die Gewächshäuser entlang, deren Glas mit weißer Farbe verschmiert war. Sie sah die Duchy mit ihrem großen Hut, die sich über ihre Rosen beugte und ständig etwas abschnitt, und beschloss, außer Sichtweite durch die Gewächshäuser zu gehen. Im ersten roch es nach Nektarinen, die in Spalieren an der Mauer hochwuchsen. Über ihr hing eine gewaltige Weinrebe, die Trauben wirkten wie kleine milchig grüne Glaskugeln. Sie würden noch völlig unreif sein, aber sie nahmen sich sehr hübsch aus. Sie befühlte eine oder zwei Nektarinen, und eine fiel ihr in die Hand. Das war nicht ihre Schuld, die war einfach von selbst heruntergefallen. Sie steckte sie in die Shortstasche, um sie später heimlich zu essen. Es standen massenhaft Töpfe mit Geranien und Chrysanthemen herum, die gerade einmal Knospen ansetzten. Die würde der Gärtner bei der Gartenschau ausstellen. Im letzten Gewächshaus wuchsen lauter gelbe und rote Tomaten und dufteten so gut und so überwältigend, dass es sie in der Nase kitzelte. Sie pflückte eine winzige und steckte sie sich in den Mund, und sie schmeckte so süß wir nur irgendetwas. Also pflückte sie noch drei und gab sie in ihre andere Tasche. Dann schloss sie die Tür des letzten Gewächshauses hinter sich und trat in die kühlere, aber immer noch goldene Luft hinaus. Am blassblauen Himmel trieben kleine Wolken wie Federn dahin. Neben der Pforte zum Küchengarten stand ein riesiger Busch mit lila Blüten, die wie Flieder aussahen, nur spitzer, und an denen wimmelte es vor Schmetterlingen – weiße, orangefarbene mit Schwarz und Weiß, kleine blaue und ein einziger zitronengelber mit ganz feinen schwarzen Äderchen, der schönste von allen, wie sie fand. Eine Weile sah sie ihnen zu und wünschte, sie wüsste ihre Namen. Die meiste Zeit flatterten sie rastlos von einer Blüte zur anderen. Wahrscheinlich, dachte sie, ist der Honig in den kleinen Blüten dann schon aufgebraucht, und sie müssen weitersuchen, bis sie eine Blüte finden, die noch gefüllt ist.

Sie nahm sich vor, die Schmetterlinge öfter zu besuchen: Vielleicht würden sie sie dann erkennen. Allerdings sahen sie ein bisschen so aus, als wären sie nicht von dieser Welt, nichts für Menschen, eher für Geister oder Feen – die Glücklichen, die brauchten keine Menschen.

Im Küchengarten mit den Mauern ringsum war es sehr heiß, die Luft stand. Es gab ein langes Beet mit Blumen eigens für Sträuße, sonst wurde hier nur Gemüse angebaut. Vor den Mauern standen Pflaumen und Reineclauden sowie ein gigantischer Feigenbaum, dessen Blätter sich ziemlich rau anfassten und wie ein angewärmter Regenmantel rochen. An den Ästen wuchsen viele Feigen, ein paar lagen bereits am Boden, aber sie waren noch grün und hart und glänzten.

»Schau mal, was ich da habe!«

Sie hatte gar nicht bemerkt, dass Lydia zwischen zwei Kohlreihen auf dem Boden hockte.

»Was hast du denn da?«, fragte sie und ahmte dabei die Stimme eines Erwachsenen nach, den es im Grunde überhaupt nicht interessierte.

»Raupen. Ich sammle sie als Haustiere. Das ist ihre Schachtel. In den Deckel mache ich mit Nans kleinster Stricknadel ein paar Löcher, weil sie ja Luft brauchen, aber entkommen können sie trotzdem nicht. Wenn du magst, kannst du auch welche haben.«

Lydia war nett. Eigentlich wollte Clary keine Raupen, dafür war sie zu alt, aber sie freute sich, dass Lydia sie fragte.

»Wenn du willst, helfe ich dir«, bot sie an.

»Man sieht gleich, wo sie sind, weil sie die Blätter anknabbern. Aber bitte sei vorsichtig, wenn du sie anfasst. Sie haben keine Knochen, da weiß man nicht, was ihnen wehtut.«

»Ich passe auf.«

Als Clary auf einem Blatt eine ganze Menge fand, fragte sie: »Willst du auch die ganz kleinen?«

»Ein paar schon, die halten länger. Die Großen spinnen sich ein, dann sind sie keine Haustiere mehr.«

»Von der Größe abgesehen unterscheiden sie sich aber nicht besonders«, sagte Lydia nach einer Weile. »Die kleinen schwarzen Gesichtchen sehen alle gleich aus – da kann ich ihnen gar keine Namen geben. Wahrscheinlich muss ich sie einfach ›sie‹ nennen.«

»Wie Schafe. Aber ziemlich anders als Schafe.«

Da musste Lydia lachen. »Es gibt keine Raupen-Hirten«, sagte sie. »Außerdem kennen Schäfer ihre Schafe sehr gut, das hat Mr. York mir mal erzählt. Er kennt seine Schweine, sie haben alle einen Namen.«

Als sie nach Clarys Ansicht zu viele und nach Lydias Ansicht gerade einmal genug Raupen gesammelt hatten, suchten sie nach ein paar letzten Erdbeeren, denn Lydia hatte Durst, wollte aber nicht für einen Schluck Wasser ins Haus gehen, weil Nan sie dann entdecken und in die Badewanne stecken würde. Aber sie fanden nur noch Erdbeeren, die von irgendwelchen Tieren angefressen waren. Clary erzählte Lydia von der Katze, die sie sich wünschte, und dass ihr Vater sagte, das müssten sie sich überlegen.

»Was sagt deine Mutter dazu?«

»Sie ist nicht meine Mutter.«

»Ach!«, sagte Lydia, und dann: »Ich weiß, dass sie's eigentlich nicht ist. Entschuldige.«

»Schon in Ordnung«, antwortete Clary, aber das war es nicht.

»Magst du sie? Tante Zoë, meine ich?«

»Ich empfinde nichts für sie.«

»Aber selbst wenn, könnte es doch unmöglich dasselbe sein,

oder? Ich meine, es kann doch niemand die richtige Mutter ersetzen. Ach, Clary, du tust mir so schrecklich leid! Du bist eine tragische Person. Ich finde dich unglaublich tapfer!«

Clary kam sich ganz außergewöhnlich vor. Etwas Derartiges hatte noch nie jemand zu ihr gesagt. Seltsam, sie fühlte sich leichter. Dadurch, dass jemand von ihrem schrecklichen Geheimnis wusste, verlor es von seiner Last. Ellen wechselte immer hässlich abrupt das Thema, und Dad erwähnte sie gar nicht – er hatte kein einziges Mal »deine Mutter« gesagt, erst recht erzählte er ihr nicht all die Dinge, die sie so gerne wissen wollte. Er konnte nichts dafür, es war für ihn zu schrecklich, um darüber zu reden, und sie hatte ihn viel zu lieb, um ihm alles noch schwerer zu machen, also gab es niemanden … Lydia weinte. Sie gab keinen Laut von sich, aber ihre Lippen bebten, und Tränen tropften in das Erdbeer-Stroh.

»Ich würde sterben, wenn meine Mutter tot wäre«, sagte sie. »Das würde ich nicht ertragen.«

»Sie wird aber nicht sterben«, tröstete Clary sie. »Sie ist der gesündeste Mensch, den ich kenne.«

»Wirklich? Der gesündeste?«

»Ganz wirklich. Und du musst mir glauben, Lyd – ich bin viel älter als du, ich weiß solche Sachen.« Sie suchte in ihrer Shorts nach einem Taschentuch für Lydia und berührte dabei die Tomaten. »Schau mal, was ich habe!«

Lydia aß die drei Tomaten, und danach ging es ihr besser. Clary kam sich sehr erwachsen und fürsorglich vor. Sie bot Lydia die Nektarine an. »Nein, die musst du essen«, sagte Lydia, und Clary beharrte: »Nein, die sollst du haben. Wirklich.« Sie wollte, dass Lydia alles bekam. Dann gingen sie mit den Raupen in den Gartenschuppen, um zu sehen, ob Mr. McAlpine noch seine Frettchen hatte.

Teddy und Simon fuhren mit den Fahrrädern rund ums Haus und dann rund um die Stallungen und schließlich die Straße entlang nach Whatlington und die Auffahrt zum Mill House hinauf. Das hatte ihr Großvater vor Kurzem gekauft und ließ es gerade zu einem Ferienhaus umbauen, in dem ein Teil von ihnen wohnen konnte. Sie redeten wenig, weil sie sich erst wieder daran gewöhnen mussten, dass sie ganz normale Cousins waren, die Ferien hatten und sich foppen konnten: Zu Schulzeiten war Teddy in der zweiten Klasse und Simon ein Erstklässler. Auf dem Heimweg fragte Teddy: »Sollen wir sie beim Monopoly mitspielen lassen?«

Insgeheim fühlte Simon sich geschmeichelt, um seine Meinung gebeten zu werden. »Das sollten wir vielleicht, sonst machen die nur wieder einen Aufstand«, antwortete er so lässig wie möglich.

Sybil genoss die Ruhe, aß Butterkekse – sie hatte zwischen den Mahlzeiten ständig Appetit – und las dabei *Die Zitadelle* von A. J. Cronin, der wie Somerset Maugham als Arzt tätig gewesen war.

Normalerweise las sie ernsthaftere Bücher – Lesen diente für sie weniger dem Zweck der Unterhaltung als vielmehr der Bildung und der Möglichkeit, Dinge besser zu verstehen, doch im Moment fühlte sie sich zu keiner geistigen Anstrengung fähig. Sie hatte T. S. Eliots Schauspiel *Mord in der Kathedrale* mitgebracht, das sie und Villy im Mercury gesehen hatten, sowie die Tragödie *Ascent of F6* von Auden und Isherwood, aber darauf hatte sie nicht die geringste Lust. Es war zu schön, auf dem Land zu sein. Sie wünschte sich sehr, Hugh könnte in der kommenden Woche bei ihr bleiben, aber er und Edward mussten abwechselnd das Büro besetzen, und Hugh wollte sich freinehmen können, wenn das Kind kam. Oder die Kinder: Angesichts der regen Aktivität in ihrem Bauch war sie sich nahezu sicher, dass es zwei werden würden. Danach mussten sie und Hugh wirklich dafür sorgen, dass sie keine mehr bekamen. Leider hasste Hugh jede Art von Verhütung. Nach siebzehn Jahren hätte es sie im Grunde nicht allzu sehr gestört, wenn sie mit dem Ganzen einfach aufgehört hätten, aber Hugh war eindeutig anderer Meinung. Flüchtig fragte sie sich, wie wohl Villy mit dem Problem umging. Edward war kein Mann, zu dem man einfach Nein sagen konnte – nicht, dass man das wirklich tun sollte. Bei Pollys Geburt hatten sie vage beschlossen, dass zwei genügten. Damals hatten sie weitaus weniger Geld, und Hugh hatte sich Sorgen wegen der Schulgebühren gemacht, sollten sie noch mehr Söhne bekommen. Und so hatten sie sich weiter mit dem Diaphragma und mit Spülungen und Gels abgemüht und damit, dass Hugh nicht in ihr kam, bis die ganze Sache derart quälend wurde, dass es ihr überhaupt keinen Spaß mehr machte. Obwohl sie ihn das natürlich nie wissen ließ. Aber im vergangenen Jahr hatten sie Anfang Dezember einen traumhaften Skiurlaub in St. Moritz verbracht, und nach dem ersten Tag, als ihnen von der vielen Bewegung alles schmerzte, hatte Hugh ihnen eine Flasche Champagner bestellt, während sie nacheinander ein heißes Bad nahmen. Sie ließ ihm den Vortritt, weil er sich den Knöchel verstaucht hatte, und anschließend sah er ihr beim Baden zu. Als sie herauskam, hielt er ein riesiges weißes Handtuch für sie bereit, in das er sie hüllte, und dann umarmte er sie, löste ihre Haarklemmen und zog sie sacht auf die Badematte. Sie wollte noch etwas sagen, doch er legte ihr die Hand auf den Mund, schüttelte den Kopf und küsste sie, und es war genauso wie in der ersten Zeit ihrer Ehe. Danach schliefen sie jeden Abend miteinander und manchmal auch am Nachmittag, und Hugh hatte kein einziges Mal seine Kopfschmerzen. Also kam ihr gegenwärtiger Zustand nicht von ungefähr, und sie war froh, weil er sich so freute und sich ihr gegenüber immer liebevoll verhielt. Ich habe wirklich Glück, dachte sie. Rupert ist der Witzigste und Edward der Attraktivste, aber ich würde keinen von ihnen gegen Hugh eintauschen wollen.

»Ich dachte, du würdest tief und fest schlafen.« Er betrat das Zimmer, ein Glas Sherry in der Hand. »Das habe ich dir zur Stärkung mitgebracht.«

»Ach, tausend Dank, mein Schatz. Ich darf aber nicht zu viel trinken, sonst überstehe ich das Abendessen nicht.«

»Trink, was du magst, den Rest trinke ich.«

»Aber du magst doch keinen Sherry!«

»Manchmal schon. Aber ich dachte, wenn ich dir dieses Glas bringe, kannst du den Umtrunk mit den unbekannten Gästen schwänzen.«

»Was hast du die ganze Zeit gemacht?«

»Zuerst habe ich ein bisschen gelesen, und dann hat mich der alte Herr zu einem kurzen Gespräch einbestellt. Er möchte hinter den Stallungen eine Squashhalle bauen. Das war offenbar Edwards Idee, und jetzt sucht er nach einer geeigneten Fläche.«

»Simon wird sich freuen.«

»Polly auch. Im Grunde ist es für uns alle schön.«

»Ich kann mir nicht vorstellen, dass ich jemals wieder einem Ball nachlaufen werde.«

»Das wirst du aber, mein Schatz. Die Bauarbeiten fangen erst in den Weihnachtsferien an. Bis dahin bist du wieder rank und schlank. Möchtest du baden? Wenn, dann solltest du dich beeilen, sonst kommen dir die Tennisspieler und die Kinder zuvor.«

Sie schüttelte den Kopf. »Ich bade morgen früh.«

»Vielmehr ihr alle, nicht wahr?« Er streichelte ihren Bauch und erhob sich von der Bettkante. »Ich muss aus diesen Schuhen rauskommen.« Alle männlichen Cazalets hatten große, knochige Füße und wechselten ständig die Schuhe.

Sybil reichte ihm das Sherryglas. »Das war genug.«

Er leerte es in einem Zug – wie Medizin, dachte sie. »Übrigens, wie wollen wir sie nennen?«

»Oder vielleicht auch ihn und sie.«

»Findest du nicht auch, dass Sebastian ein schöner Name ist?«

»Für einen Jungen etwas extravagant, oder? Ich dachte, wir könnten ihn William nennen, nach dem alten Herrn.«

»Wenn es Zwillinge sind, könnten wir ihnen beide Namen geben.«

»Und bei zwei Mädchen? Oder einem?«

»Ich dachte vielleicht an Jessica.«

»Das gefällt mir nicht. Ich mag schlichte Namen – Jane oder Anne. Oder Susan.«

»Aber vielleicht bekommen wir ja von jedem eines. Das wäre am schönsten.«

Dieses Gespräch hatten sie schon öfter geführt, allerdings bevor die Möglichkeit von Zwillingen im Raum gestanden hatte. Auf Namen konnten sie sich nie verständigen, obwohl sie sich schließlich doch auf Simon geeinigt hatten, und Hugh hatte Polly aussuchen dürfen, obwohl sie sich Antonia gewünscht hatte. »Anne ist ein schöner Name«, sagte sie jetzt.

»Ich finde, dass Jess ganz hübsch wäre. Wohin hast du meine Socken geräumt?«

»In die oberste Schublade links.«

Auf der Auffahrt war ein Wagen zu hören.

»Das werden die geheimnisvollen Gäste sein.«

»Ich muss sagen, ich bin ausgesprochen froh, dass du nicht jede Zufallsbekanntschaft zu Drinks und zum Dinner einlädst.«

»Dafür fahre ich nicht oft genug mit dem Zug. Soll ich etwas unternehmen, um Polly und Simon Richtung Bett zu bewegen?«

»Es ist ihr erster Abend, sollen sie sich ruhig austoben. Sie werden ins Haus kommen, wenn Louise und Teddy gerufen werden.«

»In Ordnung.« Er fuhr sich mit dem Kamm durchs Haar, warf ihr eine Kusshand zu und ging.

Sybil stand auf und trat ans offene Fenster. Ein warmer Duft nach Geißblatt und Rosen hing in der Luft, die Amseln schmetterten ihr Abendlied, ehe sie sich zur Ruhe begaben, und der Himmel färbte sich apricotfarben, durchsetzt mit fedrig zerzausten Wölkchen. »Alles Schöne seh, als wär's ein letztes Mal dir gegeben«, ging ihr durch den Kopf. Sie beugte sich weiter hinaus, zog eine Rose zu sich und roch daran. »Um Blumen und Blüten anzusehen, wie schnell doch fünfzig Jahr vergehen …« Es sah Housman nicht ähnlich, einem Menschen fünfzig Lebensjahre zuzugestehen, von siebzig ganz zu schweigen. Sie war achtunddreißig, und wieder ging ihr der Gedanke durch den Kopf, dass die Geburt sehr schwierig werden und sie dabei sterben könnte. Die Blütenblätter der Rose in ihrer Hand fielen ab, und als sie den Stiel losließ, schnellte er kahl zurück, nur die Staubgefäße hafteten noch daran. Sie durfte nicht sterben, sie wurde gebraucht. Dr. Ledingham war großartig, und auf Schwester Lamb konnte man sich verlassen. Eine Geburt war eben eines der Dinge, bei denen sich die Schmerzen und ihr Zweck die Waage hielten. Sie hatte Hugh nie gestanden, wie viel Angst sie gehabt hatte, damals beim ersten Mal, als sie Polly bekam, und auch nicht, wie viel mehr ihr vor Simons Geburt gegraut hatte. Denn die Behauptung, die Wehen seien schnell vergessen, war ein reines Ammenmärchen.

Zu guter Letzt waren Polly und Louise doch nicht auf Joey geritten. Er sei noch draußen, hatte Mr. Wren gesagt. Er habe keine Zeit gehabt, ihn einzufangen, aber wenn sie wollten, könnten sie es versuchen. Damit hatte er ihnen das Halfter in die Hand gedrückt. Sie könnten ihn einfangen und für die Nacht in die Stallung bringen und am nächsten Vormittag reiten. Er sah ziemlich wütend aus, also widersprachen sie nicht. Louise stibitzte eine Handvoll Hafer und gab ihn in ihre Jackentasche zu dem Würfelzucker, den Polly beim Tee abgezweigt hatte. Nan hatte es zwar bemerkt, aber natürlich nichts gesagt, weil Polly nicht zu ihren Schützlingen gehörte. Sie gingen auf dem schattigen feuchten Pfad durch die Wiese, und Polly verbrannte sich an den Nesseln und hielt alles auf, weil sie unbedingt Ampferblätter brauchte.

»Jetzt beeil dich doch«, sagte Louise. »Wenn wir ihn schnell einfangen, haben wir noch Zeit zum Reiten.«

Aber sie hatten ihn überhaupt nicht zu fassen bekommen. Wohlgenährt und mit glänzendem Fell stand er in einer Ecke der Wiese und ließ sich das nahrhafte grüne Gras schmecken. Als sie seinen Namen riefen, hob er den Kopf und sah ihnen entgegen. Um seinen Kopf schwirrte eine kleine Fliegenwolke, und er schlug regelmäßig mit dem Schwanz aus. Whistler stand neben ihm und graste ebenfalls. Als er die Mädchen sah, ging er auf sie zu für den Fall, dass sie einen Leckerbissen dabeihatten.

»Der Gerechtigkeit halber müssen wir Whistler auch etwas Hafer geben.«

»Also gut – du halt das Halfter parat, und ich übernehme das Füttern.«

Aber das war vermutlich die falsche Aufgabenverteilung, dachte Louise zu spät. Polly würde die Sache mit dem Halfter bestimmt verpatzen. Und genau das passierte auch. Whistler steckte seine weichen Nüstern in die Handvoll Hafer und verstreute vieles davon. Das bemerkte Joey und kam, um sich seinen Anteil zu holen. Louise schloss die Hand und hielt sie Joey hin, der alles mit einem Happen verschlang, doch sobald Polly den Arm um seinen Hals legen wollte, riss er den Kopf zurück und trabte davon. Da stand er dann nicht weit entfernt, wie um sich über sie lustig zu machen, und forderte sie heraus, ihr Glück noch einmal zu versuchen. Whistler stieß Louise beinahe um, als er fordernd ihre Hand anstupste.

»Mist! Nimm du den Zucker, und gib mir das Halfter.«

»Tut mir leid«, sagte Polly zerknirscht. Sie wusste, dass sie sich bei solchen Dingen nicht besonders geschickt anstellte. Außerdem fürchtete sie sich vor Joey, aber nur ein kleines bisschen.

Sie unternahmen einen zweiten Versuch mit dem Zucker, aber wieder passierte dasselbe, nur dass Joey dieses Mal die Ohren anlegte und ganz böse dreinblickte. Als kein Zucker mehr da war, kam er nicht einmal mehr in ihre Nähe, und sogar Whistler verlor schließlich das Interesse.

»Ich wette, Mr. Wren hat gewusst, dass er sich nicht fangen lassen würde«, sagte Louise gereizt. »Er hätte es wirklich selber machen können.«

»Dann sagen wir ihm das doch.«

Schweigend stiegen sie über das Gatter, und Polly merkte, dass Louise jeden Moment wütend werden würde, aber dann sagte sie plötzlich: »Es war nicht deine Schuld mit dem Halfter. Vielleicht sollten wir es Mr. Wren doch nicht sagen. Wenn sein Gesicht so rot ist, schimpft er immer nur.«

»Knallrot.«

»Das sieht zusammen mit seinen eisblauen Augen richtig schrecklich aus, findest du nicht?«

»Niemand würde freiwillig Knallrot und Blau mischen«, stimmte Polly zu. »Und was machen wir jetzt? Sollen wir zu unserem Baum gehen?«

Zu ihrer Freude willigte Louise sofort ein. Das Seil, mit dessen Hilfe sie das erste, schwierige Stück bewältigten, hing noch genauso da, wie sie es an Weihnachten zurückgelassen hatten. Sie pflückten ganz viele Gänseblümchen, die Louise in ihre Tasche steckte, bevor sie hinaufkletterten. Als sie es sich dann dort oben bequem gemacht hatten, teilte Louise die Gänseblümchen auf, und sie flochten Ketten als Schmuck für den Baum. Ihr Lieblingsast bog sich an einem Ende hoch, sodass sie sich gegenübersitzen konnten, die eine an den Ast, die andere an den Stamm gelehnt.

Louise, die an den Fingernägeln kaute, musste die Löcher zum Einfädeln der Stiele hineinbeißen, während Polly ihren längsten Nagel verwendete. Sie unterhielten sich über die Ferien und was sie in der Zeit gern unternehmen würden. Louise wollte an den Strand und vor allem in die Badeanstalt in St. Leonards fahren, Polly zu einem Picknick im Park von Bodiam Castle. Sowohl sie als auch Simon hatten im August Geburtstag, und deshalb durfte jeder von ihnen sich einen Ausflug wünschen. »Aber Simon wird sich eine Fahrt mit der Romney, Hythe und Dymchurch-Eisenbahn wünschen«, sagte Polly traurig. Dann fiel ihr etwas ein. »Clary hat doch auch Geburtstag, oder?«

»Ach, stimmt! Was wird sie sich wünschen?«

»Wir könnten ja versuchen, sie dazu bringen, sich unseren Wunsch zu wünschen.«

»Da müssten wir ihr von etwas erzählen, was wir in Wirklichkeit richtig gerne unternehmen würden, aber so tun, als hätten wir überhaupt keine Lust dazu.«

»Das wäre mehr, als sie dazu zu bringen, das ist …«, Polly suchte nach dem richtigen Wort, »… konspirieren.«

»Warum müssen wir das Zimmer mit ihr teilen? Eigentlich kann ich sie nicht besonders leiden. Aber Mummy sagt immer, dass ich nett zu ihr sein soll, weil sie keine Mutter hat. Das verstehe ich auch. Das muss schrecklich für sie sein.«

»Sie hat Tante Zoë«, widersprach Polly.

»Die kommt mir nicht so vor, als wäre sie eine besonders gute Mutter. Todschick, aber keine Mutter. Weißt du, manche Menschen haben einfach nicht das Zeug dazu. Ich meine, schau dir Lady Macbeth an.«

»Eigentlich erinnert mich Tante Zoë nicht besonders an Lady Macbeth. Ich weiß, dass du Shakespeare gut findest, aber ehrlich, heute sind die Leute nicht mehr so wie damals.«

»Das sind sie schon!«

Darüber gerieten sie ein wenig in Streit, den Louise für sich entschied mit dem Argument, dass die Natur die Kunst nachahme, und das stamme nicht von ihr, sondern von jemandem, der sich mit solchen Sachen ganz genau auskenne. Die Sonne ging unter, leichter Dunst legte sich über den golden grünen Obstgarten, und durch die violetten Schatten verloren alle Farben ihren Glanz. Langsam wanderten Louises und Pollys Gedanken zu Milch und Keksen und zu ihren Müttern, die ihnen Gute Nacht wünschten.

»Warum geht ihr, du und Rupert, nicht zuerst ins Bad? Ich kann gerne warten, ich möchte sowieso kurz mit Nan reden, ob sie sich hier zurechtfindet. Kommst du, mein Schatz?«

Und Edward, der das Netz abgenommen hatte, ging mit ihr davon. Zoë sah ihnen nach, wie sie die Stufen zur Terrasse hinauf verschwanden. Edward legte den Arm um Villys Schultern und sagte etwas, das sie zum Lachen brachte. Sie hatten mühelos gewonnen – hätten alle drei Sätze gewonnen, wenn Edward, der beste Spieler, nicht mehrere Doppelfehler nacheinander gemacht und den Aufschlag verloren hätte. Villy war auch gut, wie sie zugeben musste, nicht aufsehenerregend, aber eine ruhige Spielerin mit einer sicheren Rückhand, die kaum einen Ball verpasste. Zoë, die schlecht verlieren konnte, gab Rupert die Schuld, weil er das Spiel nicht ernst genug nahm. Seine Stärke waren Volleybälle, aber am Netz überließ er Bälle, die ihrer Ansicht nach seine gewesen wären, öfter einfach ihr, und die hatte sie natürlich häufig nicht erreicht. Zumindest hatten sie nicht gegen Sybil gespielt – sie schlug doch tatsächlich Unterhand auf, lachte nur, wenn sie einen Ball nicht erwischte, und bat die anderen, ihr keine so schnellen Bälle zuzuspielen. Das Schlimmste war, dass jeder tat, als wäre sie genauso gut wie die anderen. Alle waren so schrecklich nett zueinander. Sie waren auch nett zu ihr, aber nur, weil sie durch die Heirat mit Rupert zur Familie gehörte. Sie hatte nicht das Gefühl, wirklich gemocht zu werden.

»Ich gehe ins Bad«, rief sie Rupert zu, der die Tennisbälle einsammelte. »Ich lasse das Wasser für dich in der Wanne.« Und bevor er etwas erwidern konnte, lief sie leichtfüßig die Treppe hinauf.

Wenigstens war das Wasser heiß. Sie hatte sich den Kopf zerbrochen, wie sie sich, ohne unhöflich zu sein, das erste Bad sichern konnte, und dann hatte Villy es ihr unglaublicherweise einfach angeboten. Aber das Badezimmer war grauenhaft – eiskalt und unglaublich hässlich mit den Kieferpaneelen an den Wänden und dem Fensterbrett, auf dem immer tote Schmeißfliegen lagen. Sie ließ das Wasser so heiß einlaufen, dass sie sich fast verbrühte, und glitt dann wohlig bis zum Hals hinein. Diese Familienferien! Man könnte doch erwarten, dass die Cazalets, wenn sie ihre Enkel wirklich so liebten, auf Clarissa und Neville aufpassen würden, damit sie, also Zoë und Rupert, eine richtige Urlaubsreise unternehmen konnten, und zwar allein. Aber jedes Jahr – bis auf das erste gleich nach der Hochzeit, als Rupert mit ihr nach Cassis gefahren war – mussten sie wochenlang hierherkommen, und sie hatte Rupert kaum je für sich, außer im Bett. Abgesehen davon musste jeden Tag etwas mit den ganzen Kindern unternommen werden, und alle waren nur darauf bedacht, dass die ihren Spaß hatten. Dabei hatten sie den sowieso, sie konnten ja mit den anderen spielen. Dieses ganze Zusammenglucken war ihr fremd, und es entsprach auch überhaupt nicht ihren Vorstellungen von einem Urlaub.

Zoë war zwei gewesen, als ihr Vater in der Schlacht an der Somme gefallen war. Sie hatte keine Erinnerung an ihn, obwohl Mummy immer sagte, er habe mit ihr, als sie achtzehn Monate alt war, Hoppe-hoppe-Reiter gespielt. Mummy musste eine Stelle bei Elizabeth Arden annehmen und den ganzen Tag die Gesichter von anderen Leuten behandeln, also war sie mit fünf auf ein Internat gekommen – Elmhurst, hieß es, bei Cambridge. Sie war bei Weitem die Jüngste, und alle verwöhnten sie. Die Schule gefiel ihr gut, aber vor den Ferien in der plüschigen kleinen Wohnung in West Kensington graute ihr immer. Ihre Mutter war den ganzen Tag fort, und sie wurde von einem Strom ständig wechselnder dröger Haushaltshilfen versorgt, die sich unter schönen Ferien Busfahrten und Spaziergänge in den Kensington Gardens und Besuche im Teesalon vorstellten. Schon mit zehn hatte sie beschlossen, so bald wie möglich auszuziehen. Als sie älter wurde, gaben sie ihr bei den Schulaufführungen immer die Rolle der Heldin – nicht, weil sie so gut schauspielern konnte, sondern wegen ihres Aussehens. Sobald sie die Schule verließ, wollte sie auf die Bühne. Ganz bestimmt würde sie nicht so enden wie ihre Mutter, die sich nicht nur mit ihrer grauenhaften Arbeit abfand, sondern auch mit einer Reihe griesgramiger alter Männer, von denen sie einen offenbar sogar heiraten wollte. Allerdings nicht mehr, nachdem Zoë ihr gesagt hatte, was er eines Tages, als Mutter außer Haus war, mit ihr zu tun versucht habe. Es hatte eine Riesenszene gegeben, und danach hörte ihre Mutter auf, sich die Haare zu färben, und beklagte sich fast nur noch über das schwere Leben, das sie führe.

Das einzige Thema, bei dem sie und ihre Mutter vollkommen übereinstimmten, war Zoës Aussehen. Zoë wuchs von einem entzückenden Baby zu einem außergewöhnlich hübschen Kind heran und entging sogar in den Jahren der Pubertät den üblichen Einbrüchen. Sie ging nicht in die Breite, nie hatte sie Pickel oder fettiges Haar, und ihre Mutter, die sich als Expertin in Sachen Aussehen verstand, erkannte sehr bald, dass ihre Tochter zu einer wahren Schönheit heranwachsen würde. Ganz allmählich übertrug sie auf Zoë alle Hoffnungen auf ein sorgenfreies und bequemes Leben, die sie für sich selbst gehegt hatte: ein netter Mann, der sie versorgte und sie der Notwendigkeit enthob, ihren Lebensunterhalt selbst zu verdienen. Mit ihrem hinreißenden Aussehen würde Zoë jeden Mann bekommen, den sie wollte, und das bedeutete für Mrs. Headford einen sehr vermögenden Mann, der problemlos auch seine Schwiegermutter versorgen konnte. Also brachte sie Zoë bei, sich zu pflegen: ihr schönes volles Haar mit Henna und Eigelb zu behandeln, sich die Wimpern allabendlich mit Vaseline zu bürsten, die Augen mit heißem und kaltem Wasser zu spülen, mit Büchern auf dem Kopf durchs Zimmer zu gehen, sich nachts zum Schlafen Baumwollhandschuhe über die in Mandelöl gebadeten Hände zu ziehen und vieles andere mehr. Obwohl sie kein Mädchen zur Hilfe hatten, brauchte Zoë sich nie um den Haushalt zu kümmern und auch nicht zu kochen. Ihre Mutter kaufte eine gebrauchte Nähmaschine, schneiderte hübsche Kleider und strickte Pullover für sie. Und als Zoë mit sechzehn ihren Schulabschluss geschafft hatte und sagte, sie wolle zur Bühne, stimmte Mrs. Headford, die sich mittlerweile ein wenig vor ihr ängstigte, sofort zu. Man wusste ja, dass bisweilen auch Herzöge Frauen vom Theater heirateten, und da sie es sich nicht leisten konnte, ihre Tochter richtig in die Gesellschaft einzuführen, schien das eine gute Alternative. Sie schärfte Zoë ein, sich auf keinen Fall auf einen Schauspieler einzulassen, nähte für sie zum Vorsprechen ein schlichtes, aber perfekt sitzendes grünes Kleid, das zu ihren Augen passte, und wartete auf Ruhm und Reichtum ihrer

Tochter. Allerdings kaschierte Zoës mangelnde Erfahrung gekonnt ihr mangelndes Schauspieltalent, und nachdem zwei Regisseure ihr zum Besuch einer Schauspielschule geraten hatten, war Mrs. Headford klar, dass sie auch weiterhin für Schulgebühren aufkommen musste. Auf Elsie Fogertys Akademie bekam Zoë zwei Jahre lang Unterricht in Sprechen und Mimik, sie lernte zu gehen und zu tanzen und sogar ein wenig zu singen. Umsonst. Hinreißend, wie sie aussah, und angesichts ihres Eifers bemühten sich ihre Lehrer unverwandt, eine Schauspielerin aus ihr zu machen, weit länger womöglich, als wenn sie unscheinbarer gewesen wäre. Sie blieb hölzern und befangen und war alles in allem unfähig, Sätze so zu sprechen, als stammten sie von ihr. Ihr einziges Talent lag in der Bewegung. Sie tanzte gerne, und schließlich wurde befunden, sie solle sich darauf konzentrieren. Sie verließ die Akademie und nahm Unterricht im Steppen und im Ausdruckstanz. Das einzig Positive, das sich von der Schauspielschule sagen ließ, war, dass sich zwar eine Reihe von Studenten in Zoë verliebte, sie aber stets Distanz wahrte. Ungeachtet des offensichtlichen Grunds hierfür zog Mrs. Headford voreilig den Schluss, Zoë sei »vernünftig« und wisse, was auf dem Spiel stand.

Mit einer Freundin aus Elmhurst, einem Mädchen namens Margaret O'Connor, war Zoë in Kontakt geblieben. Margaret lebte in London, und nach ihrer Verlobung mit einem Arzt – »ziemlich alt, aber unglaublich nett« – lud sie Zoë ein, mit ihnen tanzen zu gehen. »Ian bringt einen Freund mit«, sagte sie. Dieser Freund war Rupert. »Er hat eine schreckliche Zeit hinter sich, er kann ein bisschen Aufmunterung gebrauchen«, erklärte Margaret ihr auf der Damentoilette des Gargoyle Club. Für Rupert war Zoë die schönste Frau, die er je gesehen hatte. Zoë verliebte sich Hals über Kopf in ihn. Ein halbes Jahr später waren sie verheiratet.

»Bist du da drin?«

Zoë stieg aus der Wanne, wickelte sich in ein Handtuch und schloss die Tür auf.

»Hier ist es ja wie in einem türkischen Dampfbad!«

»Besser als ein Iglu. Wahrscheinlich ist das Speisezimmer ein Eispalast. Wie immer.«

Beim Anblick seiner verschlossenen Miene bereute sie die Bemerkung. Kritik an seinen Eltern konnte er nicht leiden. Er stieg in die Wanne und wusch sich heftig das Gesicht. Sie beugte sich über ihn und gab ihm einen Kuss auf die nasse Stirn.

»Entschuldigung!«

»Wofür?«

»Nichts. Ich ziehe mein Kleid mit den Margariten an, ja?«

»Schön.«

Sie verließ den Raum.

Nächste Woche gehe ich mit ihr in Hastings ins Kino, nahm Rupert sich vor. Sie hat nie ein richtiges Familienleben kennengelernt, deswegen ist ihr alles so fremd. Der Gedanke, sie könnte sich freuen, jetzt eine große Familie zu haben, kam ihm in den Sinn und verlor sich wieder, ohne dass er ihm länger nachhing.

Neville und Lydia saßen in der Badewanne, jeder an einem Ende. Neville war sauer auf Lydia, weil sie ohne ihn verschwunden war. Als sie sagte, er solle nicht so herumspritzen, dabei hatte er das doch fast gar nicht, klatschte er mit den Hacken ganz fest aufs Wasser und machte sie richtig nass. Ellen und Nan waren beim Abendessen, also konnte er tun, wozu er Lust hatte. Drohend zeigte er ihr den Schwamm und sah sie finster an. Dann legte er ihn sich auf den Kopf, und sie bewunderte ihn lachend. »Das kann ich nicht. Ich mag es nicht, wenn mir Badewasser in die Augen kommt.«

»Ich mag's, wenn Badewasser überallhin kommt. Ich trinke es sogar.« Er hielt sich den Schwamm an den Mund und saugte lautstark daran.

»Das ist ganz seifig, dir wird noch schlecht.«

»Wird mir nicht, weil ich dran gewöhnt bin.« Er trank noch mehr, um es ihr zu beweisen. Dann schmeckte es nicht mehr so gut, und er ließ es bleiben. »Wenn ich will, kann ich die ganze Wanne leer trinken.«

»Das glaube ich auch. Ich habe gesehen, wie ein Frettchen ein Stück von einem Kaninchen mit Fell dran gefressen hat.«

»Wenn es nur ein Stück von einem Kaninchen war, muss es tot gewesen sein.«

»Vielleicht war's ein ganzes Kaninchen gewesen, und das war der Rest davon.«

»Das hätte ich auch gern gesehen. Wo war das?«

»Im Gartenschuppen. In einem Käfig – es gehört Mr. McAlpine. Seine Augen waren ganz klein und rot. Ich glaube, es war wütend.«

»Wie viele Frettchen hast du schon gesehen im Leben?«

»Nicht viele. Nur ein paar.«

»Weißt du, alle Frettchen fressen Sachen.« Er versuchte sich vorzustellen, wie ein Frettchen aussah. Er kannte keine Tiere mit roten Augen.

»Morgen begleite ich dich, wenn du es dir ansiehst«, erbot er sich. »Ich bin an so was gewöhnt.«

»Gut.«

»Was bekommen wir zum Abendbrot? Ich habe einen Bärenhunger.«

»Du hast deine Himbeeren wieder ausgespuckt«, erinnerte Lydia ihn.

»Nur die letzten vierzehn oder so. Ein paar habe ich gegessen. Geht dich gar nichts an«, fügte er hinzu. »Halt den Mund, verdammt noch mal.«

Bevor Lydia etwas erwidern konnte, kam Villy ins Bad. »Macht voran, Kinder. Viele andere Menschen möchten auch baden.« Sie breitete ein Handtuch für Lydia aus, und sie stieg aus der Wanne und fiel ihr in die Arme. »Und was ist mit dir, Neville?«

»Ellen holt mich«, antwortete er, aber Villy griff schon nach einem weiteren Handtuch und half ihm heraus.

»Mummy, er hat geflucht! Weißt du, was er gerade gesagt hat?«

»Nein, und ich will es auch nicht wissen. Du sollst nicht petzen, Lydia, das ist nicht nett.«

»Ist es auch nicht«, stimmte Lydia zu. »Obwohl er lauter schreckliche Sachen gesagt hat, erzähle ich sie dir nicht weiter. Liest du mir was vor, Mummy? Beim Abendessen? Da ist mir immer so langweilig.«

»Heute Abend geht das nicht, mein Schatz. Es kommen Gäste zum Aperitif, und ich habe mich noch nicht umgezogen. Morgen. Aber ich schaue bei dir vorbei, um Gute Nacht zu sagen.«

»Das möchte ich aber auch hoffen.«

»Das möchte sie aber auch hoffen«, äffte Neville sie nach. »Sie meint, das ist das Mindeste, was du tun kannst.« Er grinste Villy an und offenbarte die Lücken, in denen sich die Spitzen viel größerer Zähne zeigten.

Edward beschloss, mit dem alten Herrn einen Whisky Soda zu trinken, während er auf sein Bad wartete. In einer ihrer Lagerhallen gab es ein Problem, das er unbedingt ohne Hugh besprechen wollte. Die Gelegenheit schien günstig, denn Hugh bekam, wie er gerade gesehen hatte, von der Duchy eine Führung durch den Garten. Und so steckte er den Kopf zur Tür des Arbeitszimmers hinein, und sein Vater, der an seinem Schreibtisch saß und eine Zigarre anschnitt, bat ihn herein.

»Alter Junge, schenk dir einen Whisky ein, und mir auch.«

Edward folgte der Aufforderung und setzte sich seinem Vater gegenüber in einen der ausladenden Stühle. William schob die Zigarrenkiste zu seinem Sohn hinüber und reichte ihm den Schneider. »Also, was hast du auf dem Herzen?«

Edward war wieder einmal erstaunt, woher sein Vater solche Dinge immer wusste. »Also, ehrlich gesagt, die Sache mit Richards beschäftigt mich sehr.«

»Die beschäftigt uns alle. Es hilft nichts, er wird gehen müssen.«

»Genau darüber wollte ich mit dir reden. Ich glaube, wir sollten nichts vorschnell entscheiden.«

»Wir können uns keinen Hallenleiter leisten, der so gut wie nie da ist! Zumindest nicht, wenn man ihn braucht.«

»Du weißt doch, Richards hat es im Krieg übel erwischt. Eine Brustverletzung, die nie ganz verheilt ist.«

»Deswegen haben wir ihn ja eingestellt. Wollten ihm eine Chance geben. Aber wenn man ein Unternehmen führt, kann man nicht ständig auf Krüppel Rücksicht nehmen.«

»Da bin ich ganz deiner Meinung. Allerdings ist Hugh ...« Er wollte sagen, dass Hugh ebenfalls nicht bei bester Gesundheit war, aber ihn würden sie nie im Leben feuern, doch der alte Herr fiel ihm ins Wort.

»Hugh sieht es genauso wie ich. Er meinte, wir bräuchten ihn vielleicht nicht ganz loszuwerden, sondern könnten ihm eine leichtere Aufgabe übertragen – mit weniger Verantwortung.«

»Und weniger Gehalt?«

»Das müssten wir vielleicht anpassen. Hängt davon ab, welche Verwendung wir für ihn finden.«

Eine Weile herrschte Schweigen. Edward wusste, dass mit dem alten Herrn nicht zu reden war, wenn er sich einmal auf etwas versteift hatte. Kurz ärgerte er sich, dass Hugh die Sache hinter seinem Rücken mit ihrem Vater besprochen hatte, aber andererseits tat er ja gerade genau dasselbe. Er versuchte es noch einmal.

»Weißt du, Richards ist ein guter Kerl. Er ist unglaublich loyal, die Firma ist ihm wichtig.«

»Das möchte ich verdammt noch mal hoffen! Ich möchte verdammt noch mal hoffen, dass alle, die bei uns arbeiten, loyal sind – wäre es anders, dann stünden die Karten schlecht.« Seine Stimmung wurde etwas milder. »Wir könnten ihm etwas suchen«, sagte er. »Er könnte die Lastwagen verwalten – von Lawson habe ich nie viel gehalten. Oder ihm eine Stelle im Büro geben.«

»Wir können ihm nicht sechshundert im Jahr für eine Bürotätigkeit zahlen!«

»Tja – dann versetzen wir ihn in den Verkauf. Auf Kommissionsbasis. Dann liegt es bei ihm.«

Edward dachte an Richards mit seinem schmächtigen Körperbau und den demütigen braunen Augen. »Das geht nicht. Das geht ganz und gar nicht.«

»Was schlägst du vor?«

»Ich muss darüber nachdenken.«

William leerte sein Glas. »Verheiratet ist er? Mit Kindern?«

»Drei, und ein viertes ist unterwegs.«

»Wir finden etwas. Du und Hugh solltet euch einen guten Ersatz für ihn einfallen lassen. Es ist wichtig, dass wir an der Stelle einen guten Mann haben.« Er richtete seine durchdringenden blauen Augen auf Edward. »Das solltest du mittlerweile wissen.«

»Jawohl.«

»Gehst du jetzt?«

»Ich nehme ein Bad.«

Nachdem er gegangen war, dachte William, dass Edward mit keiner Silbe erwähnt hatte, Richards mache seine Arbeit gut, also lag Hugh mit seiner Einschätzung richtig.

~

Von ihrem Zimmer aus sah Rachel, dass die geheimnisvollen Besucher gekommen waren. Das Paar trat von der Auffahrt durch die weiße Pforte auf die zögerliche Art von Menschen, die sich einem unbekannten Haus nähern und nicht sofort erkennen, wo sich die Eingangstür befindet. Sie steckte Sids Brief in die Tasche ihrer Strickjacke zurück. Jetzt wollte sie ihn auch nicht lesen, die Eile würde ihr die Freude verderben. Ihre Hilfsbereitschaft, ihr Pflichtgefühl und die vielen Menschen überall hatten ihren Versuch vereitelt, irgendwann im Verlauf des Tages einen ruhigen, ungestörten Moment zu finden. Jetzt musste sie der Duchy helfen herauszufinden, wie, in aller Welt, die Neuankömmlinge hießen. Allerdings war dieses Problem rasch vom Tisch, denn sie hörte ihren Vater aus dem Arbeitszimmer kommen und zur Begrüßung rufen: »Guten Abend, die Herrschaften, guten Abend! Wie schön, dass Sie gekommen sind. Leider ist mir glatt Ihr Name entfallen, aber früher oder später geht uns das allen so. Pickthorne! Aber natürlich! Kitty! Die Pickthornes sind eingetroffen! Was darf ich Ihnen zu trinken anbieten, Mrs. Pickthorne? Ein Gläschen Gin? All meine Schwiegertöchter trinken Gin. Schreckliches Zeug, trifft aber offenbar den Geschmack der Damen.«

Rachel hörte das Klirren des Getränkewagens, der aus dem Haus geschoben wurde – von Hugh, wie sie feststellte. Vielleicht konnte sie doch ihren Brief lesen, bevor sie nach unten ging? In dem Moment klopfte es an ihrer Tür, ein zartes, recht unerfahrenes Klopfen.

»Herein!«

Es war Clary. Sie hielt mit einer Hand die andere fest, um die eine ehemals weiße Bandage gewickelt war.

»Was ist passiert, Clary?«

»Eigentlich nichts. Ich denke bloß, vielleicht habe ich Tollwut.«

»Weswegen, in aller Welt, denkst du denn das, Herzchen?«

»Ich habe Lydia im Gartenschuppen Mr. McAlpines Frettchen gezeigt. Und dann hat Nan sie geholt, und ich bin zurückgegangen, um mir das Frettchen noch einmal anzusehen, und da fraß es schon nicht mehr, weil das Kaninchen schon fast aufgefressen war, und dann sah es so einsam aus in seinem Käfig, dass ich es rausgelassen habe, und es hat mich gebissen – nur ein bisschen –, nicht fest, aber es hat geblutet. Und man muss die Stelle mit einem heißen Bügeleisen ausbrennen, aber so mutig bin ich nicht, außerdem weiß ich nicht, wo hier die Bügeleisen stehen. So heißt es in dem Buch von Louisa Alcott, und Dad ist im Bad und hört mich nicht, und ich dachte, vielleicht kannst du mich zum Tierarzt bringen oder …« Sie holte tief Luft. »Mr. McAlpine wird wütend sein und mich schimpfen, also könntest vielleicht du es ihm sagen?«, schloss sie.

»Jetzt schauen wir uns erst mal deine Hand an.«

Rachel löste den Verband, der sich als eines von Clarys Söckchen entpuppte, und betrachtete ihre heiße, schmutzige kleine Hand. Der Biss an ihrem Zeigefinger sah nicht tief aus. Während sie ihn mit Wasser aus ihrem Krug wusch und Jod und Pflaster aus ihrer Hausapotheke holte, erklärte sie, dass es in England keine Tollwut mehr gebe, weswegen Ausbrennen überflüssig sei. Das Jod ertrug Clary sehr tapfer, aber eine Sache lag ihr immer noch auf der Seele.

»Tante Rach? Könntest du mitkommen und mir helfen, das Frettchen wieder in seinen Käfig zu sperren? Damit Mr. McAlpine nichts davon erfährt?«

»Ich glaube, weder du noch ich sind die Richtigen dafür. Und jetzt musst du zu Mr. McAlpine gehen und dich entschuldigen. Er fängt es wieder ein.«

»O nein, Tante Rach! Er wird ganz schrecklich wütend sein.«

»Ich begleite dich, aber du musst dich entschuldigen. Und versprich, dass du so etwas nie wieder machst. Das war wirklich sehr ungezogen von dir.«

»Ich wollte es ja gar nicht. Und es tut mir wirklich leid.«

»Na, das musst du ihm sagen. Komm, lass uns gehen.«

Also musste ihr Brief wieder warten.

Die Pickthornes blieben bis zwanzig nach acht, als eine beiläufige Bemerkung ihres Gastgebers Mrs. Pickthorne endgültig davon überzeugte, dass sie doch nicht zum Dinner eingeladen waren. »Wir müssen wirklich gehen«, sagte sie zweimal – zunächst zaghaft, dann verzweifelt. Ihr Gatte hörte sie zwar bereits beim ersten Mal, gab aber vor, sie nicht verstanden zu haben, um die Auseinandersetzung mit ihr im Wagen so lange wie möglich hinauszuzögern. Aber vergeblich. Beherzt stand William auf, ergriff Mrs. Pickthorne ziemlich schmerzhaft am Arm und geleitete sie zur Pforte, ihren Abschiedsgruß konnte sie nur beim Gehen über die Schulter werfen. Mr. Pickthorne musste ihr wohl oder übel folgen. Es gelang ihm, seinen Hut zu vergessen – einen Panama –, doch das Kind, das Kekse herumgereicht hatte, holte ihn auf Geheiß von Onkel Edward. »Sie müssen uns wirklich bald wieder besuchen«, rief William, als sie in der Sicherheit des Wagens saßen. Mr. Pickthorne rang sich ein sprödes Lächeln ab und legte knirschend den Gang ein, dann holperte er die Auffahrt hinunter. Mrs. Pickthorne tat, als habe sie ihn nicht gehört.

»Ich dachte, die würden nie gehen!«, brummte William, als er durch die Pforte zurückstapfte.

»Sie dachten, du hättest sie zum Dinner eingeladen«, erklärte Rachel.

»Ach, das glaube ich nicht. Unmöglich. Oder doch?«

»Natürlich hast du sie zum Dinner eingeladen«, sagte die Duchy gelassen. »Es ist wirklich eine leidige Angewohnheit, William. Höchst unredlich ihnen gegenüber.«

»Jetzt streiten sie den ganzen Weg bis nach Hause, wo eine Dose Sardinen auf sie wartet«, sagte Rupert. »Ich möchte jetzt nicht in Mr. Pickthornes Haut stecken. Es wird alles seine Schuld sein.«

Eileen, die seit einer guten halben Stunde im Hintergrund gelauert hatte, trat vor und sagte, dass Essen sei aufgetragen.

»Er hat gesagt«, das war sein vierter Versuch, »›Sie müssen zum Essen kommen.‹ Und später, als wir aus dem Zug stiegen, sagte er: ›Kommen Sie gegen sechs auf einen Drink vorbei.‹«

»Genau!«

»Tja, es ist alles meine Schuld, wie immer«, sagte er nach mehreren Minuten ungemütlichen Schweigens.

»Ach, und damit ist die Angelegenheit vom Tisch, ja? Es ist alles deine Schuld, also brauchen wir uns nicht mehr darüber zu unterhalten?«

»Mildred, du weißt, ich kann dich nicht daran hindern zu sagen, was du magst.«

»Ich habe nicht die geringste Lust, weiter auf dem Thema herumzureiten.«

Kurz darauf meinte sie: »Es ist nichts zu essen im Haus.«

»Wir könnten eine Dose Sardinen aufmachen.«

»Sardinen! Sardinen!«, wiederholte sie, als handele es sich um Dosenmäuse, als würde nur ein Verrückter auf die Idee kommen, sie in einer Dose zu konservieren. »Wenn du so erpicht bist auf Sardinen, bitte sehr. Du weißt genau, was sie mit mir anstellen.«

Ich weiß, was ich gerne mit dir anstellen würde, dachte er. Ich würde dich gerne ganz langsam erwürgen und dann in den Brunnen werfen. Die Brutalität dieses Gedankens entsetzte ihn, ebenso wie der Umstand, mit welcher Leichtigkeit und Schnelle er ihm in den Sinn gekommen war. Ich bin nicht besser als dieser Crippen, dachte er. Ein böser Mensch. Er legte ihr eine Hand aufs Knie. »Es tut mir leid, dass ich dir den Abend verdorben habe. Besonders viel Spaß hast du im Leben wirklich nicht. Mir ist es egal, was ich esse. Was immer du auf den Tisch zauberst, wird köstlich sein, wie jedes Mal.« Mit einem kurzen Blick zu ihr sah er, dass er den richtigen Ton angeschlagen hatte.

»Wenn du anderen Leuten nur richtig zuhören würdest«, sagte sie. »Ich glaube, wir haben noch ein paar Eier.«

~

Das Essen dauerte ewig, fand Zoë. Es gab kalten Lachs und neue Kartoffeln und Erbsen und zu trinken einen wirklich köstlichen Rheinwein (obwohl William Weißwein als Damengetränk bezeichnete und eine Flasche Bordeaux trank), danach ein Schokoladensoufflé und abschließend Stilton und Portwein, aber es zog sich endlos in die Länge, weil alle so viel redeten, dass sie vergaßen, sich vom Gemüse zu nehmen, wenn ihnen die Schüssel gereicht wurde. Dann aßen die Männer eine zweite Portion Lachs und natürlich das viele Gemüse – Rupert stand auf und reichte es herum, und unterdessen unterhielten sie sich über mehrere

Dinge gleichzeitig – das Theater –, dafür interessierte sie sich ja, aber doch nicht für französische Tragödien und Shakespeare und Versdramen! Dann allerdings drehte sich Edward zu ihr und fragte, welche Stücke sie gerne sehe, und auf ihre Antwort, sie sei in letzter Zeit nicht im Theater gewesen, erzählte er ihr von einem, das *French Without Tears* hieß. Gerade dachte sie, dass der Titel ziemlich langweilig klang, als er lachend sagte: »Weißt du noch, Villy, dieses wunderbare junge Mädchen, Kay Sowieso, und einer der Männer sagte: ›Sie hat mir grünes Licht gegeben‹, worauf der andere meinte, sie sei mit ihrem Gelb und Rot ein bisschen sparsam gewesen?« Und nachdem Villy lächelnd genickt hatte, um ihn nicht zu enttäuschen, wandte er sich wieder an Zoë. »Das solltest du dir einmal ansehen, ich glaube, das würde dir gefallen.« Sie mochte Edward, und sie hatte den Eindruck, dass er sich zu ihr hingezogen fühlte. Auf dem Weg ins Esszimmer hatte er vorhin ihr Kleid bewundert. Es war aus marineblauem Voile mit großen weißen Margariten mit gelber Mitte und hatte einen ziemlich tiefen V-Ausschnitt, und einmal glaubte sie zu spüren, dass Edward ihr ins Dekolleté schaute, und sie blickte zu ihm, und er linste tatsächlich. Dann lächelte er und zwinkerte ihr zu. Sie versuchte, streng die Stirn zu runzeln, aber eigentlich war das der schönste Moment beim ganzen Dinner. Sie überlegte sich, ob er sich vielleicht in sie verliebte. Das wäre natürlich furchtbar, aber nicht ihre Schuld. Sie würde zurückhaltend sein, aber großes Verständnis zeigen, wahrscheinlich würde sie ihm einen Kuss gestatten, denn einmal war keinmal, sie würde sich überrascht geben, zumindest würde er glauben, dass sie überrascht wäre. Aber sie würde ihm erklären, dass es keinen Zweck habe, weil es Rupert das Herz brechen würde, und außerdem liebe sie Rupert. Was stimmte. Sie würden sich zum Lunch im Ivy treffen – nach dem Kuss, hieß das. Beim Lunch würde sie ihm dann alles erklären. Jetzt, seit der Hochzeit, wurde sie kaum noch zum Lunch eingeladen, und Rupert war als Kunsterzieher viel zu arm, als dass sie, Zoë, andere Leute einladen könnte. Er würde sie anflehen, sie wenigstens bisweilen sehen zu dürfen – sie fragte sich, ob sie ihm das vielleicht doch hin und wieder gestatten sollte …

»Liebling! War das nicht der Mann, der dich im Gargoyle unentwegt angestarrt hat?«

»Welcher Mann?«

»Du weißt schon, wen ich meine. Der kleine Mann mit den vorstehenden Augen. Der Dichter.«

»Das weiß ich doch nicht. Ich frage Leute, die mich anstarren, doch nicht nach ihrem Namen!«

Sie glaubte, eine zündende Replik gelandet zu haben, aber danach herrschte kurz Stille, bis Sybil sagte: »Dylan Thomas in einem Nachtclub? Hochinteressant!«

»Genau der war's«, bekräftigte Rupert.

»Früher traf man Dichter überall«, sagte die Duchy. »Erst neuerdings verschwinden sie offenbar alle unter der Erde. In meiner Jugend waren sie durchaus gern gesehene Gäste. Man traf sie beim Lunch und zu völlig normalen Anlässen.«

»Meine liebe Duchy, der Gargoyle Club liegt im dritten Stock.«

»Tatsächlich? Ich dachte, alle Nachtclubs wären unterirdisch, ich weiß nicht, warum. Ich habe nie einen besucht.«

»Und jetzt ist es zu spät«, sagte William.

»Viel zu spät«, erwiderte sie ungerührt und läutete, damit Eileen die Teller abräumte.

Edward stieg noch in ihrem Ansehen, als er sagte: »Wozu Lyrik gut sein soll, ist mir immer ein Rätsel geblieben. Ich habe keinen blassen Schimmer, worauf die alle hinauswollen.«

»Aber mein Schatz, du liest nie irgendetwas«, sagte Villy. »Also tu nicht so, als würdest du nur Lyrik nicht lesen.«

Während Edward gutmütig meinte, eine Intellektuelle in der Familie genüge, musterte Zoë seine Frau. Irgendwie passte Villy nicht zu ihm. Sie war … man konnte sie nicht als unattraktiv bezeichnen, aber sie hatte nichts Glamouröses an sich. Ihre knochige Nase war zu groß, und auch ihr Gesicht wirkte knochig. Allerdings hatte sie kräftige Augenbrauen, die sehr dunkel waren und nicht grau wie ihr Haar, und eine knabenhafte Figur, die trotzdem nicht reizvoll wirkte. Ihre braunen Augen waren ganz schön, aber die Lippen viel zu dünn. Insgesamt überraschte es sie, dass Edwards Wahl auf eine solche Frau gefallen war. Natürlich verstand sie sich auf viele Sachen, und zwar richtig gut – nicht nur Reiten und Tennis, sie spielte auch Klavier und irgendein Blasinstrument, sie las französische Bücher, klöppelte echte Spitze für Kissen, band Bücher in weiches, geschmeidiges Leder und webte Tischuntersetzer, die sie dann bestickte. Es gab nichts, was sie nicht konnte, und keinen Grund, weshalb sie auch nur eines davon tun sollte – Edward besaß viel mehr Geld als Rupert. Außerdem stammte sie, wie Zoës Mutter (und folglich Zoë) es bezeichnete, aus einer angesehenen Familie, obwohl Zoë derlei Bemerkungen nicht mehr laut äußerte. Villys Vater war ein Baron gewesen, in ihrem Salon stand ein Foto von ihm im Silberrahmen. Er sah ziemlich altmodisch aus mit seinem gewaltigen herabhängenden Schnauzbart, dem Stehkragen mit enger Krawatte und den großen, melancholischen Augen. Er war Komponist gewesen, und zwar ein ziemlich bekannter – sie wünschte, Rupert würde auch bekannt werden. Mit Porträtmalerei konnte man viel verdienen, wenn man die richtigen Menschen malte. Lady Rydal allerdings war ein richtiger alter Drachen. Zoë hatte sie nur kurz kennengelernt, bald nach der Hochzeit. Das war hier in diesem Haus gewesen. Die Duchy hatte sie zu Besuch eingeladen, weil alle Sir Hubert ins Herz geschlossen hatten und seine Frau ihnen nach seinem Tod leidtat. Lady Rydal hatte keinen Zweifel daran gelassen, dass sie lackierte Nägel missbilligte, ebenso wie Shorts bei Mädchen, Kino und Alkohol für Frauen – eine richtige Spielverderberin.

»Und was denkst du, schweigsame Zoë?«

»Rupert sagt, ich könnte gar nicht richtig denken«, antwortete sie. Sie war dem Gespräch nicht gefolgt und wusste noch nicht einmal ansatzweise, worüber sie sich unterhielten.

»Liebling, das habe ich nie gesagt. Ich habe gesagt, dass du dich auf deine Intuition verlässt.«

»Frauen sind durchaus in der Lage zu denken«, sagte die Duchy. »Sie denken nur über andere Dinge nach.«

»Ich weiß wirklich nicht, weshalb Zoë sich Gedanken über Mussolini machen sollte«, antwortete Edward.

»Natürlich nicht! Je weniger Gedanken sie auf ihn verschwendet, desto besser! Zerbrich dir bloß nicht dein hübsches kleines Köpfchen über den welschen Diktator«, meinte der Brig freundlich an seine Schwiegertochter gewandt. »Obwohl ich zugeben muss, er hat gute Arbeit geleistet, als er die ganzen Eukalyptus gepflanzt und die Sümpfe trockengelegt hat. Das muss ich ihm lassen.«

»Mein lieber Brig! Du sprichst, als hätte er sie eigenhändig gepflanzt.« Rachel verzog amüsiert das Gesicht. »Das stelle man sich mal vor! Jeder Knopf seiner Uniform bis zum Äußersten angespannt bei jedem Bücken …«

Sybil hatte bis jetzt mit freundlichem Interesse der außerordentlich langen Erzählung des Brig über seinen zweiten Besuch in Birma zugehört. Jetzt sagte sie: »Aber er hat doch auch ein paar gute Straßen gebaut, oder nicht? Ich meine, bauen lassen?«

»Und ob«, pflichtete Edward ihr bei. »Er hat Arbeitsplätze geschaffen und dafür gesorgt, dass die Leute anpacken. Und bei Gott, ich wette, dass sie dort schwerer schuften als hier! Manchmal kommt es mir vor, als könnte dieses Land auch einen Diktator gebrauchen. Schaut euch doch Deutschland an! Schaut euch Hitler an! Was hat der nicht alles für sein Volk getan!«

Hugh war entsetzt. »Wir wollen keinen Diktator, Ed! Das kann doch nicht dein Ernst sein!«

»Natürlich wollen wir den nicht! Was wir brauchen, ist eine anständige sozialistische Regierung. Jemand, der die Arbeiterklasse versteht. Mit der richtigen Motivation würden sie auch schwer schuften.« Herausfordernd sah sich Rupert um und betrachtete seine Tory-Familie. »Ihr hier wollt nichts anderes, als den Status quo zu erhalten.«

Das Schokoladensoufflé wurde aufgetragen und lenkte alle von diesem sattsam bekannten Konflikt ab, obwohl Zoë Edward murmeln hörte, seiner Ansicht nach sei am Status quo absolut nichts auszusetzen.

Nach dem Soufflé meinten Sybil und Villy, sie würden die Kinder endgültig ins Bett stecken. Zoë blieb sitzen, die anderen sollten nicht merken, wie wenig Clary sie mochte. Rachel bemerkte das und sagte, sie werde ihre Zigaretten holen. Die Duchy schlug vor, die Männer ihrem Käse und dem Portwein zu überlassen.

Louise und Polly badeten gemeinsam und ließen danach, wie aufgetragen, das Wasser für Clary in der Wanne. Die kam zwar nicht, aber sie sahen keinen Grund, nach ihr zu suchen. Sie bürsteten sich das Haar und flochten Louise einen Zopf, was sich etwas schwierig gestaltete, weil es eigentlich noch zu kurz dafür war. Louise hatte beschlossen, es wachsen zu lassen, damit sie später, als Schauspielerin, nicht immer eine Perücke tragen musste. »Aber wenn du jemand sehr Alten spielst, musst du doch eine weiße tragen«, meinte Polly, aber Louise erwiderte, die einzige alte Person, die sie darstellen wolle – und es heiße »darstellen« und nicht »spielen« –, sei Lear, und es gehe am Theater noch sehr ungerecht zu, weil Frauen die wirklich guten Shakespeare-Rollen nicht bekamen.

»Wahrscheinlich werde ich mit Hamlet anfangen müssen«, sagte sie.

»Ich verstehe nicht, warum du nicht einfach Rosalind sein kannst – oder Viola. Die tragen beide Männerkleidung.«

»Aber darunter sind sie Frauen. Darum geht es doch. Den Haargummi wickle ich mir selber rum, wenn andere das machen, ziept es immer.« Nach einer kurzen Pause sagte sie: »Weißt du, Polly, du solltest dir wirklich überlegen, was du machen willst allmählich bist du ein bisschen zu alt, um es nicht zu wissen.«

»Ich weiß. Ich glaube, ich würde ganz gerne heiraten«, sagte sie nach ein paar Minuten.

»Das ist schwach! Alle Leute heiraten. Das ist total langweilig.«

»Ich wusste, dass du das sagen würdest.« Gleich würde Louise ihr wieder furchtbare Vorschläge unterbreiten. Pollys Ansicht nach müssten ihr doch allmählich die Ideen ausgehen, aber ihr fiel immer wieder etwas Neues ein.

»Fischhändlerin? Dann könntest du eine lange Schürze und einen hübschen kleinen Strohhut tragen.«

»Das fände ich entsetzlich. Es ist eklig, wenn aus einem Fisch das Blut rauskommt.«

»Du würdest sie aber hübsch auf dem Marmor anrichten.«

»Schon, aber nicht, wenn es Fische sind.«

»Du darfst nicht so zimperlich sein, Polly! Wenn du zimperlich bist, wirst du nie einen Beruf finden. Ich werde Leute erstechen und erwürgen müssen und ohnmächtig Treppen hinunterfallen.«

»Wenn du dich weiter so benimmst, dann lese ich.«

»Also schön, dann höre ich auf. Lass uns doch Teddy und Simon suchen und mit ihnen Monopoly spielen.«

Aber Teddy und Simon, die im Unterrichtsraum saßen, waren in ein Spiel vertieft, das dem Anschein nach noch ewig dauern würde.

»Das nächste spielen wir mit euch«, sagte einer von ihnen, aber das war ein müßiges Versprechen, denn höchstwahrscheinlich würden sie lange vor dem Ende dieses Spiels ins Bett geschickt werden.

»Wenn ihr den Mund haltet, könnt ihr hierbleiben«, sagte der andere, also kehrten sie natürlich mitsamt ihrem Essenstablett in ihr Zimmer zurück. Louise wollte die Tür mit einem Knall ins Schloss werfen und verschüttete einen Großteil ihrer Milch.

»Wenn nur Pompey hier wäre! Er liebt verschüttete Milch, viel mehr als aus der Untertasse.« Mit einem Waschlappen wischten sie alles auf, und Polly bot ihr an, das Glas nachfüllen zu lassen.

»Bitte sag, dass ich sie in einem Becher möchte. Ich mag keine Milch im Glas, da sieht sie so wässrig aus.«

Nach dem Abendessen gingen sie ins Bett, und Polly holte ihr

Strickzeug hervor, ein dicker, sehr zartrosa Pullover, an dem sie seit den Weihnachtsferien arbeitete. Louise vertiefte sich in *Die weite, weite Welt* und zog schon bald ständig die Nase hoch und trocknete sich die Augen an der Zudecke. »Offenbar ist alles, was mit Gott zu tun hat, furchtbar traurig«, sagte sie. Polly hörte auf zu stricken, immerhin hatte sie fast zwei Zentimeter geschafft, und las in ihrem Buch mit Feengeschichten. Es machte keinen Spaß, nicht zu lesen, wenn der andere las. Sie schaltete das Licht an, und Motten flogen herein, kleine flattrige und große, dicke, die dumpf gegen den Lampenschirm prallten.

Als Villy und Sybil hereinkamen, fragten sie sofort, wo Clary sei.

»Weiß nicht«, sagte Polly.

»Die haben wir schlicht vergessen«, ergänzte Louise, aber beide wussten, dass es Ärger geben würde. Nach einigen Fragen zogen die Mütter los, um nach ihr zu suchen. Dann kam Tante Rachel und wollte dasselbe wissen.

»Das wissen wir nicht, Tante Rach, ehrlich nicht. Sie ist zum Abendessen nicht ins Unterrichtszimmer gekommen. Wir haben auch das Badewasser für sie in der Wanne gelassen.« Louise versuchte, es freundlich klingen zu lassen, was aber misslang, weil es eben nicht nett war. Tante Rachel ging sofort wieder, und sie hörten, wie sie mit ihren Müttern sprach. Sie sahen sich an.

»Unsere Schuld ist es nicht.«

»Doch, ist es schon«, widersprach Polly. »Wir wollten nicht, dass sie nach dem Tee mit uns mitkommt.«

»Mist! Das Problem ist, wenn sie da ist, habe ich immer so ein blödes Gefühl, und deswegen mag ich sie nicht. Nicht besonders.«

Nach einer Pause meinte Polly: »Das blöde Gefühl macht man sich selber – das kommt daher, wie wir zu ihr sind. Wir sollten …« Aber in dem Moment kam Tante Villy herein, und sie verstummte.

»Jetzt hört mal, ihr beiden. Ihr dürft euch nicht gegen Clary verbünden. Wie würde es euch gefallen, wenn sie und eine von euch das mit der anderen täten?«

»Wir haben uns nicht gegen sie verbündet, ehrlich nicht«, begann Louise, aber Polly sagte: »Wir tun's nicht mehr, versprochen.«

Aber Tante Villy ging gar nicht darauf ein. »Louise, ich gebe vor allem dir die Schuld, weil du die Älteste bist.« Dabei schlug sie Clarys Bett auf und öffnete ihren etwas ramponierten Koffer. »Ihr hättet ihr wenigstens beim Auspacken helfen können.«

»Polly ist genauso alt wie Clary, und ihr habe ich auch nicht beim Auspacken geholfen.«

In dem Moment kam Tante Sybil herein. »Sie ist nirgends zu finden«, sagte sie. »Rachel fragt gerade in der Küche nach ihr, aber ich glaube, wir sollten Rupert holen.«

»Tante Syb, sollen wir nach ihr suchen?«

Villy kam ihrer Schwägerin mit einer Antwort zuvor. »Nichts da! Ihr werdet hübsch ihren Koffer auspacken, und eine von euch kann aus dem Unterrichtszimmer ihr Essen holen. Ich bin sehr enttäuscht von dir, Louise.«

»Es tut mir leid, es tut mir wirklich leid.« Louise sauste zum Koffer und machte sich daran, Clarys Kleidung herauszunehmen.

Polly stand auf, um das Tablett zu holen. Sie spürte, dass ihre Mutter nicht so böse auf sie war wie Tante Villy auf Louise, die mittlerweile wirklich unglücklich war, das wusste sie. Dann wurde ihr klar, dass ihre Mutter das auch bemerkte. Kurz begegneten sich ihre Blicke. »Hast du eine Ahnung, wo sie sein könnte?«, fragte Sybil.

Polly dachte angestrengt nach, aber sie war ja nicht Clary, also woher sollte sie das wissen? Sie schüttelte den Kopf. Die Mütter gingen, und Louise weinte.

Zu guter Letzt, nachdem sie Rupert informiert und die Onkel sich an der Suche beteiligt hatten und selbst Zoë rund um den Tennisplatz nach ihr gerufen hatte und man in den Stallungen und im Cottage des Gärtners, in den Gewächshäusern und sogar im Wald gewesen war, fand Rachel sie schließlich. Sie wollte nur kurz aus ihrem Zimmer einen Mantel holen, um bei der Suche mitzuhelfen, und da lag Clary schlafend bei ihr auf dem Boden. Sie hatte sich aus Sesselpolstern ein kleines Bett gebaut und mit Rachels Mantel zugedeckt. Sie schlief tief und fest, neben ihr standen ihre Strandschuhe. Auf Rachels Kissen lag ein Zettel. »Liebe Tante Rach, ich würde lieber bei dir im Zimmer schlafen. Ich hoffe, das stört dich nicht. Ich habe mich nur nicht ausgezogen, um nicht zu frieren. Liebe Grüße von Clary.« Rupert sagte, er werde sie wecken, mit ihr reden und sie dann in ihr Zimmer bringen, aber Rachel meinte, es sei viel besser, sie zu lassen, wo sie war, und holte eine Decke und ein richtiges Kissen für sie.

So wurde an dem ersten Abend erst sehr spät Kaffee getrunken, und dann spielten die Duchy und Villy ein paar Duette, was Zoë schrecklich langweilig fand, weil man dabei nicht reden durfte. Sybil ging als Erste zu Bett, und Hugh sagte, er werde sie begleiten.

»Was sollte das jetzt alles?«, fragte er. »Was meinst du?«

»Na ja, Louise und Polly sind gut befreundet, sie sehen sich in London praktisch jeden Tag. Wahrscheinlich fühlt Clary sich etwas ausgeschlossen.«

»Komm, lass mich das machen.« Er nahm die Haarnadeln aus ihrer Frisur und legte sie einzeln in ihre offene Hand. »Dafür bist du doch zu müde«, sagte er vorwurfsvoll und so zärtlich, dass ihr Tränen in die Augen traten.

»Zu müde, um die Arme über den Kopf zu heben. Danke, mein Liebling.«

»Ich ziehe dich aus.«

Sie stand auf, und er streifte ihr das Kleid über den Kopf.

»Villy hat es mit Louise etwas übertrieben. Das tut sie immer.«

»Das geht uns aber nichts an.« Er löste die Haken ihres Büstenhalters und schob die Träger über ihre Schultern und Arme. Sie trat aus ihrem Schlüpfer, streifte die Sandalen ab und stand nackt, grotesk und wunderschön vor ihm. »Wo ist dein Nachthemd?«

»Ich glaube, auf dem Bett. Mein Liebling. Mittlerweile musst du es doch satthaben, wie ich aussehe.«

»Ich staune jedes Mal wieder aufs Neue. Und ich empfinde es als Privileg, dich so zu sehen«, fügte er weniger dramatisch hinzu. »Geh ins Bett.«

»Es kann für Rupert nicht leicht sein.«

»Mach dir keine Sorgen um ihn.«

Stöhnend legte sie sich ins Bett.

»Ich wünschte, du müsstest am Montag nicht zurückfahren.«

»Wenn du möchtest, kann ich sicher mit Edward tauschen.«

»Nein, nein. Ich möchte dich lieber nach der Geburt in London bei mir haben.«

Er zog die Vorhänge auf. Zwar weckte ihn das Morgenlicht, aber er wusste – oder glaubte zu wissen –, dass sie das lieber mochte.

»Du brauchst sie nicht zu öffnen, es macht mir wirklich nichts aus.«

»Ich mag es, wenn sie offen sind«, log er. »Das weißt du doch.«

»Natürlich.« Unsinnig, sich zu wünschen, die Vorhänge wären geschlossen, da sie doch wusste, dass er die frische Luft mochte. Auch wenn das Licht sie morgens weckte, war das ein kleines Opfer für jemanden, den sie so sehr liebte.

~

»… und ich glaube wirklich, wenn Zoë sich als Stiefmutter nur ein kleines bisschen Mühe geben würde, wäre die arme Clary viel umgänglicher.«

»Na ja, weißt du, sie ist unglaublich jung. Wahrscheinlich fühlt sie sich von der Riesenfamilie überfordert. Ich mag sie«, fügte er hinzu.

»Das weiß ich.« Villy schraubte gerade ihre Ohrringe ab und legte sie in ihr ramponiertes Kästchen zurück.

»Na, es ist doch gut, dass jemand sie mag – neben Rupert, natürlich.«

»Ich glaube, das hat nichts mit mögen zu tun. Er ist verrückt nach ihr, aber das ist etwas völlig anderes.«

»Ich fürchte, das ist mir zu hoch.« Er sprach undeutlich, weil er sein Gebiss zum Putzen herausgenommen hatte.

»Du weißt genau, was ich meine, mein Schatz. Sie hat einfach diese ganz bestimmte Art von Reiz.« Villys scherzhafter Tonfall konnte ihre Abscheu nicht ganz verhehlen.

Edward war sich sehr wohl bewusst, welche Art von Reiz Zoë besaß, doch ahnte er auch, dass er damit gefährliches Terrain betreten könnte, also lenkte er das Gespräch auf Teddy und hörte freundlich zu, als Villy ihm erzählte, dass sie sich wegen seiner Augen Sorgen mache, ihn fragte, ob er nicht doch zu jung sei, um schon die vorbereitende Schule zu verlassen, und dass er im vergangenen Trimester so unglaublich in die Höhe geschossen sei. Sie redete unaufhörlich weiter, auch als sie bereits im Bett lagen und er wollte, dass sie endlich schwieg.

»Erster Urlaubsabend«, sagte er, gab ihr einen Kuss und tastete mit einer Hand nach ihren kurzen, weichen Löckchen im Nacken.

Einen Moment entwand Villy sich ihm, doch nur, um das Licht auszuschalten.

~

»… ich gebe wirklich mein Bestes, aber sie mag mich einfach nicht!«

»Ich glaube, sie hat das Gefühl, dass du sie nicht magst.«

»Außerdem ist es Ellens Aufgabe, zu wissen, wo sie ist. Ich meine, sie kann doch nicht nur für Neville zuständig sein. Sie ist doch das Kindermädchen, oder nicht?«

»Clary ist zwölf, da ist sie ein bisschen zu alt für ein Kindermädchen. Trotzdem, ich gebe dir recht, sie hätte dafür sorgen sollen, dass Clary schlafen geht.«

Darauf erwiderte Zoë nichts. Jetzt, da sie die Schuld etwas von sich abgewälzt hatte, brauchte sie folglich ein weniger schlechtes Gewissen zu haben – und konnte sich nachgiebiger zeigen.

Rupert putzte sich die Zähne und spuckte in den Schmutzwassereimer. »Morgen rede ich mal mit Ellen«, sagte er. »Und mit Clary natürlich auch.«

»Sehr gut, mein Schatz.« Das klang aufreizend nach einem Zugeständnis (an was?). Ich will keinen Streit, ermahnte er sich wieder. Mit einem kurzen Blick stellte er fest, wie weit sie mit der schier endlosen Prozedur der Gesichtsreinigung gediehen war. Sie war beim durchsichtigen Zeug aus der Flasche angekommen, gleich würde sie fertig sein. Sie fing seinen Blick im Kommodenspiegel auf und setzte zu dem ihr eigenen trägen, vertraulichen Lächeln an. Er sah, wie das betörende Grübchen unter ihrem rechten Wangenknochen erschien, und ging zu ihr hinüber, um ihr den Kimono von den Schultern zu streifen. Ihre Haut war kühl wie Alabaster, schimmerte wie Perlen und hatte das cremige Weiß einer Rose. Diese Dinge dachte er, sagte sie aber nicht. Seine größte Verehrung musste er für sich behalten. Ein Teil von ihm wusste, dass sein Bild von ihr und sie selbst nicht immer übereinstimmten, und nur durch seine Verschwiegenheit konnte er das Bild bewahren.

»Höchste Zeit, dass ich dich zu Bett bringe«, sagte er.

»Gut, mein Schatz.«

Nachdem er mit ihr geschlafen und sie sich mit einem zufriedenen Seufzen auf die Seite gedreht hatte, sagte sie: »Ich werde mir mit Clary mehr Mühe geben, das verspreche ich dir.«

Unwillkürlich erinnerte er sich an das letzte Mal, als sie das gesagt hatte, und er antwortete genau wie damals: »Das weiß ich.«

~

> Mein Liebling, ich frage mich, ob du je verstehen wirst, wie sehr du mir das bist? Ich weiß nicht, wie lang dieser Brief wird, denn ich sitze im Aufenthaltsraum, und wie du weißt, kommt jeder, der sich von einem Unterrichtseinsatz erholt, für eine Zigarette und eine Tasse Kaffee und leider auch für ein Schwätzchen herein. So werde ich unterbrochen, und in zwölf Minuten dräut Jenkins junior, um ein vollkommen harmloses Stückchen von Bach zu massakrieren. Der vergangene Mittwoch war wunderschön, fandest du nicht? Manchmal glaube ich – oder vielleicht muss ich das glau-

ben –, dass wir aus der kostbaren Zeit, die wir miteinander verbringen, mehr herausholen als Menschen, die nicht unsere Schwierigkeiten haben, die sich treffen und offen ihre Zuneigung zeigen können, wann immer es ihnen beliebt. Aber ach! Wie sehr du mir fehlst! Du bist das außergewöhnlichste, erstaunlichste Wesen – ein in jeder nur erdenklichen Hinsicht weit besserer Mensch als ich. Gelegentlich wünschte ich, du wärst nicht so durch und durch gut – so selbstlos, so großzügig, so unermüdlich in deiner Aufmerksamkeit und Güte allen Menschen gegenüber. Ich bin habgierig, ich möchte dich ganz für mich allein. Mach dir keine Sorgen, ich weiß, dass das nicht möglich ist, ich werde mein unsägliches Verhalten an unserem Abend bei den Proms nicht wiederholen. Nie wieder werde ich Elgar hören können, ohne Scham zu empfinden. Ich weiß, dass du recht hast. Meine Schwester ist in vielerlei Dingen auf mich angewiesen – die verflixten Finanzen, wie du es nennst –, und du hast deine Eltern, die sich mittlerweile beide auf dich verlassen. Aber manchmal träume ich, wir wären beide frei, um allein zusammen zu sein. Du bist alles, was ich will. Ich würde mit dir in einem Wigwam leben oder in einem Hotel am Meer – die Art, wo Papiernelken auf den Tischen stehen und vor den Gästen kleine Weinflaschen mit ihrem eigenen Namen auf dem Etikett. Oder in einem bezaubernden Fachwerkhäuschen an der Great Western Road mit einer rosa blühenden Kirsche und einem Goldregen und einem Gartenpfad mit Mosaikpflaster – jeder Ort, geliebte Rachel, bekäme durch dich seinen Zauber. Gäbe es das Wörtchen »wenn« nicht … Ich dachte, vielleicht könnte ich –

Ach, Jenkins junior! Schuppen regneten auf seine Geige herab, aus der die entsetzlichsten Geräusche drangen – wie ein kleines, in einer Falle gefangenes Tier. Ich klinge grausam, aber er hat mich angelogen, was sein Üben betrifft – er hat nichts Gewinnendes an sich. Was ich hatte sagen wollen – wenn ich Anfang nächster Woche anriefe, würde die liebe Duchy mich vielleicht zum Dinner und für die Nacht einladen? Oder wenn nicht, dann zum Lunch? Oder – womöglich das kühnste Ansinnen – du könntest mich am Bahnhof abholen, und wir könnten in Battle irgendwo zu Mittag essen und anschließend spazieren gehen? Dies sind nur wilde Vorschläge. Wenn ich anrufe, brauchst du nur zu sagen, dass es nicht möglich ist, und alles ist vergessen. Allein, deine Stimme zu hören, wird wundervoll sein. Schreib mir, geliebtes Herz, schreib mir, ich bitte …

»Tante Rach?«

Sofort faltete sie den Brief zusammen und legte ihn außer Sichtweite. »Ja, mein Küken, ich bin hier.«

»Ist es in Ordnung? Du bist mir nicht böse?«

Rachel stand auf und kniete sich neben ihre Nichte auf den Boden. »Ich fühle mich geehrt, dass du mich ausgewählt hast.« Sie strich ihr den Pony aus der Stirn. »Und morgen unterhalten wir uns weiter, ja? Jetzt schlaf. Ist dir auch schön warm?«

Clary blickte sie überrascht an. »Das weiß ich nicht. Wie fühle ich mich an?«

»Schön warm.« Rachel gab ihr einen Kuss.

»Wenn ich wirklich Tollwut hätte, könntest du mich nicht küssen, weil ich dich beißen würde, oder?«

»Wo hast du das bloß gelesen?«

»Nirgendwo. Das hat mir jemand in der Schule erzählt. Ein schreckliches Mädchen aus Südamerika. Du würdest sie nicht mögen, so schrecklich ist sie.«

»Gute Nacht, Clary.«

»Schläfst du jetzt auch?«

»Ja.«

Und so musste sie den Brief wegstecken und das Licht löschen.

Am Samstag ritt Villy mit ihrem Schwiegervater aus, Edward und Hugh spielten mit Simon und Teddy Tennis, Rupert fuhr mit Zoë zum Lunch nach Rye, und Polly und Louise bekamen abwechselnd Reitunterricht auf Joey, der von Wren eingefangen und dazu verdammt wurde, eine Stunde lang sinnlos um dieselbe Wiese zu traben und zu kantern, wofür er sich beim Satteln rächte. Er blähte seinen vom vielen Gras feisten Bauch derart auf, dass der Gurt kaum darumpasste, und ließ die Luft dann entweichen, sodass der Sattel zur Seite rutschte und Polly unsanft auf dem Boden landete. Bei Louise gelang es ihm lediglich, so heftig mit dem Schwanz auszuschlagen, dass er sie beim Aufsitzen in den Augen traf.

Clary zeigte Lydia die Schmetterlinge, und dann fanden sie einen Sandhaufen, den die Handwerker zurückgelassen hatten, und Clary kam eine Idee. »Eine Idee, die lange braucht«, sagte sie streng, weil Neville mitspielen und sie ihn abwimmeln wollte. Doch das verfehlte seine Wirkung. »Ich will bei der Idee dabei sein«, sagte er, also ließ sie ihn mitmachen. Unter Clarys Anleitung begannen sie, fast den ganzen Sand an einen geheimen Ort hinter dem Gartenschuppen zu bringen.

Rachel pflückte wieder Himbeeren sowie schwarze und rote Johannisbeeren, damit Mrs. Cripps rote Grütze machen konnte, tippte für das Buch ihres Vaters Auszüge aus den Tagebüchern von John Evelyn ab und setzte sich schließlich zu Sybil unter die Araukarie, um endlose Meter Gardinenband auf dunkelgrünen Chintz zu heften, damit die Duchy nach dem Lunch die Vorhänge nähen konnte.

Die Duchy hielt ihre übliche Vormittagsbesprechung mit Mrs. Cripps ab. Die Überreste des Lachses wurden begutachtet – sie ließen sich nicht genügend strecken, um noch einmal kalt mit Salat serviert zu werden, also sollten sie zum Dinner in Kroketten verwandelt werden, gefolgt von einer Charlotte Russe (das war ein Kompromiss; Mrs. Cripps machte ungern Kroketten, die Duchy fand Charlotte Russe am Abend eigentlich zu schwer). Zum

Lunch am Sonntag würde es den Lammbraten und die Grütze geben. Nachdem das geklärt war, konnte die Duchy den restlichen Vormittag in ihrem Garten verbringen, Verblühtes abschneiden und die vier Buchsbaum-Pyramiden stutzen, die am Ende der Blumenrabatten die Sonnenuhr bewachten. Billy blieb es überlassen, das abgeschnittene Grün zusammenzufegen und wegzuschaffen.

Mittags war allen zu heiß, um mit ihren Aktivitäten fortzufahren. Die Väter befanden, ausreichend an Teddys Aufschlag und Simons Rückhand gearbeitet zu haben, und den Jungen knurrte der Magen. Da es Lunch aber erst in einer Stunde geben würde, fielen sie wie gewohnt über die Keksdosen her, die in den Schlafzimmern ihrer Eltern standen. An diesem Tag war das kein Problem. Sie wussten, dass Onkel Rupert nicht da war, stibitzten den gesamten Vorrat aus seinem Zimmer und verdrückten ihn in der unteren Toilette.

Nach dem Ausritt musste sich Villy von William durch die neuen Gebäude führen lassen. Sie wäre gern aus ihrer Reitkleidung gekommen, ihr Schwiegervater aber schien die Hitze trotz seines Flanellhemds, der zitronengelben Gabardineweste und des Tweedjacketts nicht zu bemerken und erläuterte ihr eine gute Stunde lang nicht nur, was gemacht worden war, sondern auch die alternativen Pläne, die er verworfen hatte.

Louise und Polly wurden von Wren sich selbst überlassen, der sagte, er müsse sich um die anderen Pferde kümmern. So drehte jede von ihnen noch eine Runde auf Joey, der heftig schwitzte und zunehmend die Lust verlor, dem Willen anderer zu folgen. Immer wieder verfiel er in einen Zottelgang und blieb stehen, um ein Maul voll Gras zu fressen. »Er riecht so gut, aber besonders anhänglich ist er nicht«, sagte Polly, als sie absaß. »Magst du noch mal?«

Louise schüttelte den Kopf. »Hätten wir nur ein zweites Pony, dann könnten wir richtig ausreiten. Hältst du ihn, während ich absattle?« Polly, der Reiten insgeheim viel weniger Spaß machte als Louise, stimmte zu und dachte sich, dass sie jetzt den Rest des Tages viel schönere Sachen unternehmen konnten. Sie streichelte Joeys zarte Nüstern, aber er stupste sie ungeduldig – ihm stand der Sinn nicht nach Liebkosungen, sondern nach Zuckerstückchen. Louise wuchtete den Sattel von seinem Rücken, löste das Zaumzeug und streifte es über seinen Kopf. Einen Moment blieb er stehen, dann warf er den Kopf theatralisch in den Nacken und trabte ein paar Schritte außer Reichweite. »Ich glaube, er mag uns nicht besonders«, sagte Louise. Nach ihrem Dafürhalten verstand sie sich großartig auf den Umgang mit Tieren, aber Joey schien da eindeutig anderer Meinung zu sein.

»Er mag dich mehr als mich«, sagte Polly loyal. Auch wenn sie nie darüber gesprochen hatten, wusste sie, was in Louise vorging. Sie schlugen den Feldweg von der Wiese zu den Stallungen ein und wechselten sich mit dem Tragen des Sattels ab.

Clary verbrachte einen schönen Vormittag. Sie hatten den ganzen Sand in einen alten Frühbeetkasten im Küchengarten gehäuft. Der Glasdeckel war längst zerbrochen, aber das Untergestell gab einen perfekten Rahmen für ihre Idee ab. Als Erstes musste der Sand absolut glatt gestrichen werden. Anfangs versuchten sie es mit den bloßen Füßen, aber dann ging es mit den Händen doch viel besser. Dabei war Clary die Geschickteste, und um sich der Arbeit in Ruhe widmen zu können, beauftragte sie die beiden anderen, ein paar Dinge zu beschaffen.

»Was für Sachen denn?« Neville wurde allmählich quengelig. »Was machen wir denn überhaupt? Warum holen wir kein Wasser und machen Schlamm daraus?«, beschwerte er sich.

»Halt den Mund. Wenn du nicht mit uns spielen magst, kannst du ja gehen. Oder du tust, was Clary sagt. Sie ist die Älteste.«

»Ich will nicht weggehen. Ich will ja mitspielen. Aber ich will wissen, was wir hier machen. Ich will meine Zeit doch nicht verplempern«, fügte er etwas großspurig hinzu.

»Deine Zeit!«, sagte Lydia verächtlich und suchte nach dem Geringsten, was sie kannte. »Die ist keine hundert oder tausend wert!«

»Was wir machen, ist ein Garten«, erklärte Clary. »Wir brauchen Hecken, und Kies für die Wege und – ja – einen See! Einer von euch kann den Kies sammeln, nur den allerfeinsten. Neville, das ist deine Aufgabe. Hol dir dafür aus dem Gewächshaus eine Saatkiste.«

»Und was soll ich machen?«

»Ich möchte, dass du den Sand bewachst. Und Moos von der Mauer da drüben abkratzt«, fügte sie hinzu, als sie Lydias enttäuschte Miene bemerkte.

»Wohin gehst du?«

»Ich bin gleich wieder da.«

Auf dem Rückweg von ihrem erfolgreichen und unbemerkten Raubzug durchs Haus – Zoës Nagelschere aus ihrem Necessaire und den kleinen runden Spiegel aus der Dienstbotentoilette – stieß Clary auf einen Korb voller Heckenschnitt (Billy war zum Essen gerufen worden). Schier unendliche Möglichkeiten wirbelten ihr durch den Kopf: Jetzt, wo sie die Schere hatte, könnte sie Gras pflanzen und so kurz schneiden, dass es wie ein Rasen aussah, und der Buchsbaum könnte als winzige Hecke die Kieswege säumen – oder in den Blumenbeeten ein Muster bilden. Es gab unzählige Dinge, die sie machen konnte, um den schönsten Garten der Welt anzulegen. Ausnahmsweise freute sie sich, dass Polly und Louise nicht dabei waren. Die beiden würden nur eigene Vorschläge einbringen, aber sie, Clary, wollte, dass alles genau so würde, wie sie es sich vorstellte.

Als sie zurückkam, sammelte Lydia nicht mehr Moos, sondern pflückte stattdessen Gänseblümchen, die sie wahllos in den Sand steckte. »Ich pflanze die Blumen für dich«, sagte sie. An einem Ende der Sandfläche ließ Clary sie gewähren. Lydia war klein, man konnte nicht zu viel von ihr erwarten, aber Clary wusste auch, dass man es nicht mochte, ständig daran erinnert zu werden, wie klein man war.

Gerade als Neville mit praktisch keinem Kies, aber dafür Unmengen anderer Dinge zurückkam, die keinerlei Nutzen hatten, hörten sie Ellen rufen, sie sollten zum Mittagessen ins Haus kommen und sich die Hände waschen.

»Das hier ist streng geheim«, warnte Clary. »Ihr dürft kein Wort verraten. Sagt, dass wir im Obstgarten gespielt haben. Nach dem Essen kommen wir wieder und machen dann alles richtig schön.«

»Wir müssen nach dem Essen schlafen«, erinnerte Neville sie. »Eine ganze blöde Stunde.«

»Das ist nicht gerecht!«

»Das musste ich früher auch«, sagte Clary rasch, bevor Lydia sich weiter hineinsteigern konnte. »Wenn du zwölf bist, brauchst du das auch nicht mehr.«

»Und was, wenn ich nie zwölf werde?« Zwölf erschien ihr höchst unwahrscheinlich.

»Ich werde es früher als du«, sagte Neville. »Es wird einen Sommer geben, da bist du die Einzige, die nach dem Lunch schlafen muss.«

»Jetzt streitet euch nicht. Wenn ihr verheult ins Haus kommt, fragen sie uns, was wir gemacht haben.«

Also setzten die drei eine nichtssagende Verschwörermiene auf und gingen zum Haus.

Um ein Uhr läutete Eileen den Gong zum Lunch.

»Du meine Güte! Ich habe die Tasche vergessen!« Rachel sprang auf, spürte das vertraute Stechen im Rücken, das offenbar bei jeder unbedachten Bewegung auftrat, und ging schnell ins Haus. »Lass die Vorhänge liegen«, rief sie Sybil zu für den Fall, dass die sich abmühen wollte, die Stoffberge zusammenzufalten und ins Haus zu tragen. Die Tasche, ein kleiner Leinenbeutel mit den Initialen R.C. in blauem Kettenstich, lag im Salon in einer Schublade des Kartentischs. Zu Schulzeiten hatte Rachel darin ihre Haarbürste und ihren Kamm aufbewahrt, jetzt aber enthielt sie acht Quadrate aus Karton, von denen sechs leer und zwei mit EZ beschriftet waren. Wenn die Kinder vom Händewaschen zum Lunch herunterkamen, musste jedes ein Kärtchen ziehen. Der Hintergedanke dieses von der Duchy angeregten Rituals war, dass jeweils zwei Kinder den Lunch im Esszimmer einnehmen sollten, um zu lernen, sich bei Mahlzeiten in der Gesellschaft Erwachsener zu benehmen. Diese Auswahlmethode hatte sich bewährt, um Streitereien und die ewigen Anschuldigungen wegen ungerechter Behandlung zu vermeiden. An diesem Tag zog Simon eines der beschrifteten Kärtchen, dann Clary.

»Ich will sie nicht«, sagte sie, legte sie blitzschnell zurück und nahm eine andere. »Weißt du, mein Vater ist unterwegs«, erklärte sie rasch. In Wirklichkeit befürchtete sie, Lydia und Neville könnten etwas von dem Garten verraten, und sie wäre nicht dabei, um sie daran zu hindern.

Rachel ließ es ihr durchgehen. »Aber beim nächsten Mal musst du dich an die Regeln halten«, sagte sie nachsichtig.

Neville kam zu spät zum Essen. Er wurde von Ellen an der Hand die Treppe hinuntergeführt (ein sicheres Zeichen von Fehlverhalten und Blamage).

»Ich entschuldige mich für die Verspätung. Neville hatte seine Strandschuhe verloren.«

»Ich habe nur einen verloren.« Der Wirbel, den Leute über einen popeligen Schuh machten, überstieg sein Verständnis. Letztlich zog Teddy das zweite Kärtchen, wofür er ausgesprochen dankbar war. Es fiel ihm nicht leicht, den Wechsel von der ausschließlich männlichen Gesellschaft im Internat – abgesehen von der Hausmutter und der Französischlehrerin, die als Zielscheiben ewigen, versteckten Spotts dienten – an einen Tisch zu vollziehen, an dem er mit Frauen und Kleinkindern essen und sich unterhalten sollte.

Er entschied, sich zwischen Dad und Onkel Hugh zu setzen, damit sie sich über Cricket und möglicherweise auch über U-Boote unterhalten konnten, für die er sich neuerdings interessierte. Zum Lunch gab es heißen gekochten Schinken mit Petersiliensoße (die Duchy hielt es mit der viktorianischen Tradition, das Wetter bei der

Planung der Speisenfolge zu missachten), dazu neue Kartoffeln und dicke Bohnen, gefolgt von Sirupkuchen. Simon konnte dicke Bohnen nicht leiden, aber Sybil aß sie für ihn. Sie ist selbst eine ziemlich dicke Bohne, dachte er und verschluckte sich, als er sich bemühte, nicht über seinen grandiosen Scherz laut loszulachen. Er wollte seine Mutter nicht kränken, und niemand wollte als dick bezeichnet werde, außer einer dicken Bohne natürlich. Darüber musste er wieder lachen, Dad klopfte ihm auf den Rücken, und seine Zahnspange fiel ihm aus dem Mund – eine hochnotpeinliche Mahlzeit.

Teddy langte beim Lunch kräftig zu: zwei Portionen von allem, gefolgt von Cracker und Käse. Er hatte beschlossen, direkt nach dem Essen mit Simon Tennis zu spielen, denn später würden wahrscheinlich die Erwachsenen den Platz für sich beanspruchen. Dad hatte gesagt, er könne seinen Aufschlag auch allein üben, aber es machte keinen Spaß, wenn niemand die Bälle zurückspielte und, schlimmer noch, wenn niemand ihm sagte, ob sie drin waren oder nicht. Wenn er viel trainierte, könnte er in ein paar Jahren für England spielen. Beim Gedanken an die Tafel in Wimbledon, auf der Cazalet vs. Budge stand, lief ihm ein Schauer über den Rücken. GROSSARTIGER NEUER SPIELER FEGT BUDGE VOM PLATZ!, würden die Schlagzeilen lauten. Budge würde es dann vielleicht nicht mehr geben, sicher, aber wer immer es war – Mannomann, die Woche würde ziemlich spannend werden. Wichtig wäre, Fred Perry als Coach zu gewinnen – einen besseren als Fred konnte er sich nicht vorstellen. Blöd, dass man im Internat im Winter nicht Tennis spielen konnte, aber er würde auf Squash oder Rackets ausweichen, um dranzubleiben. Er nahm sich vor, Fred Perry zu schreiben und um Rat zu bitten. Mit Dad und Onkel Hugh darüber zu reden war sinnlos gewesen, sie hatten sich unterhalten, ob sie für das Büro ein Diktafon anschaffen sollten, was immer das sein sollte. Dad wollte eins, er meinte, es sei effizienter, aber Onkel Hugh sagte, einer Sekretärin etwas zu diktieren dauere genauso lang, und er sei ein Anhänger der persönlichen Note. Die

Frauen sprachen über Babys und ähnliche dämliche Dinge. Mein Gott, war er froh, dass er keine Frau war. Röcke tragen zu müssen und viel schwächer zu sein und nie etwas wirklich Interessantes zu machen, wie den Südpol zu erobern oder Autorennen zu fahren! Und Carstairs sagte, bei jedem Vollmond würden ihnen Ströme von Blut zwischen den Beinen herausfließen, was er ziemlich unwahrscheinlich fand, schließlich gab es jeden Monat Vollmond, und sie würden ja dann verbluten. Außerdem hatte er nie gesehen, dass das passierte, aber Carstairs hatte es mit so blutrünstigen Sachen, er redete endlos von Vampirfledermäusen, von *Der Verrat des Surat Khan* und dem Schwarzen Tod. Wenn er groß war, wollte er Kommissar werden – für Mordfälle. Teddy war froh, dass er nichts mehr mit Carstairs zu tun haben würde. Sein neues Internat tauchte drohend wie ein Eisberg vor ihm auf: Was er sehen konnte, war erschreckend genug, dabei war das nur ein Fünftel (oder eher nur ein Sechstel?) so erschreckend, wie es tatsächlich sein würde. Aber bis dahin war es noch eine Ewigkeit hin, die Ferien hatten gerade erst angefangen. Er warf Simon über den Tisch hinweg einen Blick zu und holte wie zum Aufschlag mit dem Arm aus, wobei er sein Wasserglas umstieß.

~

Das Mittagessen bereitete Clary Schwierigkeiten auf eine Art, die sie nicht bedacht hatte. Neville und Lydia verhielten sich tadellos und verloren kein Wort über den Garten, und Clary erbot sich, Nevilles verschwundenen Schuh zu suchen, was bei Ellen gut ankam. Aber Polly, die ein schlechtes Gewissen hatte, weil sie und Louise einfach zusammen reiten gegangen waren und Clary wieder ausgeschlossen und nicht einmal gefragt hatten, ob sie mitkommen wolle, machte jetzt alle möglichen Vorschläge, was sie am Nachmittag gemeinsam mit Clary unternehmen wollten: Sie könnten in den Wald gehen und im Bach einen Damm bauen. Oder sie könnten – als die Idee Clary nur mäßig begeisterte – ein

Tennisturnier austragen oder im Wald eine Blockhütte bauen. »Worauf hättest du denn Lust?«, fragte Polly zu guter Letzt.

Clary spürte Lydias und Nevilles Blicke auf sich. »Zum Strand zu fahren«, sagte sie. Der Strand bedeutete Autos und Erwachsene und war damit ein Wunsch, den Polly und Louise ihr unmöglich erfüllen konnten. Die beiden gaben auf. Jeder wisse doch, sagte Louise, dass sie am Montag zum Strand fahren würden und keinen Tag früher.

Nach dem Lunch fuhr Villy Sybil nach Battle, um Flanell und weiße Wolle zu besorgen. Das hatten sie bereits beim Frühstück besprochen, aber wortlos Stillschweigen darüber vereinbart, damit die Kinder nicht bettelten, mitkommen zu dürfen. Jetzt saßen die beiden in einträchtiger Stille im Wagen und schlüpften wieder mühelos in ihre gewohnte Sommerbeziehung. Natürlich sahen sie sich auch in London, allerdings mehr der gegenseitigen Zuneigung ihrer Ehemänner wegen als auf eigenen Wunsch hin. Aber da sie beide etwa zur selben Zeit lebenslange Mitglieder der Familie Cazalet geworden waren, hatte sich in jahrelanger zwangsläufiger Nähe eine unkomplizierte Vertrautheit zwischen ihnen eingestellt, wie keine von ihnen sie mit irgendeiner anderen Frau kannte. Beide hatten die Brüder zwei Jahre nach Kriegsende geheiratet: Sybil im Januar, Villy im Mai. Die Brüder hatten eine Doppelhochzeit erwogen und sogar mit dem Gedanken von gemeinsamen Flitterwochen gespielt, doch das hatte sich zerschlagen, weil Villy erst ihren Vertrag beim russischen Ballett beenden musste, Sybil aber heiraten wollte, bevor der Urlaub ihres Vaters zu Ende ging und er nach Indien zurückkehren musste. Sybils Patentante stellte den erforderlichen Rahmen zur Verfügung (ihre Mutter war im Jahr zuvor in Indien gestorben), Edward war Brautführer, und in die Flitterwochen fuhren sie nach Rom – für Hugh gab es in Frankreich allzu viele Dinge, die er lieber vergessen wollte.

Edward lud sie beide ein, Villy mit ihrem Ensemble im Alhambra tanzen zu sehen, und Sybil war tief beeindruckt, dass Villy tatsächlich eine professionelle Tänzerin war. Sie sahen *Petruschka* (Villy in der Rolle einer der russischen Bäuerinnen), und Sybil, die zum ersten Mal ein Ballett besuchte, war überwältigt von Massine in der Titelrolle. Anschließend warteten sie vor dem Bühnenausgang auf Villy, die einen Mantel mit weißem Pelzkragen trug und ihr damals langes Haar zu einem Knoten frisiert hatte, durch den seitlich ein kleiner Silberpfeil steckte. Sie gingen zu viert zu einem späten Essen ins Savoy, und Sybil hielt Villy für die kultivierteste, mondänste Frau, die sie je gesehen hatte. Unter dem Mantel trug sie ein schwarzes, mit leuchtend grünen und blauen Kristallperlen besticktes Chiffonkleid, das ihre eleganten, schlanken Knie zeigte, dazu passende grüne Satinschuhe, wozu sich Sybils beigefarbener, mit irischer Spitze besetzter Prägesamt vergleichsweise farblos ausnahm. Villy schäumte über vor Energie und erzählte, von Edward ermutigt, den ganzen Abend von der russischen Truppe und von Tourneen, von Paris und von Proben, bei denen Matisse Farbeimer auf ihre Köpfe fallen ließ, davon, dass sie wochenlang nicht bezahlt wurden, von einem halben Liter Milch am Tag lebten und sich zwischen den Proben und Aufführungen ins Bett legten. Sie erzählte von Monte Carlo und dem glitzernd behängten Publikum, von den Streitereien zwischen Massine und Djagilew und dass manche in der Truppe ihren Lohn in einer einzigen Nacht verspielten.

Damals erschien es ihr unvorstellbar und ausgesprochen heldenhaft von Villy, ein derartiges Leben für die Ehe aufzugeben. Aber Villy, die ebenso in Edward verliebt schien wie er in sie, machte nicht viel Aufhebens darum. Die Hochzeit fand von ihrem Zuhause am Albert Place aus statt, und für den Gottesdienst komponierte ihr Vater eine Orgelsuite, über die die *Times* berichtete. Villy hatte sich das Haar modisch kurz geschnitten, und Sybil litt die ganze Zeremonie hindurch unter entsetzlicher Übelkeit wegen ihrer ersten Schwangerschaft – die in einem tot geborenen

Sohn endete. Abgesehen von der Tatsache, dass sie mit Brüdern verheiratet waren, hatten sie zunächst wenig gemein, aber bei den Cazalets bedeutete, mit Brüdern verheiratet zu sein, regelmäßige Treffen: Abende, an denen Hugh und Edward Schach spielten, im Winter gemeinsame Skiurlaube – Sybil war auf Skiern ein hoffnungsloser Fall, verstauchte sich unweigerlich den Knöchel und brach sich einmal sogar das Bein, während Villy selbst die anspruchsvollsten Pisten mit einer Geschwindigkeit und einem Geschick hinuntersauste, die ihr die Bewunderung der Einheimischen eintrugen. Sie spielten Bridge und Tennis, sie besuchten Theateraufführungen und Restaurants, wo sie aßen und tanzten. Eines Abends, im Hungaria, sagte Villy etwas auf Russisch zum Kapellmeister, und er spielte ein Stück von Delibes, zu dem Villy allein auf der geräumten Tanzfläche tanzte, und alle klatschten Beifall. Aber als sie an den Tisch zurückkehrte und Edward knapp »Sehr hübsch, mein Schatz« sagte, sah Sybil Tränen in ihren Augen und fragte sich, ob ihr der Verzicht auf eine Karriere tatsächlich so leichtgefallen war. Danach sprach Villy nie wieder von ihren Tagen als Tänzerin, erfüllte weiter ihre Rolle als Ehefrau und dann als Mutter von Louise, später auch von Teddy und Lydia, als wäre das alles nie gewesen. Aber Sybil bemerkte eine rastlose Energie, die sich wie Wasser überall ausbreitete, wo sich ihr Platz bot. Villy legte sich einen Webstuhl zu und wob Leinen und Seide. Sie lernte, Zither und Querflöte zu spielen. Sie nahm Reitunterricht und bewegte bald Pferde für die Life Guards, womit sie eine der zwei Frauen in London war, die diese Aufgabe übernehmen durften. Sie engagierte sich für das Rote Kreuz und fuhr mit blinden Kindern ans Meer. Sie segelte bei kleinen Regatten ein Dinghi. Sie brachte sich selbst Russisch bei und wurde für kurze Zeit Mitglied der Gurdjieff-Sekte (das wusste Sybil nur, weil Villy sie ebenfalls anwerben wollte). Einige ihrer Spleens – wie die Sekte – währten nicht lange. Sybil widerstand dem plötzlichen Drang, sie zu fragen: »Bist du glücklich?«, und sagte stattdessen: »Wahrscheinlich sind die Geschäfte in Battle geschlossen.«

»Guter Gott! Natürlich. Wie dumm! Wir könnten nach Hastings weiterfahren.«

»Der Laden in Whatlington hat vermutlich auf.«

»Meinst du?« Villy verlangsamte das Tempo und suchte nach einer Stelle, um zu wenden.

»Irgendwie hat er immer auf. Sie sollten weiße Wolle haben und bestimmt auch Flanell.«

»Gut.« Villy blieb stehen und fuhr rückwärts in eine Einfahrt.

»Es kommt mir so überflüssig vor. Hätte ich nur Simons Sachen aufgehoben. Aber ich dachte nicht, dass ich sie noch einmal brauchen würde.«

»Ich habe die Sachen auch weggeworfen. Man kann ja nicht alles aufheben«, sagte Villy. »Wenn du willst, kann ich dir helfen.«

»Das wäre himmlisch. Ich werde nie das Taufkleid vergessen, das du für Teddy genäht hast.« Es war aus feinstem Batist gewesen, bestickt mit weißen Wiesenblumen, und alle Nähte waren in Hohlsaumstich gearbeitet – eine Art Arbeit, wie sie sie sonst nur von Nonnen kannte.

»Wenn du magst, borge ich es dir gerne. Um ein neues zu nähen, reicht die Zeit nicht.«

»Das meinte ich nicht. Ich spreche nur von vier Baumwollnachthemdchen und einem Schal.«

Auf dem Weg den Berg hinauf nach Whatlington fuhren sie an den weißen Toren des letzten Feldes von Home Place vorbei. »Ich bin mir sicher, dass die Duchy dir helfen würde«, sagte Villy.

»Sie näht gerade eins von ihren hübschen gesmokten Kleidern aus Wildseide für Clary zum Geburtstag.«

»Himmel! Den hatte ich ganz vergessen. Was schenkst du ihr?«

»Das habe ich mir noch nicht überlegt. Ehrlich gesagt weiß ich nicht, was ihr gefällt. Ich habe nicht den Eindruck, als wäre sie besonders glücklich, findest du nicht auch? Rupert sagt, dass sie in der Schule nicht gerade gut ist. Ein schlechtes Zeugnis, Einträge wegen schlechten Betragens, und viele Freundinnen hat sie offenbar auch nicht.«

»Ich glaube nicht, dass Zoë sehr nett zu ihnen wäre, wenn sie welche hätte.«

Keine von ihnen mochte Zoë, und sie wussten, dass sie auf eines dieser Zoë-Gespräche zusteuerten, die sie in den Ferien jedes Mal führten und an deren Ende sie sich immer gegenseitig ermahnten, jetzt wirklich damit aufzuhören. Diesmal beendeten sie das Gespräch vorzeitig, weil sie ihr Ziel erreicht hatten – ein altes, weiß geschindeltes Farmhaus, dessen Erdgeschoss in ein nüchternes Geschäft umgebaut worden war. Dort wurde von allem etwas verkauft: Lebensmittel, Gemüse, Saattütchen, Pralinen, Zigaretten, Gummibänder und Knöpfe, Strickwolle, Eier, Brot, Strohhüte, Gartenkörbe, Becher mit Weidenmuster und braune Teekannen, Baumwollsocken von Tootal, Fliegenpapier, Vogelfutter und Hundekekse, Türabstreifer und Kessel. Mrs. Cramp holte einen Ballen weißen Flanell und maß die gewünschten viereinhalb Meter ab. An der zweiten Theke schnitt Mr. Cramp an der Maschine Bauchspeck in Scheiben. Über ihm hing ein schwarz verklebtes Fliegenpapier, an das er mit dem Kopf stieß, wann immer er eine Scheibe auf die Waage legte, und bisweilen fiel eine tote Fliege wie eine Korinthe auf die Theke. Seine Kundin, die gerade ein nicht näher definiertes Unglück schilderte, verstummte, sobald Sybil und Villy den Laden betraten, und solange die beiden Damen ihren Einkauf tätigten, wurde nur das Wetter erörtert – seit zwei Wochen kein Tropfen Regen, und es sah aus, als würde es bis zur Ernte halten.

»Und weiße Wolle, Mrs. Hugh. Denken Sie an Paton's Vollzwirn? Wir hätten aber auch die flauschige Shetlandwolle.«

»Ich stricke den Schal«, sagte Villy. Sie entschieden sich für die Shetlandwolle, und Sybil kaufte ein Röllchen weißes Baumwollnähgarn.

»Und Mrs. Cazalet senior geht es gut? Sehr schön.«

Der Flanell wurde in weiches braunes Papier gewickelt und mit einem Bindfaden verschnürt. Die Wolle kam in eine Papiertüte. Die ganze Zeit über sah Mrs. Cramp angelegentlich an Sybils Bauch vorbei.

Kaum aber hatte Sybil den Laden verlassen, sagte sie: »Das Kind lässt sich nicht mehr lange Zeit, oder ich fresse einen Besen.«

»Es würde mich nicht wundern, wenn es Zwillinge wären«, sagte Mrs. Miles, die den Frühstücksspeck kaufte.

Mrs. Cramp war schockiert. Bemerkungen über ihre Kunden standen allein ihr zu. »Sie bekommen keine Zwillinge«, widersprach sie. »Das tun Damen nicht.«

Im Auto fragte Villy: »Fändest du es eine gute Idee, wenn Clary, anstatt zur Schule zu gehen, mit unseren beiden von Miss Milliment unterrichtet würde?«

»Für Clary wäre das sehr gut. Aber meinst du, dass Rupert sich das leisten kann?«

»Zwei Pfund zehn die Woche! Das muss billiger sein als ihre Schule.«

»Als Lehrer bekommt er wahrscheinlich Rabatt. Vielleicht zahlt er gar nichts, außer für die zusätzlichen Dinge.«

»Für unsere zwei gibt es auch zusätzliche Kosten.«

»Bei denen könnte Rachel aushelfen. Oder vielleicht könnte die Duchy mit dem Brig sprechen. Oder du, wenn ihr wieder einmal gemeinsam ausreitet. Auf dich hört er wahrscheinlich, du kommst wirklich gut mit ihm zurecht.«

»Lass uns erst mit Rupert reden.« Villy ignorierte dieses Kompliment ebenso wie alle anderen. »Sie hätte natürlich Fahrtkosten – sie müsste zu Fuß nach Shepherd's Bush gehen und dann mit der U-Bahn fahren. Aber ich glaube, die familiäre Atmosphäre täte ihr gut. Sie wird ihr fehlen. Zu Hause wird sie eher weniger davon mitbekommen.«

»Sicher wird Zoë früher oder später eine Familie haben«, sagte Sybil.

»Gott bewahre! Ich bin mir sicher, dass sie keine Kinder haben will.«

»Wie wir alle wissen«, wandte Sybil ein, »ist das nicht immer eine Frage des Wollens.«

Erschrocken sah Villy zu ihr. »Meine Liebe! Hast du … nicht …«

»Eigentlich nicht. Obwohl ich mich jetzt natürlich darüber freue.«

»Natürlich.« Beide traten auf der Stelle – auch wenn sie den Boden unter den Füßen noch nicht verloren hatten, wollten sie dem Thema lieber nicht auf den Grund gehen.

Der Großteil des Tags, den Rupert und Zoë miteinander verbrachten, war sehr schön. Sie fuhren nach Rye, ziemlich langsam, weil Rupert sich über den ersten Vormittag seiner Ferien freute, über den schönen Tag und darüber, auf dem Land zu sein. Sie kamen an fast reifen Weizenfeldern mit blühendem Mohn vorbei und an Hopfengärten, sie passierten Wälder mit Eichen und Edelkastanien und Sträßchen, deren hohe Böschungen unter wilden Erdbeeren, Sternmieren und Farn verschwanden, entlang Hecken, in denen die letzten, von der Sonne ausgeblichenen Heckenrosen prangten. Sie durchquerten Dörfer mit weißen Klinkerhäuschen, in deren üppigen Gärten Stockrosen und Phlox und Rosen blühten und wo es bisweilen einen Teich mit weißen Enten gab, aber auch kleine graue Kirchen umgeben von Eiben und mit Flechten überzogenen Grabsteinen. Sie sahen Felder mit duftendem Heu, Farmen mit dampfendem Misthaufen und braunen und weißen Hühnern, die nach Futter pickten. Bisweilen hielten sie an, weil Rupert etwas ausgiebig betrachten wollte. Zoë verstand dann zwar nicht genau, warum, sah ihm aber zufrieden zu. Sie liebte seinen Hals mit dem ausgeprägten Adamsapfel, die Art, wie sich seine dunkelblauen Augen verengten, wenn er etwas musterte, und das kleine, fast entschuldigende Lächeln, mit dem er zu ihr blickte, wenn er sich sattgesehen hatte, auf die Kupplung trat und weiterfuhr.

»Ach, diese Landschaft!«, sagte er einmal. »Für mich ist sie die schönste in ganz England.«

»Kennst du denn die anderen?«

Er lachte. »Natürlich nicht. Ich fröne nur meinen gepflegten Vorurteilen!«

Beim letzten Zwischenhalt stieg er aus, sie folgte ihm. An ein Gatter gelehnt, sahen sie von dieser Anhöhe aus meilenweit in die Ferne, und alles, was sie auf der bisherigen Fahrt einzeln gesehen hatten, breitete sich nun als Ganzes vor ihnen aus, grün, golden und schimmernd, von der Sonne glänzend überzogen. Rupert griff nach ihrer Hand.

»Mein Liebling. Ist der Blick nicht einfach hinreißend?«

»Doch. Und der Himmel hat ein wunderschönes Blau.« Sie überlegte einen Moment. »Es ist so ein ganz eigenes Blau, das sonst nichts hat, oder?«

»Du hast recht ... Das ist eine ausgesprochen gute Beobachtung!« Vor Freude drückte er ihre Hand. »Es ist derart offensichtlich, dass es nie einer laut ausspricht. Nie bemerkt wird, meine ich«, verbesserte er sich, als er ihren Gesichtsausdruck sah. »Nein, wirklich, Zoë, mein Schatz, das meine ich ernst.« Und das tat er auch: Er wünschte sich so sehr, dass sie etwas wahrnahm – etwas anderes als sich selbst und ihn.

In Rye kaufte er ihr Geschenke. Sie schlenderten eine der steilen Sträßchen zum Hafen hinab und stießen auf einen Laden, in dessen winzigem Schaufenster zahlreicher Silberschmuck auslag, vorne stand ein Tablett mit alten Ringen. Rupert beschloss, ihr einen zu kaufen, und sie traten ein. Er wählte einen Rosendiamanten mit schwarzem und weißem Email um den Ring, doch der gefiel ihr nicht. Sie wollte einen Smaragd umgeben von Rosendiamanten, doch der kostete fünfundzwanzig Pfund – zu viel. Also entschied sie sich für einen von Saatperlen eingefassten Feueropal, der zehn Pfund kostete, aber Rupert bekam ihn für acht. Dass es ein Feueropal war, erfuhren sie erst von dem Geschäftsinhaber; sie hatten einfach das leuchtende Orange bewundert. Sobald Zoë das hörte, gefiel ihr der Ring gleich viel besser. »Er ist wirklich ungewöhnlich!«, sagte sie und streckte ihre weiße Hand aus, damit die beiden Männer ihn bestaunen konnten.

»Er würde nicht jeder Frau stehen, Madam, aber an Ihnen ist er perfekt.«

»Sehr wohl, Madam«, sagte Rupert, als sie wieder draußen standen. »Und wonach steht Madam als Nächstes der Sinn?«

Sie wünschte sich ein Buch, das sie abends lesen konnte, wenn alle nähten und Klavier spielten und derlei. Also gingen sie in einen Buchladen, und sie entschied sich für *Vom Winde verweht*, weil sie wusste, dass alle Welt das las und angeblich viele leidenschaftliche Szenen darin vorkamen. Danach aßen sie in einem Pub zu Mittag – oder vielmehr im dazugehörigen Garten: Schinken mit Salat und Heinz-Mayonnaise, ein kleines Bitter für Rupert und ein Shandy für Zoë. Beim Essen sprachen sie nicht über die Kinder, und auch nicht danach, als sie nach Winchelsea fuhren, weil Rupert dort in der Kirche die Glasfenster von Strachan sehen wollte, sondern auf dem Rückweg. »Ach, mein Schatz«, sagte Zoë, »es war ein herrlicher Tag, und mein Ring gefällt mir so gut.«

»Es war wirklich schön«, bestätigte Rupert. »Und jetzt müssen wir an den Busen der Familie zurückkehren. Zu den Sturmhöhen.«

»Den Sturmhöhen?«

»Das ist der Titel eines Buchs von Emily Brontë.«

»Ach.« Was er alles wusste.

»Und wir müssen uns etwas Schönes überlegen, was wir morgen mit den Kindern unternehmen können.«

»Ich denke, sie sind doch glücklich mit ihren Cousins und Cousinen und überhaupt.«

»Das stimmt auch. Aber ich meine mit allen. Wir müssen unseren Teil beitragen.«

Sie schwieg. Sanft fügte er hinzu: »Weißt du, mein Schatz, ich glaube, du würdest das Familienleben mit ganz anderen Augen sehen, wenn du ein Kind hättest. Wenn wir eins hätten«, korrigierte er sich.

»Noch nicht. Dafür komme ich mir noch nicht alt genug vor.«

»Aber später einmal.« Sie war zweiundzwanzig – junge zweiundzwanzig, ermahnte er sich.

»Außerdem glaube ich nicht, dass wir es uns leisten können«, wandte sie ein. »Außer, du suchst dir eine andere Stelle. Oder du wirst berühmt oder so. Wir sind nicht reich, nicht wie Hugh und Edward. Die haben richtiges Personal, das ihnen eine Menge Arbeit abnimmt. Sybil und Villy brauchen nicht selbst zu kochen.«

Jetzt war es an ihm zu schweigen. Meistens kochte Ellen, und mittags gingen er und Clary ohnehin essen. Aber die arme kleine Zoë hasste kochen, das wusste er. In den vergangenen drei Jahren war sie kaum über Pfannengerichte und Dosen hinausgekommen.

»Also«, sagte er schließlich. Er wollte den Ausflug um keinen Preis verderben. »Es war bloß so ein Gedanke. Lass es dir doch mal durch den Kopf gehen.«

Bloß so ein Gedanke! Wenn er auch nur eine Ahnung hätte, was allein die Vorstellung eines Babys bei ihr auslöste, würde er das Thema nie wieder ansprechen. Ihre Angst, die sich zu blanker Panik auswuchs, sorgte dafür, dass sie nie weiterdachte als bis zur Schwangerschaft – sie würde immer dicker werden, ihre Knöchel würden anschwellen, sie würde herumwatscheln und unter Übelkeit leiden – und zu den Wehen mit den entsetzlichen Schmerzen, die sich stundenlang hinzogen und bei denen sie vielleicht sogar sterben würde. Das wusste sie von den Frauen, über die sie in ihren Romanen las. Und nicht nur das: Man denke doch nur an Ruperts erste Frau! Die war dabei gestorben. Aber selbst wenn sie nicht sterben würde, wäre ihre Figur ruiniert: Sie würde Hängebrüste mit viel zu großen Warzen haben, wie Villy und Sybil, die sie im Badeanzug gesehen hatte, sie würde in die Breite gehen und diese entsetzlichen Streifen auf dem Bauch und den Oberschenkeln bekommen – Sybil hatte sie, Villy war ihnen offenbar entgangen, dafür hatte sie Krampfadern –, und natürlich würde Rupert sie dann nicht mehr lieben. Wahrscheinlich würde er eine Weile so tun, als ob, aber sie würde sich nicht täuschen lassen. Denn eines wusste sie mit Sicherheit: Ihr Aussehen war das Einzige, was andere an ihr interessant fanden und würdigten. Sonst hatte sie ja nichts, weswegen jemand sich zu ihr hingezogen fühlen oder gar bei ihr bleiben sollte. Dank ihres Äußeren hatte sie ihr Leben lang bekommen, was sie wollte, und nichts hatte sie mehr gewollt als Rupert. Also musste sie ihr Aussehen jetzt einsetzen, um ihn zu behalten. Ohne näher darüber nachzudenken, wusste sie, dass sie weder klug noch geschickt war. Ihre Mutter hatte immer gesagt, mit dem richtigen Aussehen sei das nicht wichtig, und diese Lektion hatte sie verinnerlicht. Warum konnte Rupert das nicht verstehen? Er hatte doch schon zwei Kinder, die sehr viel Geld kosteten und ständig Probleme machten. Manchmal wünschte sie sich, er wäre dreißig Jahre älter und zu alt, um sich um irgendjemand anderen als sie zu kümmern – auf jeden Fall zu alt, um Vater werden zu wollen, und zufrieden damit, mit ihr allein zu sein. In den drei Jahren ihrer Ehe hatte er zweimal von einem Kind gesprochen: einmal ganz am Anfang, als er davon ausging, sie würde schwanger werden wollen, und dann rund ein halbes Jahr später, als sie sich dummerweise einmal über das Diaphragma beschwerte und wie lästig es sei. »Da bin ich ganz deiner Meinung«, hatte er gesagt. »Warum verzichtest du nicht einfach darauf und lässt der Natur ihren Lauf?« Irgendwie hatte sie sich herausgeredet, sie müsse sich erst an die Ehe gewöhnen oder etwas in der Art, nur, damit er nicht mehr davon sprach. Seitdem setzte sie das Diaphragma ein, lange bevor er von der Schule nach Hause kam, und verlor nie mehr ein Wort darüber. Sie hatte gedacht, er hätte die Hoffnung vielleicht aufgegeben, aber jetzt wurde ihr erschreckend klar, dass sie sich getäuscht hatte. Die restliche Rückfahrt verlief schweigend.

~

Clary leistete den ganzen Nachmittag Schwerarbeit, anfangs fieberhaft gegen die Uhr, weil sie ja wusste, dass Lydia und Nev nach ihrem Mittagsschlaf voll Tatendrang herausgestürzt kämen, ihr im Weg umgehen und alles falsch machen würden. Aber dann ließen sie sich gar nicht blicken, weil die Kindermädchen mit ihnen trotz der Hitze und unter viel Gemurre einen Spaziergang zum Laden in Whatlington unternahmen, und als die beiden im Lauf des Nachmittags immer noch nicht auftauchten, konnte Clary sich mehr Zeit lassen, gelegentlich eine kleine Pause einlegen und den nächsten Schritt überdenken. Der Spiegel hatte seinen Platz gefunden, im Sand eingebettet wirkte er wie Wasser, und sie umsäumte ihn mit Moos, wodurch er noch schöner aussah. Aus winzigen Buchsbaumzweigen, die sie dicht an dicht in den Sand steckte, pflanzte sie eine Hecke – das musste sie zweimal machen, weil der Sand beim ersten Versuch nicht fest genug war. Dann legte sie einen Kiespfad an, der parallel zur Hecke an den See führte, und dann fehlte eine weitere Hecke auf der kahlen Seite, also pflanzte sie die auch noch. Die Gänseblümchen der armen Lydia ließen mittlerweile die Köpfe hängen, und sie zog sie heraus; Blüten eigneten sich eindeutig nicht, sie brauchte richtige Pflanzen. Außerdem sollten sie wohl in Erde wachsen, ganz feiner Erde, sonst würden sie eingehen. Dafür holte sie aus dem Gewächshaus Saaterde und legte ein Beet an, das zuerst quadratisch war und schließlich eher oval wurde. Sie suchte Roten Gauchheil und Gamander – ein bisschen spillerig, aber sie füllten die Lücken –, etwas Mauerpfeffer von der Mauer des Küchengartens und einen winzigen Farn. Das war ein guter Anfang, aber es gab immer noch viele Lücken, also steckte sie Lavendelblüten sträußchenweise in den Sand. Sie wirkten wie Pflanzen, und da sie trocken waren, tat es nichts zur Sache, dass es nur Stiele ohne Wurzeln waren. Sie machten sich sehr gut. Es wird Wochen dauern, den Garten richtig hübsch zu gestalten, dachte Clary. Aber das war ja das Tolle daran. Sie brauchte Bäume und Büsche und vielleicht eine kleine Bank, auf der Menschen am See sitzen konnten. Den musste sie ständig mit etwas Spucke, ihrem Finger und einer ihrer Socken polieren, weil immer wieder Sandkörner daraufgelangten. Der Rasen wollte angelegt werden; er würde aus dicht aneinandergepflanzten Grasbüscheln bestehen, die sie mit Zoës Nagelschere beschneiden würde. Die Glocke zum Nachmittagstee läutete, und eigentlich hatte sie keine Lust, ins Haus zu gehen, aber wenn sie es nicht tat, würden sie sie holen kommen. Also ging sie und nahm Nevilles Schuh mit, worüber sich Ellen freuen würde. Auf dem Rückweg überlegte sie sich, dass es ihr doch gefallen würde, ihren Garten jemandem zu zeigen: Dad vielleicht oder Tante Rach? Beiden, beschloss sie.

~

Nach dem Tee spielten die Kinder »Erwischt!« – eines der traditionellen Ferienspiele, das sie selbst erfunden hatten. Teddy kam sich fast schon zu alt dafür vor, und Simon tat, als ginge es ihm ebenso, was aber eigentlich nicht stimmte. Das Spiel war Louises Idee gewesen, eine Art Verstecken, allerdings brauchte man die anderen nicht zu fangen, es genügte, sie zu sehen und eindeutig zu erkennen. Die Gejagten mussten also in ständiger Bewegung bleiben, aber nachdem sie einmal gesichtet wurden, saßen sie in einem alten Hundezwinger fest, bis jemand ihnen zur Rettung kam. Der Späher gewann nur, wenn es ihm gelang, alle zu sichten und einzusperren. Lydia und Neville verbrachten zwar die meiste Zeit in dem Zwinger, weil sie so leicht zu fangen waren, trotzdem machte ihnen das Spiel am meisten Spaß, weil sie bei den Großen mitmachen durften. Gleichzeitig beklagten sie sich bitterlich über die Ungerechtigkeit, ständig gefangen zu werden, während zum Beispiel Polly so gut wie nie erwischt wurde. Hugh und Edward waren auf dem Tennisplatz.

Villy und die Duchy spielten Musik für zwei Klaviere – Bach-Konzerte –, und Sybil und Rachel schnitten auf dem Tisch im Frühstückszimmer die Nachthemden zu. Nanny las Ellen beim Bügeln Artikel aus der *Nursery World* vor. Der Brig saß in seinem Arbeitszimmer und schrieb für sein Buch ein Kapitel über Birma und die dortigen Teakwälder. Der heiße, goldene Tag unter dem strahlend blauen Himmel verklang mit längeren Schatten, mit Mücken und Schnaken und kleinen Kaninchen, die sich in den Obstgarten vorwagten.

Flossy, die Mrs. Cripps wegen deren guten Verbindungen zum Futter gestattete, ihre Besitzerin zu sein, erhob sich aus ihrem Korbstuhl in der Halle des Personals, streckte ihren ausgeruhten Körper und schlüpfte zu ihrer Abendjagd durch das Flügelfenster hinaus. Sie war eine Schildpattkatze mit einem sehr dichten Fell und jagte, wie Rachel einmal anmerkte, wie alle wohlgenährten Engländer allein aus sportlichen Gründen, wobei sie sich sehr unsportlicher Methoden bediente. Sie wusste genau, wann die Kaninchen in den Obstgarten kamen, und mindestens eines von ihnen würde angesichts ihrer beträchtlichen Erfahrung keine Chance haben.

~

Als Rupert und Zoë von ihrem Ausflug zurückkehrten, sagte sie, sie wolle gleich baden, bevor die ganzen Kinder und Tennisspieler das heiße Wasser aufbrauchten. Rupert blieb allein in ihrem Zimmer zurück, schlenderte zum Fenster und sah seine Schwester und Sybil unter der Araukarie sitzen und nähen. Sie saßen in Korbsesseln auf dem gemähten grünen Rasen, dahinter die dunkelgrüne Eibenhecke, vor der ihre Sommerkleider – Rachels Blau und Sybils Grün – fließend zart anmuteten. Zwischen ihnen stand ein Korbtisch, darauf verstreut ein Nähkorb und das Teetablett mit den Tassen mit Weidenmuster, ein Berg cremefarbener Stoff rundete die Szene ab. Die Ecke der Blumenrabatte auf der einen Seite brauchte er gar nicht, ebenso wenig wie die Ecke der weißen Pforte zur Auffahrt auf der anderen. Er wollte die Szene malen, doch bis er seine Utensilien beisammenhätte, könnten sie womöglich schon fort sein. Am liebsten hätte er sie von seinem Standort am Fenster aus gemalt, aber irgendwann würde Zoë zurückkommen, und dann müsste er aufhören. Er wühlte in seiner Leinentasche nach seinem größten Zeichenblock und einer Packung Ölkreiden und schlich die Nebentreppe hinunter nach draußen.

~

»Das gilt nicht! Ihr habt nicht gesagt, dass ihr nicht weiterspielt!«

Louise öffnete die Tür zum Hundezwinger.

»Wir sagen es euch ja jetzt.«

»Aber bis jetzt haben wir es nicht gewusst. Das ist nicht gerecht!«

»Wir haben doch gerade erst aufgehört«, erklärte Polly. »Vorher konnten wir es euch ja nicht sagen, da haben wir noch gespielt.«

Lydia und Neville stapften ins Freie. Sie wollten nicht, dass das Spiel aufhörte, außerdem fanden sie es wahnsinnig ungerecht. Keiner von ihnen hatte die Chance bekommen, der Späher zu sein.

»Teddy und Simon ist langweilig geworden. Sie gehen jagen. Und jetzt sind wir nicht mehr genug für ein richtiges Spiel.« Clary gesellte sich zu ihnen.

»Überhaupt, ihr müsst jetzt sowieso gleich baden. Jeden Moment holen sie euch.«

»Verdammte Hacke!«

»Achtet nicht auf ihn«, sagte Louise in ihrem nervigsten Tonfall.

»Ehrlich, Louise, du bist widerlich! Abgrundtief widerlich!«

Als Lydia das sagte, klang sie genau wie Mummys Freundin Hermione. Widerwillig bewunderte Louise sie dafür, hütete sich aber, das laut zu äußern. Zwei Schauspielerinnen in der Familie wollte sie nun wirklich nicht, vielen Dank. Sie gab Polly ihr Geheimzeichen, und sie liefen unvermittelt und sehr schnell vor Lydia und Neville davon. Die versuchten zwar, ihnen zu folgen, blieben aber bald außer Sichtweite zurück. Ihr Wutgeschrei machte Ellen und Nanny nur auf ihren Verbleib aufmerksam, und sie wurden Richtung Badewanne abgeführt.

~

Als Clary sich auf die Suche nach Dad und Tante Rachel machte, um ihnen ihren Garten zu zeigen, stellte sich heraus, dass keiner der beiden Zeit für sie hatte. Dad saß an dem großen Holztisch, an dem im Freien der Nachmittagstee getrunken wurde, und malte Tante Rach und Tante Syb. Unverwandt starrte er sie an, bis er plötzlich unwirsch in seinen Block kritzelte. Eine Weile stand sie nur da und sah ihm zu: Er hatte die Stirn halb in Falten gelegt, ab und zu holte er tief Luft und seufzte. Manchmal verwischte er die Striche, die er gemacht hatte, mit dem Finger. In der linken Hand hielt er mehrere Kreidestifte, und bisweilen steckte er einen, den er verwendet hatte, zurück, und nahm einen anderen. Clary dachte sich, dass doch sie die Stifte für ihn halten könnte, aber als sie näher trat, um ihm das vorzuschlagen, hob Tante Rach einen Finger an die Lippen, also sagte sie nichts. Und sie konnte auch nicht zu Tante Rach gehen und sie bitten mitzukommen, weil dann sie im Bild wäre. Also setzte sie sich ins Gras und sah ihrem Vater zu. Immer wieder fiel ihm eine Haarsträhne in die knochige Stirn, und er strich oder schüttelte sie zurück. Ich könnte ihm die Haare zurückhalten, dachte sie. Warum gibt es nicht etwas, das ich für ihn tun kann, sodass er ohne mich nicht mehr auskommt? »Clary ist unersetzlich«, würde er dann zu den Leuten sagen, die kamen, um seine Gemälde zu bewundern. Da wäre sie schon erwachsen, steckte das Haar zu einem Knoten, trüge wadenlange Röcke wie die Tanten und hätte ein schmales, interessantes Gesicht wie Dad. Ständig machten Männer – in Taxis und Orangerien wie Kensington Gardens – ihr Heiratsanträge, aber Dad zuliebe schlug sie alle aus. Sie würde nie heiraten, weil sie so unglaublich unersetzlich war, und da Zoë gestorben war, weil sie während einer Hitzewelle Schmalzfleisch gegessen hatte – was laut der Duchy den sicheren Tod bedeutete –, war sie alles, was Dad auf der Welt hatte. Dad würde berühmt sein, und sie würde …

»Rupert! Wo hast du mein Buch hingelegt? Rupert!«

Clary sah auf, und da stand Zoë in ihrem Kimono und rief zum offenen Schlafzimmerfenster hinaus.

Kurz herrschte Stille. Clary sah, wie sich sein Gesichtsausdruck veränderte, bevor er wieder eine gutmütige Miene aufsetzte.

»Du musst es im Auto gelassen haben.«

»Ich dachte, du hättest es reingebracht.«

»Nein, habe ich nicht, mein Schatz.« Er drehte sich um und bemerkte Clary. »Clary bringt es dir.«

»Welches Buch?« Widerwillig stand sie auf. Wenn Dad sie bat, musste sie es ja wohl holen.

»*Vom Winde verweht*«, rief Zoë. »Bist du so lieb und bringst es mir, Clary? Du bist ein Engel.«

Clary trottete davon. Noch nie hatte sie sich weniger als ein Engel gefühlt. Zoë hat das nur gesagt, dachte sie, damit es klingt, als würde sie mich gernhaben, dabei stimmt das überhaupt nicht. Und ich mag sie auch nicht, überhaupt nicht. Nicht das mindeste bisschen. Ich hasse sie! Einer der Gründe für ihren Hass auf Zoë war, dass sie dieses Gefühl in ihr weckte. Sonst gab es niemanden, den sie hasste, was ja bewies, dass sie kein hassender Mensch war. Aber Zoë gegenüber wurde sie oft gemein und manchmal richtig böse – etwas wie mit dem Schmalzfleisch würde ihr bei jemand anderem nie und nimmer einfallen. Im Lauf der Monate hatte sie sich Dutzende Möglichkeiten überlegt, wie Zoë sterben könnte, und sollte Zoë wirklich an einer davon sterben, wäre es ihre Schuld. Sie hoffte, dass es noch eine andere Art zu sterben gab als diejenigen, an die sie gedacht hatte – eigentlich musste es sie geben, schließlich starben Leute an so ziemlich allem. An einem Schlangenbiss oder durch ein Gespenst, das sie zu Tode erschreckte, oder an etwas, das Ellen einen Leistenbruch nannte und das ziemlich schlimm sein musste. Aber jetzt fing sie schon wieder damit an, und dadurch wurde es immer wahrscheinlicher, dass es ihre Schuld sein würde. Sie schloss die Augen und hielt die Luft an, damit die Gedanken aufhörten. Dann öffnete sie die Wagentür und sah das Buch auf dem Rücksitz liegen.

Der Abend ging in eine heiße, stille Nacht über. Motten prallten wie benommen immer wieder gegen das Pergament der Lampenschirme, und bisweilen rieselte nach einer Kollision silbriger Staub auf Sybils Näharbeit. Man hatte ihr das ganze Sofa überlassen, damit sie die Beine hochlegen konnte. Der Brig und Edward spielten Schach und rauchten Havannas. Sie schoben ihre Figuren sehr bedächtig hin und her, und gelegentlich brummte einer von beiden anerkennend über die Fähigkeiten seines Gegners. Die Duchy setzte in das für Clary bestimmte Kleid die Puffärmel ein. Es war aus kirschroter Wildseide und üppig gesmokt; die Smokarbeit der Duchy wurde allgemein gerühmt. Zoë hatte es sich in einem zerschlissenen Lesesessel mit *Vom Winde verweht* bequem gemacht. Hugh, der über das Grammofon wachte, hatte Schuberts posthume Sonate in B-Dur gewählt – für die die Duchy, wie man wusste, eine besondere Vorliebe hatte – und lauschte mit geschlossenen Augen der Musik. Villy arbeitete an einem ihrer schier unzähligen Tischuntersetzer in feinem schwarzen Kreuzstich auf schwerem Leinen. Rupert lag am Ende des Raums in einem Sessel, die Beine von sich gestreckt, hörte mit halbem Ohr der Musik zu und betrachtete die anderen. Wie sehr Edward ihrem Vater ähnelte, dachte er. Die gleiche Stirn, auf der das Haar von einem spitzen Ansatz nach hinten wuchs und Geheimratsecken hinterließ – stärker ausgeprägt bei Edward als bei ihrem Vater. Die gleichen buschigen Augenbrauen, die gleichen blaugrauen Augen (obwohl Edward die direkte Art, einen anzublicken, von der Duchy geerbt hatte, was einen Großteil ihres Charmes ausmachte. »Ich bin völlig anderer Meinung als du«, pflegte sie zu sagen, und man mochte sie dafür), dazu die hohen Wangenknochen, der kleine Schnurrbart. Der des Brigs war nicht nur weiß, sondern auch länger und üppiger, während Edward eine militärisch kurze Bürste trug. Ihre Hände mit den langen Fingern und sehr flachen Nägeln hatten die gleiche Form, wobei die des Brig mit Leberflecken übersät, Edwards hingegen behaart waren. Kurioserweise verloren die Lippen bei einem Schnurrbartträger völlig ihre Bedeutung, der Mund wurde zu einer nebensächlichen Gesichtspartie, wie wahrscheinlich auch ein Kinn, an dem ein Vollbart wuchs. Allerdings besaß Edward eine besondere Strahlkraft, die er kaum einem seiner Eltern verdanken konnte; er sah von den drei Brüdern eindeutig am besten aus. Diese Strahlkraft ging von ihm aus, weil er sich offenbar weder seiner Erscheinung noch seiner Wirkung auf andere Menschen bewusst war. Kleidungsstücke etwa wirkten elegant an ihm, einfach dadurch, dass er sie trug – an diesem Abend ein weißes Seidenhemd mit einem flaschengrünen Seidenfoulard, den er um den Hals gebunden hatte, und dazu eine farblich entsprechende Leinenhose. Aber wenn man es genauer bedachte, hatte er diesen Aufzug ja zusammengestellt, hatte er diese Kleidungsstücke ausgewählt, also war es ihm vielleicht doch mehr bewusst, als er glauben machen wollte? Auf jeden Fall wusste er, dass Frauen ihn attraktiv fanden. Und selbst jenen, auf die das nicht zutraf, fiel er ins Auge. Zoë etwa sagte, er sei zwar nicht ihr Typ, doch könne sie sehen, dass sich andere Frauen zu ihm hingezogen fühlten. Edwards Wirkung auf andere hing teilweise damit zusammen, dass er immer den Eindruck erweckte, als bereite ihm alles Freude, als lebe er ausschließlich im Hier und Jetzt – als ginge er ganz im Moment auf und ließe alles außer Acht, das ihn davon ablenken könnte.

Rupert, der sechs beziehungsweise sieben Jahre jünger war als seine Brüder, war vom Krieg verschont geblieben – als seine Brüder in Frankreich kämpften, ging er noch zur Schule. Hugh meldete sich als Erster – zu den Coldstream Guards –, und Edward, der sich ihm aus Altersgründen nicht sofort anschließen konnte, wurde wenige Monate später in das Machine Gun Corps aufgenommen. Bald darauf bekam er sein erstes Militärverdienstkreuz und wurde für ein Viktoria-Kreuz vorgeschlagen. Doch als Rupert ihn näher dazu befragte in der Hoffnung, der Ruhm würde auf ihn abstrahlen, wenn er seinen Schulkameraden davon berichtete, sagte Edward: »Weil ich auf ein Maschinengewehr gepinkelt habe, alter Junge – um es abzukühlen. Es war zu heiß geworden und hatte Ladehemmung«, und sah peinlich berührt zur Seite. »Unter Beschuss?« Ja, räumte Edward ein, es habe ziemlich heftigen Beschuss gegeben. Dann wechselte er das Thema. Mit einundzwanzig wurde er zum Major befördert und bekam eine Spange zu seinem Orden, Hugh war mittlerweile Hauptmann, war ebenfalls mit dem Verdienstkreuz ausgezeichnet und verwundet worden. Als sie schließlich aus dem Krieg heimkehrten, sprachen beide nicht darüber. Bei Hugh hatte Rupert das Gefühl, er könne es nicht ertragen, während Edward eher den Eindruck erweckte, als habe er mit dem Ganzen abgeschlossen und interessiere sich nur für das, was das Leben als Nächstes für ihn bereithielt – in die Firma einzutreten und Villy zu heiraten. Hugh aber war nie mehr der Alte geworden. Wegen seiner Kopfverletzung litt er immer wieder unter schrecklichen Schmerzen, er hatte eine Hand verloren, seine Verdauung bereitete ihm bisweilen Probleme, und manchmal hatte er schreckliche Träume. Aber es war mehr als das: Immer wieder fiel Rupert etwas in seinem Gesicht auf, in seinen Augen, ein gehetzter Blick der Empörung, der Qual gar. Wenn man ihn ansprach und er einen direkt ansah – wie Edward, wie seine Mutter –, konnte man diesen Ausdruck erhaschen, ehe er sich in eine beklommene Sanftmut und schließlich in die übliche fürsorgliche Freundlichkeit auflöste. Hugh liebte seine Familie, verlangte nie nach der Gesellschaft anderer, sah keine andere Frau an und hatte ein Herz für Kinder, insbesondere für Babys. Wann immer Rupert Hugh ansah oder an ihn dachte, empfand er ein irrationales Schuldgefühl, weil ihm diese ungekannte Hölle erspart geblieben war.

Der Schubert verklang. »Sollen wir schlafen gehen, mein Schatz?«, fragte Sybil, ohne ihren Blick von der Näharbeit zu nehmen.

»Wenn du so weit bist.« Er räumte die Schallplatte fort, ging zu seiner Mutter und gab ihr einen Kuss. Sie tätschelte ihm die Wange.

»Schlaf gut, mein Lieber.«

»Wie ein Toter werde ich schlafen. Das tue ich hier immer.« Als er quer durch den Raum zu seiner Frau ging, lächelte er Rupert zu und dann, als wollte er Gefühle gar nicht erst aufkommen lassen, zwinkerte er. Rupert zwinkerte zurück. Das war eine ihrer alten Gewohnheiten.

Allseits wurden Handarbeiten beiseitegelegt, der Aufbruch ins Bett begann. Rupert sah zu Zoë, die völlig in ihr Buch vertieft war – das hatte er bei ihr noch nie erlebt.

»Kann ich dich fürs Bett interessieren?«

Sie sah auf. »Ist es schon so spät?«

»So langsam. Das Buch muss ja fantastisch sein.«

»Es ist sehr gut. Es geht um den amerikanischen Bürgerkrieg«, fügte sie hinzu und knickte die Seite um, bis zu der sie gekommen war. Villy verzog den Mund und warf Sybil einen flüchtigen Blick zu. Als das Buch im Frühjahr erschienen war, hatte sie es sich von Hermione ausgeliehen und mit Sybil darüber gesprochen. Sie habe hineingeblättert, sagte sie, und es komme ihr vor, als sei die Protagonistin von eher seichterem Gemüt und habe nichts anderes im Sinn als Männer, Kleider und Geld. Sybil meinte, die Stellen über den Bürgerkrieg seien angeblich recht gut, aber Villy, die diese Seiten nicht gefunden hatte, erklärte, sie spielten ihrer Ansicht nach nur eine Nebenrolle. Sybil befand, es klinge nicht nach einem Buch, das sie lesen wolle. Jetzt reichte Sybil ihre Näharbeit Hugh und schwang die Beine über die Sofakante, konnte aber nicht ohne Unterstützung aufstehen. Rupert half ihr. Villy beschloss, ebenfalls ins Bett zu gehen und zu schlafen, bevor Edward seine Schachpartie beendet hatte.

»Wo ist Rachel?«, fragte jemand. »Sie ist früh zu Bett gegangen«, antwortete die Duchy, die gerade ihre Metallbrille in das bestickte Etui steckte. »Sie hatte Kopfweh.«

In Wirklichkeit hatte sich Rachel nach dem Essen ins Arbeitszimmer des Brig zurückgezogen, um Sid anzurufen, woraufhin die beiden ein reizendes – und extravagantes – Gespräch von sechs Minuten Dauer über die Organisation von Sids Besuch zum Lunch führten. Sie einigten sich auf Montag als günstigsten Tag, da dann das Gros der Familie am Strand sein würde. »Werden sie nicht alle

Autos brauchen?«, fragte S. Aber das glaubte Rachel nicht, und wenn doch, würde sie mit dem Fahrrad nach Battle zum Bahnhof fahren. Die Vorstellung von Rachel auf einem Fahrrad entzückte Sid, das Gespräch sollte gar nicht enden, doch schließlich rief Rachel vom Telefon ihrer Eltern aus an. Aber als sie das Sid gegenüber erwähnte, kam als Erwiderung nur: »Ja, mein Engel«, und sie unterhielten sich weiter. Deshalb währte das Telefonat sechs Minuten anstatt der drei, die in der Familie als angemessen für ein Ferngespräch galten. Und da Rachel ihre Aufregung und Freude natürlich nicht mit der Familie teilen konnte, beschloss sie, früh ins Bett zu gehen und zu lesen. Als sie in der Halle auf Eileen mit dem Kaffeetablett stieß, bat sie sie, Mrs. Cazalet auszurichten, sie habe Kopfweh und werde nicht wieder nach unten kommen. Doch auf dem Weg nach oben fiel ihr ein, kurz zu den Mädchen hineinzusehen und sich zu vergewissern, dass Clary sich auch gut einlebte. Louise und Polly waren schon im Bett – Louise las, Polly strickte –, und Clary lag bäuchlings auf dem Boden und schrieb etwas in ein Heft. Die Freude aller, sie zu sehen, schmeichelte ihr. »Setz dich zu mir aufs Bett, Tante Rach. Ich lese gerade ein schrecklich trauriges Buch, da geht es nur um Gott und um Leute, die ständig in Tränen ausbrechen. Es spielt in Kanada, und es gibt eine böse Tante. Überhaupt nicht wie du«, ergänzte Louise. Rachel setzte sich zu ihr auf die Bettkante. »Und was machst du, Polly?«

»Einen Pullover. Für Mum. Zu Weihnachten. Sie sollte ihn zu ihrem Geburtstag bekommen, aber er ist ein Geheimnis, deswegen kann ich nie lange daran stricken. Erzähl ihr nichts davon.«

»Das sieht sehr schwierig aus.« Das stimmte – ein genopptes Spitzenmuster in Hellrosa. »Nur gut, dass die Farbe Puderrosa heißt«, sagte Polly. »Es ist viel weniger rosa als am Anfang.«

»Puderrosa trug man letztes Jahr«, sagte Louise. »Bis du fertig bist, ist es völlig überholt. Aber da deine Mutter nicht besonders modebewusst ist, macht es ihr wahrscheinlich nichts aus.«

»Farben, die Leuten stehen, tragen sie immer«, verteidigte Polly sich.

»Leute mit rotbraunem Haar sollten immer Grün tragen. Und Blau.«

»Du verstehst dich ja als große Autorität in Modefragen, Louise.« Das Mädchen brauchte eine sanfte Zurechtweisung. Rachel drehte sich zu Clary, die unentwegt weiterschrieb. »Und was machst du?«

»Nicht viel.«

»Was schreibst du denn? Tagebuch?«

»Bloß ein Buch.«

»Das ist ja spannend! Worum geht es da?«

»Nichts Besonderes. Es ist die Lebensgeschichte eines Katers, der alles versteht, was auf Englisch gesagt wird. Er wurde in Australien geboren und ist nach England gekommen, um Abenteuer zu erleben.«

»Quarantäne«, wandte Louise ein. »Das kann er gar nicht.«

»Was meinst du damit? Wieso soll er das nicht können? Er hat es einfach gemacht.«

»Er müsste ein halbes Jahr in Quarantäne verbringen.«

»Vielleicht könntest du das ja einfügen, und dann ist er in England«, schlug Polly freundlich vor.

Clary klappte ihr Heft zu und ging wortlos ins Bett.

»Jetzt ist sie eingeschnappt.«

Rachel war bekümmert.

»Du bist sehr unfreundlich gewesen, Louise.«

»Das wollte ich nicht.«

»Das genügt nicht. Du kannst nicht einfach unfreundliche Dinge sagen und dann behaupten, du hättest es nicht so gemeint.«

»Nein, das darf man auch nicht«, sagte Polly. »Dadurch wird dein Charakter im Lauf der Zeit nur noch schlechter. Du wünschst dir doch nur, du wärst selbst auf die Idee gekommen, ein Buch zu schreiben.«

Das saß, wie Rachel bemerkte. Louise lief rot an und sagte Clary, es tue ihr leid, und Clary sagte, es sei schon in Ordnung.

Rachel gab ihnen nacheinander einen Kuss. Alle dufteten nach feuchten Haaren, Zahnpasta und Vinolia-Seife. Clary schlang die Arme um sie und flüsterte, am Morgen wolle sie ihr eine Überraschung zeigen. Louise entschuldigte sich noch einmal im Flüsterton, und Polly meinte nur kichernd, sie habe nichts, worüber es sich zu flüstern lohne.

»Seid nett zueinander, und in zehn Minuten macht ihr das Licht aus.«

»Wie beliebig!«, hörte sie Louise sagen, nachdem sie gegangen war. »Wie unglaublich beliebig! Wenn sie halb zehn gesagt hätte oder zehn, dann könnte ich das ja verstehen, aber zehn Minuten nachdem sie gegangen ist …« Dieser kleine Groll würde sie zumindest alle wieder vereinen.

Am Montag ließ Hugh Sybil weiterschlafen, frühstückte kurz mit der Duchy, die eigens zu dem Zweck früh aufgestanden war, und brach um halb acht nach London auf. Er meinte, Sybil solle nicht mit zum Strand fahren, und bat seine Mutter, sie davon abzuhalten. Die Duchy pflichtete ihm bei, es würde ein glutheißer Tag werden, und es gebe reichlich Onkel und Tanten, die sich um Polly und Simon kümmerten. In der sengenden Sonne auf heißen Steinen zu sitzen, wenn man nicht ins Wasser gehen konnte (was für Sybil in ihrem Zustand natürlich außer Frage war), fanden beide unpassend. Hugh, der den Drang unterdrückte, sich nach dem Frühstück von seiner Frau zu verabschieden – er wollte sie nicht stören –, war erleichtert. Sybil lag im Bett, wünschte sich sehnlich, er würde noch einmal zu ihr kommen, hörte seinen Wagen starten und stand auf, sodass sie ihm gerade noch nachsehen konnte, wie er die Auffahrt hinunter verschwand. Mittlerweile war sie völlig wach und beschloss, sich ein langes Bad zu gönnen, bevor jemand anderes ins Badezimmer wollte.

Erst nach zehn waren alle abfahrbereit. Ihr Konvoi bestand aus drei Autos, beladen mit Handtüchern, Badeanzügen, Picknickkörben, Decken und allen persönlichen Habseligkeiten, die jeder für sein Glück zu benötigen glaubte. Die kleineren Kinder hatten Eimer und Spaten und ein Krabbennetz dabei, »Was wirklich dumm ist, Neville, da gibt es keine einzige Krabbe«. Die Kindermädchen steckten Strickzeug und die *Nursery World* ein und Edward seine Kamera. Zoë nahm *Vom Winde verweht* mit, ihren neuen Badeanzug mit Nackenhalterung – marineblau mit weißen Pikeeschleifen am Hals und am Rücken – und eine dunkle Brille. Rupert packte einen Skizzenblock und etwas Zeichenkohle ein, Clary eine Keksdose, um Muscheln oder etwas anderes zu sammeln. Simon und Teddy steckten zwei Spielkartendecks ein, seit Neuestem konnten sie Bézique; Louise *Die weite, weite Welt* und einen Tiegel Wonder Cream (sie hielt sich zwar nicht besonders gut, war unten ganz wässrig geworden und hatte oben eine feste grüne Schicht bekommen, aber sie fand, die Creme müsse aufgebraucht werden), und Polly nahm ihre Brownie-Kamera mit – das schönste Geschenk zu ihrem letzten Geburtstag.

Villy legte ein Buch über Nijinski und seine Frau in eine Strandtasche, in der bereits eine Wundsalbe, Pflaster und ein zweiter Badeanzug lagen – sie konnte es nicht leiden, in der nassen Kleidung herumzusitzen. Edward, Villy und Rupert sollten am Steuer der Autos sitzen, die sich langsam mit Insassen füllten. Bis es endlich losging, waren alle schon verschwitzt und in manchen Fällen weinerlich, weil es zu heiß war und weil man sie ihrer Ansicht nach ins falsche Auto gesetzt hatte.

Mrs. Cripps sah ihnen vom Küchenfenster aus nach. Seit sieben Uhr war sie auf den Beinen – neben dem gebratenen englischen Frühstück für alle hatte sie Sandwiches mit hart gekochtem Ei, Sardinen, Käse und ihrer selbst hergestellten Schinkenpaste gemacht, dazu gab es als Nachtisch Kümmelkuchen, Haferkekse und Bananen. Jetzt hatte sie Zeit für eine gute Tasse Tee, bevor Madam mit ihren Listen kam.

Aus Gründen, die sie nicht näher erläutern wollte, fiel es Rachel schwer, die Duchy über ihr Vorhaben zu unterrichten. Sie entschied sich dagegen, um das Auto zu bitten; Hitze hin oder her, mit dem Fahrrad wäre sie unabhängiger. Doch als die Duchy sie beim Frühstück nach ihren Plänen fragte, fühlte sie sich verpflichtet zu erklären, sie und Sid würden zum Lunch gerne in den Gateway-Teesalon gehen. Die Duchy aber, die Mahlzeiten in Hotels oder Restaurants und selbst in Teesalons als unsinnige Geldverschwendung erachtete sowie als unschickliche Gepflogenheit, bestand darauf, dass sie Sid zum Lunch mitbringe, und klingelte, noch ehe Rachel auch nur ein Wort des Protests erheben konnte, nach Eileen, die Tonbridge ausrichten sollte, er möge den Wagen in einer halben Stunde vorfahren. Wir können ja nach dem Lunch spazieren gehen, tröstete Rachel sich. Das ist genauso schön. Fast genauso schön. Sybil unterband jede weitere Diskussion, sie kam in das Frühstückszimmer gehumpelt, entschuldigte sich für ihre Verspätung und ließ sich mit unverkennbarer Erleichterung auf den Stuhl fallen. Sie habe das Gleichgewicht verloren, als sie aus der Wanne stieg, erklärte sie, und sich offenbar den Knöchel verstaucht. Rachel, die in den letzten Kriegsjahren als Hilfsschwester gearbeitet hatte, bestand darauf, sich den Fuß anzusehen. Er war stark geschwollen und tat eindeutig sehr weh. Die Duchy brachte Hamamelis, Rachel holte eine Bandage und ein Stück Mull, und der Knöchel wurde verbunden.

»Du solltest ihn hochlegen«, sagte Rachel, schob einen zweiten Stuhl vor Sybil und hob den verletzten Fuß vorsichtig auf das Kissen, mit dem sie die Sitzfläche gepolstert hatte. Dadurch saß Sybil allerdings in einem sehr unbequemen Winkel am Tisch und bekam nahezu umgehend Rückenschmerzen. Wegen ihres Knöchels hatte sie eine Ewigkeit gebraucht, um sich anzuziehen, und war schon wieder müde, dabei hatte der Tag doch gerade erst begonnen. Rachel verschwand, um nach Battle zu fahren. Die Duchy schenkte Sybil noch eine Tasse Tee ein, bestellte frischen Toast für sie und zog sich zu ihrer Besprechung mit Mrs. Cripps in die

Küche zurück. Als Eileen den Toast brachte, bat Sybil sie um ein Kissen für den Rücken, und während das geholt wurde, warf sie einen Blick in die Tageszeitung, die auf der Auslandsseite aufgeschlagen war. Ein Pastor namens Martin Niemöller war nach einem großen Gottesdienst an einem Ort namens Dahlem verhaftet worden – ein Ort, von dem sie noch nie gehört hatte. Sie kam zu dem Schluss, dass sie keine Lust auf die Zeitungslektüre hatte und auch nichts essen wollte. Sie beugte sich vor, damit Eileen ihr das Kissen in den Rücken stecken konnte, und dabei hatte sie das Gefühl, als würde eine Hand langsam ihre untere Wirbelsäule zusammenpressen. Kaum spürte sie das, da löste sich der eiserne Griff schon wieder. Wie seltsam, dachte sie gerade, und keinen Augenblick später geriet sie ohne Vorwarnung in einen Strudel lähmender, blinder Panik. Als auch der verebbte, trieben Bruchstücke begründeter Angst an die Oberfläche ihres Bewusstseins. Polly und Simon waren zu spät gekommen – Polly elf Tage und Simon drei. Sie war noch drei bis vier Wochen vor der Zeit, der Sturz konnte das Baby – oder die Babys – doch eigentlich nicht verletzt haben, Hugh würde mittlerweile schon in London sein, sie hatte vom Sturz einen Schock bekommen, etwas anderes war es nicht … Lächerlich! Nach Bestätigung suchend, horchte sie bang in sich hinein. Sie schwitzte, es prickelte unter ihren Achseln, ihre Stirn war feucht. Ihr Rücken – der gab jetzt wieder Ruhe, bis auf den leisen Schmerz, wenn sie in der falschen Position saß oder zu lange in einer anderen verharrte.

Sie bewegte den Fuß und nahm fast mit Erleichterung den jähen stechenden Schmerz wahr. Knöchel konnten höllisch wehtun, aber mehr auch nicht. Ihr Mund war trocken, sie trank einen Schluck Tee. Sie hatte einfach Pech gehabt, denn sie hatte sich vorgenommen, an diesem Vormittag ein bisschen durch den Garten zu spazieren, den sie in diesem Sommer noch gar nicht richtig gesehen hatte. Sie stellte sich vor, wie sie barfuß über den gepflegten Rasen ging, weich und federnd und noch kühl vom Tau – sie wollte jetzt, in diesem Moment, darauf herumgehen! Vor Frustration wurde sie gereizt und rastlos – was trödelte Eileen immer noch hier herum …

»Ist alles in Ordnung, Mrs. Hugh?«

»In bester Ordnung. Ich habe mir nur den Knöchel verstaucht, mehr nicht.«

»Ach, das ist der Grund.« Eileen schien beruhigt. »Das kann wirklich sehr schmerzhaft sein.« Sie nahm das Tablett vom Tisch. »Sie läuten, wenn Sie etwas brauchen, Madam, ja?« Sie stellte die kleine Messingglocke in Sybils Reichweite und ging.

Vielleicht sollte ich in London sein und nicht so weit weg, dachte Sybil. Ich hätte mit Hugh zurückfahren und vom Büro ein Taxi nach Hause nehmen können. Sie konnte wirklich nicht mehr so sitzen bleiben, es war einfach zu unbequem. Am liebsten würde sie Hugh anrufen und ihn fragen, was er meinte, aber dann würde er sich nur Sorgen machen, also verzichtete sie darauf. Wenn sie sich aus dem Arbeitszimmer des Brig – auf der anderen Seite der Halle – einen Gehstock holte, könnte sie in den Garten gehen. Mit einem Stock konnte sie bestimmt ein paar Schritte machen. Sie drehte sich zur Seite und hob ihren Fuß vom Stuhl, woraufhin sie einen derart qualvollen Stich im Knöchel spürte, dass ihr Tränen in die Augen schossen. Vielleicht sollte sie lieber nach Eileen läuten, damit die den Stock für sie holte … Aber dann merkte sie, dass ihre Hand wieder auf ihrer Wirbelsäule lag. Die Stelle tat nicht regelrecht weh, aber der Schmerz lauerte, das spürte sie. Jetzt erinnerte sie sich wieder. Das war erst der Anfang – der Griff würde zur Schraubzwinge werden, und dann würde ein Messer ganz langsam an ihr hinauffahren, ihre Wirbelsäule aufschlitzen, und die Schmerzen würden erst ein paar Sekunden, nachdem sie unerträglich geworden waren, aufhören, so, als seien sie verschwunden, doch in Wirklichkeit warteten sie nur darauf, zum nächsten, noch grausameren Anschlag auszuholen … Sie musste aufstehen … musste … Sie stützte sich am Tisch ab und stand auf, dann erinnerte sie sich an die Glocke, jetzt außer Reichweite, und als sie sich über den Tisch zu ihr beugte, spürte sie die nasse Wärme des Fruchtwassers an ihren Beinen hinablaufen. So sollte das alles überhaupt nicht laufen, dachte sie. Tränen strömten ihr über die Wangen, aber sie bekam die Glocke zu fassen und klingelte und klingelte unendlich weiter, damit jemand kam.

Was natürlich passierte, und zwar viel schneller, als es Sybil erschien. Sie halfen ihr in den Stuhl zurück, und die Duchy schickte Eileen nach Wren oder McAlpine, wen immer sie früher fand, und rief bei Dr. Carr an. Er mache Hausbesuche, hieß es, sei aber erreichbar und werde sofort kommen. Ihrer Schwiegertochter gegenüber verschwieg die Duchy, dass er nicht da war, und erklärte, er sei auf dem Weg, Eileen und einer der Männer würden sie in ihr Zimmer tragen und sie, die Duchy, werde nicht von ihrer Seite weichen, bis der Arzt käme. »Und alles wird gut«, schloss sie mit der ganzen Überzeugungskraft, die sie aufbringen konnte, aber sie war besorgt und wünschte, Rachel wäre da. Bei Schwierigkeiten wusste Rachel immer Rat. Es war kein gutes Zeichen, dass die Fruchtblase so früh geplatzt war. Sie sah keine Blutspuren, wollte Sybil aber nicht danach fragen, um sie nicht zu ängstigen. Wenn nur Rachel hier wäre, dachte sie fast verärgert. Sie war immer da, und ausgerechnet jetzt musste sie natürlich fort sein. Sybil biss sich auf die Unterlippe, um weder zu schreien noch zu weinen. Die Duchy nahm ihre Hand in ihre und drückte sie fest. Sie erinnerte sich, dass eine solche Berührung half, zudem bekräftigte sie damit die unausgesprochene Übereinkunft, bei der Geburt keinen Laut von sich zu geben, wie es sich für Frauen wie sie gehörte. Schmerz ertrug man und vergaß ihn, nur war er nie wirklich vergessen, und als sie jetzt Sybils stille Pein sah, erinnerte sie sich nur allzu deutlich daran. »Es wird alles gut, mein Küken, alles gut«, sagte sie. »Es wird ein wunderhübsches Kind, du wirst schon sehen.«

Rachel hätte sich mehr Zeit gewünscht, um sich herzurichten, ehe sie Sid abholte. Sie hätte sich auch gewünscht, dass sie mittags allein zu zweit im White Hart essen gingen, aber es wäre ihr nicht im Traum eingefallen, sich in dieser Frage den Wünschen der Duchy zu widersetzen – ebenso wenig wie in irgendeiner anderen Frage, wenn man es recht besah. Sie kannte es nicht anders. Vor zwanzig Jahren hatte sie sich damit herausreden können, dass sie zu jung war – achtzehn, um genau zu sein. Der fragliche junge Mann hatte sie gedrängt, sich größere Freiheiten herauszunehmen, wozu sie seinetwegen allerdings in keinster Weise bereit gewesen war. Als sie älter wurde, galt eher das Alter ihrer Eltern denn ihr eigenes als Grund für ihre Fügsamkeit, und der Gedanke, dass sie mit achtunddreißig Jahren noch immer nicht frei über ihre Zeit – oder in diesem Fall ihre und Sids Zeit – verfügen konnte, drang nicht in ihr Bewusstsein vor. Das war bedauerlich, aber auf seinen persönlichen Wünschen zu beharren wäre morbid, was in der Familie Cazalet ein Ausdruck abgrundtiefster Missbilligung war.

Und so saß sie auf dem Rücksitz des Wagens und versuchte, das Gute an der Situation zu sehen. Es war ein herrlicher Tag, heiß und flirrend, und nach dem Lunch würden sie und Sid einen wunderschönen Spaziergang machen – sie könnten sogar ein paar Osborne-Kekse und eine Thermosflasche mitnehmen und damit berechtigtermaßen den Nachmittagstee im Familienkreis ausfallen lassen.

Tonbridge fuhr mit seinen üblichen vierzig Stundenkilometern, und am liebsten hätte sie ihn gebeten, das Tempo zu beschleunigen, aber da er noch nie einen Zug verpasst hatte, wäre es lächerlich, ihn zur Eile anzuhalten.

Und in der Tat waren sie überpünktlich, wie Rachel bereits gewusst hatte. Sie werde auf dem Bahnsteig warten, sagte sie Tonbridge, der daraufhin meinte, er solle für McAlpine etwas bei Till's abholen.

»Erledigen Sie das doch jetzt, und wir treffen Sie vor Till's«, teilte Rachel ihm mit, erfreut, die Gunst der Stunde rechtzeitig erkannt zu haben.

Am Bahnhof herrschte Stille. Der einzige Gepäckträger goss die

Blumenbeete: orangerote Geranien, dunkelblaue Lobelien und weißes Steinkraut, Überreste des gärtnerischen Jubelschmucks anlässlich der Krönung. Auf der anderen Seite der Gleise saß ein Fahrgast mit einem Kind; dem Eimer, dem Holzspaten und dem Picknick nach zu urteilen, die aus der prall gefüllten Tasche ragten, wollten die beiden offenbar den Tag am Strand in Hastings verbringen. Rachel ging über die Brücke auf sie zu, merkte dann aber, dass sie mit niemandem ins Gespräch kommen wollte – sie wollte Sid in Stille begegnen –, und war froh, als der Zug langsam herangedampft kam, denn sie kam sich sehr unhöflich vor. Schließlich blieb er stehen, die Türen klappten auf, Leute stiegen aus, und da kam Sid lächelnd auf sie zu, in ihrem braunen Wildseidenkostüm und der gegürteten Jacke, ohne Hut, mit kurzem Haar und einem olivbraunen Gesicht.

»Holla!«, sagte Sid, und sie umarmten sich.

»Ich trage ihn.«

»Das lässt du schön bleiben.« Sid griff nach dem geschäftsmäßig wirkenden kleinen Koffer, den sie zu Begrüßung abgestellt hatte, und hakte sich bei Rachel unter.

»Ich hatte mir vorgestellt, dass du mich auf dem Fahrrad empfängst, aber vermutlich hat die Brücke dich überfordert. Du siehst müde aus, Liebste, stimmt das?«

»Nein. Und ich bin auch nicht mit dem Fahrrad gekommen. Ich fürchte, auf uns warten Tonbridge und ein Lunch zu Hause.«

»Oh!«

»Aber anschließend ein schöner Spaziergang, und ich dachte, wir könnten Tee mitnehmen, dann müssten wir dafür nicht zurück.«

»Das ist doch eine grandiose Idee«, erwiderte Sid resolut, und Rachel suchte in ihrer Miene nach einem Anzeichen von Ironie, fand aber keins. Sid begegnete ihrem Blick und zwinkerte. »Du Gute, du bist ein Engel, immer willst du es allen Menschen recht machen. Ich habe es ernst gemeint, es ist wirklich eine grandiose Idee.«

Schweigend verließen sie den Bahnhof. Für Rachel bedeutete dieses Schweigen glückselige Zweisamkeit, für Sid übervolles, wildes Glück, sodass sie kein Wort hervorbrachte, bis sie das Abteiportal passierten. »Werden die Kinder nicht mitkommen wollen, wenn wir ein Picknick mitnehmen?«

»Sie sind alle zum Strand gefahren und erst zum Nachmittagstee wieder da.«

»Ah! Die Situation lichtet sich aufs Bewunderungswürdigste.«

»Und ich dachte, du könntest bei uns übernachten. Wir könnten ein Klappbett in mein Zimmer stellen.«

»Meinst du wirklich? Aber ich muss warten, bis die Duchy es mir vorschlägt.«

»Das tut sie sicher. Sie mag dich sehr gern. Schade, dass du deine Geige nicht mitgebracht hast, aber du könntest dir die von Edward borgen. Du weißt doch, dass sie liebend gern Sonaten mit dir spielt. Wie geht es Evie?«

»Davon erzähle ich dir im Auto.« Evie war Sids Schwester, bekannt für kleinere und häufig vorsätzliche Unpässlichkeiten. Sie arbeitete halbtags als Sekretärin für einen berühmten Musiker und verließ sich darauf, dass Sid, mit der sie zusammenlebte, ihre bescheidenen Einkünfte verwaltete und sich im tatsächlichen und vermeintlichen Bedarfsfall um sie kümmerte.

Im Auto, während Sid ihre Hand hielt, erkundigte sich Rachel also erneut nach Evie und erfuhr von ihrem Heuschnupfen, der Möglichkeit eines Geschwürs, obwohl der Arzt das eher für unwahrscheinlich hielt, und ihrem Plan, Sid solle im August mit ihr in Urlaub ans Meer fahren. In der Gegenwart Tonbridges den Anstand zu wahren hatte einen gewissen Charme und reizte sie beide zum Lachen, denn in mancher Hinsicht war es lächerlich – im Grunde wollten sie sich überhaupt nicht über Evie unterhalten. Sie sahen sich an, oder vielmehr, Sid sah zu Rachel hinüber und konnte den Blick dann nicht von ihr wenden, sodass Rachel, ganz im Bann der kleinen, beredten, weit auseinanderstehenden braunen Augen, errötete, woraufhin Sid lachend irgendein idiotisches

Klischee von sich gab. In einem Ton, als würde sie einen Spruch aus einem Knallbonbon wiedergeben, sagte sie etwa: »Auf Regen folgt Sonnenschein«, und fügte ein »so heißt es zumindest« hinzu, was die Spannung löste – bis zum nächsten Mal. Tonbridge, der ein klein bisschen schneller fuhr – er freute sich auf sein Mittagessen –, konnte sich keinen Reim darauf machen, wovon die beiden sprachen.

Kaum waren sie vor der Pforte zum Stehen gekommen, die zur Haustür führte, stürmte Eileen heraus. Sie hatte nach ihnen Ausschau gehalten und sagte jetzt, Madam habe gesagt, Miss Rachel solle sofort in Mrs. Hughs Zimmer gehen, das Baby würde kommen und der Arzt sei noch nicht da. Rachel sprang aus dem Wagen und lief ins Haus, ohne einen Blick zurückzuwerfen. O mein Gott, dachte Sid. Die Arme! Sie meinte Rachel.

Sybil saß im Bett, gestützt von Kissen. Sie wollte sich nicht richtig hinlegen, wie es sich nach Ansicht der Duchy gehörte, doch war diese zu ängstlich und zu besorgt, um darauf zu bestehen. Rachel würde alles richten, und hier war sie ja endlich. »Der Arzt kommt«, sagte die Duchy rasch und warf Rachel einen warnenden Blick zu, der jede Frage nach dem »Wann« unterbinden sollte. »Wenn du bei ihr bleibst, kümmere ich mich um Handtücher. Die Mädchen machen Wasser heiß«, und damit verschwand sie, froh, etwas tun zu können, das sie nicht überforderte. Allmählich waren Sybils Schmerzen unerträglich geworden. Rachel zog einen Stuhl ans Bett und setzte sich zu ihrer Schwägerin.

»Meine Liebe, wie kann ich dir helfen?« Keuchend warf Sybil sich nach vorn und presste die geballten Fäuste in die Matratze. »Gar nicht. Ich weiß es nicht.« Etwas später sagte sie: »Hilf mir, mich auszuziehen. Schnell – bevor die nächste kommt.« Zwischen den Wehen half Rachel ihr, das Kittelkleid, den Unterrock und den Slip abzustreifen und schließlich in ein Nachthemd zu schlüpfen. Das dauerte sehr lange, denn bei jeder Wehe mussten sie innehalten, und Sybil umklammerte Rachels Hand, bis diese glaubte, ihre Knochen würden brechen.

»Und was, wenn es geboren wird, bevor er kommt?«, fragte Sybil, und Rachel merkte, dass die Vorstellung ihr eine Heidenangst machte.

»Wir schaffen das schon, es ist alles in Ordnung«, sagte sie beruhigend, aber sie hatte nicht die mindeste Ahnung, was sie dann tun sollte. »Mach dir keine Sorgen«, wiederholte sie und strich Sybil das Haar aus der Stirn. »Vergiss nicht, ich war im Krieg Hilfsschwester.«

Das schien Sybil tatsächlich etwas zu beruhigen, sie warf Rachel ein mattes, vertrauensvolles Lächeln zu. »Stimmt, das hatte ich ganz vergessen.« Sie lehnte sich einen Moment zurück und schloss die Augen. »Könntest du mir das Haar zurückbinden? Damit es aus dem Weg ist?« Doch bis Rachel auf der Kommode das Chiffonband fand, auf das Sybil gedeutet hatte, krümmte sie sich wieder vor Schmerzen und tastete nach Rachels Hand.

»O mein Gott, mach, dass der Arzt kommt«, betete Rachel, als Sybil einmal leise stöhnte.

»Entschuldige. Ein bisschen wie bei Mary Webb, oder? Festklammern an Bettpfosten und derlei?« Rachel lächelte über den bemühten kleinen Scherz. »Es tut wirklich ziemlich weh«, fügte Sybil hinzu.

»Das weiß ich, Liebes. Du bist wirklich sehr tapfer.«

Dann hörten sie beide einen Wagen – das musste doch der Arzt sein! Rachel trat ans Fenster. »Er ist da!«, rief sie. »Ist das nicht gut?« Aber da biss sich Sybil bereits auf die Faust, die sie in den Mund gesteckt hatte, um nicht zu schreien, und nahm offenbar nichts wahr.

Dr. Carr war ein älterer Mann, ein Schotte mit rot meliertem Haar und Schnurrbart. Noch während er den Raum betrat, zog er sein Jackett aus, stellte seine Tasche ab und krempelte die Ärmel hoch.

»So, so, Mrs. Cazalet, wie ich höre, sind Sie heute Morgen im Bad ein bisschen gestolpert, und da hat Ihr Baby beschlossen, sich auf den Weg zu machen.« Er sah sich um, entdeckte den Krug und die Schüssel und wusch sich gründlich die Hände. »Nein, ich komme gut mit kaltem Wasser zurecht, aber wir werden heißes Wasser brauchen. Vielleicht könnten Sie sich darum kümmern, Miss Cazalet, solange ich die Patientin untersuche?«

»Aber in fünf Minuten brauche ich Sie wieder hier!«, rief er ihr nach, als sie den Raum verließ.

Auf dem Treppenabsatz stieß sie auf die Hausmädchen, die abgedeckte Eimer mit heißem Wasser trugen, und auf der Wäschetruhe lag ein Stapel Handtücher. Unten traf sie die Duchy in Gesellschaft Sids an. Ihre Mutter war höchst erregt. »Rachel! Ich glaube, ich muss Hugh anrufen.«

»Natürlich musst du das.«

»Aber Sybil hat mich eindringlich gebeten, es nicht zu tun. Sie möchte nicht, dass er sich Sorgen macht. Es kommt mir nicht richtig vor, derart gegen ihren Wunsch zu handeln.«

Rachel sah zu Sid, die die Duchy mit fürsorglichem Wohlwollen betrachtete, wofür Rachel sie liebte. »Ich glaube nicht, dass es darum geht«, wandte Sid ein. »Ich glaube, Hugh wäre sehr unglücklich, nicht zu erfahren, was passiert.«

»Natürlich haben Sie recht«, stimmte die Duchy ihr dankbar zu. »Sie sind eine Stimme der Vernunft, Sid! Wie froh ich bin, dass Sie hier sind. Ich rufe sofort an.«

Als sie gegangen war, reichte Sid Rachel ihr zerschrammtes Zigarettenetui. »Hier, nimm einen Zug«, sagte sie. »Du siehst aus, als könntest du ihn brauchen.«

Und Rachel, die normalerweise ägyptische Zigaretten rauchte, weil Gold Flakes ihr zu stark waren, nahm eine, und als Sid ihr Feuer reichte, merkte sie, dass ihre Hand zitterte. »Es ist entsetzlich«, sagte sie. »Die grausamsten Schmerzen. Das habe ich nicht gewusst. Lässt der Arzt eine Schwester kommen?«

»Auf jeden Fall nicht sofort. Seine übliche Hebamme ist bei einer Patientin, und die Bezirksschwester sagte, sie könne erst im Lauf des Nachmittags kommen.«

»Er hat mir gesagt, was ich tun soll«, meinte Rachel. »Entschuldige, dass unser Tag jetzt ins Wasser fällt.«

»Das ist nun nicht zu ändern.«

»Wurdest du eingeladen, über Nacht zu bleiben?«

»Ja. Der Plan ist, dass Mrs. Cripps zum Nachmittagstee ein Picknick macht, und ich lenke die Strandheimkehrer ab und sorge vor allem dafür, dass die Kinder aus dem Weg sind. Ist es nicht seltsam?«, fügte sie nach einer Pause hinzu. »Bei den wichtigsten Ereignissen im Leben eines Menschen müssen alle anderen verschwinden und dürfen nichts davon mitbekommen.«

»Ja, aber sie könnten sie hören. Nicht, dass Sybil einen Ton von sich geben würde, wenn sie es vermeiden kann.«

»Natürlich.«

Rachel entging Sids leicht ironischer Unterton nicht, und der ebenso flüchtige wie vertraute Gedanke streifte sie, wie fremdländisch Sid war – oder so bezeichnete sie es zumindest sich selbst gegenüber. Sids Vater hatte ihre Mutter, eine portugiesische Jüdin, auf einer Tournee mit dem Orchester, in dem er spielte, kennengelernt. Er hatte sie geheiratet und zwei Töchter mit ihr bekommen, Margot und Evie, und sich dann nach Australien abgesetzt. Von da an wurde er immer nur – mit einiger Bitterkeit – der gewisse Mr. Sidney genannt. Sid hatte kein leichtes Leben gehabt. Geld war immer knapp gewesen, und schließlich war ihre Mutter an Tuberkulose und Heimweh gestorben (ihre Familie hatte sich bei ihrer Hochzeit von ihr losgesagt). Sie wisse nicht genau, sagte Sid immer, was schlimmer gewesen sei. Doch all das zusammen mit ihrer Herkunft aus einer Musikerfamilie verlieh ihr etwas Fremdartiges, weshalb sie auch sehr viel eher als Rachels Familie bereit schien, Dinge offen anzusprechen. »Heißen Brei kenne ich seit meiner Geburt, warum sollte ich jetzt um ihn herumreden?«, hatte sie einmal gesagt. Gleich nach dem Tod ihrer Mutter hatte Margot den Namen abgelegt, den sie immer verabscheut hatte, und sich Sid genannt. Wie viele Paare mit sehr unterschiedlichem kulturellen Hintergrund legten Sid und Rachel im Umgang miteinander eine gewisse Ambivalenz an den Tag: Sid erkannte, dass Rachel ihr Leben lang vor allen finanziellen und emotionalen Widrigkeiten beschützt worden war, und wollte der Mensch sein, der sie am meisten beschützte; gleichzeitig konnte sie sich nicht den einen oder anderen Seitenhieb auf dieses für die englische Mittelschicht so ungemein typische Leben verkneifen. Rachel, die wusste, dass Sid nicht nur für sich selbst, sondern im Grunde auch immer für ihre Mutter und ihre Schwester hatte sorgen müssen, respektierte ihre Selbstständigkeit und Autorität, allerdings sollte Sid auch verstehen, dass Understatement, Taktgefühl und Zurückhaltung maßgeblich waren im Leben der Familie Cazalet und lediglich dazu dienten, Zuneigung und gute Manieren zu bewahren. »Ich kann das durchaus nachvollziehen«, hatte Sid einmal in einer ihrer ersten Auseinandersetzungen gesagt, »aber deswegen muss ich nicht gleich derselben Meinung sein. Kannst du das nicht verstehen?« Aber das konnte Rachel absolut nicht. Für sie bedeutete Verständnis stillschweigende Billigung.

Beiden kamen nun einige dieser Gedanken wieder in den Sinn, doch jetzt war nicht die Zeit dafür. Rachel drückte die Zigarette aus. »Ich muss zurück«, sagte sie. »Könntest du die Duchy bitten, einem der Mädchen aufzutragen, mir eine Schürze zu bringen?«

»Natürlich. Viel Glück. Sag, wenn ich irgendetwas tun kann.«

»Das mache ich.«

Ich muss nur genau das tun, was er mir sagt, dachte sie, während sie die Treppe hinaufging, und es ist absolut lächerlich, mich an dem Blut zu stören. Ich muss einfach an etwas anderes denken.

Eigentlich war Cooden kein geeigneter Strand für Kinder, dachte Villy, als sie auf dem Gesäß im groben Kies herumrutschte im Versuch, sich bequemer gegen den Wellenbrecher zu lehnen. Selbst an diesem ruhigen, glutheißen Tag war das Meer überraschend kalt – in der Ferne stahlblau, näher am Strand eine aquamarinblaue Dünung, die endlos heranwogte und sich mit einem cremeweißen Saum an der steil abfallenden Küste brach, um grün zu zerfließen und von der nächsten Welle mit sich gezogen zu werden. Für die Jungen war es kein Problem, sie hatten in der Schule schwimmen gelernt, aber die Mädchen fürchteten sich vor tieferem Wasser. Sie staksten über den Kies, wateten einige Schritte und machten dann zwei oder drei Züge, immer und immer wieder, bis Villy sie aus dem Wasser beorderte, dann standen sie zähneklappernd, kalt und glitschig wie Fische da, ließen sich den Rücken abreiben und bekamen Stückchen von Terry's Bitterschokolade oder heiße Fleischbrühe. Für Lydia und Neville gab es keine Felsentümpel und so gut wie keinen Sand. Lydia wurde von der Unterströmung von den Füßen gerissen, und trotz Villys tröstender Worte weinte sie ewig. Neville, der das alles mit Argusaugen verfolgte, verkündete anschließend, er werde das Meer an diesem Tag überhaupt nicht benutzen, »außer um Wasser für meinen Eimer zu holen«. »Dann bekommst du keine Schokolade«, sagte Clary daraufhin und wurde sofort zur Ordnung gerufen von Ellen, die gerade mit Sicherheitsnadeln ein Taschentuch an Nevilles Panamahut feststeckte, damit das weiße Quadrat seine bereits geröteten knochigen Schultern bedeckte. Ellen und Nanny saßen mit Hut, grauer Strickjacke und vernünftigen gegürteten Baumwollkleidern am Strand, die Beine in den dicken, hellen Baumwollstrümpfen mit den schwarzen Riemenschuhen vor sich ausgestreckt, das Strickzeug im Schoß. Ein Tag am Strand musste höllisch für sie sein, dachte Villy. Keine von ihnen würde im Traum daran denken, schwimmen zu gehen: Ihre Autorität bei den Kindern war ohnehin geschwächt, untergraben durch die Anwesenheit ihrer Eltern, gleichzeitig trugen sie die Verantwortung – dass Lydia und Neville sich nicht verkühlten oder einen Sonnenstich bekamen oder mit fremden Kindern verschwanden, bei denen sie sich mit etwas anstecken konnten.

Nanny wollte Lydia gerade anziehen, als Edward sie davon abhielt, um mit seiner Tochter auf den Schultern hinauszuschwimmen, so, wie Rupert es mit Neville tat (keinem der beiden Männer gefiel es, dass ihre Kinder Angst vor dem Wasser hatten). »Sagt den

Jungs, dass sie dann mit euch rauskommen sollen«, rief Villy. Für die wäre es Ehrensache, nicht eher aus dem Wasser zu kommen, bis es ihnen befohlen wurde. Villy sah zu Zoë hinüber, die, an den Wellenbrecher gelehnt, auf einer Autodecke saß und sich die Beine eincremte – die einzigen Körperteile von ihr, die in der Sonne waren. Wie gewöhnlich, das vor aller Augen zu tun, dachte Villy, bekam aber sofort ein schlechtes Gewissen. Was das arme Mädchen auch tut, mir fällt immer etwas Gehässiges dazu ein. Rupert hatte sie zum Baden zu überreden versucht, doch das lehnte sie kategorisch ab mit der Begründung, sie wisse jetzt schon, dass es zu kalt sein würde. Dass sie nicht schwimmen konnte, hatte sie keinem der Cazalets je erzählt.

Villy beobachtete, wie Edward und Rupert vorsichtig ins Meer hinauswateten. Lydia und Neville klammerten sich wie ängstliche kleine Krabben an ihren Rücken. Als die Väter die ersten Schwimmzüge machten, kreischten Lydia vor Aufregung und Neville vor Angst, und ihr Geschrei vermischte sich mit dem Meeresgeheul anderer Kinder, die sich vor den Wellen fürchteten, die nicht ins Wasser gehen wollten, über die Kälte erschraken oder Angst davor hatten, von den Schwimmenden nass gespritzt zu werden. Die beiden Männer schwammen unbeirrt weiter, bis Rupert Gefahr lief, von Neville erwürgt zu werden, und zum Strand zurückkehren musste. Nevilles Hut wurde fortgeweht, und Simon und Teddy schwammen ihm flink wie Otter nach, um ihn zu retten.

Die Mädchen hatten mittlerweile ihre Shorts und Aertex-Blusen angezogen und erkundigten sich, wann es was zu essen gebe. Polly und Clary sammelten glatte, flache Steine und legten sie in Clarys Keksdose, und Louise lag, unbeeindruckt vom steinigen Strand, flach auf dem Bauch, las und fuhr sich immer wieder mit einem Badetuch über die Augen.

»Wie bald?«, fragte eine von ihnen.

»Sobald die anderen aus dem Wasser gekommen sind und sich umgezogen haben.« Rupert winkte Edward zu, der Lydia jetzt auf dem Arm trug und den Jungen zurief, sie sollten an den Strand kommen.

Lydia kehrte triumphierend und völlig ausgekühlt an Land zurück. Edward setzte sie neben Villy ab, und sie lehnte sich mit tropfenden Zöpfen und klappernden Zähnen an ihre Mutter.

»Du zitterst ja, mein Schatz.« Villy wickelte sie in ein Badetuch.

»Tue ich gar nicht. Eigentlich ist mir ganz heiß. Ich will nur, dass meine Zähne klappern. So zieht Nan sich morgens immer an. Schau mal!« Sie legte das Tuch um sich, drehte ihrer Mutter den Rücken zu und machte die buckelnden Bewegungen einer Frau, die sich ein Korsett anzieht – eine perfekte Imitation unbeholfener Schicklichkeit. Edward begegnete Villys Blick, und es gelang ihnen beiden, ein Lachen zu unterdrücken.

Teddy und Simon verließen das Wasser, sobald Edward »Essen!« rief. Sie kamen herausgeschossen, liefen ungerührt über die Kiesel, das Haar klebte ihnen am Kopf, die Träger ihrer Badeanzüge waren ihnen über die Schultern gerutscht. Grandios sei es in den Wellen, sagten sie, am liebsten wären sie gar nicht rausgekommen, es sei sinnlos, sich umzuziehen, sie würden gleich nach dem Essen sowieso wieder ins Wasser gehen. O nein, das würden sie nicht, sagte Edward, zuerst müssten sie ihr Mittagessen verdauen. Wenn man direkt nach dem Essen schwimmen gehe, bekomme man Krämpfe und ertrinke.

»Kennst du jemanden, der wirklich dabei ertrunken ist, Dad?«, fragte Teddy.

»Dutzende. Jetzt zieh dich um, und zwar zackig.«

»Was heißt zackig?«, fragte Lydia besorgt.

»Das heißt so viel wie schnell«, antwortete Louise. »Mummy, dürfen wir das Picknick schon auspacken? Nur um zu sehen, was es gibt?«

Zoë half beim Auspacken, die Kindermädchen hörten auf, Haare zu kämmen und sich über den Teer auf Lydias Badeanzug zu entrüsten, und breiteten für die Kinder eine Decke aus. Zoë freute sich, weil Rupert sich neben sie kniete, ihr durchs Haar fuhr und fragte, wie es seinem kleinen Bücherwurm gehe; da kam sie sich auf eine andere Art und Weise interessant vor. Die Kinder fielen über das Picknick her, nur Lydia weigerte sich, ihr hart gekochtes Ei zu essen, das sie als tot bezeichnete. »Ich esse keine toten Eier«, verkündete sie, also aß Teddy es an ihrer statt. Neville verschüttete seinen Orangensaft auf der Decke, Clary wurde von einer Biene gestochen und weinte, bis Rupert den Stachel heraussaugte und erklärte, dass es der Biene sehr viel schlechter gehe als ihr, die sei mittlerweile nämlich mausetot. Nach dem Essen mussten Lydia und Neville auf Geheiß der Kindermädchen im Schatten eines Wellenbrechers Mittagsschlaf halten, die Erwachsenen rauchten, und die älteren Kinder spielten mit den mitgebrachten Karten Paare aufdecken, was sich auf dem steinigen Boden nicht ganz einfach gestaltete. Clary war bei Weitem die Beste, sie vergaß keine einzige Karte, obwohl manche, wie Simon sagte, nicht richtig auf den Kieseln auflagen und noch zu erkennen seien, wenn man mogeln wolle, was er Clary offenbar zutraute. Dann wollten die Jungen wieder ins Wasser und behaupteten, ein zweites Mal sei ihnen versprochen worden. Es herrschte Ebbe, und die anderen beschlossen zu planschen – was bei ihrer Ankunft nicht möglich gewesen war. Guter Gott!, dachte Zoë. Es nimmt kein Ende. Sie hatte in *Vom Winde verweht* die Stelle erreicht, wo bei Melanie die Wehen einsetzen und Scarlett den Arzt nicht überreden kann zu kommen, und sie beschloss, dass sie das jetzt nicht lesen wollte. Rupert spazierte Hand in Hand mit Clary den Strand entlang, Clary sah zu ihm auf und schwang seinen Arm hin und her. Wenn ich mit seinen Kindern besser zurechtkäme, würde er vielleicht keine mehr wollen, dachte sie. Das erschien ihr eine gute Idee, allerdings schwierig umzusetzen. Sie stellte sich vor, wie sie Neville während einer Lungenentzündung oder einer anderen tödlichen Krankheit gesund pflegte, Nacht um Nacht an seinem Bett saß, ihm die Stirn streichelte und sich weigerte, auch nur eine Sekunde von seiner Seite zu weichen, bis er außer Lebensgefahr war. »Mein Liebling, sein Leben hat er nur dir zu verdanken«, würde Rupert sagen, »ich schulde dir mehr, als ich je wettmachen kann.« Sie hatte das Gefühl, Scarlett sehr ähnlich zu sein: schön, tapfer und bei allem recht unkompliziert. Sie würde Rupert das Buch zu lesen geben, dann würde er das auch erkennen.

Um vier Uhr wollten alle im Grunde nach Hause fahren – obwohl die Kinder das nicht zugaben. »Müssen wir wirklich schon? Wir sind doch gerade erst angekommen.« Bananen- und Eierschalen, Brotrinden und die Bakelitbecher wurden eingepackt, persönliche Habseligkeiten kamen abhanden, wurden wiedergefunden und dem rechtmäßigen Besitzer übergeben, Schlüssel wurden verlegt und tauchten wieder auf. Sie gingen den Strand entlang und den Pfad hinauf zu den Autos, die in der prallen Sonne standen und in denen jetzt brüllende Hitze herrschte. Villy, Rupert und Edward kurbelten zwar die Scheiben hinunter, aber die Sitze waren noch heiß, und Neville behauptete, darauf nicht sitzen zu können, und musste auf Ellens Schoß gesetzt werden. Edward fuhr ihren Buick, Villy den alten Vauxhall des Brig, dessen Gangschaltung einfach schauderhaft war, weil so viele Fremde ihn bereits gefahren hatten, außerdem war er wirklich schon etwas in die Jahre gekommen. Rupert nahm Zoë und Ellen in seinem Morris mit, dazu Neville sowie Lydia, die unbedingt mit Neville zusammenbleiben wollte, weil sie gerade »Ich sehe was, was du nicht siehst« spielten. Clary war froh, mit Villy und den Mädchen mitzufahren, Nan saß vorne neben Edward, was ihr sehr gut gefiel, und auf dem Rücksitz die Jungen. Man fuhr im Konvoi mit Villy vorneweg für den Fall, dass ihr Auto liegen blieb. Die Mädchen stritten um das Vorrecht, vorne zu sitzen. Louise sagte, sie sei die Älteste, und Clary sagte, ihr würde hinten übel. Villys Schiedsspruch fiel zugunsten von Clary aus. Von der Sonne hatte sie Kopfschmerzen und freute sich auf ein lauwarmes Bad und darauf, mit Sybil im Garten zu sitzen und zu nähen. Aber das Meer und die Seeluft hat ihnen gutgetan, sagte sie sich.

Rachel kehrte ins Schlafzimmer zurück, das Dr. Carr in der Zwischenzeit auf wundersame Weise von einem Schauplatz improvisierter Nothilfe in einen Raum verwandelt hatte, in dem zwar etwas Ernsthaftes vor sich gehen konnte, das aber ein berechenbares Ende finden würde. Sybil ruhte jetzt auf der Seite, die Knie angezogen, und er legte ihr eine kalte Kompresse auf den Knöchel.

»Mrs. Cazalet macht sich sehr gut«, verkündete er. »Mehr als die Hälfte erweitert, und das Baby ist in der richtigen Lage. Wir werden einige Handtücher zum Unterlegen brauchen, und Sie könnten die Küchenwaage bringen lassen. Und wenn die Wehen kommen, wäre es gut, wenn Sie ihr den Rücken reiben – hier – ganz unten, rechts und links der Wirbelsäule, und ihr sagen, dass sie atmen soll. Je stärker die Wehen, Mrs. Cazalet, desto tiefer müssen Sie atmen. Miss Cazalet, gibt es hier einen Tisch, auf den ich meine Gerätschaften ausbreiten könnte? Und gibt es eine Glocke? Ah! Gut, dann können wir uns bemerkbar machen, wenn wir etwas brauchen. Atmen Sie, Mrs. Cazalet, versuchen Sie, sich zu entspannen, und atmen Sie.«

»Ja«, sagte Sybil. Rachel stellte fest, dass sie bei Weitem nicht mehr so verängstigt aussah und den Arzt mit einem Blick vertrauensvollen Gehorsams betrachtete, der fast an Verehrung grenzte.

Die Handtücher wurden ausgebreitet und ein Tisch mit einem sauberen Tuch abgedeckt, worauf eine Zange, eine Schere und ein Glasgefäß mit Gazetupfern Platz fanden. Peggy brachte die Waage, eigenhändig von Mrs. Cripps geputzt, wie sie ehrfürchtig berichtete, und erhielt den Auftrag, das heiße Wasser in den Eimern alle zwanzig Minuten zu ersetzen, damit es bei Bedarf auch wirklich heiß war. All das vermittelte ein Gefühl von Ordnung und Klarheit, doch als alle Vorbereitungen getroffen waren, rückte das Ziel all dessen wieder in die Ferne. Rachel wusste, dass sie nichts wusste, und fragte sich, wie lange es wohl dauern würde. Nach einer ersten Geburt ging es doch angeblich schneller, oder nicht? Aber schneller als was? Nach einer unbestimmten, aber sehr langen Zeit untersuchte Dr. Carr Sybil erneut – »Nicht nötig, den Raum zu verlassen, Miss Cazalet« –, und als er fertig war, richtete er sich mit einem kleinen Brummen auf und verkündete, es werde noch eine Weile dauern und er müsse seine Frau Gemahlin anrufen, um sie zu bitten, seinem Partner auszurichten, er möge sich für die Abendsprechstunde bereithalten. Rachel erklärte ihm, wo das Telefon stand, und setzte sich dann wieder neben Sybil, die ruhig auf dem Rücken lag. Ihre Augen waren geschlossen, was ihr zusammen mit dem schweißdunklen Haar, das ihr straff aus der Stirn gebunden war, ein fast maskenhaftes Aussehen verlieh. Sie öffnete die Augen und sagte lächelnd: »Bei Polly hat es ewig gedauert, aber bei Simon ist es ziemlich schnell gegangen. Er kommt doch bald, oder?«

»Das Baby?«

»Der Arzt. Ah, hier kommt es.« Aber es war nicht das Baby, sondern nur eine weitere Wehe. Sie wälzte sich auf die Seite, damit Rachel ihr den Rücken reiben konnte.

Die Duchy hatte alles getan, was ihr zu tun einfiel. Sie hatte Hugh so ruhig wie möglich angerufen und gesagt, er solle nach Hause fahren, um die Babykleidung zu holen und sie dann herzubringen. Ja, ein Arzt sei im Haus. Dr. Carr sei bekannt als sehr erfahrener Geburtshelfer. Und Rachel stehe ebenfalls bereit, alles sei in bester Ordnung. Sie war erneut in die Küche gegangen, wo sie feststellte, dass Mrs. Cripps das gesamte Personal eingespannt hatte. Die Mädchen machten Sandwiches und bereiteten ein kleines Tablett mit Bratenaufschnitt und Salat für den Lunch. Dottie schleppte große Emailkrüge hin und her, um den riesigen Topf und den Kessel auf dem Herd mit Wasser zu füllen, und Mrs. Cripps, deren grünliches Gesicht vor Tatkraft und Schweiß glänzte, polierte inbrünstig die Waagschale der Küchenwaage. Billy hatte den Auftrag bekommen, die Kohleneimer wieder aufzufüllen, um den Herd nachzuschüren. Es herrschte eine Atmosphäre entschlossener Betriebsamkeit. Zuvor hatte Mrs. Cripps die Meinung geäußert, bei Damen sei die Niederkunft heikel und sie mache sich bei Mrs. Hugh auf alles gefasst, woraufhin Dottie dramatisch in Tränen ausbrach und von einem Dienstmädchen eine Ohrfeige bekommen musste, damit sie, wie Mrs. Cripps sagte, einen Grund zum Heulen habe. Sobald die Duchy die Küche betrat, hielten alle in ihrer jeweiligen Tätigkeit inne und blickten zu ihr als der Überbringerin von Nachrichten jedweder Art.

»Bei Mrs. Hugh sieht es sehr gut aus, und der Arzt ist gekommen. Mr. Hugh wird heute Abend eintreffen. Miss Sidney und ich werden im Frühstückszimmer zu Mittag speisen, aber wir werden nicht allzu viel wollen. Wie ich sehe, sind Sie alle sehr beschäftigt, also will ich Sie nicht weiter aufhalten. Ich vermute, dass die Strandausflügler nicht vor vier Uhr zurückkommen werden, Mrs. Cripps, aber die Körbe sollten dann für sie bereitstehen.«

»Jawohl, Ma'am. Und möchten Sie, dass der Lunch jetzt aufgetragen wird, Ma'am?«

Die Duchy blickte auf ihre Armbanduhr, in der das feine Spitzentuch steckte.

»Um halb zwei, bitte, Mrs. Cripps.«

Als sie die Küche verließ, blieb sie in der Halle stehen und überlegte sich, ob sie kurz nach Rachel sehen sollte, wie es ihr ergehe und ob sie etwas brauche. Dann fiel ihr ein, dass sie Sid allein, ohne jegliche Unterhaltung, zurückgelassen hatte, also brachte sie ihr die *Times* und ein Glas Sherry und sagte, Lunch werde bald serviert, und sie werde gleich wieder da sein. Mittlerweile quälte sie die Sorge, was das Baby denn gleich nach der Geburt tragen solle. Hugh würde kaum rechtzeitig mit der Kleidung eintreffen, und das arme Würmchen musste doch etwas Warmes anzuziehen haben. In ihrem Schlafzimmer mit dem bauschigen weißen Musselin und den zartblau getünchten Wänden suchte sie nach dem weißen Kaschmirschal, den Will ihr von einer seiner Indienreisen mitgebracht hatte. Mit den Jahren und durch das Waschen war er zwar cremefarben geworden, aber immer noch weich und federleicht. Der würde seinen Zweck erfüllen. Sie hängte ihn über das Geländer vor Sybils Zimmer. Dann ging sie zum Lunch nach unten.

Obwohl seine Mutter mehrmals versichert hatte, alles sei in bester Ordnung und er solle sich keine Sorgen machen, machte Hugh sich natürlich doch Sorgen. Nur wegen der Aussicht auf Zwillinge, dachte er sich, als er in die Bedford Gardens zurückfuhr. Bei Zwillingen konnte es Komplikationen geben, und es gefiel ihm nicht, dass Sybil nicht ihr eigener Arzt und die vertraute Hebamme zur Seite standen. Wäre es nur gestern passiert, dachte er, oder besser noch, in drei Wochen, wie es berechnet war. Die Arme! Bestimmt hatte sie sich überanstrengt. Wir hätten nicht ins Konzert gehen dürfen, aber es schien ihr so wichtig zu sein. Als er in das Zimmer des alten Herrn ging, um ihm davon zu berichten, lächelte sein Vater und sagte: »Zum Teufel auch!«, aber er wirkte sehr gelassen, und als Hugh ihm sagte, er werde kurz zu Hause vorbeischauen und dann sofort nach Sussex fahren, meinte er brummend: »Frauensache. Da hält man sich besser raus, bis alles vorbei ist, mein Junge.«

Dann warf er einen prüfenden Blick zu seinem ältesten Sohn – der seit dem verdammten Krieg immer wieder grundlos nervös wurde – und sagte, natürlich müsse Hugh fahren, wenn er es für richtig halte. Er werde abends kommen, mit dem üblichen Zug, fügte er noch hinzu.

In den Bedford Gardens war es wunderbar ruhig: Die meisten Anwohner waren mit ihren Kindern auf dem Land. Er parkte, ging den Pfad hinauf und schloss die Haustür auf. Als er sie wieder zufallen ließ, hörte er jemanden durch das Zimmer über sich laufen – sein und Sybils Schlafzimmer. Er legte seinen Hut auf den Flurtisch und wollte gerade nach oben gehen, als Inge auf dem oberen Treppenabsatz erschien. Sie war stark geschminkt und trug das, was er sofort als das rosa Seidenkleid erkannte, das Sybil vor einem Jahr für eine Hochzeit gekauft hatte. Inge starrte ihn an, als wäre er ein Eindringling, bis er sich zu sagen gezwungen fühlte: »Ich bin's, Inge.«

»Ich dachte, Sie kommen erst abends zurück.«

»Nun ja, bei Mrs. Cazalet haben die Wehen eingesetzt, und ich bin hier, um die Babysachen zu holen.«

»Die sind im Kinderzimmer«, sagte sie und verschwand. Er ging hinauf, die Schlafzimmertür war geschlossen. Vermutlich macht sie fieberhaft Ordnung, dachte er. Er hatte sofort beschlossen, so zu tun, als kenne er das Kleid nicht – jetzt im Moment konnte er ihr nicht kündigen, denn dann müsste er bleiben, bis sie fort war, und das würde ihn über Gebühr aufhalten. Kochend vor Wut betrat er das Kinderzimmer und sah die Babykleidung in einem Korb liegen. Er fand einen Koffer, kippte alles hinein und klappte ihn zu. Die Schlafzimmertür war noch immer geschlossen. Er ging in den Salon, und dort fiel ihm ein, dass er ja die Kamera mitnehmen wollte, um Bilder von Sybil und dem Baby zu machen. Sein Schreibtisch, der an einem Ende des Raums stand, war völlig verwüstet, als wäre er durchsucht worden: Die Schubladen standen offen, überall lagen Papiere verstreut. Himmelherrgott! Jetzt blieb ihm nichts anderes übrig, er musste sie auf der Stelle entlassen.

Es war schlimm genug, dass sie Sybils Kleider anzog und ihr Make-up benutzte, obwohl er nicht davon ausgegangen war, dass Sybil tatsächlich viele Schminksachen besaß – aber seinen Schreibtisch zu durchwühlen! War sie auf Geld aus? Sie verhielt sich wie ein gemeiner Dieb oder Einbrecher oder, und dieser Gedanke bereitete ihm Unbehagen, ein Spion, obwohl es weiß Gott nichts Lohnenswertes auszuspionieren gab. Das war einfach zu lächerlich. Aber nein – sie war doch Deutsche, oder nicht? Er hatte sie nie gemocht und konnte sie jetzt keinesfalls mehr allein im Haus lassen. Sie könnte alles Mögliche anstellen, könnte sich mit allen Wertgegenständen, die sie tragen konnte, davonmachen, sie könnte das Haus anzünden – was immer ihr in den Sinn kam. Er legte die Kamera neben den Koffer und ging wieder nach oben.

Es kostete ihn genau eine Stunde. Alle Kleider Sybils, all ihre Schuhe und ihr Schmuck waren im Raum verstreut. Er sagte ihr, sie solle ihre eigenen Sachen anziehen, packen und das Haus verlassen. Sie müsse in einer halben Stunde fort sein, und als Allererstes solle sie ihm die Schlüssel geben. Sie schob die Unterlippe vor und fluchte leise auf Deutsch, widersprach aber nicht. Er wartete vor dem Zimmer, bis sie ihr eigenes Baumwollkleid angezogen hatte, und blieb im Schlafzimmer stehen, während sie oben packte. Es stank nach Sybils Parfüm, Tweed, das er ihr immer zum Geburtstag schenkte. Er versuchte, etwas Ordnung zu schaffen, hängte ein paar Stücke in den Schrank zurück, aber es herrschte ein derart heilloses Durcheinander, dass er aufgab. Sein Herz hämmerte vor Zorn, Kopfschmerzen stellten sich ein – genau das, was er für die lange Fahrt brauchte. »Beeilen Sie sich!«, rief er die Treppe hinauf. Sie schien Ewigkeiten zu brauchen, aber schließlich trat sie mit zwei unverkennbar schweren Koffern auf den Flur. »Die Schlüssel«, sagte er. Sie sah ihn mit einem Ausdruck abgrundtiefen Hasses an und drückte sie ihm schmerzhaft in die Hand.

Und dann, sehr langsam und mit grausamer Zielgenauigkeit, spuckte sie ihn an. *»Schweinehund!«*, sagte sie auf Deutsch.

Er blickte ihr starr in die hellen, vortretenden Augen, in denen eine bösartige Kälte lag, und fuhr sich mit dem Handrücken übers Gesicht; der Hass, den er auf sie empfand, entsetzte ihn. »Verschwinden Sie«, sagte er. »Verschwinden Sie, bevor ich die Polizei hole.« Er folgte ihr nach unten und sah zu, wie sie die Tür öffnete und wütend ins Schloss fallen ließ.

Sobald sie fort war, ging er ins Bad und wusch sich Gesicht und Hände, hielt sie immer wieder in das fließende kalte Wasser. Danach nahm er zwei seiner Tabletten und prüfte, ob auch alle Türen abgesperrt waren. Das waren sie natürlich nicht – die hintere Küchentür stand einen Spalt offen. Anschließend ging er das Souterrain und das Erdgeschoss ab und überprüfte jedes Fenster. Dann fiel ihm Pompey ein, doch als er den armen Kater fand, lag er tot auf Pollys Bett – erdrosselt mit der Kordel ihres Wintermorgenrocks. Pollys kostbare Katze, das Wesen, das sie am allermeisten auf der Welt liebte. Das war zu viel. Er setzte sich auf das Bett seiner Tochter und schlug die Hände vors Gesicht. Ein paar Sekunden schluchzte er leise, bis eine Botschaft aus frühen Kindertagen ihm sagte, das gehe nicht an, und so riss er sich zusammen und putzte sich die Nase. Pompey lag ausgestreckt da, die Kordel fest um seinen Hals geschnürt. Seine halb geöffneten Augen glänzten noch, sein Fell war warm. Als Hugh die Kordel löste, bemerkte er den fachmännisch ausgeführten Knoten. Es konnte nicht leicht sein, eine Katze zu erdrosseln, ohne dass sie einen Laut von sich gab, überlegte er sich, es sei denn, man hatte Übung. Bei dem Gedanken schauderte ihn vor Abscheu. Aber er musste voranmachen. Er wickelte Pompey in ein Badetuch und trug ihn nach unten, um ihn im Garten zu begraben. Doch nach einem Blick auf die harte, ausgetrocknete, von Iriswurzeln durchsetzte Erde änderte er seine Meinung. Er würde Pompey nach Sussex mitnehmen, den richtigen Moment abpassen, um Polly davon zu erzählen, und ihr helfen, ihn zu beerdigen – die Duchy würde einen guten Platz für ein Grab finden. Er musste Polly auf jeden Fall sagen, dass Pompey tot war, die Umstände würde er jedoch verschweigen. Sie durfte nie erfahren, wie entsetzlich bösartig die Menschen sein konnten – nichts sollte ihre Trauer stören. Ich schenke ihr eine andere Katze, nahm er sich vor, als er den Wagen belud und Pompey in den Kofferraum legte. Ich schenke ihr zwanzig Katzen – alle Katzen der Welt.

»Ich fand Adilas Schwester immer sehr viel besser als Adila. Ruhiger, weniger extravagant.«

Sid stimmte mit dieser Ansicht zwar nicht überein – sie erachtete Extravaganz im Gegensatz zur Duchy nicht grundsätzlich als anstößig –, freute sich aber, dass ein Gespräch über Violinisten sich als effektive Ablenkung erwies. Sie waren von ihrer großen gemeinsamen Bewunderung für Szigeti und Huberman zu den d'Arányi-Schwestern gelangt. Jetzt sagte Sid, gemeinsam seien die beiden großartig, denn sie ergänzten sich gegenseitig, perfekt etwa für Bach. Die Augen der Duchy funkelten vor Interesse.

»Haben Sie sie gehört? Das muss großartig gewesen sein.«

»Nicht im Konzert. Aber eines Abends haben sie im Haus eines

Freundes spontan beschlossen zu spielen. Ein unvergessliches Erlebnis.«

»Ich finde dennoch, ausgerechnet Jelly hätte niemals den Schumann spielen dürfen. Er wollte eindeutig nicht, dass das Konzert aufgeführt würde, und es erscheint mir falsch, sich seinen Wünschen zu widersetzen.«

»Es ist wohl schwer, der Versuchung zu widerstehen, wenn man das Manuskript gerade entdeckt hat.«

Dann wurde Sid bewusst, dass sie in heikles Fahrwasser geriet – für die Duchy wäre der Umstand, dass einer Versuchung nur schwer zu widerstehen war, absolut kein Grund, ihr nicht zu widerstehen –, und fügte hinzu: »Aber durch das Konzert, das Somervell für Adila schrieb, ist sie natürlich weit häufiger vor Publikum zu hören als ihre Schwester. Die Ungarischen Tänze als Zugabe! Hinreißend, finden Sie nicht? Die Nummer fünf, zum Beispiel.«

Die Duchy pflichtete ihr bei – niemand könne einen Ungarischen Tanz so überzeugend spielen wie eine Ungarin.

Dann tupfte sie sich mit ihrer Serviette den Mund ab und steckte sie zusammengerollt in ihren silbernen Ring. »Haben Sie diesen neuen Jungen gehört – Menuhin?«

»Ich habe sein erstes Konzert in der Albert Hall besucht. Er spielte den Elgar. Eine unglaubliche Vorstellung.«

»Die Sache mit diesen Wunderkindern kam mir nie richtig vor. Es muss sie doch sehr hart ankommen – keine richtige Kindheit, und dann das ständige Reisen.«

Sid dachte an Mozart und schwieg. »Aber ich habe ihn gehört, und er ist großartig«, fuhr die Duchy fort. »Ein derartiges Verständnis für die Musik, und natürlich ist er kein Kind mehr. Aber ist es nicht interessant? All die Leute, von denen wir hier sprechen, ganz zu schweigen von Kreisler und Joachim, sind Juden! Das muss man ihnen lassen, sie sind wirklich erstklassige Geiger!« Dann sah sie zu Sid, eine zarte Röte stieg ihr in die Wangen. »Liebe Sid, hoffentlich denken Sie nicht …«

Und Sid, die des pauschalen Antisemitismus der Engländer

zwar überdrüssig, ihn aber auch gewohnt war, erwiderte mit der heiteren Gelassenheit, die sie sich gezwungenermaßen bereits als Kind angeeignet hatte: »Liebe Duchy, das sind sie aber auch! Ich wünschte, ich könnte ›wir‹ sagen, aber ich mache mir keine Illusionen über mein Talent – vielleicht hat mein nicht jüdisches Blut mich daran gehindert, es bis in die oberste Liga zu schaffen.«

»Das tut meines Erachtens nichts zur Sache. Wichtig ist, dass man sich daran erfreut.«

Und einen bescheidenen Lebensunterhalt damit verdienen kann, dachte Sid, aber das behielt sie für sich.

Die Duchy war noch immer unglücklich über ihren Lapsus, wie sie es für sich bezeichnete. »Liebe Sid! Wir haben Sie alle ins Herz geschlossen. Und Sie müssen wissen, Rachel verehrt Sie zutiefst. Sie müssen ein paar Tage bleiben, damit Sie beide mehr Zeit miteinander verbringen können. Ich hoffe sehr, dass Sie Zeit dafür haben.«

Sie reichte Sid die Hand, und diese ergriff sie, als sei es eine Handvoll wohlschmeckender Brosamen, denen sie nicht widerstehen konnte. »Das ist zu freundlich von Ihnen, liebe Duchy. Ein oder zwei Tage bleibe ich sehr gerne.«

Der direkte, bekümmerte Blick der Duchy klarte sich auf, sie tätschelte Sid die Hand. »Und vielleicht könnten wir zusammen etwas spielen – die Amateurin und die professionelle Geigerin? Edwards Gagliano liegt hier.«

»Das wäre zu schön.« Edwards Gagliano war erheblich besser als ihre eigene Geige. Er spielte nie mehr. Sie lag in dem Kasten, auf dem aus Edwards Schulzeit immer noch Cazalet junior stand, und wurde hier in Home Place aufbewahrt.

Die Duchy klingelte, damit Ellen den Lunch abtrug, und erhob sich vom Tisch.

»Ich denke, ich sehe oben nach, ob etwas gebraucht wird. Können Sie bitte die Ohren offen halten für den Fall, dass die Strandausflügler schon heimkehren?«

»Das mache ich.«

Als die Duchy fort war, zündete sie sich eine weitere Zigarette an und schlenderte hinaus zu den Korbsesseln auf dem Rasen. Von dort hatte sie die Auffahrt und die Pforte im Blick. Die üblichen widerstreitenden Gefühle brodelten in ihr: Empörung, dass Menschen aus religiösen Gründen alle in einen Topf geworfen wurden, eine unangenehme und gleichzeitig unwiderstehliche Dankbarkeit, als Ausnahme von der Regel anerkannt zu werden – die Sichtweise des Mischlings, vermutete sie. Aber sie hatte noch einen anderen Grund, sich nach Akzeptanz, wenn nicht gar Zuneigung zu sehnen; einen Grund, von dem weder die Duchy noch ein anderer aus der Familie und auch nicht ihre Kollegen erfahren würden und auch sonst niemand, wenn sie es verhindern konnte, vielleicht mit Ausnahme von Evie – wegen Rachel, ihrer teuren, kostbarsten und geheimen Liebe. Wollte sie Rachel nicht verlieren, musste es ein Geheimnis bleiben, und ein Leben ohne Rachel lag jenseits ihrer Vorstellung. Evie wusste zwar nichts Konkretes, aber sie ahnte etwas und setzte bereits ihre abscheuliche Intuition zu Manipulationszwecken ein – wie diese schrecklichen zwei Wochen am Meer, die ihrer Ansicht nach für sie beide unerlässlich waren. Evie spürte sofort, wenn die Aufmerksamkeit nicht allein ihr galt, und je nach Ursache wurden ihre Ansprüche immer einfallsreicher. Und diese Ursache, diese große Ursache in Sids Leben, barg große Sprengkraft. Wäre ich nur ein Mann, dachte sie, dann wäre das alles nicht nötig. Aber sie wollte kein Mann sein. Nichts ist einfach, dachte sie. Doch, eine Sache schon: Sie liebte Rachel von ganzem Herzen, und nichts konnte einfacher sein als das.

Sybil lag mit gespreizten Beinen und angezogenen Knien auf dem Bett. Ihr gewaltiger Bauch verbarg Dr. Carrs Kopf zur Gänze, bis auf den blassrosa glänzenden Scheitel, als er sich vorbeugte, um zu überprüfen, wie es voranging. Eine ganze lange Weile war gar nichts vorangegangen: Die Wehen kamen und gingen, aber der Muttermund öffnete sich nicht weiter, es war, als wäre Sybil stecken geblieben. Dr. Carr hatte eine bewundernswert beruhigende Art, aber sie war so müde und hatte die Schmerzen so satt, dass sie sich nur wünschte, sie würden aufhören. In der letzten Stunde – den letzten Stunden oder wie lang auch immer – war es ihr vorgekommen, als fände es nie ein Ende. Noch während der Untersuchung begann eine weitere rasende Woge von Schmerz, gigantisch wie eine Monsterwelle, und sie versuchte, vor ihr zurückzuweichen, doch das gelang ihr nicht, weil Dr. Carr ihre Beine festhielt.

»Pressen Sie, Mrs. Cazalet, drücken Sie nach unten, pressen Sie jetzt.« Sybil presste, aber dann wurden die Schmerzen nur noch größer, also brach sie ab. Schwach schüttelte sie den Kopf, spürte die Schmerzen verebben und all ihre Kraft mit sich nehmen. Sie wimmerte – es war nicht gerecht, sie festzuhalten, was alles noch schlimmer machte, wo sie doch einfach zu müde war, um noch mehr zu ertragen. Matt sah sie zu Rachel, aber Dr. Carr sprach mit ihr, und sie stand zu weit weg. Sybil fühlte sich verloren, von beiden verlassen.

»Jetzt kommen Sie sehr gut voran, Mrs. Cazalet. Wenn die nächste Wehe einsetzt, möchte ich, dass Sie tief einatmen und richtig fest pressen.«

Sie fragte, ob endlich etwas passiere. »Ja, ja, Ihr Baby ist unterwegs, aber Sie müssen ihm helfen. Kämpfen Sie nicht gegen die Wehe an, sondern gehen Sie mit ihr mit. Gehen Sie mit, bald haben Sie's geschafft.« Zweimal schaffte sie es noch, und dann, gerade vor dem dritten Mal, spürte sie, wie sich der Kopf des Babys, der wie ein schwerer runder Stein in ihr steckte, wieder bewegte, und sie schrie auf, aber nicht vor Schmerzen, sondern vor Aufregung darüber, dass ihr Kind aus ihr heraus in die Welt kam. Die letzten zwei oder drei Wogen, die dann noch folgten, zerrissen sie zwar mit einem noch schrilleren Schmerz, verschlangen sie aber nicht mehr wie zuvor: Ihre ganze Wahrnehmung war auf das unglaubliche Gefühl gerichtet, auf den Kopf des Babys, der sich nach unten, nach draußen bewegte. Sie sah Rachel mit einem kleinen weißen Gazebausch über ihr stehen und schüttelte den Kopf – die Ankunft dieses Babys wollte sie sich nicht nehmen lassen, nicht wie die beiden Male zuvor – und richtete sich auf, sodass sie alles verfolgen konnte. Der Arzt blickte mit einem Kopfschütteln zu Rachel, woraufhin diese den Bausch fortlegte. Sybil stieß einen langen, seufzenden Atemzug aus, und dann war der Kopf heraus – die Augen fest geschlossen, die dunklen Haarsträhnen feucht –, es folgten die zerknitterten Schultern, und schließlich lag auch der Rest des kaulquappenartigen Körpers auf dem Bett. Dr. Carr band die Nabelschnur ab und durchtrennte sie, hob das Baby an den Füßen hoch und gab ihm einen sanften Klaps auf den glitschigen, blutverschmierten Rücken. Das Gesicht des Babys verknautschte sich, wie in Trauer darüber, seine nasse Umgebung verlassen zu haben, es öffnete den Mund und machte mit einem dünnen, zitternden Schrei den ersten Atemzug. »Ein wunderhübscher Junge«, sagte Dr. Carr. Er lächelte. Sybil nahm den Blick, ein wortloser Appell, nicht von seinem Gesicht. Er betrachtete sie mit zärtlicher Herzlichkeit, fast, als wären sie Liebende, und legte ihr das Baby in den Arm. Rachel beobachtete Sybils Ausdruck, als sie das kleine, blutverschmierte Wesen – das jetzt laut schrie – entgegennahm, und merkte, dass sie weinte. Das Zimmer war erfüllt von freudiger Aufregung und Liebe.

Dann wurde Dr. Carr ganz praktisch. Rachel bekam den Auftrag, eine kleine Wanne mit warmem Wasser zu füllen und das Baby zu baden, während er sich um die Nachgeburt kümmerte. Rachel band sich eine Schürze um und nahm Sybil das Baby vorsichtig aus dem Arm. Sie hatte panische Angst, es zu verletzen. Dr. Carr bemerkte das. »Es ist nicht aus Glas, es geht nicht kaputt«, sagte er energisch, nahm ihr das Kind ab und legte es auf den Rücken in die Wanne. »Stützen Sie seinen Kopf ab und spülen Sie ihn mit dem Schwamm ab. So«, und damit wandte er sich wieder Sybil zu.

Das Baby, das mittlerweile zu weinen aufgehört hatte, rekelte sich in der kleinen Wanne, seine schiefergrauen, jetzt geöffneten Augen wanderten umher, seine Finger spreizten und schlossen sich wieder zu Fäusten. Seine Füße ragten im rechten Winkel von den Beinen ab, aus einem seiner Nasenlöcher kam ein Schleimpropfen. Dr. Carr, dem offenbar nichts entging, sah zu ihm und säuberte die Nasenlöcher mit einem Baumwolltupfer. Das Baby verzog das Gesicht, drückte den Rücken durch, sodass seine winzigen Rippen vortraten, und begann wieder zu schreien. Seine Haut in der Farbe winziger rosa Muscheln war weich wie eine Rose. Er machte mal mit einem Arm, dann mit einem Bein eine langsame, zufällige Bewegung, und manchmal schien er Rachel anzusehen, aber sein Blick war undurchdringlich. Behutsam, fast demütig wusch sie ihn – er kam ihr so verletzlich und doch so Achtung gebietend vor.

»Jetzt können Sie ihn abtrocknen, und dann wiegen wir ihn. Etwas über dreitausend Gramm, oder ich fresse einen Besen, aber wir müssen es genau wissen. So, und da sind wir, Mrs. Cazalet.« Plötzlich hing der Geruch von warmem Blut in der Luft. Es war Viertel vor fünf.

Hugh kam erst rund zwanzig Minuten nach der Geburt seines Sohnes in Home Place an. Er war mit einer Reifenpanne liegen geblieben, und das Rad hatte sich nur mit Mühe vom Wagen lösen lassen. Als er eintraf, setzte die Duchy Rachel gerade Sandwiches und Tee vor. Die Hebamme Mrs. Pearson war gekommen, und Dr Carr war nach einer schnellen Tasse Tee zur Geburt des zweiten Babys zu seiner Patientin zurückgekehrt – es waren tatsächlich Zwillinge –, aber er ging davon aus, dass es nicht allzu lange dauern würde. Rachel begleitete Hugh zum Wagen, um die Babykleidung zu holen.

»Ich würde Sybil gerne sehen. Meinst du, ich könnte zu ihr hineinschauen?«, fragte er, als sie zum Haus zurückgingen.

»Mein lieber Hugh, das weiß doch ich nicht. Wie hast du es denn sonst gehalten?«

»Nun ja, Sybil mag mich nicht sehen, bevor sie nicht wieder tipptopp in Ordnung ist, aber dieses Mal ist alles anders.«

»Also, wir müssen sowieso die Kleidung nach oben bringen. Dein Sohn muss sich im Moment mit einem Kaschmirschal begnügen.«

»Ist alles in Ordnung mit ihm?«

»Er ist wundervoll!«, sagte sie mit derartigem Nachdruck, dass er sie mit einem kleinen Lächeln ansah. »Ich wusste gar nicht, dass Tanten dermaßen entzückt sein können von einem Neugeborenen!«

»Na, ich war ja dabei. Mrs. Pearson konnte nicht gleich kommen, also habe ich so gut wie möglich geholfen.«

»War es schlimm für sie?«

»Ich glaube, ein Honigschlecken ist es nie. Sie war großartig, sehr tapfer. Dr. Carr sagte allerdings, das zweite würde recht schnell kommen«, fügte sie rasch hinzu für den Fall, dass sie zu negativ geklungen hatte.

»Ach, schön. Auf dich ist doch immer Verlass, Rachel. Ob sie mich wohl zu ihr lassen – nur einen Moment?«

Aber als sie vor der Tür standen, öffnete Mrs. Pearson sie einen Spalt, sagte etwas zu Sybil und drehte sich dann wieder um mit der Auskunft, Mrs. Cazalet lasse ihn grüßen, würde ihn aber lieber erst später sehen. Und Hugh, der überzeugt war, dass seine Frau Mrs. Pearson brauchte, wagte nicht zu fragen, ob er seinen Sohn sehen könne.

Sybil, die jetzt wieder von heftigen Wehen zerrissen wurde, sehnte sich nach Hugh, aber es stand außer Frage, dass er sie auch nur einen Moment in diesem Zustand sah. Sie steckte fest, und das erste Baby hatte sie zerrissen, und trotz Dr. Carrs Beteuerungen hatte sie das Gefühl, dass es ewig so weitergehen würde, oder bis ihre Kräfte erlahmten. In Wirklichkeit zog es sich weitere eineinhalb Stunden hin, bis sich herausstellte, dass dieses Kind nicht mit dem Kopf voraus kommen würde – es würde eine Steißgeburt werden. Dr. Carr musste die Zange einsetzen, um die Beine des Babys zusammenzuhalten, und zu dem Zeitpunkt war Sybil froh über das Chloroform. So sah sie nicht das gequetschte und geschundene kleine Wesen, das mit der Schnur um den Hals herauskam und nicht dazu gebracht werden konnte zu atmen. Sie ließen Sybil betäubt, bis die Nachgeburt gekommen und sie selbst gewaschen und genäht war, und dann saß Dr. Carr bei ihr, bis sie zu sich kam und er ihr sagen konnte, dass das Baby tot war. Sie bat, es sehen zu dürfen, und sie zeigten es ihr. Sie betrachtete den winzigen, schlaffen, weißen Körper und berührte ihn am Kopf. »Ein Mädchen. Hugh wird sehr traurig sein.« Eine Träne lief ihr über die Wange. Sie war zu erschöpft, um zu weinen.

Kurz herrschte Stille, dann sagte er sanft: »Sie haben einen wunderschönen Sohn. Soll jetzt Ihr Mann kommen, um Sie beide zu sehen?«

Eine halbe Stunde später stieg Dr. Carr müde in seinen alten Ford. In der Nacht zuvor war er zu einem Notfall gerufen worden, hatte morgens in der Praxis gearbeitet und fünf Hausbesuche absolviert, bevor er Mrs. Cazalet entband, und er war schließlich nicht mehr der Jüngste. Trotz seiner vierzig Jahre Erfahrung berührte ihn die Geburt eines Kindes immer wieder aufs Neue, und er fühlte sich Gebärenden auf eine Art verbunden, wie er es bei Frauen sonst nicht kannte. Verdammtes Pech, dass das zweite Kind tot zur Welt gekommen war, aber wenigstens lebte das eine. Und er hatte bei dem zweiten weiß Gott sein Bestes versucht – sie würde nie wissen, wie sehr er sich bemüht hatte. Noch minutenlang nachdem er erkannt hatte, wie aussichtslos es war, hatte er auf die kleine Brust gedrückt und sie wieder losgelassen. Mrs. Pearson wollte es einwickeln und außer Sichtweite legen, aber er wusste, dass die Mutter es würde sehen wollen. Als er nach unten ging, gaben sie ihm ein Glas besten Whisky, und er warnte Mr. Cazalet, dass seine Frau sehr erschöpft sei und er nicht lange bei ihr bleiben solle, sie brauche jetzt vor allem eine gute Tasse Tee und Schlaf. Er wollte noch »und keine gefühlvollen Szenen« hinzufügen, aber ein Blick auf den Vater sagte ihm, dass es ohnehin keine geben würde. Mr. Cazalet machte einen zurückhaltenden und verständnisvollen Eindruck – nicht wie andere, die launige Sprüche rissen, sarkastisch wurden und sich betranken. Und jetzt musste er zu Margaret zurück. In den alten Tagen war er voller Geschichten über die Geburt nach Hause gekommen, aufgeregt, überschäumend gar wegen des immer wieder gleichen Wunders. Aber nachdem sie ihre beiden Söhne im Krieg verloren hatten, wollte Margaret das alles nicht mehr hören, und so behielt er es für sich. Sie war ein Schatten ihrer selbst geworden, gottergeben und teilnahmslos, nur noch zu banalen Äußerungen über das Haus und das Wetter imstande und wie wenig acht er auf seine Kleidung gab. Dann hatte er ihr einen kleinen Hund geschenkt, und seitdem redete sie endlos über den. Mittlerweile war er ein dicker, verhätschelter Schoßhund, aber sie tat immer noch, als wäre er ein niedlicher Welpe. Mehr hatte er nicht für sie tun können, denn ihm wurde nicht das gleiche Maß an Kummer zugestanden wie ihr. Und auch darüber beklagte er sich nie. Aber wenn er, wie jetzt, allein im Wagen saß, nach einem Schluck Whisky, dann dachte er an Ian und Donald, über die zu Hause kein Wort gesprochen wurde und die, so schien es ihm manchmal, völlig vergessen waren außer in seiner Erinnerung und durch ihre Namen auf dem Denkmal, das im Dorf stand.

~

»Ich habe sie ja gefragt, aber sie sagte nur: ›Mach dir keine weiteren Gedanken darüber.‹« Zornig sah Louise über die Lichtung zu ihrer Mutter, die sich rauchend und lachend mit Onkel Rupert und einer Frau namens Margot Sidney unterhielt. Sie, Polly und Clary hatten sich vom Picknick abgesetzt – das sowieso schon länger vorbei war –, um sich ernsthaft darüber zu unterhalten, wie genau das mit dem Kinderkriegen ging, aber sie kamen einfach nicht weiter. Clary zog ihre Bluse hoch, befingerte skeptisch ihren Nabel und meinte, das könne die Stelle sein, aber Polly, die insgeheim entsetzt war ob dieser Vorstellung, widersprach sofort, der sei nicht groß genug. »Wisst ihr, Babys sind ziemlich groß, ungefähr wie eine mittelgroße Puppe.«

»Im Nabel sind aber alle möglichen Falten. Er könnte sich dehnen.«

»Es wäre viel besser, wenn sie einfach Eier legen würden.«

»Menschen sind für Eier zu schwer. Beim Brüten würden sie zerbrechen, und dann wäre überall Rührbaby verteilt.«

»Du bist eklig, Clary. Nein, ich glaube, es ist …«, Louise beugte sich zu Polly und wisperte, »… zwischen den Beinen.«

»Nein!«

»Es ist aber die einzige Stelle.«

»Und wer ist jetzt eklig?«

»Ich nicht. Ich habe das nicht so eingerichtet. Das ist gesunder Menschenverstand«, fügte sie überlegen hinzu im Versuch, sich an den grauenvollen Gedanken zu gewöhnen.

»Das ist kranker Menschenverstand«, sagte Clary.

»Ich glaube«, sagte Polly verträumt, »dass es nur eine Art Kern ist, ziemlich groß im Vergleich zu einer Grapefruit, und der Doktor legt ihn in eine Wanne mit warmem Wasser, und dann explodiert er – so, wie die japanische Wunderblume – und wird zu einem Baby.«

»Du bist so was von blöd. Warum glaubst du, dass sie so dick werden, wenn es nur ein Kern ist? Schau dir doch Tante Syb an. Kannst du dir wirklich vorstellen, dass da nur ein Kern in ihrem Bauch ist?«

»Außerdem kann es ja auch gefährlich sein«, sagte Clary mit einem ängstlichen Gesicht.

»So gefährlich kann es gar nicht sein – schaut euch doch an, wie viele Menschen es gibt«, begann Louise, dann fiel ihr Clarys

Mutter ein, und sie fügte eilig hinzu: »Aber vielleicht hast du doch recht mit dem Kern, Polly, ich glaube, das stimmt«, und sie zwinkerte Polly übertrieben zu, damit sie die Botschaft verstand.

Bald darauf kam Tante Rachel und sagte, dass Tante Sybil einen kleinen Jungen bekommen habe und ein kleines Mädchen, das gestorben sei, und sie sei sehr müde, würden sie also alle leise nach Hause gehen und keinen Krach machen? Simon, der oben in einem Baum saß, sagte »Bravo«, ließ sich kopfüber von einem Ast baumeln und forderte die Leute auf zu gucken, aber Polly lief zu Tante Rachel und sagte, sie wolle gleich zu ihrer Mutter und das Baby sehen. Alle freuten sich, nach Hause zu kommen.

Gegen sechs Uhr schlüpften Rachel und Sid zu einem Spaziergang aus dem Haus. Sie gingen hastig, fast verstohlen die Ausfahrt hinunter zur Pforte in den Wald für den Fall, dass jemand sie sah und mitkommen wollte. Sobald sie den Wald erreichten, verlangsamten sie ihren Schritt und schlenderten den Pfad zwischen den Bäumen entlang, der zu den Wiesen und Feldern führte. Rachel war sehr müde, und der Rücken tat ihr weh, weil sie sich so lange über Sybils Bett gebeugt hatte. Die Nachricht von dem tot geborenen Baby hatte sie tief getroffen. Als sie zu dem Trittsteig am Anfang der Wiese gelangten, die sanft zu einer Anhöhe anstieg, schlug Sid vor, nur bis zu der ausladenden Eiche zu gehen, die ganz allein wenige Meter jenseits des Waldrands stand, und sich dorthin zu setzen. Dankbar stimmte Rachel zu. Aber wenn ich einen sieben Kilometer langen Gewaltmarsch vorgeschlagen hätte, dachte Sid, hätte sie, so erschöpft sie ist, auch zugestimmt. Bei dem Gedanken stieg zärtliche Erbitterung in ihr auf. Rachels Selbstlosigkeit nötigte ihr großen Respekt ab, erforderte von ihrer Seite aus aber oft auch subtilstes Einfühlungsvermögen.

Rachel fand einen Platz, um sich bequem an den Stamm der Eiche zu lehnen, und ließ sich von Sid eine Zigarette geben, die sie ihr mit dem kleinen silbernen Feuerzeug anzündete, das Rachel ihr vor fast zwei Jahren geschenkt hatte, zu ihrem ersten Geburtstag nach ihrem Kennenlernen. Eine Weile rauchten sie schweigend. Rachel blickte unverwandt auf die grüne und goldene Wiese, in der Mohnblumen, Margeriten und Hahnenfuß blühten, aber so, als würde sie das alles gar nicht wahrnehmen. Sid beobachtete ihr Gesicht. Ihre feinen Züge mit den hohen Wangenknochen waren blass und abgespannt, ihre blauen Augen umwölkt und dunkel vor Erschöpfung. Ihre Lippen zitterten, und sie presste sie entschlossen aufeinander, als habe sie Angst zu weinen. Sid nahm ihre Hand. »Es wird leichter, wenn du's mir erzählst.«

»Es kommt mir so grausam vor! Die ganzen unglaublichen Qualen und die Anstrengung, und dann kommt der arme kleine Wurm tot zur Welt! Das ist doch ein schreckliches, entsetzliches Unglück!«

»Aber ein Baby zumindest lebt. Das ist doch viel besser, als hätte es nur das eine tote gegeben.«

»Natürlich. Aber glaubst du nicht, dass ihm sein Zwilling immer fehlen wird? Heißt es nicht, dass sie auf besondere Weise miteinander verbunden sind?«

»Ich glaube, nur wenn es eineiige Zwillinge sind.«

»Ja, das stimmt, das hatte ich vergessen. Das Schlimme ist, ich bin einfach froh, dass ich beim zweiten nicht dabei war. Ich hätte geflennt.«

»Liebling, du warst nicht dabei, und wärst du dabei gewesen, hättest du aus Rücksicht auf Sybil vermutlich nicht geweint. Und wenn doch, wäre das auch nicht das Ende der Welt gewesen. Weißt du, zu weinen ist kein Verbrechen.«

»Nein. Aber wenn man mein Alter erreicht, schickt es sich nicht.«

»Wirklich?«

Mit einem Blick auf Sids zärtlichen, spöttischen Gesichtsausdruck sagte Rachel nachdenklich: »Nun ja, uns wurde beigebracht, dass Erwachsene nicht weinen. Außer bei Musik und patriotischen Anlässen und derlei.«

»Du meinst, Elgar ist so gesehen ein Volltreffer?« Darüber musste Rachel lachen. »Genau. Ich frage mich, was die Cazalets vor Elgar machten, wenn ihnen nach Weinen zumute war!«

»Wir brauchen nicht das finstere Mittelalter der Cazalets zu erörtern.«

»Das brauchen wir in der Tat nicht.« Sie tupfte sich mit dem kleinen weißen Taschentuch, das an ihrem Handgelenk steckte, die Augen ab. »Wie albern man doch ist!«

Dann kamen sie auf sich selbst zu sprechen. Rachel fragte nach dem Urlaub am Meer, der Evie vorschwebte, und Sid sagte, dass sie gar keine Lust dazu habe, verschwieg aber, dass sie sich die zwei Wochen nur mit größter Mühe leisten könnten – Rachels Wohlstand und Sids Mangel daran war ihnen beiden peinlich –, und Rachel fragte, ob sie glaube, fahren zu müssen, weil Evie den Urlaub dringend brauche, und ob sie in dem Fall nicht nach Hastings fahren könnten? Denn dann könnten sie beide zum Lunch oder etwas in der Art nach Home Place kommen. Aber Sid erwiderte, sie habe Angst, Evie könne das mit ihnen – mit Rachel und ihr – herausfinden.

»Aber meine Liebe, da gibt es doch nichts herauszufinden!«

Was, wie Sid wusste, sowohl stimmte als auch nicht stimmte. »Sie ist sehr eifersüchtig«, sagte sie. »Besitzergreifend.«

»Du bist der einzige Mensch, den sie auf der Welt hat. Ich kann es verstehen.«

Sie macht mich zum einzigen Menschen, den sie hat, dachte Sid, sagte es aber nicht. Wie viele, die andere kritisierten und zu mehr Freimütigkeit drängten, behielt sie selbst zahlreiche Geheimnisse sorgsam unter Verschluss. In diesem Fall nannte sie es Loyalität Evie gegenüber: Rachel, der manipulatives Verhalten völlig fremd war, würde es bei anderen schlicht nicht wahrnehmen. Dann seufzte Rachel zufrieden. »Es ist wunderschön, dass du jetzt hier bist«, sagte sie mit derart inniger Zuneigung, dass Sid sie in die Arme nehmen und ihr zum ersten Mal an diesem Tag einen Kuss geben konnte, was für beide eine exquisite, wenngleich sehr unterschiedliche Wonne war.

Hugh war entsetzt über Sybils Anblick, hoffte aber, dass man ihm seinen Schock nicht ansah. Sie lag unter einem sauberen Laken flach auf dem Rücken, ihr Haar offen über das weiße Kissen gebreitet, und vor dem vielen Weiß nahm sich ihr Gesicht grau und wächsern aus. Ihre Augen waren geschlossen. Sie sieht aus, als läge sie im Sterben, dachte er, aber Mrs. Pearson, die ihm die Tür geöffnet hatte, sagte munter: »Ihr Mann ist gekommen, Mrs. Cazalet«, als wäre alles in bester Ordnung. »Ich gehe nur kurz nach unten und hole eine Tasse Tee für Sie«, hatte sie hinzugefügt und das Zimmer verlassen.

Hugh zog einen Stuhl ans Bett.

Bei Mrs. Pearsons Stimme hatte Sybil die Augen geöffnet und sah ihn jetzt ausdruckslos an. Er nahm ihre Hand und küsste sie. Sybil runzelte ein wenig die Stirn, schloss die Augen wieder, und zwei Tränen liefen herab. »Es tut mir leid. Es waren Zwillinge. Ich bin ausgerutscht. Es tut mir leid.« Sie bewegte sich ein wenig und fuhr zusammen.

»Mein Liebes, es ist alles gut.«

»Nein! Er hat versucht, sie zum Atmen zu bringen. Aber sie hat nie geatmet. All das, und dann hat sie nicht gelebt.«

»Ich weiß, mein Liebling. Aber was ist mit dem großartigen Jungen? Darf ich ihn sehen?«

»Er liegt da drüben.«

Hugh betrachtete das Profil seines Sohns, der auf der Seite lag und mit ernstem Gesichtchen tief und fest schlief. »Bei ihm ist alles in Ordnung, ihm fehlt nichts!«, sagte Sybil und fügte dann hinzu: »Aber ich weiß, dass du dir eine Tochter gewünscht hast.«

Er kehrte zu ihr zurück. »Er sieht fabelhaft aus. Und ich habe schon eine wunderbare Tochter.«

»Sie war so viel kleiner! Winzig, richtig jämmerlich. Als ich sie berührte, war ihr Kopf noch warm. Niemand wird sie je gekannt haben – außer mir. Weißt du, was ich mir gewünscht habe?«

»Nein«, sagte er gepresst.

»Ich wünschte mir, sie wäre wieder in mir – dort hätte ich sie beschützen können.« Tränenüberströmt sah sie ihn an. »Das habe ich mir gewünscht.«

»Ich möchte dich in den Arm nehmen«, sagte er, »aber das ist nicht so einfach, wenn du flach auf dem Rücken liegst.« Unfähig, sich zu beherrschen, schluchzte er einmal auf und drückte ihre Hand an seine Wange.

Sofort richtete sie sich auf und umarmte ihn. »Es ist alles gut. Ich wollte, dass du es weißt, aber ich wollte dich nicht ... sei nicht traurig! Es ist ja nicht so, als ob ... Wenn er aufwacht, wirst du sehen, wie wunderschön er ist ... du darfst nicht traurig sein, denk an Polly, mein Liebling ...« Erst als sie ihn in den Armen hielt und über ihren eigenen Kummer hinwegtröstete, wurde ihm dessen Ausmaß klar, und sein Mitleid mit ihr löste sich durch ihre Liebe auf. Er schloss sie in die Arme, legte sie sacht aufs Kissen zurück, streichelte ihr übers Haar, küsste sie zärtlich auf den Mund, sagte ihr, dass sie recht habe, sie hätten Polly, und dass er sie und seinen neugeborenen Sohn liebe. Als Mrs. Pearson mit dem Tee zurückkam, hielten sie sich an der Hand.

Sobald die anderen Kinder hörten, dass Polly und Simon ihr neugeborenes Brüderchen sehen durften, das eigens zu dem Zweck in seinem Korb in Hughs Ankleidezimmer gestellt wurde, bettelten sie darum, es ebenfalls zu sehen. Später ging Villy zu Lydia, um ihr Gute Nacht zu wünschen, und hörte zufällig, wie sie und Neville sich über das Baby unterhielten.

»Mir hat er nicht gefallen«, sagte Neville gerade. »Ich weiß nicht, wie er irgendjemandem gefallen kann.«

»Ein bisschen rot war er. Rot und verhutzelt – wie ein winziger uralter Mensch.«

»Wenn er jetzt schon so aussieht, wie wird er dann erst später aussehen?«

»Das will ich mir gar ausmalen.«

»Das willst du dir gar nicht ausmalen«, äffte er sie nach. »Ich male mir nichts aus, ich finde ihn einfach nur hässlich. Da hätte ich lieber einen Labrador …«

»Neville! Immerhin ist er ein Menschenkind.«

»Vielleicht. Aber vielleicht auch nicht.«

An der Stelle setzte Villy ein neutrales Gesicht auf und unterbrach die beiden.

~

Nachdem Polly ihren neugeborenen Bruder gesehen hatte, sagte Hugh, er wolle sich mit ihr unterhalten.

»Jetzt?« Eigentlich hatte sie sich mit Louise und Clary zum Monopoly verabredet.

»Ja.«

»Hier?«

»Ich dachte, wir könnten in den Garten gehen.«

»In Ordnung. Dad, ich muss nur den anderen Bescheid sagen. Ich bin in einer Minute in der Halle.«

Er ging mit ihr zur Bank beim Tennisplatz, und sie setzten sich. Kurz herrschte Stille, sodass Polly etwas bang zumute wurde.

»Worum geht es denn, Dad?« Sein Gesicht sah zerfurcht aus, wie immer, wenn er müde war. »Doch um nichts Schlimmes, oder?«

»Leider doch.«

Sie packte ihn am Ärmel. »Aber es ist doch nichts Schlimmes mit Mummy, oder? Du hast mich nicht zu ihr gelassen! Sie … Ihr … ihr ist doch nichts passiert, oder?«

»Nein, nein«, sagte er, erschrocken über ihr Gesicht. »Nein. Mummy ist nur furchtbar müde. Sie ist eingeschlafen, und ich wollte nicht, dass wir sie wecken. Morgen früh siehst du sie wieder. Nein, es ist …« Und er erzählte ihr seine sorgsam vorbereitete Geschichte: wie er nach Hause gefahren war, um die Babysachen zu holen, und wie er, als er vom Kinderzimmer herunterkam, Pompey auf dem Bett liegen sah und ihn streicheln wollte und dann feststellte, dass er tot war – offenbar einfach im Schlaf gestorben, was natürlich sehr traurig war, aber seiner Meinung nach der beste Tod für eine Katze. »Er hat überhaupt nichts gespürt, Poll – er ist einfach eingeschlafen und nicht mehr aufgewacht. Das ist«, sagte er mit einem ernsten Blick auf sie, »für dich natürlich viel schlimmer als für ihn.«

»Aber es ist natürlich besser als andersherum«, sagte sie. Sie war weiß geworden, ihre Lippen zitterten. »Aber wie schrecklich für dich! Ins Zimmer zu kommen und ihn so liegen zu sehen! Armer Dad!« Bitterlich weinend schlang sie die Arme um ihn. »Ach, der arme Pompey ist tot! Aber so alt war er doch noch gar nicht – warum ist er einfach so gestorben? Glaubst du, er dachte, ich würde nicht mehr wiederkommen, und …«

»Das glaube ich ganz bestimmt nicht. Wir wissen ja auch gar nicht, wie alt er wirklich war. Wahrscheinlich viel älter, als er aussah.« Polly hatte ihn in einer Tragetasche von Selfridges bekommen – ein Geschenk ihrer Patentante Rachel zum neunten Geburtstag. »Er war schon erwachsen, als er zu dir gekommen ist.«

»Ja. Das muss ganz furchtbar für dich gewesen sein.«

»Das war es auch. Ein Taschentuch?«

Sie putzte sich zweimal die Nase. »Er muss seine neun Leben aufgebraucht haben. Dad! Du hast ihn … doch nicht einfach weggeworfen, oder?«

»Guter Gott, nein! Ich habe ihn mitgebracht. Ich dachte, du möchtest ihn vielleicht richtig begraben.«

Sie sah ihn mit derart strahlender Dankbarkeit an, dass sein Herz einen Schlag aussetzte. »Ja«, sagte sie. »Ich glaube, das würde mir gut gefallen.«

Auf dem Rückweg zum Haus unterhielten sie sich über Pompeys bemerkenswertes Leben – oder vielmehr, seine vielen Leben: dreimal überfahren, einmal zwei Tage in einem Baumwipfel festgesessen, bis die Feuerwehr ihn herunterholte, einmal Gott weiß wie viele Tage im Weinkeller eingeschlossen … »Aber das sind nur fünf«, sagte Polly traurig.

»Wahrscheinlich hatte er schon ein paar aufgebraucht, bevor du ihn kanntest.«

»Das muss der Grund sein.«

Als sie zum Haus zurückgingen, sagte sie: »Dad! Jetzt habe ich mir überlegt, dass es vielleicht nicht neun Leben als dieselbe Katze sind, sondern immer ein Leben als neun verschiedene Katzen. Also hat er noch acht.«

»Das ist gut möglich. Also«, schloss er, »wenn du ein Kätzchen siehst, das aussieht, als könnte es Pompey in einem anderen Leben sein, gib mir Bescheid, und dann schenke ich es dir.«

»Ach, Dad, würdest du das wirklich tun? Ich halte auch fest Ausschau.«

Das war der Beginn dieses Sommers, der in der Erinnerung vieler mit anderen Sommern verschwamm. Im Gedächtnis blieb er vor allem als der Sommer, in dem der kleine William geboren wurde, und dann war da noch die traurige Sache mit dem anderen Baby. Polly blieb er vor allem als der Sommer in Erinnerung, in dem Pompey starb und prunkvoll beerdigt wurde. Dem alten William Cazalet als der Sommer, in dem er den Kauf der Mill Farm besiegelte, die ein Stück die Straße hinunter lag. Edward als der Sommer, in dem er im Büro für Hugh einsprang und Diana kennenlernte. Louise als der Sommer, in dem sie ihre Tage bekam. Teddy als der Sommer, in dem er sein erstes Kaninchen erlegte und seine Stimme komisch wurde. Lydia als der Sommer, in dem sie von den Jungen in den Obstkäfig eingeschlossen und vergessen wurde, weil sie dann Fahrradhockey spielten und zum Lunch gingen und sie, Lydia, erst beim Essen vermisst wurde (es war Nans freier Tag) und sie sich ausgerechnet hatte, dass sie verhungern würde, wenn sie erst einmal alle Stachelbeeren aufgegessen hatte. Sid blieb er in Erinnerung als der Sommer, in dem ihr endgültig klar wurde, dass Rachel ihre Eltern nie verlassen würde, aber dass andererseits sie, Sid, Rachel nie verlassen könnte. Neville als der Sommer, in dem sein loser Zahn ausfiel, als er auf seinem verzauberten Fahrrad unterwegs war, von dem er nur absteigen konnte, wenn er in etwas hineinfuhr, also verschluckte er den Zahn und traute sich nicht, jemandem davon zu erzählen, sondern wartete angstvoll, dass der Zahn ihn innerlich biss. Rupert blieb er in Erinnerung als der Sommer, in dem ihm bewusst wurde, dass er durch die Heirat mit Zoë jede Chance aufgegeben hatte, ein ernsthafter Maler zu werden, und Lehrer bleiben musste, um ihr wenigstens das bieten zu können, was sie als das bloße Minimum bezeichnete. Villy als der Sommer, in dem ihr derart langweilig wurde, dass sie sich das Geigenspiel beibrachte und ein maßstabsgetreues Modell der Cutty Sark baute, das zu groß war, um in eine Flasche zu passen; ein Missgeschick, das ihr bereits im vergangenen Sommer mit einem kleineren Schiff passiert war. Simon als die Ferien, in denen Dad ihm das Autofahren beibrachte und er die Auffahrt im Buick hinauf- und hinunterkurven durfte. Zoë blieb er in Erinnerung als der Schreckenssommer, in dem ihre Regel drei Wochen zu spät kam und sie glaubte, schwanger zu sein. Der Duchy als der Sommer, in dem die Strauchpfingstrose zum ersten Mal blühte. Clary als der Sommer, in dem sie sich beim Sturz von Joeys Rücken, als Louise ihr eine Reitstunde gab, den Arm brach und in dem sie ins Esszimmer schlafwandelte, als alle dort beim Dinner saßen, und sie dachte, sie träume, und Dad sie wieder ins Bett trug. Rachel als der Sommer, in dem sie die Geburt eines Kindes miterlebte, aber auch der Sommer, in dem ihr Rücken zum ersten Mal wirklich Probleme machte und ihr für den Rest ihres Lebens nur noch kurze Phasen ohne Schmerz bescheren sollte. Und Will, dessen erster Sommer es war, blieb er überhaupt nicht in Erinnerung.

ZWEITER TEIL

HOME PLACE
SPÄTSOMMER 1938

»Ich möchte wirklich wissen«, fragte sich Jessica nicht zum ersten Mal, »weshalb er sich, kurz bevor wir wegfahren, immer so besonders abscheulich benimmt.« Es war ja nicht so, als wäre er nicht eingeladen. Edward und Villy verhielten sich ihm gegenüber immer reizend, aber er wollte nicht mitkommen. Schlimmer noch, er blieb auch nicht ganz fort – meistens sagte er, wie jetzt, er werde vermutlich zum letzten Wochenende der zwei Wochen aufkreuzen, was irgendwie nach einer Drohung klang. Gleichzeitig gelang es ihm, ihr das Gefühl zu geben, sie lasse ihn mutwillig im Stich. Aber auf einen kostenlosen Landurlaub für die Kinder wollte sie nicht verzichten, und wenn sie ehrlich war (und wann würde sie sich selbst jemals belügen?), fände auch sie es schön, etwas Landluft zu bekommen, nicht kochen zu müssen, sich keine Sorgen um das knappe Haushaltsgeld zu machen und darüber, wie sie damit vier Kinder satt kriegen sollte, die wahre Unmengen verdrückten. Alleine der Gedanken daran ermattete sie – ganz zu schweigen vom Waschen und Bügeln. Oh, was für ein Vergnügen, auf einem Rasen zu sitzen und einen Gimlet zu schlürfen, während jemand anderer das Essen zubereitete!

Jetzt war er wieder da, stand in der Schlafzimmertür und wartete mit demonstrativer Geduld, bis sie den Koffer schloss. Jedes Mal bestand er darauf, für sie den Wagen zu beladen, was sich jedes Mal als zweischneidige Gefälligkeit erwies. Selbst mit dem Gepäckträger auf dem Dach war es für fünf kein ganz einfaches Unterfangen, aber er machte eine Exerzierübung daraus und begann nicht eher, bis sämtliche Gepäckstücke neben dem Auto auf dem Bürgerstand standen.

»Entschuldige, mein Schatz«, sagte sie so munter es ihr möglich war.

Er griff nach dem Koffer und zog die Augenbrauen hoch. »Man würde meinen, du verreist für ein halbes Jahr«, aber das sagte er jedes Mal, und sie hatte es längst aufgegeben, ihm zu erklären, dass man für zwei Wochen genauso viel benötigte wie für sechs Monate. Als sie ihn mit dem Koffer schwerfällig die Treppe hinunterhinken sah, überkam sie die vertraute Mischung aus Schuldgefühl und Mitleid. Der arme Raymond! Er hasste seine Arbeit als Quästor an einer großen Schule und war ein Mann, dessen gute Laune körperliche Betätigung bedingte, doch die war ihm durch sein Bein verwehrt. Er war in einer wohlhabenden Familie aufgewachsen, hatte aber jetzt kein Geld, sah man einmal ab von der vagen Aussicht auf die Erbschaft einer wetterwendischen Tante, die in regelmäßigen Abständen andeutete, sie könne ihre Meinung ändern und ihm anstatt ihres Geldes auch ihre Kunstsammlung hinterlassen – einen Watts, einen Landseer und über fünfhundert minderwertige Aquarelle von der Hand ihres verstorbenen Gatten. Aber selbst wenn er das Geld bekäme, würde es nicht lange reichen: Er würde alles in das eine oder andere hoffnungslose, irrwitzige Unterfangen stecken. Mit anderen zusammenzuarbeiten war nicht seine Sache – viele Dinge gingen ihm auf die Nerven, und er bekam aus heiterem Himmel Wutanfälle –, aber andererseits besaß er nicht den geringsten Geschäftssinn und brauchte deshalb einen Partner. Irgendwann in nächster Zeit würde er seine gegenwärtige Stelle aufgeben zugunsten eines neues Plans, das wusste sie, aber das Geld dafür würde aus dem Verkauf dieses Hauses kommen müssen, und sie würden in ein noch weniger ansprechendes, noch billigeres ziehen. Nicht, dass sie dieses Haus besonders mochte, eine Doppelhaushälfte (als Schmuckstück im klassischen Fachwerkstil hatte sie es einmal beschrieben, als sie Edward zum Lachen bringen wollte), errichtet bald nach dem Krieg von Bauherrn, die auf die wachsende Bebauung entlang einer der Hauptstraßen nach East Finchley spekulierten. Es hatte hässliche kleine Zimmer, die Gänge waren so schmal, dass man kaum mit einem Tablett hindurchgehen konnte, ohne sich die Fingerknöchel aufzuschürfen, und schon jetzt hatten sich lange Risse in den Wänden gebildet, die Fensterrahmen waren verzogen und bei Regen undicht, und in der Küche roch es immer nach Feuchtigkeit. Nach hinten erstreckte sich ein langer, schmaler Garten, an dessen Ende Raymond einen Schuppen errichtet hatte, als er seine Idee mit der Champignonzucht in die Tat umsetzen wollte. Mittlerweile nutzte Judy es, um sich dort mit ihren Freundinnen zu treffen – ein Segen, musste man sagen, denn als Jüngste hatte sie das kleinste Zimmer, in das außer ihrem Bett und ihrer Kommode nichts hineinpasste.

»Jessica! Jessica!«

»Daddy braucht dich, Mummy!«

»Mummy, es ist der Milchmann. Er möchte sein Geld.«

Sie bezahlte den Milchmann, beauftragte Christopher, die älteren Mädchen zur Eile anzutreiben, vergewisserte sich, dass sie im Salon das Klavier geschlossen und zum Schutz vor der Sonne mit dem Paisleyschal abgedeckt hatte, und trug Judy auf, zur Toilette zu gehen. Als ihr schließlich nichts mehr zu tun einfiel, ging sie zur Haustür hinaus und den mosaikgepflasterten Pfad entlang zur verschnörkelten Gartenpforte – die jetzt offen stand, Nora saß obenauf –, um die letzten Stadien des Beladens zu verfolgen.

»Christopher, Sinn und Zweck dieser Übung ist es, falls dir das entgangen sein sollte, die Koffer daran zu hindern, dass sie verrutschen.«

»Ich weiß, Dad.«

»Das weißt du? Tatsächlich? Höchst erstaunlich, dass dir dann nicht der Gedanke kam, ein Seil durch die Griffe zu ziehen! Ich muss wohl zu dem Schluss kommen, dass du nicht besonders klug bist.«

Christopher lief dunkelrot an, stieg auf das Trittbrett und fädelte die Schnur durch die Griffe. Während Jessica seine dünnen, papierweißen Arme unter den aufgekrempelten Ärmeln betrachtete und das Hemd, das ihm wegen seiner gestreckten Haltung über die Hose hing, empfand sie gleichzeitig Liebe und Abscheu angesichts dessen, dass ihr Sohn sich so große Mühe gab und ihr Mann sich von seiner schlechtesten Seite zeigte. Sie blickte zum Himmel: Das Blau des Vormittags war zu einem milchigen Hellgrün verblasst, kein Windhauch regte sich, und sie fragte sich, ob sie Sussex wohl erreichen würden, bevor ein Gewitter losbrach.

»Das sieht fantastisch aus«, sagte sie. »Wo ist Angie?«

»Sie wartet oben. Sie will nicht hier in der Hitze herumstehen«, sagte Nora.

»Dann hol sie«, trug Raymond seinem Sohn auf. »Ich dachte, du solltest beiden Mädchen sagen, dass sie herunterkommen sollen.«

»Das hat er sicher auch, mein Schatz, aber du kennst doch Angie. Ruf du sie, Nora.«

Judy kam aus dem Haus. Sie ging zu Jessica und bedeutete ihr, dass sie ihr etwas ins Ohr flüstern wollte. Jessica beugte sich vor.

»Ich hab's versucht, Mummy, aber es ist kein Tropfen rausgekommen.«

»Dann ist es ja gut.«

Angela kam langsam den Pfad herunter. Sie trug ein blaues Leinenkostüm, das sie selbst genäht hatte, dazu ihre weißen Schuhe, in der Hand ein Paar weiße Baumwollhandschuhe. Sie sah aus, als ginge sie auf eine Hochzeit. Jessica wusste, dass sie damit ihre Tante Villy beeindrucken wollte, und enthielt sich eines Kommentars. Angela war gerade neunzehn und in letzter Zeit sehr verträumt geworden, aber auch fordernd. »Warum haben wir nicht mehr Geld?«, hatte sie geklagt, als sie mehr Taschengeld verlangte – sie nannte es Kleidergeld – und Jessica es ihr abschlagen musste. »Geld ist nicht alles«, hatte Jessica einmal in Noras Hörweite gesagt, und sie hatte zurückgeschossen: »Nein, aber es ist immerhin etwas, oder? Ich meine, es ist besser als nichts.«

Raymond verabschiedete sich von ihnen. Er gab Angela einen Kuss auf die blasse, ihm teilnahmslos dargebotene Wange – Dad schwitzte, und sie verabscheute Schweiß – und auch Nora, die ihn heftig umarmte, was ihn freute. »Immer mit der Ruhe«, sagte er. Er versetzte Christopher einen schmerzhaften Klaps auf die

Schulter, und Christopher murmelte etwas und stieg schnell in den Fond.

»Auf Wiedersehen, Dad«, sagte Judy. »Mit Tante Lena wird es bestimmt klasse. Grüß Trottie von mir.« Trottie war Tante Lenas Mops. Ein dummer Name, wie Nora einmal bemerkt hatte, denn er war so dick, dass er zum Trotten niemals in der Lage wäre.

Angela ließ sich vorsichtig auf dem Beifahrersitz nieder.

»Du hättest fragen können«, sagte Nora.

»Ich bin die Älteste, ich brauche nicht zu fragen.«

»Ach, das stimmt in der Tat. Wie konnte mir das nur entfallen?« Das war eine erschreckend genaue Imitation ihres Vaters, wenn er sich als sarkastischer Schulmeister benahm, dachte Jessica. Sie küsste sein erhitztes, feuchtes Gesicht und setzte das routinierte vertrauliche Halblächeln auf, das ihn insgeheim erboste.

»Na, ich hoffe, ihr habt mehr Spaß als ich«, sagte er.

»Wir sind mehr, also sollten wir«, antwortete Nora munter. Sie besaß die Gabe, das freundliche letzte Wort zu finden.

Dann fuhren sie los.

Dieser Tage, so kam es Louise vor, unterbrach ihre Mutter sie bei allem, was sie gerade machte, und trug ihr etwas auf, wozu sie ohnehin nie Lust hätte, und schon gar nicht, wenn sie mitten in etwas anderem steckte. An diesem Vormittag wurde ihr verwehrt, mit Onkel Rupert, Clary und Polly an den Strand zu fahren, weil ihr Cousin und ihre Cousinen ankamen und es nach Ansicht ihrer Mutter unhöflich wäre, sie bei der Ankunft nicht zu begrüßen.

»Sie würden das überhaupt nicht unhöflich finden.«

»Was sie deiner Meinung nach glauben, interessiert mich nicht«, sagte Villy scharf. »Abgesehen davon bin ich mir sicher, dass du dein Zimmer nicht aufgeräumt hast.«

»Da ist nichts aufzuräumen.«

Zur Antwort nahm Villy ihre Tochter am Arm und marschierte

mit ihr zu dem großen hinteren Dachzimmer hinauf, das Louise sich mit Nora und Angela teilen sollte.

»Das dachte ich mir doch«, sagte sie. »Ein einziger Schweinestall.« Sie zog eine Schublade heraus, die vor Louises teils getragenen Kleidungsstücken und anderen Dingen überquoll.

»Wie oft habe ich dir schon gesagt, dass es ekelhaft ist, die Schlüpfer mit der anderen Kleidung aufzubewahren?« Wenn sie das so sagt, hört es sich tatsächlich ekelhaft an, dachte Louise. Bei ihr klingt es so, als wäre ich das wirklich, als würde sie mich hassen. Sie zog die Schublade ganz heraus und kippte den Inhalt auf ihr Bett.

»Und Bücher auch noch! Louise, wirklich! Was ist denn das für eines?«

»Es heißt *Jin Ping Mei*. Da geht es um China im sechzehnten Jahrhundert«, sagte sie mürrisch, aber sie war auf der Hut.

»Ach.« Villy wusste, dass die Mädchen bei Miss Milliment gerade China behandelten und alle ganz besessen waren von allem, was irgendwie mit China zu tun hatte – Sybil hatte ihr von Pollys wachsender Specksteinsammlung erzählt, und in Louises Zimmer in London lagen überall kleine Porzellanscherben. »Also, jetzt sei ein liebes Mädchen, und stell deine Bücher auf das Kaminsims. Richte das Zimmer schön her, und dann kannst du auch ein paar Rosen schneiden und auf die Kommode stellen. Die musst du übrigens auch freiräumen, damit Angela Platz für ihre Sachen hat. Und bitte beeil dich, weil Phyllis die Betten machen möchte.« Als sie ging, war Louise sehr erleichtert. Sie beschloss, alles wunderschön herzurichten und sich dann in die Hängematte beim Ententeich zu legen und zu lesen. Zwar verstand sie das chinesische Buch nicht richtig, aber sie wusste, dass ihre Mutter einen Großteil des Inhalts zutiefst missbilligen würde. Es ging fast nur um Sex, aber um derartig merkwürdige Arten, dass Louise, die das Buch anfangs nur zu Informationszwecken gelesen hatte, noch weniger verstand als zuvor. Aber das Essen und die Kleidung und die anderen Dinge, die passierten, faszinierten sie, abgesehen davon war es sehr dick – das Hauptmerkmal, nach dem sie gebrauchte Bücher kaufte. Schließlich bekam sie nach wie vor nur sechs Pence Taschengeld die Woche, und ständig ging ihr der Lesestoff aus.

Es war ihr erster Urlaub auf der Mill Farm, die der Brig seinen Söhnen für ihre Familien geschenkt hatte. Wegen Tante Jessica und ihren Kindern wohnten dieses Mal nur sie und ihre Familie hier sowie Neville und Ellen als Gesellschaft für Lydia. Die anderen waren in Home Place untergebracht, ein Stück die Straße hinauf, aber man traf sich jeden Tag. Die Mill Farm war weiß geschindelt mit einem Ziegeldach, die von Kastanien gesäumte Auffahrt endete in einem eleganten Bogen vor der Haustür. Neben der Auffahrt und vor dem Haus lag eine Koppel, wo früher vermutlich ein Obstgarten gewesen war, denn dort standen noch ein paar sehr alte Kirsch- und Birnbäume, und in einer kleinen Senke am Straßenende der Weide gab es einen Ententeich – verbotenes Terrain für die kleineren Kinder, weil Neville am ersten Abend hineingefallen war. Als er wieder auftauchte, war er grün vor Entengrütze, wie der Drachenkönig aus *Where The Rainbow Ends*, sagte Lydia. Ein Theaterstück, das sie als Überraschung zu Weihnachten hatte sehen dürfen und sie in Angst und Schrecken versetzt hatte. Bis kurz vor dem Verkauf an den Brig hatte das Haus als Farm gedient und zunächst nur über vier Schlafzimmer und zwei Dachräume verfügt sowie im Erdgeschoss über eine große Küche und ein Wohnzimmer. So hatte der Brig ein halbes Jahr lang wie im Rausch geplant und hinten einen Flügel angebaut mit vier weiteren Schlafzimmern und zwei Bädern oben, einem großen Wohnraum, einem Esszimmer und einem kleinen, sehr dunklen Arbeitszimmer mit Blick auf die Mauern des alten Kuhstalls unten. Er hatte Stromleitungen legen lassen, aber das Wasser stammte aus zwei Brunnen, von denen einer bereits versiegt war; angeblich waren aus dem Kaltwasserhahn in der Küche Kaninchenhaare gekommen. Bei der Ausstattung hatte die Duchy ihre Hand im Spiel gehabt, und so herrschten weiße Wände und Kokosmatten vor, zurückhaltend geblümte Chintzstoffe und große, schlichte Lampenschirme aus Pergament. Im Wohn- und im Esszimmer gab es Kamine, ebenso wie im besten (alten) Schlafzimmer, in der Küche stand ein neuer Herd, aber abgesehen davon konnte nicht geheizt werden. Kein Haus für den Winter, hatte Villy gedacht, als sie es das erste Mal sah. Möbliert war es mit allem, was die Familien erübrigen konnten – metallene Bettgestelle, ein oder zwei hübsche Stücke, die Edward bei Mr. Cracknell in Hastings erstanden hatte, einige von Ruperts Bildern und ein uraltes Grammofon in einem Lorbeerholz-Schränkchen mit einem Horn und einem Fach für Schallplatten, die die Kinder an Regentagen unablässig hörten: »The Teddy Bears' Picnic«, »The Grasshoppers' Dance«, »The Gold and Silver Waltz« und, Louises Lieblingsstück, »Don't Put Your Daughter On the Stage, Mrs. Worthington«, gesungen von Noël Coward. Dieses Lied sangen sie immer, wenn sie auf Geheiß der Erwachsenen Dinge tun mussten, zu denen sie keine Lust hatten, und es war, wie Villy einmal bemerkte, zu einer Art »Marseillaise« geworden. Hinter dem Haus stand noch eine Reihe alter Farmgebäude, und jenseits davon erstreckten sich Hopfengärten in prachtvoller Geometrie.

Villy hatte ihre Köchin Emily mitgebracht sowie Phyllis, der eine Frau aus dem Ort zur Hand ging. Sie hieß Edie, kam jeden Tag mit dem Fahrrad angefahren und übernahm das Gros der Hausarbeit. Nanny hatte sie im Frühjahr verlassen, nachdem Lydia vormittags zu Miss Puttick in die Schule geschickt wurde, und da man beschlossen hatte, Neville als Spielgefährten für Lydia ebenfalls auf der Farm unterzubringen, wurde er von Ellen begleitet, die nun auf beide Kinder aufpassen sollte. Somit stand Villy relativ viel Zeit zur Verfügung, um auszureiten, Tennis zu spielen, Geige zu üben, worauf sie das ganze Jahr über viel Zeit verwendet hatte, Ouspensky zu lesen und sich über Dinge wie negative Gefühle Gedanken zu machen – zu denen sie ihrer Ansicht nach besonders neigte –, im Garten zu arbeiten und in Battle die Einkäufe für die ewigen Mahlzeiten zu erledigen. An diesem Tag war Edward, der sich ein langes Wochenende in Sussex gönnte, mit Hugh zum

Golfspielen nach Rye gefahren. Wenn er nach London zurückkehrte, würden sie und Jessica ihre Mutter für eine Woche zu sich holen. Das war in gewisser Weise eine Aufgabe und auf jeden Fall etwas, wozu sie sich verpflichtet fühlte; zudem hatte es den Vorteil, dass Lady Rydal dann all ihre Enkelkinder auf einmal sehen konnte. Aber da Villy wusste, wie erschöpft Jessica sein würde, hatte sie alles so geplant, dass ihre Schwester eine Woche für sich hatte, ehe ihre Mutter eintraf. Es bereitete ihr gewisse Sorgen, Edward nur mit Edna als Hilfe in London zu wissen, aber er hatte gesagt, er werde die Abende in seinem Club verbringen, und offenbar ging er auch häufig aus. Sie freute sich darauf, Jessica für sich zu haben. Auch wenn Raymond früher oder später dazustoßen wollte, blieb ihnen viel Zeit, um über alles zu reden. Damit meinte sie Jessicas Mann und Louise, die in letzter Zeit ziemlich schwierig geworden war. Allmählich machte sich Villy ernsthaft Gedanken, ob sie sie nicht aufs Internat hätte schicken sollen – man denke nur an Teddy! Nach drei Trimestern hatte er sich ihrer Ansicht nach sehr gebessert, er war ruhig, höflich und eher schweigsam geworden, was sie wesentlich angenehmer fand als seine frühere Lautstärke, und er war nicht halb so egoistisch und launisch und mit sich selbst beschäftigt wie Louise. Vor einem Jahr hätte Louise vor Aufregung über den bevorstehenden Besuch ihrer Cousinen nicht im Traum daran gedacht, an den Strand zu fahren, und mittlerweile war sie wirklich zu alt für die schauerliche Unordnung in ihren Sachen. Wenn man auch nur mit dem geringsten Ansinnen an sie herantrat, reagierte sie beleidigt. Edward ergriff ständig für sie Partei und behandelte sie, als wäre sie bereits erwachsen. Zu ihrem Geburtstag hatte er ihr ein höchst unpassendes Nachthemd geschenkt, er ging mit ihr ins Theater und anschließend zum Essen – nur sie beide –, und dann blieb sie viel zu lange auf und war am nächsten Tag reizbar und missmutig. Anderen Menschen stellte er sie als seine älteste ledige Tochter vor, was Villy sehr missfiel, ohne dass sie den Grund dafür benennen konnte. Vielleicht war fünfzehn einfach ein schwieriges Alter, denn im Grunde war

Louise noch ein Kind. Würde nur Edward sie auch als solches behandeln.

»Ich glaube, uns steht ein neuer Krieg bevor.« Hugh sah ihn nicht an und sprach in der ruhigen, beiläufigen Art, die bedeutete, dass ihm ernst damit war.

»Aber, alter Junge, weshalb denkst du denn das?«

»Schau doch, was überall los ist! Die Deutschen haben Österreich besetzt. Dieser Hitler hält ständig Reden über die Macht und Stärke des Dritten Reichs. Die Geschichte von all den deutschen Mädchen, die als Hauspersonal hergeschickt wurden und vorher Propagandakurse besucht haben sollen. Die ganzen Militärparaden. Man vergrößert nicht unablässig seine Armee, wenn man nicht vorhat, Krieg zu führen. Und die vielen Juden, die herkommen, die meisten mit nichts als ihren Kleidern am Leib.«

»Was glaubst du, weshalb sie kommen?«

»Wahrscheinlich wissen sie, dass er sie nicht haben will.«

»Genau, und das kann ich ihm noch nicht einmal vorwerfen. Ein paar weniger von denen würden uns in unserem Gewerbe auch nicht schaden.« Edward hielt an der fixen Idee fest, jeder geschäftliche Erfolg wäre ihm und dem alten Herrn zu verdanken, während jeder Misserfolg allein auf die ruchlose Geschäftstüchtigkeit der Juden zurückzuführen wäre. Es war eine fixe Idee – keine Überlegung –, die ihren Wahrheitsgehalt für den, der sie aussprach, aus ihrer ständigen Wiederholung bezog. Hugh war nicht seiner Meinung, oder vielmehr fand er, dass sich ihre jüdischen Konkurrenten einfach besser auf das Geschäft verstanden, und sah keinen Grund, weshalb sie das nicht sollten. Er schwieg.

»Und überhaupt sollten die Juden doch wirklich in der Lage sein, sich um sich selbst zu kümmern«, sagte Edward. »Um die brauchen wir uns wahrlich keine Sorgen zu machen. Abgesehen davon mag ich einige Juden sehr gern – Sid zum Beispiel ist klasse.«

»Und als du das in ihrem Beisein sagtest, meinte sie, das komme daher, weil sie nur Halbjüdin ist.«

»Genau! Sie kann darüber lachen.«

»Könntest du darüber lachen, wenn Leute dich kritisieren, weil du Engländer bist?«

»Natürlich. Das Beste an den Engländern ist doch, dass sie über sich selbst lachen können.«

Aber sie entscheiden selbst, worüber sie lachen, dachte Hugh. Nämlich über Dinge wie ihren Hang zum Understatement und ihre Gefühlsarmut (ihren Mut) in Krisensituationen und …

»Hör mal, alter Junge. Ich weiß, dass du dir ernsthaft Sorgen machst, aber die Boches werden es nicht wagen, uns anzugreifen. Nicht schon wieder. Nicht nach dem letzten Krieg. Und im Club hat mir einer erzählt, dass das Zeug, das sie herstellen, Panzer und Panzerwagen und das Ganze, absoluter Mist ist. Die reine Schau.«

Sie saßen nach ihrer Runde im Clubhaus von Rye. Hugh war zwar ein begeisterter Golfer, spielte aber nicht oft, weil es ihm aufgrund seiner fehlenden Hand an Geschick mangelte. Doch Edward bestand darauf, bisweilen mit ihm zu spielen, und hielt sich dann dezent zurück, verfehlte Putts und dergleichen, damit er nicht zu hoch gewann. »Wie auch immer, alter Junge«, schloss er jetzt, »du hast beim letzten Mal mehr als deinen Teil getan«, und merkte noch im selben Moment, dass er nichts Schlimmeres hätte sagen können.

Eine Pause entstand. »Du denkst doch nicht im Ernst, dass ich mir meinetwegen Sorgen mache?«, fragte Hugh schließlich. Um die Mundpartie war er weiß geworden, ein untrügliches Anzeichen für seinen Zorn.

»Das wollte ich damit nicht sagen. Was ich meinte, ist, dass es meiner Ansicht nach nie und nimmer zu einem Krieg kommen wird. Aber wenn doch, dann sind jetzt die Jungen an der Reihe. Keine Chance, dass ich mich freiwillig melde.«

»Lügner«, sagte Hugh, lächelte aber schwach. »Jetzt lass uns etwas essen.«

Sie bestellten einen großen Teller des exzellenten Rühreis, für das der Club bekannt war, gefolgt von Käse mit Selleriestangen und dazu ein Bier. Sie unterhielten sich über das Geschäft und ob es eine gute Idee sei, dass der alte Herr Rupert vorschlagen wollte, in die Firma einzutreten. Hugh sprach sich eher dafür aus, Edward eher dagegen. Ihr Vater verfügte über einen unermüdlichen Tatendrang – er schrieb eine Abhandlung über die Methode, Harthölzer anhand von Fotos ihrer Maserung zu klassifizieren, und hatte in Home Place gerade den Bau einer Squashhalle für die Familie abgeschlossen und dachte jetzt über den Bau eines Pools nach. Obendrein fuhr er jeden Tag in die Stadt ins Büro, obwohl seine Augen zunehmend schlechter wurden und Tonbridge ihn nicht mehr ans Steuer ließ, was nur gut war, wie Edward meinte, weil er fahre, wie er reite, stets auf der rechten Straßenseite. »Obwohl die Leute hier in der Gegend ziemlich daran gewöhnt sind.«

»Trotzdem, wenn seine Augen noch mehr nachlassen, sollte er auch nicht mehr alleine Zug fahren.«

Hugh, der sich gerade eine Zigarette anzünden wollte, hielt inne. »Aber er könnte sich nie ganz aus der Firma rausziehen«, sagte er. »Das wäre sein Tod.«

»Da gebe ich dir recht. Aber du und ich können ja dafür sorgen, dass er sich nie ganz aus der Firma herauszuziehen braucht.«

Auf dem Rückweg fragte Hugh: »Wie ist es in der Mill Farm?«

»Ganz in Ordnung. Villy meint zwar, dass es im Winter eiskalt sein wird, aber den Kindern gefällt es. Natürlich hat sie da mehr zu tun als in Home Place, der Haushalt und das ganze Drumherum.«

»Wahrscheinlich.«

»Heute kommen Jessica und ihre Kinder zu Besuch. Und irgendwann nächste Woche der alte Dragoner. Ich glaube, da glänze ich lieber durch Abwesenheit.«

»Möchtest du bei mir wohnen? Ich werde allein sein.«

»Danke, alter Junge, aber ich glaube, ich bleibe bei mir zu Hause. Freitagabend ist mein Amami-Abend, wenn du weißt, was ich meine. Nicht am Freitag, versteht sich.«

Dieser – für einige – rätselhafte Verweis auf eine bekannte Shampoo-Werbung bedeutete, dass Edward eine Affäre hatte, die zwischen ihnen zwar nie explizit erwähnt wurde, von der Hugh aber mit ebenso großer Sicherheit wusste, als hätte Edward ihm davon erzählt. Sein Bruder hatte immer Affären gehabt. Hugh war eigentlich davon ausgegangen, dass das mit der Heirat ein Ende haben würde (er selbst wäre nach der Hochzeit mit Sybil nie auf die Idee gekommen, eine andere Frau auch nur anzusehen), aber wenig später – nach zwei Jahren vielleicht – waren ihm einige Dinge aufgefallen, die seine Zweifel weckten. So verließ Edward das Büro manchmal sehr früh, oder wenn Hugh sein Zimmer betrat und er telefonierte, dann beendete er das Gespräch bisweilen rasch im knappen, geschäftsmäßigen Ton. Einmal hatte er sich die Nase mit einem Taschentuch geputzt, auf dem ein verschmierter dunkelroter Fleck prangte, und als Edward Hughs erstaunten Blick bemerkte und daraufhin den Fleck selbst sah, hatte er es zusammengerollt und in den Papierkorb geworfen. »Oh, wie nachlässig von mir«, hatte er selbstironisch gesagt, und Hugh hatte sich Villys wegen geärgert, gleichzeitig die beiden aber auch bedauert.

»Wenn's geht, kann ich ja am Montag vielleicht mit dir hochfahren«, sagte er jetzt. »Dann lasse ich Sybil den Wagen hier.«

»Natürlich, alter Junge. Und ich kann dich auf jeden Fall morgens immer ins Büro mitnehmen.«

Im Frühjahr waren Sybil und Hugh in ein größeres Haus gezogen. Es stand in Ladbroke Grove, um die Ecke von Edward und Villy, und hatte seinen Preis gekostet: knapp zweitausend Pfund, und da es größer war, mussten natürlich auch weitere Möbel angeschafft werden. Deswegen hatte Hugh nicht, wie ursprünglich geplant, Sybil einen kleinen Wagen gekauft.

»Weißt du noch, wie der Brig damals in seinem allerersten Auto mit uns in den Sommerferien immer nach Anglesey fuhr? Und wir hinten saßen und die ganze Fahrt über die Löcher in den Reifen flicken mussten?«

Edward lachte. »Und wir haben es gerade so geschafft, hinterherzukommen. Ein Glück, dass wir zu zweit waren.«

»Und die Duchy trug immer einen grünen Autoschleier.«

»Mir gefällt es, wenn Frauen einen Schleier tragen. Adrette kleine Hüte mit einem Schleier schräg über der Nase. Früher hat Hermione so etwas immer getragen, sie sah hinreißend aus – und begehrenswert. Kein Wunder, dass wir sie alle heiraten wollten. Hast du um ihre Hand angehalten?«

Hugh lächelte. »Natürlich. Und du?«

»Davon kannst du ausgehen. Sie sagte, sie habe den einundzwanzigsten Mann geheiratet, der um ihre Hand anhielt. Ich habe mich oft gefragt, wer die anderen waren.«

»Wahrscheinlich sind ziemlich viele von ihnen tot.«

Edward wollte vermeiden, dass sie wieder auf den Krieg zu sprechen kamen, weil Hugh dann immer morbid wurde, wie er es nannte. »Ich glaube nicht«, sagte er rasch, »dass eine Ehe einen davon abhält, jemandem einen Heiratsantrag zu machen.«

»Hört, hört!«

»Aber ich habe gewartet, bis sie geschieden war, alter Junge. Natürlich.«

Hugh warf ihm einen spöttischen Blick zu. »Natürlich.«

~

»Sie hätte kommen können, wenn sie wirklich gewollt hätte.«

»Meinst du?«

»Ich weiß es. Louise schafft es meistens, das zu machen, worauf sie Lust hat. Ich glaube, ihr ist es mit dem Museum einfach nicht ernst genug.«

Clary bemühte sich, bekümmert dreinzuschauen, was sie in Wirklichkeit aber gar nicht war. Am besten gefiel ihr, Polly für sich allein zu haben. Seitdem sie auch bei Miss Milliment im Unterricht saß, verbrachte sie fast ihre ganze Zeit mit den beiden. Sie waren immer beste Freundinnen gewesen, und jetzt wollte sie, dass Polly ihre beste Freundin wäre, was natürlich bedeutete, dass Louise es nicht mehr sein konnte. »Sie ist im vergangenen Jahr sehr alt geworden«, sagte sie. »Überall diese Beulen.« Stolz fuhr sie sich über ihre eigene flache Brust.

»Dafür kann sie doch nichts!« Polly war entsetzt.

»Ich weiß. Aber es geht nicht um die Beulen, es geht um ihre Einstellung. Sie behandelt mich wie ein kleines Kind.«

»Ein bisschen tut sie das bei mir auch«, räumte Polly ein. »Also, ich habe ihr gesagt, dass das Museumstreffen nach dem Tee stattfindet. Heute kommen ihre Cousinen, aber bestimmt spielen sie Tennis, und dann können wir zum Museum gehen und das Treffen veranstalten.«

»Ich finde immer noch, dass du die Direktorin sein solltest. Immerhin ist es deine Idee.«

»Louise ist die Älteste.«

»Das ist doch völlig gleichgültig, das Museum war deine Idee. Ich bin dafür, dass wir abstimmen. Wenn ich für dich stimme und du für dich stimmst, muss sie zurücktreten!«

»Hmm. Ich weiß nicht, ob das gerecht ist.«

Sie waren in Camber, lagen auf dem flachen Sandstrand nah am seichten Meer, und wenn sie die Zehen in den Sand gruben, sickerte wunderbar kühles Wasser hoch. Der Lunch war schon vorbei. Rupert, der die Schar beaufsichtigte (Zoë hatte Kopfschmerzen und war nicht mitgekommen), hatte eine große und höchst kunstfertige Burg mit einem Graben rundherum gebaut – vorgeblich zur Unterhaltung von Neville und Lydia, denen aber bald langweilig wurde.

»Wir können ja gar nichts damit machen«, sagte Lydia.

»Nein – das ist eine Burg, mit der wir nichts anfangen können«, stimmte Neville ein. »Wir bauen uns lieber eine eigene.«

Sie machten sich ans Werk. Die erste bauten sie zu nah am Wasser, sodass die Mauern nicht stabil genug waren und immer wieder in sich zusammenfielen, und darüber stritten sie ein bisschen. Dann bauten sie eine zweite zu weit oben am Strand, und obwohl

Neville in seinem Eimer ständig Wasser heranschaffte, leerte sich der Graben schneller, als er ihn nachfüllen konnte.

Rupert war von Anfang an klar gewesen, dass er die Burg im Grunde zu seinem eigenen Vergnügen baute, und schnitt weiter mit seinem Malspachtel Zinnen in die vier Ecktürme. Er verlor sich regelrecht darin, und genau das hatte er sich gewünscht – völlig versunken in dem aufzugehen, was er gerade machte, wie man es bei Kindern so oft sah. Wenn ich male …, dachte er sich, und stockte sofort. Er hatte kein einziges Bild gemalt. Er war faul geworden. Nach einem Schultag war er zu müde, und die Kinder nahmen einen Gutteil seiner Zeit in Anspruch. Und dann gab es natürlich noch Zoë. Sie mochte es nicht, wenn er malte. Zwar wollte sie mit einem Maler verheiratet sein, doch malen sollte er nicht. Zum ersten Mal war ihm das bewusst geworden, als er in den vergangenen Weihnachtsferien zehn Tage mit Colin verbringen wollte, mit dem er auf die Slade gegangen war; Colin hatte ein richtiges Atelier, und sie vereinbarten, sich ein Modell zu teilen und zu arbeiten. Aber Zoë wollte zusammen mit Edward und Villy zum Skifahren nach St. Moritz und hatte so lange geheult und geschmollt, bis er schließlich nachgegeben hatte. Für beides zusammen hatte er weder die Zeit noch das Geld gehabt. »Ich verstehe nicht, warum du nicht auch in der Schweiz malen kannst, wenn du das unbedingt willst«, sagte sie, nachdem sie ihren Kopf durchgesetzt hatte.

Es war ein merkwürdiger Urlaub geworden und in unerwarteter Hinsicht schön. Im Grunde kostete er sehr viel mehr, als Rupert sich leisten konnte, und erst hinterher wurde ihm klar, wie viel und wie unauffällig Edward für alle bezahlt hatte: die Drinks, die Restaurantbesuche, die Geschenke für die Mädchen und die anderen Kinder, für die Skilifte, die Leihgebühren für Zoës Schlittschuhe, die lieber Schlittschuh fuhr – derlei Dinge. Und er war sehr nett zu Zoë gewesen, war oft mit ihr bei der Eisbahn geblieben, während Rupert und Villy Ski fuhren. Villy war eine fantastische Skifahrerin, mutig und geschmeidig und sehr schnell. Er konnte nie mit ihr mithalten, aber er fühlte sich wohl in ihrer Gesellschaft. Durch ihre knabenhafte Figur stand ihr die Skikleidung sehr gut, und sie trug eine leuchtend rote Wollmütze, durch die sie trotz ihrer grauen Haarsträhnen jung und verwegen aussah. Als sie einmal mit dem Skilift hinauffuhren und er die glitzernden weißen Hänge mit den violetten Schatten bestaunte, den wolkenlosen azurblauen Himmel und die tintenschwarzen Bäume im Tal unter ihnen, wandte er sich ihr zu, um davon zu schwärmen, wie wunderschön es doch sei, aber beim Anblick ihres Gesichts schwieg er. Sie saß da, den Ellbogen auf das Geländer des Lifts gestützt, eine behandschuhte Hand an der Wange, die dichten Augenbrauen – die weit dunkler waren als ihr Haar – leicht zusammengezogen, die Lider halb geschlossen, sodass er den Ausdruck ihrer Augen nicht erkennen konnte, die Lippen – die er eher aus ästhetischen denn sinnlichen Gründen bewunderte – zusammengepresst, was ihm den Eindruck vermittelte, als hätte sie Kummer. »Villy?«, fragte er zaghaft. Sie wandte sich ihm zu.

»Ich muss mir alle Zähne ziehen lassen«, sagte sie. »Der Zahnarzt hat mir letzte Woche geschrieben.« Doch noch bevor er ihre Hand nehmen konnte, lächelte sie auf grausam gekünstelte Weise und sagte: »Ach, und wenn schon! In hundert Jahren kräht kein Hahn mehr danach!«

Sein Mitgefühl erstarb. »Das tut mir leid«, sagte er.

»Lass uns nicht mehr darüber reden.«

Er unternahm einen zweiten Versuch. »Aber das ist doch schrecklich für dich!«

»Ich werde mich daran gewöhnen.«

»Hast du … hast du Edward davon erzählt?«

»Noch nicht. Ich glaube nicht, dass es ihn stören wird. Schließlich hat er auch fast keine eigenen mehr.«

»Für Frauen ist es anders«, meinte Rupert. Er versuchte, sich Zoës Reaktion auf einen solchen Brief vorzustellen. Guter Gott, für sie wäre es das Ende der Welt!

»Für Frauen ist alles anders«, sagte Villy nur. »Ich frage mich, warum.«

Sie waren oben angekommen. Es wurde kein Wort mehr darüber verloren, und Villy erwähnte die Sache nie wieder.

Abends waren sie zum Essen und Tanzen ausgegangen. Beide Frauen tanzten wahnsinnig gern und konnten nie ein Ende finden. Rupert hingegen war glücklich von der Luft und der Bewegung und fragte sich, woher die anderen die Energie nahmen, um das durchzuhalten, insbesondere Edward. Um Mitternacht hätte er sich am liebsten zurückgezogen, aber Zoë wollte immer bleiben, bis die Kapelle zu spielen aufhörte. Schließlich gingen sie zu viert zu ihren angrenzenden Zimmern im ersten Stock des Hotels hinauf und blieben vor der Tür stehen: Edward gab Zoë einen Kuss, Rupert gab Villy einen Kuss, die Schwägerinnen drückten die Wangen die für das Familienprotokoll erforderliche Sekunde aneinander, und dann trennte man sich für die Nacht. Zoë genoss alles derart, dass ihre Freude ihm allmählich wie ein Vorwurf erschien (wenn es das war, was sie glücklich machte, warum konnte er ihr nicht mehr davon bieten?). Sie streifte die Schuhe ab, öffnete den Reißverschluss ihres neuen karminroten Kleids und schlenderte umher in ihrem blassgrünen Spitzenhöschen und den neuen Strassohrringen, die er ihr zu Weihnachten geschenkt hatte. Kurz setzte sie sich auf das Bettende, um die Strümpfe auszuziehen, wanderte zur Kommode hinüber, wo sie sich das Haar mit einer großen Schildpattklammer zurücksteckte, um das Gesicht einzucremen, und plauderte, ließ munter den vergangenen Tag Revue passieren, während er bereits im Bett lag, sie beobachtete und froh war, sie so fröhlich und zufrieden zu sehen.

»Freust du dich nicht, dass ich dich dazu überredet habe?«, fragte sie an einem der Abende.

»Doch«, sagte er, aber er witterte Gefahr.

»Edward hat heute Morgen vorgeschlagen, wir könnten im Sommer alle nach Südfrankreich fahren. Was meinst du?«

»Das wäre sicher sehr schön.«

»Du klingst, als würden wir nicht fahren.«

»Mein Liebling, ich glaube nicht, dass wir uns zwei Auslandsurlaube hintereinander leisten können. Außerdem können wir die Kinder nicht schon wieder allein lassen.«

»Sie sind bei deiner Familie doch sehr glücklich.«

»Du kannst nicht erwarten, dass Hugh und Sybil die ganze Arbeit machen.«

»Ich hätte gedacht, dass Südfrankreich großartig für dich zum Malen wäre.«

»Ja, das wäre es auch. Aber dieses Jahr schlicht zu teuer. Außerdem, im Malurlaub will ich ausschließlich malen. Und das ist alles andere als das, was du dir unter Urlaub vorstellst.«

»Was meinst du damit, Rupert?«

»Ich meine«, sagte er und war seiner Verbitterung selbst schon überdrüssig, »dass ich dann die ganze Zeit malen möchte. Und nicht mit dir zum Strand fahren, Picknicks machen und die ganze Nacht tanzen. Dann möchte ich arbeiten.«

»Guter Gott!«, sagte sie. »Dass du das aber auch immer so ernst nehmen musst.«

»Genau das tue ich nicht. Nähme ich es ernst, wie du sagst, würde ich trotzdem malen. Ich würde mich weder von dir noch von jemand anderem davon abhalten lassen.«

Sie wirbelte auf dem Hocker vor der Kommode herum. »Was meinst du mit ›jemand anderem‹?«

»Du magst es nicht, wenn ich male, Zoë.«

»Was meinst du mit ›jemand anderem‹?«

Kurz schwieg er. Allmählich machte ihre Dummheit ihm Angst. Als er merkte, dass sie ihre idiotische Frage jeden Augenblick wiederholen würde, sagte er rasch: »Ich meine, dass mich nichts davon abhalten würde. Weder du noch irgendetwas anderes. Aber es ist schon in Ordnung, ich meine es nicht ernst. Ich meine eigentlich fast nichts ernst.«

»Ach, mein Liebling!« Schnell ging sie zu ihm und setzte sich aufs Bett. »Ach, mein Liebling! Du klingst so traurig, und dabei liebe ich dich so sehr!« Sie schlang ihm die Arme um den Hals, und ihr duftendes, seidiges Haar fiel ihm ums Gesicht. »Es stört mich nicht, dass wir arm sind – wirklich nicht! Mich stört gar nichts, solange ich nur bei dir bin! Wenn du möchtest, suche ich mir eine Arbeit, halbtags – wenn das helfen würde. Und ich finde, du bist ein großartiger Maler. Das finde ich ehrlich!« Sie hob den Kopf, um ihm in die Augen zu sehen, hingebungsvoll und aufrichtig zerknirscht.

Als er sie aufs Bett zog, stellte er mit traurigem, aber dankbarem Erstaunen fest, dass seine Liebe zu ihr nicht – wie er befürchtet hatte – seine Bewunderung erforderte. Später lag er wach, während sie bereits schlief, und dachte sich: Ich habe sie geheiratet, und sie hat mir immer alles von sich gegeben. Ich war es, der einen Teil von ihr erfand, den sie mir angeblich vorenthielt. Aber ich habe mich getäuscht: Es gibt nichts vorzuenthalten. Diese Entdeckung war schmerzhaft und verblüffte ihn. Dann überlegte er sich, dass sie sich vielleicht ändern würde, wenn er sie nur genügend liebte. Noch konnte oder wollte er nicht akzeptieren, dass das höchst unwahrscheinlich, wenn nicht gar unmöglich war. Lieber klammerte er sich an den versöhnlicheren Gedanken, dass ein Mensch durch Liebe vielleicht verändert werden konnte, auf keinen Fall aber ohne.

Seit jenem Abend hatte er festgestellt, dass die bloße Einsicht weder die Einstellung noch das Verhalten veränderte, dass es vielmehr eine Frage von beständigen kleinen, bisweilen winzigen Bemühungen war. Doch in den vergangenen Monaten hatte er, wenn sie ihn langweilte oder er sich über sie ärgerte – etwas, das er bislang nicht hatte hinnehmen wollen –, eine gewisse Zärtlichkeit für sie empfunden und nahm sie Dritten gegenüber regelmäßig in Schutz. Manchmal … häufig, wie an diesem Abend, war aber wieder Groll in ihm – auf sie und ihre Beschränkungen und Ärger auf sich selbst, dass er all dies nicht früher erkannt hatte.

»Dad! Eine prima Sandburg, Dad. Dad, könntest du vielleicht Seelöwe spielen und Polly zeigen? Ich meine nicht jetzt«, fügte Clary sofort hinzu. »Ich weiß ja, dass du dazu ein Sofa brauchst, um hinunterzutauchen, und wir haben auch keine Socken als Fische. Aber nach dem Tee?«

Zu Weihnachten, wenn die Erwachsenen mit Punkten von eins bis zehn für Lustigkeit, Großzügigkeit und Nicht-Spielverderbertum bewertet wurden, war Rupert zum Lustigsten erkoren worden, was Clary mit großem Stolz erfüllte. Sein Seelöwe und sein Gorilla, der zu King Kong aufgestiegen war, wurden grenzenlos bewundert, und für die Kinder lag der Reiz, wie Villy einmal bemerkte, nun mal in der Wiederholung.

»Polly hat meinen Seelöwen doch schon gesehen.«

»Seit Ewigkeiten nicht mehr, Onkel Rupe. Ehrlich nicht. Ich kann mich kaum noch dran erinnern.«

»Also gut. Nach dem Tee. Aber nur ein Mal. Und ich glaube, jetzt ist es Zeit, nach Hause zu fahren.«

»Ach, gut. Können wir auf dem Heimweg irgendwo ein Eis bekommen?«

»Ich denke, das lässt sich einrichten. Wer packt die Picknicksachen zusammen?«

»Das machen wir«, sagten beide. Rupert saß neben der Sanddüne, rauchte eine Zigarette und sah ihnen zu. Er freute sich, dass Clary und Polly Freundinnen geworden waren, und der Unterricht bei Miss Milliment tat ihr offenbar sehr gut. Seit sie Polly als Freundin hatte, war sie zu Hause bei Weitem nicht mehr so schwierig – weniger eifersüchtig auf Neville, weniger ablehnend gegenüber Zoë und viel weniger besitzergreifend, was ihn betraf. Langsam wurde sie älter. Sie und Polly mochten gleich alt sein, doch das sah man ihnen nicht an. Beide waren im vergangenen Jahr gewachsen. Aber während Polly insgesamt größer wirkte und sich allmählich zu einer wahren Schönheit entwickelte, mit Sybils kupferfarbenem Haar, einem Pfirsichteint, ziemlich kleinen, leuchtend dunkelblauen Augen und langen, schlanken, eleganten Beinen, war Clary nur in die Höhe geschossen und dürr wie eine Bohnenstange. Ihr dunkelbraunes Haar, noch immer mit Pony, war völlig glatt, ihr Gesicht fahl, und oft hatte sie dunkle Ringe unter den Augen, die den meergrünen, freimütigen, forschenden Augen ihrer Mutter erstaunlich ähnelten und das Schönste an ihr waren.

Sie hatte eher eine Stupsnase, und beim Lächeln zeigte sie oben eine Lücke. Dort war ihr ein Zahn gezogen worden. Der Zahnarzt hatte gesagt, sie habe zu viele, und jetzt trug sie eine schmerzhafte Spange, die die Lücke schließen sollte. Ihre Arme sahen aus wie Streichhölzer, und sie hatte die langen, knochigen Füße der Cazalets geerbt. Im vergangenen Jahr war sie ungeschickt geworden, stolperte und stieß Dinge um, als hätte sie sich noch nicht an ihre eigene Größe gewöhnt. »Clary! Komm mal kurz her. Ich möchte dich nur umarmen«, sagte er.

»Aber Dad! Ich koche doch jetzt schon!« Aber sie erwiderte seine Umarmung und drückte ihm einen Kuss so fest auf die Stirn, dass er die metallene Zahnspange spürte.

»Du kochst!«, sagte er lachend. »Du kochst oder du frierst dich zu Tode, du bist am Verhungern oder fällst vor Müdigkeit gleich um. Fühlst du dich nie normal, wie wir anderen Sterblichen auch?«

»Ein Mal von Millionen Malen«, antwortete sie unbekümmert. »Ach, lass Neville nicht die Qualle mit nach Hause nehmen! Die stinkt nur und stirbt, oder sie schwappt im Auto aus dem Eimer und tut sich weh.«

»Und außerdem ist sie kein Haustier«, sagte Polly. »Man kann eine Qualle bei aller Fantasie der Welt nicht in ein Haustier verwandeln!«

»Ich schon«, widersprach Neville. »Ich werde der erste Mensch auf der Welt sein, der das macht. Außerdem ist er ein Quallerich. Ich nenne ihn Bexhill und lebe mit ihm.«

Mittags war über der Mill Farm die Sonne bereits verschwunden, es herrschten absolute Windstille und eine drückende Hitze. Der Himmel sah aus wie Blei, kein Vogel sang. Edie brachte einen Korb Wäsche von der Leine herein und sagte, es würde sie nicht wundern, wenn es gewitterte. Worauf Emily, der nicht nur die Hitze beim Kochen die Laune verdarb, sondern auch der Fischhändler, der nicht gekommen war und kein Eis gebracht hatte, was hieß, dass die Butter ölig und die Milch am Kippen war, erwiderte: »Was soll man auch schon anderes erwarten?« Sie konnte das Land nicht leiden und betrachtete ein Gewitter als ein weiteres Übel, mit dem hier zu rechnen war. Die Küche war in einem gedämpften Hellgrün gestrichen, was laut Villy auf Köche beruhigend wirkte, doch das schien seinen Zweck zu verfehlen. Das Küchenpersonal hatte schon zu Mittag gegessen, aber Phyllis litt wieder einmal unter ihrem Kopfweh, und es hatte ihr nicht geschmeckt – ein schöner irischer Eintopf und Sirupkuchen –, und wenn Emily eines nicht ausstehen konnte, dann waren es Menschen, die an ihrem Essen herummäkelten. Ein bisschen Regen würde die Luft reinigen, sagte Edie, und hinter dem Haus auf Garnets Weide hatten sich die Kühe schon hingelegt, also war Regen ziemlich wahrscheinlich, und ob sie das Fliegenpapier in der Speisekammer ersetzen solle? Madam habe vergessen, neues zu bestellen, erklärte Emily, die Streifen müssten wohl hängen bleiben. Aber Phyllis sagte, das ginge überhaupt nicht, jedes Mal, wenn sie etwas aus der Speisekammer hole, hebe sich ihr bei deren Anblick der Magen, und sie schlug sich die Hand vor den Mund, als könnte Schlimmeres folgen. Also ging Emily mit Edie die Papiere inspizieren. Wie mit Gagat überzogene viktorianische Klingelzüge hingen sie reglos dort und waren, wie Edie bemerkte, für die Katz. »Diese Speisekammer war immer schon die reinste Fliegenfalle«, sagte sie. »Oben im Laden gibt es Papier, ich kann morgen auf dem Weg welches mitbringen, ja?«

»Dann können Sie gleich alle abhängen«, antwortete Emily. Angesichts Edies gutmütiger Freundlichkeit verschlug es ihr die Sprache (Edie war bereit, alles Mögliche zu übernehmen, was gar nicht in ihren Aufgabenbereich fiel), und sie konnte nur brummig darauf reagieren. »Diese Fliegen«, sagte sie mürrisch zu Phyllis. »So viele gibt's in London nie.«

Nachdem Villy den halben Vormittag mit der Organisation ihres Haushalts verbracht hatte, wusste sie nicht recht, was sie mit der restlichen Zeit anfangen sollte. Nicht, dass sie nichts zu tun gehabt hätte, aber nichts davon wäre wirklich wichtig gewesen. Wie mein ganzes Leben, dachte sie. Sie gab sich ihrem Selbstmitleid hin wie ein heimlicher Trinker, kam ohne es nicht aus und glaubte fest, wenn sie es auf Zeiten beschränkte, in denen sie alleine war, würde niemand je davon erfahren. Und wie Trinker jeden Drink, der ihnen angeboten wurde, strikt ablehnten, wischte sie jede Anteilnahme beiseite, die ihr Verhalten bei anderen Menschen bisweilen hervorrief. Sie wollte nicht, dass ihre Trauer zu Enttäuschung geschmälert, ihr Gefühl von Tragödie auf Unglück reduziert würden – oder, schlimmer noch, auf Pech oder mangelnde Planung. Ihrer Ansicht nach musste der Tugend ein Element des Opfers innewohnen, und sie hatte alles aufgegeben, um Edward zu heiraten. »Alles« war ihre Karriere als Tänzerin. Damals war es ihr nicht nur vernünftig, sondern sogar richtig erschienen. Sie hatte sich in einen Mann verliebt, den unverkennbar alle Welt attraktiv fand; sie erinnerte sich, dass sie bald nach der ersten Begegnung Gott gedankt hatte, dass Jessica bereits unter der Haube war, sonst hätte sie keine Chance gehabt. Als klar wurde – was sehr bald geschah –, dass er ernste Absichten ihr gegenüber hegte, erklärte sie seinen Eltern sogar von sich aus, dass es nicht anginge, wenn sie weiterhin als Tänzerin auftrete und sich gleichzeitig um Edward kümmere. Das war bei ihrem zweiten Besuch gewesen, als Edward sie zum Lunch bei seinen Eltern eingeladen hatte. Auf die Idee, dass diese Entscheidung die schwerwiegendste ihres Lebens sein könnte, kam sie damals nicht; wenn sie überhaupt darüber nachdachte, glaubte sie, sehr wenig aufzugeben, um alles zu bekommen.

Doch im Lauf der Jahre, angesichts der Schmerzen bei dem, was ihre Mutter einmal »die scheußliche Seite des ehelichen Lebens« genannt hatte, und ihres Widerwillens dagegen, der Tage voller Einsamkeit, die sie mit sinnlosen Tätigkeiten oder schlichter Langeweile verbrachte, angesichts der Schwangerschaften, Kindermädchen, Dienstboten und der Anweisungen für die ewigen Mahlzeiten, erschien es ihr zunehmend, als habe sie alles aufgegeben und sehr wenig dafür bekommen. Die Stationen auf dem Weg zu dieser Schlussfolgerung hatte sie selbst kaum wahrgenommen, vielmehr hatte sie jeden Anflug von Unzufriedenheit mit einer neuen Aktivität kaschiert, die sie als Perfektionistin bald ganz in Anspruch nahm. Doch sobald sie die jeweilige Kunst, Fertigkeit oder Technik gemeistert hatte, stellte sie fest, dass die Langeweile nicht verschwunden war und nur darauf wartete, dass sie sich von ihrem aktuellen Spielzeug abwandte – einem Webstuhl oder Musikinstrument, einer Philosophie oder Sprache, einer Wohltätigkeitsorganisation oder Sportart – und sich wieder der grundlegenden Sinnlosigkeit ihres Lebens bewusst wurde. Ihrer Ablenkung beraubt, verfiel sie dann in eine Art Verzweiflung, weil jeder Zeitvertreib sie im Stich ließ und ihr nicht zum Lebenszweck wurde – obwohl sie ihn doch nur aus diesem Grund aufgegriffen hatte. Verzweiflung, so bezeichnete sie es sich selbst gegenüber. Ihre – nie geäußerten – Empfindungen ließen exotische Blüten treiben, die da hießen Tragödie, Selbstverleugnung, Herzenskummer und andere heroische Zutaten, und sie alle wurden in den Dienst ihres heimlichen Martyriums gestellt. Und da sie sich selbst als jemand wahrnahm, den so vieles von seinen Mitmenschen trennte, konnte sie keine Freundinnen haben, denen sie nahe genug stand, um ihrem Herzen Luft zu machen und von ihrem Unglück zu erzählen. Allerdings konnte sie, da sie genügend Erfahrung besaß mit sehr viel Schlimmerem als dem gewöhnlichen Unglück, dieses bei anderen erkennen und ihnen mit tatkräftigem Einsatz und praktischer Hilfsbereitschaft zur Seite stehen. Sie war wie ein Mensch, der sich das Rückgrat gebrochen hatte, aber bereitwillig für einen von Kopfweh Geplagten den Abwasch machte. Unfälle, Krankheiten und Armut riefen ihre Großherzigkeit auf den Plan: Als Neville einen Asthmaanfall hatte, saß sie die ganze Nacht bei ihm am Bett, damit Ellen schlafen konnte.

Sie war es, die Edies Bruder, einen Epileptiker, zu einem Facharzt nach Tunbridge Wells fuhr, sie war es, die jedes Jahr einen Weg fand, ein Kostüm oder Kleid zu kaufen, das Jessica stand, weil sich ihre Schwester nie ein neues Kleidungsstück leisten konnte. Den Rest der Zeit fragte sie sich, bisweilen mit Unbehagen, weshalb sie nicht wie die Duchy sein konnte, die vollauf zufrieden war mit ihrem Garten und ihrer Musik, oder wie Sybil, die in ihrem neuen Baby und dem neuen Zuhause aufging, oder sogar wie Rachel, die anscheinend erfüllt war von ihrer wohltätigen Arbeit und ihrem Leben als perfekte Tochter. Aber jetzt musste sie sich der absoluten Unmöglichkeit stellen, ihrer eigenen Mutter eine perfekte Tochter zu sein. Lady Rydal war berühmt dafür, Verhaltensstandards zu setzen, die kein Mensch je erfüllen konnte, und die eigene Tochter schon gar nicht. Jessica, bei der es zunächst den Anschein gehabt hatte, als könnte ihr das Wunder gelingen, hatte alles verdorben, indem sie einen verarmten – wenn auch gut aussehenden und galanten – Niemand heiratete. Aber angesichts ihres Aussehens und ihres fügsamen Wesens hatte Lady Rydal etwas weit Besseres im Sinn gehabt als einen Bürgerlichen mit Charme und Medaillen. Sie hatte die Hochzeit als eine weitere der vielen persönlichen Tragödien erachtet, die ihr Leben begleiteten – »die gute Jessica hat sich weggeworfen« –, und niemand außer Lady Rydal würde je die Qualen ermessen können, die ihr das bereitete, wie sie Villy und jedem anderen, der dazu verurteilt war, mit ihr Tee zu trinken, häufig auseinandersetzte. Für Rachel mochte es ja recht und schön sein, schließlich hatte sie nicht viel anderes zu tun.

Mittlerweile hatte sie das Zimmer der Mädchen inspiziert. Von den Blumen einmal abgesehen hatte Louise endlich – wenigstens – das getan, was ihr aufgetragen wurde. Das Zimmer war so ordentlich wie ein kleiner Schlafsaal im Internat, die Betten waren gemacht, saubere Handtücher hingen über dem Halter. Die Kommode war leer, Louises Bücher standen auf dem Kaminsims. Villy sah zum Fenster hinaus, und im selben Moment bog der Wagen ihrer Schwester in die Auffahrt. Sie ging nach unten, um sie zu begrüßen.

~

Nachdem Louise das Zimmer aufgeräumt hatte, legte sie sich mit ihrem Buch in die Hängematte, aber sie konnte sich nicht darauf konzentrieren. Das war ein weiterer seltsamer und unangenehmer neuer Aspekt ihres Lebens: Im vergangenen Sommer hätte ihre einzige Sorge darin bestanden, sich die Hängematte gerecht mit Polly zu teilen, aber wenn sie an der Reihe war – bei was auch immer –, war sie völlig darin aufgegangen, als wäre das der einzige Sinn und Zweck ihres Lebens. Aber jetzt drängte sich ihr Leben ständig in alles, was sie tat. Sie kam sich vor wie ein größerer, gespaltener Mensch, der sich nie aus ganzem Herzen auf etwas einlassen konnte. Was immer sie machte, ein Teil von ihr saß hinter den Kulissen und gab bissige Kommentare ab: »Du bist viel zu alt für das Buch – außerdem hast du es schon mal gelesen.« Das Alter spielte eine große Rolle. Für die meisten Dinge schien sie entweder zu jung oder zu alt.

Im vergangenen Sommer war es völlig anders gewesen. Da hatte sie an die Wonder Cream, die sie und Polly hergestellt hatten, wirklich geglaubt. Da hatte sie sich mit Ernst an Pompeys Begräbnis beteiligt und alles organisiert – sogar, dass die Duchy bei weit geöffneten Fenstern im Salon den Trauermarsch spielte. Sie hatte aus Tollkirschen einen Kranz geflochten, Pompey wurde in eine alte schwarze Samtjacke von Tante Rachel gewickelt, und zum Begräbnistee gab es Brombeeren und Marmite-Sandwiches, was, wie Polly beipflichtete, würdevoller war als Erdbeermarmelade. Letzten Sommer hatten sie und Polly stundenlang in ihrem Apfelbaum gesessen oder auf ihren Betten gelegen und sich totgelacht über »Klopf-Klopf«-Witze. Damals hatten sie mit den Jungen Fahrradpolo gespielt und mit allen zusammen Brettspiele und »Erspäht!«. Jetzt, wenn andere das vorschlugen – Lydia und Neville, oft auch

Polly und Clary –, hatte sie eigentlich keine Lust dazu. Manchmal machte sie trotzdem mit, weil es ihr früher ja immer gefallen hatte, aber oft hörte sie mittendrin auf, weil sie im Grunde keine Lust darauf hatte. Sie ging immer noch gern an den Strand, und Tennis machte ihr auch Spaß, aber dann wollte sie mit den Erwachsenen spielen, doch die erwarteten meist, dass sie mit den Kindern spielte.

Zuerst glaubte sie, das läge daran, dass sie in der Mill Farm wohnten und nicht mehr in Home Place. Sie mochte die Mill Farm nicht, im Vergleich zum anderen Haus wirkte sie beengt und dunkel. Aber es war nicht nur das. Und es hatte auch nichts mit den Sommerferien zu tun. Vielleicht hatte es ja schon im vergangenen Herbsttrimester begonnen, als Clary mit ihr und Polly im Unterricht saß. Ihr wurde bald klar, dass Miss Milliment Clary besonders gern mochte. Clary bemühte sich, und das Schreiben fiel ihr erstaunlich leicht, sie verfasste ein langes Gedicht und fast ein ganzes Theaterstück mit einer guten Idee, das sehr komisch war – über Erwachsene, die einen ganzen Tag als Kinder verbringen mussten, ob sie wollten oder nicht. Louise hatte gesagt, dass sei keine besonders originelle Idee – man denke nur an *Vice Versa*, aber Miss Milliment hatte erklärt, Originalität hänge weniger von der Idee ab als vielmehr von deren Umsetzung. Louise fühlte sich zurückgesetzt, und nicht zum ersten Mal. Außerdem erkannte sie bald, dass Polly und Clary beste Freundinnen wurden, was sie einerseits störte, andererseits aber auch erleichterte. Polly wurde einfach nicht im selben Tempo älter wie sie. Zum Teil lag das wohl daran, dass sie, Louise, ihre Regel bekam, was ihr einen wahnsinnigen Schrecken eingejagt hatte. Schließlich hatte niemand je ein Wort darüber verloren, bis sie eines Tages ungewohnte Schmerzen hatte und zur Toilette ging und glaubte, sie würde verbluten. Mummy saß gerade mit einer Frau vom Roten Kreuz beim Teetrinken im Salon, und Louise musste Phyllis bitten, ihr auszurichten, sie möge kommen. Als Mummy dann sagte, sie würde nicht sterben, war sie natürlich erleichtert, aber richtig in Ordnung war es trotzdem nicht. Mummy sagte, es sei etwas Scheußliches, das Mädchen und Frauen einmal im Monat bekämen, und zwar endlose Jahre lang, es sei ekelhaft, aber ganz normal, und habe etwas mit dem Kinderkriegen zu tun. Doch als Louise mehr darüber erfahren wollte (wie konnte etwas ganz Normales ekelhaft sein?), sagte ihre Mutter mit unübersehbarem Ekel im Gesicht, sie wolle im Moment nicht darüber sprechen, und könne Louise bitte ihren Schlüpfer vom Boden aufheben und waschen? Und einen sauberen anziehen, fügte sie hinzu, als wäre Louise derart ekelhaft, dass sie nicht von selbst auf die Idee kommen würde. Danach fragte ihre Mutter, wann immer sie Kopfweh und Bauchkrämpfe hatte, ob ihr unwohl sei, und zwar auf eine ganz besondere Art, die sie zu hassen begann. Und mit dem Begriff »Unwohlsein« wurde es dann auch bezeichnet. Weihnachten hatte sie dann herausgefunden, dass es »die Regel« hieß. Da hatte sie sie plötzlich bekommen und musste Tante Zoë um eine Binde bitten, woraufhin die ihr ein ausgesprochen reinliches Ding aus einer Schachtel gegeben hatte, das man, wie sich herausstellte, einfach wegwarf und nicht in den scheußlichen gesonderten Beutel in die Wäsche geben musste. »Du meinst, du verwendest diese schrecklichen Stofffetzen mit der Baumwolle, wie wir sie in der Schule hatten? Das ist ja vorsintflutlich! So schlimm es ist gar nicht – du Arme. Man nennt es einfach die Regel! Die bekommen wir alle«, sagte sie so freundlich und leichthin, dass es Louise gleich viel besser ging. »Ich kriege dann auch Pickel«, erzählte Louise, die sich sehr gern länger darüber unterhalten wollte. »Das ist Pech, aber wahrscheinlich vergeht das von selbst. Lass sie einfach in Ruhe, fass sie nicht an.« Und dann schenkte sie ihr ein bisschen sündhaft teure Creme aus einem Tiegel, den sie zu Weihnachten bekommen hatte, und Louise war ihr unendlich dankbar – weniger wegen der Creme als vielmehr, weil sie mit ihr darüber gesprochen hatte. Sie fand es merkwürdig, dass niemand sonst das tat. Das Einzige, was ihre Mutter gesagt hatte, war, dass man nie, nie darüber redete, vor allem nicht mit Jungen, aber auch nicht mit Polly. Als ihre Mutter sie das nächste Mal fragte, ob ihr unwohl sei, antwortete Louise: »Mir ist nicht unwohl, ich habe meine Regel. So nennt Tante Zoë das, und so nenne ich das jetzt auch.« Das ärgerte ihre Mutter unverkennbar, allerdings konnte sie kaum etwas dagegen sagen. Doch als Louise mit Polly darüber sprechen wollte, weil sie nicht einsah, weshalb ihre Cousine genauso erschrecken sollte wie sie, meinte die nur: »Ich weiß. Mummy hat mir davon erzählt. Ich hoffe nur, dass es bei mir noch Ewigkeiten dauert, bis ich es auch bekomme.« Dadurch wurde es noch schlimmer, weil ihre Mutter es nicht für nötig befunden hatte, sie vorzuwarnen. Fast kam es Louise vor, als habe sie gewollt, dass sie Angst bekam. Ab dem Zeitpunkt beobachtete sie ihre Mutter genau und suchte nach Zeichen der Zuneigung und dem Gegenteil. Die notierte sie alle in ihr geheimes Tagebuch und zählte sie am Monatsende zusammen. Bis jetzt war das Gegenteil eindeutig in der Überzahl, außer im März. Da war sie einmal von Polly nach Hause gekommen, und ihre Mutter hatte im Salon weinend auf dem Sofa gesessen, etwas, das sie nie zuvor erlebt hatte. Sie lief zu ihr und fragte sie immer wieder, was denn passiert sei. Dann nahm ihre Mutter die Hände vom Gesicht, und Louise sah, dass es völlig geschwollen und blau war und ihre Augen tränennass und voller Angst. »Sie haben mir alle Zähne gezogen«, sagte sie. Sie fasste sich an die Wangen und begann wieder zu weinen.

»Ach, Mummy, du Arme …« Sie war überwältigt vor Mitleid – und Liebe. Tränen stiegen ihr in die Augen, und am liebsten hätte sie ihre Mutter umarmt, ihr die Schmerzen genommen und an ihrer statt empfunden, nur fürchtete sie, ihr durch die Umarmung noch mehr wehzutun. Aber sie hatte das Gefühl, dass ihre Mutter sie als ebenbürtig behandelte, was nie zuvor der Fall gewesen war, und sie wollte sich unbedingt als richtige Freundin erweisen.

Ihre Mutter kramte nach einem Taschentuch und versuchte zu lächeln. »Mein Schatz, du musst dir keine Sorgen um mich machen …« Und sie hatte ja doch Zähne! Ihre Mutter bemerkte, dass Louise das sah. »Er hat mir gesagt, dass ich sie sofort einsetzen soll«, erklärte sie. »Aber es tut so weh, Louise! Wirklich.«

»Wäre es besser, wenn du sie rausnimmst? Nur ein bisschen?«

»Er sagte, ich soll sie drinlassen.«

»Soll ich dir ein Aspirin holen?«

»Ich habe schon ein paar genommen, aber sie scheinen nicht zu wirken.« Nach einem Moment sagte sie: »Meinst du, es wäre in Ordnung, wenn ich noch ein paar mehr nehme?« Wieder war es eine Frage an eine Ebenbürtige.

»Doch, das meine ich schon. Und ich glaube, es wäre besser, wenn ich dich mit einer Wärmflasche ins Bett bringe.« Sie sprang auf, um die Glocke zu läuten. »Ich bitte Phyllis, zwei Wärmflaschen zu machen.«

»Ich möchte nicht, dass die Dienstmädchen mich so sehen.«

»Nein, natürlich nicht, liebste Mummy. Ich pflege dich. Ich kümmere mich um alles.«

Sie stützte Villy, als sie die Treppe hinaufging, half ihr beim Ausziehen, fand Bettsocken und ihr hübsches Bettjäckchen, weil ihre Mutter fror. Sie zündete den Gaskamin an, zog die Vorhänge zu und lief zur Tür, als Phyllis klopfte, um ihr die Wärmflaschen abzunehmen und zu verhindern, dass sie die Kranke sah. Sie gab ihrer Mutter Aspirin, richtete die Kissen und breitete das Deckbett über sie, und sie ließ alles willig und dankbar geschehen.

»Du bist eine gute kleine Krankenschwester«, sagte sie. Sie hatte unverkennbar Schmerzen.

»Möchtest du, dass ich bei dir bleibe?«

»Nein, mein Schatz. Ich versuche zu schlafen. Sagst du Daddy Bescheid? Wenn er nach Hause kommt?«

»Natürlich.« Sie gab Villy einen Kuss auf die weiche, schweißfeuchte Stirn. »Ich lasse die Tür einen Spalt auf, dann höre ich dich, wenn du rufst.«

Danach saß sie ewig auf der Treppe, genau an der Biegung, wo sie ihre Mutter rufen hören und ihren Vater heimkommen sehen würde. Dabei überlegte sie sich, ob sie nicht vielleicht auf ihre Schauspielkarriere verzichten und Krankenschwester werden sollte. Sie wandelte nachts mit einer Lampe durch verdunkelte Krankenstationen, linderte die grausamen Qualen verwundeter Soldaten mit einer Berührung ihrer zarten, erfahrenen Hände, tröstete sie in ihren letzten Minuten mit ihrer sanften Stimme … »Gab alles auf … Anfragen aus Hollywood … Avancen des Herzogs von Ungarn …«

»Lou? Was, in aller Welt, machst du denn da?« Sie sauste nach unten und erzählte ihm, was passiert war. »Ah ja! Natürlich!« Es kam ihr fast vor, als habe er es vergessen. »Wo ist sie?« Louise erklärte, was sie gemacht hatte, und ihr Vater sagte, sehr gut, sie sei ja ein kluges Mädchen. So bewundernd, wie er das sagte, klang Klugsein fast als etwas Besonderes. Sie folgte ihm nach oben und ermahnte ihn, leise zu sein.

»Ich wecke sie nicht auf und schaue nur zu ihr hinein.«

Sie schlief. Er legte einen Finger auf die Lippen und ging in sein Ankleidezimmer. Dort winkte er sie zu sich.

»Ich frage mich, Miss Cazalet, ob es Ihnen genehm wäre, heute Abend mit mir zu speisen? Sofern Sie keine anderweitige Verabredung haben?«

»Wie der Zufall es will, habe ich nichts vor.«

»Dann geh und zieh dich um. Wir sehen uns in zwanzig Minuten im Salon.«

Also zog sie sich um, schlüpfte in das Kleid, das Hermione ihr aus heiterem Himmel zu Weihnachten geschenkt hatte und das ihre Mutter unpassend fand und als zu erwachsen für Louise bezeichnete. Es war aus einem himmlischen blassblauen Chiffon, und sie konnte keinen BH und kein Unterhemd darunterziehen, nur einen Schlüpfer, weil es rückenfrei war und schmale Träger und einen tiefen V-Ausschnitt hatte – ein richtiges Erwachsenenkleid. Sie steckte sich das Haar mit einer Unzahl von Kämmen hoch – richtig fest saß die Frisur nicht, aber solange sie nicht den Kopf schüttelte oder zu viel lachte, sollte es halten – und legte den Schmuck an, den sie von Onkel Hugh, ihrem Taufpaten, zu Weihnachten bekommen hatte, eine Kette aus Opalen und Saatperlen. Sie hatte ihren Tangee-Lippenstift und etwas fast weißen Gesichtspuder und ein winziges Fläschchen mit Parfüm, das Evening in Paris hieß und Tante Zoë ihr geschenkt hatte. Großzügig tupfte sie sich davon hinter die Ohren, und dann wünschte sie sich, sie könnte sich richtig ansehen. Aber der einzige Ganzkörperspiegel hing im Zimmer ihrer Mutter. Ach, die arme Mummy!, dachte sie, gleichzeitig hoffte sie insgeheim, dass sie noch schliefe, denn irgendwie wusste sie, dass sie diesen Aufzug nicht gutheißen würde. Als sie fertig war, horchte sie an der Tür und steckte dann den Kopf hinein – ihre Mutter schlief noch. Also raffte sie den Saum des Kleides hoch und schwebte nach unten.

Phyllis hatte den Getränkewagen hereingeschoben, und ihr Vater machte sich einen Cocktail.

»Da schau an! Richtig adrett siehst du aus!«

»Wirklich?« Adrett war ihrer Ansicht nach nicht ganz das richtige Wort, aber schließlich war es ja nur ihr Vater. Und dann machte er es wett, indem er ihr einen Sherry anbot, also hatte sie doch das Gefühl, dass er sie ernst nahm.

Der Abend war wunderschön. Es gab Fischsoufflé und gebratenen Fasan und Backpflaumen im Speckmantel, und ihr Vater schenkte ihr von beiden Weinen ein – einen Rheinwein und einen Burgunder –, und anschließend spielte er das Grammofon: Tschaikowsky, sein Lieblingskomponist. Er erzählte Louise, dass er früher mit dem Fahrrad von Hertfordshire nach London gefahren war, um die Proms zu besuchen, und da hatte er diese Sinfonie zum ersten Mal gehört. Dreißig Kilometer auf dem Fahrrad hin und wieder zurück, aber es hatte sich gelohnt. Wegen der Patientin stellte er das Grammofon recht leise, und als Phyllis den Kaffee servierte, bestellte er eine Consommé für sie. »Bringen Sie sie hierher, und Miss Louise trägt sie nach oben.«

Aber sie ließ ihn die Suppe hinaufbringen, weil sie Angst hatte, was ihre Mutter über das Kleid sagen würde. Dann erschien ihr das albern und hartherzig, und sie beschloss, ihr Gute Nacht zu sagen, sobald sie den Morgenmantel angezogen hatte. »Es geht ihr besser«, verkündete ihr Vater, als er wieder nach unten kam, »und sie meint, es wäre Zeit, dass du ins Bett gehst, und sie würde dir gerne Gute Nacht sagen.«

»Aber Dad! Ich bin noch überhaupt nicht müde!«

»Natürlich nicht. Aber trotzdem.«

Sie gab ihm einen Kuss, und er nahm sie in die Arme und küsste sie einmal auf die Wange und dann, ganz überraschend, auf den Mund, was er noch nie getan hatte. Sein Schnurrbart pikste sie, und eine Sekunde lang spürte sie etwas Weiches, Feuchtes, bis ihr klar wurde, dass es seine Zunge war. Es fühlte sich eklig an. Sie vermutete, dass sie irgendwie aus Versehen herausgerutscht war. Sie schämte sich für ihn und befreite sich aus seiner Umarmung. »Also, gute Nacht«, sagte sie, ohne ihn anzusehen, und lief zum Zimmer hinaus. Oben dachte sie, der arme alte Dad, er hat falsche Zähne, wie Mummy jetzt auch, wahrscheinlich wird das Küssen damit etwas schwierig.

Mummy saß halb aufrecht im Bett, auf viele Kissen gestützt. Sie habe etwas Suppe gegessen, sagte sie, genau das Richtige.

»Hast du einen schönen Abend mit Daddy gehabt?«

»O ja. Wir haben das Grammofon gespielt.«

»Schön, mein Schatz. Und danke, dass du so lieb zu mir warst.«

»Geht's dir besser? Tut es nicht mehr so weh?«

»Ich glaube schon.« Das stimmte eindeutig nicht. »Ich nehme jetzt noch ein paar Aspirin, und Daddy schläft heute Nacht im Ankleidezimmer. Und jetzt ab ins Bett mit dir, mein Schatz.«

»Ich gehe gleich.« Ihr wurde bewusst, dass sie in ihrem Zimmer sein und die Tür hinter sich schließen wollte, ehe er nach oben kam. Das war merkwürdig – so war es ihr noch nie zuvor ergangen. Über den Abend mit Dad hatte sie nichts in ihr Tagebuch geschrieben.

Jetzt hörte sie Jessicas Auto in der Auffahrt und stellte fest, dass sie sich über den Besuch freute. Angela war vermutlich zu alt, um gemeinsam mit ihr etwas zu unternehmen, aber Nora hatte sie immer gemocht. Sie sah zwar ziemlich unscheinbar aus, ein bisschen hässlich sogar, aber bei Weitem nicht so schlimm wie Miss

Milliment. Und Christopher fand sie viel interessanter als Teddy und Simon. Im vergangenen Jahr war er verrückt nach Schmetterlingen gewesen, und sie waren mit Netzen und einem Tötungsglas losgezogen. Dann hatten sie im Getreidefeld gelegen und Körner von den Ähren geknabbert, und er hatte ihr erzählt, dass er die Schule grässlich finde, es ihm zu Hause aber auch nicht viel besser ergehe, weil sein Vater ihn ständig schikaniere. Louise, die im Familienkreis von klein auf gehört hatte, dass Tante Jessicas Mann nicht ganz die Sorte Mensch war, die sie hätte heiraten sollen, bedauerte ihn heftig und erfand sogar Sachen über ihren eigenen Vater, um Christopher etwas zu trösten. Aber in diesem Sommer brauchte sie nichts zu erfinden, überlegte sie. Allerdings konnte sie ihm natürlich unmöglich davon erzählen. Jetzt dachte sie zum ersten Mal, seit es passiert war, darüber nach. Denn nach dem einen Abend war er zur Feier ihres Geburtstags mit ihr ausgegangen – ein wunderschönes Essen im Restaurant Ivy –, und da war es wieder passiert, nur schlimmer. Er war mit ihr nach Hause gefahren und hatte leise die Haustür geöffnet (»Wir wollen ja Mummy nicht wecken«), und sie hatte ihm die Arme um den Hals geschlungen, um ihm für das großartige Geschenk zu danken, und da hatte er sie genauso widerlich geküsst. Aber dieses Mal hatte er noch dazu seine Hand in ihr Kleid gesteckt und ihr an der Brust wehgetan, und mit seinem anderen Arm hatte er sie so fest gehalten, dass sie ihm nicht entkommen konnte. Irgendwann war es ihr dann doch gelungen, weil er seinen Mund wegnahm und etwas sagte in der Art, sie sei ja schon richtig groß, und sie riss sich los. »Das bin ich nicht!«, schrie sie und lief die Treppe ein paar Stufen hinauf, aber sie hatte ihr langes Kleid vergessen, ihr Absatz verfing sich im Rock, und sie musste stehen bleiben und ihn befreien, und als sie sich aufrichtete, sah sie ihn – der nun ihr Feind war – unten stehen und lächelnd zu ihr hinaufblicken.

Dann stand sie in der Dunkelheit hinter der geschlossenen Tür ihres Zimmers, erfüllt von einem namenlosen Grauen. Es fühlte sich an wie ein schlechter Traum, nur war es kein Traum. Er würde die Treppe hinaufsteigen – in den nächsten Minuten –, er könnte in ihr Zimmer kommen – es steckte kein Schlüssel –, wie konnte sie ihn davon abhalten? Diese Gedanken gingen ihr durch den Kopf, immer und immer wieder, aber sie war unfähig, etwas zu tun, sie konnte sich noch nicht einmal bewegen. Sie hörte seine Schritte auf den Stufen und stand nur da, die Hände auf den Mund gepresst, damit nicht alles aus ihr herauskam. Aber mittlerweile wusste sie, dass die Furcht ihr die Stimme geraubt hatte, dass ihr Schrei einfach nur eine lautere Stille sein würde.

Seine Schritte – außer denen es nichts gab in der Welt – näherten sich – erreichten den Treppenabsatz vor ihrer Tür – eine Pause –, dann gingen sie weiter zu seinem Ankleidezimmer, und eine Weile später hörte sie ihn über den Treppenabsatz zu ihrer Mutter gehen, und die Tür wurde geschlossen. Und dann hörte sie ein schauerliches Geräusch, wie ein würgendes Schluchzen war es, aber als sie das Licht anschaltete, musste sie es gewesen sein, weil außer ihr niemand im Zimmer war.

Was danach passierte, daran konnte sie sich kaum erinnern. Sie wusste nur, dass sie würgend über ihrer Waschschüssel gehangen hatte. Dann fragte sie sich, warum sie nicht nach oben gelaufen war, schnurstracks zu ihrer Mutter, und es ihr erzählt hatte. Aber sie wusste sofort, dass ihre Mutter wütend geworden wäre, ihr vorgeworfen hätte, ordinär und ekelhaft zu sein, und er – der Feind – hätte ihr zugestimmt, und alles wäre noch viel schlimmer gewesen. Und vielleicht war es wirklich ihre Schuld, weil sie sich jetzt derart schämte. Also schluckte sie alles hinunter und übergab sich nicht. Und am nächsten Morgen war er beim Frühstück genauso wie sonst, als wäre nichts passiert, als wäre das Ganze allein ihre Sache und habe nichts mit ihm zu tun. Und ihre Mutter wartete, bis er ins Büro gegangen war, und sagte dann, wenn sie, Louise, nach einem solchen Geschenk so undankbar und mürrisch sein wolle, werde ihr niemand mehr etwas schenken. In einem der anderen Zimmer fand sie einen Schlüssel, der in ihr Türschloss passte, und danach versuchte sie, nie mehr mit ihm allein zu sein. Aber es gab niemandem, dem sie davon erzählen konnte. Das war das Schlimmste.

Jetzt befiel sie wieder dieses große Unbehagen, das sie empfand, wann immer sie ihrem Vater begegnete. Eine gewaltige graue Decke umfing sie, sie fühlte sich hintergangen und gleichzeitig irgendwie schuldig, und wenn sie versuchte, daran zu denken, bekam sie Angst. Aber noch schlimmer war, wenn sie an ihren Geburtstagsabend zurückdachte, dann begann sie zu zittern, ihr wurde übel, sie bekam einen trockenen Mund, und sie schluckte und schluckte – nichts. Vielleicht musste sie von zu Hause fortgehen. Aber größere Angst vor etwas anderem zu haben bedeutete nicht, dass ihre Angst davor kleiner wurde.

»O mein Gott! Warum kann nicht wieder letzter Sommer sein, als noch alles in Ordnung war?« Aber das ging nicht. »In hundert Jahren kräht kein Hahn mehr danach«, pflegte ihre Mutter bei praktisch jeder Gelegenheit zu sagen. Eine sehr nervtötende Bemerkung, denn sie bedeutete, dass ihr völlig egal war, was in diesen hundert Jahren passierte, und dadurch wurde das Leben absolut sinnlos. Aber vielleicht war es das ja auch. Vielleicht handelte es sich um ein fürchterliches Geheimnis, das Erwachsene den Kindern verschwiegen – wie die Tatsache, dass es keinen Weihnachtsmann gab oder dass man die Regel bekam. Vielleicht bedeutete das Erwachsenwerden – worauf sie sich immer gefreut hatte – genau das. Aber das konnte nicht stimmen. Wenn die Menschen das wüssten, könnten sie nicht alle so fröhlich sein. Außerdem gab es ja noch Gott, der angeblich so gütig zu den Menschen war und wahrscheinlich bestimmte, ob das Leben sinnlos war oder nicht. Sie beschloss, sich mit Nora, die ein Jahr älter war, richtig ausführlich über das Leben zu unterhalten und zu hören, ob die etwas wusste, das ihr half. Der Gedanke munterte sie auf, sie ging ins Haus.

»Und, meine Liebe? Wie geht es dir?«

Villy hatte Jessica auf die Peddigrohr-Couch im Salon gesetzt. Der Lunch war vorbei, die Kinder hatten sich zerstreut. Villy hatte es sich ihrer Schwester gegenüber in dem gewaltigen, formlosen Sessel bequem gemacht, zündete sich eine Gold Flake an und freute sich auf ein ausführliches Gespräch unter vier Augen. Zwischen ihnen stand ein Tisch, darauf das Kaffeetablett. Villy hatte die Rollos vor dem Südfenster heruntergelassen, das grünlich blaue Licht im Zimmer wirkte angenehm kühl und schuf eine vertrauliche Atmosphäre.

Jessica seufzte, kreuzte lächelnd die eleganten Knöchel und streckte die langen weißen Arme, die sie hinter dem Nacken verschränkt hatte. »Es ist einfach himmlisch, hier zu sein«, sagte sie. »Das kann ich dir sagen. Die Fahrt war der reinste Albtraum. Der arme Christopher musste sich übergeben, Judy wollte ständig auf die Toilette, und Nora stritt sich mit Angela, wer vorne sitzen durfte. Dann wurde der Motor zu heiß – an dem Berg, du weißt schon, am Ortsende von Lamberhurst, ich glaube …«

»Wie auch immer, jetzt bist du hier. Und Mama kommt erst nächste Woche. Edward fährt morgen nach London. Wir sind allein, bis auf die Nervensägen. Heute Abend gibt es Dinner in Home Place, aber bis dahin hast du noch reichlich Zeit, dich auszuruhen.«

»Traumhaft!« Jessica schloss die schweren Lider, und einen Moment herrschte Stille, bis auf das Ticken der Standuhr draußen im Flur.

»Wie geht es Raymond?«, fragte Villy betont beiläufig.

»Der Arme ist wütend, weil ich ihn allein lasse. Morgen fährt er zu Tante Lena. Ich glaube nicht, dass er sich sonderlich darauf freut.«

Wieder herrschte kurz Stille. »Sie ist einundneunzig«, fuhr Jessica dann fort. »Aber abgesehen davon, dass sie kein Wort versteht von dem, was man sagt, erfreut sie sich bester Gesundheit. Allerdings, wenn man von morgens bis abends absolut nichts tut, außer regelmäßig vier Mahlzeiten am Tag zu sich zu nehmen und die Bediensteten herumzuscheuchen, gibt es vermutlich keinen Grund, abgespannt zu sein.«

»Aber sie hat Raymond doch sehr ins Herz geschlossen, oder nicht?«

»Sie vergöttert ihn. Aber dann gibt es noch diesen anderen ziemlich unangenehmen Neffen – derjenige, der nach Kanada ausgewandert ist –, den sie Raymond immer wieder als leuchtendes Beispiel vor Augen hält.«

»Ich vermute«, sagte Villy vorsichtig, »dass, wenn sie ... Ich meine, das würde doch alles verändern, oder nicht?«

»Ach, meine Liebe! Mittlerweile kann ich nicht mehr so recht dran glauben. Sobald Raymond auch nur etwas Geld in die Hand bekommt, schmiedet er einen seiner fürchterlichen Pläne, dessen Kosten sein Budget weit übersteigen, und dann scheitert natürlich alles daran, dass er von Anfang an nicht genügend Geld hatte. Erinnere dich an die Idee mit der Hundepension. Er hatte nicht bedacht, dass den Großteil des Jahres niemand verreist, aber im August dann alle. Es hat natürlich ein Vermögen gekostet, einzelne Zwinger zu bauen, und trotzdem hatten wir dann in jedem Zimmer einen Hund, und im Winter wurden alle Zwinger von Hausschwamm befallen und eigneten sich nicht mehr zur Unterbringung von Tieren. Also graut mir ehrlich gesagt davor, dass Tante Lena stirbt. Raymond verabscheut seine momentane Arbeit und würde alles tun, um sie aufzugeben.« Sie lächelte ihr charmantes, resigniertes Lächeln. »Aber ich mag mir gar nicht vorstellen, was die Alternative wäre.«

»Er ist unmöglich!«

»Ja, er ist unmöglich, aber er ist der Vater der Kinder. Manchmal ist er sanft wie ein Lamm.«

Das interpretierte Villy als Charme, dem zu misstrauen ihre Mutter ihr von klein auf eingebläut hatte. In den Augen ihrer Mutter war Charme gleichbedeutend mit Nichtsnutzigkeit. Lady Rydal hatte Edward wegen seines Charmes misstraut, und dass er reicher war als Raymond, wurde geschmälert durch den Umstand, dass sein Geld aus dem Handel stammte – eine Situation, die ihr ein Ausmaß an Toleranz abverlangte, das zu besitzen sie stets behauptete. Allerdings war es Edward gelungen – und zwar ohne es je darauf abgesehen zu haben –, sie auf eine Art für sich zu gewinnen, woran Raymond stets gescheitert war. Und da Lady Rydal von Villy von vornherein weniger erwartete als von Jessica, hatte sich Edward zu einem zufriedenstellenden Schwiegersohn gewandelt, woraufhin die arme Jessica die geballte Wucht ihrer Enttäuschung zu spüren bekam. Als Villy jetzt ihre Schwester betrachtete, auf die sie in jüngeren Jahren entsetzlich eifersüchtig gewesen war, stiegen Zuneigung, Mitgefühl und Rührung in ihr auf. Jessica war so dünn: Ihr weißes Präraffaeliten-Gesicht, das durch das von den grünen Rollos gefilterte Licht etwas Farbe erhielt, war vor Müdigkeit eingefallen, unter ihren Augen und in den Vertiefungen unter ihren hohen Wangenknochen lagen dunkle Schatten, dünne Falten hatten sich zu beiden Seiten ihres blassen, klar konturierten Munds gebildet, und ihre ehemals wunderschönen Hände waren rau und aufgequollen von der Hausarbeit …

»… obwohl er mit Christopher furchtbar schwierig sein kann.«

»Wie bitte?«

»Raymond. Er möchte immer, dass Christopher zupackend und athletisch ist – also das, was er selbst früher einmal war –, dabei ist Christopher eher verträumt und noch unbeholfener als sonst, weil er so schnell wächst. Es ist alles etwas kompliziert. Ich entschuldige mich ständig bei dem einen für den anderen.«

»Ich finde Christopher richtig lieb.«

»Er ist kein Alleskönner wie dein Teddy.«

»Ich bin mir sicher, er ist ausgesprochen schlau.«

Jessica verstand das nicht als Kompliment in Bezug auf das Denkvermögen ihres Sohnes, sondern als Kritik an seinen sportlichen Fähigkeiten. »Ich finde nicht, dass er besonders intelligent ist«, antwortete sie kühl.

Was heißen soll, dachte Villy, dass der gute Teddy ein absoluter

Dummkopf ist, was natürlich nicht stimmt. Sie zündete sich eine weitere Zigarette an. Jessica fragte sich, wann es Tee geben würde.

»Angela sieht hinreißend aus. Genau wie du, natürlich, eine absolute Schönheit.« Mit den Töchtern lenkte sie das Gespräch auf weniger heikles Terrain – ein großzügiges Friedensangebot, das Jessica sofort aufgriff. »Villy, ich weiß wirklich nicht, was ich mit ihr machen soll. Sie hat die Abschlussprüfung nur ganz knapp bestanden. Sie interessiert sich für absolut nichts anderes als ihre Garderobe und ihr Aussehen, regelrecht besessen ist sie davon. Ich bin mir sicher, dass wir uns in ihrem Alter nicht so viel mit uns selbst beschäftigt haben. Oder doch?«

»Ich glaube, es wurde uns einfach nicht erlaubt. Jeder wusste, wie hübsch du warst, aber es wurde nicht darüber gesprochen. Wäre es auch nur erwähnt worden, hätte Mama einen Anfall bekommen.«

»Natürlich sage ich ihr nicht ständig, wie hübsch sie ist. Aber andere tun es. Und offenbar glaubt sie, deswegen ein Anrecht auf ein aufregenderes Leben zu haben, als wir ihr bieten können, und zwar ohne dass sie sich darum bemühen müsste. Vielleicht war es ein Fehler, sie nach Frankreich zu schicken. Mit ihrer Rückkehr fing es an, seitdem ist sie mürrisch und träge.«

»Wahrscheinlich ist es nur eine Phase. Was hast du als Nächstes für sie vorgesehen?«

»Ich möchte, dass sie einen Steno und Schreibmaschinenkurs macht, denn sie wird wohl oder übel arbeiten müssen. Aber das findet sie natürlich viel zu langweilig. Ich meine, Krankenpflege kommt für sie nicht infrage, und Unterrichten kann sie schlicht nicht. Was sollte sie also sonst tun?«

Villy pflichtete ihr bei, dass es sonst absolut nichts gebe. »Natürlich wird sie früher oder später heiraten«, sagte sie nach einer Weile.

»Ja, aber die Frage ist doch, wen. Wir können es uns nicht leisten, Gäste einzuladen, und schon gar nicht, dass sie richtig in die

Gesellschaft eingeführt wird. Aber das heißt natürlich, dass sie niemand Passenden kennenlernt. Was hast du mit Louise vor?«

»Wenn sie bei Miss Milliment aufhört, schicken wir sie natürlich erst einmal nach Frankreich. Über das Danach habe ich mir noch keine Gedanken gemacht. Sie sagt ja nach wie vor, dass sie Schauspielerin werden will.«

»Wenigstens gibt es etwas, das sie tun möchte. Sie ist im vergangenen Jahr sehr viel älter geworden, oder nicht?«

Nun war es an Villy zu seufzen. »Sie ist oft mürrisch und manchmal ausgesprochen irritierend. Ich glaube, Clary hat ihr die Freundin ausgespannt. Seit sie am Unterricht bei Miss Milliment teilnimmt, haben sie und Polly sich gut angefreundet. Drei sind einer zu viel, sagt man nicht so? Dazu kommt natürlich, dass Edward sie verwöhnt und sie darin bekräftigt, sich wie eine Erwachsene zu benehmen, was mit fünfzehn schlicht absurd ist. Hast du in der Hinsicht Schwierigkeiten mit Nora? Aber nein, bestimmt nicht. Nora ist immer schon ein liebes Kind gewesen.« Das sagte sie mit Nachdruck. Nora war die Unscheinbare, das musste mit Tugenden aufgewogen werden.

»Sie war immer ein unkompliziertes Kind, obwohl sie sich im Augenblick nicht besonders gut mit Angela versteht.«

»Wahrscheinlich ist sie eifersüchtig.«

Jessica warf ihrer Schwester einen skeptischen Blick zu und dachte: Wie seltsam, dass die Menschen immer gern von sich auf andere schlossen. »Nein, das sicher nicht. Nora war nie im Leben eifersüchtig auf irgendjemanden«, antwortete sie und konnte es sich dann nicht verkneifen, die Erinnerung anzusprechen, die ihr gerade in den Sinn kam. »Weißt du noch, als du mir die Haare abgeschnitten und in einer Keksdose im Garten vergraben hast?«

»Ich habe nicht alle abgeschnitten!«

Aber genug, dass ich bei der Preisverleihung an der Schule idiotisch aussah, dachte Jessica. »Ich fand, dass Mama immer sehr streng zu dir war«, sagte sie. »Der ganze Ärger, weil du Tänzerin werden wolltest. Dabei warst du so gut!«

»Aber Daddy hat mich immer unterstützt.«

»Du warst sein Liebling.«

»Sie haben das wirklich schockierend offensichtlich gezeigt, fandest du nicht? Ziemlich schamlos.«

»Na ja, zumindest hat uns das gelehrt, wie man es nicht machen sollte.«

Daraufhin dachten beide an ihre großartigen Söhne und sagten sich dann, dass sie es zumindest nicht offen zeigten. An der Stelle wurden sie von Judy unterbrochen, die meinte, sie habe jetzt keine Lust mehr auf ihren Mittagsschlaf und was sie tun könne und wann Lydia zurückkomme und ob es bald Nachmittagstee gebe? Sie trug Shorts und ein vergilbtes Unterhemd. »Angela hat sich stundenlang ins Bad eingeschlossen, deswegen musste ich den Nachttopf benutzen«, fügte sie hinzu.

»Judy, ich habe dir doch gesagt, dass du hier nicht im Unterhemd herumlaufen sollst. Und bei diesem Wetter brauchst du es sowieso nicht.«

»Doch, das brauche ich schon.« Sie strich sich über die Brust. »Es gefällt mir.«

Auf der Auffahrt fuhr ein Auto vor.

»Das werden Lydia und Neville sein«, sagte Villy. »Du kannst mit ihnen essen.«

»Aber zieh dir erst deine blaue Bluse an, mein Schatz. Du willst doch nicht, dass sie dich so sehen.«

»Mich stört es überhaupt nicht, wie sie mich sehen.« Doch als sie den Gesichtsausdruck ihrer Mutter bemerkte, verließ sie den Raum.

Kaum war sie fort, stand Rupert in der Tür, einen Berg feuchter Handtücher und einen Picknickkorb in der Hand. Er sah aus, als wäre ihm sehr heiß.

»Ich bringe zwei Kinder mehr oder minder intakt zurück. Wo soll ich die Sachen hintun? Ach, Jessica, wie schön – ich hatte dich gar nicht gesehen!« Er ging zum Sofa, und sie gaben sich zur Begrüßung einen Kuss.

»Rupe, du siehst geschafft aus. Es war wirklich lieb von dir, alle Kinder mitzunehmen. Bleib doch auf eine Tasse Tee.« Villy läutete, und Phyllis, die gerade mit rasenden Kopfschmerzen im Anrichteraum Brot schnitt und die Scheiben butterte, warf einen Blick auf die Küchenuhr und stellte fest, dass es erst kurz nach vier war. Den Nachmittagstee sollte es eigentlich um halb fünf geben. Trotzdem, zum Dinner waren sie nicht da, also konnte sie, sobald sie den Nachmittagstee für die Kinder gemacht und alles abgewaschen hatte, ein paar Aspirin nehmen und sich ins Bett legen.

»Phyllis, wir möchten jetzt nur eine Kanne Tee für uns drei, die Kinder sollen zur üblichen Zeit essen.«

»Ja, Ma'am.« Sie nahm das Kaffeetablett mit.

»Ich fürchte, Neville hat eine Qualle mitgebracht.«

»Hast du ihm nicht gesagt, dass sie sterben wird?«

»Doch, natürlich. Aber er möchte sie als Haustier halten.« Rupert wandte sich an Jessica. »Es ist wegen seines Asthmas. Er hätte so gerne einen Hund oder eine Katze, aber die wären sein Tod. Also bekommen wir Goldfische, Würmer und Schildkröten – und jetzt die vermaledeite Qualle.«

Er ließ sich aufs Sofa fallen und schloss die Augen. »Mein Gott! Was sind die jungen Leute nicht anstrengend! Da haben sie sich am Strand richtig ausgetobt, und dann weckt ein einfaches Eis wieder ihre Lebensgeister. Auf der Rückfahrt haben sie gewetteifert, wer sich die schlimmste Todesart ausdenken kann. Ihnen sind wirklich grausige Dinge eingefallen. Vielleicht sollte ich Ellen warnen, dass Neville heute Nacht vermutlich Albträume hat.« Er öffnete die Augen. »Wie geht es Raymond?«

»Gut. Er ist zu Besuch bei seiner Tante und kommt wahrscheinlich nächste Woche.«

»Ach, schön.« Rupert mochte Raymond und fand, dass sie einiges miteinander gemein hatten, ohne dass er das näher erklären konnte.

Kurz herrschte friedvolle Stille, dann betrat Angela den Raum. Hatte ihren Auftritt, wäre der richtige Ausdruck, dachte Villy. Einen

Moment blieb sie in der Tür stehen, ehe sie mit einstudierter Grazie ins Zimmer glitt. Sie trug ein ärmelloses Pikeekleid in blassestem Zitronengelb, dazu Sandalen und um ihr bleiches Handgelenk ein silbernes Armband. Sie hatte den ganzen Nachmittag damit verbracht, sich die Haare zu waschen und zu legen, und jetzt hingen sie ihr in einem langen Pagenschnitt auf den Rücken, um ihr Gesicht ringelten sich kleine, flache Löckchen wie bei einem Widder. Villy fühlte sich an Hermiones Frisur erinnert. Rupert stand auf.

»Ich muss ja sagen! Ist das wirklich Angela?«

»Dieselbe alte Angela.« Sie hielt ihm ihr perfekt gepudertes Gesicht zum Kuss hin.

»Nein«, sagte er. »Nicht dieselbe – absolut nicht dieselbe.«

»Schließ die Tür, mein Schatz«, sagte ihre Mutter. »Ach, nein, lass sie offen. Phyllis kommt gleich mit dem Tee. Wo sind die anderen?«

»Welche anderen?«

»Louise und Nora. Und Neville und Lydia. Du weißt genau, wen ich meine.«

»Ach – die Kinder. Ich habe nicht die leiseste Ahnung.« Anmutig ließ sie sich auf der Sofalehne nieder.

Phyllis brachte den Tee. »Wir bräuchten eine weitere Tasse für Miss Angela«, sagte Villy.

»Angela kann sie sich selbst holen«, meinte Jessica etwas scharf.

»Bleib sitzen. Ich hole sie für dich.« Rupert folgte Phyllis hinaus und kehrte mit einer Tasse zurück.

»Ach, danke dir, Onkel Rupert«, sagte Angela. »Obwohl du eigentlich nicht mein richtiger Onkel bist, nicht wahr?«

»Ich glaube, in dem Fall könntest du den Onkel weglassen.«

»Danke.« Sie schenkte ihm ein sittsames und – wenn er nur wüsste – vielfach geübtes Lächeln. Villy, die gerade Tee einschenkte, tauschte einen Blick mit Jessica. Sie ist ein kleines Biest, dachte Rupert, aber verdammt hübsch. Kurz fragte er sich, ob wohl Zoë ihre Reize in jungen Jahren an jedem älteren Mann ausprobiert hatte, dem sie begegnete. Vermutlich schon. Jessica erkundigte sich nach Zoë, und er antwortete, es gehe ihr gut, sie lerne gerade

Autofahren, woraufhin Angela sagte, das würde sie auch so gerne lernen und ob er es ihr beibringen könne? Rupert, der sich durch das Ansinnen etwas bedrängt fühlte, meinte, man werde sehen. Er holte sein Zigarettenetui heraus.

»Ach, bitte – kann ich eine haben? Ich würde so gerne eine rauchen.« Sie wählte eine Zigarette aus dem dargebotenen Etui, steckte sie zwischen ihre makellos geschminkten Lippen und beugte sich vor, damit er ihr Feuer gab.

Wir können uns Zigaretten nicht leisten, dachte Jessica mit leichter Verzweiflung. Aber wie können wir sie daran hindern? Raymond hatte ihr das Rauchen verboten, bis sie achtzehn war, und ihr eine goldene Armbanduhr versprochen, wenn sie bis zu ihrem einundzwanzigsten Geburtstag nicht rauchte, aber auch das gehörte zu den Gewohnheiten, die sie aus Frankreich mitgebracht hatte.

»Du weißt, Daddy mag es nicht, wenn du rauchst«, sagte sie jetzt.

»Das weiß ich«, antwortete Angela nur. »Aber ich kann nichts dafür. Wenn man nichts von dem machen würde, was den Eltern missfällt, dürfte man sich praktisch nicht vom Fleck rühren!«, erklärte sie an Rupert gewandt.

Aus der Ferne war Donnergrollen zu hören, und Rupert sagte, er solle besser gehen, sonst würde er auf dem Weg vom Auto zum Haus klatschnass werden. Er rief Neville, um sich zu verabschieden, und sofort wurde die Tür aufgerissen, und die drei jüngeren Kinder stürmten herein.

»Mummy! Er hat eine Qualle, und er sagt, dass es grausam ist, sie zu streicheln, aber es kann doch nicht grausam sein, etwas zu streicheln, oder?«

»Doch, kann es schon. Wenn du ihn anrührst, schneide ich dich in kleine Stücke und brate dich in kochendem Öl«, drohte Neville. »Er ist meine Qualle, und er mag Mädchen nicht. Wenn ich ihn lasse, sticht er dich tot.«

»Aber mich mag er schon«, sagte Lydia. »Das hast du gesagt.«

»Er mag dich bis jetzt.«

»Was hast du mit ihm gemacht, Neville?«

»Ich habe ihn in die Badewanne getan.«

»Das ist eklig!«

»Achtet nicht auf das, was Angela sagt. Entweder findet sie alles eklig oder sagt dauernd, dass sie nicht die leiseste Ahnung hat«, warf Judy ein. Der präzisen Nachahmung ihrer Schwester war ihre Verachtung anzuhören.

»Und, Mummy«, sagte Lydia und kuschelte sich an ihre Mutter, »wir haben das ganze Salz aus dem Esszimmer aufgebraucht, aber das Wasser hat immer noch überhaupt nicht nach Meer geschmeckt, also mussten wir auch noch die ganzen Gläser aus der Küche aufbrauchen. Aber wir können doch auch ohne Salz auskommen, oder? Und für ihn war es ein Notfall.«

»Ja, das verstehe ich, aber ihr hättet fragen können.«

»Wir hätten fragen können«, wandte Neville ein, »und du hättest Nein sagen können. Und was hätten wir dann gemacht?«

»Tja, alter Knabe, ich habe dir ja gesagt, dass Quallen nicht gerne aus dem Meer genommen werden. Und das Salz, das wir verwenden, ist nicht das Gleiche. Auf Wiedersehen allseits, bis später. Danke für den Tee.« Rupert gab seinem Sohn einen Kuss, fuhr ihm durchs Haar und ging.

»Oje«, sagte Villy und stand auf. »Ich glaube, da sollte ich mal nach dem Rechten sehen.«

Jessica und ihre älteste Tochter blieben zwischen den Teetassen zurück. Angela studierte ihre Nägel, die blassrosa lackiert waren, die Monde hatte sie sorgsam ausgespart. Jessica betrachtete sie einen Moment und fragte sich, was in aller Welt in dem schimmernden und scheinbar hohlen Kopf vor sich ging.

Angela hing ihrem Gespräch mit Rupert nach. *Dieselbe alte Angela.* Er hatte sie auf die Wange geküsst und gesagt: *Nicht dieselbe – absolut nicht dieselbe.* Er zumindest bemerkte sie. Und auch wenn er seine Bewunderung in Gegenwart der anderen zu einem gewissen Grad verbergen musste, war sie eindeutig vorhanden. Er ist wirklich süß, dachte sie und ging den Wortwechsel in Gedanken noch einmal durch. Natürlich könnte nie etwas daraus werden, er war ja verheiratet, aber man wusste ja, dass sich Verheiratete in andere verlieben konnten. Sie würde sehr stark sein und ihm erklären müssen, dass sie nie etwas tun würde, das Tante Zoë verletzen könnte, und dafür würde er sie umso mehr lieben. Es würde alles sehr tragisch sein und sie fürs Leben zeichnen, und sie freute sich darauf.

~

Simon hatte mit Teddy, der nicht nur zwei Jahre älter, sondern nach Simons Ansicht überhaupt ziemlich großartig war, einen fabelhaften Tag verbracht. Am Vormittag hatten sie siebzehn Squash-Sätze gespielt, bis sie glühend vor Hitze aufhören mussten. Sie waren ziemlich ebenbürtig. Teddy als der Größere hatte eine bessere Reichweite, aber Simon verstand es, Bälle gut zu platzieren, und war potenziell der bessere Spieler. Sie folgten der amerikanischen Zählweise, bei der die Sätze zwar manchmal länger dauerten, aber ein richtiges Ende fanden, und ein Teil des Spaßes bestand ja auch darin, den Erwachsenen zu erzählen, wie viele Sätze sie gespielt hatten. »In dieser Hitze?«, fragten ihre Onkel und Tanten und Eltern dann immer, und sie grinsten bloß: Hitze konnte ihnen nichts anhaben. Nur mit Shorts und Tennisschuhen bekleidet, spielten sie, bis ihr Haar klatschnass und ihr Gesicht krebsrot war. Teddy gewann mit zwei Sätzen Vorsprung – ein respektables Ergebnis. Und natürlich hörten sie nicht etwa wegen der Hitze auf, sondern weil sie am Verhungern waren, aber Lunch würde es erst in einer halben Stunde geben. Also genehmigten sie sich einen kleinen Imbiss bestehend aus Autoschokolade und Tomaten aus dem Gewächshaus. Teddy erzählte Simon mit guten und schrecklichen Hintergedanken mehr über sein neues Internat, das Simon ab Herbst ebenfalls besuchen würde. Alles, was er hörte, erfüllte ihn mit Grauen, das er hinter lässigem Interesse verbarg. An diesem Vormittag ging es darum, was mit neuen Jungen passierte. Simon erfuhr, dass sie in der Badewanne festgebunden und der Kaltwasserhahn ein klein wenig aufgedreht wurde, und dann gingen alle weg und überließen den Neuen dem Tod durch Ertrinken. »Und passiert das … oft?«, fragte er mit klopfendem Herzen. »Ach, ich glaube, nicht allzu oft«, antwortete Teddy. »Normalerweise kommt jemand und dreht den Wasserhahn zu und bindet sie los.« Normalerweise! Je mehr Simon hörte, desto mehr hatte er das Gefühl, dass er das nicht ertragen würde. Aber in dreiundzwanzig Tagen würde er dort sein – und in fünfzig Tagen vielleicht schon tot. Manchmal ging er peinlicherweise sogar so weit, sich zu wünschen, er wäre ein Mädchen; dann müsste er nicht auf dieses entsetzliche Internat, an dem es offenbar nur lauter furchtbare Regeln gab, von denen man erst erfuhr, wenn man sie übertreten hatte und Ärger bekam, wobei Ärger noch gelinde ausgedrückt war. Er fand, dass Teddy unglaublich tapfer war und vermutlich alles ertragen konnte, während er sogar in Pinewood Heimweh gehabt hatte, obwohl es gegen Ende besser wurde … Er wusste einfach, dass es in der neuen Schule wieder von vorne losgehen würde: dass ihm schlecht wurde und er Albträume hatte und Sachen vergaß und sich gut überlegen musste, wie oft er an zu Hause dachte, weil er dann flennte, und flennen bedeutete, dass man gehänselt wurde, und dann bekam er Bauchweh und musste ständig aufs Klo, und die Lehrer machten gehässige Bemerkungen, und alle lachten. Und Teddy, der in eine höhere Klasse ging, konnte natürlich unmöglich sein Freund sein; sie würden sich gegenseitig mit Cazalet ansprechen und nur »Hallo« sagen, wenn sie sich begegneten, genau wie in Pinewood. Jeden Abend betete er, dass etwas passierte, damit er nicht dorthin zu gehen brauchte, aber ihm fiel nicht viel ein außer Scharlach oder Krieg – und beides kam ihm höchst unwahrscheinlich vor. Das Schlimmste war, dass er mit niemandem darüber reden konnte. Er wusste genau, was Dad sagen würde – dass jeder ins Internat gehe, so sei das eben, alter Junge –, und Mummy würde sagen, dass er ihr auch fehlen werde, aber er werde sich bald einleben, das sei immer so, und es gebe ja die

Ferien, auf die er sich freuen könne. Polly würde nett zu ihm sein, aber als Mädchen hatte sie einfach keine Ahnung, wie schrecklich es in Wirklichkeit war. Und Teddy – wie konnte er das Teddy gestehen, dessen Freundschaft ihm zu viel bedeutete, als dass er sich seine Verachtung einhandeln wollte? Denn was sollte Teddy denn sonst empfinden? Trotzdem gelang es ihm, in den Ferien Spaß zu haben, und manchmal konnte er das kommende Trimester sogar völlig vergessen, bis es ihn wieder überfiel, ohne jede Vorwarnung, so, wie eine Glühbirne unvermittelt durchbrennt. Dann wurde ihm schlecht vor Angst, und er wünschte sich, er könnte vor Ende September sterben. Aber den ganzen Vormittag beim Squashspielen war es ihm gut gegangen, und als Teddy seine Eckschläge lobte, war er sogar fast glücklich gewesen.

Lunch gab es im Esszimmer, weil so viele am Strand waren, und das bedeutete, sich richtig zu waschen, was ziemlich nervte, aber immerhin war die zweite Portion dann wärmer – gut. Es gab Kaninchenpastete und Vanilletörtchen, die richtige Stärkung für die lange Fahrradtour, die Teddy für sie geplant hatte. Sie fuhren an Whatlington vorbei zu Cripps Corner, dann nach Staplecross, die Ewhurst Road hinaus, rechts in ein schmales Sträßchen und wieder rechts in die Brede Road und zurück zu Cripps Corner, wo sie für ein Zitronen-Wassereis und Schokoriegel anhielten – da hatten sie schon ziemlich Hunger, aber von dort ging's fast nur noch bergab. Teddy wollte allerdings, dass sie an Home Place vorbei zur Mill Farm fuhren, um zu sehen, ob sein Vater schon zurückgekommen war; der hatte ihm versprochen, dass er vor dem Dinner auf Kaninchenjagd gehen durfte. Simon galt noch als zu jung zum Jagen, aber Teddy hatte ihm angeboten mitzukommen, falls er Lust habe. Blöderweise machte Tante Villy den Vorschlag, er könne stattdessen ja mit Christopher spielen, aber obwohl Christopher älter war, taugte er nicht viel zum Spielen, weil seine Brille beschlug und er den Ball nicht sah. Aber dann konnten sie ihn sowieso nicht finden. Also sagte Simon, er habe versprochen, zum Tee zu Hause zu sein, und fuhr allein nach Home Place zurück. Aber es war ein fabelhafter Tag gewesen, und nach dem Dinner wollten er und Teddy Monopoly spielen, worauf er sich freute. Als er zurückkam, saß Mum mit Wills auf dem Rasen, sie hatte ihn auf den Bauch gedreht und ein Spielzeug knapp außerhalb seiner Reichweite vor ihn gelegt, damit er krabbelte. Wills trug nur eine Windel, und sein Rücken war rosabraun.

»Soll das so sein, dass er entlang der Wirbelsäule dieses ganze weiße Fell hat?«

»Das ist kein Fell, mein Schatz, das sind goldene Härchen. Die Sonne hat sie gebleicht.«

Dafür, dass Wills ziemlich fett war – da, wo seine Handgelenke und die Knöchel sein sollten, hatte er nur Falten –, bloß einen Zahn hatte und kein einziges Wort sagen konnte, fand er ihn eigentlich ganz nett. Er schob den Teddybären vorsichtig vor sein Gesicht. Wills schaute auf, packte lächelnd das Ohr des Bären und zog es zu seinem Mund.

»So lernt er nie zu krabbeln.« Sybil legte den Bären wieder außer Wills' Reichweite. Simon dachte, dass er gleich losheulen würde, sein Gesicht färbte sich dunkelrosa, und sein Atem ging ganz heftig. Aber dann hörte er unvermittelt auf und wirkte, als denke er angestrengt über etwas nach. Wenig später sah er sehr zufrieden drein, und es stank bestialisch. Angewidert trat Simon ein paar Schritte zurück. »Ich glaube, er hat etwas gemacht.«

»Das hat er sicher. Braver Junge!« Sie nahm ihn hoch. »Ich gehe ins Haus, um ihn zu wickeln. Ach, mein Schatz, jetzt hat deine Shorts schon wieder einen Riss bekommen!«

Simon sah an sich hinab. Der Riss war schon vor dem Lunch da gewesen – er war an der Gewächshaustür an einem Nagel hängen geblieben. Erstaunlich, dass sie ihn nicht früher bemerkt hatte, aber dieser Tage nahm Wills ihre ganze Aufmerksamkeit in Anspruch. Wie sie jemanden im Arm halten konnte, der dermaßen stank, war ihm ein Rätsel.

»Dann geh und zieh zum Tee etwas anderes an. Und leg die Hose in mein Zimmer, damit ich sie flicke.«

Simon stöhnte. Es galt bei den Cousins als eine Ehrensache, gegen das Umziehen Protest einzulegen, denn wenn sie das nicht taten, so meinten sie, würde es ihnen noch öfter aufgetragen werden. »Ach, Mum, ich kann mir doch nach dem Baden was anderes anziehen. Du kannst unmöglich von mir erwarten, dass ich mich zweimal am Tag umziehe, sogar dreimal, wenn man morgens das Anziehen mitzählt.«

»Simon, geh dich umziehen.« Also ging er. Vor dem Arbeitszimmer seines Großvaters blieb er stehen, er hörte die Stimme seines Vaters. Vielleicht würde Dad mit ihm nach dem Tee ein bisschen Tennis üben. Aber dessen Stimme dröhnte in einem fort, er las etwas vor – vermutlich aus der langweiligen alten *Times*. Erwachsene fanden Zeitungen ganz großartig und unterhielten sich jeden Tag bei den Mahlzeiten über das, was darin stand. Der arme alte Brig konnte kaum etwas sehen, also mussten die anderen ihm furchtbar viel vorlesen. Simon schloss die Augen – könnte er, wenn er blind wäre, sein eigenes Zimmer finden? Er brauchte Ewigkeiten, obwohl er am oberen Treppenabsatz ein bisschen schummelte. Vor seiner Zimmertür stieß er mit Polly zusammen, die gerade herauskam.

»Ich habe dir einen Zettel aufs Bett gelegt«, sagte sie. »Warum kneifst du die Augen zu?«

Er öffnete sie. »Gibt keinen Grund. War bloß ein Experiment.«

»Ach so. Also, beim Zettel geht es um die Museumsversammlung. Sie findet heute um fünf Uhr im alten Hühnerstall statt. Du bist herzlich eingeladen. Du kannst den Zettel lesen, er liegt auf deinem Bett.«

»Das hast du schon gesagt. Außerdem hast du es mir erzählt, also brauche ich ihn nicht mehr zu lesen.«

»Kommst du?«

»Vielleicht, aber vielleicht auch nicht. Jetzt gibt es erst mal Tee.«

Sie folgte ihm in sein Zimmer.

»Simon, es ist sinnlos, ein Museum zu haben, wenn niemand sich dafür interessiert.«

»Für mich ist das eher eine Sache für die Weihnachtsferien.«

»Man kann ein Museum nicht jedes Jahr für fast ein Jahr schließen. Für die ganzen Ausstellungsstücke ist das gar nicht gut.«

Er dachte an die Engobe-Stücke aus dem Küchengarten, den rostigen Nagel und das Steinstück, die sie beide in Bodiam gefunden hatten, und den georgianischen Penny, den der Brig beigesteuert hatte. »Warum sollte es ihnen schaden?«, fragte er. »Wenn sie bis jetzt überlebt haben, können sie noch ein paar weitere Jahre überstehen, ohne dass Menschen sie ansehen. Außerdem kenne ich sie in- und auswendig.« Er öffnete seinen Schlangenledergürtel, die Shorts fiel ihm um die Knöchel, und so schlurfte er zu seiner Schublade, um die neue zu holen. »Warum fragst du nicht Christopher? Er könnte der Kurator für Naturgeschichte sein.«

»Gute Idee! Ich rufe in der Mill Farm an und frage ihn.«

Aber Tante Villy hob ab, und die sagte, sie habe keine Ahnung, wo Christopher stecken könnte.

~

Christopher hatte beim Lunch am Tisch gesessen, ohne einen Bissen davon essen zu wollen. Ihm war immer noch übel. Das Autofahren vertrug er nie: Wenn er die Brille absetzte, bekam er rasende Kopfschmerzen, wenn er sie aufbehielt, wurde ihm schlecht. Wenigstens war Mum gefahren. Bei Dad war es viel schlimmer, weil Dad ihm immer das Gefühl gab, ein Trottel zu sein, und sich aufregte, wenn er anhalten musste. Also hatte Christopher Angst, sich im Auto übergeben zu müssen, was zu einem entsetzlichen Krach führen würde. Manchmal hasste er Dad so sehr, dass er sich vorstellte, er würde tot umfallen oder auch nur vom Blitz getroffen werden, damit er nicht gleich starb, sondern bloß kein Wort mehr herausbringen konnte. Bei solchen Gedanken schämte er sich natürlich und kam sich böse vor. Aber meistens malte er sich aus, dass er etwas Großartiges tat – oder vielleicht auch nur etwas, das für die meisten Leute zwar banal war, aber das er überhaupt nicht konnte –, und zwar so gut, dass sein Vater sagte: »Chris, alter Junge, das war wirklich herausragend. Ich kenne niemanden, der das geschafft hat – und jetzt du!« Er sonnte sich in seiner Bewunderung, und bisweilen legte sein Vater sogar beiläufig den Arm um ihn, was unter Männern ja große Zuneigung bedeutete – womöglich sogar Liebe –, obwohl das nie ausgesprochen wurde. Manchmal stellte er sich vor, dass sein Vater witzig-sarkastische Bemerkungen fallen ließ, aber nicht über ihn, sondern über jemand anderen, damit sie sich gemeinsam über die Person lustig machten. Das war eine Art widerwärtiger Trost: Er schämte sich sofort und kam sich dann wirklich gemein vor. Wie konnte er nur zusehen oder sich gar beteiligen an etwas, das so furchtbar wehtat, wie er allzu gut wusste – schlicht, weil nicht er das Opfer war? Und dafür hasste er dann wieder seinen Vater, und sich selbst auch, weil er sich von einem derart abscheulichen Menschen Anerkennung wünschte. Das bedeutete, dass auch er verabscheuungswürdig sein musste, was wiederum erklärte, weshalb Dad ihn ständig kritisierte. Und es stimmte ja, bei all den Dingen, die Dad für wichtig hielt, war er wirklich lausig: Sport, Spiele, sogar Mathe und der Bau von Modellflugzeugen. Außerdem konnte er keine Geschichten und Witze erzählen und stieß ständig alles um – wie der Elefant im Porzellanladen, hatte sein Vater vergangene Woche gesagt, als er die Zuckerdose kaputt gemacht hatte. Seit drei Jahren stotterte er, und das wurde immer schlimmer, wenn jemand ihm eine Frage stellte, also versuchte er mittlerweile einfach zu tun, was sein Vater von ihm verlangte, wie an diesem Morgen beim Beladen des Wagens, und überhaupt nichts zu sagen. Er war daran gewöhnt, eine absolute Niete zu sein, und wünschte sich nur, alle würden ihn in Ruhe lassen. Aber Mum versuchte immer, ihn etwas aufzumuntern, und fragte ihn nach Dingen, von denen sie wusste, dass er sich dafür interessierte. Da musste er jedes Mal weinen, also hatte er sich angewöhnt, auch zu ihr wenig zu sagen. Er wusste, dass sie ihn sehr lieben musste, um sich so viel Mühe zu geben, und verachtete sie dafür: Es war dumm, einen Versager zu lieben, nur weil er der eigene Sohn war, über den es aber sonst nichts Gutes zu sagen gab. Aber jetzt wurde ihm bewusst, dass er trotz seiner leichten Übelkeit und der Kopfschmerzen eine Art Leichtigkeit empfand – Freiheit verbunden mit Sicherheit. Eine seltsame Mischung. Von London, von Dad und von der Schule wegzukommen genügte vermutlich, um jedermann glücklich zu machen. Nach dem Lunch schlüpfte er in seine Sandalen und verschwand, ohne dass jemand es bemerkte.

Er ging die Auffahrt zur Farm hinunter und die Anhöhe zu Home Place hinauf, wo sie sonst immer gewohnt hatten. In einer Hecke oberhalb der Auffahrt fand er den vertrauten Durchschlupf und schlug dann den Weg um das kleine Wäldchen ein, das am oberen Rand einer Böschung entlang der Küchenseite des Hauses stand. Von dort erreichte er den Saumpfad zu der Wiese, wo meist die Pferde waren. An diesem Tag standen zwei unter der Gruppe Edelkastanien und vertrieben sich, den Schweif des einen an den Nüstern des anderen, gegenseitig die Fliegen. Langsam näherte er sich ihnen, um herauszufinden, ob sie mit ihm reden wollten. Doch, das wollten sie. Sie rochen wunderbar warm nach Pferd, und er vergrub das Gesicht am Hals des Ponys, um seinen Duft tief einzuatmen. Der alte Grauschimmel wieherte leise und sah ihn aus seinen großen Augen an, die von einem Ring dunkler Perlen umgeben waren. Die Stirn darüber war an vielen Stellen eingedellt, die Zähne hatten sich gelb verfärbt – er war ziemlich alt. Als Christopher die Pferde verließ, folgten sie ihm zunächst, gaben aber bald auf. Er durchquerte zwei Felder, ging jetzt aber langsamer, weil er das Gefühl hatte, weit von allen Menschen fort zu sein. Die Luft war erstaunlich heiß und still, zu hören gab es nur das Rascheln der hohen Gräser, die er mit den Knien streifte, und, wenn er innehielt, die Geräusche winziger Insekten – ein an- und abschwellendes Surren oder Ticken. Das Blau des Himmels war so ausgebleicht, dass man es kaum Blau nennen konnte, und die Bäume im Wald, auf den er zuging, regten sich nicht. An der Stelle, wo er schon im vergangenen Jahr Pilze gefunden hatte, wuchsen zwei große Champignons. Er zog sein Hemd aus und wickelte sie darin ein; wenn er hungrig würde, bräuchte er etwas zu essen. Die letzte Wiese vor dem Wald endete in einer abschüssigen Böschung, gesäumt von einer Hecke, an deren einem Ende sich das Gatter befand, das in seinen Wald führte. Langsam ging er an der Hecke entlang, Zaunrüben, Brombeeren, Weißdorn und Wildrosen mit ihren Hagebutten wucherten dort um die Wette. Ein paar Brombeeren direkt über dem Boden waren schon reif, und er pflückte so viele er finden konnte. Die winzigen, hellgrünen Wildäpfel sahen noch unreif aus, ebenso wie die Schlehen und die Haselnüsse, die trotzdem köstlich schmeckten. Ein paar von ihnen sammelte er für seine Vorräte. Vielleicht kehre ich nie mehr zurück, dachte er. Vielleicht werde ich einfach hier leben.

Ein Eichelhäher verkündete, dass er den Wald betrat. Er hatte bemerkt, dass es immer entweder eine Amsel oder ein Eichelhäher war – meistens der –, der unvermittelt mit schrillem Alarmruf aufflog. Das zu wissen und es nun zu erleben, ließ ihn lächeln.

Sein kleiner Bach, nie mehr als einen knappen Meter breit, sah genauso aus wie früher. Er lief kristallklar über Steine und um kleine Sandbänke, zwischen Ufern, die kaum höher waren als das Wasser, bewachsen mit leuchtend grünem Moos oder, an steileren Stellen, mit Bärlauch und Farnen. Dort, wo er einen Damm gebaut hatte, staute sich noch immer ein größerer Teich, obwohl der Damm eingefallen war und verrottete. Er setzte sich ans Ufer, streifte die Sandalen ab und tauchte die Füße in das wunderbar kalte Wasser. Als sie vor Kälte zu schmerzen begannen, stand er auf und ging langsam bachaufwärts zu der Insel. Sie war zu klein, um darauf zu leben, ja fast zu klein, um darauf zu stehen, aber hier stieg das Ufer an einer Seite des Baches sanft zu einer sonnenbeschienenen Lichtung an. Dort hatte er im vergangenen Jahr angefangen, sich ein Haus zu bauen, hatte ein paar alte Zaunpfosten aus Kastanienholz nebeneinander in den Boden gehämmert und die Lücken mit Zweigen von Haselnuss und Holunder gefüllt. Eine einzige Wand hatte er errichtet, und die war mittlerweile silbrig verdorrt und voller Löcher, weil das dürre Laub abgefallen war. An diesem Tag hatte er keine Lust, daran weiterzubauen. Stattdessen machte er ein kleines Feuer, das er mit seinem Vergrößerungsglas entzündete. Als es richtig brannte, suchte er sich einen gegabelten Stecken und röstete nacheinander seine zwei Champignons. Vor dem Essen häutete er sie und leckte die klebrig-braune Sporenmasse von den Fingern. Er hatte rasenden Hunger. Die Pilze eigneten sich nicht gut zum Rösten, sie wurden einfach ziemlich rauchig, aber wenigstens nicht glibberig wie beim Braten in Öl. Er kaute sie ganz langsam – sie schmeckten magisch und könnten vielleicht eine große Veränderung in ihm bewirken. Dann aß er die Brombeeren, die ziemlich zerdrückt in seinem Hemd lagen; das hatte jetzt blaue Flecken von ihrem Saft. Interessanterweise schmeckten sie ganz unterschiedlich: einige eher nussig, manche säuerlich und andere genau wie Brombeergelee. Sein Feuer war zu einem kleinen Haufen hellgrauer Asche heruntergebrannt. Er tauchte ein großes Moosstück in den Bach und legte es auf die Feuerstelle, es zischte leise, der blaue Rauch färbte sich weiß. Es war Zeit für den Teich.

Der lag in einer tiefen Senke am fernen Ende des Waldes. Die Äste gewaltiger Bäume hingen darüber, einige fielen bereits hinein. Das Wasser war schwarz und unbewegt, hier gab es Binsen, und er sah zwei Libellen. Er zog seine Shorts aus und watete in den morastigen Schlamm, sodass schillernde Luftblasen an die Wasseroberfläche stiegen. Gerade wollte er losschwimmen, als er eine kleine Kreuzotter sah, die mit elegant erhobenem Kopf lautlos durch den Teich schwamm. Dass es eine Kreuzotter war, erkannte er an dem V auf ihrem Kopf. Lustigerweise entstand durch ihre Schwimmbewegungen neben ihrem Hals im Wasser auch ein V. Er wartete, bis sie das gegenüberliegende Ufer erreichte und verschwand. Er hatte Glück gehabt, sie überhaupt zu sehen. Dann stürzte er sich in das weiche, schwarze Wasser, das ihm im Vergleich zum Bach relativ warm vorkam. Der Teich war zum Schwimmen eigentlich zu klein, und wegen des Schlamms fand er das Herauskommen immer schrecklich. Er wusste, dass er zum Bach zurückkehren musste, um sich zu waschen, denn sonst würden sie sich zu Hause über das bisschen Dreck aufregen, der bis dahin sowieso getrocknet sein würde. Es roch wunderbar nach Moor – wie Binsen pur. Den Reiher, den er sonst oft hier antraf, hatte er nicht gesehen, aber die Kreuzotter war einfach fantastisch gewesen. Nachdem er den meisten Schlamm abgewaschen hatte, legte er sich auf seiner Lichtung neben die Wand seines Hauses und schlief ein.

Als er aufwachte, war die Sonne fort, und die Geräusche der Vögel klangen nach Abend. Er streifte das Hemd über und brach auf. In der ersten Wiese tummelten sich Kaninchen, die älteren fraßen, die jungen tollten umher. Er hätte ihnen gerne eine Weile zugesehen, aber er konnte ja am frühen Morgen wiederkommen. Er hatte Hunger. Vom Stand der Sonne wusste er, dass er den Nachmittagstee verpasst hatte, aber vielleicht würden sich die Dienstmädchen seiner erbarmen, damit er die Zeit bis zum Essen überstand. Er verfiel in einen leichten Trott. Drei Erpel flogen vom Bach am Rand der Wiese auf seinen Wald zu, vermutlich zu seinem Teich. Womöglich waren es dieselben drei, die er im vergangenen Jahr dort gesehen hatte. Warum kann ich nicht hier leben?, fragte er sich. Nie wieder nach London zurückkehren zu müssen, Farmer werden oder in den Gärten anderer Leute arbeiten oder sonst etwas. Oder Tiere versorgen oder mich um jemandes Anwesen kümmern. Wegen der Kaninchenlöcher hatte er zu Boden geschaut, aber dann hörte er einen Schuss, blickte auf und blieb stehen. Kaninchen kamen auf ihn zugeflitzt, sie liefen von der Hecke fort in die Pferdekoppel. Ein zweiter Schuss, und wenige Meter vor ihm fiel ein Kaninchen auf die Seite, versuchte, sich wieder aufzurappeln, stieß einen grauenhaften leisen Schrei aus und fiel zuckend auf den Boden. Er lief hinüber und berührte es: Es war warm – und tot.

»Wir haben dich nicht gesehen – wir hatten keine Ahnung, dass du da warst.« Es waren Onkel Edward und Teddy, die aus dem Schatten eines großen Baums auftauchten.

»Ich hab's erwischt!«, rief Teddy triumphierend. Er packte das Kaninchen an den Hinterläufen, leuchtend rotes Blut rann über seinen weißen Bauch. Er wirbelte es durch die Luft. »Mein erstes in diesen Ferien!«

Christopher blickte vom Vater zum Sohn. Onkel Edward lächelte nachsichtig, Teddy strahlte. Keiner von ihnen fand es in irgendeiner Weise abscheulich, was es natürlich war.

»Ein sauberer Schuss«, sagte Onkel Edward.

»Es hat geschrien«, stieß Christopher hervor und spürte, dass Tränen in seinen Augen brannten. »So sauber kann er nicht gewesen sein.«

»Es hat nichts gespürt, alter Junge. Dafür kam es zu plötzlich.«

»Na ja, jetzt ist es sowieso schon tot, stimmt's?« Selbst in seinen eigenen Ohren klang seine Stimme gekünstelt. »Ich muss weiter«, brachte er hervor und wandte sich ab, gerade bevor ihm die Tränen über die Wangen liefen. Dann rannte er davon. Er kletterte über das Gatter und warf einen kurzen Blick zurück. Sie gingen weiter, auf die Böschung vor seinem Wald zu: Sie wollten noch mehr erlegen. Vielleicht hätte ja ein Fuchs das Kaninchen erwischt, aber der hätte es gebraucht. Sie jagten aus einer dummen Vorstellung von Spaß heraus, das Kaninchen bedeutete ihnen nichts. Wenn er in seinem Wald lebte, würde er Pfeil und Bogen haben und von Zeit zu Zeit auch ein Kaninchen töten, aber um es zu essen, genau wie der Fuchs. Nicht, dass es für das Kaninchen einen Unterschied machte. Jetzt, da er das kleinere Feld erreicht hatte, ziemlich weit von ihnen entfernt, ging er langsamer. Hier war weit und breit kein einziges Kaninchen zu sehen. Kein Wunder, dass man wilde Tiere nur noch beobachten konnte, wenn man ewig auf der Lauer lag. Sie wussten, dass die Menschen grausam waren, und liefen oder flogen vernünftigerweise vor ihnen davon. Er dachte an den Tod – letzten Endes wartete der natürlich auf alles, aber ihn willentlich herbeizuführen war vermutlich böse, oder vielmehr, es war Mord. Man hängte Leute, wenn sie nur einen Menschen töteten, aber im Krieg bekamen sie dafür Medaillen. Er würde Pazifist werden, wie der Vater eines Jungen in der Schule, und er wäre jederzeit lieber Tierarzt als Menschenarzt, weil eindeutig nicht genügend Menschen den Tieren zur Seite standen. Dann sah er einen Schwalbenschwanz, und ihm fiel ein, dass er im vergangenen Jahr Schmetterlinge getötet hatte, nur um sie zu sammeln, und er musste sich eingestehen, dass er selbst auch etwas von einem Mörder an sich hatte. Er tötete nur deswegen keine mehr, weil er alle Arten besaß, die es in diesem Teil von England gab, also gehörte nicht viel dazu aufzuhören. Er verhielt sich um keinen Deut besser als sein Cousin, der immerhin ein Jahr jünger war, erst vierzehn. Aber wenn er es ernst damit meinte, nicht mehr zu töten, müsste er seine Sammlung weggeben. Ein schrecklicher Gedanke: Mum hatte ihm einen Sammmlerkasten mit zwölf flachen Schubladen geschenkt, und er hatte gerade erst vor Kurzem alles richtig angeordnet, jedes Präparat auf zartblaues Löschpapier gesetzt und daneben ein kleines weißes Schild angebracht, auf dem der Name des Schmetterlings stand. Vielleicht brauchte er die Kiste nicht mit der Sammlung wegzugeben, sondern konnte etwas anderes darin aufbewahren. Die Sache war, er liebte seine Schmetterlinge und wollte sie gern behalten. Allerdings konnte er, zu seinem Leidwesen, auch erkennen, dass es darum nicht ging. Es nützte gar nichts, sich gegen etwas auszusprechen, wenn man genau das Gegenteil machte. Er fragte sich, ob es einem als Pazifist wohl auch so ergehen würde, nur noch schlimmer. Was es genau bedeutete, Pazifist zu sein, wusste er nicht, nur, dass Jenkins ausgelacht wurde, weil sein Vater einer war. Vermutlich würden sie ihn, Christopher, deswegen hänseln und schikanieren, aber das kannte er: Sie verspotteten ihn jetzt schon, weil sein Vater der Schulquästor war. Vielleicht könnte er die Sache mit dem Pazifismus verschieben, bis er die Schule verließ, und erst einmal dagegen sein, dass Menschen Tiere aus einem anderen Grund töteten als dem, dass sie etwas zu essen brauchten. Das bedeutete aber, dass er seine Schmetterlingssammlung weggeben musste. Allerdings würde er, wenn er damit auch die Kiste weggab, seine

Mutter kränken. Jetzt ertappte er sich schon wieder dabei: Das war durchaus möglich, aber in Wirklichkeit ging es ihm doch darum, dass er die Kiste behalten wollte. »Gib's zu!«, sagte er wütend.

»Was zugeben? Hallo, Christopher! Kommst du zur Museumsversammlung? Sie findet jetzt gleich im alten Hühnerstall statt. Du bist herzlich eingeladen.«

Das war Polly. Unbewusst war er in den Hof der Stallungen von Home Place gegangen, weil er früher immer dort gewohnt hatte. Polly saß auf der Mauer, die zum Küchengarten führte. Sie trug ein leuchtend blaues Kleid und aß einen Schokoriegel. Ihm lief das Wasser im Mund zusammen.

»Magst du mal?« Sie hielt ihm schüchtern den Riegel unter die Nase. »Das war ein ziemlich großer Bissen.«

Er nickte. Als sein Mund weniger voll war, sagte er: »Ich habe den Nachmittagstee verpasst.«

»Ach, du Armer!« Sie gab ihm den Rest ihres Riegels. Da fühlte er sich verpflichtet, an der Museumsversammlung teilzunehmen.

Als Rupert nach Home Place zurückkehrte und den Wagen parkte, war Mrs. Tonbridge in der Wohnung, die der Brig über der Garage törichterweise für die Familie eingerichtet hatte, in vernehmlicher Lautstärke am Wüten und Toben. Noch bevor er den Motor abstellte, hörte er sie schreien. Darauf folgte das Klirren von Geschirr, und einen Moment später trat Tonbridge in Hemdsärmeln heraus. Er sah noch verkniffener und finsterer aus als sonst. In der Tür am Fuß der Treppe blieb er stehen, griff nach der Zigarette hinter dem Ohr und zündete sie an. Seine Hände zitterten. Rupert, der gerade die Badetücher aus dem Kofferraum geholt hatte, tat, als habe er nichts gehört, richtete sich auf und grüßte.

Mit einer geübten Bewegung drückte Tonbridge die Zigarette mit den Fingern aus und steckte sie wieder hinters Ohr. »Guten Abend, Mr. Rupert.« Der Kofferraum stand noch offen. »Ich trage den Korb ins Haus, Sir.« Von Ethyls schrecklichem Abendessen hatte er keinen Bissen heruntergebracht, so viel wie sie ihn angekeift hatte wegen der ewigen Stille; außerdem machte ihm bei Gebratenem sein Geschwür zu schaffen, und zwar nicht zu knapp, was sie genau wusste und überhaupt nicht kümmerte. Mrs. Cripps würde ihm eine gute Tasse Tee und ein Stück Sandkuchen vorsetzen, bevor er Miss Rachel vom Bahnhof abholte. Rupert vermutete, dass er alles tun würde, um nicht zu Mrs. Tonbridge zurückkehren zu müssen, und griff nach einer Seite des Henkels an dem schweren geflochtenen Picknickkorb. Gemeinsam trugen sie ihn zum rückwärtigen Kücheneingang. Dann ging Rupert ums Haus nach vorne. Die Tür zum Arbeitszimmer seines Vaters stand offen, und sobald er Ruperts Schritte hörte, rief er ihn.

»Hugh? Edward? Wer von euch ist es?«

»Ich bin's, Dad.«

»Ach, Rupert. Auf dich habe ich gewartet. Komm, mein Junge. Schenk dir einen Whisky ein. Mach die Tür zu. Ich möchte mit dir reden.«

~

»Mein Liebling, iss deinen Kuchen.«

»Wenn ich nichts anderes bekommen kann, sollte ich wohl.« Dann sah sie Rachels bekümmerten Blick, als diese verstand. »Achte nicht auf mich«, fügte sie rasch hinzu. »Wenn du fährst, bin ich immer traurig.« Sie brach mit der Gabel ein Stück vom Walnusskuchen ab und schob es sich in den Mund. »Ich meinte, für die Busfahrt nach Hause.«

Rachels Miene hellte sich auf. »Dann nimm doch meinen mit. Ich mag ihn wirklich nicht.«

Sie saßen bei Fuller's am Strand und tranken noch zusammen Tee, bevor Rachel mit dem Zug nach Battle zurückfuhr. Sie war morgens für eine Veranstaltung in die Stadt gekommen, bei der Spenden für ihre Kinderherberge gesammelt wurden. Zum Lunch hatte sie sich mit Sid getroffen – ein Picknick mit Schinken und Brötchen und Äpfeln –, das sie, umgeben von abgedeckten Möbeln, in der Chester Terrace verzehrten. Das Haus war den Sommer über geschlossen, nur die alte Mary blieb als Hausmeisterin im gewaltigen höhlenartigen Souterrain zurück. Anschließend waren sie Arm in Arm im Park spazieren gegangen und hatten sich, wie fast immer, über die Probleme mit dem Urlaub, über Evies Gesundheitszustand und Gemütsverfassung und Sids daraus resultierende Schwierigkeiten unterhalten, ein paar Tage in Home Place zu verbringen. Schließlich hatten sie sich darauf geeinigt, dass Rachel bei der Duchy vorfühlen würde, ob Evie eventuell mitkommen könnte, wenn der Dirigent, für den sie als Sekretärin arbeitete, auf Tournee ging und sie nicht brauchte.

»Walnusskuchen erinnert mich daran, wie ich nach den Ferien wieder ins Internat fahren musste«, erzählte Rachel. »Die Duchy ist mit mir in einen Teesalon gegangen, aber ich hatte immer Heimweh und konnte nichts essen. Deswegen, bitte nimm ihn«, schloss sie.

»Also gut.« Sid wickelte den Kuchen in eine Papierserviette und steckte ihn in ihre abgestoßene Handtasche. Rachel hatte ein Stück Buttertoast gegessen oder vielmehr nicht gegessen.

»Du weißt, wenn es mir irgend möglich wäre, würde ich in London bleiben.«

Es wäre dir irgend möglich, dachte Sid, wenn du nicht so abscheulich selbstlos wärst.

»Mein Liebling, ich habe mich damit abgefunden, dass du für andere lebst. Es ist nur so, dass ich mir – manchmal – wünsche, ich könnte einer davon sein.«

Rachel stellte ihre Tasse ab. »Aber das ist absolut unmöglich!« Darauf setzte Stille ein. Eine Röte zog über ihr Gesicht und verschwand langsam wieder, während Sid sie unverwandt ansah. »Ich wäre immer lieber bei dir als bei irgendjemand anderem auf der Welt!«, sagte sie dann in einem ebenso beiläufigen wie unsicheren Ton. Den Blick hatte sie gesenkt.

Sid brachte kein Wort hervor. Sie legte eine Hand auf Rachels, dann blickte sie in deren besorgte, unschuldige Augen und zwinkerte. »Oje! Wir dürfen deinen dummen Zug nicht verpassen!«

Sie bezahlten und gingen dann schweigend zur Bahnsteigsperre in Charing Cross.

»Soll ich dich zum Zug bringen?«

Rachel schüttelte den Kopf. »Es war ein wunderschöner Tag«, sagte sie und versuchte zu lächeln.

»Das stimmt. Auf Wiedersehen, mein Liebling. Vergiss nicht anzurufen.« Sie streichelte Rachels Gesicht mit zwei Fingern und hielt bei ihren Lippen einen Moment inne, um den kleinen, zitternden Kuss zu empfangen. Dann drehte sie sich unbeholfen fort und verließ den Bahnhof, ohne einen Blick zurückzuwerfen.

»Meine Liebe, es ist verdammt ungerecht. Wir sind die Einzigen, die zum Dinner nicht am Erwachsenentisch sitzen dürfen.«

»Wills auch nicht.«

»Wills! Der existiert doch kaum! Er ist noch nicht mal ein Kind.«

»Zumindest brauchen wir nicht mit ihm Abend zu essen. Außerdem mag ich ihn ganz gern. Er ist mein Bruder«, fügte sie hinzu.

»Ach, so weit ist er schon ganz in Ordnung. Aber das ändert nichts an der Tatsache, dass es verdammt ungerecht ist. Sogar Simon bekommt das Dinner im Esszimmer, und er ist erst zwölf. Du musst zugeben, dass das wenig mit Gerechtigkeit zu tun hat.«

»Hat es auch nicht. Gib mir die Seife.«

Sie saßen an den beiden Enden der Badewanne, wuschen sich aber nicht. Clarys Zahnspange lag auf der Mahagoniablage neben den Zahnputzbechern. Ihre Rücken waren von der Sonne gerötet, der weiße Umriss des Badeanzugs zeichnete sich auf der Haut ab, ihre Fußsohlen waren dunkelgrau, weil sie nie Sandalen trugen. Polly seifte ihren Waschlappen ein und begann, einen Fuß zu schrubben.

»Aus Protest sollten wir uns nicht mehr waschen«, sagte Clary.

»Ich wasche nur die Stellen, die dreckig sind. Um genau zu sein, nur die Füße. Die guckt Mummy sich immer genau an.«

Clary schwieg. Zoë würde sich nicht einmal im Traum die Mühe machen, ihre Füße anzuschauen, und Dad würde es nicht auffallen. In gewisser Hinsicht war das besser, aber in anderer Hinsicht auch wieder nicht. Polly schaute auf und bemerkte Clarys verschlossene Miene. »Das war eine richtig gute Versammlung«, sagte sie rasch. »Christopher ist großartig. Jetzt haben wir auch noch die ganzen Schmetterlinge! Es war eine gute Idee von dir, ihn zum Kurator der Naturkundeabteilung zu machen.«

»Und wenn es Louise nicht passt, dann soll sie's bleiben lassen.«

Wortlos stieg Polly aus der Wanne und wickelte sich in das fadenscheinige Badetuch, das nach Ansicht der Duchy für die Kinder genügte.

»Du hast deinen zweiten Fuß noch nicht gewaschen!«

»Ich mag nicht mehr mit dir in der Wanne bleiben. Du bist einfach scheußlich. Zuerst bist du gegen alle, dann gegen den armen Wills und jetzt gegen Louise. Du wirst schon wie Richard III.«

»Das stimmt nicht!« Als Polly nicht reagierte, wiederholte sie: »Wirklich nicht. Komm, gib mir deinen anderen Fuß, ich wasche ihn dir.«

»Woher soll ich wissen, dass du nicht so fest ziehst, dass ich das Gleichgewicht verliere? Du bist gerade sehr heimtückisch aufgelegt. Ehrlich gesagt traue ich dir nicht.«

Polly hatte natürlich vollkommen recht. Sie war gemein. In ihr staute sich einfach Ärger an, bis ein Teil davon als Gemeinheiten aus ihr herausplatzen musste, fast wie eine Explosion. Und danach ging es ihr ganz schrecklich, wie jetzt, sie war völlig durcheinander und schämte sich, dass sie ein so viel böserer Mensch war als Polly, die offenbar nie schlecht über etwas dachte und ganz bestimmt nicht über Menschen. »Ich würde dich nie so fest ziehen, dass du das Gleichgewicht verlierst«, brummelte sie. Tränen brannten ihr in den Augen. Ein grauer, schwieliger Fuß legte sich über ihre linke Schulter.

»Also gut«, sagte Polly. »Danke.«

Clary wusch den Fuß mit größter Vorsicht. »Ich versuche, dich nicht zu kitzeln«, sagte sie kleinlaut, als Polly mit den Zehen wackelte.

»Das weiß ich«, sagte sie nur. Sie wollte nicht zu freundlich klingen, weil Clary dann nur noch mehr weinen musste. »Ich wette, dass Jesus seine Jünger an den Füßen gekitzelt hat, als er sie wusch. Es waren so viele, da ist er bestimmt nachlässig geworden«, fuhr sie fort.

»Aber ich wette, dass sie sich nicht getraut haben zu lachen. Ist dir aufgefallen, dass sie in Büchern mit Haaren lauter Sachen anstellen, die gar nicht möglich sind?«

»Wie zum Beispiel?«

»Also, zum Beispiel, dass Maria Magdalena Jesus die Füße damit abtrocknet oder Heldinnen Taschentücher damit besticken. Ich wette, die Haare würden beim Bügeln einfach verbrutzeln. Und Rapunzel, Rapunzel, lass dein Haar herab. Man kann doch nicht an den Haaren von jemandem hinaufklettern wie an einer Leiter – das würde viel zu sehr ziepen.«

»Wahrscheinlich darf man in Büchern alles sagen, was man mag.«

»Sie sollten sich an die Wahrheit halten«, antwortete Clary und stieg aus der Wanne. »Das werde ich machen, wenn ich später Schriftstellerin bin. Ich schreibe keinen Blödsinn, der nicht funktioniert.«

»Du hast wirklich Glück, dass du einen Beruf haben wirst! Vergiss deine Spange nicht.« Clary warf einen Blick darauf. Den einen Moment hatte sie Glück und im nächsten das Gegenteil.

»Ich wollte sie vergessen«, sagte sie traurig. »Du hättest den Mund halten können.«

»Tu sie rein«, riet Polly. »Dann nimm sie wieder raus, und ich sage nichts. Dann ist es fast die Wahrheit.«

Clary setzte sie mit einem hörbaren Klicken ein und entfernte sie wieder. Dann sah sie zu Polly. »Du würdest das nie tun«, sagte sie. »Du würdest dich an die Wahrheit halten.«

Ihre Blicke begegneten sich. »Es tut mir leid«, sagte Polly. »Ich glaube, das stimmt. Aber du brauchst sie nicht zu tragen.«

»Aber du würdest es trotzdem tun.« Sie setzte die Spange wieder ein. »Ich bewundere deinen Charakter«, sagte sie noch trauriger. Die Spange tat sofort weh, sie verleidete ihr jedes Essen. Sie griff nach ihrem Handtuch und nieste.

»Du brauchst sie nicht bis in alle Ewigkeit zu tragen, und ich finde, du bist wirklich tapfer. Du wirst irgendwann wunderhübsch sein.«

»Aber kein guter Mensch, wie die ganzen Prinzessinnen in den Büchern. Eher wie die hässliche böse Schwester. Oder Cousine.«

»Weißt du was – wenn sie beim Dinner sitzen, dann gehen wir mit unserem Abendessen in den Obstgarten und machen im Baum ein Mitternachtspicknick.«

»Das ist eine tolle Idee! Wir müssen warten, bis sie uns Gute Nacht gesagt haben. Wir tun so, als hätten wir das Essen aufgegessen, und verstecken es im Bett, und dann gehen wir nach draußen.«

Da waren sie wieder gut miteinander.

~

Leicht benommen verließ Rupert das Arbeitszimmer seines Vaters. Er machte ein paar Schritte auf die Treppe zu, um nach oben zu Zoë zu gehen, überlegte es sich dann anders und ging in den Salon, wo er allein sein würde, weil die Duchy den Raum erst nach dem Dinner nutzte. Dort war es kühl, der beruhigend vertraute Duft von Wicken hing in der Luft: Die Duchy liebte ihre Blüten, und den ganzen Sommer standen überall im Haus große Sträuße davon. Zum Schutz vor der Sonne waren die Rollos noch heruntergelassen – die Duchy, zu deren Leidwesen der Raum nicht nach Norden ging, verdunkelte alle Fenster, bis auch der letzte gefährliche Sonnenstrahl gebannt war. Er trat ans Fenster und löste den Verschluss, woraufhin das Rollo nach oben schnappte und den Blick auf einen prachtvollen orange- und purpurroten Sonnenuntergang freigab. Noch während er die Aussicht bewunderte, fuhr in der Ferne ein Zug dampfend wie ein kleines schwarzes Spielzeug von rechts nach links durchs Bild. Eigentlich wollte er dringend mit jemandem reden, aber nicht mit Zoë, denn er wusste ziemlich genau, was sie sagen würde, und das würde ihm mit seinem Problem nicht weiterhelfen. »Der Brig hat mich gefragt, ob ich nicht in die Firma eintreten möchte.« – »Ach, Rupe! Das ist ja ein großartiger Vorschlag!« – »Er hat mich nur gebeten, es mir durch den Kopf gehen zu lassen. Ich habe mich noch nicht entschieden.« – »Aber warum in aller Welt denn nicht?« Und so weiter. Sie würde es nur von dem Gesichtspunkt aus betrachten, dass sie dann keine Geldsorgen mehr hätten. Keinen Augenblick würde sie sich überlegen, was es bedeutete, kein wie auch immer gearteter Maler zu sein und stattdessen Geschäftsmann zu werden – etwas, das ihm keinen Spaß machte und wofür er kein Talent besaß. Andererseits kam er im Moment auch kaum zum Malen: Während der Schulzeit erschöpfte ihn das Unterrichten zu sehr, und in den Ferien verbrachte er all seine Zeit mehr oder minder mit Zoë und den Kindern. Natürlich stimmte es, dass ihr Wagen aus dem letzten Loch pfiff, und wegen Clarys ausgesprochen teurer Zahnbehandlung konnte er sich in der näheren Zukunft unmöglich einen neuen leisten. Wenn Zoë dann auch noch selbst fahren konnte, würde sie mehr denn je zuvor ein Auto haben wollen.

Wenn er in die Firma einstieg, bräuchte er sich keine Gedanken mehr über Dinge wie ein neues Auto zu machen. Er könnte im Urlaub malen. Nein, das könnte er nicht. Er bekäme nur zwei Wochen im Jahr frei, dazu Weihnachten und Ostern; und wenn es ihm schon nicht gelang, in den langen Schulferien zu malen, dann ganz bestimmt nicht während eines kurzen Urlaubs. Zoë würde erwarten, dass er etwas Ausgefallenes mit ihr unternahm – zum Skifahren oder etwas in der Art. Flüchtig dachte er an Sonntagsmaler und noch flüchtiger an die Widrigkeiten, die Gauguin auf sich genommen hatte, um Maler zu werden. Vielleicht bin ich überhaupt kein richtiger Maler, dachte er. Das Malen muss an erster Stelle stehen, und das tut es bei mir nie. Besser, wenn ich es ganz aufgebe. Er wünschte, Rachel wäre schon aus London zurück. Sie war für solche Gespräche die Beste. Seine beiden Brüder hatten sich womöglich schon längst ihre eigene Meinung dazu gebildet, was sie daran hinderte, ihm einen unvoreingenommenen Rat zu geben. »Ich erwarte nicht, dass du dich sofort entscheidest«, hatte der Brig gesagt. »Lass es dir durch den Kopf gehen. Es ist eine schwerwiegende Entscheidung. Aber ich brauche dir wohl nicht zu sagen, wie glücklich ich über eine Zusage vor dir wäre.« Der alte Knabe war gezwungen, sich Schritt für Schritt zurückzuziehen, obwohl er seine Erblindung bis zum Schluss leugnen würde. Er wollte keine Fremden, wie er sie nannte. Aber er, Rupert, fand es schwierig, eine Arbeitsstelle anzutreten, bei der seine größte, wenn nicht gar einzige Qualifikation darin bestand, Cazalet zu heißen. Die Standuhr im Salon schlug sieben. Wenn er vor dem Umkleiden noch baden wollte, musste er nach oben gehen.

Er hatte sich vorgenommen, Zoë gegenüber nichts zu erwähnen. Sie lag auf dem Bett und las einen weiteren Roman von Howard Spring. Als er sie mit einem Kuss auf die Stirn begrüßte, sagte sie nur, »Guten Abend«, ohne von ihrem Buch aufzublicken.

Irgendein kindischer Wunsch, sie zu einer Reaktion zu bewegen und ihre Aufmerksamkeit zu erregen, veranlasste ihn zu sagen: »Der Brig hat mich gefragt, ob ich nicht in die Firma eintreten möchte.«

Sie ließ das Buch auf ihren Bauch fallen. »Ach, Rupe! Das ist ja ein großartiger Vorschlag!«

»Ich habe mich noch nicht entschieden. Ich muss es mir gründlich überlegen.«

»Aber warum das denn?«

»Warum ich mich noch nicht entschieden habe? Weil es eine

sehr schwerwiegende Entscheidung ist und ich mir überhaupt nicht sicher bin, ob ich in einem anderen Beruf arbeiten möchte.«

»Aber warum in aller Welt denn nicht?«

»Weil ich dann nichts anderes mehr machen würde. Für den Rest meines Lebens«, begann er geduldig. Doch sie setzte sich auf, warf das Überbett beiseite und lief zu ihm, um ihm die Arme um den Hals zu schlingen. »Ich weiß, worum es geht!«, sagte sie. »Du hast Angst, dass du es nicht schaffst. Du bist so …« Sie suchte nach dem in ihren Augen richtigen Wort, »so schrecklich … bescheiden. Du wärst ein wunderbarer Geschäftsmann. Jeder mag dich. Du würdest das ganz herausragend machen!«

Sie war nach ihrem Bad abgekühlt, ihre Haut duftete nach Pelargonien. Ihm wurde bewusst, dass sie ihn weniger mit ihren Reizen erregte, als vielmehr mit ihrer ergreifenden Anhänglichkeit rührte. Er küsste sie mit einer Zärtlichkeit, die ihr entging. »Ich gehe jetzt ins Bad«, sagte er. »Eins noch: Es ist ein Geheimnis. Ich möchte nicht im Familienkreis darüber sprechen, weder heute Abend noch sonst. Kannst du den Mund halten?«

Sie nickte.

»Wirklich, Zoë? Versprichst du mir das?«

»Ich würde nicht im Traum daran denken«, antwortete sie empört. Manchmal gefiel es ihr nicht, wie ein Kind behandelt zu werden.

Während sie sich schminkte und zum Dinner umzog, überlegte sie sich, was alles besser würde, wenn Rupert nicht mehr Lehrer wäre, sondern das Gleiche täte wie seine Brüder. Sie könnten sich ein schöneres Haus leisten – sie mochte Hammersmith überhaupt nicht – und einen anständigen Wagen, Clary könnte ein gutes Internat besuchen (»gut« bewies, dass ihr Clarys Wohlergehen am Herzen lag), und sie könnten abends häufiger ausgehen, weil Rupert nicht mehr so müde wäre. Sie würde Einladungen für ihn ausrichten – großartige Dinner, die seine Karriere beförderten –, aber vor allem würde er ohne die beständigen Sorgen ums fehlende Geld wieder der leichtherzige, unbekümmerte Rupert werden,

den sie geheiratet hatte. Denn in ihrem tiefsten Inneren wusste sie, dass ihre Ehe nicht mehr so war wie vor vier Jahren, obwohl weiß Gott nicht sie sich verändert hatte: Sie hatte nie, keine Sekunde, ihr Äußeres vernachlässigt, im Gegensatz zu den meisten anderen Frauen – man denke nur an Sybil und Villy, und insbesondere an Villys bemitleidenswerte Schwester –, aber all ihren Bemühungen zum Trotz spürte sie flüchtig und mit einer Panik, die sich zu Groll verdichtete, dass Rupert nicht mehr mit derselben blinden Leidenschaft auf sie reagierte. Bisweilen beschlichen sie Zweifel an ihrer Unwiderstehlichkeit – was sie nie für möglich gehalten hätte. In der Gegenwart anderer verhielt er sich ihr gegenüber netter und weniger freundlich, wenn sie allein waren. »Mach dich nicht lächerlich, Liebling« oder »Zoë, manchmal bis du ein Dummkopf!«, hatte er hin und wieder am Familientisch gesagt, und wie sehr hatte sie das verletzt! Aber jeder Streit über derartige Bemerkungen war im Bett aufs Herrlichste und Wunderbarste verflogen, und letzten Endes hatte immer sie sich entschuldigt, dass sie dumm sei und nicht begriff, was er meinte. Jedes Mal gestand sie bereitwillig ihre Fehler ein. Aber derartige Sachen bekam sie von ihm nicht mehr zu hören, schon seit Ewigkeiten hatte er sie nicht mehr aufgezogen oder brüskiert, womit die unvermeidliche Versöhnung ebenso in weite Ferne rückte. Eines Tages würde sie natürlich alt sein, und dann wäre vermutlich alles ganz anders, aber bis dahin blieb ihr noch sehr viel Zeit – sie war dreiundzwanzig, und angeblich wurden Frauen bis zum Alter von mindestens dreißig immer attraktiver, und sie vermutlich länger, weil sie so gut auf ihr Äußeres achtete. Jetzt untersuchte sie ihr Gesicht mit strengster Unvoreingenommenheit: Sie wäre die Erste, die einen Makel entdeckte, doch nichts dergleichen war zu sehen. Ich möchte doch nur, dass er mich liebt, dachte sie. Alles andere ist mir egal. Ihr war nicht bewusst, dass die geheimen Lügen am längsten währen.

Nach der Rückkehr vom Golf las Hugh seinem Vater eine Stunde vor und spielte anschließend in der großen Hitze geduldig mit Simon Tennis. Sein Aufschlag war immer noch unberechenbar, doch seine Rückhand wurde allmählich zuverlässiger. Eine Weile sah Sybil ihnen zu, ging dann aber, um Wills zu füttern, der Hunger bekam und unruhig wurde. Sie fehlte Hugh, und die Mückenwolken, die ihre Köpfe wie bewegte Glorienscheine umtanzten, lenkten ihn ab. »Ich glaube, jetzt machen wir Schluss, alter Junge«, sagte er nach dem zweiten Satz. Der Stolz gebot es Simon, angemessen widerstrebend zuzustimmen, aber in Wirklichkeit hatte er trotz der Unmengen, die er zum Tee verdrückt hatte, rasenden Hunger, und er musste sich noch eine Ewigkeit gedulden, da er am Dinner der Erwachsenen teilnehmen würde. Er verzog sich in die Küche, um zu sehen, was er bei Mrs. Cripps abstauben konnte, die eine Vorliebe für ihn hegte und seinen Appetit zu schätzen wusste. Hugh überließ es ihm, das Netz abzunehmen und die Bälle und Schläger einzusammeln, und schlenderte in Richtung des Rosengartens, wo er in der Ferne die Duchy mit ihrer Juteschürze und ihrem Korb ausmachte, die Verblühtes von ihren geliebten Rosen abschnitt. Aber jetzt habe ich keine Lust, mit ihr zu reden, dachte er, winkte und bog nach rechts auf den Aschepfad ein, der zum Haus zurückführte. Als er am Arbeitszimmer seines Vaters vorbeiging, hörte er ihn sprechen – eine Pause, dann Ruperts Stimme. Er stieg die steile rückwärtige Treppe hinauf und betrat Sybils und sein Schlafzimmer, wo Wills zur Welt gekommen war – und in dem das kleine, ungekannte Baby gestorben war. An einem Ende lag ein ordentlicher, blendend weißer Stapel Babysachen: Sybil musste Wills wohl gerade baden. Normalerweise sah er gern dabei zu, aber an diesem Abend wollte er lieber allein sein.

Er schnürte seine Tennisschuhe auf und legte sich aufs Bett. Das Gespräch mit Edward beim Lunch ging ihm immer noch durch den Kopf. Die Gefahr eines Kriegs war sehr wohl real. Was Edward sagte, klang durchweg vernünftig und entsprach dem, was die meisten Leute von sich gaben, das wusste er, aber es überzeugte ihn nicht. Das Gros der Menschen, zumindest die seiner Generation, lehnten einen Krieg so vehement ab, dass sie sich weigerten, die Möglichkeit auch nur in Betracht zu ziehen. Und von den jüngeren konnte man nicht erwarten, dass sie groß Ahnung hatten, denn wenn der letzte Krieg überhaupt erwähnt wurde – im Club oder bei einem Dinner in der City –, dann immer nur auf launige oder heroische Weise: die alten Lieder, Kameradschaft, der Krieg, der alle Kriege beenden würde, und da war doch dieses Mädchen in dem Café in Ypern – die mit dem kleinen Leberfleck auf der Lippe? Ja, genau die! Aber niemand vermittelte auch nur eine Ahnung davon, wie es tatsächlich gewesen war. Auch er selbst erzählte Sybil nie Näheres über seine Albträume – die mittlerweile seltener wurden, aber bisweilen suchten sie ihn immer noch heim. Nein, das lange Schweigen setzte sich fort, wozu er auf seine Weise seinen Teil beitrug. Doch das Schweigen über den einen Krieg war eine Sache, das allgegenwärtige Verdrängen dessen, was gerade tatsächlich vor sich ging, war eine völlig andere. In Deutschland galt seit mehreren Jahren die Wehrpflicht, fast vier waren es, und niemand fand das in irgendeiner Weise bedenkenswert. Und Hitler: Man lachte über ihn, nannte ihn Schicklgruber und fand das ausgesprochen lustig, dabei war das sein Name. Man bezeichnete ihn als Anstreicher und tat ihn nicht nur als lächerlich, sondern als verrückt ab, was allen erlaubte, ihn nicht ernst zu nehmen. Die Deutschen allerdings nahmen ihn eindeutig sehr ernst. Als Hitler im Frühjahr einfach nach Österreich hineinspaziert war, hatte er, Hugh, sich fast gefreut, weil er glaubte, jetzt endlich wäre die Welt gezwungen, ihn richtig wahrzunehmen. Aber es hatte nicht das Geringste bewirkt. Einen gab es in der Politik, der sich gegen das Nazi-Regime aussprach, aber das hatte nur zur Folge, dass er keinen Kabinettsposten bekam. Sicher, Chamberlain stammte aus einer Familie mit gutem politischen Hintergrund, war seiner Ansicht nach aber keine Führungspersönlichkeit, die die Menschen dazu bringen konnte, der Realität ins Auge zu sehen.

Auf der Rückfahrt von Rye hatte er noch einmal Edward dazu

zu bewegen versucht, sich Gedanken über das Thema zu machen, und hatte ihn gefragt, was seiner Ansicht nach in der Tschechoslowakei passieren werde. Dort gebe es ja eine deutsche Minderheit, die sich den Nazis als nächste Beute anböte. Edward sagte, er wisse nichts über die Tschechoslowakei, außer dass sie sich dort offenbar auf die Herstellung von Schuhen und Glaswaren verstanden. Und wenn es in dem Land eine große Anzahl Deutscher gebe, sei es absolut nachvollziehbar, dass sie sich mit den anderen Angehörigen ihrer Rasse verbinden wollten, das habe nun wirklich nichts mit Großbritannien oder Frankreich zu tun. In dem Moment wurde Hugh zum ersten Mal das Ausmaß von Edwards Unkenntnis bewusst, und er erläuterte, schließlich sei die Tschechoslowakei eine Demokratie, deren Grenzen im Vertrag von Versailles durch England und Frankreich festgelegt worden waren, weshalb man mit Fug und Recht behaupten könne, es habe sehr wohl etwas mit ihnen zu tun. Darauf erwiderte Edward fast gereizt, unverkennbar wisse Hugh mehr darüber als er, aber das Wesentliche sei doch, dass niemand schon wieder Krieg wolle, und es wäre töricht, sich mit Hitler anzulegen (der ihm ziemlich hysterisch vorkam) wegen etwas, was eindeutig mehr mit Deutschland als mit Großbritannien zu tun habe. Außerdem werde es vermutlich eine Volksabstimmung geben, wie im Saargebiet, und das Ganze werde sich schon finden. Kein Grund, nervös zu werden, hatte er hinzugefügt, und war dann sofort zu der Frage übergegangen, wie sie den alten Herrn davon abhalten könnten, die gewaltige Menge an Teak und Iroko zu kaufen, die den Bedarf der Firma weit überschreiten und viel zu viel Kapital binden würde. »Und dann liegt noch eine ganze Schiffsladung unter Zollverschluss. Das ganze Holz wird irrsinnig viel Lagerplatz beanspruchen, ganz zu schweigen von dem westafrikanischen Mahagoni in Liverpool. Ich habe keine Ahnung, wo wir das alles deponieren sollen. Red du doch mal mit ihm, alter Junge, auf mich hört er sowieso nicht.«

So wenig wie du auf mich, hatte Hugh sich gedacht, aber nicht gesagt.

Er schloss die Augen und döste wohl ein, denn plötzlich saß Sybil neben ihm auf dem Bett, den in ein Badetuch gewickelten Wills auf dem Schoß.

»Hier haben wir ein Baby«, sagte sie und setzte ihn aufs Bett. Hugh richtete sich auf und nahm Wills in den Arm. Er roch nach Vinolia-Seife, und seine Haare, die hinten lang und strähnig herunterhingen – wie bei einem erfolglosen Komponisten, hatte Rachel gesagt –, waren feucht. Er lächelte Hugh an und stach mit seinen Fingern und den überraschend scharfen Nägeln auf Hughs Gesicht ein.

»Nimmst du ihn bitte kurz, während ich seine Sachen für die Nacht hole?«

Hugh hielt Wills' Hand fest. »Vorsicht, alter Junge, das ist mein Auge.« Wills sah ihn einen Moment vorwurfsvoll an, dann wanderte sein Blick zum Siegelring an der Hand seines Vaters, er packte ihn und zog ihn mit großer Kraft in seinen Mund.

»Ist er nicht ein kluges Kerlchen?«, sagte Sybil, die mit seiner Windel dazukam.

Hugh sah erleichtert zu ihr. »Brillant«, bestätigte er.

»Er macht sich über uns lustig«, erzählte Sybil dem Baby. Sie hatte die Windel gefaltet und Wills in die richtige Position gelegt. Nun lag er da und beobachtete seine Eltern mit wohlwollender Würde, während sein Unterleib mithilfe von Sicherheitsnadeln für die Nacht eingepackt wurde.

»Er hat keine Sorgen auf der Welt«, sagte Hugh.

»O doch! Er hat im Bad seine Ente verloren, und er kann Hirn nicht leiden, aber Nanny zwingt ihn jede Woche, es zu essen.«

»Das kommt mir nicht allzu schlimm vor.«

»Das tun die Sorgen anderer nie«, antwortete Sybil. »Und ich meine nicht nur dich, mein Schatz«, fügte sie hinzu. »Ich meine jedermann. Kannst du ihn im Auge behalten, während ich sein Fläschchen hole?«

»Was macht denn Nanny?«

»Sie ist mit Ellen in Hastings. Es ist ihr freier Tag. Sie besuchen eine Vorführung am Pier, und danach genehmigen sie sich einen sehr üppigen Tee mit Éclairs und Baisers, und morgen hat Nanny eine Gallenkolik.«

»Woher in aller Welt weißt du denn das?«

»Weil es jede Woche das Gleiche ist. Kindermädchen müssen offensichtlich eine kindische Seite haben, sonst könnten sie nicht so gut mit Kindern umgehen. In vielerlei anderer Hinsicht finde ich sie als Kindermädchen sehr gut.«

Als sie verschwand, verzog Wills das Gesicht und lief zunehmend rot an, und so nahm Hugh ihn wieder auf den Arm und zeigte ihm, wie die Lichtschalter funktionierten, was ihn sofort begeisterte. Hugh fragte sich, ob Wills wohl Naturwissenschaftler würde. Er könnte alles werden, sogar Holzhändler, aber das Großartige war, dass Wills in der Frage selbst entscheiden und nicht einfach in das Familienunternehmen hineinrutschen sollte, wie es ihm ergangen war. Wieder der Krieg. Ihm kam es vor, als wäre der Krieg seine Jugend gewesen. Davor lag die Kindheit – als das Leben nach großartigen Ferien und Schultrimestern bemessen wurde, die erträglich waren wegen der regelmäßigen Schübe Familienleben und, das Schönste, dem Wiedersehen mit Edward (einem geheimnisvollen, ihm völlig schleierhaften Prinzip folgend, hatten sie unterschiedliche Internate besucht). Er hatte sich in der Schule ganz gut geschlagen und sie gehasst; Edward hatte weniger Erfolg gehabt, war aber gern dort gewesen. Und dann war das letzte Trimester zu Ende gewesen, und vor ihm hatte nicht nur ein langer, wunderbarer Sommer gelegen, sondern die noch wunderbarere Aussicht, nach Cambridge zu gehen – die sich im August über Nacht zerschlagen hatte.

Im September war er zu den Coldstream Guards gegangen. Edward wollte ihn um jeden Preis begleiten und bewarb sich ebenfalls, wurde angesichts seiner siebzehn Jahre aber abgelehnt mit den Worten, er müsse noch warten. Also versuchte er es beim Machine Gun Corps, gab ein falsches Alter an und wurde aufgenommen. Wenige Monate später waren sie als Soldaten in Frankreich, gemeinsam mit ihren eigenen Pferden, die sie von zu Hause mitgebracht hatten. In den folgenden vier Jahren sah er Edward ganze zwei Mal: einmal, als ihre Pferde sich auf einem morastigen Sträßchen bei Amiens mit einem Wiehern begrüßten, ehe die Brüder einander erblickten, und ein zweites Mal, als es Edward irgendwie gelang, ihn im Lazarett zu besuchen, bevor er nach England zurückgebracht wurde. Edward – trotz seiner knapp einundzwanzig Jahre bereits Major – kam in die Station geschneit, betörte die Hilfsschwestern und sagte der Stationsschwester, diesem hageren Drachen: »Kümmern Sie sich besonders gut um ihn, er ist nämlich mein Bruder.« Und sie lächelte, sah zwanzig Jahre jünger aus und antwortete: »Aber natürlich, Major Cazalet.« »Wie hast du's geschafft, einen Passierschein zu bekommen?«, fragte er. »Gar nicht. Ich habe gesagt: ›Ein Passierschein? Ich bin ein E.D.W.A.R.D.!‹ Und daraufhin sagten sie, ›Entschuldigung, Sir‹, und ließen mich durch.« Und Hugh lachte Tränen, aber in Wirklichkeit weinte er haltlos, und Edward setzte sich zu ihm aufs Bett und hielt seine verbliebene Hand und trocknete ihm die Augen mit einem Seidentaschentuch, das nach zu Hause roch. ›Armer alter Knabe. Haben sie dir die Splitter aus dem Kopf geholt?‹ Und er nickte, aber natürlich hatten sie das nicht, ein paar steckten einfach zu tief drin, erklärten sie ihm, damit müsse er leben. Am meisten Schmerzen bereiteten ihm damals komischerweise die zwei gebrochenen Rippen – der Stumpf bereitete ihm, nachdem sie die Hand amputiert hatten, innere Qualen. Natürlich tat er weh, aber sie gaben ihm reichlich Morphium, und das Schlimmste war das Verbinden. Er konnte es nicht ertragen, wenn sie die Stelle berührten, oder vielmehr, er konnte es nur ertragen, wenn er nicht hinsah. Zwischen den Verbandswechseln schmerzte der Stumpf und zuckte und juckte, und oft kam es ihm vor, als wäre die Hand noch dran. Aber das alles war herzlich wenig im Vergleich zu den anderen Dingen, die er gesehen hatte. Jetzt blickte er auf den schwarzen Seidenstumpf mit dem dünnen Polster am Ende und dachte sich, dass er unglaubliches Glück gehabt hatte.

Zum Abschied hatte Edward ihn damals geküsst, etwas, was sie normalerweise nicht taten. »Pass ja auf dich auf, alter Junge«, sagte er. »Und du auf dich«, antwortete er und versuchte, leichthin zu klingen. Edward lächelte, zwinkerte ihm wieder zu und sagte: »Darauf kannst du Gift nehmen.« Und ohne einen Blick zurückzuwerfen, verließ er die Station. Hugh lag da, sah die Türen, durch die Edward gegangen war, hin- und herschwingen und dachte sich: Die Welt ist entsetzlich, und ich werde ihn nie wiedersehen. Dann merkte er, dass er Edwards Taschentuch noch zusammengeballt in seiner linken Hand hielt.

In England hatten sie ihn in ein Krankenhaus verlegt – ein großes Anwesen auf dem Land, das sie in ein Genesungsheim umgewandelt hatten –, und der Stumpf und seine Rippen verheilten, die grauenhaften Kopfschmerzen, die Albträume und Schweißausbrüche legten sich ein wenig, und dann schickten sie ihn nach Hause, geschwächt, nervös und niedergeschlagen. Er kam sich zu müde und zu alt vor, um sich um irgendetwas zu kümmern. Da war er zweiundzwanzig. Edward kehrte natürlich doch zurück, unversehrt bis auf eine anfällige Lunge von dem Gas, das wochenlang über den Schützengräben gehangen hatte, und einem abgefrorenen Zeh. Aber seltsamerweise wirkte er überhaupt nicht verändert, sondern genauso, wie er vor ihrem Aufbruch nach Frankreich gewesen war, voller Energie und Jux und Tollerei. Er tanzte die Nächte durch und arbeitete frisch und tatkräftig den ganzen folgenden Tag. Ständig verknallten sich Mädchen in ihn, ständig bekam er kleine goldene Stifte und Kettchen geschenkt, auf die Betty oder Vivien oder Norah graviert war, und an den Wochenenden fuhr er zum Tennisspielen oder Jagen aufs Land und besuchte Tanzvergnügen. Er musste mehr Eltern von Mädchen, mit denen er sich kurzzeitig verlobte, kennengelernt haben als die meisten anderen, und konnte sich doch immer wieder elegant aus der Affäre ziehen. Vom Krieg sprach er nie. Es war, als ginge es um den Aufenthalt in einem unerfreulichen Internat, in dem nicht Hänseleien und Schikanen, sondern Tod und Verstümmelung an der Tagesordnung waren, aber nun hatte er das überstanden und war in die immerwährenden Ferien entlassen worden. Ein einziges Mal hatte Hugh erlebt, dass eine Situation ihn überforderte: Er verguckte sich in eine verheiratete junge Frau, deren Mann eine Kriegsneurose davongetragen hatte und seitdem Invalide war. In die Frau war er wirklich bis über beide Ohren verliebt – Jennifer Soundso hieß sie –, aber dann lernte er Villy kennen, und das war, wenn auch nicht sofort, das Ende der Beziehung. Aber dann begegnete er selbst Sybil und verliebte sich so sehr in sie, dass nichts anders mehr für ihn zählte. Sybil! Sie hatte sein Leben von Grund auf verändert. Die Begegnung mit ihr war die unglaublichste …

»Entschuldige, dass es so lange gedauert hat. Sie war viel zu heiß geworden, und ich musste sie wieder abkühlen.« Sie spritzte etwas Milch durch den Sauger auf ihren Handrücken. »Du solltest ihn lieber mir geben, sonst wird er wütend.« Hugh drückte seinem Sohn einen Kuss auf den Nacken – die Haare trockneten zu weichen Ringellöckchen –, und während er ihn seiner Frau reichte, küsste er sie auf den Mund.

»Mein Schatz! Was ist denn in dich gefahren?« Sie nahm das protestierende Kind und setzte sich in einen Sessel.

»Ich habe daran gedacht, wie wir uns kennengelernt haben.«

»Ach! Das!« Sie warf einen halb prüfenden, halb scheuen Blick zu ihm.

»Der schönste Tag meines Lebens. Hör mal, in dieser Hitze hast du vermutlich keine Lust, in die Stadt zu kommen – nur einen Abend?«

»Aber natürlich möchte ich das!« Sie hatte überlegt, ob sie sich wohl herausreden konnte. Nicht, dass sie ihn nicht sehen wollte, aber es gefiel ihr gar nicht, Wills alleine zu lassen, und London kam ihr nach dem Land so heiß vor, und es roch nicht gut.

»Sicher? Ich komme wirklich auch alleine zurecht.«

»Sicher.« Sie wusste, dass das nicht stimmte.

»Dann gehen wir zu den Lunts. Oder würde dir das Stück von Emlyn Williams besser gefallen?«

»Ich finde beides schön. Was wäre dir lieber?«

»Was immer du magst.« Am liebsten würde er in aller Ruhe mit ihr essen, ohne das Haus zu verlassen. »Dann sollte es schon wieder Austern geben. Wir können vorher zu Bentley's gehen. Wir machen uns einen grandiosen Abend.«

Was das Spiel mit der Selbstlosigkeit betraf, stand es remis.

~

Sid stieg an der Ecke des Trafalgar Square in ihren 53er-Bus und suchte sich auf dem Oberdeck ganz vorne einen Platz. Bevor sie nach oben ging, bezahlte sie die vier Pennys für ihre Fahrkarte, dann würde sie mit etwas Glück ungestört bleiben. Sie setzte sich, putzte sich die Nase und versuchte das zu sein, was Rachel vernünftig nannte. Doch wie nahezu immer bei solchen Gelegenheiten stieg bitterer, anhaltender Groll in ihr auf, und zwar in einem Ausmaß, das sie ihrer geliebten R. völlig verheimlichte. Sie konnte ja verstehen, dass der Brig erblindete und dass das schrecklich für ihn war, aber weshalb musste Rachel diejenige sein, die sich um ihn kümmerte? Er war doch ein verheirateter Mann, oder nicht? Wie wäre es denn, wenn ausnahmsweise einmal die Duchy ihren Teil tat? Auf den Gedanken war offenbar keiner von ihnen je verfallen. Die Duchy war durchaus fähig, ihm vorzulesen, im Notfall ein Diktat aufzunehmen, ihm mit seiner Post zu helfen und ihn durchs Haus zu führen. Weshalb sollte Rachel glauben, dass ihre Eltern – und zwar beide – auf sie angewiesen waren? Warum verstanden sie nicht, dass ihre Tochter das Recht auf ein eigenes Leben hatte? Rachel hatte an diesem Tag sogar die Möglichkeit in Betracht gezogen, ihre Kinderherberge aufzugeben, da der Brig ihre Zeit zu sehr in Anspruch nehme, als dass sie ihre Aufgaben dort angemessen erfüllen könne. Sollte sie den Gedanken wirklich umsetzen, verlöre sie ihren einzigen stichhaltigen Grund, während dieser endlos langen Ferien nach London zu fahren. Schuld an der Gemengelage war das viktorianische Konzept der ledigen

Tochter. Eine Sekunde lang stellte Sid sich vor, Rachel hätte geheiratet und wäre dadurch diesem Schicksal entgangen, aber der Gedanke, dass Rachel von jemand anderem – einem Mann – berührt würde, war noch schlimmer. Es hätte Kinder geben können – von denen hätte sich Rachel niemals befreit. Aber wenn der Mann sie verlassen hätte oder gestorben wäre, hätte sie, Sid, Rachel mit den Kindern helfen können – sie hätten zusammenleben können. Aber nein, das hätten sie nicht: Im Hintergrund lauerte Evie mit ihrer anfälligen Gesundheit, ihrer Abhängigkeit, ihrer hoffnungslosen Schwärmerei für völlig unpassende Männer, die meist nichts von Evies Gefühlen wussten, oder, wenn doch, sofort das Weite suchten. Evie hatte, wie sie ständig betonte, niemanden auf Gottes weiter Welt außer ihr. Aus dem einen oder anderen Grund hielt sie es nie länger an einem Arbeitsplatz aus, und sie war eifersüchtig auf alles in Sids Leben, das keine Berührungspunkte mit ihrem hatte. Sie hatte kein Geld, und die beiden konnten sich mit Sids Gehalt von der Schule, ihrem Privatunterricht und dem bisschen, das Evie hin und wieder beisteuerte, gerade so über Wasser halten. Ihre Mutter hatte ihnen das kleine Haus in Maida Vale hinterlassen, und das war es dann auch schon. Nein, sie war auch gebunden – aus sehr handfesten Gründen unentrinnbarer gefangen als Rachel. Aber ihr fehlte es an Rachels Güte – es erfüllte sie mit Zorn, derart gebunden zu sein, und sie war nicht einmal sicher, ob sie nicht, wäre Rachel frei, Evie sehr schlecht behandeln würde – ihr das Haus schenken und sie ihrem eigenen Schicksal überlassen würde. Aber das würde Rachel nie dulden. Rachels Gesicht tauchte wieder vor ihrem inneren Auge auf, als sie im Teesalon sagte: »Ich wäre immer lieber bei dir als bei irgendjemand anderem auf der Welt!« Der Satz hatte Sid in dem Moment derart berührt, dass sie sich in übertriebene Munterkeit geflüchtet hatte, aber jetzt, allein hier im Bus, drangen die ergreifenden Worte tief in ihr Herz vor – reinster Balsam. »Sie liebt mich wirklich, ausgerechnet mich. Sie hat mich auserwählt! Könnte ich mir noch mehr wünschen?« Nein, überhaupt gar nichts.

Das Gefühl, reich beschenkt zu sein, das Glück, derart geliebt zu werden, halfen ihr durch den heißen, drögen Abend. Die Fischpastete, die Evie zubereitet hatte, schmeckte wie feuchte Wäsche, ihre Schwester bedrängte sie mit Fragen, was sie den ganzen Tag gemacht habe, und während Sid einen anständigen Kaffee kochte, wühlte sie sogar in Sids Handtasche nach Zigaretten (ihre gingen ihr ständig aus, und sie war zu faul, sich welche zu besorgen) und entdeckte dabei das Stück Walnusskuchen. »Wozu in aller Welt hast du denn das in deiner Tasche? Ach – Walnusskuchen? Mein Lieblingskuchen! Hast du den von Rachel bekommen? Du hast doch nichts dagegen, wenn ich mir ein klitzekleines Stückchen davon nehme, oder? Ja, ich weiß, es ist nicht gut für mein Geschwür, aber ein bisschen etwas Süßes wäre genau das, was ich jetzt brauche!« Und dann aß sie den Kuchen auf, ihre blassen, verschlagenen, nervösen Augen unentwegt auf Sids Gesicht gerichtet, ob sie dort auch nur das mindeste Anzeichen von Ablehnung oder Gehässigkeit entdeckte. Sid zeigte keines von beidem. Wann immer sie merkte, dass ihr Mitgefühl oder ihre Zuneigung ins Wanken geriet, beschwor sie wieder die unsichere, beiläufige Stimme herauf und schaffte es, unbeirrbar freundlich zu bleiben.

Nach dem Abendessen gingen sie mit dem Kaffeetablett in das stickige kleine Wohnzimmer hinauf, wo der Flügel kaum Platz für ihre zwei abgewetzten Sessel ließ. So schwül war es, dass Sid die Terrassentür öffnete, die in den kleinen Garten hinausführte. Dort stand eine riesige Linde auf einem Fleckchen Rasen, das sie seit Wochen nicht mehr gemäht hatte. Weidenröschen und Herbstastern wuchsen in den schmalen Beeten vor der schwarzen Ziegelmauer; im Kiesweg, der die Beete vom Rasen trennte, wucherten Löwenzahn und Vogelmieren. Beide mochten den Garten nicht und nutzten ihn auch nicht. Die gusseiserne Balustrade war rostig – die blätternde Farbe müsste dringend abgefackelt werden. Wenn sie nicht nach Home Place eingeladen würden, überlegte Sid, sollte sie wirklich einen Teil der Ferien darauf verwenden, das Haus etwas herzurichten. Sie wagte nicht, Evie von dieser unendlich viel schöneren Möglichkeit zu erzählen. Deren Enttäuschung, wenn sich die Idee zerschlug, und ihre Mutmaßungen darüber wären unerträglich. Abgesehen davon ging Waldo womöglich doch nicht auf Konzertreise. Jüdischen Mitgliedern seines Ensembles bereitete es großes Unbehagen, einige der geplanten europäischen Stationen zu bereisen, und es sah aus, als würde die Tournee abgekürzt, wenn nicht gar ganz abgesagt werden. In dem Fall würde Evie in London bleiben wollen, und folglich könnte sie nicht fahren. Sid wandte sich von der staubigen warmen Luft des Gartens zurück in die staubigere Wärme des Zimmers und fragte, ob es Neuigkeiten von der Tournee gebe.

»Er nimmt mich nicht mit. Ich habe ihn heute Vormittag unumwunden gefragt. Ich glaube, es ist wegen seiner Frau. Sie ist entsetzlich eifersüchtig. Wenn er mir etwas diktiert, kommt sie ständig ins Zimmer. Absolut lächerlich!«

Das war es in der Tat. Aber Sid überlegte sich, dass man von der armen Frau kaum erwarten konnte, zwischen den diversen potenziellen Gefahren zu unterscheiden, denn ihr Mann war berüchtigt für seine Liebschaften – die zahllosen kurzen Affären und die beiden Geliebten, die er sich hielt und von denen man allgemein wusste; eine von ihnen traf sich sogar auf all seinen Auslandsreisen mit ihm. Evie war offenbar die Einzige, die nichts von diesen Geliebten wusste, oder vielleicht weigerte sie sich auch nur, den in ihren Augen boshaften Klatsch zu glauben. Was sie in Wirklichkeit meinte, war, dass die Ehefrau, eine ehemalige Opernsängerin namens Lottie, keine Gelegenheit ausließ, alle der Lächerlichkeit preiszugeben. Waldo küsste jede Frau, die in seine Nähe kam, und so hatte er natürlich auch Evie geküsst, die es sich nicht hatte nehmen lassen, Sid davon zu erzählen. Das war vor einem halben Jahr gewesen, und jetzt war sie überzeugt, dass nur die unglaublich komplizierten Umstände ihrem grenzenlosen Glück im Wege stünden. (Zu diesen komplizierten Umständen gehörte auch Waldos heroisches Wesen – die massige, übellaunige Lottie war laut Evie das Kreuz, das er zu tragen hatte.)

Evie saß zurückgelehnt in ihrem Sessel, auf dessen Armlehne eine offene Schachtel Mokkapralinen balancierte. Hin und wieder tastete sie nach einer Praline und steckte sie sich in den Mund. Sie hatte eine große Schwäche für Süßigkeiten und bekam häufig Gallenkoliken, die jedoch, wie auch ihr fahler, fettiger Teint, nie auf diese Vorliebe zurückgeführt wurden. In diesem Punkt, wie auch in Bezug auf ihr Gefühlsleben, war sie entschlossen, nicht aus Erfahrung klug zu werden. Sie ist ein Ungeheuer, dachte Sid, wenn auch mit Fürsorglichkeit. Seit Evies Geburt, als sie vier war, war sie darauf geeicht worden zu glauben, Evie sei ein Opfer der Umstände und nicht ihres eigenen Wesens. Ständig litt sie unter diesen oder jenen Beschwerden, und eine frühe und schwere Masernerkrankung sowie eine akute Blinddarm- und Bauchfellentzündung hatten sie körperlich geschwächt und ihre Manipulationsfähigkeiten derart perfektioniert, dass sie sich einer besonderen Rücksicht bei allem, was sie tat oder nicht tat, gewiss sein konnte. Und die entsprechenden Folgen dieses Verhaltens bestärkten sie darin, sich in ihrer Unzufriedenheit einzurichten.

Jetzt gähnte sie – ein Gähnanfall ging nahtlos in den nächsten über – und erklärte mit der dumpf-belegten Stimme, die Menschen dabei eigen ist, es werde sicher ein Gewitter geben. »Du hast gesagt, du würdest mir die Haare schneiden«, fügte sie hinzu und fuhr sich mit einer Hand matt durch den Pony. »Sie sind viel zu lang. Aber ich möchte nicht, dass du so viel abschneidest wie beim letzten Mal.«

»Heute Abend schneide ich sie dir auf jeden Fall nicht. Außerdem hätte ich wirklich gerne, dass du dir einen anständigen Friseur suchst. Ich bekomme nur einen Topfschnitt hin.«

»Du weißt doch, dass ich solche Sachen nicht allein machen will. Und zu deinem lässt du mich ja nicht gehen.«

»Evie, ich habe dir schon hundertmal gesagt, dass ich zu keinem Damenfriseur gehe. Da, wo ich hingehe, schneiden sie Frauen nicht die Haare.«

»Aber dir schon.« Als Sid nichts darauf erwiderte, sagte sie:

»Wenn du es stufig schneiden ließest, könntest du zu einem Damenfriseur gehen.«

»Ich will aber keinen Stufenschnitt. Ich mag es einfach ganz kurz. Jetzt sei still, Evie.«

Beleidigt schob Evie die Unterlippe vor und schwieg, in der Ferne war deutlich Donnergrollen zu hören. Sid trat an die Terrassentür. »Himmel, ich wünschte, es würde regnen. Das würde die Luft reinigen.«

Wie nicht anders zu erwarten, schmollte Evie weiter, bis sie ihr eine Partie Bézique vorschlug, der sie widerwillig zustimmte. Drei Spiele, dachte Sid, oder zwei, und dann kann ich ins Bett entkommen und ihr schreiben.

»Mit dem Gewitter in der Luft könnte ich dir gar nicht die Haare schneiden«, sagte sie. »Erinnerst du dich noch, wie Mama die Messer immer in ihren Regenmantel wickelte? Sie dachte, das Gummi würde den Blitz ableiten.«

Evie lächelte. »Sie war ein furchtbarer Angsthase. Leitern, der Neumond, schwarze Katzen – die arme Mummy, das Leben hat ihr wirklich übel mitgespielt! Ich glaube, wir haben einiges davon geerbt. Ich auf jeden Fall. Ich habe auch ständig Angst wegen allem Möglichen. Heute Abend zum Beispiel dachte ich, du würdest nicht zurückkommen. Ich habe mir vorgestellt, Rachel würde dich nach Sussex einladen und du würdest einfach fahren.«

»Evie! Wann hätte ich so etwas jemals gemacht?«

»Na ja, du könntest aber. Und jetzt, wo Mummy nicht mehr da ist, haben wir niemanden mehr außer uns. Ich würde dich nie allein lassen, Sid. Wenn ich wirklich einmal heirate, dann nur, wenn er einwilligt, dass du bei uns wohnst.«

»Meine Liebe, darüber machen wir uns Gedanken, wenn es so weit ist.«

»Mir ist schon klar, du glaubst, dass es nie dazu kommen wird, aber du weißt ja, es passieren die unglaublichsten Sachen. Die Launen des Schicksals …« Das Spiel wurde abgebrochen, Evie schwelgte in ihren Hoffnungen und Befürchtungen – und wie Sid mutmaßte, ihren bloßen Fantasien – über Waldo. Zwei Stunden später gingen sie in ihr jeweiliges Bett.

~

Nachdem Edward gebadet und sich zum Dinner umgezogen hatte, sagte er, er wolle noch schnell im Pub Zigaretten holen. Villy meinte, sie habe genug für beide, doch Edward erklärte, er gehe lieber auf Nummer sicher. In Wirklichkeit wollte er Diana anrufen. Er musste rasch einen Gin trinken, um Münzen für das Telefon zu haben, das Mr. Richardson vor Kurzem für seine Gäste eingebaut hatte. Es stand in einem dunklen Gang, der zur Herrentoilette führte – keine richtige Privatsphäre, aber besser als nichts. Diana hob erst ab, als er fast schon glaubte, sie wäre außer Haus.

»Ich bin's«, sagte er.

»Ach! Liebling! Entschuldige, dass es so lange gedauert hat. Ich war ganz hinten im Garten.«

»Bist du allein?«

»Im Moment. Und du?«

»Ich stehe im Pub. In einem Durchgang«, fügte er hinzu für den Fall, sie glaube, der Pub sei privat.

»Rufst du an wegen morgen?«

»Ja. Ich fürchte, es wird bei mir ziemlich spät werden. Vermutlich gegen neun. Was ist mit den Jungen?«

»Ian und Fergus sind noch bei ihrer Großmutter im Norden.«

»Und Angus?«

»Er ist bei ihnen. Bis Ende der Woche. Hier sind nur ich und Jamie.«

»Hurra!«

»Wie bitte?«

»Hurra. Gut. Du weißt, was ich meine.«

»Ich glaube schon. Ich liebe dich.«

»Beruht ganz auf Gegenseitigkeit. Jetzt muss ich Schluss machen. Pass auf dich auf.«

Auf dem Rückweg die Anhöhe hinunter zur Mill Farm fiel ihm ein, dass er keine Gold Flakes gekauft hatte. Dann erinnerte er sich, dass im Zigarettenfach des Wagens eine Schachtel steckte. Wieder mal Glück gehabt! Solange sie nichts davon erfuhr, tat es ihr ja nicht weh, und es wäre verdammt dumm, wenn das Ganze wegen einer solchen Lappalie auffliegen würde.

Alle hatten sich zum Dinner versammelt – insgesamt vierzehn Personen an dem riesigen Tisch mit drei Beinen, ausgezogen auf ganze Länge, und trotzdem saßen sie dicht gedrängt. Es gab vier Brathähnchen, Brotsauce, Kartoffelpüree und Stangenbohnen gefolgt von Pflaumenkuchen und dem, was die Duchy Mandelsulz nannte, Blancmanger. Die Erwachsenen tranken Rotwein, die Kinder Wasser. Das Gespräch drehte sich um die Unternehmungen des Tages, den Strandausflug – Rupert erzählte witzig von Neville und seiner Qualle. »Bexhill?«, wiederholte die Duchy und tupfte sich die Augen (beim Lachen kamen ihr unweigerlich die Tränen). »Wie in aller Welt ist er auf den Namen gekommen?« Rupert erwähnte nichts von dem Vorschlag, den der Brig ihm unterbreitet hatte, obwohl er an praktisch nichts anderes denken konnte. Edward schilderte Teddys brillante Jagd auf das Kaninchen, und Teddy saß puterrot und lächelnd daneben; sein Telefonat erwähnte Edward natürlich nicht. Hugh ahmte seinen Caddy nach, wie der ihn nachahmte, wie er mit nur einer Hand spielte; seine politischen Sorgen behielt er für sich. Rachel beschrieb den praktisch tauben und ihrer Ansicht nach ziemlich verrückten Präsidenten der Kinderherberge, der die Sitzung geleitet hatte, ohne die mindeste Ahnung zu haben, welcher Wohlfahrtseinrichtung er gerade vorstand. »Die erste halbe Stunde glaubte er, es gehe um ein Heim für pensionierte Pferde – erst, als er von Kleiebrei und regelmäßigen Wurmkuren sprach, ging der Vorsteherin auf, dass irgendetwas nicht ganz stimmte.« Sie sagte nichts von ihrem

Tag mit Sid, wegen der sie im Zug fast geweint hätte, wovon sie Kopfweh bekommen hatte. Der Brig gab zwei lange Geschichten zum Besten. In einer ging es um einen ausgesprochen interessanten Burschen, den er in Birma kennenlernte und der, wie sich herausstellte, jemanden kannte, dem er in Westaustralien begegnet war – ein reiner Zufall der Art, wie sie sein langes Leben kennzeichneten und die ihn noch immer in Staunen versetzten. Die zweite handelte vom Suezkanal, und als Edward sagte, ja, die hätten sie bereits gehört, sagte er nur, sei's drum, er werde sie trotzdem erzählen, und das tat er auch. Das dauerte sehr lange, und nicht alle gaben sich den Anschein, als würden sie ihm zuhören.

Zoë und Angela beäugten sich gegenseitig. Zoë merkte sofort, dass Angela sich für Rupert interessierte, und musterte sie deswegen noch eingehender. Zugegeben, sie war sehr hübsch – wenn man Blondinen mit blassblauen Augen mochte. Sie war groß und hatte schwere Knochen, wie ihre Mutter. Ihr langer weißer Hals rundete sich perfekt, was man von dem der armen alten Jessica wirklich nicht mehr behaupten konnte. Sie besaß die gleichen Wangenknochen wie Jessica und den gleichen scharf konturierten Mund, nur war ihrer, zumindest zu Beginn des Essens, etwas zu grell rosafarben geschminkt. Sie interessierte sich eindeutig für Rupert, was dieser zum Glück offenbar gar nicht bemerkte, doch sie begegnete Zoës Blick arglos. Im Grunde ist sie nur ein Schulmädchen, dachte Zoë halb erleichtert, halb verächtlich.

Angela, die Zoë seit über zwei Jahren nicht gesehen hatte, war überrascht, weil sie tatsächlich noch genauso aussah wie damals. Sie, Angela, hatte sich in der Zeit so stark verändert, dass sie das auch bei Zoë erwartet hatte, aber sie entdeckte keine Anzeichen des Alterns. Sie war genauso glamourös und schön wie zuvor, doch aus den Romanen, die Angela las, wusste sie, dass sie Rupert mit großer Wahrscheinlichkeit nicht verstand, in welchem Fall ihr Aussehen keine Rolle spielte. Der Brig beendete seine Geschichte. Unerwähnt ließ er seine Genugtuung, für seine Familie genügend

Unterkunftsmöglichkeiten gebaut zu haben, was, ebenso wie die großen Mengen Hartholz, die er für Furnier gekauft hatte, eine reine Vorsichtsmaßnahme war …

Christopher und Simon verschütteten beide ihr Wasser, Simon zudem noch etwas Brotsauce, aber Christopher fiel auf, dass niemand eine sarkastische Bemerkung darüber machte. Als das mit der Brotsauce passierte, fing er Simons Blick auf und zwinkerte ihm verständnisvoll zu. Sofort kam Simon zu dem Schluss, dass Christopher der feinste Kerl am Tisch war. Dann wurde das Ferienende erwähnt – keine drei Wochen mehr, und Simon spürte wieder Panik und Verzweiflung in sich aufsteigen –, und er sah wieder Christophers Gesicht, der das bekümmert bemerkte. Von dem Moment an war Christopher sein Held. Als er Tante Jessicas idiotische Frage, ob er sich auf seine neue Schule freue (freue!), grinsend mit einer Lüge beantwortete, zwinkerte Christopher wieder – was wirklich klasse von ihm war.

Villy, die die Brathühnchen gekonnt zerlegte, jedem die richtigen Stücke servierte und die vier Wunschknochen an Teddy, Louise, Nora und Simon verteilte, sagte wenig. Nach ihrem friedlichen Nachmittag mit Jessica fühlte sie sich seltsamerweise ausgelaugt: Die Last des Ungesagten – zumindest des von ihr Ungesagten – lag ihr schwer im Magen. Sie glaubte, dass Jessica sie beneidete, und wollte ihr so gerne sagen, dass die Rosen, auf die sie gebettet war, nicht ohne Dornen waren. Ihre Schwester hatte eindeutig zu viel zu tun, das schon, aber in Villys Augen war das nicht ausschließlich von Nachteil. Jessica blieb keine Zeit, darüber zu grübeln, wofür sie da war, keine Zeit, sich zu langweilen und sich deswegen zu schämen, keine Zeit, sich nach einem umwälzenden Ereignis zu sehnen, das ihr endlich die Gelegenheit geben würde, etwas zu *tun* und damit wirklich jemand zu *sein*. Doch ganz abgesehen von diesen allgemeinen Betrachtungen über ihr Leben gab es eine bestimmte Sache, über die sie mit Jessica unbedingt reden wollte, aber sie hatte den ganzen Nachmittag gezögert aus Furcht, Jessica könnte kein Verständnis aufbringen, und zwar aus anderen

Gründen als denen, deretwegen sie Unverständnis von etwa Sybil erwarten würde oder von Rachel … Rachel! Sie fand ja, dass ein Kind zu bekommen überhaupt das Wunderbarste auf der Welt wäre. Genau darin bestand ihr Problem. Ihre letzte Periode war ausgeblieben, bald sollte es wieder so weit sein, aber sie ging mit ziemlich großer Sicherheit davon aus, dass sie schwanger war. Die Vorstellung entsetzte sie. Sie wollte mit ihren immerhin zweiundvierzig Jahren nicht wieder von vorn anfangen und ein Kind bekommen, das letztlich als Einzelkind aufwachsen würde – Lydia war sieben. Aber was in aller Welt unternahm man, wenn man ein Kind nicht wollte? Sie wusste natürlich, dass es Leute gab, die einem in einer solchen Situation halfen, aber wie fand man sie? Hermione wäre eine mögliche Informationsquelle, doch ihr wollte sie sich um keinen Preis anvertrauen. Außerdem war sie innerlich noch unentschlossen und klammerte sich weiter an die Hoffnung, sie könnte sich täuschen. Sie beschloss zu warten, bis ihre Periode fällig war, und wenn sie wieder ausblieb, würde sie nach London fahren und mit Dr. Ballater reden.

Nora, die mit einem herzhaften Appetit gesegnet war, beschloss, zu Ehren Gottes auf ihre zweite Portion Pflaumenkuchen zu verzichten. Das überlegte sie sich, als sie das erste köstliche Stück bereits zur Hälfte aufgegessen hatte, und dann drängte sich ihr der Gedanke auf, dass es ihm besser gefallen hätte, wenn sie gar keinen Nachtisch genommen hätte. »Entsagung statt Labung«, erklärte sie ihm (sie versuchte ständig, seinen Sinn für Humor zu fördern). Aber bestimmt sah er ein, dass sie ein richtiges Opfer erst bringen konnte, wenn sie wusste, wie gut der Kuchen schmeckte. Aber da mogelte sie natürlich: In Home Place schmeckte das Essen immer köstlich – wie der Sonntagslunch zu Hause, nur eben jeden Tag. Natürlich konnte Mummy sehr gut kochen, sie hatte einfach wesentlich weniger Zutaten dafür zur Verfügung, was wiederum bedeutete, dass sich kaum Gelegenheiten für Verzicht boten. Der gesunde Menschenverstand sagte einem ja, dass man genug essen sollte, um am Leben zu bleiben, und darum tat sie es auch. Ihrer Ansicht nach mangelte es ihr nicht an gesundem Menschenverstand, was ihr schmerzlich fehlte, war das andere – sie wäre gern mehr von mystischen Gewissheiten erfüllt. Sie sprach ziemlich oft mit Gott, der aber nur höchst selten antwortete, und allmählich fürchtete sie, sie könnte ihn langweilen. Das wäre in höchstem Maß besorgniserregend, denn da ihn das Aussehen eines Menschen bekanntermaßen kaltließ, folgte daraus doch, dass ihr Wesen ihn umso mehr interessieren würde. Und langweilig, hatte ihre Mutter gesagt, durfte man unter keinen Umständen sein. Christopher aß ihren Kuchen, sein drittes Stück, aber sie wusste ja, wie hungrig er war, nachdem er sich auf der Fahrt übergeben hatte, also gönnte sie es ihm. Angie hatte die Früchte gegessen, aber nicht den Teig. Also, wenn es ihn wirklich nicht kümmerte, wie Menschen aussahen, dann würde Gott Angela langweilig finden. Nora blickte zu Louise hinüber. Sie hatten den ganzen langen Nachmittag in den Hängematten verbracht und faszinierende Geheimnisse ausgetauscht, obwohl es noch einige gab, die sie ihr nicht anvertraut hatte, was für Louise sicher auch galt. Auf jeden Fall eignete sich so gut wie nichts von ihrem Gespräch für die Ohren der Großfamilie, und ihre Mütter wären sicherlich schockiert, denn, so verrückt und unerhört es klang, generell wurden sie immer noch als Kinder betrachtet.

Als die Pflaumenkuchen aufgegessen waren, konnten die jüngeren Mitglieder der Dinnerrunde es kaum erwarten aufzustehen: Simon, Christopher und Teddy, weil sie keinen Sinn darin sahen, an einem Tisch zu sitzen, auf dem alle Schüsseln und Teller leer waren, Louise und Nora, weil sie dringend ihr Gespräch unter vier Augen fortsetzen wollten, und Angela, weil sie Rupert mehr von sich zeigen wollte als nur das, was im Sitzen von ihr zu sehen war. Auch die Frauen waren bereit, die Tafel zu verlassen, denn der Brig widmete sich mittlerweile seinem erschreckend geschmacksintensiven Stilton – Christopher fand es überraschend nett von ihm, dass er den Maden gestattete, gleichzeitig mit ihm davon zu essen – und seinen Ansichten über Mr. Chamberlain, der seiner

Meinung nach weit weniger das Zeug zum Premierminister hatte als Mr. Baldwin, den sie niemals ins Oberhaus hätten befördern dürfen. Überraschenderweise sagte die Duchy, dass sie Mr. Baldwin nie gemocht habe, aber dass sie Mr. Chamberlain keineswegs als Verbesserung empfinde. »Meine Liebe«, wandte Rupert daraufhin ein, »wir wissen doch, in Wirklichkeit gilt deine Bewunderung allein Toscanini, und den würde die britische Allgemeinheit nie in einer solchen Position gutheißen. Das heißt, deine Enttäuschung ist vorprogrammiert.« Noch ehe sie erwidern konnte, dass nicht einmal sie so dumm sei, das zu erwarten, entlud sich das Gewitter, dessen Donnern sie in der Ferne immer wieder gehört hatten, in einem Blitzschlag direkt über ihnen. Sybil sprang auf, um nachzusehen, ob der Lärm Wills geweckt hatte, und das verstanden die anderen Frauen und die Kinder allgemein als Zeichen, den Brig und seine Söhne ihrem Portwein zu überlassen.

In der Halle hörten sie den Regen auf das Oberlicht prasseln, und ein paar Sekunden später sahen Louise und Nora, die nach Regenmänteln suchten, um nach Hause zu laufen, Clary und Polly im Nachthemd klatschnass hereinkommen. »Wo seid ihr denn gewesen?«, fragte Louise, aber sie kannte die Antwort. Sie hatten irgendwo ein Mitternachtspicknick gemacht, wie sie selbst und Polly im vergangenen Jahr.

»Wir haben ein Mitternachtspicknick gemacht«, sagte Polly. »Wo sind alle? Wir müssen nach oben schleichen, bevor sie uns sehen.« Sie fand, dass Louise peinlicherweise wie »sie« klang; gut möglich, dass sie ihnen nicht helfen würde.

Irgendwann im Lauf des frühen Morgens hörte es zu regnen auf, und der Tag begann mit weißem Nebel. Kein Tag für den Strand, wie befunden wurde. Clary wollte die anderen zum Protest aufstacheln, und obwohl ihr alle beipflichteten, dass es ziemlich ungerecht sei, ärgerte sich offenbar niemand genug darüber, um zur Tat zu schreiten. »Außerdem, was sollten wir schon machen? Wir können die Autos ja nicht selber fahren«, meinte Polly. Tante Rachel sagte, dass Mrs. Cripps viele Brombeeren für Gelee brauche, und wer immer am meisten pflücke, werde einen Preis bekommen. So brachen die sieben älteren Kinder mit Schüsseln und Körben auf. Bexhill war in der Nacht gestorben. Neville wollte Ellen nicht glauben, aber dann urteilte Tante Villy, die eigens kommen musste, um den reglosen weißen Blubber in der Badewanne zu begutachten, dass leider kein Zweifel daran bestehen könne.

»Aber er wird doch nicht gelitten haben, oder?«, fragte Judy ernst. »Oder?«

Rasch sagte Villy, sie sei sicher, dass er nichts gemerkt habe.

»Was ist denn dann passiert?«, wollte daraufhin Neville wissen. »Wie hat er denn aufgehört zu leben?«

»Er hat einfach den Geist aufgegeben«, erklärte Lydia. »Er ist gestorben. Das passiert mit allem.« Sie wirkte ziemlich verstört. »Das ist ganz normal. Entweder man wird ermordet oder man stirbt. Man ist einfach nicht mehr da. Man kann nichts mehr machen. Dann ist man nur noch … Luft.«

Diese Erklärungen beruhigten niemanden, wie Villy feststellte, also schlug sie vor, sie sollten Bexhill ein richtig schönes Begräbnis ausrichten. Das heiterte alle auf, und sie verbrachten den restlichen Vormittag damit, die Zeremonie zu organisieren.

~

Mrs. Cripps saß in ihrer Küche und verköstigte Tonbridge, der zu seinem Vormittagsimbiss vorbeischaute, mit Rosinenfladen – seinem Geschwür, das durch Mrs. Tonbridges scharf gebratenes Frühstück noch mehr gereizt wurde, war nur mit Keksen und einem geneigten Ohr beizukommen. Mrs. Cripps äußerte sich mit keiner Silbe zu Mrs. Tonbridge, nahm aber die mittelbaren Informationen, die sie erhielt, mit stoischem Interesse auf und gab gleichzeitig deutlich zu verstehen, auf wessen Seite sie stand.

»Es ist die Stille, wissen Sie. Die geht ihr auf die Nerven.«

»Das kann ich mir gut vorstellen.« Sie breitete den *Sunday Express* auf ihrem sauberen Tisch aus. KRISE BIS MORGEN IN EINER WOCHE ABGEWENDET, stand da. KEINE ÜBERRASCHUNGEN ZU ERWARTEN. Sie kippte aus einem Korb einen Berg Stangenbohnen auf das Papier. »Möchten Sie noch eine Tasse?«

»Ich würde nicht Nein sagen.«

Sie ging zum Herd und füllte aus dem großen Metallkessel, der darauf stand, die braune Teekanne auf. Eine kräftige Oberweite hat sie, dachte Tonbridge selbstmitleidig. Mrs. Tonbridges Oberweite hatte nie zu ihren Vorzügen gehört.

»Neulich abends habe ich sie auf ein Bier in den Pub ausgeführt.«

»Ach ja?«

»Sie sagte, da wäre es ihr zu still. Natürlich ist es nicht so wie in den Pubs in London.«

»Das kann ich mir gut vorstellen.« Mrs. Cripps war ein- oder zweimal in London gewesen, dort aber nie in einem Pub, und jetzt, wo Gordon tot war, gab es nicht einmal hier jemanden, der mit ihr in den Pub ging. »Was für ein Jammer!«, fügte sie hinzu. Sie war keine Person, die sich über andere ausließ, aber die nicht geäußerte Bemerkung hing schwer zwischen ihnen. Tonbridge nahm den letzten Rosinenfladen und sah Mrs. Cripps beim Abfädeln der Bohnen zu. Ihre hochgekrempelten Ärmel enthüllten muskulöse Arme, die weiß wie Marmor wirkten, im krassen Gegensatz zu ihren Händen, die alles andere als weiß waren.

»Sie könnte mit dem Bus nach Hastings fahren. Sich die Läden anschauen und solche Sachen.«

»Das könnte sie.« Er ließ den Vorschlag im Raum stehen. Den Gedanken hatte er auch schon gehabt, dann aber verworfen. Seine Hoffnung bestand darin, dass sie der Stille hier überdrüssig wurde und nach Hause zurückkehrte, nach London, und ihn in Ruhe ließ. Er rülpste leise. Mrs. Cripps nahm einen leicht unangenehmen Geruch wahr, aber sie tat, als habe sie nichts gehört.

Sie beschloss, das Thema zu wechseln und von etwas Unverfänglichem zu reden.

»Also, was glauben denn Sie, was mit Hitler und alldem wird?«, fragte sie.

»Wenn Sie wirklich wissen wollen, was ich glaube, Mrs. Cripps, dann sage ich Ihnen, das sind nur die ganzen Zeitungen und die Politiker. Ein Sturm im Wasserglas, reine Panikmache. Kein Grund zur Sorge. Und wenn Hitler doch größenwahnsinnig wird, dann gibt's immer noch die Maginot-Linie.«

»Das ist doch was«, pflichtete sie bei. Sie hatte keine Ahnung, wovon er sprach. Was für eine Linie sollte das denn sein? Und wo? Und was ein einfacher Strich mit der ganzen Sache zu tun haben sollte, war ihr schleierhaft. Sie griff auf Unverfängliches zurück. »Also, wenn Sie mich fragen, Mr. Tonbridge, finde ich, dann soll Hitler schön bei sich zu Hause bleiben.«

»Das sollte er wahrlich, Mrs. Cripps, aber vergessen Sie nicht, er ist Ausländer. Wie auch immer«, er stand auf, »davon werden Mr. Edwards Gewehre auch nicht sauber. Ich muss sagen, das war jetzt sehr nett. Eine willkommene Abwechslung. Jemand zum Reden«, fügte er hinzu, damit sie auch wirklich verstand, dass sie vorteilhaft mit anderen, die er erwähnen könnte, verglichen wurde.

Mrs. Cripps warf den Kopf in den Nacken, und eine große Haarklammer fiel auf den Tisch.

»Jederzeit«, sagte sie und steckte sie wieder an ihren Platz.

Am Abend rief eine Nachbarin von Zoës Mutter an und sagte, sie habe einen Herzinfarkt gehabt und es gebe niemanden, der sich um sie kümmern könne. Und so fuhr Rupert Zoë am nächsten Tag zum Bahnhof. »Ich werde bestimmt nicht bei ihr bleiben müssen«, sagte sie und meinte damit, dass sie das verzweifelt hoffte.

»Bleib so lange wie nötig. Wenn es einfacher ist, sie bei uns zu Hause zu versorgen, dann bring sie dorthin.« Nach Zoës Hochzeit war ihre Mutter in eine sehr kleine Wohnung gezogen. »O nein! Ich glaube, das würde ihr nicht gefallen.« Die Vorstellung, sich um ihre Mutter und gleichzeitig um das leere Haus kümmern zu müssen, und das ohne Ellen, entsetzte sie. »Ich bin sicher, dass Mummy viel lieber in ihrer eigenen Wohnung bleiben möchte.«

»Ruf mich an, um mich auf dem Laufenden zu halten. Oder vielmehr, ich rufe dich an.« Er erinnerte sich an die panische Angst seiner Schwiegermutter vor Ferngesprächen. Er trug ihren Koffer in die Fahrkartenhalle und kaufte ihr ein Ticket. »Mein Schatz, hast du genügend Geld?«

»Ich glaube schon.«

Zur Sicherheit steckte er ihr weitere fünf Pfund zu. Dann gab er ihr einen Kuss. Auf ihren Keilabsätzen aus Kork reichte sie höher als sonst über seine Schulter. Am vorhergehenden Abend hatten sie sich im Bett darüber gestritten, ob er in die Firma eintreten solle oder nicht. Als sie feststellte, dass ihm die Entscheidung wirklich schwerfiel, hatte sie ihn weiter gedrängt, und ausnahmsweise hatte er die Beherrschung verloren, und sie hatte geschmollt, bis er sich entschuldigte, und dann hatte sie geweint, bis er bereit war, alles auf die übliche Weise wiedergutzumachen. Allerdings hatte es ihr nicht so viel Vergnügen bereitet wie früher. Jetzt sagte sie: »Ich weiß, dass du das Richtige tun wirst«, und sah, wie sich sein strenger, erschöpfter Gesichtsausdruck entspannte und er lächelte. Er gab ihr noch einen Kuss. »Ich weiß, dass du die richtige Entscheidung treffen wirst«, wiederholte sie. Zum Glück fuhr in dem Moment der Zug ein, und er brauchte nichts darauf zu erwidern.

Als sie abgefahren war, stieg er in den Wagen. Nur mit Mühe konnte er ein Gefühl unglaublicher Erleichterung unterdrücken und war verwirrter als je zuvor.

Mit Angela das Zimmer zu teilen trieb Louise und Nora auf die Palme: Entweder führte sie sich auf wie ein Filmstar oder wie eine

Schulmeisterin, und die beiden wussten nicht, was schlimmer war. Also beschlossen sie auszuwandern. Als einzige Möglichkeit bot sich eine der Dachkammern an, die man über eine steile Leiter erreichte, die wiederum hinter einer Schranktür verborgen war. Sie kletterten hinauf und fanden sich in einem langgestreckten Raum mit derart steilen Dachschrägen wieder, dass sie nur in der Mitte aufrecht stehen konnten. An jedem Ende befand sich ein kleines Bleiglasfenster, das unter völlig verstaubten Spinnweben verschwand. Ein leichter Apfelduft hing in der Luft, der Boden war mit toten Schmeißfliegen übersät. Louise fand es wenig ansprechend, im Gegensatz zu Nora. »Wenn wir hier erst einmal gründlich geputzt und die Decke und die Wände geweißelt haben, ist es traumhaft!« Sie machten sich an die Arbeit, und Nora sollte recht behalten. Beim Weißeln trugen sie ihre Badeanzüge, weil es dort oben entsetzlich heiß war, bis einer der Männer, die ständig für den Brig an einem seiner Bauprojekte arbeiteten, die Fenster reparierte und sie sich wieder öffnen und schließen ließen. Und eben beim Weißeln führten sie ein Gespräch, das nach Louises Ansicht ihr Leben veränderte. Sie hatte von ihrem Berufswunsch geschwärmt, und Nora, die sehr gut zuhören konnte, zeigte sich von ihrem momentanen Vorsatz, in London den Hamlet zu spielen, gebührend beeindruckt.

»Wirst du dich denn nicht einem festen Ensemble anschließen müssen – du weißt schon, in Liverpool oder in Birmingham oder so?«

»Ach, das glaube ich nicht. Das wäre doch langweilig. Nein, ich besuche eine Schauspielschule – die Central oder die RADA –, und dann werden sie bei den Aufführungen zum Trimesterende auf mich aufmerksam werden. Das ist mein Plan.«

»Du fällst ihnen bestimmt auf. Du bist wirklich sehr gut.« Im vergangenen Sommer hatte Louise einige Szenen aus Shakespeare für sie dargeboten, und ihre Ophelia hatte Nora zu Tränen gerührt. »Warum ausgerechnet den Hamlet?«, fragte sie nach einer Weile. »Warum nicht die Ophelia?«

»Die Rolle ist so klein. Aber der Hamlet ist die beste Rolle von allen, natürlich möchte ich ihn spielen.«

»Ich verstehe.« Nora klang sehr respektvoll, sie erhob keine Einwände und machte sich im Gegensatz zu den meisten anderen nicht darüber lustig.

»Und anstatt an meiner Karriere zu arbeiten, muss ich meine Zeit bei Miss Milliment verplempern. Und sie sagen mir nicht einmal, wann sie mich auf die Schauspielschule gehen lassen. Die anderen stört es ja nicht. Polly träumt nur von ihrem eigenen Haus, um alles, was sie gesammelt hat, hineinzustellen, und Clary wird Schriftstellerin, also ist es völlig egal, was sie jetzt tut. Komm, lass uns eine Pause machen, mit dem Stück bin ich fertig.«

Sie setzten sich vor das kleine Fenster und teilten sich einen Schokoriegel. Es herrschte einträchtige Stille.

»Und was willst du später einmal machen?«, fragte Louise beiläufig, ohne zu erwarten, eine spannende Antwort zu hören.

»Versprichst du, es niemandem zu sagen?«

»Versprochen.«

»Also – ich bin mir noch nicht hundertprozentig sicher –, aber ich glaube, ich möchte Nonne werden.«

»Nonne!«

»Ja, aber nicht gleich. Im nächsten Sommer schickt Mummy mich auf eine Art Koch-Internat, also muss ich vorher dorthin. Und die Schule muss ich besuchen, weil Tante Lena dafür bezahlt, und sie wird wütend, wenn man nicht macht, was sie will.«

»Aber Kochen – und was immer man dort sonst noch lernt! Was soll dir das nützen, wenn du Nonne werden willst?«

»Zur Ehre Gottes kann man alles tun«, antwortete Nora gleichmütig. »Was, ist zweitrangig. Warum machst du das nicht auch?«

Zuerst fand sie den Vorschlag vollkommen idiotisch, doch wie Nora einwendete, wie sollte Louise eine weltberühmte Schauspielerin werden, wenn sie weiterhin so entsetzlich unter Heimweh litt und ihr Zuhause nicht verlassen konnte? »Und wenn du mitkommst, können wir uns ein Zimmer teilen, und es wäre nicht halb so schlimm für dich. Und ich wette, dass deine Eltern nichts dagegen haben werden, Hauswirtschaft gilt für Mädchen schließlich als etwas Vernünftiges.«

»Das überlege ich mir noch.« Sie spürte, dass ihr Herz wild zu klopfen begann und ihr Nacken eiskalt wurde, und sie beschloss, jetzt, in diesem Moment, nicht weiter darüber nachzudenken. Zur Ablenkung stellte sie Nora endlose Fragen, was es bedeute, Nonne zu sein.

Am Freitagvormittag rief Raymond Jessica an und sagte, Tante Lena habe sich verkühlt, er könne sie nicht allein lassen. Diese Nachricht empfand Christopher als derart große Erleichterung, dass er sich auf der Auffahrt zu Home Place, wo er Simon abholen wollte, übergab. Es war einfach großartig: Mit etwas Glück würden sie genügend beisammenhaben, um verschwinden zu können, bevor sein Vater kam. Das war viel leichter, als direkt vor seiner Nase wegzulaufen. Genau das hatten er und Simon nämlich beschlossen: Simon, weil ihm so sehr vor dem neuen Internat graute, und Christopher, weil er es zu Hause nicht mehr aushielt. Die vergangenen vier Tage hatten sie fieberhaft alle möglichen Dinge zu Christophers Versteck im Wald gebracht – ein kleines Zelt, weil Christopher die Idee aufgegeben hatte, ein wasserdichtes Haus zu bauen, und dazu sämtliche Vorräte und Ausrüstungsgegenstände, die sie im Haus finden konnten. Sie rechtfertigten ihr Vorgehen damit, dass sie beide die Familie nichts mehr kosteten, wenn sie erst einmal fort waren, und deswegen betrachteten sie es nur als gerecht, alles Notwendige einzustecken, sofern sie nicht dabei ertappt wurden. Mrs. Cripps wunderte sich sehr, wo ihr Topf abgeblieben war, den sie ausschließlich zum Eierkochen verwendete, ebenso wie der kleinere Kessel, der nur in Notfällen als Ergänzung zum großen zum Einsatz kam. Eileen fehlte Besteck – zum Glück Edelstahl und nicht Silber –, und aus der Anrichte hatten zwei große Keks- und Kuchendosen Beine bekommen. Außerdem war ihr aufgefallen, dass sie die Zuckerdosen so oft auffüllen konnte, wie sie wollte, am nächsten Morgen waren sie wieder leer. Christopher schrieb endlose Listen mit allem, was sie brauchten, und wenn sie etwas besorgt hatten, strichen sie es durch. Ein herber Schlag war es allerdings, als die Feldbetten, die die Duchy im Waffenraum aufbewahren ließ und die sie bereits ins Auge gefasst hatten, zur Mill Farm gebracht wurden. Sie waren für die Mädchen mit ihrer dämlichen Idee, in der Dachkammer zu wohnen. Im Schuppen, wo die Deckstühle standen, hatten sie eine alte Luftmatratze gefunden, aber die hatte Löcher, und es kostete viel Zeit, sie zu flicken. Allerdings hatte Simon irgendwo in der Küche einen Vorratsschrank voller Marmeladen und Büchsen mit Sardinen und Corned Beef entdeckt, und jeden Abend, wenn Teddy eingeschlafen war – zum Glück schlief er wie ein Toter –, schlich er nach unten und füllte seinen neuen Schulwäschesack mit Vorräten. Er wurde furchtbar müde, weil er stundenlang wach bleiben musste, bis Teddy eingeschlafen war, und dann musste er sicherstellen, dass auch alle Erwachsenen in ihre Zimmer gegangen waren. Irgendwie wurde die Liste nie kürzer, ständig fielen ihnen weitere Dinge ein, die sie unbedingt brauchten: einen Dosenöffner, Batterien für die Taschenlampe, einen Eimer – Christopher hatte den Vorschlag gemacht, frühmorgens die Kühe in den angrenzenden Feldern zu melken, bevor sie zur Farm getrieben wurden, was in Simons Augen eine famose Idee war.

An diesem Vormittag wollten sie aus Mr. McAlpines Lager im Schuppen Kartoffeln holen. Beide hatten Rucksäcke dabei – genau das Richtige für den Zweck, aber Christopher warnte, sie müssten mehrmals gehen. »Wir brauchen Kartoffeln, bis wir wissen, wie man Brot backt.« Beim Versuch, sich ein Leben ohne Brot vorzustellen, bekam Simon derart Hunger, dass er erst einmal eine Pause einlegen und vier Äpfel essen musste. Sie hatten sich überlegt, Simons Fahrrad am anderen Ende des Waldes am Straßenrand abzustellen, damit er bei Bedarf Notrationen holen konnte. Das größte Problem war Geld. Christopher hatte zwei Pfund, drei Shilling und sechs Pence, Simon nur fünf Shilling. Geld zu nehmen bedeutete Diebstahl, was Christopher strikt ablehnte: Sie müssten lernen, von dem zu leben, was das Land hergab, sagte er, obwohl Simon die Vorstellung eher Unbehagen bereitete. Das Land gab einem weder Schokolade noch Limonade, aber er wusste, dass sich derartige Gedanken nicht gehörten. »Du musst bereit sein, auf Dinge zu verzichten«, sagte Christopher, aber der wollte ja schließlich fort von seinen Eltern, während Simon der Gedanke erschreckte, seine Mutter und Polly nie mehr wiederzusehen oder Dad oder auch Wills – die, abgesehen von Wills, womöglich sogar tief betrübt wären. »Und was, wenn wir einen Zahnarzt brauchen?«, fragte er.

»Auf einer einsamen Insel würde es auch keinen Zahnarzt geben. Schlechte Zähne müssen wir einfach ziehen. Dafür sollten wir ein bisschen Bindfaden mitnehmen.« Simon dachte an Mr. York, der nur noch drei oder vier Zähne im Mund hatte – obwohl die in seinem Oberkiefer zum Ausgleich dafür extrem lang waren. Aber Mr. York war auch schon alt. Es würde noch Ewigkeiten dauern, bis sie das Alter erreichten.

»Und was, wenn es Krieg gibt?«, fragte er, als sie die Kartoffeln in das mittlerweile übervolle Zelt gebracht hatten.

»Ich verweigere aus Gewissensgründen.«

»Müsstest du dafür nicht nach London fahren? Ich meine, wie sollen sie es sonst erfahren?«

»Ach, wahrscheinlich muss man nur seinen Namen irgendwohin schicken. Darüber mache ich mir Gedanken, wenn es so weit ist«, fügte er lässig hinzu. In der Beziehung zu Simon war mittlerweile er derjenige, der alles wusste und sagte, wo es langging. So ungewohnt diese Rolle für ihn auch war, sie gefiel ihm, und er wollte seine Autorität nicht aufs Spiel setzen.

»Wenn Krieg ist, werden die Schulen ja vielleicht geschlossen«, meinte Simon auf dem Rückweg zum Haus.

»Das bezweifle ich. Willst du heute durch den Wald gehen oder soll ich?«

»Das mache ich schon.«

Um mögliche Spione über ihr Vorhaben hinwegzutäuschen, hatte Christopher angeordnet, dass sie getrennt und aus unterschiedlichen Himmelsrichtungen zum Haus zurückkehren sollten. Soweit er das erkennen konnte, interessierte sich zwar absolut niemand dafür, was sie machten, aber Simon lief im Osten des Waldes hinter dem Haus hinauf, setzte sich auf den Fußtritt, der zum Anwesen führte, und zählte gehorsam bis zweihundert, ehe er langsam weiterging. Am Nachmittag würde er mit Teddy Squash spielen müssen; dem fiel allmählich auf, dass er nie mehr für Fahrradtouren zu haben war. Teddy konnte Christopher nicht besonders leiden und bezeichnete ihn als etwas seltsam. Christopher wiederum sagte, Teddy sei derjenige, der auf gar keinen Fall Wind von ihrem Projekt bekommen dürfe. Simon hatte Christopher erklärt, dass er nicht drum herumkäme, Squash und manchmal auch Tennis mit ihm zu spielen, und Christopher hatte ihn darin bestärkt. In der Zeit stellte er dann Pfeile und Bogen für sie her und brachte die Liste auf den neuesten Stand. Eigentlich spielte er, Simon, sehr gerne Squash – was er bald für immer aufgeben würde –, aber an diesem Tag wünschte er sich eigentlich nur, beim Lunch zwei Portionen von allem zu essen und dann zu schlafen.

Nach dem Aufwachen stellte sich Angela jeden Morgen ans Fenster des Zimmers, das sie jetzt dankenswerterweise für sich alleine hatte. Wenn sie sich hinausbeugte, konnte sie gerade den blauen Rauch sehen, der in Home Place aus dem Küchenschornstein aufstieg, dreihundert Meter die Anhöhe hinauf – sie hatte die Distanz mit Schritten abgemessen. Dann betete sie – inbrünstig, aber im Flüsterton: »Lieber Gott, lass sie heute nicht zurückkommen«, und bislang war ihr Wunsch erfüllt worden. Vor fünf Tagen war sie ein völlig anderer Mensch gewesen, seitdem hatte sich alles verändert. Sie würde nie mehr dieselbe sein. Jetzt, wenn sich Abwesenheit mit Sehnsucht verband, wünschte sie sich bisweilen mit einer gewissen Sentimentalität das alte Gefühl von Langeweile zurück, die endlosen Wochen und Monate – Jahre gar –, in denen sie auf etwas gewartet oder sich um Belanglosigkeiten gekümmert hatte, weil nichts ihrer ernsthaften Beschäftigung würdig gewesen wäre. Der alte, immer wiederkehrende Tagtraum, in dem Leslie Howard, Robert Taylor oder Monsieur de Croix (der französische Arzt in Toulouse) zu ihren Füßen knieten oder hoch über ihr aufragten und ihr ihre unsterbliche Leidenschaft beteuerten, während sie in diversen romantischen Kleidern, die sie im normalen Leben nie trug, huldvoll ihre Verehrung entgegennahm und ihnen ihre Hand (lediglich ihre Hand!) reichte, woraufhin der Traum mit der sprachlosen, ehrfürchtigen Dankbarkeit des jeweiligen endete – dieser alte Traum war zu einem lächerlichen, peinlichen Trugbild verblasst. All das wusste sie noch, und sie wusste auch, dass sie in der faden Abgeklärtheit des Unwissens gegessen, geschlafen und ihre Tage verbracht hatte. Die Jahre als Kind, in denen sie nicht die geringste Ahnung hatte, worum es im Leben ging, konnte sie nicht bereuen. Jetzt jedoch stand seine Bedeutung klar vor ihr, jede Sekunde eines jeden Tages lebte sie in einem bebenden Taumel, den sie überaus gekonnt zu verbergen verstand. Jessica fiel auf, dass ihre älteste Tochter – Gott sei gedankt – sich nicht mehr in ihren Schmollwinkel zurückzog, und in Home Place, wo sich Angela so oft wie möglich aufhielt, fand die Duchy ihre Manieren reizend, ebenso wie ihr allgemeines Bemühen, sich hilfsbereit zu zeigen. Am ersten Tag war sie langsam die Anhöhe zu Home Place hinaufgegangen und über den Rasen vor dem Haus geschlendert, um zu sehen, was sich ergeben könnte. Teddy, Clary und Polly spielten Überholen und sausten auf ihren Fahrrädern immer wieder rund ums Haus. Beim Versuch, in der dritten Runde an Teddy vorbeizukommen, stürzte Clary vom Rad.

»Au! Das ist ungerecht!«, rief sie Teddy nach. »Du hast mich gegen die Pforte gedrängt!«

Angela besah sich die schmutzige Abschürfung, auf der sich Bluttropfen bildeten. »Das sollten wir vielleicht deinem Vater zeigen. Ich glaube, das müsste gesäubert werden.«

»Er ist nicht da. Er fährt Zoë zum Bahnhof, weil ihre Mutter krank ist.«

»Ehrlich, Clary, wir sollten Jod drauftun. Ich mache das für dich.« Das war Polly, die hinzugekommen war. »Nett von dir, aber du weißt nicht, wo alles steht«, sagte sie zu Angela und ging mit Clary ins Haus.

Und so blieb Angela allein zurück. Sie spazierte wieder den Hügel hinab, an der Mill Farm vorbei Richtung Battle. Sie ging langsam, denn sie wollte nicht, dass ihr heiß würde und ihre Nase zu glänzen begann. Dennoch war sie ziemlich müde, bis Rupert mit seinem Wagen vor ihr stehen blieb und ihr zuwinkte.

»Wohin gehst du denn?«

»Nur spazieren.«

»Spring rein. Lass dich doch spazieren fahren.« Er stieß die Beifahrertür auf, und sie setzte sich sittsam neben ihn. Wie einfach das ist!, dachte sie sich an diesem ersten Vormittag.

Schweigend fuhren sie zurück, doch als sie das Tor zu Home Place erreichten, sagte er: »Ich habe noch keine Lust, ins Haus zu gehen. Sollen wir ein bisschen weiterfahren? Aber wenn du etwas Besseres vorhast, lasse ich dich hier aussteigen.«

»Ich komme mit«, sagte sie und ließ es klingen wie ein Entgegenkommen.

Offenbar verstand er es als solches, denn er sagte: »Das ist nett von dir. Es ist nämlich so – ich habe ein Problem und brauche jemanden, mit dem ich darüber reden kann.«

Das kam so unerwartet und schmeichelte ihr derart, dass ihr keine der Situation angemessene reife und beiläufige Antwort einfallen wollte. Sie warf einen Blick zu ihm hinüber: Er hatte die Stirn leicht gerunzelt, die Augen hielt er auf die Straße gerichtet. Er trug ein dunkelblaues Flanellhemd mit offenem Kragen, sodass sie seinen langen, knochigen Hals sehen konnte. Sie fragte sich, wann er anfangen würde, ihr zu sagen, worum es ging und was in aller Welt es sein könnte, was er und Zoë …

»Ich will dir einen fantastischen Ausblick zeigen«, sagte er.

»Ach, schön.« Sie strich den apfelgrünen Voile über ihren Knien glatt.

Als sie die Stelle erreichten, entsprach der Ausblick mehr oder minder ihrer Erwartung. Was das Besondere an einem Aussichtspunkt sein sollte, hatte sich ihr noch nie erschlossen, denn letztlich war es doch nichts als das, was man ohnehin zu sehen bekam, nur in größerer Menge, in diesem Fall also meilenweit Hopfengärten und Felder und Wälder und ein paar verstreute Farmhäuser. Rupert stellte den Wagen am Straßenrand ab, und sie gingen zum Gatter mit einem Fußtritt daneben. Er bedeutete ihr, sich daraufzusetzen, während er ans Gatter gelehnt dastand und schaute und schaute. Sie sah ihm beim Schauen zu.

»Fantastisch, findest du nicht auch?«, fragte er schließlich.

»Doch, großartig.«

»Möchtest du eine Zigarette?«

»Bitte.«

Er zündete zwei an und sah dann zu Angela. »Du bist ein Mensch, der in sich ruht, stimmt's?«, sagte er. »Deine Anwesenheit hat auf jeden Fall etwas Beruhigendes.«

»Das kommt darauf an«, antwortete sie. Sie wollte nicht, dass er ihre Anwesenheit als beruhigend empfand, aber sie wünschte sich sehr, dass er weiter über sie sprach und die faszinierende Persönlichkeit entdeckte, die sie künftig für ihn sein wollte.

»Es geht darum, mein Vater möchte, dass ich meine Stelle als Kunsterzieher aufgebe und in die Firma einsteige. Wenn ich das mache, breche ich mehr oder minder alle Brücken hinter mir ab, was das Malen betrifft. Andererseits kostet mich das Unterrichten so viel Zeit und Kraft, dass ich sowieso nicht viel zum Malen komme. So gesehen ist es allen gegenüber ziemlich ungerecht, mich nicht für das bequemere Leben zu entscheiden. Was meinst du?«

»Guter Gott!«, sagte sie nach einer ganzen Weile, in der sie vergeblich versucht hatte, über die Frage nachzudenken. »Was meint Zoë dazu?«

»Ach, sie ist hundertprozentig dafür. Von ihrer Warte aus kann ich das auch verstehen. Es ist bestimmt keine Freude für sie, immer als die arme Verwandtschaft angesehen zu werden, und die Malerei hat sie noch nie besonders interessiert. Und dann sind da noch die Kinder …« Er brach ab, in seinem Gesicht spiegelte sich große Unentschlossenheit.

»Aber was ist mit dir? Ich meine, was möchtest du persönlich denn?« Sie hatte ihre Fassung wiedergefunden, und eines stand fest: Sie würde auf keinen Fall Zoës Partei ergreifen.

»Genau das ist das Problem. Ich glaube, ich möchte gar nichts Bestimmtes … oder zumindest nicht genug. Deswegen denke ich auch, dass ich tun sollte …«

»… was die anderen möchten?«

»Wahrscheinlich.«

»Dann wirst du es nie herausfinden, oder? Außerdem, woher willst du wissen, dass du dabeibleiben kannst?«

»Kluges Mädchen! Natürlich weiß ich das nicht.«

»Könntest du nicht aufhören zu unterrichten und nur malen?«

»Nein, das ist unmöglich. Ich habe in meinem Leben ganze vier Bilder verkauft, und drei davon an die Familie. Davon kann ich keine vier Leute ernähren.«

»Und du kannst nicht in die Familienfirma einsteigen und in der Freizeit malen?«

»Nein. Weißt du, das Problem für einen Sonntagsmaler besteht darin, dass Sonntage für die Kinder da sind – und für Zoë natürlich.«

»Ich an Zoës Stelle«, sagte sie nachdenklich, »ich würde mich am Sonntag um die Kinder kümmern. Dann würde ich mich freuen, wenn du malst. Wenn man jemanden liebt, möchte man doch, dass er das macht, wozu er Lust hat.« In dem Moment hatte sie das Gefühl, dass es vermutlich der Wahrheit entsprach.

Doch er warf nur seinen Zigarettenstummel fort und lachte. Dann sah er den vorwurfsvollen Blick in ihren riesigen blauen Augen. »Du bist wirklich lieb«, sagte er, »und ich bin mir sicher, dass du das ernst meinst, aber so einfach ist es nicht.«

»Ich habe nie gesagt, dass es einfach ist«, erwiderte sie spitz. Als »lieb« bezeichnet zu werden gefiel ihr gar nicht.

Rupert allerdings, dem diese Situation vertrauter war, als sie ahnen konnte, fühlte sich sofort bemüßigt, Abbitte zu leisten.

»Entschuldige, ich wollte wirklich nicht herablassend klingen. Ich finde, du bist ein unglaublich klarsichtiger Mensch und klüger als die meisten anderen in deinem Alter. Und darüber hinaus«, er berührte leicht ihre Wange, »bist du auffallend hübsch. Genügt das?« Mit einem kleinen entschuldigenden Lächeln sah er ihr forschend ins Gesicht.

Es war wie ein Blitzschlag – genau so, kam es ihr vor, wurde sie von der Liebe getroffen. Ihr Herz machte einen Satz, hörte kurz zu schlagen auf, vollführte dann ein paar wilde, unregelmäßige Sprünge, ihr stockte der Atem, ihr wurde schwindelig, ihr Blick trübte sich. Und als sie sein Gesicht wieder deutlich vor sich sah, fühlte sie sich von einer unglaublichen Schwäche befallen, als lösten sich ihre Gliedmaßen auf; gleich würde sie vom Fußtritt fallen, ins Gras sinken und nie mehr wieder aufstehen.

»... meinst du nicht auch?«

»Doch. Was?«

»Zum Lunch zurückfahren. Du hast mich nicht gehört, stimmt's? Du warst ganz weit weg.«

Vorsichtig, unbeholfen stand sie vom Fußtritt auf und folgte ihm zum Wagen.

Auf der Heimfahrt sagte er, es sei sehr nett von ihr gewesen, sich seine langweiligen Sorgen anzuhören, aber wie stehe es bei ihr? Was habe sie mit ihrem Leben vor? Das war das Stichwort, auf das sie zuvor so sehnlich gewartet hatte, damit sie ihn faszinieren und beeindrucken und für sich gewinnen konnte. Aber nun war es zu spät: Jetzt sah sie nur noch ihr neues Selbst, und über das gab es nichts, wirklich gar nichts, das sie je zu sagen wagen könnte oder würde.

»Lassen Sie mich sehen … heute ist der fünfzehnte. Sie waren fällig am ersten?«

»Genau genommen am zweiten. Allerdings ist die davor ja auch ausgeblieben. Und wirklich, Bob, ich glaube nicht, dass ich noch …«

»Immer langsam, so weit sind wir noch lange nicht. Jetzt gehen Sie mal hinter die Trennwand und machen sich untenherum frei, und dann sehen wir uns das Ganze mal an. Vermutlich ist es aber zu früh, um sicher zu sein.«

Ich bin mir aber sicher, dachte Villy, während sie Dr. Ballaters Aufforderung nachkam. Unter sich scherzten die Schwiegertöchter, zur Klärung der Frage, ob sie schwanger seien, bräuchten sie sich nur einmal von Tonbridge chauffieren zu lassen – der fahre Frauen rund fünf Wochen nach der Empfängnis nur noch mit fünfzehn Stundenkilometern übers Land. Darüber konnte Villy an diesem Vormittag nicht lachen. Tonbridge war in einem derartigen Schneckentempo zum Bahnhof geschlichen, dass sie fast befürchtete, den Zug zu verpassen. Trotzdem legte sie sich mit großen Hoffnungen auf die hohe kleine Liege. Und wenn sich ihre Befürchtungen doch bestätigten, war Bob nicht nur ein guter Gynäkologe, der sowohl Louise als auch Lydia zur Welt gebracht hatte, sondern auch ein Freund: Edward und er spielten an Wintersonntagen Golf, und sie luden sich gegenseitig regelmäßig zum Dinner ein. Wenn jemand ihr helfen würde, dann doch er, oder nicht?

»Nun ja«, sagte er einige unbehagliche Minuten später, »ich kann mir natürlich nicht sicher sein, aber ich halte es für sehr wahrscheinlich, dass Sie recht haben.«

Unvermittelt brach Villy in Tränen aus, was sie völlig verstörte. Sie hatte sich vorgenommen, ihn gefasst und sachlich zu ihrer Sichtweise zu überreden, und jetzt lag sie halb bekleidet und schluchzend vor ihm, und ihre Handtasche mit dem Taschentuch lag auf dem Stuhl vor seinem Schreibtisch. Aber er brachte ihr die Tasche, ohne dass sie ihn darum bitten musste, und sagte, sie solle sich ankleiden, dann könnten sie sich unterhalten. Als sie an seinen Schreibtisch zurückkehrte, hatte er zwei Tassen Tee herbeigezaubert und bot ihr eine Zigarette an.

»So«, begann er. »Nehmen wir einmal an, dass Sie wirklich schwanger sind. Machen Sie sich Sorgen wegen Ihres Alters?«

»Ja, unter anderem.«

»In dem Punkt kann ich Sie vollauf beruhigen. Sie sind gesund und haben drei gesunde Kinder zur Welt gebracht. Es ist ja nicht so, als würden Sie Ihr Erstes … mit vierzig, ja?«

»Zweiundvierzig. Aber das ist nicht alles. Ich fühle mich einfach zu alt, um das Ganze noch einmal von vorn anzufangen. Außerdem wäre es praktisch ein Einzelkind, das wäre auch nicht gut.« Eigentlich wollte sie sagen: »Ich will schlicht und ergreifend kein Kind mehr, um keinen Preis«, aber er war nicht nur ihr Arzt, sondern auch ein Mann und würde das mit allergrößter Wahrscheinlichkeit nicht verstehen. »Davon abgesehen bin ich mir sicher, dass Edward kein Kind mehr will«, fügte sie hinzu.

»Ach, ich denke nicht, dass Edward etwas dagegen hätte. Er kann es sich leisten, das ist das Wichtigste. Ich gehe davon aus, dass Sie noch nicht mit ihm gesprochen haben, aber ich wette, wenn er davon erfährt, freut er sich wie ein Schneekönig.« Danach herrschte Stille, beide überlegten, was in aller Welt sie als Nächstes sagen könnten.

»Sie denken nicht, es könnten vielleicht die ersten Anzeichen von … vom Wechsel sein?«

»Keine Hitzewallungen? Nächtlicher Schweiß?« Sie schüttelte den Kopf und errötete ob der schauderhaften Vorstellung.

»Depressionen?«

»Doch, schon – wegen dieser Sache. Ich habe einfach das Gefühl, dass es mich überfordern würde, noch ein Kind zu haben.«

»Nun ja, das sind Dinge, die wir uns nicht immer aussuchen können. Und ich kenne viele Frauen, die erst kein Kind mehr wollten und dann überglücklich waren, als es da war.«

»Also glauben Sie nicht, dass es etwas – irgendetwas – gibt, das ich tun könnte?«

»In der Tat glaube ich das nicht«, antwortete er scharf. »Ich hoffe, ich habe Sie missverstanden, aber nur für den Fall – lassen Sie mich zwei Dinge in aller Deutlichkeit sagen: Ich würde wirklich vieles tun, um Ihnen zu helfen, aber Sie zu unterstützen, ein Kind wegzumachen, stünde absolut außer Frage. Hier, in diesem Zimmer, saßen Frauen vor mir, die alles gegeben hätten, in Ihrer Position zu sein. Und ich warne Sie auch davor, zu versuchen, andere Mittel und Wege zu finden. Ich hatte auch Frauen hier sitzen, in denen eine Engelmacherin herumgestochert hatte. Ich möchte, dass Sie mir versprechen, überhaupt nichts zu unternehmen und in sechs Wochen wiederzukommen, dann können wir den Verdacht bestätigen oder auch nicht.« Über den Schreibtisch hinweg nahm er ihre Hand. »Villy, ich stehe Ihnen zur Seite, das verspreche ich Ihnen. Können Sie mir auch etwas versprechen?«

Das musste sie dann wohl oder übel.

Er begleitete sie zur Tür, und um die leichte Spannung zwischen ihnen zu entschärfen, fragte er, ob Edward sich wegen der Krise Sorgen mache. Das glaube sie nicht, antwortete sie, »obwohl ich ihn nicht gesehen habe, weil ich mit den Kindern in Sussex bin, und er konnte am vergangenen Wochenende nicht kommen«.

»Ach ja? Na, dann behalten Sie die Kinder dort – da sind sie am besten aufgehoben. Mary ist mit meinen beiden in Schottland, und ich überlege, ob sie nicht noch ein paar Wochen dortbleiben sollen, bis wir wissen, wie es weitergeht.«

»Sie machen sich also Sorgen?«

»Nein, nein, gar nicht. Ich bin überzeugt, dass unser unerschütterlicher Premierminister die Sache beilegen wird. Ich bewundere ihn ja, dass er mit seinen neunundsechzig Jahren zum ersten Mal in ein Flugzeug steigt. Und vermutlich spricht er kein Wort

Deutsch. Ganz schön beeindruckend. Jetzt passen Sie auf sich auf, meine Liebe. Und vergessen Sie nicht, was ich Ihnen gesagt habe.«

Auf dem Bürgersteig blieb sie unschlüssig stehen. Sie hatte Jessica und ihrer Mutter gesagt, sie werde den Zug um vier Uhr zwanzig nach Battle zurück nehmen, doch die Lansdowne Road lag gleich um die Ecke. Unvermittelt sehnte sie sich nach ihren eigenen vier Wänden, der himmlischen Ruhe dort ohne jede Verwandtschaft, dazu die Aussicht, sich bei einer Tasse Tee etwas auszuruhen, dann ein stiller Abend mit Edward, mit dem sie die ganze Sache vielleicht sogar besprechen könnte. Also durchquerte sie den großen Ladbroke Square, auf dem jetzt, im Hochsommer, keine Kinderwagen und keine Nannys mit ihren Schützlingen zu sehen waren, zum Ladbroke Grove. Einmal hatte sie erlebt, dass die breite Straße mit Stroh ausgelegt war, weil in dem großen Haus an der Ecke ein alter Herr im Sterben lag. Sie ging an Hughs und Sybils Haus vorbei, das mit den geschlossenen Fensterläden ganz verlassen wirkte, obwohl sie wusste, dass Hugh unter der Woche dort wohnte. Dann bog sie nach rechts in die Ladbroke Road ab. Als sie sich der Rückseite ihres Zuhauses näherte, stieg eine Woge der Erleichterung in ihr auf: Das Landleben war ja gut und schön, aber im Grunde liebte sie London und vor allem dieses Haus. Edna würde da sein, sofern sie nicht ihren freien Nachmittag hatte, und sie könnte Tee trinken, dazu eine Kleinigkeit essen und dann ein Bad nehmen. Es war ein drückender Tag ohne Sonne gewesen, ihr war unangenehm heiß.

Als sie die Tür aufschloss und in das stille Haus trat, fiel ihr ein, dass ja Mittwoch war und Edna deswegen mit großer Wahrscheinlichkeit nicht da sein würde. Ich werde mir selbst Tee machen müssen, dachte sie und fragte sich, ob sie wohl alles finden würde. Auf dem Flurtischchen lagen zwei Stapel Briefe, die aber offenbar alle an Edward adressiert waren – sehr nachlässig von ihm, die Post derart auflaufen zu lassen. Sie beschloss, ihn sofort anzurufen und ihm Bescheid zu geben, dass sie hier war für den Fall, dass er sich überlegte, bei sich in seinem Club Billard zu spielen oder etwas in der Art. Im Arbeitszimmer mit dem Telefon lag überall Staub, neben dem Apparat stand ein großer Aschenbecher voll mit Edwards Zigarettenstummeln; es sah aus, als sei er seit Tagen nicht geleert worden. Sie hoffte wirklich, dass im restlichen Haus nicht ebenso große Unordnung herrschte, sonst müsste sie Edna kündigen. Als sie ins Büro vermittelt wurde und mit Edward zu sprechen bat, folgte Stille, dann hatte sie Miss Seafang in der Leitung, die ihr erklärte, Mr. Edward sei mittags aus dem Haus gegangen und habe gesagt, er werde nicht wiederkommen. Sie bedauere sehr, aber sie habe keine Ahnung, wohin er gegangen sei. Sie werde ihm am nächsten Morgen ausrichten, dass Mrs. Edward angerufen habe, damit er sich als Erstes in der Mill Farm melde. Sie legte auf, noch bevor Villy erklären konnte, dass sie in London war. Macht nichts, dachte sie. Ob ich hier oder dort bin, tut nichts zur Sache. Kaum hatte sie sich auf den Abend gefreut, zerschlugen sich ihre Pläne auch schon, und mit einem Mal erregte alles ihren Unmut. Sie schlenderte in den Salon, wo die Rollos heruntergelassen waren. Die Luft war unglaublich stickig, es roch nach Rauch und etwas anderem Abgestandenen. Das kam vermutlich von den halb vertrockneten Nelken, die sie aber erst bemerkte, als sie ein Rollo hochzog. Edna tat ja nicht einmal das Nötigste; offenbar brauchte sie Phyllis, die ihr Beine machte. Villy entschied sich gegen eine Tasse Tee und beschloss, sich stattdessen mit einem großen Gin Tonic in die Wanne zu legen. Vorher rief sie kurz in Edwards Club an für den Fall, dass er dort war. Das war er aber nicht. Das schönste Bad gab es in Edwards Ankleidezimmer, doch dort herrschte Chaos. Mittlerweile vermutete sie, dass Edna verschwunden war – womöglich erst an diesem Morgen –, denn sonst hätte Edward es ihr sicher erzählt. Schließlich würde nicht einmal Edna nasse Badetücher herumliegen, das Bett im Ankleidezimmer ungemacht und Edwards Hemden, Unterwäsche und Socken auf dem Boden verstreut liegen lassen. Es war schockierend. Der arme Edward, der nach einem harten Arbeitstag zu solcher Unordnung heimkommen musste! Sie würde Edna entlassen müssen, sofern sie überhaupt wieder auftauchte, um eine Kündigung entgegenzunehmen, und Phyllis am nächsten Tag nach London schicken, damit sie sich um Edward kümmerte. Sie hängte die Handtücher über den Halter, ließ das Bett aber ungemacht, da Edward an diesem Abend in ihrem gemeinsamen Schlafzimmer schlafen würde. Seltsam, dass er nicht dort schlief. Sie würde baden und sich anziehen, und dann würde sie seine Kleidung aufräumen.

Nach einem ausgedehnten Bad und dem Drink ging es ihr erheblich besser. Natürlich zählten Gin und heiße Bäder zu den altmodischen Methoden, einen Abgang herbeizuführen, aber sie merkte selbst, dass ihre Einstellung dazu halbherzig (oder feige) war – sie wollte nur einfach nicht schwanger sein. Irgendwie war es Dr. Ballater gelungen, ihr das unbehagliche Gefühl zu vermitteln, dass sie absichtlich in diesen Zustand geraten war. Der Gedanke, mit Hermione darüber zu reden, erschien ihr jetzt derart schwierig, um nicht zu sagen unvorstellbar. Gut möglich, dass Hermione ihr jemanden nennen könnte, doch wie sicher und diskret diese Person wäre, würde sie nicht wissen. Villy fragte sich, wie viele ihrer Freundinnen – vielmehr der Leute, mit denen sie und Edward zum Essen, ins Theater und zum Tanzen gingen – in dieser Zwangslage gewesen waren. Die eine oder andere musste es geben, aber das Problem war, dass keine von ihnen das Thema je erwähnt, geschweige denn jemals näher erörtert hätte. Allgemein wurde davon ausgegangen, dass man so viele Kinder bekam, wie man haben wollte, und dann verhütete und das Beste hoffte. Sie kannte mehrere Frauen, die »Nachzügler« bekommen hatten, wie solche Kinder oft genannt wurden, und die sagten immer, wie schön und einfach es sei, jetzt, wo sie genau Bescheid wüssten. Hätte sie ihre Karriere weiterverfolgt, wäre alles sehr viel anders gekommen. Damals, im Ensemble, war bisweilen eines der Mädchen schwanger geworden, aber alle gingen mit solcher Leidenschaft im Ballett auf – Villy erinnerte sich an blutende Füße, an Aufführungen, die sie mit quälenden Schmerzen durch einen

Muskelriss tanzte, an Zeiten, in denen alle zwischen den Proben im Bett lagen, weil Djaghilew die Truppe seit drei Wochen nicht mehr bezahlt hatte und sie von einem halben Liter Milch und zwei Brötchen am Tag lebten –, dass ein Besuch bei einer Engelmacherin lediglich als ein weiteres Berufsrisiko galt. Doch mit ihrer Hochzeit hatte sie diese Kreise gegen solche eingetauscht, in denen Frauen sich offenbar nichts anderem mit Hingabe widmeten, als Kinder zu bekommen und das Personal zu führen. Das Leben hielt zahlreiche Fallen bereit, dachte sie, und Sex, der eindeutig ein höchst erfolgreicher Köder sein musste, damit Frauen ihn überhaupt in Erwägung zogen angesichts dessen, was er tatsächlich war: endlose Stunden (zu denen er sich im Lauf der Jahre addierte) schmerzhafter, unerquicklicher und letztlich fader Intimität zutiefst unbefriedigender Natur. Sex war einfach etwas, das man hinnahm im Austausch für die Annehmlichkeit und Sicherheit einer Ehe und die Aussicht auf ein ansonsten schönes Leben. Sie brauchte ja nur an die ledigen Frauen in ihrem Bekanntenkreis zu denken! Zu der herablassend behandelten, allseits bedauerten Gruppe wollte sie nun wirklich nicht gehören! Selbst wenn sie weitergetanzt hätte, wäre sie jetzt bereits zu alt dafür, oder zumindest hätte sie ihre beste Zeit hinter sich. Sie dachte an Miss Milliment, die bestimmt kein Mann je heiraten wollte. Sie hatte ihr Leben in Hässlichkeit, Einsamkeit und großer Armut verbracht, und wenn die Kinder keinen Unterricht mehr brauchten, wäre sie noch schlechter gestellt. Sie, Villy, musste etwas wegen Miss Milliment unternehmen. Sie könnte sie in den Ferien nach Sussex einladen, obwohl das vielleicht Schwierigkeiten mit sich bringen würde; Edward mochte sie nicht besonders, und sie würde mit ihnen bei den Mahlzeiten am Tisch sitzen müssen. Aber sie hatte sich wirklich einen Urlaub verdient, der ihr keine Unkosten bereitete. Sie, Villy, würde mit Sybil reden, vielleicht könnte die ihr dabei helfen. Als sie das letzte Mal mit Edward darüber sprach, hatte er gesagt, Miss Milliment verdiene mit sieben Pfund zehn die Woche das Dreifache eines Busfahrers, der vermutlich eine ganze Familie zu ernähren habe. »Außerdem ist sie eine Frau«, hatte er hinzugefügt, als seien ein Dach über dem Kopf, Essen und Kleidung deswegen weniger kostspielig für sie. »Ich muss wirklich etwas unternehmen«, sagte sie sich. Sie fühlte sich vom Glück begünstigt, gleichzeitig hatte sie ein schlechtes Gewissen und auch etwas Angst. So erging es ihr häufig, wenn sie über ihre eigene Unzufriedenheit hinausdachte.

Mittlerweile hatte sie das cremefarbene, blau getupfte Seidenkomplet angezogen: ein hübsches kleines Kleid mit einem passenden Jäckchen – die Art Ensemble, hatte Hermione gesagt, in der man jede Art von Abendveranstaltung bestreiten konnte. Sie hatte Gesichtspuder, etwas trockenes Rouge und einen dezenten Lippenstift aufgetragen, ihre Armbanduhr umgebunden und die Handtaschen getauscht. Edwards Kleidung aufzuräumen, dazu hatte sie jetzt keine Lust. Am liebsten würde sie sich einen zweiten Gin genehmigen, aber das wäre vermutlich unklug. Sie füllte ihr Zigarettenetui auf und ging nach unten. Einmal wollte sie es noch bei Edward im Club versuchen, und wenn er nicht da wäre, würde sie bei Hugh anrufen und ihn fragen, ob er nicht mit ihr essen gehen wolle.

Edward war nicht im Club. Aber Hugh war aus dem Büro heimgekommen und wollte gerade baden, wie er sagte. Auf dem Land sei alles in Ordnung? Sie erklärte, dass sie in London sei.

»Edward ist wie vom Erdboden verschluckt«, sagte sie. »Miss Seafang meinte, er habe das Büro mittags verlassen, und sie habe keine Ahnung, wohin er gegangen sei. In seinem Club ist er nicht. Kannst du dir vorstellen, wo er ist?«

Nach einer kurzen Pause antwortete Hugh: »Keine Ahnung. Aber hör mal, warum gehen wir nicht zusammen essen? Ja? Schön. Dann hole ich dich in einer Stunde ab.«

Sie legte gerade den Hörer auf die Gabel, als sie hörte, wie sich die Haustür öffnete, dann Edwards Stimme und das Lachen einer Frau. Was um alles in der Welt …?, fragte sie sich und trat in den Flur.

Dort stand Edward, und neben ihm eine große, dunkelhaarige, recht mondän wirkende Frau, die sie noch nie im Leben gesehen hatte. Ein weißer Mantel hing ihr locker um die Schultern. Sobald die beiden Villy bemerkten, traten sie zwei Schritte auseinander, und Edwards rechter Arm, der vom Mantel verdeckt worden war, kam zum Vorschein. »Guter Gott!«, sagte er. »Villy! Ich hatte keine Ahnung, dass du nach London kommst.« Er ging zu ihr und gab ihr einen Kuss.

»Ich hatte etwas zu erledigen und wollte abends eigentlich wieder fahren. Aber dann dachte ich mir, dass ich genauso gut hierbleiben könnte.«

»Großartig! Ach, das ist Diana Mackintosh, ich glaube, ihr seid euch noch nicht begegnet. Dianas Mann hat die famose Jagd in Norfolk, von der ich dir erzählt habe. Wir haben uns zum Lunch getroffen, und dann musste er nach Schottland, der Arme, also haben wir ihn zum Zug gebracht, und danach habe ich Diana auf einen Drink nach Hause eingeladen.«

Während er das sagte, ging ihr ein derart entsetzlicher Gedanke durch den Kopf, dass sie kurz wie betäubt war, und einen Moment später konnte sie nicht glauben, dass ihr etwas derart Hinterhältiges und Unaussprechliches auch nur in den Sinn kam, und schämte sich abgrundtief dafür. Während sie Mrs. Mackintosh in den Salon bat und sich für die Unordnung entschuldigte, die dort herrschte, während sie die Rollos hochzog und die verblühten Nelken in die Ecke stellte, versuchte sie sich krampfhaft einzureden, niemals einen derartigen Gedanken gehabt zu haben. »Es sieht aus, als wäre unser elendes Hausmädchen verschwunden«, sagte sie.

»Ach, sind sie nicht lästig?« Diana Mackintosh hatte ein reizendes Lächeln und eine kleine weiße Strähne im Haar, das ihr ganz der Mode entsprechend in Sechserlöckchen um den Kopf lag. Sie mochte Ende dreißig sein, schätzte Villy.

»Leben Sie in Norfolk, Mrs. Mackintosh?«

»Ach, bitte nennen Sie mich doch Diana. Nein, wir leben in London. Angus verwaltet dort die Jagd für seinen älteren Bruder. Jetzt ist er nach Schottland gefahren, um die älteren Kinder zum Schulbeginn wieder abzuholen.«

»Wie viele haben Sie?« Information war beruhigend.

»Drei. Ian ist zehn, Fergus acht, und dann gibt's noch Jamie, der ist drei Monate.« Ein Nachzügler, dachte Villy. Sie fragte sich, ob sie ihn wohl gewollt hatte.

Edward kehrte mit Drinks auf einem Tablett zurück. »Ich habe deiner Frau gerade erzählt, dass Angus netterweise die Kinder abholt«, sagte Diana. »Sie haben den Sommer bei ihrer Großmutter in Easter Ross verbracht.«

»Die Glücklichen«, sagte Edward. »Ein Cocktail für die Damen?«

»Nur einen. Ich kann nicht lange bleiben, ich muss zu Jamie zurück.«

Ein drei Monate altes Baby. Ich hoffe, ich sehe drei Monate danach auch so gut aus. Edward schüttelte die Cocktails. »Ja, der Lunch, zu dem Angus mich eingeladen hat, war derart üppig, dass ich das Gefühl hatte, ich müsste ihn wenigstens zum Bahnhof fahren. Schreckensorte sind das. In Euston ging es zu wie in einem Bienenstock.«

»King's Cross«, korrigierte Diana ihn recht scharf. Dann sagte sie mit einem reizenden Lächeln: »Es war King's Cross. Hast du das nicht bemerkt?«

»Für Edward sind alle Bahnhöfe gleich«, sagte Villy. »Er fährt nie mit dem Zug. Oder mit dem Bus«, fügte sie hinzu.

»Beim Generalstreik habe ich einen gefahren.«

»Das kann dir kaum nähere Einblicke in den öffentlichen Verkehr vermittelt haben. Nein, danke, ich rauche nicht.« Edward hatte seine und Villys Zigarette angezündet, und da er Diana keine angeboten hatte, wollte Villy ihr ihr Etui reichen. Kurz herrschte Stille, während alle an ihrem Cocktail nippten, und Villy fragte sich, weshalb sie wieder so ein seltsames Gefühl befiel. »Mein Schatz«, sagte sie laut, »hat Edna dich im Stich gelassen? Das Haus ist ja völlig verwahrlost.«

»Ihre Mutter ist krank, also habe ich sie nach Hause fahren lassen, damit sie sich dort um alles kümmern kann. Ich habe ganz vergessen, es dir zu sagen.«

»Ach. Wann kommt sie wieder?«

»Das weiß ich nicht. Ich habe sie nicht gefragt.«

Wieder herrschte Stille. Edward leerte sein Glas. »Wie wohl der alte Chamberlain vorankommt? Meiner Ansicht nach muss es ziemlich schlecht um uns bestellt sein, wenn ein britischer Premierminister gezwungen ist, eine weite Reise auf sich zu nehmen, um einen Ausländer zur Vernunft zu bringen.«

»Ganz meiner Meinung«, pflichtete Diana bei. »Eigentlich sollte es andersherum laufen. Habt ihr die Karikatur gesehen mit der riesigen Taube, die einen Schirm im Schnabel trägt? Ich finde ja, wir sollten nicht bitten, wir sollten Mr. Hitler unmissverständlich klarmachen, was die Glocke geschlagen hat.«

»Das ist sicher wahr. Aber ich vermute, ›bitten‹ ist die diplomatische Bezeichnung für ›unmissverständlich klarmachen‹, meinst du nicht, Edward?«

»Tja, das übersteigt alles etwas meinen Horizont, aber vermutlich hast du recht. Im Club sagte ein ganz vernünftiger Kerl, die Tschechen hätten im Grunde keine Wahl, also glaube ich nicht, dass wir uns groß Sorgen zu machen brauchen.«

Die drückende Stimmung hatte sich aufgehellt. Diana erhob sich. »Jetzt muss ich mich aber wirklich verabschieden. Vielen Dank für den Drink.«

»Soll ich dich nach Hause fahren?«, sagte Edward.

»Das kommt nicht infrage. Ich nehme ein Taxi.«

»Wir können eins kommen lassen«, schlug Villy vor. »Der Stand ist nur ein Stück die Straße hinunter.«

»Nein, wirklich nicht. Ein kleiner Spaziergang tut mir gut.«

Sie hatte ihren weißen Mantel im Flur aufgehängt. Nachdem Edward ihn ihr über die Schultern gelegt hatte – es sei zu heiß, ihn zu tragen, erklärte sie –, drehte sie sich zu Villy, bedankte sich und sagte, wie nett es gewesen sei, sie kennenzulernen. Sie hatte einen wunderbaren Teint, und ihre ansprechenden Augen waren von einem dunklen Lavendelblau. Eine beeindruckende Frau. »Gehen Sie nach links, der Stand ist an der nächsten Kreuzung«, sagte Villy.

»Danke. Auf Wiedersehen.«

»Auf Wiedersehen«, sagten Edward und Villy fast einstimmig.

»Sie macht ja einen entzückenden Eindruck. Wie ist er?«

»Angus? Ach, er ist ein guter Kerl. Liegt allerdings gerne auf der faulen Haut. Mein Schatz, weswegen bist du denn in die Stadt gekommen? Du hast mir gar nichts davon gesagt.«

»Ach, ich wollte ein paar Dinge besorgen, und ich war kurz bei Bob Ballater.«

»Dir fehlt doch nichts?«

»Reine Frauensache.«

»Also, jetzt wo du hier bist – wohin würdest du denn gerne zum Essen gehen? Ins Hungaria?« Er wusste, dass sie das Restaurant und die Musik, die dort gespielt wurde, besonders gern mochte.

»Das wäre sehr schön. Ach, mein Gott, jetzt hätte ich es beinahe vergessen! Als ich dachte, ich würde dich heute Abend nicht sehen, habe ich Hugh angerufen, und er hat mir vorgeschlagen, mit ihm essen zu gehen. Er sollte jede Minute kommen.« Jetzt würde sie es ihm nicht beim Dinner sagen können.

Edward runzelte die Stirn. Er hatte den Cocktailmixer und dann sein Glas geleert. »Verdammt! Wir können den alten Jungen nicht versetzen.«

»Warum solltest du denn?«

»Ach, er ist ganz besessen von dem, was er die Krise nennt. Er sagt, wir würden uns prosternieren oder prostituieren – ich vergesse immer, was genau. Wie auch immer, er lässt sich von dem Thema nicht abbringen, und du weißt doch, wie stur er sein kann.«

»Nun ja, wir könnten zu Bentley's gehen und danach ins Kino. Da kann er nicht ständig reden.«

»Gute Idee! Ich springe nach oben und verschwinde kurz im Bad.«

»Mein Schatz, morgen schicke ich Phyllis nach London, damit

sie sich um dich kümmert. In deinem Ankleidezimmer sieht es wirklich schockierend aus.«

Er verzog das Gesicht. »Ach ja? Na, wie du weißt, bin ich etwas nachlässig mit der Hausarbeit. Mach uns allen noch einen Drink. Hugh wird wahrscheinlich einen Whisky wollen.« Und er lief die Treppe hinauf.

Sie gingen zu Bentley's, wo Villy und Edward Austern und Hugh geräucherten Lachs aßen, und weiter zum Leicester Square, um *Die neununddreißig Stufen* mit Robert Donat zu sehen. Der Film gefiel allen sehr gut. Die Krise wurde kaum angesprochen, die Mackintoshs wurden erwähnt, aber Hugh kannte sie nicht. Hugh war, wie Villy fand, ausgesprochen zuvorkommend zu ihr und unterhielt sich kaum mit Edward. Als sie ihn schließlich bei sich abgesetzt hatten und selbst nach Hause gekommen waren, erklärte Edward, er sei hundemüde und würde fast im Stehen einschlafen. Es war eindeutig zu spät, um die Vor- und Nachteile von Familienzuwachs zu erörtern. Also sagte sie nichts und beschloss, das Ergebnis ihres nächsten Arztbesuchs abzuwarten.

~

Im Wissen, dass Waldos Tournee abgesagt war und Evie somit beschäftigt sein würde, nahm Sid am folgenden Wochenende die Einladung der Duchy nach Home Place an. »Du hast doch nichts dagegen, das Zimmer mit ihr zu teilen, mein Schatz, oder?«, hatte die Duchy ihre Tochter gefragt. Das Haus platzte aus allen Nähten, da auch ihre beiden ledigen Schwestern mittlerweile eingetroffen waren. Sie seien nicht in der Lage, so wurde befunden, mit den Zuständen – so die familieninterne Bezeichnung – zurechtzukommen, und waren von Tonbridge in Stanmore abgeholt worden, der sich bei dieser Fahrt zu seiner immensen Zufriedenheit gleichzeitig Mrs. Tonbridges entledigte. Er hatte ihr vor Augen geführt, dass es, wenn sie nach Hause fahren wolle, doch weit bequemer sei, im Auto von Tür zu Tür chauffiert zu werden, als den Zug und dann die U-Bahn nach Kentish Town zu nehmen. »Und verlange ja nie wieder von mir, mich mit so etwas abzufinden«, sagte sie, als er sie absetzte. Das würde er nicht, um keinen Preis. Erleichtert holte er die beiden alten Damen beim Cedar House ab, schichtete ihre Buckramkoffer, die noch die abgewetzten Initialen ihres Vaters trugen, in den Kofferraum, und ließ sie im Fond Platz nehmen. Sie trugen Jersey-Kostüme und hatten Beuteltaschen mit abscheulichen Stickarbeiten und einer leckenden Thermosflasche mit Fleischbrühe dabei. Mit der Wolldecke über den knochigen Knien saßen sie da, und er fuhr sie gemächlich nach Sussex, wobei sie alle Viertelstunde bemerkten, wie schön die Landschaft doch sei, und sich nach seiner Frau und seinem Kind erkundigten, um zu zeigen, dass sie sich auf den Umgang mit Dienstboten verstanden. Das störte ihn alles überhaupt nicht. Jetzt stand nichts mehr zwischen ihm und einem ebenso wohltuenden wie aufregenden Leben mit Mrs. Cripps.

Sybil und Villy unterhielten sich ernsthaft, aber letztlich ergebnislos darüber, ob die Jungen, wenn die Zustände riskanter würden, ins Internat zurückkehren sollten oder nicht. Hugh, so vermutete Sybil, wäre wohl ihrer und Villys Meinung, dass sie hierbleiben sollten, Villy wusste, dass die beiden nach Edwards Ansicht zurückgehen sollten. Sie beschlossen, im Internat nachzufragen, wie es allgemein gehalten wurde.

Lady Rydal, die mittlerweile seit fast einer Woche ein behagliches Leben auf der Mill Farm führte, den ganzen Tag seufzend im größten Sessel saß und überhaupt nichts tat, sagte, wenn es noch einen Krieg gebe, sei es für sie wohl das Beste, den Kopf in den Gasofen zu stecken. »Hier im Haus gibt es kein Gas, Grania«, erklärte Nora. »Vermutlich könntest du es mit einem tödlichen Stromschlag versuchen, allerdings setzt das meines Wissens einen gewissen technischen Sachverstand voraus.« Jessica und Villy konnten das Lachen nicht unterdrücken und mussten den Raum verlassen. »Ehrlich«, sagte Jessica, »wenn es zum Krieg kommt, würde Mummy denken, der sei nur ausgebrochen, um ihr

Leben zu zerstören. Der letzte Tropfen, der das Fass zum Überlaufen bringt.«

»Aber es wird doch keinen geben, oder?«, fragte Villy, aber in dem Moment kam Nora zu ihnen. »Kein Problem«, beschwichtigte sie sofort, »ihr braucht mich nicht zu schimpfen. Ich habe ihr gesagt, das Beste wäre, wenn sie um Frieden betet. Da musste sie mir zustimmen. Bei alten Leuten ist Gott manchmal sehr nützlich.«

Am Samstagabend kam Ellen zu dem Schluss, dass Clary, die den ganzen Tag mit geröteten Wangen und schlechter Laune herumgelaufen war, irgendetwas ausbrütete; sie hatte ihr wegen Widerworte eine Gardinenpredigt gehalten. Ihre Temperatur wurde gemessen – 38,5 Grad –, und Dr. Carr wurde gerufen. Simon ging allein zur Squashhalle und betete laut, sie möge Masern haben, womit er fein aus allem herauskommen würde, so seine Hoffnung. Da Zoë noch in London war, konnten Rupert und Tante Rachel Clary versorgen und ihr Limonade machen. Dr. Carr sagte, was immer sie habe, es würde zweifellos am nächsten Tag ausbrechen, und sie solle im Bett bleiben. »Was ich ja sowieso tun würde«, sagte Clary spitz zu Polly, »schließlich ist es abends. Er glaubt doch bestimmt nicht, dass ich in einen Nachtclub gehe.« Aber Polly meinte verständnisvoll, er wolle nur auf Nummer sicher gehen, »was Erwachsene gemeinhin tun«, fügte sie hinzu. »Wenn du magst, lese ich dir etwas vor.« Sie hatte sich überlegt, dass sie, wenn sie groß war, eine über alle Maßen hilfsbereite Krankenschwester werden könnte. Aber Clary sagte, sie würde lieber selbst lesen. Als ihr Vater kam, um ihr Gute Nacht zu wünschen, empfahl sie ihm, beim Malen zu bleiben und nicht in die Firma einzutreten. Rupert, der mittlerweile – abgesehen von Angela – auch Rachel, Sybil, Jessica und Villy befragt hatte (die ihm alle zur Firma rieten) sowie Louise und Nora (die ihm abrieten), womit er genauso unentschlossen war wie vor einer Woche, sagte, ihre Meinung sei ihm sehr wichtig, und er werde darüber nachdenken. »Ach, Dad! Es gefällt mir so gut, wenn du mit mir sprichst, als wäre ich erwachsen!«

»Tue ich das nicht immer?«

Sie schüttelte den Kopf. »Meistens behandelst du mich wie ein Kind. Das kann ich überhaupt nicht leiden. Wenn ich Kinder habe, werde ich ganz zuvorkommend mit ihnen umgehen, als wären sie …«, sie suchte nach dem erwachsensten Beruf, den sie sich vorstellen konnte, »als wären sie Bankdirektoren.«

»Oho! Na, so gut werden die jetzt auch nicht behandelt. Entweder streichen die Leute ihnen um den Bart und sagen, ›Ach, Herr Nadelstreifen, könnten Sie mir nicht noch einmal drei Pfund geben?‹ Oder sie verachten sie und gehen ihnen nach Kräften aus dem Weg.«

»Wirklich? Machst du das auch? Beides?«

»Beides.«

»Armer alter Dad. Es muss schrecklich sein, alt zu werden und nicht genug Geld zu haben. Ich an deiner Stelle würde mir, solange es noch geht, einen schönen gebrauchten Rollstuhl besorgen.«

»Gut, das mache ich. So, und jetzt decke ich dich richtig zu.«

»Nein! Ich bin am Kochen. Dad! Sag Ellen, dass es mir leidtut. Und könnte ich ein Glas Wasser haben? Und könntest du Polly ausrichten, dass sie zu mir kommen soll? Und Dad, schaust du nach dem Essen noch mal zu mir herein? Um zu sehen, ob alles in Ordnung ist, weil es das vielleicht nicht ist?«

»Ja«, sagte er und ging.

An dem Abend saß Sid bei Rachel am Bett und hielt sie in den Armen. Wann immer sie tagsüber allein waren, hatten sie sich unterhalten: auf dem Weg vom Bahnhof nach Hause, nach dem Lunch, als sie einen langen Spaziergang machten und irgendwo im Wald am Bach ein baufälliges Zelt fanden, das sie nicht näher untersuchten, weil Rachel meinte, es sehe aus, als müsse es ein Geheimnis bleiben. »Wahrscheinlich gehört es Teddy«, sagte sie, »er ist doch ein richtiger Naturbursche.« Und nach dem Nachmittagstee stahlen sie sich wieder fort und saßen auf der Wiese jenseits des Wäldchens beim Haus. Der Himmel war bedeckt, Herbst lag in der Luft. Sie sprachen davon, zusammen in den Lake District zu fahren – vielleicht zu Ostern – und ob Sid besser bezahlt würde, wenn sie an zwei Schulen halbtags und nicht nur an einer unterrichtete, und ob sie versuchen solle, sich ein kleines gebrauchtes Auto zu kaufen. Rachel wollte es ihr so gerne schenken, aber das kam für sie nicht infrage. Ich hätte es ihr einfach hinstellen sollen, dachte Rachel. Und dann sprachen sie über Mr. Chamberlains bevorstehenden zweiten Besuch – dieses Mal in Deutschland – und ob Beschwichtigung die beste Vorgehensweise sei. Der Meinung war Rachel, doch Sid machte sich Sorgen um die Tschechen, die ihrer Ansicht nach bei der ganzen Sache schlecht wegkämen. »Aber ohne den Versailler Vertrag würde das Land überhaupt nicht existieren«, gab Rachel zu bedenken. »Genau«, erwiderte Sid. »Deswegen sind wir für seine Souveränität verantwortlich. Verträge können Kriege genauso gut auslösen wie beenden.« Dann lächelte sie. »Ich weiß, du glaubst, ich würde wegen meiner linken Ansichten mit dir streiten, aber das stimmt nicht. Viele Leute von deiner Seite denken genauso.«

»Das Schreckliche ist, was immer wir sagen, ändert überhaupt nichts daran. Das macht mir große Angst.« Nach einer kurzen Pause fragte sie: »Wenn es Krieg gäbe, würdest du doch nicht in London bleiben, oder?«

»Ich denke schon. Evie ist da. Was sollte ich sonst tun?«

»Ach, ich weiß nicht. Aber was ich weiß, ist, dass ich es nicht ertragen könnte, wenn du in der Stadt bist und ich hier auf dem Land festsitze.«

»Und das würdest du?«

»Wahrscheinlich. Vielleicht könntet du und Evie in das Häuschen der Tonbridges ziehen. Das wäre eine Möglichkeit.«

»Evie wäre unerträglich.« Jetzt waren sie wieder bei Evie angelangt, und da das Gespräch sich einmal im Kreis gedreht hatte, ließen sie das Thema fallen und schlenderten zum Haus zurück.

Nach dem Dinner spielte Sid mit Hugh, Sybil und Rupert Bridge, während Rachel nähte und ihnen zusah. Es freute sie sehr, dass Sid sich so gut mit ihrer Familie verstand. Bisweilen begegneten sich ihre Blicke für einen flüchtigen Moment, und dieser Kontakt wärmte sie beide.

Dann waren sie allein für die Nacht, und eine gewisse Spannung hing im Raum. Rachel wollte Sid ihr Bett überlassen, während sie in dem schmalen Kinderbett schlief, das auf der anderen Seite des Zimmers aufgestellt worden war, aber das ließ Sid nicht zu. Was Sid wollte und letztlich auch bekam, war, mehrere Stunden neben ihrer Geliebten zu liegen und zu tun, als wolle sie nichts weiter – ein quälendes Vergnügen, das sie aber um keinen Preis der Welt missen wollte. Die geheimen Möglichkeiten, die sich ihr dabei auftaten, blieben ein Geheimnis, und in den frühen Morgenstunden, als Rachel tief und fest schlief, schlich sie zu dem schmalen Bett hinüber und fand Erlösung in ihrer Fantasie. Als sie danach einschlafen wollte, um in tiefes Vergessen zu sinken und zu einem neuen Tag zu erwachen, gelang es ihr nicht. Sie lag da und dachte nach über Rachel, die ihr so viel gab, aber nicht alles geben konnte, deren sanftes, liebevolles Wesen von einer undurchdringlichen Mauer der Unschuld umschlossen war. Einmal hatte sie Sid gesagt, sie wisse, dass sie nie Kinder haben werde, weil sie schlicht nicht ertragen könne, was vorher passiere. »Allein bei der Vorstellung ekelt es mich«, hatte sie ihr gestanden und war errötet. »Manchen Frauen gelingt es vielleicht, das auszublenden – während es geschieht, meine ich –, aber ich weiß, ich könnte das nicht. Und der Gedanke, dass … es dem Mann … tatsächlich gefällt, macht es nur noch schlimmer.« Jemand, von dem sie geglaubt habe, sie habe ihn gern, habe sie einmal geküsst. »Aber es war kein normaler Kuss – es war widerwärtig.« Dann hatte sie sich ein Lachen abgerungen und gesagt: »Körper sind einfach nichts für mich. Ich finde meinen eigenen schlimm genug, und ich möchte nichts mit dem anderer Menschen zu tun haben.« Sid hatte geschwiegen ob dieser Offenbarung. Dann hatte Rachel sich bei ihr eingehängt – sie gingen im Regent's Park spazieren – und gesagt: »Deswegen bin ich so gern mit dir zusammen, liebste Sid. Wir können zusammen sein, ohne dass das eine Rolle spielt.«

Und so wird es immer bleiben, dachte Sid jetzt, und ich könnte ihr nicht einmal ein Kind schenken. Aber ich liebe sie und werde nie jemanden mehr wollen als sie. Weinend schlief sie ein.

Am Montag war Clary mit Pusteln übersät, bei denen es sich laut Dr. Carr um Windpocken handelte. Daraufhin berief Louise am umgestürzten Baum im Wald hinter Home Place eine Versammlung ein. Sie, Nora, Teddy, Polly, Simon und Christopher wurden eingeladen. Neville, Lydia und Judy hörten davon und kamen ebenfalls.

»Dich, dich und dich haben wir nicht zu dieser Besprechung eingeladen«, sagte Louise, als die drei zögernd am Rand standen.

»Du hast gesagt, eine Kinderversammlung, und wir sind Kinder«, widersprach Lydia.

»Außerdem sind wir jetzt hier«, sagte Neville. »Ich finde, damit hat es sich.«

»Ach, lass sie doch bleiben«, meinte Nora.

»Versprecht ihr, dass ihr den Erwachsenen kein Wort weitererzählt von dem, was an diesem Montag, den 20. September 1938, an diesem Baum gesagt wird?«

»Ja.«

»Sagt nicht einfach nur Ja. Sagt, wir geloben feierlich.«

Die Mädchen wiederholten die Worte, nur Neville sagte: »Ich gelobe lachend. Das ist genauso gut«, erklärte er, als Lydia ihm einen schockierten Blick zuwarf.

»Gut. Also, wir sind hier wegen Clarys Windpocken. Wer schon einmal Windpocken hatte, soll sich melden.«

Keine Hand ging hoch.

»Die Sache ist, wenn wir es schlau anstellen, könnten wir für den Rest des Trimesters in Quarantäne oder krank sein. Versteht ihr, was ich meine?«

»Au Backe, ja!«, rief Teddy. »Wir könnten nicht ins Internat zurück.«

»Genau. Wir müssten einfach bis zu den Weihnachtsferien hierbleiben, und dann sind ja Ferien.«

»Wie stecken wir uns an?«, fragte Polly. »Ich meine, dass es ganz sicher klappt.«

»Du hast sie wahrscheinlich schon, weil du mit Clary im Zimmer schläfst. Windpocken sind ziemlich ansteckend, die Quarantäne ist sehr lang.«

»Dann gehen wir alle zu ihr und umarmen sie!«, sagte Judy. »Das reicht doch, oder?«

»Nein. Wir gehen nicht alle auf einmal. Sonst bekommen wir sie womöglich alle gleichzeitig, und das nützt gar nichts. Zwei von uns gehen. Und eine davon solltest du sein, Polly, weil du vermutlich sowieso die Nächste bist.«

»Moment mal«, warf Teddy ein. »Vielleicht wollen wir ja gar nicht nicht ins Internat.« So schön die Ferien waren, er freute sich darauf, im Squashteam zu spielen, weil er doch so viel geübt hatte.

»Ich will keine Windpocken«, sagte Christopher, »und du doch auch nicht, Simon, oder?«

Simon wurde rot und zermalmte mit seinem Strandschuh einen Fichtenzapfen. »Das kommt darauf an ... nein – nein, eigentlich nicht«, stotterte er. Auch wenn es feige war, wie er genau wusste – insgeheim hatte er schon beschlossen, Clary zu umarmen, und zwar jeden Abend, nur um sicherzugehen.

»Tut es weh?«, fragte Lydia. »Ich meine, kann man davon sterben? Bekommen Erwachsene es auch?«

»Sie können es bekommen, aber die meisten haben sie schon gehabt.«

»Außerdem stirbt man nicht dran, Lydia«, sagte Louise freundlich. Sie dachte an Lydias ständige Angst.

Zum Schluss der Versammlung wurde eine Liste erstellt, in welcher Reihenfolge sie Clary besuchen sollten, aber so unauffällig wie möglich.

»Sie muss eingeweiht werden, also kann es nicht ganz und gar ein Geheimnis bleiben«, sagte Neville.

»Natürlich muss sie davon erfahren. Aber sie ist auf unserer Seite.«

~

Am Dienstag vermaß der Brig die Squashhalle und fuhr nach London, um bei den Army & Navy Stores vierundzwanzig Feldbetten zu kaufen, die er sofort mit einem Firmenlaster nach Sussex bringen ließ. Darüber verlor er den anderen gegenüber keine Silbe.

~

Am Mittwoch kamen Sybil und Villy nach dem Aufstehen zu dem Schluss, dass wegen Clarys Windpocken alle Kinder mit Ausnahme von Christopher unter Quarantäne standen. Sie riefen in Simons und Teddys Internat an, um Bescheid zu geben. Villy überlegte, Miss Milliment – die kein Telefon hatte – einen Brief zu schreiben und zu fragen, ob sie nicht nach Sussex kommen und hier unterrichten könne. Die Duchy hieß den Vorschlag gut, meinte aber, sie müssten Miss Milliment im Cottage der Tonbridges unterbringen. »Tonbridge kann jederzeit in der Stiefelkammer schlafen«, fügte sie seelenruhig hinzu. Rachel erzählte, wie lieb alle Kinder zu Clary seien, ständig besuchten sie sie und fragten, ob sie etwas brauche – regelrecht rührend sei das. »Ich glaube, ›ansteckend‹ wäre eher das richtige Wort«, sagte Rupert, der in dem Moment dazukam. »Die haben es doch faustdick hinter den Ohren.« Villy ging zur Mill Farm zurück und berichtete Jessica von dem Plan mit Miss Milliment. »Und Nora und Judy könnten auch zu ihr in den Unterricht gehen«, meinte sie.

»Ach, meine Liebe, du willst doch nicht, dass wir auch bleiben?« Jessica hatte sich den ganzen Vormittag den Kopf zerbrochen, was sie machen sollte. Raymond war noch bei Tante Lena, die jetzt anscheinend im Sterben lag – sehr langsam und schmerzlos, genau so, wie sie ihr Leben verbracht hatte. Die Aussicht, mit den

Kindern nach Hendon zurückzufahren und sich dann mit Windpocken und Angelas Zukunft herumzuschlagen, erschien ihr nach diesen paradiesischen Wochen entsetzlich.

»Aber natürlich bleibst du. Zumindest, bis sich die Lage etwas beruhigt hat.«

»Und was ist mit Mummy?«

»Wahrscheinlich sollten wir sie fragen, was sie möchte.«

Lady Rydal sagte, es sei völlig gleichgültig, was sie wolle, sie sollten tun, was immer sie für das Richtige hielten. Brynt, ihre Köchin, wäre zwischenzeitlich wohl aus dem Urlaub zurückgekommen, aber Bluitt (ihr Haus- und Dienstmädchen) werde erst in der folgenden Woche zurückkehren, weswegen es womöglich besser sei, wenn sie bliebe, bis beide wieder da wären. Eine allein täte sich schwer damit, eine arme alte Frau zu versorgen.

»Dann ist das beschlossen.« Als Villy mit Jessica wieder allein war, verzog sie das Gesicht. »Edward sagte zwar, er glaube nicht, dass er ein weiteres Wochenende mit ihr ertragen könne, aber das ist jetzt nicht zu ändern.«

»Schließlich war er eines sowieso nicht hier, weil er arbeiten musste«, sagte Jessica.

»Ja, das stimmt. Irgendetwas Neues von Raymond?«

»Ich glaube, ich sollte ihn heute Abend anrufen. Nur um zu hören, wie es Tante Lena geht.«

Am Donnerstag wartete Hugh in London auf Edward, der sich zum Lunch verspätete. Da sie sich in Edwards Club trafen, konnte er keinen Drink bestellen und schlenderte zu dem großen runden Tisch, auf dem Zeitungen und Zeitschriften lagen. Auf dem *Daily Express* prangte in Großbuchstaben die Schlagzeile: AKZEPTIEREN TSCHECHEN HITLERS ULTIMATUM? DIE FORDERUNG: EVAKUIERUNG DES SUDETENLANDS BIS 1. OKTOBER. Gerade wollte er weiterlesen, als Edward ihm eine Hand auf die Schulter legte. »Mach dir keine Sorgen, alter Junge«, sagte er. »Jetzt liegt es bei den Tschechen. Und sie werden nachgeben müssen. Ihnen bleibt keine andere Wahl. Zwei große Pink Gin, George, bitte. Ich setze dir jetzt einen richtig guten Lunch vor.«

Doch beim Essen trafen sie jemanden, der jemanden kannte, der bei einer Party Colonel Lindbergh kennengelernt hatte, und dieser Mann erzählte ihnen sehr viel Interessantes und Erschreckendes über die deutsche Luftwaffe, die größer und besser ausgestattet sei als gemeinhin angenommen. Zudem berichtete er, dass in den Parks bereits Gräben ausgehoben würden. Dieser Umstand beunruhigte Edward weit mehr als die Informationen über die Luftwaffe. »Vielleicht müssen wir die Burschen doch ernst nehmen«, sagte er. »Bei Gott, dieses Mal gehe ich zur Marine.«

»Gegen Kampfflugzeuge kann die Marine wenig ausrichten«, antwortete Hugh. »Und wenn es um massive Luftangriffe geht, liegen wir doch wie auf dem Präsentierteller. Dieser Krieg wird nicht wie der letzte sein. Sie werden nicht davor zurückschrecken, Zivilisten zu bombardieren.«

»Dann lassen wir unsere Zivilisten eben auf dem Land«, antwortete Edward mit einer Unbeschwertheit, die Hugh kannte: Den Ton schlug er immer an, wenn ihm unbehaglich zumute war. Während des restlichen Mittagessens sprachen sie über die Firma und Ruperts Unentschlossenheit.

»Ich meine, wenn er wirklich dazukommt, muss er ständig Entscheidungen über alles Mögliche treffen, und das ist nicht gerade seine Stärke.«

»Na ja, mit unserer Hilfe wird er sich schon daran gewöhnen«, meinte Hugh.

»Ich weiß nicht, ob ihm das je gelingen wird.«

Kurz herrschte Stille. Beiden war bewusst, dass das Gespräch jederzeit kippen konnte. Hugh brach das Schweigen. »Ich glaube, es wäre vernünftig, einen Plan B zu haben.«

»Wegen Rupe?«

»Wegen allem.«

Edward betrachtete seinen Bruder, seinen besorgten, aufrichtigen Blick, das nervöse Zucken, das jetzt unter seinem rechten Wangenknochen einsetzte, den schwarzen Seidenstumpf, der auf der Tischkante lag, und dann wieder seine Augen. Hughs Gesichtsausdruck war unverändert. »Du hältst mich für einen verbohrten alten Schwätzer, aber du weißt, dass ich recht habe.«

Zoë hatte sich in eine ausgesprochen heikle Lage gebracht. Die einzige, wenn auch eintönige Lösung hatte darin bestanden, bei ihrer Mutter zu bleiben. Deren Zustand hatte sich so weit gebessert, dass sie jeden Tag einige Stunden aufstehen konnte, was bedeutete, dass sie, Zoë, mehr Zeit mit ihr verbringen musste als anfangs, als Mrs. Headford noch bettlägerig gewesen war. Das bedeutete auch, dass Dr. Sherlock weit weniger Grund hatte, sie zu besuchen, obwohl er immer noch kam. Die ersten drei Tage, als Mummy wirklich sehr krank gewesen war, hatte Zoë weichgekochte Eier und schrecklich dünne Brotscheiben mit einem Kratzer Butter für sie zubereitet – es gelang ihr sogar, ein paar Trockenpflaumen zu dünsten –, hatte jeden Tag ihr Bett gemacht und das Bad geputzt. Bereits der Gedanke an diese grauenvollen Arbeiten ermüdete sie, wenn sie morgens auf dem unbequemen Sofa im Wohnzimmer aufwachte. Sie verließ das Haus nur, um sich neue Lektüre aus der Bücherei zu holen – Ruby M. Ayres für ihre Mutter, die etwas Leichteres bevorzugte, und für sich selbst, was immer sie finden konnte, vorwiegend Somerset Maugham und Margaret Irwin. Sie langweilte sich entsetzlich, und die einzigen Freuden des Tages bestanden in Ruperts abendlichen Anrufen – genau drei Minuten, weil die Duchy das Telefon und insbesondere Ferngespräche als Luxus betrachtete – und natürlich den Besuchen von Dr. Sherlock. Der Arzt musste etwa um die vierzig sein, vermutete sie, denn durch sein volles, welliges Haar zogen sich ein paar graue Strähnen. Er war außergewöhnlich groß, hatte braune Augen und eine beruhigende Stimme, und Zoë fiel auf, dass ihre Mutter große Anstrengungen unternahm, um für seine Besuche anständig auszusehen, wie sie es nannte. Als er das erste Mal kam, hatte sie ihn in das Zimmer geführt, wo ihre Mutter in ihrem pfirsichfarbenen Jäckchen mit dem weißen Federbesatz aufrecht im Bett saß, hatte leise die Tür hinter ihnen geschlossen und war in das überfüllte kleine Wohnzimmer zurückgegangen, um aufzuräumen. Nach Zoës Hochzeit war ihre Mutter in eine kleinere, billigere Wohnung gezogen, und da sie es nicht übers Herz gebracht hatte, sich von ihren Besitztümern zu trennen, waren die Zimmer völlig überladen. Es gab keinen Platz, wo Zoë ihre Kleidung ablegen konnte, ebenso wenig wie für das Bettzeug, unter dem sie nachts auf dem Sofa schlief. Ihre Schminke musste sie in dem winzigen dunklen Badezimmer aufbewahren. Auf jeder Oberfläche standen zahllose Fotos – vor allem von Zoë in allen Stadien des Heranwachsens bis heute. Die Wände, vorwiegend pfirsichfarben – die Farbe, die, wie ihre Mutter von Miss Arden gelernt hatte, Frauen am besten zu Gesicht stand –, hatten mittlerweile eine dezente hellgraue Schmuddelnote angenommen und sich farblich den blickdichten Netzgardinen angepasst, die vor jedem Fenster hingen und das Tageslicht ausschlossen. Die Wohnung lag im vierten Stock eines Wohnblocks, auf die Straße gelangte man mithilfe eines unglaublich langsamen, käfigartigen Aufzugs, der häufig in einem anderen Stock feststeckte, weil ein Mieter die schwergängigen Gittertüren nicht richtig geschlossen hatte. Wie ein Gefängnis war der Lift, dachte Zoë, und noch während sie das dachte, kam Dr. Sherlock in den Raum.

»Nun, Mrs. …«

»Cazalet.«

»Mrs. Cazalet, Ihre Mutter macht sehr gute Fortschritte. Ich habe ihr gesagt, dass sie noch mindestens ein paar Tage das Bett hüten muss. Ich rate zu einer leichten Kost – Hühnchen, Fisch, derlei …«

»Kochen ist nicht meine Stärke – sollte sie nicht besser ins Krankenhaus?«

»Nein, nein, sie möchte sicher sehr viel lieber hier von Ihnen versorgt werden. Sie können doch ein paar Tage bleiben, oder? Das schien ihr sehr wichtig zu sein.«

»Ein paar Tage. Mein Mann ist auf dem Land – mit den Kindern.«

»Ah, ich verstehe. Die möchten Sie natürlich nicht zu lange allein lassen.«

»Im Grunde geht es um meinen Mann. Er mag es nicht, wenn ich zu lange fort bin.«

Er lächelte leicht. »Das kann ich mir vorstellen. Nun, vielleicht können Sie Ihre Mutter in ein paar Tagen aufs Land mitnehmen.«

»Oh nein, das ist völlig unmöglich! Wir sind zu Besuch bei seinen Eltern, wissen Sie, das Haus ist voller Gäste.«

Er hatte etwas auf seinen Rezeptblock geschrieben, und jetzt sah er auf. Dieses Mal war die Bewunderung in seinem Blick unverkennbar. Er riss das Rezept aus dem Block und reichte es ihr.

»Was auch immer Sie für Ihre Mutter planen, reden Sie mit ihr darüber. Das Wichtigste ist: keinerlei Aufregung. Ich verschreibe ihr ein leichtes Beruhigungsmittel, das ihr dabei helfen sollte, und auch, damit sie nachts gut schläft.«

»Kommen Sie morgen wieder?«

»Ja. Übrigens, haben Sie eine Bettpfanne?«

»Ich … ich glaube nicht.« Sie hatte in ihrem ganzen Leben noch nie eine gesehen.

»Dann besorgen Sie in der Apotheke eine. Ich möchte, dass Ihre Mutter ein oder zwei Tage absolut ruhig liegen bleibt. Es wäre nicht gut, wenn sie immer wieder aufstehen muss, um zur Toilette zu gehen.« Er steckte den Block in seine Tasche und machte sich ans Gehen. »Bis morgen, Mrs. Cazalet. Ich finde selbst hinaus.«

Sie hörte, wie er die Wohnungstür öffnete und wieder schloss, dann herrschte Stille. Sie verbrachte einen schauderhaften Tag damit, Lebensmittel einzukaufen, das Rezept einzulösen und die Bettpfanne zu besorgen. Dann musste sie ihre Mutter überreden, sie zu verwenden, und dann musste sie sie leeren und auswaschen und mit einem pfirsichfarbenen Frotteetuch bedeckt ins pfirsichfarbene Zimmer zurückstellen. Eine nette Frau beim Fischhändler in der Earl's Court Road – sie war meilenweit gelaufen, um überhaupt ein Fischgeschäft zu finden – hatte ihr erklärt, wie sie die Schollenfilets zubereiten solle. »Für eine Kranke, ja? Legen Sie sie einfach zwischen zwei Teller, Herzchen, über einen Topf kochendes Wasser.« Das war ja schön und gut, aber sie hatte nicht gefragt, wie lange der Fisch brauchte, und dann verbrannte sie sich die Finger, als sie den oberen Teller anheben und nachsehen wollte, ob der Fisch schon gar war. Bald roch die ganze Wohnung danach, und dann wollte ihre Mutter ihn gar nicht essen. »Ich und Fisch, Zoë – ich dachte, das weißt du«, sagte sie. »Macht nichts, Brot und Milch tun es auch. Und ein paar Trauben«, rief sie, nachdem Zoë das Zimmer mit dem Tablett verlassen hatte. »Hast du die Trauben bekommen?«

»Du hast nicht gesagt, dass du welche willst. Ich habe dich gefragt, ob du etwas möchtest, und du sagtest Nein. Ich gehe nachmittags noch mal einkaufen.«

»Ich möchte dir aber keine Umstände bereiten.«

Das tust du aber, dachte sie, als sie den Fisch vom Teller in den Mülleimer warf. Nach der Sache mit der Bettpfanne hatte sie nicht den geringsten Appetit. Sie ging ein zweites Mal los und besorgte Trauben und eine Dose Schildkrötensuppe für ihre Mutter zum Abendessen. Als Rupert anrief, klagte sie ihm ihr Leid, wie schrecklich alles sei und wie sehr er ihr fehle. Er war sehr lieb und sagte, sie sei bestimmt eine ganz wunderbare Krankenschwester, und nun sei es eben so, und er werde morgen wieder anrufen.

Danach ging alles ziemlich schnell. Am Vormittag kam Dr. Sherlock, sie hatte Kaffee gemacht – eines der ganz wenigen Dinge, auf die sie sich verstand – und bot ihm, nachdem er bei ihrer Mutter gewesen war, eine Tasse an. Ein paar Minuten könne er bleiben, sagte er. Ihre Mutter mache sehr gute Fortschritte, demnächst dürfe sie ein oder zwei Stunden aufstehen, aber er habe sie ermahnt, sich nachmittags hinzulegen und abends zeitig zu Bett zu gehen. »Und was machen Sie, wenn Ihre Mutter sich zurückgezogen hat?«

Zoë zuckte mit den Achseln und senkte den Blick auf ihre Tasse im Schoß. »Nichts. Meine Freundinnen sind offenbar alle weggefahren, und alleine mag ich nicht ins Kino gehen.« Sie hatte eine oder zwei Klassenkameradinnen anzurufen versucht, diese aber nicht erreicht. Dann sah sie mit einem kleinen Lächeln zu ihm. »Trotzdem, ich sollte mich nicht beklagen.«

»Meiner Erfahrung nach hindert das einen selten daran, genau das zu tun. Aber ich kann mich auch beklagen. Meine Frau wollte mit den Kindern zwei Wochen nach Hunstanton fahren, jetzt sind drei vergangen, und es sieht nicht aus, als würden sie bald zurückkommen.«

»Sie Armer.« Fragend hob sie die Kanne.

»Danke. Er war köstlich, aber ich muss bis mittags noch ein paar Hausbesuche machen.« Er stand auf. Er war wirklich erstaunlich groß. An dem Nachmittag holte sie von sich zu Hause ein paar weitere Kleider.

Am Ende der Woche stand ihre Mutter stundenweise auf, konnte sich selbst waschen und zur Toilette gehen. Am Freitag fragte er sie, ob sie Lust habe, abends mit ihm essen zu gehen. »Falls Sie nichts Besseres vorhaben.« Sie hatte nichts Besseres vor.

In stillschweigender Übereinkunft erfuhr ihre Mutter nichts von dieser Verabredung. Zoë sagte ihr, sie gehe ins Kino, und er sagte nichts. Er führte sie ins Prunier's, und bei ihrer Pâté Traktir mit Chablis tauschten sie die angedeuteten, betörenden und vielfach irreführenden persönlichen Informationen übereinander aus, der Auftakt zu körperlicher Anziehung. Wie lange sie verheiratet sei? Fast vier Jahre. Da müsse sie doch noch sehr, sehr jung gewesen sein? Neunzehn, ein Kind. Und die Kinder? Sie fürchte, sie habe keine. Ihr Mann sei bereits verheiratet gewesen, die von ihr erwähnten Kinder seien von seiner ersten Frau. Sie sei sehr jung, um die Verantwortung für Stiefkinder zu übernehmen. Ja, es sei bisweilen schwierig. Sie trug ein Kleid mit Nackenband, was ihrem kleinen, halbherzig verneinenden Schulterzucken – bezüglich ihres jungen Alters und der daraus resultierenden Schwierigkeiten –

einen besonderen Reiz verlieh. Sie habe zur Bühne gehen wollen, erzählte sie, aber durch die Ehe habe sich die Hoffnung zerschlagen. Er könne sehr gut verstehen, dass sie von der Bühne geträumt habe. Mittlerweile waren sie bei der Seezunge à la Véronique angekommen, und sie befragte ihn zu sich. Da gebe es nichts zu erzählen: Er sei Allgemeinarzt mit einer ziemlich großen Praxis und einem Haus am Redcliffe Square, seit zwölf Jahren verheiratet mit zwei Kindern. Seiner Frau gefalle es in London nicht besonders, und mit dem von ihrem Vater geerbten Geld habe sie ein Cottage in Norfolk gekauft, das sie nur ungern verlasse. Er selbst fühle sich auf dem Land weniger wohl, die Stadt sei ihm wesentlich lieber. O ja, ihr auch! Diese Übereinstimmung schien an Bedeutsamkeit noch zu gewinnen, als sie darauf anstießen und sich dabei tief in die Augen sahen. »Wie außergewöhnlich«, sagte er mit gespielter Leichtigkeit, »dass wir uns derart ähnlich sein sollten!« Sie waren beim Kaffee angelangt, als der Kellner die Nachricht überbrachte, er werde am Telefon verlangt. Als er zurückkam, sagte er, es täte ihm sehr leid, aber er müsse sich verabschieden – er habe einen Hausbesuch zu machen. Nein, nein, sie solle ihren Kaffee ruhig noch austrinken. Er verlangte die Rechnung.

»Das ist schade«, sagte er. »Ich hatte gehofft, mit Ihnen noch zum Tanzen zu gehen.«

»Wirklich?« Sie konnte ihre Enttäuschung nicht ganz verhehlen. »Woher wusste der Anrufer, dass Sie hier sind?«

»Wenn ich ausgehe, hinterlasse ich bei schweren Fällen immer eine Nummer. Das gehört zum Beruf dazu. Ich habe keinen Partner.«

Als er sie vor ihrem Wohnblock absetzte, fragte er: »Macht es Ihnen etwas aus, wenn ich Sie nicht bis zur Haustür begleite?«

»Natürlich nicht. Vielen Dank für das Essen. Es war sehr schön, auszugehen.«

»Es war sehr schön, mit Ihnen auszugehen«, erwiderte er. »Vielleicht können wir das Tanzen ein anderes Mal nachholen?«

»Vielleicht.«

Er sah ihr nach, wie sie leichtfüßig die Stufen hinauflief und die Haustür aufschloss. Dann drehte sie sich um und winkte, und er warf ihr eine Kusshand zu. Jetzt war sie zum ersten Mal seit der Hochzeit allein mit einem anderen Mann als Rupert ausgegangen, und sie fühlte sich wieder auf ebenso vertrautem wie aufregendem Terrain.

Am nächsten Tag holte sie von zu Hause ein Abendkleid, und am darauffolgenden Abend ging er mit ihr ins Gargoyle. Er war ein begnadeter Tänzer, die Kapelle spielte ihre, Zoës, ganzen Lieblingsstücke, und der Oberkellner begrüßte sie mit Namen. Dieses Mal wurden sie von keinem Anruf gestört. Sie trug ihr altes weißes, rückenfreies Kleid (das ihm ja nicht alt vorkommen würde) und ein grünes Samtband um den Hals, auf dem eine Strassspange glitzerte, dazu ihre alten, bequemen grünen Schuhe, in denen sie so gut tanzen konnte. Beflügelt von Aufregung und Freude wirkte ihre Schönheit noch kindlicher und zugleich geheimnisvoller, und er war verloren. Er sagte ihr, wie großartig sie tanze und wie hinreißend sie sei – zuerst leichthin, und sie nahm diese verhaltenen Komplimente mit freundlicher Herablassung entgegen wie eine wohlhabende Frau einen Strauß Gänseblümchen. Doch am späteren Abend, als sie beide bereits ziemlich viel getrunken hatten und sich seine Bewunderung vom Kompliment zu Verehrung gesteigert hatte – »Ich habe noch nie im Leben eine Frau gesehen, die auch nur halb so schön wäre wie du« –, ging sie ernsthafter darauf ein. Im sicheren Wissen, dass ihr Aussehen seine Wirkung nicht verfehlt hatte, konnte sie sich kokette Halbwahrheiten erlauben. »In Wirklichkeit bin ich entsetzlich langweilig. Vor allem bin ich etwas oberflächlich.«

»Wenn du eines nicht bist, dann langweilig. Möchtest du einen Brandy?«

Sie schüttelte den Kopf. »Doch, das bin ich schon. Außerdem verstehe ich überhaupt nichts von Politik und lese keine anspruchsvollen Bücher und …«, sie suchte nach harmloseren Unzulänglichkeiten, »… und ich besuche keine Konferenzen zu diesem oder jenem und mache keine Wohltätigkeitsarbeit.« Es entstand eine Pause, er konnte den Blick nicht von ihr nehmen. »Und ich weiß nicht, ob dir aufgefallen ist, dass hier in der Bar an den Wänden viele Bilder hängen – Zeichnungen von Frauen. Sie sind von einem gewissen Matisse, der sehr berühmt ist, aber mir gefallen sie nicht.«

»Ich bewundere deine Aufrichtigkeit«, sagte er.

»Ich wette, sie würde dich bald stören.«

Sie sah zu seinem Brandy, und er winkte dem Kellner. »Wenn es um Brandy geht, änderst du immer deine Meinung, stimmt's?« Das war am Vorabend passiert, und er war beglückt, sie in einer Sache so gut zu kennen.

Sie warf ihm einen leicht vorwurfsvollen Blick zu. »Nicht immer. Ich tue nie etwas immer.«

»Natürlich nicht.«

»Und als Hausfrau bin ich hoffnungslos – ich kann nicht einmal ein Ei kochen –, und um ganz ehrlich zu sein, glaube ich, dass ich keinerlei mütterliche Gefühle habe.«

Aber er war ihr bereits zu sehr verfallen, um diese Wahrheiten als solche zu erkennen.

Und jetzt – wie lange? – acht Tage später wurde ihr klar, dass das Ganze weit genug gegangen war. Er war haltlos in sie verliebt. Er hatte versucht, mit ihr ins Bett zu gehen, aber das hatte sie abgewehrt – so schwer ihr das zu ihrer eigenen Überraschung auch gefallen war. Aus dem Grund gab sie sich bei den Telefonaten mit Rupert, die zunehmend unaufrichtiger wurden, ausgesprochen selbstgerecht. Mummy erhole sich, sagte sie, aber sehr langsam, sie könne sie unmöglich verlassen, bis sie überzeugt sei, dass sie wieder allein zurechtkommen könne. Bei ihrer Mutter allerdings war es anders. Als Zoë eines ihrer zurückhaltenden Telefonate mit Philip beendete – er rief mindestens dreimal am Tag an –, hatte sie aus ihrem Roman aufgeblickt. »Du gehst mit ihm aus, stimmt's?«, fragte sie.

»Wie bitte?«

»Mit ihm. Mit Dr. Sherlock. Weiß Rupert davon?«

Ohne darauf zu antworten, sagte Zoë: »Ja, ich war ein- oder zweimal mit ihm beim Essen – warum nicht?«

»Es kann nicht richtig sein, Zoë. Du hast eine so gute Ehe – und alles andere. Aber wenn Rupert Bescheid weiß und nichts dagegen hat, dann ist es wohl in Ordnung?«

Auch auf diese unterschwellige Frage gab Zoë keine Antwort, und ihre Mutter wagte nicht nachzuhaken.

An dem Abend hatte er, wie versprochen, Karten für Lupino Lane in *Me and My Girl* besorgt. Das Musical gefiel ihr, und ihre Freude wurde noch gesteigert, als sie merkte, dass er seinen Blick die ganze Zeit eher auf sie als auf die Bühne richtete. Anschließend gingen sie zum Dinner und Tanzen ins Savoy. Sie trug ihr schulterfreies Kleid aus olivgrüner Ripsseide, ihr neuestes, das sie eigens gekauft hatte, weil die Farbe zu ihren Augen passte und den blassen Schimmer ihrer Schultern zur Geltung brachte. Das Haar hatte sie hochgesteckt und das grüne Samtband im Nacken mit der Strassschnalle befestigt (ihr Schmuck lag zu ihrem Leidwesen in Sussex). Sie wusste, dass sie hinreißend aussah, und war insgeheim etwas gekränkt, weil er ihr das bis jetzt noch nicht gesagt hatte. Allerdings fiel sie allen anderen ins Auge: dem Oberkellner, dem Sommelier, und sogar Carroll Gibbons, der am Klavier saß, lächelte ihr zu; seine Brille glitzerte, als sie zur Tanzfläche gingen.

»Du bist sehr still«, sagte sie schließlich. »Gefällt dir mein Kleid nicht? Ich habe es eigens für dich angezogen. Bin ich dir nicht hübsch genug?«

»Nicht hübsch«, antwortete er. »So würde ich dich wirklich nicht bezeichnen.« Sie spürte den Druck seiner Hand in ihrem Kreuz. »Du bist absolut unwiderstehlich. Ich möchte dich mehr als alles andere auf der Welt.«

»Ach, Philip!«

Aber etwas später, als sie gegessen hatten und die Lichter gedimmt wurden, fragte er sie, ob sie ihn, wenn sie beide frei wären, heiraten würde.

Ungläubig sah sie ihn an – er meinte es unverkennbar ernst.

»Aber wir sind doch verheiratet!«

»In meinem Fall gerade eben so. Meine Frau hat mir geschrieben. Sie glaubt, dass es Krieg geben wird und sie deshalb nicht nach London zurückkommt. Sie möchte die Kinder bei sich in Norfolk behalten. Ich glaube, sie würde in eine Scheidung einwilligen, wenn ich sie darum bitte. Wir führen seit Jahren keine richtige Ehe mehr.«

»Du Armer!«

Er sah sie mit einem spöttischen Lächeln an. »Mitleid brauche ich keines. Hin und wieder habe ich anderweitig Trost gesucht, der mir vollauf genügte – bis jetzt. Ich bin ein sehr guter Liebhaber«, fügte er hinzu.

Kurz herrschte Stille; Zoë war verlegen. Sie wollte etwas sagen, das von Reife zeugte und ihn in die Schranken wies.

»Ich fühle mich natürlich zutiefst geschmeichelt, aber das steht wirklich völlig außer Frage. Rupert würde sich nie von mir scheiden lassen.«

»Würdest du es denn wollen?«

Wäre sie nur ehrlich gewesen, wurde ihr hinterher klar – hätte sie gesagt, dass sie sich nicht scheiden lassen wollte, dass sie ihn zwar anziehend fand, aber nicht in ihn verliebt war –, wäre womöglich, ach, wäre höchstwahrscheinlich alles ganz anders gekommen. Aber zuvor hatte sie den Fehler begangen, anzudeuten, dass es zu Hause »Schwierigkeiten« gebe, und sich in seiner mitfühlenden Aufmerksamkeit gesonnt. Wäre sie nicht so dumm gewesen, wäre sie nie in diese heikle Situation geraten. Und heikel war sie. Mit Beklemmung wurde ihr bewusst, dass er es viel ernster meinte, als sie beabsichtigt hatte. Seine Heftigkeit machte ihr Angst, und sie suchte Zuflucht in weiteren Unaufrichtigkeiten. Er würde sich weniger zurückgewiesen fühlen, glaubte sie, wenn sie ihn in dem Glauben beließ, sie erwidere seine Gefühle, doch hinderten ihre Prinzipien sie daran zu tun, was sie sich selbstverständlich beide wünschten. Dadurch hellte sich die Stimmung zunächst etwas auf, doch als er sie nach Hause begleitete, drängte er sie, mit zu ihm zu kommen; sie wies das Ansinnen zurück, und er bettelte; sie lehnte ab, und er küsste sie; sie weinte, und er wurde zärtlich und zerknirscht. Bis Zoë sich schließlich aufs Sofa legen konnte, war sie zu erschöpft, um einzuschlafen; sie hatte Gewissensbisse, war gereizt und völlig durcheinander und wünschte sich nur noch, das Ganze hätte ein Ende.

Am nächsten Morgen verkündete ihre Mutter, die sich wesentlich größere Sorgen machte, als sie Zoë gegenüber zugab, dass sie zur Erholung zu ihrer alten Freundin Maud Witting fahre. Die lebte auf der Isle of Wight und lud sie ständig ein, sie zu besuchen. »Dann kannst du wieder nach Sussex fahren, mein Schatz. Ich weiß doch, dass du viel lieber dort wärst.«

Vor Erleichterung verhielt sich Zoë »wie ein Engel«, so die Worte ihrer Mutter, packte ihr den Koffer, kaufte für sie Kosmetik und die übliche Schachtel Fruchtgummi, die ihre Mutter dieser Freundin immer mitbrachte, fuhr schließlich im Taxi mit ihr nach Waterloo und sorgte dafür, dass sie bequem im Zug saß. »Grüß Rupert von mir. Hast du ihm gesagt, dass du heute Abend nach Hause kommst?«

Zoë entschied sich für eine Lüge. Sie wusste, dass sie nicht annähernd nett genug zu ihrer Mutter gewesen war, und wollte sie nicht beunruhigen. Doch als sie den Bahnhof verließ, fühlte sie sich wie befreit. Ihre Mutter war auf dem Weg der Genesung, sie würde ein paar schöne Tage auf der Isle of Wight verbringen, anstatt in der dunklen kleinen Wohnung eingesperrt zu sein, und sie, Zoë, konnte, was Philip betraf, einfach verschwinden, wenn sie wollte. Da sie ihre Kleider, die sich zu einer beachtlichen Garderobe angesammelt hatten, aus der Wohnung ihrer Mutter nach Brook Green zurückbringen musste, beschloss sie, noch eine Nacht in London zu bleiben und Philip zu sagen, dass sie am nächsten Tag nach Sussex abfahre. Das teilte sie ihm am Telefon mit (der Zustand ihrer Mutter hatte sich so weit gebessert, dass er sie nicht mehr zu besuchen brauchte). Am anderen Ende der Leitung herrschte kurz

Stille. »Vielleicht würdest du lieber auf eine Abschiedsparty verzichten?«, fragte er dann. Und sie hörte sich sagen, Nein, keineswegs, sie würde sich freuen, ihn zu sehen, wenn er das möchte. Sie hatte das Gefühl, ehrlich gewesen zu sein und sich recht kühl gezeigt zu haben – wenn er sie sehen wollte, war das seine Entscheidung.

Er holte sie zur üblichen Zeit ab, sie besuchten ein Restaurant in Soho, in dem sie noch nicht gewesen waren, und alles schien genau wie sonst, nur war es das nicht. Schon bald fiel ihr auf, dass er ihr Aussehen mit keinem Wort kommentierte – sonst ein immer wiederkehrendes Thema –, was sie nach einer Weile verunsicherte. Sie trug ein Kleid, das er mittlerweile gut kannte, außerdem hatte sie in der Nacht zuvor schlecht geschlafen, und schließlich äußerte sie sich dahingehend. Doch er meinte nur, sie sehe genauso aus wie immer, und redete unbeirrt weiter über was immer es war, lauter Belanglosigkeiten – ob sich das Fernsehen wohl je verbreiten werde, habe sie bereits etwas davon gesehen? Nein? Natürlich, sollte es sich je tatsächlich allgemein durchsetzen, würde das das Ende des Radios bedeuten und vermutlich auch des Kinos. »Ich wäre gerne Filmschauspielerin geworden«, sagte sie.

»Ach ja?«, erwiderte er. »Na, ich denke, danach sehnt sich jedes Ladenmädel in London auch.« Mit denen in einen Topf geworfen zu werden gefiel ihr gar nicht, und sie reagierte gekränkt. Es hatte den Anschein, als sollte es so gar nicht die Art letzter Abend werden, die sie sich vorgestellt hatte. Nach dem Essen gingen sie tanzen, er hörte auf zu reden, und die Stimmung wurde besser. Kurz bevor sie nach Hause fuhren, küsste er sie auf der Tanzfläche, und da wusste sie, dass er sie immer noch begehrte.

Er sagte, er werde sie nach oben begleiten, um sicherzugehen, dass sie gut zu Hause ankäme, doch sie meinte, das sei nicht nötig, sie wolle ihre Mutter nicht wecken. »Deine Mutter?« Ja, leider hätte sie sie am gestrigen Abend geweckt, und sie habe versichert, dass das nicht wieder vorkommen werde. »Ich verspreche dir, dass wir deine Mutter nicht stören«, sagte er und trat mit ihr in den Aufzug. »Ich möchte mit dir nur noch eine Tasse Tee trinken und mich ein bisschen mit dir unterhalten. Schließlich ist es unser letzter Abend«, fügte er hinzu.

»Es war sehr schön«, sagte sie.

»Wirklich?«

Sie schloss die Wohnungstür mit übertriebener Rücksicht hinter ihnen, und sie standen im düsteren, engen Flur. Er nahm ihr den Umhang ab und legte ihn über den Stuhl.

»Du willst gar keine Tasse Tee, oder?«

»Nein«, sagte er, »nicht im mindesten«, zog sie an sich und küsste sie. Zuvor war das immer aufregend gewesen, aber das Aufregende hatte für sie in seinem Verlangen bestanden – ihre eigenen Gefühle waren sicher unter Verschluss geblieben. Jetzt merkte sie, dass sie auf ihn reagierte, und bekam Angst.

Sie versuchte, sich aus seiner Umarmung zu befreien, und als er aufhörte, sie zu küssen, sagte sie: »Das ist sehr viel mehr, als sich zu unterhalten, Philip. Ich glaube, du solltest besser gehen.«

Er legte ihr seine Hände auf die bloßen Schultern. »Du meinst, das wäre jetzt alles weit genug gegangen?«, fragte er ruhig.

»Ja! Ja, das glaube ich.«

»Du möchtest nicht, dass wir etwas tun, was wir beide bereuen würden?«

»Natürlich nicht.« Sie bemühte sich, leichthin zu klingen, doch in seinem Blick lag nichts von der Bewunderung und der zärtlichen Aufmerksamkeit, die sie von ihm kannte, und sie wusste nicht, was an deren Stelle getreten war. »Außerdem habe ich dir ja gesagt, dass wir Mummy nicht wecken dürfen.« In der sehr kurzen Stille, die darauf folgte, schoss ihr durch den Kopf, dass es in der Wohnung erschreckend leise war und dass niemand es hören würde, wenn sie schrie. Dann sah sie, dass er sehr wütend war – und dabei lächelte.

»Du kleines Miststück! Deine Mutter hat mich heute Vormittag angerufen und gebeten, ihr ein Rezept mit der Post zuzuschicken. Du hättest heute Abend schon zu deinem Mann fahren können, nicht wahr? Aber der Aussicht auf einen weiteren Abend mit ein paar Spielchen konntest du natürlich nicht widerstehen. Du bist sehr schön, meine Liebe. Du bist außerdem das egozentrischste kleine Ding, dem ich je begegnet bin. Deine Stärken kennst du nur allzu gut, aber du weißt nichts von deinen Schwächen. Es ist höchste Zeit, dass du das erkennst.« Und mit einer geschmeidigen Bewegung trug er sie unvermittelt ins Wohnzimmer und ließ sie aufs Sofa fallen.

Damit begannen mehrere Stunden, an die sie sich den Rest ihres Lebens mit einer Art zweischneidiger Scham erinnern würde: Einerseits empfand sie die naheliegende Scham, dass es überhaupt dazu gekommen sein sollte, andererseits eine tiefere, perfidere Scham. Denn ihr Widerstand war nur Schein gewesen, sie hatte sich völlig verloren in etwas, das mit ihrer bisherigen Erfahrung von Sex nichts zu tun hatte. Er verführte sie nicht mit süßen Worten, versuchte gar nicht, um ihre Liebe zu werben, sondern entfesselte ihre Sinnlichkeit mit seinen Fingern, während er kühl die Wirkung jeder Berührung beobachtete. Als sie Jahre später einen französischen Film sah, in dem bei einem Bankeinbruch einer der Männer die richtige Zahlenkombination des Safes ertastete, erkannte sie den wachen, unbewegt aufmerksamen Gesichtsausdruck wieder, und sie kam und errötete in der Dunkelheit. Nachdem er einmal entdeckt hatte, was sie erregte, nutzte er es, sodass sie – diejenige, die immer Gunst gewährt hatte – zur Flehenden wurde. Er verwandelte ihren anfänglichen Widerstand in Willfährigkeit, bis sie außer sich war, trieb sie durch seine Zurückhaltung zur Raserei, und ihre Stimme, mit der sie ihn anflehte, sollte ihr den Rest ihres Lebens im Ohr nachhallen. Stunden später, nachdem sich dies mehrfach wiederholt hatte, musste sie eingeschlafen sein, denn plötzlich wurde ihr bewusst, dass sie allein war, eine Decke über sie gebreitet, und dass die Lampe auf dem wackligen Tisch in der Ecke noch brannte, gedämpft vom grauen Morgenlicht.

Zuerst dachte sie, er müsse noch da sein, doch als sie, die Decke um sich gewickelt, aufstand, stellte sie fest, dass er bereits gegangen war. Ihr ganzer Körper war steif und wund, vom unbequemen Liegen auf dem Sofa tat ihr der Nacken weh. Ihre Kleider vom Vorabend lagen auf dem Boden verstreut, genau dort, wohin er sie geworfen hatte. Sie war froh, dass er nicht mehr da war. Während sie in der Badewanne lag, läutete das Telefon. Er braucht nicht zu glauben, dass ich abhebe, dachte sie und versuchte, die Scherben ihres alten Selbstbildes aufzusammeln, das Bild der herablassenden, anbetungswürdigen Zoë, die jeden Mann um den Finger wickeln und selbst völlig kühl bleiben konnte. Doch als das Läuten aufhörte, fragte sie sich, was in aller Welt er ihr wohl gesagt hätte. Es fiel ihr schwer zu denken – auch nur einen einzigen Gedanken zu fassen.

Viel später, nachdem sie sich angezogen und eine Tasse Kaffee gemacht hatte, klingelte das Telefon erneut. Sie ließ es zweimal läuten und hob dann ab. Sie würde ihn reden lassen und selbst nichts sagen, so wie er in der vergangenen Nacht.

»Zoë? Mein Schatz, ich weiß, dass es schrecklich früh für dich ist, aber ich hatte das Gefühl, anrufen zu müssen …«

Es war Rupert. Hugh habe am vergangenen Abend angerufen, sagte er, er und Edward machten sich Sorgen über die aktuelle Entwicklung, und Hugh habe gemeint, dass London kein guter Ort sei, falls die Lage noch angespannter werde. Er habe schon am vergangenen Abend versucht, sie zu erreichen, aber sie müsse wohl außer Haus gewesen sein. Würde sie also, notfalls auch mit ihrer Mutter, an diesem Vormittag nach Hause kommen? Es ginge ein Zug um zehn Uhr fünfundzwanzig, fügte er hinzu.

Zoë hörte sich erklären, dass ihre Mutter verreist sei und dass sie ohnehin vorgehabt habe, heute heimzukehren. »Hast du vorhin schon einmal angerufen?«, fragte sie.

»Guter Gott, nein. Du weißt doch, wie du bist, wenn du vom Telefon geweckt wirst. Dann hole ich dich in Battle ab. Bis dann, Liebling.«

Zitternd legte sie auf, die Beine gaben unter ihr nach. Sie taumelte ins Wohnzimmer und ließ sich auf den kleinen vergoldeten

Stuhl neben der Lampe fallen. Es war zu früh, um Rupert zu begegnen. Sie war zu wund, zu verwirrt, sie brauchte Zeit, bevor sie ihn wiedersah, aber die hatte sie jetzt nicht. Sie brach in Tränen aus und versuchte, sich eine erträgliche Version des Vorgefallenen zurechtzulegen. Sie war mit dem Mann zu weit gegangen, und das hatte er ausgenutzt – hatte sie vergewaltigt. Aber er hatte sie nicht vergewaltigt. Es war nicht ihre Schuld, dass sie so begehrenswert war, er war viel älter als sie, sie hatte ihm gesagt, dass sie verheiratet sei und ihren Mann nie verlassen werde, also warum hatte er das nicht einfach akzeptiert und war gegangen? Aber nein, sie hatte ja versucht, ihn für sich einzunehmen, hatte gewollt, dass er sich in sie verliebte, er war ihr völlig gleichgültig gewesen. »Du kleines Miststück!«

Er hatte sich so sehr in sie verliebt, dass er wenigstens einmal mit ihr schlafen musste, und sie hatte geglaubt, ihm zumindest das zu schulden. Aber die vergangene Nacht hatte nichts mit Liebe zu tun, wie ihr allmählich bewusst wurde. Sie hatte sich ihm nicht huldvoll hingegeben: »O Philip – bitte – bitte!« Er hatte sie verführt, er hatte unverkennbar große Erfahrung – musste mit Dutzenden von Frauen ins Bett gegangen sein. Er hatte das Ganze von Anfang an geplant. Hätte sie sich ihm vergangene Nacht widersetzt, hätte er sie vermutlich tatsächlich vergewaltigt. Aber wenn man jeden Abend mit einem Mann tanzen ging, von dem man wusste, dass er sich rettungslos zu einem hingezogen fühlte, und ihn dann in eine Wohnung mitnahm, von der man wusste, dass sie leer war – was konnte man da erwarten? Was hatte er gesagt? Etwas in der Art: »Du kennst deine Schwächen nicht.« Jetzt kam es ihr vor, als kennte sie nichts anderes, als bestünde sie aus nichts anderem. War es Schwäche, in eine Art … ihr fiel kein Wort dafür ein … eine Art Tier verwandelt zu werden? Ein Flittchen? Aber die machten es doch für Geld, oder nicht? Wäre es vergangene Nacht um Geld gegangen, wäre sie diejenige gewesen, die hätte bezahlen müssen … Nichts, was sie sich hier einzureden versuchte, kam der Wahrheit nahe genug, um sie über das Geschehene hinwegzutrösten. Sie fühlte sich matt, ausgelaugt. Sie schaltete die Lampe aus und begann, ihre Kleider vom Boden aufzulesen und den Koffer für die Rückfahrt nach Sussex zu packen.

Am selben Morgen rief Raymond während des Frühstücks in der Mill Farm an und sagte, dass Tante Lena gestorben sei. Zu dem Schluss kam Nora, als sie ihre Mutter in ihrer gekünstelten Stimme sprechen hörte. Noras Ansicht nach konnte niemand aufrichtig Tante Lenas Tod bedauern, schließlich war sie entsetzlich alt gewesen und hatte im Grunde an nichts Freude gehabt. Aber ihr fiel auf, dass Tante Villy die Stimme ihre Mutter übernahm, und dann klangen beide genau gleich, als sie sagten, wie traurig es doch sei. Die Beisetzung solle am Montag stattfinden, berichtete Jessica, und Raymond sei der Meinung, dass Angela und Christopher mit ihr nach Frensham fahren sollten. »Ach, darf ich nicht auch mitkommen?«, rief Nora. »Ich war noch nie auf einer Beerdigung!«

»Warst du schon«, widersprach Neville. »Bexhill ist letzte Woche beerdigt worden. Da warst du dabei.«

»Ein kurzer Mond; bevor die Schuh verbraucht, womit sie des armen Fisches Leiche folgte«, sagte Louise.

»Kinder, seid still. Oder wenn ihr fertig seid, dann geht.«

Lydia stand sofort auf. »Wohin möchtest du, dass wir gehen, liebste Mummy? Ich meinte, wohin am liebsten?«

»Zur Hölle«, sagte Neville, »oder aufs Klo, vermute ich mal.«

Judy, die immer sehr lange zum Essen brauchte, stopfte sich ihren Toast in den Mund. »Ist es schwierig, dicke Leute zu begraben?«, fragte sie. »Tante Lena war gewaltig.«

»Judy, würdest du bitte den Mund halten und das Zimmer verlassen!«

»Wir müssen auch gehen«, sagte Louise zu Nora, um jedem Verweis zuvorzukommen.

Villy stieß einen Seufzer der Erleichterung aus, dann wurde ihr bewusst, dass Angela noch mit ihnen am Tisch saß.

»Keine Sorge, Mummy, ich muss los, sonst komme ich zu spät zu meiner Sitzung.« Von zehn bis eins malte Rupert tatsächlich ihr Porträt, was ihr ermöglichte, Stunden mit ihm allein zu verbringen, ohne ein Wort sagen zu müssen. Das Porträt war beinahe fertig, aber sie lebte in der Hoffnung, er könnte ein zweites anfangen.

»Manchmal kommt es mir vor, als hätte sie sich in Rupert verguckt«, sagte Jessica, nachdem ihre Tochter den Raum verlassen hatte.

»Ach, das macht nichts. Er ist ein absolut ungefährlicher Schwarm für sie. Wahrscheinlich ist sie einfach hingerissen, dass sie porträtiert wird. Erinnerst du dich nicht, wie aufgeregt du warst, als Henry Ford dich für ein Märchen gezeichnet hat?«

»Ja, aber er selbst war mir völlig gleichgültig. Es ging nur um meine Eitelkeit.« Sie schüttelte den Kopf. »Oje! Der arme Raymond! Er muss die ganze Beerdigung organisieren, dabei liegen ihm solche Sachen doch gar nicht.«

»Wahrscheinlich musst du auch hinfahren, oder?«

»Natürlich. Aber die Kinder möchte ich eigentlich nicht mitnehmen. Christopher wird völlig durcheinander sein, und dann schreit Raymond ihn an, und Angela wird vermutlich missmutig werden und sagen, dass sie nichts Passendes anzuziehen hat. Das habe ich auch nicht, wenn ich's recht bedenke.«

»Ich habe ein schwarz-weißes Kleid, das ich dir gerne leihen kann, wenn es dir nicht zu kurz ist. Und wenn du die Kinder hierlässt, kommst du früher zurück.«

Obwohl sie Jessica nichts über ihre mögliche Schwangerschaft gesagt hatte, wusste sie, dass ihre Schwester ihr fehlen würde – es gab niemanden, mit dem sie dasselbe Maß an Vertrautheit verband. Während der Wochen mit Jessica war ihr erst richtig klar geworden, wie einsam sie normalerweise war.

Um elf Uhr an diesem Vormittag rumpelte einer der Cazalet-Lastwagen die Auffahrt hinauf, der Fahrer stieg aus und klopfte mit dem Bleistiftstummel, den er hinters Ohr geklemmt hatte, ans Küchenfenster. Mrs. Cripps, die gerade aus sechs Pfund Lammnacken einen Irish Stew zubereitete, schickte Dottie auf die Suche nach Mrs. Cazalet senior. Aber Menschen zu finden war nicht Dotties Sache. Zwar machte sie sich sofort auf den Weg, kam aber nicht wieder, denn sie hütete sich davor, ohne Auskunft zu Mrs. Cripps zurückzukehren. Zeit verging. Der Fahrer stieg wieder in seine Kabine, wo er ein süßes, üppig mit Kokosflocken bestreutes Brötchen aß, leerte eine Thermoskanne Tee und las den *Star*. Mrs. Cripps vergaß die ganze Sache, bis sie den Korb mit Eierzwetschen brauchte und feststellte, dass Dottie ihn nicht von der rückwärtigen Tür hereingetragen hatte, wo McAlpine ihn abgestellt haben würde. Sie schrie nach Dottie, und Eileen sagte, sie habe sie schon eine ganze Weile nicht mehr gesehen, und da seien die Zwetschen – die Sonne war zu ihnen herumgewandert, und die Wespen hatten sich über sie hergemacht.

»Eileen, suchen Sie doch Mrs. Senior, obwohl es mittlerweile einen Esser mehr zum Lunch geben wird, wenn ich das richtig sehe.« Also klopfte Eileen an die Tür des Salons, wo die Duchy und Sid musizierten.

»Höchst erstaunlich«, sagte die Duchy zu Rachel und Sid, als sie in den Salon zurückkehrte. »Der Mann hat vierundzwanzig Feldbetten dabei, die er angeblich im Auftrag von William hier anliefern soll. Wofür können sie nur sein?«

»Für eine Evakuierung«, sagte Sid.

Die Duchy wirkte erleichtert. »Ach, ich hoffe, es ist nur das! Erinnert Ihr euch an das Mal, als er im Zug das Cricketteam kennen lernte und alle zum Wochenende einlud, und außer überbackenen Makkaroni konnten wir ihnen nichts vorsetzen? Was meint ihr, wen er evakuieren möchte? Oje! Vielleicht die Mitglieder seines Clubs. Sie erwarten alle schrecklich üppiges Essen.«

»Meine Liebe, die sind es bestimmt nicht. Du weißt doch, dass er gerne auf Nummer sicher geht. Und wenn er etwas kauft, dann dutzendweise.« Rachel bemühte sich um einen beschwichtigenden Ton, obwohl sie selbst leichtes Unbehagen beschlich.

»Wo ist er überhaupt?«

»Er ist nach Brede gefahren. Angeblich gibt es dort einen alten Mann, der ein sehr guter Wünschelrutengänger ist. Er möchte für die neuen Cottages einen weiteren Brunnen graben. Er sagte, er werde zum Lunch wieder hier sein. Wir kümmern uns um den Mann mit dem Lastwagen, Sid, ja, meine Liebe?«

»Aber natürlich.«

»Sid, bitte passen Sie auf, dass sie nichts anhebt. Sie hat die Sache mit ihrem Rücken gerade erst wieder überstanden.«

»Mache ich.«

~

»Das wär's.«

»Ist es fertig?«

»Nein – nein. Aber ich muss los.« Er wischte den Pinsel an einem Lumpen ab. »Ich muss Zoë vom Zug abholen. Ach! Wenn ich mich nicht beeile, komme ich zu spät. Du könntest wohl nicht so lieb sein und die Pinsel säubern, oder?«

Natürlich konnte sie.

»Du bist ein Schatz.«

Und damit war er fort. Ein Blitz aus heiterem Himmel. Mit keinem Wort hatte er Zoës Rückkehr erwähnt. *Ich muss Zoë vom Zug abholen.* Vielleicht hatte er gar keine Lust, sie abzuholen, musste aber, weil sie verheiratet waren. Langsam stand sie auf. Wenn sie so dasaß, den Kopf zu ihm gedreht, wurde ihr ganzer Körper entsetzlich steif, und manchmal zitterte sie vor Anstrengung, stillzuhalten. Aber es lohnte sich: Dafür war sie mit ihm allein, und dann gab es jede Stunde eine zehnminütige Pause, in der er ihr eine Zigarette anbot und ihr sagte, sie sei ein sehr gutes Modell. Würde das jetzt, wo Zoë wieder da war, ein Ende finden? Vermutlich würde er zumindest das Porträt fertigstellen, nachdem er so viel Zeit darauf verwendet hatte. Sie ging zur Staffelei und betrachtete es. Er hatte sie auf den wuchtigen Lederstuhl mit der hohen Rückenlehne gesetzt, der an einem Ende des Billardzimmers stand. Das Leder war grünlich schwarz, und auf seine Anweisung hin saß sie seitlich darauf, sah aber zu ihm hoch, die Hände lagen in ihrem Schoß. Sie hatte ihm zwar eine Auswahl ihrer schönsten Kleider gezeigt, damit er etwas davon aussuchte, aber er hatte alles kurzerhand verworfen und sie schließlich in ein grünlich weißes Seidenhemd von sich gesteckt. Es war alt und viel zu groß für sie, aber er hatte die Ärmel aufgekrempelt und die zwei obersten Knöpfe offen gelassen. Sie war hin- und hergerissen zwischen dem köstlichen Vergnügen, etwas von ihm zu tragen, und dem Gefühl, dass sie schauerlich darin aussah. Er hatte sie auch gebeten, sich das Haar nicht zu locken, und es mit einem mattgrünen Band zusammengebunden, das leider Zoë gehörte. Und er hatte gesagt, dass sie ihm ohne Lippenstift besser gefalle. Sie fand, dass sie bieder und blass aussah, er hatte sogar ihre Augen fast aquamarinfarben gemalt. Sie kam sich überhaupt nicht wie sie selbst vor, aber er hatte gesagt, dass sie schön aussehe – was konnte sie sich mehr wünschen? Dass es immer und ewig so weiterging, dachte sie, und Tränen schossen ihr in die Augen. Manchmal nahm sie absichtlich die falsche Pose ein, damit er ihren Kopf mit seinen Händen in die richtige Stellung brachte, aber er hatte nie wieder ihr Gesicht berührt. Sie nahm die Pinsel aus dem Marmeladenglas, in das er sie gestellt hatte, und wischte sie an dem mit Terpentin getränkten Lumpen ab. Und jetzt wird es nur noch schlimmer werden, dachte sie. Nicht nur, dass ab Mittag Zoë hier ist, unser Besuch geht zu Ende, und sie werden mich zwingen, nach London zurückzufahren und ihn zu verlassen. Das werde ich nicht überleben.

Als Polly am Freitagmorgen aufwachte, ging es ihr genauso wie am Abend zuvor, als sie sich schlafen gelegt hatte – alles war noch genauso schrecklich, sie hatte noch genauso viel Angst und böse Vorahnungen. Wie ein Albtraum, nur dass es sich diesmal nicht auf die Nacht beschränkte: Im Gegenteil, da hatte sie nichts gefühlt – nicht einmal davon geträumt. Es kam ihr unglaublich vor, dass wie aus dem Nichts, als alles ganz normal und schön schien und sie sich nur um Kleinigkeiten zu sorgen brauchte, etwa zur richtigen Zeit Windpocken zu bekommen, und wie sie der Duchy erklären könne, dass heiße Milch wie ein Brechreiz förderndes Gift war und deswegen nicht gut für sie sein könne, dass also ohne jede Vorwarnung genau das, wovor sie seit Jahren mehr Angst hatte als vor irgendetwas anderem, nicht nur wahrscheinlich sein sollte, sondern kurz bevorstand. Angefangen hatte es gestern nach dem Nachmittagstee: Sie war zu ihrem Lieblingsbaum im Obstgarten jenseits des Küchengartens gegangen – dem Baum, der früher ihr und Louise gehört hatte, nur interessierte sich Louise nicht mehr dafür, und sie hatte hübsch dafür gesorgt, dass Clary ihren eigenen Baum fand –, und dort hatte sie sich auf den besten flachen Ast gesetzt, ziemlich hoch oben, wo sie sich an den Stamm lehnen und lesen und niemand sie sehen konnte. Sie hatte ihre Ferienlektüre mitgenommen: Miss Milliment hatte ihnen eine Leseliste gegeben, aus der sie etwas wählen konnten, und Polly hatte sich für *Cranford* entschieden, das sich als ziemlich langweilig erwies. Sobald sie also Stimmen hörte, war ihre Aufmerksamkeit abgelenkt. Als sie dann näher kamen, sah sie, dass es Tante Rach und Sid waren. Sie wollte ihnen gerade etwas zurufen, da bemerkte sie, dass Tante Rach weinte, was für eine Erwachsene ziemlich ungewöhnlich war. Dann wurde ihr klar, dass die beiden unter dem Baum stehen blieben, und es erschien ihr zu spät, sich noch bemerkbar zu machen. Die beiden sprachen gerade von einer Frau, die Evie hieß und sich schrecklich aufführte, weil Sid weggefahren war, und dann rief Tante Rach plötzlich: »Aber wenn du nach London zurückfährst und es wirklich

Krieg gibt, dann fallen Bomben – schreckliche Luftangriffe –, jemand sagte, sie könnten London mit zwei oder drei Luftangriffen in Schutt und Asche legen, oder vielleicht setzen sie auch Gas ein, und ich könnte es nicht ertragen, wenn du das alles ohne mich überstehen musst!«

»Liebste, da stellst du eine Vielzahl ängstlicher Vermutungen an. Falls es Krieg gibt …«

»Du weißt doch genau, wenn die Tschechen Hitlers Ultimatum nicht erfüllen, dann kommt es dazu. Das hast du selbst gesagt.«

»Mein Schatz, sie heben Luftschutzunterstände aus. Das haben sie in den Nachrichten gesagt.«

»Bei Gas richten die überhaupt nichts aus. Hugh hat gesagt, dass Gas …«

»Sie geben an die gesamte Bevölkerung Gasmasken aus …«

»Darum geht es doch überhaupt nicht. Wenn wir wirklich alle sterben müssen, dann möchte ich bei dir sein. Deswegen bitte ich dich inständig, Evie zu sagen, dass sie herkommen soll. Aber das musst du jetzt tun, sofort. Als Nächstes rufen sie den Notstand aus, und dann dürfen die Leute wahrscheinlich nicht mehr reisen.«

»Wahrscheinlich nicht. Vielleicht marschieren sie hier ein …«

»O nein! Das kann doch nicht sein! Wir sind eine Insel.«

»Außerdem sind wir, soweit ich das erkennen kann, überhaupt nicht auf einen Krieg vorbereitet. Und ich kann mir nicht vorstellen, dass Hitler das nicht weiß. Er hat die Zügel in der Hand, er stellt die Bedingungen.«

»Sid, hör auf! Weich mir nicht aus. Es geht darum, dass Evie hierherkommt.«

»Das ist ein sehr persönliches …«

»Etwas anderes bleibt uns doch nicht übrig! Und vielleicht ist es auch nicht für lange. Es könnte das Ende sein – von allem.«

Dann wurde es still, und als sich Polly zitternd nach unten beugte, sah sie, dass Sid, lieb wie sie war, Tante Rach umarmte und küsste, damit es ihr wieder besser ging.

»Kopf hoch, mein Liebling, wir haben einander. Also, dann rufe ich Evie an. Wenn du sicher bist, dass die Duchy nichts dagegen hat.«

»Überhaupt nichts. Sie möchte nur nicht, dass wir vor den Kindern darüber reden. Sie will nicht, dass sie Angst bekommen.«

Dann gingen sie weiter und waren bald außer Sichtweite.

Polly blieb reglos sitzen. Ihr Herz schlug so heftig, als wollte es ihr aus dem Leib springen. Als sie dann nach unten kletterte, verschätzte sie sich beim vertrauten Abstieg und schürfte sich, um den Sturz abzufangen, böse am Schienbein auf. Sie wollte auf das Blut spucken, aber sie hatte einen ganz trockenen Mund bekommen. Schreckliche Bilder zogen an ihr vorüber: Die Bäume in diesem Obstgarten waren verkohlte Stümpfe, der Boden eine einzige Schlammwüste, nachts hörte man die Verwundeten stöhnen – aber ich würde nicht stöhnen, dachte sie, ich wäre tot von den Bomben und dem Gas. In London könnte es gefährlicher sein – das war es bestimmt, sonst wäre Tante Rach nicht derart außer sich gewesen –, allerdings könnten sie aus Versehen jederzeit Bomben auf andere Orte abwerfen. Aber London – Dad – Oscar! – Sie musste Dad dazu bringen, morgen Abend Oscar mitzubringen – wenn es ein morgen Abend gab. Ach Gott, sie sollte dafür sorgen, dass sie jetzt herkamen, auf der Stelle! Sie stand auf und lief blindlings zum Haus zurück.

Sie versuchte, Dad im Büro anzurufen, aber er war nicht da. Also bat sie, ihm auszurichten, er möge Miss Polly Cazalet zurückrufen. Sie überlegte sich, mit Clary zu reden und sie nach ihrer Meinung zu fragen, aber Clarys Windpocken juckten, und im Grunde wollte sie nur, dass alle mit ihr Fünf-in-einer-Reihe spielten, dabei war die Situation viel zu schlimm für einen läppischen Zeitvertreib. Außerdem wussten die anderen Kinder nichts vom Krieg, die Erwachsenen hatten wirklich nie vor ihnen darüber gesprochen. Also musste sie, Polly, sich an die Erwachsenen halten. Aber deren Antworten halfen ihr weder weiter noch waren sie besonders beruhigend. Sie versuchte es bei Mr. York, als er die Abendmilch von der Farm hochbrachte, und der sagte, er habe den Deutschen noch nie über den Weg getraut und werde jetzt auch nicht mehr damit anfangen – nicht in seinem Alter. Sie versuchte es bei Mrs. Cripps, weil die in ihrem knarzenden Peddigrohrsessel eindeutig eine Zeitung las, und die sagte, ihrer Ansicht nach seien Kriege eine einzige Zeitverschwendung für jedermann, und sie habe Besseres zu tun. Als Polly nachhakte, was denn in der Zeitung über den Krieg stehe, meinte sie, sie glaube nie ein Wort von dem, was sie dort lese. Vielleicht, dachte Polly, sprach man auch vor den Hausangestellten nicht über den Krieg: *»pas devant les domestiques«*, wie Mummy und Tante Villy zu sagen pflegten. Also versuchte sie es als Nächstes bei ihrer Mutter, die im Spielzimmer Namensschilder in Simons Schulkleidung nähte, während Wills sabbernd in einem Laufstall saß und mit gerunzelter Stirn zwei bunte Klötzchen in seiner Hand anguckte. Allmählich ging Polly etwas geschickter vor und fragte zuerst, warum Mr. Chamberlain nicht wieder Hitler besuche, und Mummy sagte, es gebe vieles, das geregelt werden müsse. Aber wenn Hitler unbedingt einen Krieg wolle, könne er doch mühelos einen bekommen, oder nicht? Mummy sagte, so einfach sei es nicht – aber Polly merkte, dass ihr allmählich die Antworten ausgingen –, und dann fragte sie, geradezu erleichtert, was in aller Welt Polly da mit ihrem Bein angestellt habe. Sie solle ins Bad gehen und das Blut abwaschen und mit dem Jod und einem Pflaster zurückkommen. Höchst merkwürdig, sich über solche Kleinigkeiten aufzuregen, wo doch jederzeit der Krieg ausbrechen konnte, dachte Polly verdrossen. Dann überlegte sie sich, dass vielleicht Männer, die ja schließlich den Krieg machten und in ihm kämpften, vor den Frauen nicht darüber sprachen. Der einzige Mensch, der jetzt noch übrig blieb, war der Brig. Er saß in seinem Arbeitszimmer, in dem es wie immer nach Geranien und Zigarrenkisten roch, und beugte sich mit einer Lupe über ein riesiges Buch, das aufgeschlagen vor ihm auf dem Schreibtisch lag.

»Ah«, sagte er, »auf dich hab ich gewartet. Wer von euch ist es?«

»Polly.«

»Polly. Schön. Lies mir doch kurz vor, was ich hier über den Export von Teakholz aus Birma in den Jahren 1926 bis 1932 geschrieben habe, ja?«

Also blieb ihr natürlich nichts anderes übrig. Dann erzählte er ihr eine lange Geschichte über Elefanten in Birma und dass sie genau abschätzen konnten, an welcher Stelle sie einen Baumstamm mit dem Rüssel anzuheben hatten, was nicht unbedingt in der Mitte war, wie Polly wissen müsse, und dass sie am Nachmittag alle haargenau im selben Moment zu arbeiten aufhörten, einfach den Baumstamm fallen ließen, wenn es Zeit war für ihr Bad im Fluss. Die Geschichte war viel interessanter als die sonstigen über die Menschen, die er an fremden Orten oder am selben Ort kennengelernt hatte, aber ihr stand nicht der Sinn nach Geschichten irgendwelcher Art. Als er kurz verstummte und sich unverkennbar überlegte, was er ihr als Nächstes erzählen könne, fragte sie ihn schnell, ob er glaube, dass am Wochenende der Krieg ausbrechen werde.

»Weswegen fragst du denn das, mein Küken?« Sie merkte, dass er versuchte, sie mit seinen trüben blauen Augen zu erkennen.

»Ich habe … ich habe einfach das Gefühl … dass es dazu kommen könnte.«

»Na, ich muss ja schon sagen.«

»Glaubst du nicht?«, fragte sie nach.

Er starrte weiterhin angestrengt in ihre Richtung, und dann nickte er ein ganz kleines bisschen. »Das bleibt unter uns«, sagte er.

»Dad ist in London«, sagte sie. Ihre Stimme zitterte, aber sie wollte nicht weinen. »Und Oscar auch.«

»Wer zum Teufel ist Oscar? Verdammt dummer Name. Wer ist Oscar?«

»Mein Kater. Und es ist kein dummer Name für einen Kater. Er heißt nach einem berühmten irischen Dramatiker. Ich will nicht, dass eine Bombe auf ihn fällt. Ich möchte, dass Dad ihn herbringt. Ich darf ihn doch hierhaben, oder?«

Er reichte ihr ein riesiges Seidentaschentuch, das er aus seiner Tasche zog. »Hier«, sagte er, »du klingst, als müsstest du dir die Nase putzen. Natürlich kannst du deinen Kater hierhaben.«

»Könntest du dafür sorgen, dass Dad heute noch kommt?«

»Das ist nicht nötig. Womöglich gibt es nächste Woche noch ein Treffen, und wer weiß, das könnte alles richten. Wer hat dir denn diesen Floh ins Ohr gesetzt, mein Küken?«

»Niemand«, log sie. Ihr Gefühl riet ihr, ihre Tante nicht zu verraten.

»Na, jetzt hör mal auf, dir dein hübsches kleines Köpfchen darüber zu zerbrechen.« Er wühlte in einer anderen seiner zahllosen Taschen und fand eine Zweieinhalb-Shilling-Münze. »Und jetzt geh schön spielen.«

Als würde es ihr wegen ein bisschen Geld besser gehen! Immerhin hatte Dad angerufen und gesagt, er werde Oscar mitbringen. Heute, am Freitag, lastete noch genau dieselbe düstere Vorahnung auf ihr, aber zumindest würde Dad in spätestens zehn Stunden hier sein, und sie konnte den Vormittag damit verbringen, das Fressen für Oscar herzurichten und ihm ein Körbchen zu machen. Sie wusste zwar, dass er nie darin schlafen würde, aber er würde es ihr verübeln, wenn sie ihm keines hinstellte.

Miss Milliment packte, allerdings mit einer Aufregung, die sich als ausgesprochen ineffektiv erwies. Als sie den freundlichen Brief der lieben Viola erhalten hatte, war sie, wie aufgefordert, zu einem öffentlichen Fernsprecher gegangen, um auf der Mill Farm anzurufen. Sie telefonierte so gut wie nie und befürchtete, das Gesagte nicht zu verstehen, aber Viola, die Gute, gab ihr klare Anweisungen: Wenn sie am Freitagnachmittag von Charing Cross den Sechzehn-Uhr-Zwanzig-Zug nach Battle nehme, werde sie abgeholt werden. Jetzt, am Freitagvormittag, lag der größte Koffer ihres Vaters – in dessen Futter sich offenbar Mehltau eingenistet hatte – auf ihrem Bett, und sie befüllte ihn mit Kleidungsstücken. Eine Sommergarderobe als solche besaß sie nicht, sie trug nur weniger von dem, was sie im Winter anzog. Doch die mangelnde Auswahl verhinderte nicht, dass heilloses Durcheinander herrschte. Hellgraue und kaffeebraune Baumwollstrümpfe, die allesamt nicht zusammenpassten, lagen in erstaunlichen Mengen auf ihrem einzigen Stuhl. Sie verstand nicht, warum sie so viele besaß, und verzagte bei der Aufgabe, auch nur einige Paare daraus zu bilden. Ausladende Doublejersey-Schlüpfer wurden zu einem Berg aufgetürmt, einige kurzärmelige Wollunterhemden (von einheitlich hellgrauer Farbe) zu einem zweiten. Vor Jahren hatte jemand ihr einmal gesagt, man solle beim Packen von der Haut nach außen vorgehen. Doch den Rat vergaß sie immer wieder ob der quälenden Entscheidung zwischen dem flaschengrünen Jersey-Ensemble und dem erikafarbenen Tweed. Die Strickjacke stellte sie vor ein weiteres Problem. Die stahlgraue war offenbar von Klümpchen getrockneten Porridges befallen, die hellbraune zeigte unverkennbar Mottenspuren. Für die Abende durfte sie auf keinen Fall ihr bestes senfgelb-braunes Schultertuch vergessen. Strumpfhalter! Die verlegte sie regelmäßig, also sollte sie alle mitnehmen, die sie finden konnte. Die hielten ihre Strümpfe zwar nicht am richtigen Platz, verhinderten aber, dass sie ganz nach unten rutschten. Ihre Nachthemden – eines gehörte eigentlich in die Wäsche, aber das andere hatte sie erst ein paar Tage getragen – hingen über dem metallenen Kopfteil des Bettes. Dann gab es noch zwei Viyella-Blusen, die die Cousine ihrer Vermieterin für sie genäht hatte. Sie saßen zwar nicht besonders gut, leisteten unter einer Strickjacke aber gute Dienste. Ihr Kulturbeutel war eine Schande. Auch der hatte ihrem Vater gehört, und sie hegte den starken Verdacht, dass er nicht wasserdicht war. Also wickelte sie ihren Waschlappen und die Zahnbürste in Zeitungspapier, bevor sie sie hineinlegte.

Viel Lektüre würde sie nicht mitnehmen, zweifellos besaß die Familie Cazalet eine ergötzliche Menge an Büchern und hatte sicher nichts dagegen, wenn sie sich das eine oder andere auslieh. Ihr zweites Paar Schuhe, braune Schnürschuhe, brauchte neue Sohlen, sie waren dünn geworden, in einer entdeckte sie sogar ein Loch. Wie in aller Welt sollte das alles in einen Koffer passen? Sie begann, die Sachen hineinzulegen. Zuunterst kam das Tuch in der Hoffnung, es würde dann nicht völlig zerknittert, alles andere stopfte sie obenauf. Bald quoll der Koffer derart über, dass er sich nicht schließen ließ. Mrs. Timpson wollte sie ungern um Hilfe bitten – seit ihrer Ankündigung, dass sie eine Weile verreise, herrschte eindeutig eine gewisse Atmosphäre. Mrs. Timpson hatte offenbar das Gefühl, man hätte ihr früher Bescheid geben müssen, was Unsinn war, schließlich würde sie weiter ihre Miete bekommen. Wie sich herausstellte, war der Koffer nur zu schließen, wenn sie auf die Strickjacke verzichtete. Oder sollte sie sie anziehen? Aber sie neigte dazu, stark zu transpirieren, und auf der Reise musste sie natürlich ihren besseren Mantel tragen, der recht dick war. Ihr blieb nichts anderes übrig, als zwei Koffer mitzunehmen, was bedeutete, dass sie sich wohl oder übel ein Taxi leisten musste; das würde von Stoke Newington nach Charing Cross gut und gerne zwei Pfund kosten, wenn nicht mehr. An dem Morgen hatte sie allen Mut zusammengenommen und einen Scheck über zehn Pfund eingelöst. »Ich verreise«, hatte sie dem Kassierer erklärt, ehe er allzu viel sagen konnte. Auf dem Boden kniend versuchte sie jetzt, den zweiten Koffer unter dem Bett hervorzuziehen. Er kam ihr entsetzlich schwer vor, bis ihr einfiel, dass sie darin Papiere, Fotos und einiges Porzellan von zu Hause verwahrte: eine Teekanne mit Primeln und zwei Obstteller mit Trauben und Kirschen in der Mitte und einem dunkelblauen und goldenen Rand. All das würde sie in der Kommode verstauen müssen, was natürlich bedeutete, dass die Sachen vor der stets schnüffelnden Mrs. Timpson nicht sicher waren. Also gut, Eustaces Briefe würde sie mitnehmen – die durften nicht in fremde Hände geraten –, und beim Rest musste sie es einfach darauf ankommen lassen. Sie verreiste! Was hatte sie nicht für ein Glück! Und die Einladung kam am Ende eines langen Sommers, als sie sich eingestehen musste, dass sie ihrer eigenen Gesellschaft doch ein wenig überdrüssig wurde. Die Tage bereiteten ihr keine Schwierigkeiten, da konnte sie ihre

Interessen bestens in Galerien bedienen, aber die Abende, wenn sie mit ihren müden Augen nicht immer so viel lesen konnte, wie sie gerne wollte. Dann wäre etwas Unterhaltung schön gewesen, hätte es denn jemanden gegeben, mit dem sie sich hätte unterhalten können.

Sie fuhr aufs Land! Es fehlte ihr doch sehr. Sie würden gerade heuen und in der Region vielleicht auch Hopfen pflücken, und sie waren keine fünfzehn Kilometer vom Meer entfernt! Das Meer hatte sie seit Jahren nicht mehr gesehen. Allerdings durfte sie nicht vergessen, dass sie zum Arbeiten hinfuhr, sie sollte die Mädchen unterrichten. Sie hatte den Sommer über häufig an sie gedacht – so unterschiedlich sie waren, hatte doch jede Talente, die sie zu fördern versuchte, und kleine Schwächen, die nachdrücklich zu korrigieren ihr die nötige Härte fehlte. Louise zum Beispiel, die jetzt fünfzehn und ihre älteste Schülerin war, müsste mit strenger Hand angehalten werden, sich bei den Fächern, die sie langweilten, mehr zu bemühen. Aber sie verstand sich sehr gut darauf, ihren Kopf durchzusetzen, zog etwa die Diskussion über ihre morgendliche Shakespeare-Lektüre in die Länge, um nicht zu Latein oder Mathematik übergehen zu müssen. Im vergangenen Jahr hatte Miss Milliment den Eindruck bekommen, dass Louise über den gemeinsamen Unterricht mit Polly und Clary hinauswuchs; keine von ihnen stellte noch eine Herausforderung für sie dar. Natürlich, beide waren zwei Jahre jünger, was in dem Alter einen großen Unterschied ausmachte. Louise war distanziert und geistig träge geworden, und beim Lunch am Freitag hatte Miss Milliment Spannungen zwischen ihr und ihrer Mutter bemerkt. Sie wurde erwachsen, während Polly und Clary noch kleine Mädchen waren. Um Polly machte sie sich keine Sorgen. Sie las glücklich ihren Shakespeare, ohne den Wunsch zu hegen, Schauspielerin zu werden, sie lauschte mit aufrichtiger Bewunderung Clarys Aufsätzen, ohne mit ihr in Konkurrenz treten zu wollen, sie gab auch nichts auf ihr Aussehen, obwohl sie ein sehr hübsches Kind war, das zu einer Schönheit heranzuwachsen versprach. Sie war freimütig und leidenschaftlich. Moralische Fragen, denen Louise geschickt und bisweilen geistreich auswich und die Clary vor zornigem Eifer fast zu Tränen reizten, veranlassten Polly zu tiefschürfenden Überlegungen. Die beklommene Aufrichtigkeit, die sie dabei an den Tag legte, rührte Miss Milliment sehr.

Aber Clary war ihr Liebling – obwohl sie wusste, dass ihre Gefühle unangemessen waren. Clary war weder hübsch wie Polly noch beeindruckend wie Louise. Mit ihrem bleichen, runden Gesicht, den Sommersprossen, dem dünnen, glatten, mausbraunen Haar, dem von der Zahnlücke in ihren Vorderzähnen entstellten Lächeln und der Zahnspange, mit den abgebissenen Nägeln und ihrem Hang zum Gekränktsein war sie in vieler Hinsicht ein ganz normales, nicht besonders hübsches kleines Mädchen. Aber sie nahm vieles wahr, und die Art, wie sie das tat und wie sie darüber schrieb, war in Miss Milliments Augen alles andere als normal. Im vergangenen Jahr hatten sich ihre Aufsätze von nachahmenden Berichten über das Leben von Tieren in anthropomorpher Form zu Geschichten über Personen entwickelt, die zeigten, dass Clary für eine Dreizehnjährige erstaunlich viel über die Menschen ahnte oder bemerkte oder auch wusste. Miss Milliment ermutigte sie, gab ihr Hausaufgaben, die, wann immer der Unterricht es zuließ, ihr Talent zum Schreiben förderten, bat sie oft, ihre Texte laut vorzutragen, und war sehr pedantisch, was die Bedeutung von Wörtern betraf, wenn sie sie ungenau oder zu allgemein verwendete. Das hatte Louise, die sich nicht gerne ausstechen ließ, dazu veranlasst, ebenfalls mehr zu schreiben, und sie hatte ein Stück mit drei Akten verfasst – eine häusliche Komödie, die ebenso frühreif wie unterhaltsam war. Beide Mädchen sollten studieren, fand Miss Milliment, was sie allerdings eher für unwahrscheinlich hielt, da sich die Familie Cazalet kaum für die Ausbildung ihrer Töchter interessierte.

Aber was machte sie hier – trödelte auf dem Fußboden mit dem schrecklich vollen Koffer herum, und ihre Knie wurden schon ganz steif. Sie würde fertig packen, zu einem Telefonhäuschen gehen und beim nächstgelegenen Taxistand anrufen. Sie sollte zusehen, dass sie zum Bahnhof kam und ihre Fahrkarte besorgte. Vielleicht blieb ihr dann noch Zeit für eine Tasse Tee und ein Würstchen im Schlafrock oder etwas ähnlich Frivoles.

Viel später, auf der Fahrt zum Bahnhof – sie konnte sich wirklich nicht erinnern, wann sie das letzte Mal in einem Taxi gesessen hatte, und der Notwendigkeit zum Trotz nagte die Extravaganz an ihr –, stieg unvermittelt die Befürchtung in ihr auf, dass sie wohl nicht mit ihrem vollen Gehalt rechnen konnte, schließlich bekam sie ja Kost und Logis frei. Vielleicht würden sie es sogar gerecht finden, es um volle drei Pfund zu kürzen, dabei musste sie Mrs. Timpson doch nach wie vor die achtundzwanzig Shilling Miete bezahlen, sonst fände sie sich wohl auf der Straße wieder. »Immer mit der Ruhe, Eleanor, darüber machst du dir Gedanken, wenn es so weit ist«, ermahnte sie sich. »Was ist schon diese läppische Sorge im Vergleich zu dem, womit sich der arme Mr. Chamberlain herumschlagen muss?« Sie las die *Times* jeden Tag, und es war nicht mehr zu leugnen: Dieses großartige, sichere Land stand offenbar erneut am Rande von Blutvergießen und Zerstörung.

Edward kam an dem Abend erst spät in der Mill Farm an. Der Verkehr, erklärte er, zudem habe sich sein Aufbruch verzögert. In Wirklichkeit verspätete er sich, weil er Diana und Jamie und eine große Menge Gepäck in St. John's Wood abgeholt und nach Wadhurst gefahren hatte. Angus hatte in einem Anruf aus Schottland befunden, sie solle bei seiner Schwester bleiben, bis sich die Lage beruhigte, wie er es ausdrückte. Das war ein furchtbarer Schlag für Diana – dadurch würde Edward für unbestimmte Zeit unerreichbar sein, ganz abgesehen davon, dass sie ihre Schwägerin recht strapaziös fand, wie sie es Edward gegenüber bezeichnete. Als er nach dem Grund fragte, erklärte sie, Isla sei sehr gläubig und vertrete recht liberale politische Ansichten.

»Guter Gott! Heißt das, dass ich dich nicht einmal anrufen kann?«

»Ich finde es besser, wenn ich dich im Büro anrufe – am Montag, wenn sie nicht da ist. Sie geht zu Versammlungen und derlei. Wir müssen wirklich vorsichtig sein.« Zehn Tage waren vergangen, seit Villy sie zu ihrer beider Schrecken in der Lansdowne Road überrascht hatte. Edward meinte zwar schon wenig später, sie hätten unglaubliches Glück gehabt und seien noch mal davongekommen, doch Diana nahm den Vorfall ernster. Was, wenn Villy aufgetaucht wäre, während sie den Großteil der Nacht dort verbrachte? Während sie oben in Edwards Ankleidezimmer waren? Sie ärgerte sich, dass er sie einer derart demütigenden Gefahr aussetzte. Edwards Antwort – dass Villy noch nie zuvor etwas in der Art gemacht habe – glättete die Wogen ein wenig, aber mehr auch nicht. Und das Schlimmste war, jetzt hatte sie das Gefühl, das Haus nie wieder betreten zu können. Sie fragte Edward, ob Villy wohl Verdacht geschöpft habe, aber er sagte, guter Gott, nein, natürlich nicht, so ein Mensch sei sie nicht. Ich schon, dachte Diana. Wäre ich mit Edward verheiratet, wäre ich ganz bestimmt misstrauisch. Obwohl sie es Edward gegenüber natürlich nicht laut sagte, hatte sie die Begegnung mit Villy fasziniert. Sie war verblüfft, sie hatte eine hübsche, vielleicht etwas verblühte Frau erwartet, und da hatte diese kleine, gepflegte, intellektuell ansprechende Person mit grauweißen Locken, auffällig dunklen, schweren Augenbrauen, einer Adlernase und feinen Lippen vor ihr gestanden – und entsprach damit so überhaupt nicht dem Bild, das sie sich von ihr gemacht hatte. Eine erstaunliche Ehefrau für Edward, schließlich war er eine attraktive Partie. Für Villy musste es wunderbar sein, sich nie ums Geld sorgen zu müssen. Diana kam es vor, als verbringe sie ihr ganzes Leben damit, bei einer verstörenden Vielzahl von Gelegenheiten den Schein zu wahren und sich zwischenzeitlich zu bescheiden. Als zweiter Sohn würde Angus' Erbe sehr klein ausfallen, obwohl ein Patenonkel ihm etwas Geld hinterlassen hatte – vermutlich das Schlimmste, das ihm hatte passieren können, denn es enthob ihn der Notwendigkeit, irgendeiner ernsthaften Tätigkeit nachzugehen. Er hatte romantische (völlig überzogene) Vorstellungen von dem, was ihm zustand. Die Familienehre (seine Bequemlichkeit) besaß einen erheblichen Stellenwert, was Diana vielfach zu einer demütigenden Sparsamkeit zwang. Seinen Eltern gegenüber musste zudem der Schein gewahrt werden, als arbeite er extrem hart – und erfolgreich –, was bedingte, dass sie ihn in Inverness am Abteil erster Klasse abholten, er ihnen zu Weihnachten unglaublich extravagante Geschenke schickte und sie – zum Glück nur einmal im Jahr – zum Lunch ins Ritz einlud. Ihre Freunde waren allesamt wohlhabender als sie, und schon seit Jahren kaufte Diana ihre Kleidung aus zweiter Hand durch eine Anzeige in *The Lady* von einer Frau, deren größter Vorzug darin bestand, genau dieselbe Größe wie Diana zu haben und vorwiegend im Ausland zu leben. Sie seufzte, und Edward legte ihr die Hand aufs Knie. »Kopf hoch, mein Liebling, es wird nicht ewig so weitergehen.«

Wenn es Krieg gibt, dachte sie, könnte er sehr lange dauern. Sie wusste, dass Edward, wenn er monatelang von ihr getrennt wäre, eine andere Frau finden würde. Das musste sie mit allen Mitteln verhindern. Gerade bewältigten sie die Steigung nach Wadhurst hinauf, in wenigen Minuten würde er sie abgesetzt haben und zu seiner Familie weiterfahren – und zu Villy. Vielleicht spürte er etwas, denn er verlangsamte das Tempo und fragte: »Liebling, was ist?«

»Nichts. Ich bin nur ziemlich bedrückt.«

»Wie wär's mit einem kurzen Drink im Pub?«

»Das wäre sehr schön, aber denk an Jamie.«

»Ich kann den Drink zu dir rausbringen.«

Doch sobald sie anhielten, wachte Jamie auf, der die ganze Fahrt hinten in seinem Körbchen wie ein Murmeltier geschlafen hatte, und begann zu weinen. Sie hob ihn heraus und ging mit ihm auf und ab. Er war ein außergewöhnlich hübsches Baby, fand sie – im Gegensatz zu den beiden anderen, die dick und behäbig und rotblond gewesen waren. Jamie war dunkel und drahtig und hatte die hinreißendste kleine Hakennase, die für sein restliches Gesicht viel zu erwachsen wirkte. Ich bin überzeugt, dass er von Edward ist, dachte sie zum tausendsten Mal. Wenn sie ihn ansah, wurde sie manchmal ganz schwach vor Liebe. Er war nass – er weinte nie ohne guten Grund. Sie legte ihn auf den Rücksitz und holte eine frische Windel aus dem Korb. Als sie die Sicherheitsnadeln an der alten öffnete, lächelte er ihr derart verschwörerisch zu, so fröhlich und vertrauensvoll, dass ihr Tränen in die Augen stiegen.

»Hier, Liebling, nimm.«

»Einen Moment.« Eine Träne fiel auf Jamies Bauch, und er blinzelte.

Sie wickelte ihn fertig und legte ihn wieder in sein Körbchen, dann drehte sie sich zu Edward. »Setzen wir uns doch wieder ins Auto«, schlug er vor.

Nachdem sie eingestiegen waren, reichte er ihr das Glas und legte den Arm um sie. »Mein armer Liebling, du bist ganz traurig. Kopf hoch, in hundert Jahren kräht kein Hahn mehr danach.«

»Das finde ich jetzt überhaupt nicht tröstlich. Wer in aller Welt hat sich nur eine so dumme Redewendung ausgedacht?«

Er zuckte mit den Schultern. »Keine Ahnung. Aber eins weiß ich. Ich liebe dich – wenn dir das hilft. Es gefällt mir gar nicht, dich jetzt verlassen zu müssen. Besser?«

»Viel besser.« Sie nahm das Taschentuch, das er ihr reichte, und putzte sich die Nase.

»Deine Taschentücher riechen immer so gut!«

»Zeder«, sagte er. »Komm, trink aus, meine Süße, wir sollten weiterfahren.«

Kurz darauf gab er ihr einen Kuss und brachte die leeren Gläser in den Pub zurück.

»Du musst zugeben, Jamie war ein Engel«, sagte sie, als sie durchs Dorf fuhren.

»Er ist ein Prachtkerl«, antwortete er geistesabwesend. Manchmal fragte er sich, ob er von ihm war, behielt den Verdacht aber für sich, um nicht auf gefährliches Terrain zu geraten. »Jetzt musst du mir sagen, wie ich fahren soll.«

Bis er sie also abgesetzt, ihre ganzen Sachen aus dem Auto geladen, ein paar Banalitäten mit der Schwägerin ausgetauscht (die ihn absolut entzückend fand) und die fünfzehn Kilometer zur Mill Farm zurückgelegt hatte, war es nach sieben Uhr. Aber Villy schien weder verärgert noch neugierig. Dafür machte sie sich zu große Sorgen, wie er wohl die Nachricht aufnehmen würde, dass nicht nur Lady Rydal noch bei ihnen war, sondern Miss Milliment jetzt auch noch zu ihnen kommen würde.

Als Christopher und Simon dem Lager ihren morgendlichen Besuch abstatteten, bekamen sie einen furchtbaren Schreck. Die vorderen Zeltplanen standen offen. Simon wollte gerade aufschreien, als Christopher warnend die Hand hob und einen Finger an die Lippen legte. Lautlos schlichen sie näher. Eine Seite des Zelts wölbte sich vor und bewegte sich. Irgendjemand war dort drinnen. Christopher ließ die Vorräte fallen und griff nach einem Stock. Viel konnte er damit nicht ausrichten, aber es war besser als nichts. Simon machte es ihm nach. »Rauskommen, wer immer dort ist!«, rief Christopher.

Nach einer kurzen Stille kroch Teddy aus dem Zelt. Er stopfte sich gerade ein paar Kekse in den Mund, aber Simon fand, dass er gefährlich aussah.

»Tja«, sagte er. »Ich finde, ihr seid verdammte Geheimniskrämer. Wie lange geht das jetzt schon?« Simon merkte, dass er wütend war.

»Nicht lange«, antwortete er.

»Du weißt genau, dass ich gerne zelte. Warum hast du mich nicht eingeweiht? Und überhaupt, was ist so besonders daran?«

»Es war Christophers Idee«, brummelte Simon.

»Ach ja? Na, es sind auch eine ganze Menge von deinen Sachen hier. Was geht hier vor sich?«

»Es ist ein Geheimnis«, sagte Christopher. »Ich wollte nicht, dass irgendjemand davon erfährt.«

»Und ich bin irgendjemand, ja? Du bist nur ein Gast«, informierte er Christopher. »Ich hätte erwartet, dass du den Anstand besitzt, andere Jungen bei deinen Spielen mitmachen zu lassen. Und was dich betrifft«, er wandte sich an Simon, »kein Wunder, dass du nie Zeit hattest, um Squash zu spielen oder mit mir Tennis zu üben, nicht einmal für eine richtige Fahrradtour. Du bist ein Verräter.«

»Ich bin kein Verräter!«

»Das sagen alle Verräter. Ihr habt hier genug Vorräte für ein ganzes Cricket-Team. Wofür soll das Ganze denn sein?«

»Wir wollten …«, begann Simon, aber Christopher fuhr dazwischen. »Halt den Mund!«

Es entstand eine angespannte Pause, bis Teddy schließlich aufstand. »Willst du es mir nicht verraten?«, fragte er.

»Nein.«

»Warum nicht?«

»Weil ich nicht will. Deswegen.«

Sie funkelten sich an. Dann sagte Teddy: »Ich verstehe. Du willst Krieg.«

»Christopher ist ein Kriegsgegner«, erklärte Simon. »Also kann er keinen Krieg wollen.«

»Halt die Klappe, Simon.« Jetzt waren sie beide gegen ihn.

Christopher sagte: »Ich will keinen Krieg. Was verlangst du?«

Teddy wirkte verblüfft. »Ziemlich viel. Sehr viel. Ich muss es mir überlegen. Übrigens sind eure Kekse alle weich geworden. Ihr hättet sie in Dosen packen müssen.«

»Das wissen wir, aber uns sind die Dosen ausgegangen.«

»Simon, verstau die Sachen, die wir mitgebracht haben, im Zelt. Teddy und ich müssen reden.«

Ihr könntet genauso gut reden, wenn ich draußen vor dem Zelt bleibe, dachte Simon. Es ärgerte ihn, dass er als Knirps behandelt wurde – von beiden bekam er zu hören, er solle den Mund halten, und Christopher kommandierte ihn vor Teddy herum. Ich fange gleich an zu weinen vor Wut, sagte er sich. Den Tränen nahe war er in der Tat. »Von hier drinnen höre ich euch genauso gut«, rief er, bekam aber keine Antwort.

Worauf es hinauslief, war Folgendes: Teddy wusste sehr wohl, dass sie so geheimnisvoll vorgegangen waren, weil die Erwachsenen nichts von dem Lager erfahren sollten, und wenn er, Teddy, nicht bekomme, was er wollte, werde er es ihnen erzählen. Christopher sagte, das sei gemein, und Teddy sagte, Christopher sei gemein zu ihm gewesen, und er zahle es ihm nur mit gleicher Münze heim. Was er verlange, habe er immer noch nicht gesagt. Also, er wolle der Anführer sein von was immer es werden solle. Christopher könne sein Obergeneral und Simon sein Fußsoldat sein, und zwar deswegen, weil sie ihn nicht von Anfang an eingeweiht hätten. Und was er als Allererstes verlange, sei zu erfahren, was sie vorhätten. Worauf Christopher sofort »nichts« erwiderte.

»Es kann nicht nichts sein, sonst hättet ihr nicht das ganze Zeug hergeschleppt. Und überhaupt, wenn du es wirklich wissen willst, gehört das Zelt im Grunde mir.«

»Das stimmt nicht.« Schockiert über Teddys faustdicke Lüge steckte Simon den Kopf zum Zelt hinaus. »Der Brig hat es uns allen geschenkt. Es gehört mir genauso gut wie dir.«

»Christopher aber überhaupt nicht.«

»Für drei ist kein Platz hier drin.«

»Das macht überhaupt nichts. Du kannst draußen schlafen. Schließlich bist du nur Infanterie.«

»Du stellst das ganze Spiel auf den Kopf!«

»Ach, wirklich? Und von was soll ich es auf den Kopf stellen?«

Christopher war ganz still geworden. »Nenn mir deine Bedingungen«, sagte er jetzt. »Ich denke darüber nach und gebe dir morgen Bescheid, ob ich sie erfüllen kann oder nicht. Du solltest sie mir aber schriftlich geben.«

»Du bist nicht bereit, mir zu sagen, was ihr vorhabt?«

»Nein. Und wenn du irgendjemandem von diesem Lager erzählst, sage ich es dir nie.«

Teddy sah ihm ins Gesicht. »Willst du dich prügeln?«

»Nein, nicht unbedingt.«

»Nicht unbedingt. Und was heißt das, wenn ich fragen darf? Dass du Angst hast? Das glaube ich dir sofort. Du bist nicht nur hinterhältig, sondern feige obendrein.«

»Das bin ich nicht!«

Simon kroch aus dem Zelt, die beiden funkelten sich hasserfüllt an. Vor Wut war Teddy ganz rot im Gesicht, Christopher ganz weiß. Dann holte Teddy sein Taschenmesser heraus und klappte die größte Klinge auf. O mein Gott!, dachte Simon. Er kann doch nicht das Messer ziehen, obwohl Christopher keines hat. So bösartig kann er nicht sein!

Doch er ging nicht auf Christopher los, sondern auf das Zelt, stach auf das Dach ein und schlitzte es auf. Mit einem wilden Wutschrei stürzte sich Christopher auf ihn.

Der Kampf war ziemlich ausgewogen, fand Simon. Christopher war zwar ein Jahr älter, aber viel schmächtiger gebaut, und davon abgesehen bekam Teddy in der Schule Boxunterricht. Aber Christopher hatte die längeren Arme und versuchte wie ein Ringer, Teddy aus dem Gleichgewicht und zu Fall zu bringen, sodass der jedes Mal, wenn er zu einem Schlag ausholte, Gefahr lief, umgeworfen zu werden. Allerdings machte die Wut beide unvorsichtig, und zwei von Teddys Fausthieben landeten in Christophers Gesicht. Blut rann ihm aus der Nase, und eines seiner Augen sah komisch aus.

Zu guter Letzt gelang es Christopher, Teddy an der rechten Schulter zu packen, er verdrehte sie, hebelte Teddy aus und schleuderte ihn so heftig zu Boden, dass Teddy die Luft wegblieb. Eine Sekunde stand Christopher keuchend über seinem Gegner, dann ging er davon, um sich am Bach das Gesicht zu waschen. Als Teddy wieder sprechen konnte, sagte er: »Also, ich habe dir meine Bedingungen genannt. Aufschreiben werde ich sie nicht, nie im

Leben. Wenn du bis morgen um elf nicht einwilligst, erkläre ich dir den Krieg.« Er stand auf, rieb sich die rechte Schulter und ging davon. Simon würdigte er keines Blickes.

Es herrschte Stille. Simon hob Teddys Messer auf und besah sich den Schaden am Zelt. Der Schlitz war nicht zu schlimm, sie sollten ihn flicken oder eine Plane unter die Stelle legen können, damit der Regen, wenn es denn welchen gab, nicht die Vorräte vernichtete. Dann ging er zu Christopher, der am Bach kniete. Er hatte sich das Hemd ausgezogen und trocknete sich das Gesicht daran ab. Sein Rücken war knochig und weiß und sah überhaupt nicht aus wie der Rücken eines Jungen, der eine Prügelei gewinnen konnte.

»Du warst richtig gut«, sagte er. »Du hast gewonnen.«

Christopher hielt inne, und Simon sah, dass sein Auge nicht nur zugeschwollen war und er wieder aus der Nase blutete, sondern dass er auch weinte. Er hockte sich neben ihn. Wenn jemand weinte, musste man ihn trösten, damit er aufhörte. »Es war wirklich Pech, dass er uns entdeckt hat«, sagte er. »Aber ich wette, dass er niemandem davon erzählt. Er möchte mitmachen. Und das Zelt können wir flicken.«

Christopher wischte sich über die Nase und betrachtete das verschmierte Rot auf seinen Knöcheln. »Aber ich soll doch gegen das Kämpfen sein. Und dann habe ich sogar angefangen!« Sein heiles Auge blickte so bekümmert drein, dass es fast schlimmer aussah als sein blaues.

»Aber eigentlich hat er angefangen. Und zumindest kennen wir jetzt die Bedingungen.«

»Ja. Wir müssen verhandeln.«

Simon gab keine Antwort. Verhandeln würde seiner Ansicht nach bedeuten, zu tun, was Teddy wollte.

Zum Dinner in der Mill Farm saßen sie zu elft am Tisch. Villy hatte zusätzlich noch Rupert und Zoë eingeladen, weil der arme Edward sonst völlig von ihren weiblichen Verwandten und Miss Milliment belagert würde. Eigens zur Gesellschaft für Christopher hatte sie auch Teddy dazugebeten, aber Christopher hatte ihm die Einladung zu spät ausgerichtet. Judy, Neville und Lydia sollten angeblich bereits im Bett liegen, aber da Ellen außer Sichtweite in der Küche Emily beim Anrichten half, spielten sie Krankenhaus, was zu einigem Streit führte. Lydia übernahm die Rolle der Patientin (Windpocken), Judy die der Krankenschwester und Neville, nur weil er der Junge war, gab den Arzt. Mit elf Leuten am Tisch stellte es in diesem langen, schmalen Raum ein gewisses Problem dar, die Gemüseschüsseln herumzureichen, wie Phyllis feststellte; sie war mit dem Nachmittagszug aus London zurückgekommen.

Villy setzte ihre Mutter zwischen sich und Jessica. Lady Rydal hatte den ganzen Tag getan, als sei der Tod Tante Lenas – der sie nie begegnet war – eine persönliche Tragödie, deretwegen sie Tapferkeit an den Tag legen müsse und nur aus Rücksicht zum Dinner erschiene (in tiefstes Schwarz gekleidet), wofür sie allen Anwesenden allerdings unablässiges Mitgefühl und Verständnis abverlangte. Jessica verstand sich sehr gut darauf. Sie sprach in dem von ihr erwarteten gedämpften, leicht frömmelnden Ton, der ihren Sohn und ihre Tochter aus unterschiedlichen Gründen rasend machte – Christopher, weil er Heuchelei verabscheute, und Nora, weil sie es als Blasphemie empfand, irgendetwas in Zusammenhang mit Gott vorzutäuschen. Villy hatte auch dafür gesorgt, dass Edward zwischen Zoë und Angela saß, was die älteren Gäste der Tischrunde wettmachen sollte. Allerdings war Angela, die ein unförmiges blassgraues Kleid trug und sich nicht einmal geschminkt hatte, sehr schweigsam und sah derart mitgenommen aus, dass ihre Mutter eine Bemerkung darüber machte. »Mein Schatz, ich hoffe sehr, dass nicht du als Nächste Windpocken bekommst.« Aber sie verneinte und sagte, sie habe nur entsetzliche Kopfschmerzen. Zoë, die sonst (natürlich auf absolut schickliche Weise) mit Edward flirtete, wirkte ziemlich verhalten, und Edward sah sich gezwungen, als Gesprächsstoff auf Christophers blaues

Auge zurückzugreifen. »Ich muss ja sagen, alter Junge, da hast du dir ein Prachtexemplar von Veilchen eingehandelt. Woher hast du das denn?« Und Christopher erklärte zum vierzehnten Mal, dass er vom Baum gefallen sei. Nora wusste, dass er log, und fragte sich, wie es tatsächlich dazu gekommen war. Wahrscheinlich hat er sich mit jemandem gestritten, dachte sie. Chris bekam Wutanfälle, die allerdings bald wieder verflogen. Die erfolgreichste Gruppierung der Runde waren zu Villys Überraschung Rupert und Miss Milliment, die sich mit großer Begeisterung zunächst über französische und dann über alle mögliche andere Malerei unterhielten. Rupert hatte Miss Milliment nur einmal gesehen, als Clary das erste Mal ihren Unterricht besuchte, und war jetzt entzückt von dieser erstaunlichen Dame, die sich in Farben einer reifen Banane kleidete und so viele seiner Lieblingsmaler verehrte. Aber Louise, die ihnen gegenübersaß, starrte zunehmend gebannt auf die wachsende Anzahl von Spinat- und Fischresten, die sich in den Falten von Miss Milliments Mehrfachkinn ansammelte. Diskret machte sie kleine wischende Bewegungen im Versuch, die Aufmerksamkeit ihrer Hauslehrerin auf sich zu lenken, was aus dieser Entfernung natürlich unmöglich war. Nora jedoch kroch unter den Tisch und tauchte mit Miss Milliments Serviette wieder auf, die sie ihr mit den Worten reichte: »Mir war meine Serviette heruntergefallen, und da habe ich offenbar auch Ihre gefunden. Bei diesem Fisch braucht man sie doch wirklich sehr, finden Sie nicht auch?«

Miss Milliment verstand den Wink sofort und wischte sich einen Großteil ihres Gesichts und nach kurzem Überlegen auch ihre kleine Nickelbrille ab. »Danke, Nora«, sagte sie.

Und Louise, wütend, weil nicht ihr diese taktvolle und überzeugende Lösung eingefallen war, sagte sofort: »Aber chinesische Malerei gefällt Ihnen doch auch, Miss Milliment, oder? Erinnern Sie sich an die fantastische Zeichnung der drei Fische in der Ausstellung, die Sie mit uns besucht haben?«

»In der Tat, Louise. Das war eines der Bilder, das dir am besten gefallen hat, nicht wahr? Glauben Sie«, fuhr sie fort und senkte die

Stimme, »dass sie einige der großartigen Kunstwerke aus den Londoner Sammlungen in Sicherheit bringen? Das zu wissen wäre mir eine große Beruhigung.«

»Sie meinen, falls es Krieg gibt?«, fragte Rupert nach. »Ich kann mir vorstellen, dass sie viele Sachen in ihren Kellern einlagern. Außer natürlich, sie benutzen diese als Luftschutzbunker.«

Edward warf seinem Bruder mit gerunzelter Stirn einen Blick zu. Seiner Ansicht nach gehörte es sich nicht, vor alten Damen und Kindern über die Zustände zu sprechen. »Es ist gleichgültig, was man tut, solange man nicht die Pferde scheu macht«, sagte er – was in der Familie Cazalet so viel bedeutete wie, man solle den Mund halten.

Aber Louise, die das nicht wusste, griff die Bemerkung sofort auf. »Das hat Mrs. Patrick Campbell auch einmal gesagt, aber ich glaube, da ging es um etwas ziemlich Unanständiges. Auf jeden Fall nicht um den Krieg.«

»Wer war Mrs. Patrick Campbell?«, fragte Zoë, und Rupert warf ihr einen überraschten Blick zu – nicht, weil sie es nicht wusste, sondern weil sie das in dieser Runde zugab.

»Eine Schauspielerin, aber das ist viele Jahre her. Muss es ja sein, wenn es noch keine Automobile gab.«

Die Teller wurden abgeräumt, und Phyllis trug ein Tablett mit zwei großen Schüsseln roter Grütze herein, das sie vor Villy absetzte.

»Hurra! Mein Lieblingsdessert«, sagte Edward. »Du solltest dir ein rohes Steak auf das Auge legen«, fuhr er, an Christopher gewandt, fort. Der wurde ob des Vorschlags etwas grün im Gesicht, was Nora nicht entging.

»Eine grauenhafte Vorstellung!«, sagte sie. »Außerdem hat es heute Fisch gegeben, und ich glaube nicht, dass der viel helfen würde.«

»Ich weiß nicht«, widersprach Louise nachdenklich. »Allemal besser als eine Ohrfeige mit einem rohen Fisch, würde ich meinen.«

»Eine durch und durch dumme Bemerkung«, sagte Miss Milliment. Sie hatte ein Glas Wein getrunken und fühlte sich wie ein anderer Mensch, weshalb es ihr wesentlich besser ging. »Alles wäre schöner als das.«

»Eine Ohrfeige mit einer nassen Qualle wäre schlimmer«, widersprach Nora und begann zu lachen.

»Das ist eine absolut eklige Vorstellung!« Um Unterstützung heischend drehte sich Angela zu ihrer Großmutter, aber Lady Rydal, deren zweireihige Kette aus Bergkristallperlen gefährlich nah über der Grütze baumelte, straffte die Schultern und sagte: »Angela, meine Liebe, Mädchen nehmen Wörter wie ›eklig‹ oder ›scheußlich‹ nicht in den Mund. Du solltest geschmacklos sagen, wenn es das ist, was du meinst.«

»Nimm dir von der Sahne«, sagte Edward und zwinkerte ihr zu, aber in ihrem großen Kummer sah sie gar nicht zu ihm.

Polly und Clary aßen in gedämpfter Stimmung in ihrem Zimmer zu Abend. Zwar ging es Clary viel besser, auch wenn einige Pusteln noch juckten, aber ihr war fade. An dem Tag hatte sie fünf Kurzgeschichten geschrieben – insgesamt sollten es sieben werden, eine über jede Todsünde –, und jetzt langweilte sie sich, weil sie zu müde für etwas anderes war. Polly musste sich so sehr zusammenreißen, nicht mit Clary über den Krieg zu reden, dass ihr nichts anderes zu sagen einfiel. Oscar beherrschte das Zimmer. Obwohl er ein gewaltiges Abendessen bestehend aus Geflügelklein und Milch vorgesetzt bekommen hatte, gab er ihnen deutlich zu verstehen, dass ihr Essen ihm vermutlich sehr viel besser bekommen wäre. Ähnlicher Ansicht war er auch bei seinem Körbchen, in das Polly ihn mehrmals gehoben hatte, doch er weigerte sich, sich hineinzusetzen, geschweige denn sich hinzulegen, sondern sprang hinaus, sobald sie ihn losließ. Dann saß er da, leckte sich die weiß gestiefelten Pfoten und fuhr bisweilen mit seiner Zunge in der Farbe frischen Schinkens über das tiefgraue Fell seiner Flanken – obwohl nicht der geringste Makel sein Erscheinungsbild trübte. Als Polly seinen Namen rief, hielt er inne, funkelte sie aus seinen topasfarbenen Sibirier-Augen an, sprang auf Clarys Bett und ließ sich auf ihrem Schreibheft nieder, das unter seinem Gewicht geräuschvoll nachgab.

»Er stört mich nicht«, sagte Clary. »Ich mag ihn, wirklich.«

»Aber wenn er nicht in seinem Körbchen schläft, meinst du dann, dass er sein Klo benutzen wird?« Sie hatte ihm ein Kistchen hergerichtet und mit Zeitungspapier und Schlacke vom Boiler im Gewächshaus ausgelegt, und das stand jetzt diskret in einer Ecke des Zimmers.

»Bestimmt. Katzen sind unglaublich reinlich.« Dann herrschte wieder Stille, und sie beobachteten Oscar, der sich langsam zur Ruhe bettete. Polly merkte, dass Clary sie inständig ansah, wirkte dabei aber auch verlegen. Sie weiß etwas, dachte Polly. Wenn sie irgendetwas weiß, dann wäre es nur fair, wenn sie es sagt.

»Denken wir an dasselbe?«, fragte sie.

»Warum sollten wir? Woran denkst denn du?«

»Du zuerst.«

»Na ja«, sagte Clary zögernd und lief rot an. »Ehrlich gesagt geht es um Wollust. Ich weiß ungefähr, was das ist, aber nicht genau. Eigentlich wäre es mir völlig egal, aber sie ist eine der Todsünden, und über alle anderen habe ich schon geschrieben, außer über Völlerei, und die wird von einem Schwein handeln, das sich in einen Jungen verwandelt – oder von einem Jungen, der sich in ein Schwein verwandelt, das weiß ich noch nicht so genau. Und das.«

»Was?«

»Was ich gerade sagte – Wollust. Was hältst du von Wollust?«

»Ja, also«, sagte Polly gedehnt. »Da muss ich an das Alte Testament denken – und an Tiger. Du weißt schon, einen Tiger, den es nach seiner Beute lüstet.«

»Also wirklich, Polly, ich kann mir nicht vorstellen, dass ein Tiger, der etwas zu Fressen braucht, eine Todsünde begeht. Was ich meine, ist, wie hat man sie? Wie fühlt sie sich an? Schriftsteller müssen solche Sachen wissen. Ich weiß, wie sich die anderen anfühlen …«

»Das glaube ich dir nicht!«

»Da täuschst du dich. Du weißt es bestimmt auch.« Sie suchte in einem Heft nach ihrer Liste. »Hör mal. Stolz. Als ich die Geschichte von der Geburt Jesu aus der Warte des Herbergsvaters schrieb, fand ich, das wäre die beste Geschichte, die jemals auf der ganzen Welt geschrieben wurde. Völlerei. Ich habe aus der Konfektschachtel, die ich Zoë letztes Jahr zu Weihnachten schenkte, alle Veilchen- und Rosenpralinen genommen und durch scheußliche alte Kokoshäufchen ersetzt, bevor ich sie ihr gab. Und natürlich habe ich die Pralinen gegessen. Neid. Ich bin neidisch auf dich und Louise, weil ihr eine Mutter habt. Oft. Fast immer. Geiz. Ich war zu geizig, um Neville zum Geburtstag eine größere Schachtel Plastilin zu gönnen. Das restliche Geld habe ich aufgehoben, um mir einen Kaktus zu kaufen. Trägheit …«

»Schon gut«, sagte Polly. »Du brauchst nicht weiterzureden. Solche Sachen habe ich auch alle gemacht.«

»Aber nicht Wollust?«

»Außer, man kann sie machen, ohne es zu wissen. Und wenn man sich überlegt, wie einfach es ist, die anderen Sünden zu begehen, vermute ich, dass das gut möglich ist. Komisch, oder? Man würde doch meinen, dass eine Todsünde etwas Schwieriges wäre.«

»Kein Wunder, dass es Morde und Kriege und solche Sachen gibt«, sagte Clary, »wenn alle schon im normalen Leben wie verrückt sündigen. Ich glaube, Wollust hat etwas mit dem Körper zu tun, und der interessiert mich ehrlich gesagt überhaupt nicht.«

»Außer der von Tieren«, sagte Polly liebevoll und streichelte ihren Kater. »Machst du dir Sorgen über den Krieg?«, fragte sie dann so beiläufig wie möglich.

»Ist das der Grund, weswegen du deinen Dad gebeten hast, Oscar mitzubringen?«

Polly sah ihre Cousine betreten an. »Ja«, gestand sie. »Aber bitte, bitte, bitte sag das niemandem.«

»Also – wenn es wirklich Krieg gibt, würden wir auf immer und ewig hierbleiben, auch wenn die Windpocken längst vorbei sind. Das könnte richtig schön werden.«

»Das stimmt nicht! Davon verstehst du nichts! Er wird zehnmal schlimmer werden als der letzte. Damit kennst du dich nicht aus. Du weißt nichts vom Giftgas, und dieses Mal wird es viel mehr Bomben geben, und alle Menschen werden in Schützengräben leben mit Stacheldraht und Ratten – und das wird nicht irgendwo in Frankreich passieren, sondern überall – sogar hier! Und er wird immer weitergehen, bis alle tot sind, das weiß ich genau!« Jetzt weinte sie, und es kümmerte sie nicht, ob sie Clary damit Angst machte, fast wollte sie es sogar, damit sie ihre Seelennot wenigstens mit jemandem teilen konnte. Aber Clary schien nicht im Mindesten Angst zu haben.

»Das bildest du dir alles nur ein«, sagte sie. »Das geht mir auch oft so.« Sie richtete sich auf die Knie auf und umarmte Polly. »Du hast mich«, sagte sie, »und Oscar. Es wird keinen Krieg geben. Und wenn doch, dann denk an die Geschichte. Wir gewinnen immer.«

Und obwohl nichts von dem, was sie sagte, wirklich tröstlich war, ging es Polly danach besser. Sie putzte sich die Nase, und sie kamen überein, dass Clary Wollust im Wörterbuch des Brig nachschlagen und/oder Miss Milliment befragen würde.

»Sie weiß alles. Sie kennt sich bestimmt auch mit Wollust aus«, sagte Clary. Und als Polly das Tablett mit dem Abendbrot zu Eileen hinuntertrug, war sie im Vergleich zu den vergangenen vierundzwanzig Stunden ziemlich zuversichtlich.

Nach dem Essen, noch während die Duchy und Sid Brahms-Sonaten spielten, gab Hugh seiner Frau mit einer Geste zu verstehen, dass er sich gerne mit ihr zurückziehen würde. Sobald sie den Salon verlassen hatten, nahm er ihre Hand, und sie gingen hinauf, zuerst in das kleine Ankleidezimmer, wo Wills wohlig schlafend dalag. Er hatte sich bloßgestrampelt, ein Bein ragte in die Luft. Sacht legte Sybil es zurück und deckte ihn zu. Seine Lider flatterten, er seufzte. Sie hob seinen kleinen Golliwog auf, der zu Boden gefallen war, und legte ihn neben ihn.

»Woher hat er den?«

»Lydia hat ihn ihm geschenkt. Er hat ihr gehört. Er heißt Strahlemann und ist sein Lieblingsspielzeug.«

»Ein guter Name für jemanden mit dem Gesichtsausdruck.«

»Sehr treffend, das finde ich auch.« Sybil schaltete das Licht aus, und sie gingen nach nebenan. »Was ist, mein Schatz? Bedrückt dich etwas?«

»Ja«, sagte er. »Edward würde sagen, dass ich Panikmache betreibe, aber das tun in London zurzeit viele. Sie geben an die gesamte Bevölkerung Gasmasken aus. Ich fahre morgen alle zur Ausgabestelle.«

»Ach, mein Schatz! Wo ist die denn?«

»Vermutlich in Battle. Der Brig meint, im Gemeindesaal. Das will er morgen früh in Erfahrung bringen. Er ist meiner Meinung.«

»Gibt es auch welche für Babys?« Sie sah besorgt aus. »Wenn nicht, dann will ich ...«

»Natürlich gibt es die.«

»Es wird ihm nicht gefallen – für ein Baby ist das schrecklich.«

»Es wird schon gehen. Aber erst müssen wir alle anderen Kinder versorgen. Sie sollen keine Angst bekommen. Ich glaube, Polly hat sie schon.«

»Wie kommst du darauf?«

»Sonst hätte sie mich nicht gebeten, Oscar mitzubringen. Hat sie irgendetwas zu dir gesagt?«

»Nein. Hugh ...« Sie setzte sich auf die Bettkante. »O mein Gott! Hugh, glaubst du wirklich ...«

»Ich weiß es nicht, aber ich glaube, wir müssen die Möglichkeit in Betracht ziehen.«

»Aber niemand will ihn! Es ist lächerlich! Ein Albtraum! Warum in aller Welt sollten wir wegen der Tschechoslowakei in den Krieg ziehen?«

Er versuchte, ihr zu erklären, weshalb es vielleicht doch notwendig werden könnte, aber er merkte, dass sie ihn im Grunde nicht verstand. »Und wenn es dazu kommt – wie soll ich mich deiner Meinung nach dann verhalten?«, fragte sie, nachdem sie sich halbherzig von seinen Argumenten überzeugt gab.

»Du solltest mit den Kindern hierbleiben. Dann sehen wir weiter.«

»Aber was ist mit dir? Es geht doch nicht, dass du ganz allein in London bleibst.«

»Liebling, ich weiß nicht, wo ich sein werde.«

»Was meinst du damit?«

»Vielleicht werde ich für das eine oder andere gebraucht. Keine Sorge, es wäre höchstwahrscheinlich nur eine Schreibtischtätigkeit.« Er sah auf seinen Stumpf. »Die Tage Admiral Nelsons sind vorbei. Aber wenn Edward geht, müsste ich vielleicht dem Brig mit der Firma helfen. Holz wird gebraucht werden.«

»Du sprichst, als wüsstest du sicher, dass es dazu kommt!«

»Herrgott! Du fragst mich, was ich täte, wenn es dazu käme, und ich versuche, es dir zu sagen.«

Sie sah derart bedrückt drein, dass er zu ihr ging und sie auf die Füße zog. »Es tut mir leid, mein Herz. Ich bin müde. Lass uns ins Bett gehen.«

Als sie nebeneinander in der Dunkelheit lagen und sich, wie so oft, an der Hand hielten, sagte sie: »Zumindest ist Simon nicht alt genug.«

Er war froh, dass sie den Tag mit diesem tröstlichen Gedanken beschloss. »Noch lange nicht!«, bekräftigte er mit Nachdruck.

»... ist sie doch!«

»Unsinn, mein Schatz, sie hatte einfach Kopfschmerzen.«

»Das stimmt nicht. Sie hat sich in dich verguckt.«

»Zum Himmel noch mal! Sie ist doch so was wie meine Nichte!«

»Wenn du sie die ganze Zeit gemalt hast, muss es dir doch aufgefallen sein!«

Rupert hakte sich bei ihr unter. »Ist es mir aber nicht. Du sagst doch immer, dass Männer für solche Dinge blind sind. Ich bin ein Mann.«

Sie gingen die Anhöhe hinauf nach Home Place zurück. Es war dunkel und bewölkt, leichter Nebel hing über dem Boden des großen Hopfenfeldes, das früher einmal zur Mill Farm gehört hatte. Eine Weile schwiegen sie einträchtig, wie Rupert fand. »Außerdem ist sie noch ein Kind. Gerade mal neunzehn«, sagte er.

»Und wie alt war ich, als du mich geheiratet hast?«

Er blieb stehen. »Ach, Zoë, Liebste! Also gut, es gibt keinen einzigen Grund, weshalb ich nicht in sie verliebt sein sollte. Sie ist neunzehn, sie ist reizend anzusehen, und du warst viel zu lange weg. Aber Tatsache ist, dass ich nicht in sie verliebt bin. Außerdem, woher soll ich wissen, was du in London gemacht hast?«

»Das habe ich dir doch gesagt: Ich habe mich nur mit einem Mädchen getroffen, das ich von der Schule kenne.« Jetzt ging sie ihm voraus die Auffahrt hinauf.

Oje, dachte er, jetzt ist sie wütend und wird schmollen. Er holte sie ein. »Ich habe dich nur aufgezogen«, sagte er. »Ich weiß, dass die Zeit mit deiner Mutter anstrengend war. Ich bewundere dich wirklich dafür, dass du so lieb zu ihr warst und so lange bei ihr geblieben bist. Es muss sehr langweilig gewesen sein, und ich freue mich, dass du dich mit deiner Freundin treffen konntest.«

Sie hatten die kleine weiße Pforte erreicht, durch die man auf den vorderen Rasen und zum Haupteingang gelangte. Er zog sie an sich. Ihre Augen glänzten feucht.

»Du bist so schön«, begann er – doch sie starrte ihn an, als wollte sie das an diesem Abend nicht hören.

»Das ist alles, was ich bin«, sagte sie. »Mehr bin ich nicht!« Und damit drehte sie sich um und lief ihm voraus ins Haus.

Als er die Pforte schloss und ihr langsam folgte, dachte er, dass sie von der langen, ungewohnten Krankenpflege sicher völlig erschöpft war. Aber sie hatte ja den ganzen Nachmittag geschlafen, fiel ihm ein. Dann musste es bei ihr wieder so weit sein, überlegte er sich. Aber ihre letzte Periode hatte sie kurz vor der Abreise nach London gehabt, was bedeutete, dass sie frühestens in einer Woche fällig war. Vielleicht war das der Grund.

Dann fragte er sich, ob sie mit Angela womöglich recht hatte. Wie begriffsstutzig musste er sein, das nicht bemerkt zu haben? Aber selbst wenn, was hätte er dagegen ausrichten können? Es war ja nicht so, als hätte er ihr falsche Hoffnungen gemacht. Es war – wenn es überhaupt stimmte – nur eine Phase, die sie gerade durchmachte. Sofort ging ihm durch den Kopf, was für eine hohle Floskel das war. Das sagten ältere Menschen immer, wenn junge Leute unpassende Gefühle oder Verhaltensweisen an den Tag legten – als würden Ältere nicht auch Phasen durchlaufen. Und überhaupt, was war das für ein Wort! Aber sie hatte ihn nicht nach seiner Entscheidung in Bezug auf die Firma gefragt. Darüber war er erleichtert gewesen, weil er immer noch nicht wusste, ob er das Angebot seines Vaters annehmen wollte oder nicht. Und wenn der Brig und Hugh recht hatten, würde ihm die Entscheidung sowieso abgenommen werden. Er würde eingezogen werden, vielleicht würde er sich sogar vorher freiwillig melden.

Mittlerweile stand er vor Clarys Zimmertür, bevor er ins Bett ging, wollte er noch einmal nach ihr sehen. Doch an der Tür hing ein Zettel mit der Aufschrift: »OSCAR IST HIER. BITTE TÜR NACHTS NICHT ÖFFNEN.« Wer zum Teufel sollte Oscar sein? Er hatte keine Ahnung. Einen Moment lauschte er, doch aus dem Raum war nichts zu hören. Im ganzen Haus war es sehr still. Wer würde sich um Clary kümmern, wenn er wirklich fortmusste? Sie würde hierbleiben, und sie hätte Miss Milliment, die Clary ins Herz geschlossen hatte, wie ihm nach dem Essen klar geworden war. Er ging ins Bad und pinkelte, dann beugte er sich aus dem offenen Fenster. Über dem Küchengarten lag weißer Dunst, in der Luft hing ein leichter Geruch nach kaltem Holzrauch. Eine Eule rief einmal, wie ein gespenstisches Nebelhorn, dann Stille, darauf folgten zwei weitere Rufe. Wenn er alleine wäre, würde er noch einmal sein Bild betrachten, um zu sehen, ob es fertig war. Er glaubte schon, aber manchmal war es schwer zu wissen, wann er aufhören sollte. Isobel hätte es sich mit mir angesehen, dachte er und verdrängte den Gedanken an sie wieder, weil damit immer eine Art Illoyalität einherging, die er sich nicht leisten konnte. Erst, als er sich der Schlafzimmertür näherte und sich Ausflüchte zurechtlegte, falls sie ihm grollte oder halb ausgezogen aufreizend herumtrödelte und daherplapperte, fiel ihm ihre Reaktion ein, als er ihr sagen wollte, wie hübsch sie sei. »Mehr bin ich nicht!« Eine ahnungsvolle Wahrheit, die ihr viel abverlangte – oder nicht? Ihretwegen konnte er es nicht ertragen. Eine Woge liebevoller Fürsorglichkeit breitete sich über seine Aufrichtigkeit. Sollte sie so etwas noch einmal sagen, würde er ihr heftig widersprechen.

Im Zimmer war es fast dunkel, nur seine kleine Nachttischlampe brannte. Sie lag so still und ruhig im Bett, dass er glaubte, sie wäre schon eingeschlafen. Aber als er ins Bett stieg und sie an der Schulter berührte, drehte sie sich um und warf sich wortlos in seine Arme.

Am Samstag wachte die Duchy wie gewöhnlich auf, als die erste Morgensonne durch die weißen Musselinvorhänge hereinströmte und in einem breiten Strahl auf ihr schmales, hartes weißes Bett fiel. Sobald sie wach war, stand sie auf: Im Bett herumzuliegen war eine moderne (verweichlichte) Angewohnheit, die sie missbilligte, ebenso, wie sie Morgentee im Bett für überflüssig, wenn nicht gar für dekadent erachtete. Sie schlüpfte in ihren blauen Morgenrock und die Pantoffeln und ging ins Bad, wo sie unangenehm lauwarm badete. Auch von heißem Wasser machte sie nur sparsam Gebrauch, ihrer Ansicht nach schadete es dem Körper, außerdem hielt sie sich nur lange genug in der Wanne auf, um sich richtig zu waschen. In ihrem Zimmer dann löste sie den Zopf, den sie für ihr Bad hochgesteckt hatte, und bürstete das Haar mit fünfzig Strichen aus. Wie ihre Tochter bevorzugte sie Blau, und ihre Kleidung unterschied sich sommers wie winters kaum: ein dunkelblauer Jersey-Rock, eine Baumwoll- oder Seidenbluse in hellerem Blau und ein Strickjackett. Sie trug hellgraue Strümpfe und Schuhe mit zwei Riemen und flachen Absätzen. Dann setzte sie sich an ihre Kommode, die mit weißem Musselin drapiert war, auf der aber nichts als ihre mit silbernen Initialen versehene Schildpattgarnitur lag – sie bestand aus Haarbürste, Kamm, Schuhlöffel und Stiefelknöpfer –, und steckte sich das Haar hoch. Sie hatte einen zarten Teint, eine breite Stirn, in die weiche Locken fielen, und ein herzförmiges Gesicht ohne auch nur die Andeutung eines Doppelkinns. Sie war früher eine Schönheit gewesen und mit einundsiebzig nach wie vor eine ungewöhnlich gut aussehende Frau, machte aber jetzt – wie im Grunde immer schon – den Eindruck, als bedeute ihr Äußeres ihr nichts, und sie blickte nur in den Spiegel, um zu überprüfen, ob auch ihre Frisur richtig saß. Zu guter Letzt legte sie die goldene Armbanduhr an, ein Hochzeitsgeschenk von William, und steckte das winzige spitzenbesetzte Taschentuch unter deren Armband, um das kleine bräunlich violette Muttermal an ihrem Handgelenk zu verbergen. Dann hängte sie sich die Silberkette mit dem saphirbesetzten Perlmuttkreuz um den Hals, und der Tag konnte beginnen.

Während der halben Stunde ihrer morgendlichen Verrichtungen gingen ihr unausgereifte Listen der Dinge durch den Kopf, die an diesem Vormittag zu erledigen waren. Sie deckte das Bett auf, um es zu lüften – so kannte sie es noch aus der Zeit des Federbetts, als dessen Lüften eine ernste Angelegenheit darstellte –, öffnete weit die Fenster, damit auch der Raum gründlich gelüftet würde, und ging hinunter ins Frühstückszimmer, wo sie ihr Frühstück vor dem Rest der Familie einnahm. Das bestand aus indischem Tee und Toast, eine Scheibe mit Butter, eine zweite mit Orangenmarmelade – beides auf eine Scheibe zu geben, war in ihren Augen eine unsinnige Verschwendung. Zu ihrer zweiten Tasse Tee notierte sie auf einem gebrauchten Kuvert, das sie von ihrem Schreibtisch geholt hatte, die Listen unter verschiedenen Überschriften. Mit fünfzehn Personen unter einem Dach – nicht eingerechnet das fünfköpfige Hauspersonal, das hinsichtlich des Essens natürlich mitgezählt werden musste – war die Haushaltsführung zu einer recht umfangreichen Angelegenheit geworden. Sobald sie mit Mrs. Cripps den Speiseplan fürs Wochenende besprochen hatte, würde sie mit Tonbridge nach Battle fahren. Hugh und Edward würden die Familie zur Ausgabe der Gasmasken hin- und herchauffieren, aber jetzt fiel ihr ein, dass Tonbridge dafür die Bediensteten ebenfalls nach Battle fahren müsste, und wann in aller Welt könnte Mrs. Cripps dafür abkömmlich sein? Nach dem Lunch, entschied sie.

Dann war im Lauf des Vormittags Sids Schwester vom Bahnhof abzuholen. Sid und Rachel konnten ebenfalls Aufgaben übernehmen. Entweder brachten sie die Feldbetten, die im Moment die Halle vollstellten, zur Squashhalle, wo sie wenigstens nicht im Weg stünden, oder die beiden legten letzte Hand an das ehemalige Tonbridge-Cottage, das für die vielen zusätzlichen Gäste hergerichtet wurde. Gestern hatte sie an der Nähmaschine die restlichen Vorhänge gesäumt. Ehe sie allerdings die Entscheidung traf, musste sie sicherstellen, dass William nicht tatsächlich vierundzwanzig Menschen eingeladen hatte, die in den Betten schlafen sollten. Das hoffte sie inständig, doch was sollte ihn sonst geritten haben, sie überhaupt anzuschaffen? An Dinge wie Bettwäsche, Kissen und Decken hatte er natürlich nicht gedacht, aber er war ein Mann, also konnte man nichts anderes erwarten. Bettwäsche zu kaufen bedeutete jedoch, nach Hastings zu fahren, und selbst wenn alles bestellt werden konnte, würde es kaum vor nächster Woche geliefert werden. Und nächste Woche befanden sie sich vielleicht bereits im Krieg. Schon wieder!

Die Duchy gehörte einer Generation und einem Geschlecht an, die nie nach ihrer Meinung zu gravierenderen Themen als Kinderkrankheiten und anderen hausfraulichen Belangen gefragt worden war. Das bedeutete zwar nicht, dass sie, die Duchy, keine Ansichten dazu hatte, doch fielen diese Sujets unter den immensen Katalog von Dingen, die Frauen nicht zur Sprache brachten, geschweige denn erörterten. Und zwar nicht, wie im Fall ihrer Körperfunktionen, weil es sich nicht ziemte, sondern weil es in Fragen der Politik und der allgemeinen Organisation der Menschheit sowieso jeglichen Sinns entbehrte. Frauen wussten, dass Männer die Welt regierten und die Macht innehatten und diese, von ihr korrumpiert, bei der geringsten Herausforderung zu mehren suchten, während Ungerechtigkeit ihr Leben so wenig berührte wie Worte einen Felsen in der Brandung. Man denke nur etwa an ihre ledigen Schwestern, die, wie sie selbst, ausschließlich zur Ehe erzogen worden waren. Doch selbst dieser Lebensweg, den die Männer als einzig schicklichen erachteten, lieferte sie dem Wohlwollen eines Mannes aus, der sie wollte – was im Falle Dollys und Flos, der Armen, keiner je getan hatte. Und dann, falls sie tatsächlich heirateten – würde irgendeine Frau von klarem Verstand sich wirklich wünschen, dass ihre Söhne nach Frankreich gingen, so wie Edward und Hugh beim letzten Mal? Sie hatte nie damit gerechnet, dass auch nur einer von ihnen heimkehrte – hatte die viereinhalb Jahre, in denen es schien, als würden die Söhne aller anderen sterben oder mit zerrütteten Nerven zurückkehren, in quälender, nie geäußerter Anspannung verbracht. Als sie erfuhr, dass Hugh als Invalide entlassen und nach Hause geschickt würde, schloss sie sich in der Chester Terrace ins Gästezimmer ein, wo niemand sie finden konnte, und weinte vor Erleichterung, vor Angst um Edward, der noch an der Front war, und schließlich vor Wut über diesen grausamen Wahnsinn, nämlich dass sie vor Erleichterung weinte, weil lediglich Hughs Gesundheit für den Rest seines Lebens beeinträchtigt sein würde. Dieses Mal würde Edward sicherlich zu alt sein, aber sie würden Rupert einziehen und, wenn der

Krieg lange genug dauerte, auch Teddy, ihren ältesten Enkel. Dabei durfte sie sich angeblich glücklich schätzen, weil William 1914 vierundfünfzig gewesen war und damit seiner Bemühungen zum Trotz als zu alt gegolten hatte. Als Entschädigung hatten seine Söhne ihm den liebevoll-spöttischen Spitznamen Brigadier gegeben.

Ihr Tee war kalt geworden, und sie kam nicht mit ihren Aufgaben voran. Sie begann eine weitere Liste. Die vielen Dinge, die beim letzten Mal knapp geworden waren, kamen ihr wieder in den Sinn. Hamstern gehörte sich nicht, aber mehrere Dutzend zusätzlicher Konservengläser anzuschaffen, um Obst einzumachen, Wasserglas, um Eier einzulegen, und Salz für Stangenbohnen, die sie dieses Jahr in Hülle und Fülle ernteten, konnte man noch nicht als Hamstern bezeichnen. Nach kurzem Nachdenken ergänzte sie die Liste um »ein Päckchen Nähmaschinennadeln«. Genug jetzt. Mittlerweile drangen aus dem ganzen Haus Geräusche: die Stimmen der Kinder, in der Halle wurde der Tisch für ihr Frühstück gedeckt, Williams Radio in seinem Arbeitszimmer, er musste also von seinem morgendlichen Ausritt zurückgekommen sein, oben weinte Wills, und draußen mähte McAlpine den Tennisrasen. Es schien unvorstellbar, dass sie am Rand eines weiteren Kriegs stehen sollten. Sie läutete, damit Eileen frischen Tee für William und ihre Schwestern brachte, die sie langsam die hintere Treppe herunterkommen hörte. Ständig kabbelten sie sich – eine eintönige Angewohnheit, die William rasend machte. Mit ihren Listen in der Hand trat sie ans Fenster und sah sehnsüchtig auf ihren neuen Steingarten hinaus, wo sie mühelos den ganzen Vormittag verbringen könnte, wenn es nicht so viel anderes zu tun gäbe. Rachel und Sid gingen langsam den daran vorbeilaufenden Pfad entlang. Sie widerstand dem Drang, sich zu ihnen zu gesellen, aber die beiden bemerkten sie und machten kehrt. Rachel wusste, dass man ihren Vater beim Frühstück nicht mit ihren Tanten allein lassen durfte, und Sid war so nett und las ihm aus der *Times* vor, um das bisweilen erschreckende Allerweltsgerede von Dolly und Flo zu übertönen. Sid war wirklich ausgesprochen nett, und es war eine

Freude, mit ihr zu musizieren. Sie hatte gehört, dass ihre Schwester etwas missmutig sei, aber in Zeiten wie diesen konnte man sich seine Gäste nicht aussuchen. Rachels Gang nach zu urteilen – die leicht gebeugte Haltung, die zögernden Schritte – hatte sie Rückenschmerzen. Es ging nicht an, dass sie bei den Feldbetten mit anpackte, doch sie konnte sich bei zahllosen anderen Dingen nützlich machen, wie sie es ja auch immer tat. Es war wunderbar, Rachel im Haus zu haben. Sie selbst hatte entschieden, nicht zu heiraten, sie ging voll und ganz in ihrer Wohltätigkeitsarbeit auf und darin, ihrem Vater zu helfen. Sie konnte nach Belieben kommen und gehen und war deswegen keinesfalls mit Dolly und Flo zu vergleichen.

Als Eileen frischen Tee und Toast auftrug, stellte die Duchy fest, dass ihre Schwestern erstaunlicherweise noch nicht erschienen waren. Das bedeutete, dass sie William in seinem Arbeitszimmer abgefangen haben mussten und ihn daran hinderten, die Acht-Uhr-Nachrichten zu hören. Sie ging wieder ans Fenster und rief nach Rachel, und in dem Augenblick betraten Dolly und Flo den Raum, wie immer behindert von ihren ausladenden Beuteln voll Häkel- und Nadelarbeiten sowie von ihren fast ebenso geräumigen abgestoßenen Handtaschen. Darin bewahrten sie ihre diversen Hausmittelchen auf, dazu Schals, Brillen, kleine weiße Taschentücher mit süßlich-stickigem Lavendelduft und verblasste Chiffontücher, in die eine mit pfirsichfarbenem Puder gesättigte Daunenquaste eingehüllt war, welche in Dollys Fall häufig Anwendung fand. Diese Gewohnheit verwandelte ihren Teint, der von Natur aus an schimmelige Erdbeeren erinnerte, in ein fast gespenstisches Lilabraun. Sie hätten die Nachrichten gehört, sagten sie, doch im Grunde gebe es keine. »Aber der gute William hat sein Radio in die falsche Richtung gedreht, also war es schlecht zu verstehen«, sagte Flo. Sie war etwas schwerhörig und hielt deswegen zahlreiche Erklärungen dieser Art bereit.

»Ist das Frühstück im Esszimmer fertig?«, fragte die Duchy Eileen.

»Mrs. Cripps trägt es gerade auf, Ma'am.«

Rachel und Sid kamen, und Dolly bat Rachel sofort, den Tee einzuschenken – eine Aufforderung, die William, wäre er anwesend, hochgradig verstimmt hätte. Wie die Duchy wusste, hätten sowohl die Art und Weise als auch der Umstand, dass sie überhaupt geäußert wurde, sein Missfallen erregt. Es verstand sich schließlich von selbst, dass seine Tochter in Abwesenheit seiner Frau diese Aufgabe übernehmen würde. Sie überließ alle ihrem Frühstück und begab sich mit ihren Listen auf die Suche nach Mrs. Cripps.

~

Als Hugh die erste Ladung Kinder für die Ausgabe der Gasmasken zusammentrommelte, blieben Christopher und Teddy unauffindbar, doch das Auto war mit Sybil, Wills, Polly, Simon, Neville und Lydia ohnehin voll besetzt. Die beiden Letztgenannten holte Hugh von der Mill Farm ab und vereinbarte dabei mit Edward, dass dieser das zweite Kontingent, bestehend aus Nora, Louise, Judy, Angela und den zwei fehlenden Jungen, fahren würde. Villy sagte, sie nehme ihre Mutter, Jessica und Miss Milliment sowie Phyllis und Ellen mit, wenn sie das Fleisch und die anderen Lebensmittel abholte. Edward hatte das Gefühl, glimpflich davonzukommen.

Geduldig ging Hugh auf die Flut von Fragen ein, sofern sie nicht verächtlich von einem anderen Kind an seiner statt beantwortet wurden.

»Wonach riechen sie?«

»Dummkopf. Sie riechen nach nichts, nur nach Luft.«

»Woher weißt du das? Woher soll Polly das wissen, Onkel Hugh?«

»Ich weiß es, weil Dad im Krieg mit Gas vergiftet wurde, außerdem habe ich darüber gelesen.«

»Onkel Hugh, hattest du eine Gasmaske?«

»Ja.«

»Wie konntest du dann mit Gas vergiftet werden? Dann können die Masken ja nicht viel taugen.«

»Nun ja, das Gas hing sehr lange in der Luft. Manchmal mussten wir sie abnehmen, um zu essen und derlei.«

»Wir können doch nicht nichts essen!«

»Doch, können wir schon. Wir können uns entscheiden, ob wir lieber immer dünner oder doch vergast werden möchten. Was wäre dir lieber, Onkel Hugh?«

»Sei nicht so dumm, Neville.«

»Wenn ich eins nicht bin, dann dumm. Nur ein sehr dummer Mensch würde mich für dumm halten. Nur ein sehr, sehr dummer …«

»Das genügt, Neville«, sagte Sybil mit Nachdruck, und damit war Ruhe.

»Auf jeden Fall werdet ihr die Masken nicht tragen müssen, es ist nur eine Vorkehrung.«

»Was ist eine Vorkehrung?«

»Dass man vorsichtig ist, bevor man es sein muss«, erklärte Neville sofort. »Ich persönlich habe nie den Sinn darin gesehen«, fügte er hochtrabend hinzu. Als dumm bezeichnet zu werden nagte noch an ihm.

»Poll, du bist ja sehr still«, sagte ihr Vater. Aber da die Anwesenheit der vielen anderen Vertraulichkeit ausschloss, antwortete sie nur: »Das stimmt nicht.«

Hinten im Auto tauschten sie und der ebenfalls schweigsame Simon einen Blick: Er machte sich Sorgen über etwas. Früher einmal, vor vielen Jahren, hätte sie gewusst, was es war, ohne dass er ein Wort darüber verlor. Aber jetzt war er so oft und so lange von zu Hause fort, dass sie es nicht mehr wusste, und er behielt alles für sich.

Lydia und Neville redeten weiter über Giftgas – wonach es roch und ob man es sehen konnte, und Hugh sagte, dass eine Art nach Geranien roch. »Das ist Lewisit«, platzte Polly heraus, ohne es eigentlich zu wollen.

Hugh, der am Steuer saß, sah mit hochgezogenen Augenbrauen zu Sybil hinüber. »Ich glaube, dass Gas höchst unwahrscheinlich ist, Polly«, sagte er. »Es war beim letzten Mal nicht besonders effektiv. Die Wetterbedingungen müssen stimmen und so weiter. Und wenn wir alle Masken tragen, lohnt es sich noch weniger.«

»Was ich eine richtig gute Idee fände«, sagte Neville, »wäre, wenn die Deutschen aus ihren Flugzeugen gewaltige Fliegenpapiere abwerfen würden, ungefähr einen halben Kilometer lang, und dann würden die Menschen wie die Schmeißfliegen daran festkleben. Sie würden nicht davon loskommen, sondern nur noch mit den Armen und Beinen herumrudern, bis sie tot sind. Ich finde, das ist eine sehr gute Idee«, schloss er, als hätte jemand anderes den Vorschlag gemacht.

»Wenn du nicht die Klappe hältst, hacke ich dir die Rübe ab«, sagte Simon grimmig.

Und Neville, der nicht genau wusste, was seine Rübe war, verstummte. Vorne einigten Hugh und Sybil sich stillschweigend, die Bemerkung zu überhören. Aber insgeheim fragte Hugh sich, ob er Angst vor seinem neuen Internat hatte, und Sybil, ob er die Windpocken ausbrütete. Normalerweise war er ein so liebes, unkompliziertes Kind, dachte sie, und wiegte den schlafenden Wills in ihren Armen. Ihr graute bei dem Gedanken, ihn mit einer Gasmaske aufwecken zu müssen.

~

Selbst nach der Prügelei war Teddy noch derart wütend, dass er kaum richtig über die ganze Sache nachdenken konnte. Sobald er es versuchte, war es, als würde an einem brennenden Ofen die Zugklappe geöffnet: Wut loderte in ihm auf, er wollte Christopher umbringen, und er hasste Simon. Er war daran gewöhnt, bei seinen Unternehmungen der Anführer zu sein, und der zwei Jahre jüngere Simon hatte als sein ergebener Diener immer bereitwillig alles mitgemacht, was Teddy vorschlug. Wenn Christopher sonst im Sommer zu Besuch gekommen war, hatte ihm unweigerlich etwas gefehlt, weshalb er nicht bei Spielen mitmachen konnte (bei denen er sowieso nichts taugte), oder er hatte, wie seine Mutter sagte, »zu viel zu tun«, was immer das heißen mochte. Also hatte Christopher gelesen, und Teddy und Simon spielten ein paarmal widerwillig Karten mit ihm und verbrachten sonst ihre Tage mit Radpolo, langen Fahrradtouren, Fahrten zum Strand und Tennis, Squash und ein paar der Familienspiele, die den Mädchen gefielen und die ihnen insgeheim auch noch Spaß machten, obwohl sie taten, als wären sie für solche Dinge schon viel zu erwachsen. Doch dieses Mal hatte sich Simon mit Christopher davongestohlen, hatte Teddy über die Gründe belogen, warum er nichts mit ihm unternehmen konnte, wie Teddy jetzt klar wurde, und ihn nicht einmal gefragt, ob er mitmachen wolle bei was immer es war. Zwar hatte er aus Simon herauszukriegen versucht, worum es ging, aber als Simon sich fast weinend weigerte, es ihm zu sagen, weil es Christophers Geheimnis sei und er es ihm einfach nicht sagen dürfe, hatte Teddy ihn mit Verachtung gestraft und kein Wort mehr mit ihm gesprochen. Aber je beharrlicher Simon schwieg, desto heftiger wurde seine Neugier: Es musste schon etwas sehr Großes und Bedeutsames sein, wenn Simon dichthielt. Also beschloss er, früh am Morgen in den Wald zu gehen und zu sehen, was er herausfinden konnte. Wenn er wüsste, worüber er verhandelte, konnte er bei ihrem Treffen härtere Bedingungen stellen. Also schlich er sich aus ihrem Zimmer, in dem Simon ruhig weiterschlief, luchste einem der Hausmädchen dicke Marmeladenbrote ab und machte sich auf den Weg in den Wald.

Überall lag dicker Tau, und auf der langen Wiese wimmelte es vor Kaninchen. Er hätte gern sein Gewehr dabeigehabt, aber Dad hatte ihm verboten, allein damit das Haus zu verlassen. Dann fiel ihm ein, dass er im Zelt einen Bogen und Pfeile gesehen hatte – in seinem eigenen Zelt, dachte er trotzig und wurde noch wütender, weil er insgeheim wusste, dass es nicht stimmte, dass es in Wirklichkeit ihnen allen geschenkt worden war. Unsinn, etwas, das nur zwei Leute benutzen konnten, Dutzenden zu schenken. Er hatte es als sein Zelt betrachtet, weil nur er und Simon es je benutzt hatten, und es war mehr seins als Simons, weil er der Ältere war.

Er fand den Bogen und die Pfeile. Allzu viele waren es nicht. Bestimmt hatte Christopher sie geschnitzt, denn Simon verstand nichts von derlei Dingen. Und er musste zugeben, sie sahen ziemlich gut aus, mit exakt beschnittenen Gänsefedern, und die Spitzen waren leicht angekohlt und dann geschärft worden. Er beschloss, etwas zu üben, bevor er Jagd auf die Kaninchen machte. Das war eine gute Idee, denn das Zielen erwies sich als schwieriger als gedacht. Dummerweise verlor er die Pfeile ständig. Zuerst dachte er sich nichts dabei, wenn er sie nicht wiederfand, aber als ihm noch ganze zwei blieben, suchte er gründlicher, doch im Wald waren sie durch den vielen Farn und das tote Laub schwer zu sehen. Als er auch den letzten verschossen hatte, ging er zur Lichtung zurück und öffnete das Zelt, um nach weiteren Pfeilen zu suchen, aber vergebens. Also stöberte er nach etwas Essbarem – seine Marmeladenbrote hatte er bestimmt schon vor Stunden verdrückt. Er stieß auf ein paar Eier und eine Bratpfanne und beschloss, ein Lagerfeuer zu machen – es gab eine Stelle, die sie eindeutig schon dafür benutzt hatten. Also sammelte er Zweige, für Papier riss er ein paar Seiten aus einem Schulheft, das im Zelt lag. Aber noch während er das Feuer zum Brennen brachte, kam Christopher, dabei hatte er noch nicht einmal Zeit gehabt, das Zelt gründlich zu durchsuchen. Außerdem war es noch weit vor elf, der vereinbarten Zeit.

Christopher hatte am vergangenen Abend beim Dinner nicht allzu viel hinuntergebracht. Von seinem schmerzenden Kopf abgesehen waren zwei seiner Vorderzähne locker, und sobald er in etwas hineinbiss, wackelten sie, sodass ihm ganz flau wurde. Gleich nach dem Essen entschuldigte er sich und schlich nach oben in das nächstbeste Zimmer. Dort warf er sich aufs Bett und merkte erst zu spät, dass ein Hut darauflag, den er ziemlich zerknautscht hatte. Er sprang auf und versuchte, ihn wieder in Form zu bringen, was ihm aber nicht gelang. Schließlich legte er ihn auf einen Stuhl in einer dunklen Ecke des Zimmers, wo der Besitzer den Schaden vielleicht erst am nächsten Morgen bemerken würde, und ging den Flur entlang zu der Abstellkammer, wo sie ein Bett für ihn aufgestellt hatten. Aber dann konnte er nicht schlafen. Den Dienst an der Waffe aus Gewissensgründen zu verweigern bedeutete offenbar, nie die Beherrschung zu verlieren. Aber sobald er in Wut geraten war, hatte er sich, ohne nachzudenken, auf Teddy gestürzt, was gar nicht anging. Wie konnte man garantieren, dass man nie die Beherrschung verlor? Und was in aller Welt sollte er mit Teddy machen? Ihm alles sagen? Aber wenn er sich nicht täuschte, würde Teddy sowieso nicht verstehen, warum man weglaufen wollte, und deshalb würde er den Erwachsenen höchstwahrscheinlich doch verraten, was sie gemacht hatten. Und wenn er wusste, wo sie sich versteckten, würde er ihnen das bestimmt auch erzählen, oder nicht? Das Lager verlegen? Das kam ihm so gut wie unmöglich vor: Er hatte fast zwei Wochen gebraucht, um alle Sachen an die jetzige Stelle zu bringen, und sie war perfekt. Ein neues Lager aufzubauen, das nicht am Bach lag, war unsinnig, was bedeutete, dass Teddy auch ein zweites Versteck im Handumdrehen aufspüren und ihn finden würde. Ihn – und was war mit Simon? Seit dem Windpocken-Treffen wusste er, dass Simon nicht voll und ganz hinter ihrem Abenteuer stand. Er wollte nicht aufs Internat, aber wegen der Windpocken war das verschoben worden, und wenn es zum Krieg kam, glaubte Simon offenbar, dass dann alle Schulen schließen würden und er keine mehr besuchen müsste. Also obwohl er, Christopher, wie bislang weitergemacht hatte, zählte er nicht mehr richtig auf Simon. Er könnte einen anderen Bach in einem anderen Wald finden ... aber allmählich ging ihm die Zeit aus, und im Grunde wusste er, dass es in erreichbarer Nähe keine solche Stelle gab.

Es kam ihm vor, als hätte er die ganze Nacht über seine aussichtslose Lage gegrübelt, doch irgendwann musste er eingeschlafen sein, denn er wachte mit der Morgensonne auf, und es war halb acht, viel später, als er sonst aufstand. Und als er nach unten ging, hörte er, dass die Bediensteten frühstückten. Er nahm sich eine Hand voll Grape Nuts aus der Packung und schlug den Weg Richtung Wald ein.

Beim Aufwachen hatte er auf einmal das Gefühl gehabt, dass es doch eine Lösung gab – es musste sie geben. Friedfertige Menschen gewannen letzten Endes immer, sie brauchten nur zu beschwichtigen und überzeugend zu sein und nicht die Flinte ins Korn zu werfen. Ein komischer Ausdruck – dabei wollte er doch nichts lieber, als sämtliche Flinten ins Korn zu werfen. Allen voran Teddys.

Als er die Straße entlangtrottete, nahm er sich vor, herauszufinden, was Teddy genau wollte oder am meisten wollte. Irgendwie würde er dann einen Weg finden, es ihm zu geben, und dann würde alles wieder in Ordnung sein. Wenn er das Zelt und etwas von den Vorräten wollte – die ließen sich teilen. Wenn er Simon haben wollte, um mit ihm ein Lager zu bauen? Simon war viel jünger, und letztlich hatte er bei der Frage nichts mitzureden; Simon konnte er bekommen. Wenn es ihm um den Lagerplatz ging – da würden sie sich irgendwie einigen müssen. Wenn sie eine Vereinbarung trafen – einen Vertrag aufsetzten –, dann würde Teddy sich, wenn er ihn unterzeichnete, daran halten müssen, genauso, wie er sich natürlich auch daran halten müsste. Er würde sich für seinen Wutanfall und die Prügelei entschuldigen, und dann würden sie sich hinsetzen und vernünftig über eine gerechte Lösung reden.

Allerdings hatte er nicht damit gerechnet, Teddy bereits am Lager vorzufinden, wo sie sich gar nicht treffen wollten – sie hatten sich auf die Hundezwinger geeinigt, und zwar um elf Uhr, was es noch lange nicht war. Als er dann noch feststellte, dass Teddy seinen Bogen benutzt und alle Pfeile verschossen hatte, spürte er wieder seine schreckliche, unannehmbare Wut in sich aufsteigen. Aber dieses Mal gelang es ihm, sie hinunterzuschlucken und sich für die Prügelei zu entschuldigen. Dann sagte er, er werde Teddys Bedingungen aufschreiben, damit sie sie besser erörtern könnten. Im Zelt entdeckte er, dass aus seinem kostbaren Schulheft mit den ganzen Aufzeichnungen und Notizen Seiten herausgerissen waren, sodass seine Listen nicht mehr vollständig waren. Eine weitere Prüfung. Und als er sich mit dieser sinnlosen Verwüstung abfand – es war kinderleicht, ein Feuer ohne Papier anzuzünden, wenn man es richtig machte – und sich hinsetzte, um Teddy zuzuhören, stellte sich heraus, dass dessen Bedingungen auf geheimnisvolle Weise seit gestern viel schlimmer geworden waren.

~

Zoë wachte auf, als Eileen ihnen den Morgentee ans Bett brachte, ließ die Augen aber halb geschlossen, bis Eileen das Tablett vorsichtig auf den Tisch neben ihr gestellt, die Vorhänge aufgezogen und gemurmelt hatte, es sei halb acht. Neben ihr schlief Rupert noch tief und fest. Sie setzte sich auf und schenkte ihnen beiden Tee ein. Jede Bewegung tat ihr weh – sie war noch sehr wund, und als sie und Rupert am vergangenen Abend miteinander geschlafen hatten, war es schmerzhaft gewesen, aber sie wusste, dass sie das überzeugend vor ihm verborgen hatte. Müsste sie sich nur mit ein paar Schmerzen abfinden, wäre das nichts und nicht mehr, als sie verdiente. Aber es war sehr viel mehr als das: Er war so vertrauensvoll gewesen, so zärtlich und bedacht auf ihr Vergnügen. Und dann hatte sie ihm zur Antwort nur noch weitere Lügen auftischen können. Sie hatte Dankbarkeit und Schmerzen empfunden und ein Gefühl ihrer eigenen Unwürdigkeit. Die Kluft zwischen ihrem Körper und ihrem Herzen erschien ihr abgrundtief. Am liebsten würde sie Beichte ablegen – ihm alles gestehen, dafür sühnen und Vergebung erhalten, um neu anfangen zu können. Aber sie konnte es ihm nicht sagen, niemandem würde sie es jemals sagen können. Wäre sie vergewaltigt worden, wäre das vielleicht möglich, doch es war keine Vergewaltigung – alles andere als das –, und darüber konnte sie nicht lügen, die Wahrheit aber konnte sie ihm eben auch nicht sagen. Das ist meine Strafe, dachte sie, ich werde den Rest meines Lebens immer weiterlügen müssen.

»Mein Liebling! Du siehst so traurig drein! Was ist los?«

Als sie sich abwandte und nach seiner Teetasse griff, brannten ihr Tränen in den Augen.

»Ich war zu Mummy nicht nett genug«, sagte sie, was ja ebenfalls der Wahrheit entsprach.

Er nahm die Tasse von ihr entgegen. »Das glaube ich nicht, meine Süße. Die Wochen bei ihr haben dich doch völlig ausgelaugt. Wie wäre es, wenn ich dir das Frühstück ans Bett bringe?«

Sie schüttelte den Kopf und wünschte sich, er wäre nicht ständig so nett zu ihr.

»Hast du vielleicht Lust, heute Vormittag mit mir nach Hastings zu fahren? Ich brauche mehr Farben, und ein paar neue Pinsel wären auch nicht schlecht, wenn ich die richtigen finde.« Er wusste, wie gern sie kleine Ausflüge mit ihm allein unternahm.

»Ich dachte mir, vielleicht sollte ich der Duchy beim Einrichten des Cottage helfen. Rachel sagte, es gebe bis heute Abend jede Menge zu tun.« Die Vorstellung, den Vormittag allein mit ihm zu verbringen, überforderte sie.

»Mein Herz, was könntest du denn tun? Du weißt doch, dass du solche Dinge gar nicht gern machst. Ich glaube wirklich nicht, dass sie es von dir erwartet.«

»Wahrscheinlich nicht.« Niemand erwartete irgendetwas von ihr, dachte sie trostlos.

»Na, das kannst du dir ja nach dem Frühstück noch überlegen. Ich versuche mal mein Glück mit dem Badezimmer. Möchtest du? Ein Bad, meine ich?«

»Nein, ich habe schon gestern Abend gebadet.« Sie wollte nicht, dass er die blauen Flecke auf ihren Oberarmen sah. Sobald er gegangen war, stand sie auf und schlüpfte in eine alte lange Hose und eines von Ruperts Hemden und band sich die Haare mit einem schwarzen Band zusammen. Dann saß sie an der Kommode und dachte daran, wie sie gestern um diese Zeit in der Wohnung ihrer Mutter gepackt und überlegt hatte, wie sie Rupert gegenübertreten konnte. Jetzt, vierundzwanzig Stunden später, war sie wieder in ihr Eheleben zurückgekehrt, als wäre nichts gewesen. Sie saß in diesem vertrauten Raum, der ihr damals, als sie ihn das erste Mal sah, altmodisch und langweilig vorgekommen war, aber jetzt erschienen ihr die Tapete mit den riesigen Fantasie-Pfauen, die Baumwollvorhänge mit dem Paisleymuster, der dicke weiße Spitzenläufer auf der Kommode, die schlichten Rosenholzmöbel und die indischen Drucke, der gedeckte türkische Teppich, umgeben von den fleckigen, gewachsten Dielen, in ihrer Vertrautheit überaus tröstlich – und sogar luxuriös im Vergleich zu der ärmlichen Eleganz bei ihrer Mutter. Was hatte sie die Wohnung immer gehasst, genau wie die vorherige, in der sie bis zu ihrer Hochzeit mit Rupert gelebt hatte! Aber jetzt kam ihr der Gedanke, dass ihrer Mutter die Räume vielleicht auch nicht besonders gefielen, dass Geldmangel sie darin hinderte, sie nach ihren Wünschen einzurichten – wie immer die aussehen mochten. Und der Hauptgrund für das fehlende Geld war sie, Zoë selbst, gewesen. Ihre Mutter war arbeiten gegangen, um sie auf eine gute Schule zu schicken, und hatte mehr Geld für Zoës Garderobe und ihre Vergnügungen ausgegeben als je für sich selbst. Ich habe einfach alles genommen, was ich bekommen konnte, und dann habe ich mich aus dem Staub gemacht, dachte sie. Ich war nie nett zu ihr – nie dankbar. Eine Woge der Scham überschwemmte sie, als ihr bewusst wurde, dass ihre Mutter mit zunehmendem Alter tatsächlich Angst vor ihr bekommen hatte und dass ihr, Zoë, das durchaus bewusst gewesen war. Umso einfacher war es ihr dadurch gefallen, ihre Besuche und Anrufe und die wenige Aufmerksamkeit, die sie ihr schenkte, noch weiter zu reduzieren. Sie musste sich ändern, irgendwie. Aber wie? Ihr kam in den Sinn, dass Rachel und Sybil und Villy und bisweilen auch die Duchy von einem der Kinder, wenn es unartig war, sagten: »Es ist nur eine Phase.« Aber dabei ging es immer nur um eine bestimmte Sache, und sie waren Kinder. Sie, Zoë, war dreiundzwanzig, und es schien ihr, als müsste sie alles von Grund auf verändern.

Rupert kam aus dem Bad zurück. »Ich brauche ein anderes Hemd. Bei diesem hier fehlen drei Knöpfe – regelrecht abgerissen sehe ich aus.«

»Ich nähe sie dir an.«

»Mach dir keine Mühe, mein Schatz, das macht Ellen.«

»Glaubst du, ich könnte nicht einmal einen Knopf annähen?«

»Natürlich nicht. Es ist einfach so, dass immer Ellen das macht, mehr nicht.« Er steckte sich ein anderes Hemd in die Hose. »Du hast doch immer gesagt, dass du Flicken nicht leiden kannst.«

»Ich kann doch wenigstens einen Knopf für dich annähen«, sagte sie und brach in Tränen aus.

»Zoë! Mein Liebling, was ist denn?« Das »jetzt schon wieder« ließ er unausgesprochen, aber sie hörte es seinem Ton an.

»Du hältst mich für völlig unnütz! Du glaubst, dass ich zu überhaupt nichts in der Lage bin!«

»Das stimmt nicht.«

»Als ich vorhin sagte, ich würde gerne mit dem Cottage helfen, wolltest du es mir ausreden. Und jetzt darf ich dir nicht mal einen Hemdknopf annähen!«

»Ich dachte, du wolltest derlei nicht machen. Wenn du magst, kannst du das natürlich.«

Aber das passte nicht zu ihrem neuen Selbst.

»Vielleicht möchte ich ja Dinge tun, unabhängig davon, ob ich sie tun will oder nicht«, sagte sie und merkte sofort, dass es nicht so klang, wie sie es meinte.

»Also gut, mein Schatz, dann mach, wozu du keine Lust hast, wenn du das möchtest«, sagte er. »Ich muss sagen, du siehst wirklich sehr süß und geschäftig aus. Sollen wir zum Frühstück nach unten gehen?«

»Du siehst eher aus wie ein Pferd – aber nicht sehr ...«

»Wie eins von den Pferden, die diese Dinger im Gesicht tragen, sodass man nur ihre Augen und die Nüstern sieht, du weißt schon, wie in den Kreuzzügen«, ergänzte Nora.

»Die Sache ist, zum Luftholen taugen sie überhaupt nicht.« Neville saß keuchend mit den anderen am Teetisch. Nach der Ausgabe der Gasmasken hatte er im Auto einen Asthmaanfall bekommen.

»Ich finde meine richtig schick! Ich sehe so anders damit aus.« Lydia strich über die Schachtel, die über ihrer Stuhllehne hing.

»Wir sehen alle anders aus.«

»Bei Miss Milliment glaube ich das nicht«, sagte Lydia nachdenklich. »Ich glaube, ein Deutscher würde nicht genau wissen, ob sie ihre aufgesetzt hat oder nicht.«

»Das genügt, Lydia«, sagte Ellen. »Und reich deiner Cousine Brot und Butter.«

»Mummy sagt, wenn wir sie jeden Tag fünf Minuten tragen, gewöhnen wir uns sehr bald daran.« Nora merkte, dass Neville Angst bekommen hatte, und versuchte, ihm Mut zu machen.

»Ich werde meine fast die ganze Zeit tragen, nur nicht beim Essen. Es stimmt wirklich, essen kann man damit nicht. Und jemanden küssen auch nicht.«

»Neville, trink deine Milch.«

Das tat er, und dann sagte er: »Ich habe eine gute Idee. Wenn die Großtanten ihre immer aufbehalten müssten, bräuchten wir sie nie mehr zu küssen.«

»Ach, die Armen!«, sagte Judy mit gespielter Anteilnahme.

»Du hast leicht reden. Sie sind ja nicht deine Großtanten. Stell dir mal vor, wie sich deren alte Gesichter anfühlen!«

»Wie schimmlige Erdbeeren«, antwortete Neville. »Ganz weich und blau – mit feuchtem Pelz.«

»Nur die eine von den beiden«, sagte Lydia. »Die andere ist ... ist ... es ist, als würde man einen großen Hundekuchen küssen. Ganz hart und ledrig, mit Löchern drin.«

»Das genügt, Lydia«, wiederholte Ellen.

»Warum genügt es immer bei mir, aber nie bei Neville?«

»Das genügt bei euch beiden.«

»Tante Lenas Gesicht zu küssen war, wie Blancmanger zu küssen«, sagte Judy, »und Granias ...«

»Halt den Mund«, sagte Nora scharf. »Tante Lena ist tot. Über sie solltest du überhaupt nichts sagen.«

In der Stille, die daraufhin überraschenderweise einsetzte, schenkte sie eine Tasse Tee ein, um sie Louise hinaufzutragen, die sich mit Kopfweh hingelegt hatte.

~

Es war in der Tat schwül, dachte Miss Milliment, als sie nach dem Nachmittagstee mit Angela in ihrem leicht mäandernden Gang die Steigung nach Home Place hinauftrippelte. Nach dem Ausflug, um die Gasmasken abzuholen, hatte sie sich nützlich gemacht und Lady Rydal deren bevorzugte Rubriken aus der *Times* vorgelesen: die Nachrufe, die Hofnachrichten und einige der Leserbriefe. Sie hatte gegenüber Viola und Jessica, den Guten, ihren Wunsch geäußert, Clary zu besuchen, und Angela hatte sich erboten, sie den Hügel hinauf zu begleiten. Ein sehr hübsches Mädchen war sie und ihrer Mutter in dem Alter erstaunlich ähnlich (Miss Milliment hatte Viola und Jessica unterrichtet, bis diese siebzehn beziehungsweise achtzehn waren), allerdings kam sie ihr sehr zurückhaltend vor, während Jessica immer ein zugängliches, lebhaftes Mädchen gewesen war und stets guter Dinge. Sie versuchte, mit Angela über Frankreich ins Gespräch zu kommen, doch darüber wollte sie sich offenbar um keinen Preis unterhalten, und Miss Milliment mutmaßte, dass Angela sich, angesichts ihres Alters, in einen jungen Franzosen verliebt hatte, von dem sie nun getrennt war, und wechselte taktvoll das Thema.

»Ihr Onkel hat mir erzählt, dass er Sie malt. Wäre es eventuell möglich, dass ich das Bild zu sehen bekomme?«

Und Angela, die ihr vorausmarschiert war, blieb abrupt stehen und drehte sich um. »Ach! Das würde mir gefallen!«, sagte sie eifrig. »Ich habe heute Vormittag wieder für ihn gesessen, aber er meinte, dass es fertig ist. Mir kommt es allerdings überhaupt nicht so vor! Ihre Meinung zu hören würde mir sehr viel bedeuten!«

Also betraten sie das Haus durch die Vordertür, durchquerten einen Raum, in dem die alte Mrs. Cazalet mit einem Hut auf dem Kopf an der Nähmaschine saß und Vorhänge säumte, gelangten in eine riesige Halle, wo für die Kinder der Abendessenstisch gedeckt wurde, gingen einen recht dunklen Flur entlang, wo sie beinahe gestolpert wäre, was aber nur daher rührte, weil einer ihrer Schnürsenkel sich gelöst hatte – sie waren nicht lang genug für einen Doppelknoten –, und kamen durch eine mit grünem Filz bezogene Tür in einen langen, dunklen Raum, in dem es einen Billardtisch und an einem Ende eine Auslucht gab. Und da war das Bild. Ein interessantes Porträt, dachte Miss Milliment. Angelas Onkel hatte die widersprüchliche Stimmung zwischen Überschwang und Mattigkeit eingefangen, wie sie jungen Mädchen eigen war – jene schwankende Stimmung, die sie erwartungsvoll und teilnahmslos zugleich wirken ließ –, und sie bemerkte, dass der Mund, der für Maler allzu häufig die, wenn man das so nennen wollte, Achillesferse darstellte, in diesem Fall kaum Schwierigkeiten bereitet hatte, weil Angela die Lippen ihrer Mutter besaß; präraffaelitisch voll, aber fein ziseliert. Ein eindeutiges Beispiel dafür, dass die Natur die Kunst nachahmte, doch dieses Klischee hatte hier nicht der kreativen Wahrnehmung des Künstlers bedurft … Gesellschaftsmaler hatten ihren Modellen natürlich immer bestimmte Gesichtszüge verliehen, man denke nur etwa an Lelys Rosenknospenmund …

»Sehen Sie, was ich meine? Meine Haut sieht ganz fleckig aus. Und er wollte, dass meine Haare ganz glatt sind«, erklärte sie.

»Ich glaube, der Maler allein kann entscheiden, wann ein Bild fertig ist«, sagte Miss Milliment. »Und ich denke, es besteht immer die Gefahr, dass der Maler ein Porträt übermalt. Ich finde es ausgesprochen interessant, und Sie sollten sich geehrt fühlen, das Sujet gewesen zu sein.«

»Ich fühle mich ja auch geehrt! Ich bin überzeugt, dass er ein ganz herausragender Maler ist. Aber es dauert doch viele Jahre, um einer zu werden, oder nicht? Also hat er vielleicht noch nicht …«

»Nun, vielleicht hat er ja ein zweites im Sinn.«

»Ja, das glaube ich auch. Ach, Miss Milliment! Ihr Schnürsenkel ist ja offen.«

Und meine Strümpfe rutschen auch schon, dachte sie, und sah auf die Faltenwülste um ihre Knöchel.

»Möchten Sie, dass ich ihn für Sie binde?«

»Danke, meine Liebe, das wäre zu nett von Ihnen.«

Angela ging in die Knie und band den Schnürsenkel. Dabei dachte sie, die arme alte Frau! Sie kann sich doch unmöglich bücken, um sie selbst zu binden.

Und Miss Milliment, die diesen Kampf jeden Morgen und jeden Abend auf ihrem Bett sitzend, den Fuß auf einen Stuhl gestützt, allein ausfocht, fiel plötzlich etwas ein. »Ich überlege«, sagte sie, »ob Sie mir vielleicht etwas erklären könnten. Louise, die Gute, hat mir zu Weihnachten eine Dose mit etwas geschenkt, das Talkumpuder heißt. Ich habe sie mitgebracht, denn angesichts der Zustände weiß man ja nicht, wann man wieder nach Hause zurückkehren wird. Aber seine Verwendung ist mir nicht ganz klar.« Angela, die sich mittlerweile wieder aufgerichtet hatte, sah verwundert drein.

»Ich habe ihn aufs Gesicht gegeben«, fuhr Miss Milliment fort, »aber das kam mir nicht ganz richtig vor.«

»Oh.« Angelas Erstaunen war unverkennbar. »Er ist auch nicht für das Gesicht gedacht, Miss Milliment, sondern für den Körper. Sie wissen schon, nach dem Baden.«

»Für den Körper, nach dem Baden«, wiederholte Miss Milliment ausdruckslos. Sie hatte weniger Ahnung als je zuvor, wofür in aller Welt der Puder gut sein sollte. »Danke, Angela. Vielleicht können Sie mir noch Clarys Zimmer zeigen?«

Also brachte Angela sie zur Tür und ging dann weiter in der Hoffnung, irgendwo Rupert ohne Zoë anzutreffen.

Evies Zug hatte Verspätung, was nur gut war, weil sich Tonbridge, der sie am Bahnhof abholen sollte, ebenfalls verspätete. Hinter ihm lag ein anstrengender Tag, er hatte das Personal zur Ausgabe der Gasmasken gefahren. Mrs. Cripps hatte es gut gefallen, vorne neben ihm zu sitzen, sie hatte sich aber über die Mädchen auf der Rückbank geärgert und sie schroff zurechtgewiesen, sobald sie auch nur den Mund aufmachten. Doch in der darauf einsetzenden unbehaglichen Stille wurde ihr zu ihrem Missfallen bewusst, dass alle jetzt gebannt jedem Wort lauschten, das sie an Mr. Tonbridge richtete, den sie mittlerweile insgeheim Frank nannte. Also beschränkte sie sich auf unverfängliche Bemerkungen wie etwa über das Wetter, denen er sofort beipflichtete: Es sei in der Tat schwül, vor dem Abend würden sie sicher noch ein Unwetter erleben, und nein, sie brauchten wirklich keinen Regen, obwohl ein Guss die Luft reinigen und die Hopfenpflücker nach London zurücktreiben würde, wohin sie gehörten.

Dann musste er also erneut nach Battle fahren und zu allem Überfluss auch noch auf den Bahnsteig gehen, um Miss Evie zu finden, denn Miss Rachel war nicht zum Bahnhof mitgekommen. Ihr Gepäck war das schwerste, das er je hatte tragen müssen, und sie wirkte ausgesprochen beleidigt, dass niemand zu ihrer Begrüßung gekommen war. Er richtete die ihm aufgetragene Nachricht aus: Miss Rachel habe vom Verrücken der Möbel Rückenschmerzen bekommen, und Miss Sidney räume ihre Sachen in das Cottage, in dem sie schlafen sollten, weil das Haus voll sei. Doch er merkte, dass auch diese Auskunft sie in keiner Weise freundlicher stimmte. Sei's drum. Sein Auftrag lautete, ihr die Vordertür des Hauses zu zeigen und ihr Gepäck zum Cottage zu bringen. Danach konnte er sich zu seinem Nachmittagstee hinsetzen.

William hatte einen erfolgreichen Tag hinter sich. Die zwei Cottages, die an einem Feldweg hundert Meter abseits der Straße zwischen der Mill Farm und seinem Haus lagen und seit dem Tod der Pächterin, einer Mrs. Brown, vor fast einem Jahr unbewohnt waren, standen zum Verkauf. Er hatte eine Weile gebraucht, um den Besitzer ausfindig zu machen, der sich schließlich als Mr. York herausstellte, der Farmer, dessen Hof keine fünfhundert Meter weiter den Feldweg entlang lag. Dieser York brachte den Mund nicht auf, außer er wurde dazu genötigt, und hatte nie etwas von den Besitzverhältnissen erwähnt. Aber William, dem die Cottages bei seinen allmorgendlichen Ausritten aufgefallen waren, hatte durch seinen loyalen Baumeister Sampson davon erfahren. Der hatte nachdrücklich zugestimmt, dass die Häuser zu nichts mehr nütze seien, wenn sie noch recht viel länger leer stünden. Also hatte William Mr. York aufgesucht, der gerade sehr langsam irgendeine Arbeit in seinem Kuhstall verrichtete.

Als er den alten Mr. Cazalet sah, lehnte er seine Mistgabel an die Tür des Kuhstalls und wartete zu erfahren, worum es ging. Als der alte Mr. Cazalet meinte, er sei wegen der Cottages gekommen, sagte er, »Ah ja?«, und führte den Besucher wortlos ins Haus. Sie traten durch den Hintereingang ein – die Vordertür wurde nur bei Begräbnissen und Hochzeiten benutzt, zum letzten Mal beim Tod seiner Mutter. Er selbst habe nicht geheiratet, hieß es, weil seine Verlobte mit ihren Gummistiefeln in seinen Teich gegangen und ertrunken sei. Eine Dame namens Miss Boot führte ihm den Haushalt, aber ihr Aussehen ließ keinerlei unschickliche Gedanken aufkommen, im Gegenteil, größter Anstand herrschte vor. Sie gingen durch die Anrichtekammer, wo Miss Boot butterte (sie war groß, lächelte nie und hatte einen Bartansatz), in die Küche, in der es nach Abendessen und frisch gebügelten Hemden roch, und von dort den mit Steinplatten ausgelegten Korridor entlang in das kleine, mit Rollos abgedunkelte Wohnzimmer. Dort stank es nach Möbelpolitur und einem Mittel, um Schmeißfliegen zu töten, die auf den Fenstersimsen lagen wie riesige Rosinen aus einem Kuchen.

William wurde der beste Sessel zugewiesen, einige Rollos hochgezogen, sodass ein kleines Nussbaum-Klavier zum Vorschein kam, auf dessen von Leuchtern umrahmten Notenablage Musiknoten standen, drei weitere Sessel, ein Kamin mit einem kleinen gusseisernen Rost und darüber ein großer gerahmter Druck von *The Last of England*.

Die Cottages. Ah! Nun, so recht habe er noch nicht überlegt, was er mit ihnen machen solle. Sie seien durch seine Mutter an ihn gefallen, und Mrs. Brown sei eine Freundin von ihr gewesen und habe natürlich das Ihre an Kummer und Elend erlebt, vierzehn Kinder, oder vielleicht auch fünfzehn, da war sie sich nie ganz sicher gewesen. Nach ihrem Dahinscheiden waren die Kinder erwachsen oder zu ihrer Tante nach Hastings gekommen. Dieser Ausbruch an Redseligkeit erschöpfte ihn offenbar, denn dann saß er da und bestätigte sich noch einmal diese Tatsachen.

An dieser Stelle erschien Miss Boot, in den Händen ein Tablett mit zwei Tassen starken indischen Tees, der durch sahnige Milch fast eine Pfirsichfarbe angenommen hatte, und einem Teller Ingwerkekse. Das stellte sie behutsam auf ein ziemlich wackliges Tischchen, das zwischen den beiden Männern stand. Nach einem vernichtenden Blick auf Yorks Stiefel – die nichts im Haus und schon gar nicht im Wohnzimmer zu suchen hatten – ging sie wieder.

Die Cottages. Nun ja, das hänge ganz davon ab, was Mr. Cazalet damit im Sinn habe. William erklärte, er wolle sie kaufen und in ein Wohnhaus für einen Teil seiner Familie umbauen. Ah. Mr. York gab vier Würfel Zucker in seinen Tee. In der Stille nahm William das scharfe Ticken einer kleinen schwarzen Uhr auf dem Kaminsims wahr. Als York schließlich seinen Tee genügend umgerührt hatte, nannte William eine Summe. Wieder herrschte Stille, in der Mr. York über fünfhundert Pfund sinnierte – mehr Geld, als er je besessen hatte. Ein neues Dach deckte sich auf den Kuhstall, im Handumdrehen war ein Schweinekoben gebaut, eine Plane für seinen Strohhaufen hinter dem Haus angeschafft, eine neue Sense. Er könnte einen Bagger für seinen Teich kaufen, einen eigenen Stier zum Decken seiner Kühe, er könnte die Gatter zur großen Wiese reparieren, damit er ein paar Schafe halten konnte, wenn er wollte, und ihr im Garten das kleine Gewächshaus bauen, mit dem sie ihm schon die ganze Zeit in den Ohren lag …

»Wahrscheinlich möchten Sie es sich durch den Kopf gehen lassen.«

»Vielleicht. Vielleicht auch nicht.«

»Da ist noch etwas …«

Er hätte sich ja denken können, dass die Sache einen Haken hatte. »Ich weiß, die Dächer sind nicht die neuesten.«

»Das meinte ich gar nicht. Aber ich hätte gerne nach hinten raus ein Stück Land. Also hinter der Gartenhecke.«

»Ah!« Gebäude zu verkaufen war das eine. Gebäude hatten ihm noch nie viel bedeutet, aber Grund und Boden – das war etwas ganz anderes. Seinen Grund und Boden zu verkaufen, das wollte er nicht.

»Ich möchte nur ein kleines Stück. Vierhundert Quadratmeter. Um einen Küchengarten anzulegen.«

»Ah, tja, das ist etwas anderes. Grund und Boden, das ist etwas anderes.«

Grübelnd betrachtete er William aus seinen traurigen braunen Augen. »Das ist guter Boden da oben.«

Das stimmte nicht. Zumindest nicht in seinem jetzigen Zustand – überwuchert von Disteln und Brombeeren und voller Kaninchenlöcher. Aber William hütete sich, zu widersprechen. Er legte einfach fünfzig Pfund obendrauf, und obwohl man sich verständigte, dass Mr. York es sich durch den Kopf gehen lassen würde, wussten beide, dass er das bereits getan hatte.

»Gut. Also, York – eine Antwort morgen früh? Wissen Sie, ich möchte die Sache bald in Angriff nehmen. Wir könnten demnächst wieder einen Krieg am Hals haben.« Wider Willen musste York an den Albtraum denken, den er vier Jahre in Frankreich durchlitten hatte, wo er in seiner Erinnerung immer durchnässt und voller Angst gewesen war, wo Menschen Dinge angetan worden waren, die er bei einem Tier niemals zulassen würde, wo der Boden nur aus Ratten und Läusen und Schlamm und Blut bestanden hatte, und das alles nur wegen der deutschen Hunnen. Achtzehn war er gewesen, als das begonnen hatte. »Dass ich da noch mal hingehe, können Sie vergessen«, sagte er. »Keine zehn Pferde bringen mich dahin.«

William stand auf. »Dieses Mal könnten sie zu uns kommen«, antwortete er.

York warf kurz einen Blick zu ihm hinüber, um zu sehen, ob der Alte ihn auf den Arm nahm, aber das war nicht der Fall.

»Wenn die meinen Grund und Boden betreten, können sie sich auf was gefasst machen«, sagte er leise. Überrascht schaute William ihn an: Er meinte es ernst.

»Was wir tun müssen, ist beten«, sagte Nora mit einer Heftigkeit, bei der Louise zusammenfuhr.

Sie lagen nach dem Abendessen bei offenen Vorhängen auf ihren Betten, damit sie die hektischen Blitze sehen und dann zählen konnten, bis sie das leise Donnergrollen hörten.

»Glaubst du wirklich, dass es helfen würde?«

»Natürlich, das hilft immer. Man bekommt zwar nicht immer genau das, worum man gebetet hat, aber es bewirkt immer etwas Gutes.«

»Einen Krieg nicht zu wollen ist doch bestimmt ein guter Wunsch, oder? Wenn Gebete also funktionieren, sollte Gott dafür sorgen, dass es keinen Krieg gibt.«

Nora, der ein ähnlicher Gedanke bereits einiges Unbehagen bereitet hatte, sagte. »Na ja, es gibt Abstufungen. Vielleicht wird der Krieg weniger schrecklich, wenn wir beten. Wie auch immer, ich gehe morgen in die Kirche, und ich bitte dich inständig mitzukommen.«

»Also gut. Wir sind eine ziemlich gottlose Familie. Kirche nur an Weihnachten, bei Taufen und derlei.«

»Geht noch nicht einmal die Duchy?«

Louise schüttelte den Kopf. »Nur an Weihnachten. Du musst wissen, ihr Vater war Naturwissenschaftler. Die halten nichts vom Glauben. Wir werden zu Fuß gehen müssen, niemand wird uns fahren.«

»Wir könnten das Fahrrad nehmen.«

»Ja. Aber ich warne dich, wenn ich vor dem Frühstück in die Kirche gehe, könnte ich ohnmächtig werden. Außer, ich esse vorher etwas.«

»Das geht aber wirklich nicht. Wenn du etwas isst, darfst du nicht an der Kommunion teilnehmen. Du bist doch konfirmiert worden, oder?«

»Natürlich. Vom Bischof von London, vor Jahren. Hier bekommt man in der Kirche Brotwürfel und keine Oblaten wie in London.«

»Das finde ich besser, es soll ja Brot sein. Was machen deine Schmerzen?«

»Besser. Auf jeden Fall nicht mehr wie ein Bügeleisen, das durch meinen Bauch fallen will. Wenn es Krieg gibt, wirst du dann trotzdem noch auf die Kochschule gehen?«

»Keine Ahnung. Ich denke, wenn es wirklich Krieg gibt, wäre das ein eher banaler Zeitvertreib.«

»Nicht so schlimm wie die Bühne«, sagte Louise traurig. Sie sah schon, wie sich ihre Schauspielkarriere in Luft auflöste. War es in dem Fall überhaupt noch nötig, dass sie ihr Heimweh überwand? Doch, das war es, schließlich würde sie auch aus anderen Gründen fortgehen müssen. Von denen konnte sie Nora aber nichts erzählen. Nora stellte ihren Wecker auf halb sieben. Der Donner war sehr viel näher gekommen und hinderte sie am Einschlafen. Aber sie hatten sich darauf geeinigt, Gewitter zu mögen, also blieben die Vorhänge offen.

~

Simon hatte einen furchtbaren Tag hinter sich. Als Teddy sich weigerte, mit ihm zu reden, hatte er sich auf die Suche nach Christopher gemacht, ihn aber erst kurz vor dem Lunch gefunden, und dann war er schlechter Laune. Er sagte, Teddy habe die Bedingungen noch mal verschärft, aber er bemühe sich, alles in Ordnung zu bringen, und wo in aller Welt habe Simon den ganzen Vormittag gesteckt? Dabei hatte er sich doch nur mit Kopfweh in die Hängematte gelegt und war eingeschlafen, und als er aufwachte, ging es ihm noch schlechter. Nach dem Mittagessen marschierte Christopher mit ihm zu den Zwingern und informierte ihn über die neuen Bedingungen. Simon fand, dass sie ihn schlichtweg aus allem raushielten und ihn als völlig unwichtig behandelten, obwohl er die ganzen Sachen geholt und besorgt und geschleppt hatte. Jetzt versklavten sie ihn quasi, machten ihn zum Leibeigenen, und Christopher dankte ihm nicht einmal dafür, dass er Teddy nichts verraten hatte. Schließlich stritt er sich fürchterlich mit Christopher, der sagte, er könne jetzt nicht aussteigen, er müsse dabeibleiben und tun, was ihm aufgetragen werde. Jetzt hasste er beide und warf Christopher seine hässlichsten Schimpfwörter an den Kopf, dann rannte er davon und versteckte sich. Das war einfach, weil er die guten Stellen viel besser kannte als Christopher, der die Suche nach ihm bald aufgab. Und als er Christopher Richtung Auffahrt verschwinden sah, schlüpfte er zwischen den Stangenbohnen hervor und lief direkt in die Arme von Mr. McAlpine, der wütete und zeterte, weil Simon beim Verstecken irgendetwas zertrampelt hatte. Er sprintete davon ins Haus und die Treppe hinauf, um in sein Zimmer zu gehen, bis ihm einfiel, dass Teddy dort sein könnte. Also ging er ins Schlafzimmer seiner Mutter, in dem sich am Nachmittag normalerweise niemand aufhielt. Aber dann lag sie da auf ihrem Bett und las.

»Simon! Du musst klopfen, bevor du das Zimmer von jemand anderem betrittst.«

»Hab ich vergessen. Außerdem habe ich nicht gedacht, dass du hier wärst.«

»Warum bist du dann hereingekommen?«

»Ich wollte nur …«

»Jetzt schließ die Tür, mein Schatz.«

Aus Versehen schloss er sie ziemlich laut. Sie setzte sich auf. »Knall nicht mit der Tür. Du weckst noch Wills auf.«

»Wills«, brummelte er und trat gegen ein Stuhlbein. Sie hatte nichts anderes als Wills im Kopf. Von morgens bis abends.

»Simon, was ist denn? Was ist los?« Sie schwang die Beine über die Bettkante. »Komm her. Du siehst ja ganz erhitzt aus.« Sie legte ihm die Hand auf die Stirn, und Tränen schossen ihm aus den Augen. Sie nahm ihn in die Arme, und er schmiegte sich an sie, und es ging ihm schlechter und gleichzeitig besser.

»Ich glaube, du hast Fieber, mein Schatz.« Sie gab ihm einen Kuss, und er klammerte sich wie eine kleine Krabbe an sie. »Ach je. Ich vermute, dir graut vor deiner neuen Schule. Das ist der Grund, nicht wahr? Ich weiß, die Aussicht ist ziemlich erschreckend. Aber du weißt ja, Teddy ist auch da. Du wirst nicht allein dort sein.«

»Doch! Teddy ist jetzt mein Feind! Wegen ihm wird es dort noch schlimmer werden!« Mittlerweile schluchzte er. »Ehrlich, ich habe darüber nachgedacht, und ich glaube wirklich nicht, dass ich es dort aushalte! Ich will nicht allein von zu Hause fort sein. Kann ich nicht eine Tagesschule besuchen, so wie Christopher? Ich tue alles, was du willst, wenn ich nicht dorthin muss!«

»Ach, mein Liebling. Ich möchte auch nicht, dass du gehst. Du wirst mir die ganze Zeit fehlen. Hör zu, Herzchen. Ich möchte, dass du dich auf mein Bett legst, während ich deine Temperatur messe. Dann reden wir weiter.«

Aber dazu kam es nicht, weil er 38,3 Grad Fieber hatte, und als er sagte, er könnte nicht im selben Zimmer wie Teddy schlafen, legte sie ihn in das Bett in ihrem Ankleidezimmer, brachte ihm einen Becher mit heißem Milchtee und ein Aspirin und ging, um Dr. Carr anzurufen. Als sie zurückkam, war er fiebrig und müde. »Ich wette, Wills schickst du nicht aufs Internat«, brummte er. »Außerdem, ich habe nicht gepetzt. Das zumindest muss er zugeben«, und er schlief ein.

Sie saß an seinem Bett, und während sie ihn betrachtete, gingen ihr traurige, hilflose Gedanken durch den Kopf. In der Tat, warum sollte er so viele Jahre von seinem Vater, seinem Bruder, seiner Schwester und vor allem von ihr getrennt werden? Warum hatte man Jungen immer fortgeschickt? Mit neun war er aufs Internat gekommen, und jetzt war er gerade einmal zwölf. Selbst im Mittelalter hatte man die kleinen Pagen in andere Häuser geschickt und sie der Fürsorge der dortigen Herrin überlassen. Hugh war in seinem Internat alles andere als glücklich gewesen – nach eigener Aussage hatte er jede Minute dort gehasst –, aber trotzdem war er der Meinung, sein Sohn müsse dieselbe Mühle durchlaufen. Die Bemerkung, die er über Wills gemacht hatte, traf sie tief. Es stimmte, sie erlaubte sich, dieses letzte Baby richtig zu verwöhnen, und schenkte ihm weit mehr Aufmerksamkeit als den beiden anderen. Zugleich wappnete sie sich gegen den Verlust von Simon, seit er die vorbereitende Privatschule besuchte, und bemühte sich, gelassen und gleichmütig zu sein. Aber nachdem sie ihn das allererste Mal damals in Waterloo in den Zug gesetzt hatte, hatte sie auf der ganzen Taxifahrt nach Hause bitterlich geweint. In gewisser Weise hatte sie da schon gewusst, dass das der Anfang des Abschieds von ihm war. Selbst ihre Briefe an ihn im Internat waren distanziert und munter gewesen, und das Schreiben hatte ihr immer größere Schwierigkeiten bereitet – weil sie nicht mehr wusste, was er hören wollte. Und da sie ihm nie gestehen konnte, wie sehr er ihr wirklich fehlte, war sie nie über Belanglosigkeiten hinausgekommen. In seinen Briefen war das Heimweh anfangs unüberhörbar gewesen: »Liebste Mum, bitte hol mich nach Hause, mir ist ganz schrecklich langweilig hier. Es gibt überhaupt gar nichts zu tun.« Dann hatte er sich auf die Anforderung verschiedener Dinge beschränkt, vorwiegend Verpflegung: »Bitte schick mir sechs Tuben Zahnpasta. Meine musste ich aufessen!« Unverständliche Beschreibungen von Lehrern: »Wenn Mr. Attenborough zum

Frühstück Toast mit Marmelade isst, raucht ihm der Kopf. Heute hatten wir keine Lateinstunde, weil Mr. Coleridge mal wieder durchgeknallt ist, er fuhr mit dem Fahrrad ins Schwimmbecken. Angeblich hat er geraucht und gelesen und wurde von einer Wespe gestochen, aber das hat ihm niemand abgenommen.« Diese Briefe hatte sie Hugh vorgelesen, aber der hatte nur gelacht und gemeint, er lebe sich offenbar ein. Und in gewisser Weise hatte er das auch. Aber die vorbereitende Schule war etwas völlig anderes als die private Internatsschule, die er jetzt sechs Jahre lang besuchen würde. Der Arme. Wenigstens ist er zu jung für den Krieg, dachte sie zum hundertsten Mal, und Polly ist ein Mädchen, und Wills ist ein Baby, und Hugh kann im Grunde unmöglich eingezogen werden. Sie stellte Simon ein Glas Wasser ans Bett, dann gab sie ihm mit fast schuldbewusster Zärtlichkeit einen Kuss. Er schlief, und sonst war niemand da, der es sehen konnte.

Nachts war es sehr heiß und stickig, der Donner zog grollend umher, bis im Morgengrauen ein heftiger und erfrischender Regenguss herunterkam. Evie, die im Cottage wohnte und Sid mit ihren Ängsten wach gehalten hatte, schlief schließlich ein, sodass Sid endlich in das zweite kleine Zimmer schleichen, sich ins Bett legen und zumindest mit ihren Gedanken allein sein konnte. Es hatte ein Durcheinander bei Miss Milliments Umzug in das Cottage gegeben, das sie mit Evie teilen sollte, und Evie hatte sich geweigert, allein dort zu schlafen. Sie hatte Sid damit fast in den Wahnsinn getrieben, die daraufhin beschloss, am nächsten Tag Himmel und Hölle – und Miss Milliment – in Bewegung zu setzen. Evie betrachtete es als gelinde Beleidigung, dort schlafen zu müssen. Sie zeigte sich nicht im Geringsten dankbar für die erwiesene Gastfreundschaft, und sie hatte die nutzlosesten, schwersten und hässlichsten Silberwaren aus dem Besitz ihrer Mutter mitgebracht sowie das Gros ihrer Kleidung. »Schließlich müssen wir womöglich

Jahre hierbleiben«, sagte sie. »Für dich ist es nicht so schlimm, dir macht es ja nichts aus, tagein, tagaus dasselbe anzuziehen, aber du weißt doch, wie wichtig es mir ist, hübsch auszusehen.«

Sid hatte Rachel, deren Rücken ihr eindeutig große Schmerzen bereitete, höchst ungern allein gelassen. Als sich herausstellte, dass William beschlossen hatte, die Kinderherberge im Notfall zu evakuieren, und dass die Feldbetten für die Schwestern gedacht waren und in der Squashhalle aufgebaut werden sollten, hatte Rachel darauf bestanden, beim Transport zu helfen. Die Duchy hatte milde angefragt, wo denn die Babys schlafen sollten, worauf er gemeint hatte, sie seien klein und würden überall Platz finden. Man könne ja den Billardtisch aus dem Billardzimmer entfernen, hatte er vage hinzufügt. Wie dem auch sei, die Feldbetten hatten Rachels Rücken den Rest gegeben, und Sid wollte sie eigentlich um keinen Preis alleine lassen. Oder, um genau zu sein, wollte sie um jeden Preis mit ihr in einem Zimmer schlafen. Tagsüber, so wurde ihr zu ihrem Leidwesen klar, würde Evie sie und Rachel nie allein lassen. Wie schnell man sich doch an alles gewöhnte! Vor einer Woche wäre sie überglücklich gewesen ob der Aussicht, einen Tag und eine Nacht mit Rachel zu verbringen, und jetzt beklagte sie sich, weil sie nicht die ganze Zeit mit ihr zusammen sein konnte. »Sei dankbar für das, was du hast«, ermahnte sie sich, doch eines der Dinge, die sie hatte, war Evie, und deren Gegenwart hatte noch in keiner Menschenseele Dankbarkeit geweckt. »Es hat eben alles zwei Seiten«, sprach sie sich Mut zu. Aber irgendwie fiel die Schokoladenseite immer kleiner aus als die andere.

Louise stand eine halbe Stunde früher als nötig auf. Wegen des Kirchgangs hatte sie sich selbst einer kritischen Prüfung unterzogen, und eine ihrer Verhaltensweisen, die sie missbilligte, war, dass sie sich nie mehr richtig mit Polly unterhielt. Sie wusste – wahrscheinlich als Einzige –, wie sehr ein drohender Krieg Polly belastete, aber sie hatte ihr kein einziges Mal die Gelegenheit gegeben, darüber zu reden. Also beschloss sie, bei Polly vorbeizuschauen, wenn sie das zweite Fahrrad holte – das in Home Place stand –, und sie zu fragen, ob sie nicht mit ihr und Nora den Gottesdienst besuchen wolle.

Es war ein herrlicher Morgen mit gelbem Sonnenlicht und einem milchig-blauen Himmel. Die steilen Böschungen beiderseits der Straße, vom schweren Regen erfrischt, glitzerten vor tropfenbenetzten Spinnweben, die gefährlich pendelnd zwischen kleinen, triefend nassen Farnen hingen, der Duft von Pilzen und Moos lag in der Luft. In der Auffahrt begegnete Louise Mr. York mit seinen Eimern voll dampfender Milch. »Guten Morgen, Mr. York«, sagte sie, und er grinste, entblößte dabei seinen fürchterlichsten Zahn und nickte ihr zu. Die Haustür zu Home Place stand offen, die Dienstmädchen schüttelten Staubwedel aus, es roch nach gebratenem Speck, im Hintergrund quietschte unregelmäßig der Teppichkehrer. Leichtfüßig lief Louise die Treppe hinauf und den Korridor entlang zu Pollys und Clarys Zimmer. Clary war noch nicht wach, aber Polly saß aufrecht im Bett, zu ihren Füßen lag Oscar zusammengerollt und schlief tief und fest. Polly hatte geweint. Sie fuhr sich mit dem Handrücken übers Gesicht, warf einen warnenden Blick zu Clarys Bett hinüber und sagte: »Jetzt hat Simon Windpocken bekommen.«

»Aber deswegen weinst du doch nicht, oder?«

»Nein.«

Louise setzte sich zu ihr aufs Bett, und sofort wachte Oscar auf und hob den Kopf. Sie streichelte sein dichtes Fell, und er starrte sie an, als habe er sie noch nie zuvor gesehen.

»Ich bin gekommen, um dich zu fragen, ob du mit Nora und mir in die Kirche gehen möchtest. Wir wollen um Frieden beten. Nora sagt, das ist sehr wichtig.«

»Louise, wie könnte ich? Du weißt doch, ich bin mir überhaupt nicht sicher, ob ich an Gott glaube.«

»Ich bin mir auch nicht sicher, aber darum geht es nicht. Ich meine, wenn es einen gibt, dann sollte er auf uns hören, und wenn es keinen gibt, schadet es auch niemandem.«

»Ich verstehe, was du meinst. Ach, es ist so schrecklich! Warum gibt es keine Gasmasken für Tiere? Gestern Abend habe ich versucht, Oscar in meine zu stecken – du weißt schon, nicht nur seinen Kopf, sondern seine ganze Vorderhälfte, aber sie passt ihm trotzdem nicht. Und er konnte es überhaupt nicht leiden. Ich hätte ihn nie dazu bringen können, sie anzubehalten.«

»Aber du könntest ihm deine gar nicht geben. Wenn er sie braucht, brauchst du sie auch.«

»Nicht mehr als er. Außerdem habe ich mir schon überlegt zu sagen, dass ich meine verloren habe, damit ich eine neue bekomme. Richtig zu lügen deswegen.« Mit kummervollen Tränen sah sie zu Oscar. »Ich bin für ihn verantwortlich. Er ist mein Kater!«

Sie streckte die Hand aus, um ihn am Hals zu streicheln, und sofort stand er auf, räkelte sich und sprang schwer vom Bett. Mit einem leisen Schnurren landete er auf dem Fußboden.

»Weißt du, Poll, du solltest wirklich mitkommen. Mehr kannst du nicht tun.«

»Also gut.«

Sie stand auf und begann, die Kleider anzuziehen, die über dem danebenstehenden Stuhl lagen.

»Du kannst doch nicht in Shorts gehen!«

»Oje, da habe ich nicht nachgedacht.«

Sobald sie das Bett verlassen hatte, sprang Oscar wieder hinauf und machte es sich genau dort bequem, wo sie gesessen hatte.

»Du musst aber auch einen Hut aufsetzen.«

»Ach, Mist! In meinem liegen meine ganzen Muscheln.« Sie schüttete sie auf die Kommode, wodurch Clary wach wurde. Sobald sie hörte, was die beiden vorhatten, wollte sie ebenfalls mitkommen.

»Das geht nicht. Du würdest alle mit Windpocken anstecken.«

»Tue ich nicht. Sie haben gesagt, dass ich heute aufstehen darf.«

»Es gibt kein Fahrrad mehr.«

»Dann nehme ich Simons.«

»Du wirst ohnmächtig werden«, sagte Louise. »Du bist vielleicht schon auf gewesen, aber du warst noch nicht draußen.«

Aber Clary suchte schon nach etwas, das sie anziehen konnte. »Obwohl ich sagen muss«, erklärte sie, als sie sich ein blaues, mit Brombeersaft beflecktes Baumwollkleid über den Kopf streifte, »dass ich glaube, Gebete wirken nur, wenn man an sie glaubt. Aber einen Versuch ist es immer wert«, fügte sie hinzu, als sie Louises und Pollys Miene bemerkte: Louise warf ihr einen bösen Blick zu, und in Polly regten sich wieder Zweifel.

»Du hast keinen Hut«, sagte Louise in vernichtendem Ton.

Clary sah von Louises weißem, rundem Hut mit der marineblauen Schleife zu Pollys Strohhut mit Korn- und Mohnblumen rund um die Krone. Zoë kaufte ihr keine Hüte, und Ellen wählte derart hässliche, dass Clary sie absichtlich verlor.

»Ich leihe mir Dads Baskenmütze, die er draußen beim Malen trägt«, sagte sie. »Die hängt im Flur.«

~

»Sechzehn Krankenschwesternschülerinnen plus die Vorsteherin und Schwester Hawkins, dazu fünfunddreißig Kleinkinder unter fünf Jahren! Wie kann man nur glauben, sie würden hier alle Platz finden?«

Rachel, die kerzengerade auf ihrem Luftkissen saß, stellte die Teetasse ab. »Duchy, meine Liebe, könntest du nicht selbst mit ihm reden?«

Die Auseinandersetzung über die mögliche Ankunft aller Bewohner der Kinderherberge zog sich bereits den ganzen Tag hin, wobei Rachel, für die jede Bewegung eine Tortur war, zwischen ihren Eltern hin- und hergeschickt wurde – sie weigerten sich, miteinander zu verhandeln. William, weil er sagte, er habe keine Zeit für Frauen, die sich über Petitessen aufregten, und die Duchy aus dem Grund, weil er nie auch nur einen einzigen Einwand von ihr gelten ließ.

»Ich habe dir erzählt, dass er sagte, Sampson baue neben der Squashhalle drei Außentoiletten.«

»Das mag schon sein, aber es gibt nicht genügend Wasser!«

»Er sagt, er wird einen weiteren Brunnen bohren. Er ist gerade mit der Wünschelrute unterwegs.«

Die Duchy schnaubte verächtlich. »Weißt du noch, wie lange es beim letzten dauerte? Drei Monate!« Sie kratzte etwas Butter auf ihren Toast. »Und wie sollen seiner Ansicht nach diese Heerscharen ernährt werden? Kannst du mir das sagen?«

Rachel schwieg. Als sie ihrem Vater vor einigen Stunden ebendiese Frage gestellt hatte, sagte er, sie hätten eine fähige Köchin, außerdem sei allgemein bekannt, dass Babys sich von Milch ernährten, die York liefern könne – und wenn nicht, würde er, William, dafür sorgen, dass er eine weitere Kuh bekam.

»Also«, sagte die Duchy – sie trug zum Nachmittagstee ihren Hut, was ein sicheres Anzeichen für Zorn war. »Wenn er glaubt, dass Mrs. Cripps für achtzehn Personen zusätzlich kochen kann – nicht eingerechnet der Babys –, dann ist er verrückt.«

»Meine Liebe, wir haben es mit einer Notlage zu tun.«

»Wenn Mrs. Cripps kündigt, ist es zweifellos eine.«

»Andererseits löst sich das Problem ja vielleicht von selbst. Schließlich ist der Premierminister zurückgekommen, und bis jetzt ist nichts passiert, was doch ein gutes Zeichen ist, oder nicht?«

»Ich halte Mr. Chamberlain für keinen Mann, der am Sonntag einen Krieg erörtern würde«, sagte die Duchy. Unklar blieb, ob sie das als Vorwurf oder als Kompliment meinte.

Es herrschte Stille. Rachel dachte sich, wie unglaublich irreal die ganze Situation war. Dann wunderte sie sich, weshalb sie allein waren. »Wo sind die Tanten?«, fragte sie.

»Sie trinken Tee mit Villy und ihrer Mutter. In der Hinsicht ist Villy sehr gut.«

»Villy und Sybil haben sich anerboten, mit dem Kochen zu helfen. Und Zoë auch.«

»Meine Liebe, sie haben alle in ihrem ganzen Leben keine einzige Mahlzeit zubereitet. Vermutlich haben sie auf der Schule einmal gelernt, einen Sandkuchen zu backen, aber das wird kaum genügen, meinst du nicht auch?«

Und Rachel, die ebenfalls noch nie eine Mahlzeit zubereitet und vergessen hatte, wie man einen Sandkuchen backte, konnte ihr nicht widersprechen.

Sybil war ebenso überrascht wie gerührt, dass sich die anderen Kinder Simon gegenüber so nett verhielten. Im Lauf des Tages besuchten sie ihn praktisch alle, obwohl er sich nicht besonders darüber zu freuen schien. Allerdings ging es ihm ziemlich schlecht, also konnte sie es ihm nicht verdenken. Nach dem Lunch sagte sie ihm, er solle sich richtig ausschlafen, und heftete einen Zettel an die Tür mit der Bitte, ihn nicht zu stören. Doch als sie ihm nachmittags Tee und etwas zu essen hinaufbrachte, fand sie Lydia und Neville zu beiden Seiten seines Bettes sitzen.

»Sie haben mir Geschenke gebracht. Ich konnte ihnen doch nicht sagen, dass sie gehen sollen«, sagte Simon. Sybil fand, dass er fiebrig aussah.

»Habt ihr den Zettel nicht gelesen?«, fragte sie.

»Nein. Ich kann nur lesen, wenn ich mich bemühe. Von allein kann ich es nicht«, antwortete Lydia, und Neville sagte, er könne nur lesen, wenn er Lust dazu habe. »Und das ist so gut wie nie«, erklärte er.

»Wenn also auf einem Gatter vor einem Feld ›Giftige Schlangen, kein Zutritt‹ steht, würdest du totgebissen werden«, sagte Simon.

»Nein, ich würde das Wort ›Schlangen‹ lesen, und dann würde ich aufpassen.«

»Und überhaupt ist ein Feld kaum dasselbe wie ein Zimmer,

oder?«, schloss Lydia leichthin. »Bis morgen, Simon. Wahrscheinlich hast du dann schon lauter Pusteln im Gesicht.«

An dem Abend bekam Dottie, die seit dem Frühstück ungeschickter als sonst gewesen war und nah am Wasser gebaut hatte, wie Eileen bemerkte, einen pickeligen Ausschlag – Windpocken, verkündete Mrs. Cripps, oder sie fresse einen Besen. Anscheinend betrachtete sie die Erkrankung als persönliche Beleidigung und war wirklich sehr hässlich zu der armen Dottie, die gerade eine Sauciere zerbrochen hatte und mit Schaufel und Besen unschlüssig dastand und sich überlegte, wie sie die Scherben und die Sauce gleichzeitig beseitigen sollte. »Jetzt steh nicht einfach dumm rum, Mädel – mach's weg! Und dann zieh dir einen frischen Kittel an, und entschuldige dich bei Mrs. Cazalet.« Rachel, die Eileen herbeigerufen hatte, betrat in dem Moment die Küche. »Das macht man doch nicht mit Schaufel und Besen! Nimm erst einen Wischlappen! Oh – Miss Rachel! Jetzt ist ein Stück von Mrs. Cazalets Sommerservice zu Bruch gegangen! Ganz zu schweigen von der Brotsauce, und ich habe beim besten Willen keine Zeit mehr, eine neue zu machen! Und wie es aussieht, hat sie auch die Windpocken bekommen. Weiß der Himmel, wie – als hätten wir nicht schon genügend Probleme.«

Rachel sah von Mrs. Cripps' glänzendem Gesicht zu ihrem wogenden Busen, der von ihrer geblümten Kittelschürze gerade eben in Zaum gehalten wurde, und beschwor all ihren Charme herauf.

»Oje! Vielleicht könnte eine von Ihnen« – sie warf einen bittenden Blick zu den Dienstmädchen, die die Szene dankbar verfolgten (es war nicht ihre Schuld, und dass sie Mrs. Cripps als Küchenmädchen zur Hand gingen, würde ihnen nicht mal im Traum einfallen) – »freundlicherweise hier sauber machen, weil ich glaube, dass Dottie ins Bett gehört.«

»Das ist der richtige Platz für sie«, stimmte Mrs. Cripps zu, »aber irgendein Ersatz muss gefunden werden, Miss Rachel. Hitler hin oder her, aber ich kann in meiner Küche nicht ohne Küchenmädchen arbeiten – das kann wirklich keiner von mir erwarten.«

»Natürlich nicht. Aber darüber sprechen wir am besten morgen, Mrs. Cripps. Soweit ich weiß, hat Edie unten in der Mill Farm eine Schwester, die vielleicht einspringen könnte. Jetzt komm, Dottie, ich begleite dich nach oben.«

Sie überließ es Peggy und Bertha, die Scherben und die Sauce zu beseitigen, und brachte Dottie, die mittlerweile lautstark weinte, in ihre von der Sonne erhitzte Dachkammer.

Während das Mädchen sich auszog, holte Rachel ein Thermometer. Das Gehen bereitete ihr Schmerzen, wie praktisch alles andere auch. Am liebsten würde sie sich selbst ins Bett legen, ohne die Spannungen und Auseinandersetzungen, die den ganzen Tag bestimmt hatten. Sid hatte sie kaum zu Gesicht bekommen; die hatte den Großteil des Nachmittags damit verbracht, Evie zu beschwichtigen, weil sie mit Miss Milliment im Cottage bleiben sollte, während sie, Sid, in Rachels Zimmer im großen Haus, wie Evie es beharrlich nannte, zurückkehrte. Unter normalen Umständen würde sie nach London fahren, zu Marly, ihrem famosen Rückenspezialisten, der ihr auf die eine oder andere Art immer zu helfen verstand. Der Gedanke, dass das nicht möglich war – weder morgen noch an einem anderen Tag –, machte ihr Angst. Aber wie absurd war es, sich wegen solcher Lappalien zu grämen, wo sie doch höchstwahrscheinlich am Rande eines Kriegs standen. Und sollte die Kinderherberge wirklich evakuiert werden, musste sie sich zusammenreißen und irgendwie die Verpflegung und die Sanitäreinrichtungen organisieren, obwohl allein der Gedanke daran sie überforderte. Womöglich müssten dann alle aus der Mill Farm umquartiert werden, um dort irgendwie Platz für all die Schwestern und Babys zu schaffen, während die Kinder in die Squashhalle kamen. Mit dem Brig oder der Duchy darüber zu sprechen hatte keinen Sinn. Am besten sollte sie mit Villy reden, die verfügte am ehesten über praktischen Sachverstand, ganz abgesehen davon, dass ein solcher Umzug ihre Familie am meisten tangieren würde. Aber es ging ja nicht nur um die Kinder, da war auch noch die alte Lady Rydal. Bei der Vorstellung, sie in der Squashhalle auf einem

Feldbett liegen zu sehen, hätte sie beinahe gelacht, aber auch das Lachen tat ihr weh.

Sie kehrte zu Dottie zurück, die mittlerweile im Bett lag, das Laken bis unter das Kinn hochgezogen hatte und leise schniefte. Im Zimmer herrschte brütende Hitze. Dort stand der Heißwasserbehälter, sodass mit dem schmalen Metallbett, dem Stuhl und der bescheidenen Kommode wenig Platz blieb. Das kleine Fenster war geschlossen, und als sie Dottie fragte, ob sie es nicht lieber geöffnet hätte, sagte sie, es gehe nicht auf, nie. Der Wasserbehälter gab in unregelmäßigen Abständen ein ziemlich lautes Rauschen von sich – kein guter Ort, um krank zu sein, dachte Rachel. Dotties Temperatur lag bei knapp 39 Grad. Rachel lächelte beruhigend und sagte, sie werde Peggy oder Bertha bitten, ihr einen großen Krug mit Wasser und zwei Aspirin zu bringen. »Du musst so viel wie möglich trinken, damit das Fieber nicht weiter steigt. Ich rufe Dr. Carr an, damit er dich morgen untersucht. Und ich sorge dafür, dass jemand das Fenster repariert. Jetzt schau mal, ob du dich richtig ausschlafen kannst. Du warst wirklich tapfer, den ganzen Tag zu arbeiten, wo es dir doch schon so schlecht gegangen sein muss.«

»Ich habe sie nicht kaputt machen wollen.«

»Wie bitte? Nein, natürlich nicht. Ich rede mit Mrs. Cazalet. Sie wird verstehen, dass es dir nicht gut ging.«

Dann machte sie sich auf die Suche nach einem der Dienstmädchen, das Aspirin bei ihr holen sollte. »Und sie sollte einen Nachttopf bekommen. Ihre Temperatur ist ziemlich hoch, und sie soll viel trinken. Aber ich weiß ja, ich kann mich darauf verlassen, dass Sie sich um sie kümmern und mir Bescheid geben, wenn sie etwas braucht. Morgen sieht der Arzt nach ihr.«

Bertha, die Miss Rachel ausgesprochen reizend fand, versprach, sich um alles zu kümmern. Und ein Besuch vom Doktor steigerte auf jeden Fall Dotties Ansehen, selbst bei Mrs. Cripps, die sofort meinte, sie werde noch am selben Abend Milch zum Stocken ansetzen.

Rachel ging in ihr Zimmer und legte sich aufs Bett, was ihr derartige Schmerzen bereitete, dass sie sich fragte, wie in aller Welt sie jemals wieder aufstehen sollte.

Nach einigem Schweigen fragte Hugh: »Wie geht es Oscar?«

»Ganz gut.« Sie sah ihn nicht an, und schweigend gingen sie ein Stück weiter. Es war früher Abend, die Sonne schien nicht mehr, aber es war heiß, und eine einheitlich graue Stille lag über dem Land. »Hast du Lust auf einen Abendspaziergang, Poll?«, hatte er sie gefragt, und sie war begeistert aufgestanden und hatte gesagt, sie schaue nur noch kurz nach Oscar, und sie sähen sich dann vor dem Haus. Aber als sie sich dort trafen, war Polly schon wieder in sich gekehrt, und hätte er sie nicht so gut gekannt, hätte er geglaubt, sie sei beleidigt. Er fragte, wohin sie gehen wolle, und sie sagte, es sei ihr egal, und so schlenderten sie durch den kleinen Wald hinter dem Haus hinauf zur großen Wiese mit den Edelkastanien, und sie stapfte neben ihm her, fast als wäre er gar nicht da.

»Ich bin müde«, sagte er, als sie die großen Bäume erreichten. »Setzen wir uns doch ein bisschen.«

Sie ließen sich nieder, lehnten sich an den Stamm, und immer noch sagte sie nichts.

»Was bedrückt dich?«

»Nichts.«

»Ich habe das Gefühl, dass du dir wegen etwas Sorgen machst.«

»Machst du das nicht?«

»Doch. Große Sorgen sogar.«

»Ach, Dad! Ich mir auch! Es ist der Krieg, stimmt's? Es wird wieder einen Krieg geben.« Der Kummer in ihrer Stimme schmerzte ihn beinah körperlich. Er legte ihr den Arm um die Schultern, ihre Muskeln waren zum Zerreißen gespannt.

»Das wissen wir noch nicht. Vielleicht. Es hängt davon ab …«

»Wovon?«

»Von dem, was Hitler diese Woche zu Chamberlain gesagt hat. Ob sie sich auf eine vernünftige Abmachung einigen konnten. Ob die Tschechen zustimmen können.«

»Das müssen sie doch!«

»Wieso weißt du so viel darüber, Poll?«

»Das tue ich nicht. Ich weiß nicht, ob sie wollen oder nicht. Ich meine, sie müssen einfach. Damit das alles aufhört. Sie sollten doch wirklich alles tun, damit das aufhört!«

»Die Entscheidung liegt nicht mehr bei ihnen.«

»Bei wem dann?«

»Bei uns – und bei Hitler, natürlich.«

»Aber alle Welt sagt doch, dass Mr. Chamberlain sich sehr für Beschwichtigung ausspricht. Das heißt, dass kein Krieg ausbricht.«

»Ja, aber es gibt immer Grenzen, inwieweit man jemanden beschwichtigen soll. Leider muss ich sagen, dass wir diese Grenze meiner Ansicht nach erreicht haben.«

»Meiner Ansicht nach nicht«, antwortete sie scharf.

Überrascht sah er zu ihr hinunter. Immer wieder runzelte sie halb die Stirn, wie sie es tat, wenn sie sich etwas gründlich überlegte oder wenn sie versuchte, nicht zu weinen. Wie es sich jetzt verhielt, konnte er nicht sagen. Er legte seine Hand auf ihre und hielt sie fest. Ihre Finger tasteten nach seinen und hielten sie gedrückt, aber es kamen keine Tränen. Dann seufzte sie – ein sehr trauriges Seufzen, wie er fand.

»Was geht dir durch den Kopf, Poll?«

»Ich habe mich gefragt, wie es sein wird. Wenn es anfängt, meine ich. Was denkst du?« Sie sah zu ihm auf, und die Freimütigkeit und Intensität in ihrem Blick ließen ihn verzagen.

»Ich weiß es nicht. Ich vermute, es wird einen Luftangriff geben. Wahrscheinlich auf London.« Das glaubte er wirklich. »Ich denke nicht, dass sie Gas einsetzen werden, Polly, trotz unserer Fahrt gestern – das war nur eine vernünftige Vorsichtsmaßnahme.« Da war er sich nicht so sicher. »Ich gehe nicht davon aus, dass es zu einem Einmarsch oder dergleichen kommen wird«, fuhr er fort und dachte sich dann, wie dumm es war, das zu sagen – er war sich dessen alles andere als sicher, und vielleicht hatte sie die Möglichkeit noch gar nicht erwogen, dann würde er sie nur unnötig beunruhigen.

Aber sie hatte sie erwogen.

»Sie können doch Panzer auf Schiffe laden, oder, und hier an Land bringen? Panzer kommen überall durch.« Sie warf einen Blick zu dem Wald in ihrem Rücken, und sofort sah er mit ihren Augen einen Panzer durch die Wand aus Bäumen krachen und poltern – ein entsetzliches, lebendes Ungeheuer.

»Weißt du, wir haben eine Marine«, sagte er. »Ganz so einfach wäre es nicht. Aber hör mal, Polly, wir stellen hier viel zu viele Vermutungen an. Vielleicht kommt es gar nicht zum Krieg. Heute haben wir bloß Vorkehrungen getroffen, nur für den Fall, dass es einen gibt. Und über die würde ich gerne mit dir sprechen. Ich weiß, dass du tapfer und vernünftig bist, und vielleicht fällt dir etwas Nützliches dazu ein.«

Und beides war sie wirklich, überlegte er sich hinterher und erinnerte sich an den Stich, den es ihm versetzt hatte, als sie sich bemühte, tapfer und vernünftig dreinzusehen. Auf dem Rückweg zum Haus hatte sie etwas – zumindest ein klein bisschen – weniger angespannt gewirkt. Aber mein Gott! Was für ein Gespräch hatte er da mit seiner dreizehnjährigen Tochter geführt, dachte er später, als sie gegangen war, um Oscar sein Abendessen zu geben. Wut und Hilflosigkeit übermannten ihn. Er würde sein Leben für sie hingeben – für sie alle –, aber so einfach war es nicht mehr. In diesen Krieg würden auch Zivilisten hineingezogen werden: die Unschuldigen, die Jungen, die Schwachen, die Alten. Er konnte Polly nicht einmal vor ihrer Angst beschützen. Ihre Miene, als sie zu dem Wald sah, ging ihm nicht aus dem Kopf, und er hörte und sah wieder den Panzer. Von der Küste waren es keine fünfzehn Kilometer nach Home Place.

~

»Tut mir leid, dass du Windpocken hast.«

»Das ist schon in Ordnung.« Er sah zu Christopher, der unbeholfen in der Tür stand. Alte Gefühle stiegen in ihm auf, Anhänglichkeit und Zuneigung: Es war verdammt nett von ihm, ihn zu besuchen. »Wie geht es mit Teddy?«, fragte er. »Du kannst es mir ruhig sagen – ich hasse ihn.«

»Er will das Lager in eine Festung verwandeln. Ringsum einen Schützengraben anlegen. Wie bei einem dummen Kriegsspiel.«

»Aber das lässt du doch nicht zu, oder?«

»Ich möchte es nicht, aber ich weiß nicht, wie ich ihn daran hindern soll. Er sagt, es ist sein Gelände, und ich bin ein Eindringling. Er will unsere ganzen Sachen haben – er sagt, dass ein Großteil, das Zelt zum Beispiel, sowieso ihm gehört.«

»Aber als Kriegsgegner kannst du doch nicht einfach Krieg mit ihm spielen.«

»Natürlich nicht! Aber es macht meine ganzen Pläne kaputt. Es kommt mir vor, als würde ich ihn besonders ärgern. Vielleicht sollte ich es ihm sagen. Du kannst jetzt schließlich nicht weglaufen, du bist krank.«

»Ich weiß. Aber warum möchtest du es ihm denn sagen?«

»Na ja, vielleicht hält er dann den Mund. Vielleicht versteht er dann, worum's geht, und macht mit, anstatt auf seiner dummen Idee zu beharren.«

»Könntest du nicht einfach noch etwas warten? Vielleicht bekommt er Windpocken. Oder er muss in sein schreckliches Internat.« Simon war ganz stolz und fühlte sich sehr nützlich, weil Christopher von »unseren Sachen« sprach und ihn fragte, ob es ihm etwas ausmache, wenn er es Teddy sage. Und irgendwie fiel es ihm leichter, über einen Ratschlag nachzudenken, während er hier im Bett lag und nichts tun konnte. »Also ich habe ihm nichts verraten«, fügte er hinzu, denn etwas Anerkennung wollte er doch.

»Natürlich nicht, du Dummkopf. Warum würde ich dich fragen, ob ich es ihm sagen soll, wenn du es ihm schon gesagt hättest?«

»'tschuldigung, da habe ich nicht nachgedacht.«

»Schon in Ordnung. Wahrscheinlich fühlst du dich ziemlich mies.« Simon sah so mies drein, wie es ihm möglich war. Christopher kam zu ihm ans Bett und nahm sich eine der Trauben, die auf dem Teller lagen. »Er ist die ganze Zeit da«, sagte er unglücklich. »Er isst alle Vorräte auf und bringt alles durcheinander. Außerdem hat er sein Gewehr mitgebracht.«

»Das darf er nur mitnehmen, wenn ein Erwachsener dabei ist. Du könntest Onkel Edward davon erzählen.«

»Ich will nicht petzen …«, aber dann brach er ab, weil Onkel Hugh das Zimmer betrat. Er hatte ein kleines Schachspiel in der Hand.

»Ich habe mir gedacht, ob du vor dem Abendessen vielleicht Lust auf eine Partie hast?«, fragte er. »Hallo, Christopher. Ich hoffe, ich störe euch nicht bei etwas Wichtigem?«

»Nein, gar nicht«, sagten beide gleichzeitig, und Christopher fügte hinzu, er sei sowieso am Gehen.

Als das Brett aufgebaut war und Simon den weißen der beiden Bauern gewählt hatte, die sein Vater ihm hinhielt, sagte er: »Dad! Wenn es Krieg gibt, muss ich dann ins Internat?«

»Das weiß ich nicht, alter Knabe. Machst du dir Sorgen darüber?«

»Über die Schule?«

»Den Krieg.«

»Aber nein«, sagte Simon munter. »Ich glaube, das wäre ziemlich spannend.« Insgesamt war er froh, dass sein Vater das Thema nicht weiter vertiefte. Im Grunde wollte er nicht wissen, dass er doch gehen müsse, und außerdem würde es noch Wochen dauern, bis sie ihn überhaupt gehen lassen oder ihn hinschicken würden.

~

In Begleitung von Angela und Nora fuhr Jessica am Montag um neun Uhr von der Mill Farm zum Begräbnis. Christopher hatte sie nicht dazu überreden können mitzukommen, und Judy war ihrer Ansicht nach noch viel zu klein. Sie trug Villys schwarz-weißes

Ensemble und dazu einen schwarzen Strohhut mit einem kleidsamen Schleier, der auf der Rückbank neben Angela lag. Diese war zwar blass und still, fügte sich aber ergeben in alles und erhob auch keine Einwände, als Nora sagte, sie sei an der Reihe, vorne zu sitzen. Nora trug ihr marineblaues Jackett mit passendem Rock und hatte sich ein schwarzes Band um den Ärmel genäht. Angela hatte Villy erlaubt, sie mit einem schwarzen Leinenkleid und einem hellen Regenmantel auszustatten. Diverse Handschuhe und Taschen im entsprechenden Farbton waren zu dem Anlass von der Familie beigesteuert worden.

»Zum Dinner erwarten wir euch zurück«, sagte Villy beim Abschied. »Aber wenn ihr es nicht schafft, dann ruf an«, fügte sie hinzu. Auch wenn Jessica gelobt hatte, um keinen Preis dort zu übernachten, wusste Villy, dass Raymond sie jederzeit umstimmen könnte. »Wir werden auch gar nichts für die Nacht mitnehmen«, hatte Jessica gesagt. »Also kann nicht einmal er erwarten, dass wir bleiben«, und sie hatte mit einem verschwörerischen kleinen Lächeln zu ihrer Schwester gesehen, das so viel bedeutete wie: So mache ich das mit ihm: Ich stimme ihm zu, aber dann sorge ich für ein kleines Hindernis, sodass er nachgeben muss. »Er wird lediglich schimpfen, dass ich so unpraktisch bin«, sagte sie gelassen. »Daran bin ich gewöhnt.«

Trotzdem, es war eine weite Fahrt – nach Frensham und zurück an einem Tag –, insbesondere in ihrem alten Vauxhall (sie hatte es abgelehnt, sich Villys Wagen auszuleihen). Villy winkte ihnen ein letztes Mal nach und ging dann ins Haus, um den »geruhsamen Tag« zu beginnen, um den Jessica sie vor der Abfahrt beneidet hatte. Im Esszimmer sollte Unterricht stattfinden, also musste sobald wie möglich das Frühstück abgeräumt werden. Darauf folgte die langwierige Prozedur, ihrer Mutter beim Aufstehen und Ankleiden zu helfen, wozu ein Bad gehörte. Das wiederum bedingte, Kinder und Hausmädchen aus sämtlichen Fluren zu verbannen, denn Lady Rydal verbat es sich, dass irgendjemand sie zum oder vom Badezimmer oder auch zur Toilette gehen sah. Die Kinder hatten keine Schulbücher, fiel ihr ein und sie setzte sie auf die Liste der Dinge, die sie am folgenden Tag aus der Lansdowne Road holen wollte. Sie stieß auf Louise, die schmollte, weil sie unbedingt zur Beerdigung hatte mitfahren wollen. »Ich bin noch nie auf einer gewesen. Es ist grausam ungerecht. Ich war noch nie Brautjungfer, ich war noch nie im Ausland, und ich war noch nie auf einer Beerdigung. Wirklich, du lässt mich überhaupt keine Lebenserfahrung sammeln.«

»Ich habe dir schon hundertmal gesagt, du kannst nicht auf die Beerdigung eines Menschen gehen, den du nie gesehen hast.«

»Es ist nicht meine Schuld, dass ich sie nicht kennengelernt habe.«

»Geh nach Home Place hinauf, und bitte die Duchy um etwas Löschpapier und eine Flasche Tinte. Und wenn sie irgendwelche Schreibblöcke oder Hefte hat …«

»Die brauchen wir nicht, Clary hat Dutzende davon.«

»Na, dann bitte sie, welche mitzubringen.« Über ihnen war ein gedämpfter Aufschrei zu hören.

»Ich muss nach oben. Jetzt mach schon, Louise«, und sie eilte die Treppe hinauf.

»Zum Donnerkeil! Warum ruft sie nicht an? Mach dies, tu das – sie hält mich eindeutig für eine Sklavin. Ein Sklavenkind.«

Den ganzen Weg die Anhöhe hinauf fühlte sie sich als junges Sklavenmädchen: demütig, wunderschön und mit einem schweren Ring um ihren rechten Fuß, an dem sie nachts festgekettet wurde. Ihr langes schwarzes Haar hing ihr fast bis zur Taille hinab. Alle Menschen waren bezaubert von ihrer Schönheit, doch ihr grausamer Herr und seine Gemahlin behandelten sie schlechter als ihren Elefanten. Bis Louise schließlich die Duchy gefunden hatte, war sie derart von Selbstmitleid erfüllt ob ihrer Demut und ihrer Schönheit, dass sie sich nicht mehr erinnern konnte, weswegen sie gekommen war. Die Duchy wiederum konnte den Brig nicht finden, um ihn zu bitten, Sampson aufzutragen, er solle jemanden zum Haus schicken, um Dotties Fenster zu öffnen.

»Wo ist er?«

Die Duchy blickte von dem immensen Berg Leinenwäsche auf, aus dem sie alle Teile aussortierte, die ihre Schwestern flicken sollten. »Er ist irgendwo unterwegs, mein Schatz, sonst würde ich ihn selbst holen. Wahrscheinlich hinter der Squashhalle. Oder sonst bei den Cottages auf dem Weg zu Yorks Farm. Beeil dich. Dottie hat Windpocken, und sie braucht dringend frische Luft.«

Louise sah zuerst bei der Squashhalle nach, und da war er tatsächlich, zusammen mit Christopher. Beide hielten die Enden eines gegabelten Stocks in den Händen, und so schritten sie langsam das Brachland ab. Als Louise sich näherte, stieß Christopher einen Schrei aus. »Oh! Schau mal! Guck!« Er trat einen Schritt zurück und dann wieder vor, und es war, als wollte der Stock aus seinen Händen springen.

Louise dachte, er täusche vielleicht etwas vor, aber der Brig ging zu ihm. »Mach das noch mal, Christopher«, sagte er, und als Christopher es wiederholte, sah Louise ganz deutlich, dass sich der Stock von selbst bewegte. »Verdamm mich!«, sagte der Brig. Er versuchte es selbst an der Stelle, doch es tat sich nichts. Er nahm seinen Hut ab – ein großer, grauer Filzhut – und setzte ihn Christopher auf den Kopf. Der Hut war ihm zu groß und rutschte ihm über die Augen. Der Brig drehte ihn im Kreis, versetzte ihm einen Schubs und sagte: »Versuch's noch mal.« Und nach einigen tastenden Schritten fand Christopher dieselbe Stelle wieder, und dieses Mal sprang ihm der Stock fast aus den Händen. Der Brig nahm ihm den Hut ab und klatschte ihn sich auf den eigenen Kopf. Dabei lächelte er. »Guter Junge«, sagte er. »Du hast die Gabe. Wir benennen den Brunnen nach dir.« Christopher lief knallrot an.

»Darf ich das auch einmal versuchen?«

Der Brig gab Louise seinen Stock. »Sicher. Nein, halt ihn richtig – deine Daumen müssen zur Mitte zeigen.«

Louise probierte es, aber nichts passierte. Also richtete sie ihre Nachricht aus, woraufhin der Brig sie zu den Stallungen schickte, um Wren zu sagen, er solle zu Sampson nach Hause reiten, damit der jemanden zum Haus schicke. »Und jetzt schau, ob du irgendwo den Wasserlauf finden kannst«, sagte er zu Christopher. »Jetzt geh schon, Mädelchen.«

Mädelchen! Nichts als Botendienste hatte sie zu erledigen, dabei war sie für derlei wirklich zu alt. So gemächlich wie möglich spazierte sie zu den Stallungen, wo Wren gerade die Spitzen seiner Mistgabel mit einer großen alten Feile schärfte. Das Geräusch, das er damit verursachte, ging ihr durch Mark und Bein. Sie richtete die Nachricht aus, doch er feilte nur immer weiter. »Haben Sie mich gehört, Mr. Wren?«

Er hielt mit der Arbeit inne. »Ja.«

»Wozu machen Sie das? Um das Heu aufzuladen, braucht man doch keine scharfen Spitzen, oder?«

Er warf ihr einen grimmigen Blick zu, der ebenso wild wie verschlagen war. »Das würde viel verraten, Miss, sehr viel verraten.«

Eilig machte sie sich davon. Sie mochte Wren nicht besonders. Nachdem sie für das Pony zu groß geworden war, hatte er sie auf den alten Grauschimmel gesetzt, aber mit dem konnte sie nicht umgehen, weil sein Maul wie Eisen war – der Brig hatte ihn jahrelang mit schwerer Hand auf Kandare geritten. Allerdings hatte sie bald gemerkt, dass Wren wenig von ihrer Reitkunst hielt, und deswegen waren die Ausritte schrecklich und langweilig gewesen, und so hatte sie es lieber gelassen. Auf der Auffahrt sah sie Miss Milliment, die mit Clary und Polly den Weg zur Mill Farm einschlug. Da fiel ihr ein, dass sie die Duchy nicht um Papier und die anderen Dinge gebeten hatte, und beschloss, das nachzuholen. Damit würde sie eine Entschuldigung für ihr Zuspätkommen haben. Es gefiel ihr gar nicht, dass Nora nicht da war. Sie hatte sich darauf gefreut, mit Nora im Unterricht zu sitzen, aber jetzt, wegen der Beerdigung, würde sie wieder die Außenseiterin sein. Betont langsam ging sie beim Tennisplatz ums Haus und machte sich auf den Weg zur Duchy.

Es war wieder grau und heiß. Mrs. Cripps erhitzte die Milch, damit sie nicht kippte, aber die Butter verwandelte sich in reinstes Öl, kaum stand sie zwei Minuten außerhalb der Speisekammer. Edie von der Mill Farm hatte ihre jüngere (wesentlich jüngere) Schwester zur Aushilfe nach Home Place geschickt, und Mrs. Cripps kannte sie nicht gut genug, um sie herumzukommandieren. In der vom Kochherd aufgeheizten Küche stand die Luft, weil zu den geöffneten kleinen Fensterflügeln nicht die geringste Brise hereinwehte. Insgesamt herrschte eine angespannte Atmosphäre. Emmeline schälte sechs Pfund neue Kartoffeln, wusch das Frühstücksgeschirr, schrubbte den Fußboden in der Speisekammer, schürte den Ofen nach, fädelte und schnitt vier Pfund Stangenbohnen, wusch das Geschirr vom Vormittagsimbiss, fettete zwei Kuchenbleche ein, schälte, entkernte und schnitt drei Pfund Bramley-Äpfel für die Pasteten im Esszimmer, deckte den Tisch für das Dienstboten-Mittagessen, spülte das Geschirr und anschließend alles Kochgeschirr vom Lunch im Esszimmer und antwortete nur, wenn sie angesprochen wurde, und dann fast unhörbar, was Phyllis' Ansicht nach von gebührendem Respekt zeugte. Allerdings entging Phyllis nicht, dass es Mrs. Cripps zunehmend Mühe kostete, nicht sie selbst zu sein – sie dirigierte alles mit einer Miene gespielter Geduld und guter Laune, die kaum lange währen konnte. Sie wäre wesentlich lieber eine personell unterbesetzte Märtyrerin gewesen, die eines der Hausmädchen herumkommandierte, aber so war es nun einmal.

Allerdings verbarg sich hinter ihrer rauen Schale ein weicher Kern, zumindest, was Dottie betraf, denn eine schier endlose Abfolge von Leckerbissen wurde auf ein rundes, mit zwei Papageien bemaltes Tablett gestellt und von einem der Mädchen ins Krankenzimmer hinaufgetragen. Ein Vanilletörtchen, etwas Toast mit Speckfett, die Dickmilch, die sie am Vorabend angesetzt hatte, ein pochiertes Ei sowie das Endstück einer Sultaninenrolle, jeweils begleitet von einer Tasse stark gezuckerten Tees, fanden in kurzen Abständen ihren Weg nach oben, wo alles eintrocknete, weil es der armen Dottie zu schlecht ging, als dass sie Appetit gehabt hätte. Bertha, die hinaufgeschickt wurde, um vor dem Besuch des Doktors in der Kammer Ordnung zu schaffen, erbot sich, das Essen zu entsorgen – es gab für sie nichts Schöneres, als im Bett zu liegen, Liebesgeschichten zu lesen und dabei zu essen. Außerdem lieh sie Dottie ein Nachthemd, da Dottie nur eines besaß, in dem der Arzt sie nach Berthas Ansicht nicht sehen sollte, weil es zu klein und außerdem nicht gerade hübsch war. Dottie, die nie zuvor einen Arztbesuch gehabt hatte, kam sich sehr wichtig vor und hatte Angst. »Was wird er machen?«, fragte sie, und Bertha, die keinerlei diesbezügliche Erfahrungen hatte, sagte, nur das, was er tun müsse, und sie, Bertha, werde draußen vor der Tür stehen.

Einer von Mr. Sampsons Männern kam und öffnete das Fenster, aber da der Raum direkt unter dem Dach lag, blieb es brütend heiß. »Versuch, nicht zu schwitzen, bis der Arzt kommt«, empfahl Bertha ihr, aber es nützte nichts, sie konnte nichts dafür. Außerdem taten ihr die Augen weh, sobald sie sie bewegte, und sie fand es schade, dass sie das Ganze nicht mehr genießen konnte, wo sie das viele schöne Essen bekam, auf das sie keine Lust hatte, und wo sie im Bett liegen durfte und nichts zu tun brauchte. Aber Bertha sagte, wenn ihre Tante Räder hätte, wäre sie ein Omnibus, und Dottie, die nicht verstand, was das heißen sollte, meinte, wahrscheinlich habe sie recht.

Zoë verbrachte den Vormittag damit, zusammen mit den Großtanten Laken zu flicken.

»Es ist schon richtig wie im Krieg«, bemerkte Flo gleichmütig, als sie die schadhafte Stelle eines Lakens über ihren Stopfpilz breitete.

»Ich kann mich nicht entsinnen, dass wir im letzten Krieg Laken geflickt hätten«, sagte Dolly.

»Das liegt daran, dass dein Gedächtnis so schlecht ist«, gab Flo zurück. »Ich erinnere mich genau, dass wir ständig Laken geflickt haben. Auf jeden Fall irgendetwas geflickt.«

»So, so, irgendetwas!«, zischte Dolly empört.

Sie saßen im Frühstückszimmer am Ausklapptisch. Zoë hatte sich zu ihnen gesellt, weil jeder andere, den sie nach einer Beschäftigung fragte, sie nur unbestimmt angesehen und gemeint hatte, ihm falle im Moment nichts ein. Die Duchy hingegen hatte sie sofort an die Arbeit gesetzt. »Das wäre eine große Hilfe, Zoë, meine Liebe«, hatte sie hinzugefügt, und Zoë hatte gestrahlt und es sogar über sich gebracht, die Tanten zu fragen, wie sie bei der Arbeit vorgehen solle. Die beiden konnten sich natürlich nicht über die Methode einigen – Tante Dolly bevorzugte Flicken aus zerschlissenen Kopfkissenbezügen, Flo riet zu kunstvoller Stopfarbeit über und rund um den Riss. Zoë tat, was immer sie ihr empfahlen, und stellte fest, dass sie sich ganz gut darauf verstand. Feine Näharbeiten zu machen, das hatte sie von ihrer Mutter gelernt, und es gefiel ihr. Die Tanten kabbelten sich den ganzen Vormittag, aber Zoë hörte kaum zu. Sie rang mit einem weiteren Schuldgefühl, das seit ein paar Tagen auf ihr lastete, und fühlte sich derart elend, dass sich ihre Gedanken unschlüssig im Kreis drehten, ohne einen Ausweg zu finden. Sie hatte bei Philip nicht verhütet – hatte keine Möglichkeit dazu gehabt –, und der Gedanke, sie könnte womöglich schwanger von ihm sein, quälte sie. Schlimmer noch war das Gefühl, dass sie das Ganze Rupert gegenüber nur wiedergutmachen konnte, indem sie das Kind bekam, das er sich immer schon wünschte. Das ganze Ausmaß des Dilemmas war am ersten Abend über sie hereingebrochen, als sie die üblichen Vorkehrungen treffen wollte. Doch als sie nach der kleinen Schachtel mit ihrem Diaphragma griff, fiel ihr der vorhergehende Abend ein, und schlagartig traf sie die Erkenntnis, dass sie keine Maßnahmen getroffen hatte. Sie war wie gelähmt vor Angst und Schuldgefühl: Ihr graute bei der Vorstellung, ein Kind von Philip zu bekommen, aber Rupert musste, sollte sie bereits schwanger sein, es für seines halten. Also hatte sie das Diaphragma an dem Abend auch nicht eingesetzt. Und jetzt, nachdem sie sich nach allen Seiten abgesichert hatte, überlegte sie sich, würde sie bei einer Schwangerschaft bis zur Geburt des Kindes nicht wissen, von wem es war – und vielleicht nicht einmal dann. »Ach, warum habe ich das gemacht?«, fragte sie sich immer wieder. »Warum habe ich nicht einfach bis nach meiner nächsten Periode gewartet und hätte dann Ruperts Kind bekommen?« Die Antwort lautete, weil sie furchtbare Angst hatte, dass sie bereits schwanger sein könnte. Aber wenn, dann hätte sie es vielleicht wegmachen lassen können, und dann wäre alles wieder in Ordnung gewesen. Aber wie? Der Gedanke, Sybil oder Villy zu fragen (wozu sie ihnen natürlich erzählen musste, was passiert war), versetzte sie in Panik. Die beiden mochten sie nicht besonders, und wenn sie von Philip erführen, würden sie sie für eine Frau ohne jeglichen Anstand halten. Ich könnte ihnen sagen – oder einer von ihnen –, dass er mich vergewaltigt hat, dachte sie. Das Schlimmste war, dass jeder Ausweg, der ihr einfiel, weitere Lügen nach sich zog.

»Sie sind natürlich zu jung, um sich an die Zeppeline zu erinnern, Zoë.«

»Das ist sie nicht.«

»Flo, da muss sie noch ein Kind gewesen sein!«

»Kinder haben ein sehr gutes Gedächtnis. Ein wesentlich besseres als du. Wann sind Sie denn geboren, meine Liebe?«

»Neunzehnhundertfünfzehn.«

»Siehst du? Da hast du es.«

»Gleich wirst du sagen, dass es glasklar ist – auf jeden Fall klarer als dein Teint, wie Vater zu sagen pflegte, wenn du dich erinnerst.«

Tante Dollys von Natur aus malvenfarbenes Gesicht nahm eine gedeckte Lavendeltönung an, und sie gab einen missbilligenden Laut von sich. Tante Flo begegnete Zoës Blick und zwinkerte ihr tatsächlich zu. Dadurch sowie durch das rote Stirnband, das ihr etwas schief auf den Haaren saß, hatte sie etwas von einem alten Piraten, dachte Zoë, froh, auf andere Gedanken zu kommen. Der Vormittag zog sich unendlich in die Länge. Zwischendurch fiel ihr ein, dass Philip im Fall einer Schwangerschaft womöglich etwas für sie tun könnte, doch noch während das Bild seines wissenden, verächtlichen Blicks vor ihrem geistigen Auge auftauchte, öffnete sich zaghaft eine kleine, warme Anemone in ihr … Sie würde ihn niemals wiedersehen …

»… sehr heiß, meine Liebe. Möchten Sie, dass wir noch ein Fenster öffnen? Dolly kann sich jederzeit eine weitere Decke über die Knie legen. Ihr ist immer kalt, ihrem Kreislauf nach ist sie schon halb tot. Und es ist sehr unartig von ihr, in Gesellschaft nicht ihre Hemdhose anzuziehen.«

Zoë, die keine Ahnung hatte, was Hemdhosen waren, lächelte wie von ihr erwartet, doch Tante Dolly wurde wirklich wütend. Sie hievte sich aus ihrem Stuhl, ging steifbeinig zum Fenster und riss es auf. »Manchmal wünschte ich«, sagte sie, und ihrem Ton war die Vergeblichkeit dieses Wunsches anzuhören, »dass du darauf verzichten würdest, in der Öffentlichkeit meine Unterwäsche zu erörtern. Gelegentlich.«

»Ich bin jederzeit bereit, jedermanns Unterwäsche zu erörtern – wenn das Thema zur Sprache kommt. Hemdhosen sind ein Teil des Lebens, weshalb sollte man also tun, als gäbe es sie nicht? Dolly ist der Inbegriff dessen, was ich nur viktorianische Scheinheiligkeit nennen kann, während Kitty und ich uns immer davon befreit …«

Zoë war sehr froh, als es Zeit zum Lunch war, obwohl sie keinen Appetit hatte.

Rupert war den Großteil des Tages damit beschäftigt, Rachel nach Tunbridge Wells zu fahren. Dort hatte Dr. Carr ihr einen etwas zwielichtigen kleinen Mann empfohlen, wie er ihn beschrieb, der sich auf Rückenprobleme verstand. Er lasse sich selbst von ihm behandeln, hatte er hinzugefügt. Wegen ihrer großen Schmerzen gestattete sich Rachel ausnahmsweise, anderen zur Last zu fallen. Sid wollte die beiden begleiten, aber Evie hatte offensichtlich beschlossen, dass der beste Protest gegen ihre Unterbringung im Cottage darin bestand, unangenehm aufzufallen, also klagte sie über einseitiges Kopfweh und sagte, sie könne unmöglich erwarten, dass die Bediensteten ihr das Essen ins Cottage brachten. »Und deshalb«, sagte Sid und versuchte vergeblich, munter zu klingen, »muss ich natürlich hierbleiben, mein Schatz – so gerne ich dich begleiten würde.«

»Aber eines der Kinder würde ihr doch bestimmt die Mahlzeiten bringen«, sagte Rachel. »Abgesehen davon wird sie in dem Zustand sowieso nicht viel wollen, oder?«

»Ich habe dir ja prophezeit, dass sie schrecklich sein würde!«

»Ich weiß. Aber darum ging es ja gar nicht. Jetzt ist nicht die Zeit, an uns selbst zu denken.«

Wann würde die jemals kommen?, fragte sich Sid grollend, als sie zusah, wie Rachel sich unter großen Schmerzen in Ruperts Auto setzte und sie davonfuhren. Aber dann verlangte der Brig nach ihr, um eine große Zeichnung für den Umbau der beiden Cottages, die er eventuell kaufen würde, abzupausen. »Rachel wollte das machen, und es kann nicht warten.« Also verbrachte sie den Großteil des Tages in seinem Arbeitszimmer vor dem Butterbrotpapier, das sie über die Zeichnung gebreitet hatte. Vormittags war er unterwegs, aber am Nachmittag musste sie ihm aus der *Times* vorlesen und die Lektüre abbrechen, um einigen der Begebenheiten aus seinem bemerkenswerten Leben zu lauschen. Sie mochte den alten Herrn, auch wenn ihr klar war, dass er etwas von einem Tyrannen an sich hatte.

Evie, die das gebratene Frühstück ebenso bis auf den letzten Bissen verputzte wie den herzhaften Lunch, den Sid ihr ins Cottage brachte, beklagte sich, dass Sid ihr aus dem Weg gehe, und fragte ständig, wo denn alle seien. Zweimal erkundigte sie sich nach Rachel, als glaubte sie nicht an die Fahrt nach Tunbridge Wells. Die Frage stellte sie erneut, als Sid das Lunch-Tablett abholte, woraufhin der die Geduld riss. »Steh auf, wenn du wissen willst, was alle tun. Ich habe dir heute Morgen gesagt, dass sich Rachel wegen ihres Rückens behandeln lässt. Wenn du dich weiter so aufführst, musst du nach Hause fahren.« Und weil Evie ihr den Tag ruiniert hatte, meinte sie es auch so. Evie begann zu weinen, was die weichherzige Sid normalerweise nicht ertragen konnte, aber dieses Mal blieb sie ungerührt. »Verdammt noch mal, Evie! Hör auf zu weinen und hör auf zu schmollen. Wenn du willst, kannst du jederzeit nach Hause fahren.«

Evie machte Anstalten, sich aus dem Bett zu hieven. »Mein Platz ist an Waldos Seite«, sagte sie. »Wenn ich nicht dort sein kann, ist es gleichgültig, wo ich bin.«

»Sie sagte, es sei ihr egal, wo sie ist.« Villy schenkte ihrer Schwester einen Whisky Soda ein. Nach einem späten kleinen Abendbrot lagen die Kinder im Bett.

»Mir sagte sie, sie möchte nach Hause. Danke, meine Liebe, den kann ich gut gebrauchen.«

»Das möchte doch jeder, aber ehrlich gesagt finde ich, wir sollten warten, wie sich die Dinge entwickeln.«

Wieder einmal sprachen sie über ihre Mutter, bei der sie wie stets ein und derselben Meinung waren. Zwar wollte keine von ihnen Edwards oder Raymonds Kommentare über Lady Rydal hören, doch unter vier Augen erörterten sie freimütig ihr unmögliches Wesen, und gewisse Züge davon bemerkte jede bei der jeweils anderen, sobald sie einmal nicht übereinstimmten.

Jetzt zuckte Jessica mit den Schultern, streckte ihre langen, dünnen Beine aus und streifte die Schuhe ab. »Du meine Güte! Normalerweise trinke ich keinen Whisky, aber nach so einem Tag ...«

»Wie war es denn wirklich?« Beim Abendessen hatten sie eine sehr ausgeschmückte Version der Beerdigung dargeboten bekommen, vor allem von Nora.

»Und die arme Tante Lena lag im Esszimmer in ihrem Sarg, ein

Kissen im Nacken. Sie sah aus wie eine der riesigen teuren Puppen, die es zu Weihnachten bei Whiteley's gibt. Nur blasser, natürlich. Wahrscheinlich war das Blut aus ihren Wangen gewichen.« An dieser Stelle hatte Angela unter unverständlichem Protest den Raum verlassen. Louise lauschte gebannt. »Aber sie trug doch keine Abendrobe, oder?«

»Natürlich nicht. Ein weißes Nachthemd mit dicken Rüschen um den Hals.« Und so weiter – bis die Kinder gebeten wurden, den Tisch zu verlassen, was sowieso ganz in ihrem Sinn war.

»Wie es war? Ziemlich schrecklich, um ehrlich zu sein. Im ganzen Haus waren die Rollos heruntergelassen, die Luft war unglaublich stickig, und im Dämmerlicht sind alle über die ausladenden Sessel gestolpert. Und auf dem Friedhof hat es geregnet. Viele Leute waren nicht gekommen, und natürlich kannte ich keinen von ihnen, abgesehen vom Pfarrer, der eine überschwängliche Rede hielt. Über ihre unglaubliche Lebensfreude – wahrscheinlich meinte er damit, dass sie so lange gelebt hat –, du weißt schon, genau wie man sagt, die Sicht wäre fantastisch, sofern sie in die Weite geht, auch wenn sie noch so öde ist.«

»Wie ging es Raymond?«

»Er war rührend. Er trauert wirklich, wahrscheinlich als Einziger.«

»Der andere Neffe war nicht da?«

»Nein, der ist im sicheren Kanada geblieben. Was mich aufs Testament bringt.«

Villy setzte sich auf. »Nein! Du willst doch nicht sagen, dass es auf der Stelle verlesen wurde, wie im Theater?«

»Doch. Im Salon, als wir vom Friedhof zurückkamen. Die Kinder habe ich natürlich in den Garten geschickt. Sie hat dem anderen Neffen dreißigtausend Pfund hinterlassen«, sagte sie und zögerte kurz. »Und Raymond den Rest. Das Haus und alles, was sich darin befindet, sowie ziemlich viel Geld.«

»Ach, mein Schatz! Wie wunderbar! War Raymond nicht überglücklich?«

»Schwer zu sagen. Er ist ziemlich rot geworden, hat gehustet und Löcher in die Luft gestarrt, als hätte das alles nichts mit ihm zu tun. Das Einzige ist, ich hoffe nur, dass er nicht in dem Haus leben will.«

»Aber es ist doch ganz hübsch, oder nicht?«

»Doch, das Haus ist ganz schön. Aber es ist voll von ihren Dingen, und wenn wir dort wohnen sollten, würde Raymond nie im Leben zulassen, dass irgendetwas verändert wird. Die ganzen entsetzlichen Bilder – vier übereinander an jeder Wand! Und überall hässliche, sehr alte viktorianische Möbel.«

Am liebsten hätte Villy erwidert, dass doch alles besser wäre als ihr gegenwärtiges Haus, verkniff sich die Bemerkung aber, weil sie in ihren Ohren unfreundlich geklungen hätte. Stattdessen stand sie auf und holte die Whiskyflasche. »Ich glaube, das verlangt nach einem weiteren Glas.«

»Ich werde völlig beschwipst sein.«

»Das macht nichts. Morgen kannst du ausschlafen. Und ehrlich gesagt habe ich auch einen scheußlichen Tag hinter mir.«

Jessica blickte zu ihr, sie sah wirklich müde aus. »Was ist denn, meine Liebe?«

»Ach …« Das wäre der Moment, dachte sie, aber ich weiß nicht, was sie davon halten würde, und ich habe mich noch nicht entschieden, und sie würde sowieso nicht wissen, was man tun kann. »Ach, du weißt schon. Mama hat sich von ihrer dramatischsten Seite gezeigt. Der Unterricht kam mit den Mahlzeiten in die Quere, die Bediensteten waren unwillig, weil sie den Tisch nicht zur gewünschten Zeit decken konnten. Außerdem habe ich mich heute Abend mit Edward am Telefon etwas in die Haare bekommen. Ich kann Auseinandersetzungen am Telefon nicht leiden. Der andere ist weit fort und kann jederzeit den Hörer auflegen …« Sie brach ab, ihre Stimme zitterte. Schnell stand Jessica auf und umarmte sie.

»Villy! Was ist los? Hat Edward …« Sie brach ab. Eine derart entsetzliche Vermutung durfte sie nicht aussprechen, sie musste es ihrer Schwester überlassen, sie ins Vertrauen zu ziehen.

Aber Villy sah nur mit dem kleinen, tapferen Lächeln zu ihr, das sie seit jeher auf die Palme trieb, und sagte: »Ach, im Grunde war es nichts. Ich habe ihm erzählt, dass ich morgen nach London fahre, um ein paar Dinge aus der Lansdowne Road abzuholen, und er sagte, er habe abends eine Verabredung, also ist es im Grunde unsinnig, wenn ich die Nacht dortbleibe. Ich bin todmüde. Und du bestimmt auch. Du bist heute mindestens hundertfünfzig Kilometer gefahren, und mir steht morgen dasselbe bevor.«

Während Jessica sich die Haare löste und für die Nacht zum Zopf flocht, ging ihr durch den Kopf, dass Villy immer schon so gewesen war: Erst schien es, als fordere sie Mitgefühl ein, aber sobald man es ihr gegenüber zeigte, wies sie einen zurück. Sie hält sich für tapfer, aber in Wirklichkeit stößt sie einen vor den Kopf und gibt einem das Gefühl, es nicht wert zu sein, etwas Persönliches zu erfahren. Sie hat viel von Mama an sich – ihr immenser Stolz und der Glaube, dass es ihr schlimmer ergeht als den anderen.

Aber im Bett sinnierte sie dann, dass es ihr sehr schwerfallen würde, Villy zu gestehen, wenn Raymond eine andere Frau hätte, und schämte sich für ihre kritischen Gedanken. Obwohl er natürlich nie eine andere haben würde, er war ihr treu ergeben. Wie man sich bettet, so liegt man, sagte sie sich, und als sie langsam in den Schlaf glitt, dachte sie, dass das Bett jetzt zumindest feine Leinenlaken haben würde. Oder seidene, wenn sie das wollte. Bei dem Gedanken musste sie lächeln. Und Angela könnte in die Gesellschaft eingeführt werden, wie Raymond es sich immer gewünscht hatte. Wenn es denn eine Saison gab, in der sie eingeführt werden könnte. Was für banale Gedanken! Das kam vermutlich vom Whisky. Doch im Halbschlaf erhielt Nora eine vollständig neue Garderobe für ihr Mädchenpensionat, und Judy konnte Reitstunden nehmen, und Christopher … was wünschte er sich? Christopher konnte alles bekommen, was er wollte …

Villy zog sich rasch aus. Im Grunde wollte sie nichts als bis zum nächsten Morgen den Schlaf der Bewusstlosen schlafen. Sie schloss die Tür ab und legte ihr Gebiss in ein Glas mit Steradent, gleich neben ihr Bett (ohne Gebiss zu schlafen war ein Luxus, den sie sich nur leisten konnte, wenn sie allein war), schaltete das Licht aus und war sofort hellwach vor Anspannung. Im Kopf ging sie immer wieder das Telefongespräch durch und wie es geendet hatte. »Ich muss aufhören, mein Schatz, ich werde verlangt. Guter Gott, Villy, hast du nicht gehört, was ich gesagt habe?« Hatte er denn gehört, was sie gesagt hatte? Hörte ihr überhaupt irgendjemand einmal zu? Hörten die Menschen einander überhaupt zu? Oder waren alle derart mit sich selbst beschäftigt, dass sie nur wahrnahmen, was ihnen schmeichelte? Für mich trifft das nicht zu. Ich habe Jessica heute Abend zugehört, und ich freue mich für sie. Jetzt hat das Sparen und Knausern und Bescheiden für sie auf einen Schlag ein Ende! Was sagte sie, als ich es ihr beinahe erzählt hätte? »Hat Edward …« – getrunken, das wollte sie garantiert sagen. Eine typisch viktorianische Frage. In mancher Hinsicht schlägt sie ganz nach Mama. Aber das würde ich ihr natürlich nie erzählen. Edward trinkt immer, aber es macht ihm nichts aus, er verträgt es, genau wie sein Vater. Ich muss schlafen, sonst bin ich morgen zu nichts zu gebrauchen. Im Kopf ging sie die Liste der Dinge durch, die sie von zu Hause mitnehmen wollte. Alle Schulbücher für Miss Milliment. Mehr Bettwäsche, Badetücher und so weiter. Etwas Winterkleidung für die Kinder – jeden Tag konnte es kälter werden, und dieses Haus war sehr kalt. Die Elektroheizung aus dem Gästezimmer, und auf dem Dachboden standen noch zwei Petroleumöfen. Sie hatte überlegt, Bob Ballater noch einmal aufzusuchen, den Gedanken aber verworfen. Es war sinnlos: Mittlerweile war sie sich absolut sicher, und er hatte ihr klipp und klar zu verstehen gegeben, dass er ihr nicht helfen würde. Hermione … Aber wenn es wirklich Krieg gibt, wird alles so kompliziert werden, dachte sie. Vielleicht komme ich dann überhaupt nicht nach London oder habe keinen triftigen Grund, in die Stadt zu fahren. Ich fühle mich gefangen. Durch die Weltlage, durch die Meinung anderer und durch die Ehe. Sie gehörte ja wahrlich nicht zu den Frauen, die ständig Sex wollten. Ich hätte gut und gerne

Nonne werden oder einen der armen Kerle heiraten können, die im letzten Krieg die Hoden verloren haben. Das hätte mir überhaupt nichts ausgemacht. Ich hätte ein paar der bemitleidenswerten Babys adoptieren können, um die Rachel sich kümmert und deren Eltern sie nicht wollten. Villy schaltete das Licht wieder an, holte das Gläschen Aspirin und schluckte zwei Tabletten ohne Wasser. Trockene Bitterkeit füllte ihren Mund, aber sie wusste, dass sie jetzt einschlafen würde.

»Ich musste jetzt kommen, wegen des Unterrichts.«

»Na ja, dann mach zu.«

Polly kniete sich aufs Bett, nahm ihren Bruder in dem Arm und gab ihm mehrere Küsse auf sein pusteliges Gesicht. »Du solltest ein bisschen auf mich atmen.«

Simon öffnete den Mund und pustete sie an. »Wahrscheinlich wäre es besser, wenn ich deine Zunge lecken würde.«

»Jetzt sei nicht eklig.«

»Wie auch immer, wenn es Krieg gibt, brauchen wir keine Windpocken. Dann bleiben wir hier.«

Darauf erwiderte sie nichts. Versunken kratzte er sich eine Weile, dann sagte er: »Teddy hat etwas richtig Böses gemacht, und ich kann ihn nicht mehr leiden.«

»Simon! Was denn?«

»Ach. Er hat etwas kaputt gemacht, das Christopher und ich gebaut haben.«

»Was?«

Einen Moment kratzte Simon sich nur weiter und rang mit sich. Er würde ja nicht petzen, schließlich war sie keine Erwachsene. Ihm war langweilig, außerdem wollte er sie beeindrucken. »Versprich, dass du's niemandem sagst – vor allem nicht den Erwachsenen.«

»Versprochen. Ich habe mich schon gewundert, was ihr macht.

Clary und ich haben euch oft verschwinden sehen – mit Sachen. Wir sind nicht darauf gekommen, was ihr spielt.«

»Es ist kein Spiel. Wir haben ein Lager gebaut – im Wald. Um wegzulaufen.«

»Um wegzulaufen? Warum in aller Welt denn das?«

»Christopher hält es zu Hause nicht mehr aus. Er ist ein Kriegsverweigerer. Er glaubt nicht an Krieg. Aber dann hat Teddy unser Lager entdeckt und hat unser Zelt aufgeschlitzt, und Christopher und er haben sich geprügelt, und jetzt will Teddy der Anführer sein, aber er weiß nichts vom Weglaufen.«

»Simon, wolltest du mit ihm weglaufen?« Und als Simon zögerte, fügte sie hinzu: »Das wäre nämlich wirklich gemein. Ich glaube, Mummy würde vor Kummer sterben.«

»Ich weiß. Deswegen wollte ich es eigentlich auch nicht. Außerdem kann ich jetzt sowieso nicht weg. Aber für Christopher ist es anders. Sein Vater ist grauenhaft zu ihm, und ich glaube, seine Mutter ist ein schwacher Mensch, sie kann nicht dafür sorgen, dass die Streitereien zwischen ihnen aufhören. Also glaubt Christopher, dass es besser ist, wenn er verschwindet. Zuerst war es noch ein Spiel, aber dann ist es ernst geworden – das mit dem Weglaufen, meine ich. Ich habe es Teddy aber nicht erzählt, obwohl er mir mit Folter gedroht hat. Verstehst du?«

»Aber sie würden ihn doch finden, oder? Schließlich bräuchte er Sachen wie Pflaster und Zahnpasta – und die Leute würden ihn bemerken, wenn er das besorgt.«

»Für solche Sachen haben wir vorgesorgt, wir haben ein richtiges Lager angelegt mit Vorräten und allem. Aber jetzt kann Christopher nicht weglaufen und sich dort verstecken, weil Teddy ihn ja sofort findet.«

»Na dann«, sagte Polly erleichtert. »Dann wird er den Plan wohl aufgeben müssen.«

»Darauf würde ich mich nicht verlassen. Wahrscheinlich heißt das nur, dass er noch weiter weg läuft, und dann finden sie ihn wirklich nicht mehr.«

»Ach.« Danach ging sie sehr bald und sagte ihm nur noch, er solle nicht kratzen.

~

»Mum! Was soll ich anziehen? Mum, mach doch auf.«

Mit einem Ruck wachte Villy auf. Sie griff nach ihren Zähnen. Normalerweise würde sie sie unter fließendem Wasser abspülen – sie konnte den Geschmack von Steradent nicht leiden.

»Was ist denn?«

»Was soll ich für London anziehen? Für mein Geschenk?«, fragte er geduldig.

Das hatte sie völlig vergessen. Vor Wochen hatten sie vereinbart, dass Teddy einen Tag nach London fahren, mit Edward in seinem Club essen und nachmittags mit ihm ins Kino gehen würde. Er sollte mit dem Zug fahren, aber jetzt würde sie ihn natürlich im Auto mitnehmen. Warum hatte Edward gestern am Telefon nichts erwähnt?

»Sehen wir mal, was du hast«, sagte sie.

In seinem Zimmer herrschte großes Durcheinander, obwohl so gut wie nichts darinstand. Zum Teil lag das daran, dass sich die Gardinenstange an einem Ende aus der Halterung gelöst hatte und quer über dem Fenster hing, die Vorhänge lagen in einem Haufen auf dem Boden.

»Ich habe nur ein bisschen daran gezogen, und dann ist sie von selbst heruntergefallen«, sagte er, als er ihren Blick bemerkte.

»Du solltest wahrscheinlich deinen Sonntagsanzug anziehen.«

»Ach nein, Mum – alles, nur nicht den. In dem komme ich mir richtig dumm vor.«

»Was schlägst du vor?«

Am liebsten wären ihm Knickerbocker aus Tweed – wie diejenigen, in denen Dad Golf spielte –, eine kanariengelbe Weste, wie der Brig sie zum Reiten trug, und ein grauer Zylinder, wie Dad ihn bei Hochzeiten aufsetzte. Und dazu richtig dicke Strümpfe und schöne Schuhe in Karamellbraun. Sinnlos, ihr das zu sagen. Was Kleidung betraf, war sie unmöglich. Zu guter Letzt einigten sie sich zu beidseitigem Missfallen auf seine lange graue Hose, einen Blazer mit seinem Sonntagshemd darunter und ein Halstuch, das Tante Zoë ihm zu Weihnachten geschenkt hatte – das einzige Stück, das ihm gefiel und das seine Mutter viel zu erwachsen für ihn fand.

»Wo um Himmels willen sind deine ganzen Socken?«

»Ich habe sie für ein Experiment gebraucht«, sagte er mürrisch. Ihr das alles zu erklären, dazu hatte er wirklich keine Lust.

»Fährst du mich zum Bahnhof?«, fragte er, als sie mit einem Paar von Dads Socken zurückkam.

»Ich nehme dich im Auto mit. Ich möchte ein paar Dinge aus dem Haus holen.«

»Ach, klasse! Dann kannst du zum Lunch mitkommen und ins Kino auch.« Seine unverkennbare Freude rührte sie. Am liebsten hätte sie ihn in die Arme genommen.

»Ich weiß nicht, ob ich dafür Zeit haben werde. Das sehen wir noch.«

Christopher hatte seine Strandschuhe an den Senkeln lose zusammengebunden und sich um den Hals gehängt. Er lief lieber barfuß – Schuhe waren für ihn ein reiner Notbehelf und nur nützlich, wenn gefährliche Scherben oder Nägel auf dem Boden lagen. Der eine oder andere Dorn oder Stein konnte seinen schwieligen Fußsohlen nichts anhaben, und das feuchte Gras fühlte sich derart erfrischend an, dass er glaubte, immer weiterlaufen zu können. Aber er war nur unterwegs zum Wald, allerdings im großartigen Wissen, dass Teddy nicht dort sein, nicht unvermittelt auftauchen und ihn stören würde, weil er den ganzen Tag fort war. Christopher hatte beschlossen, die Gelegenheit zu nutzen und umzuziehen. Allzu weit konnte er nicht gehen, und er wollte auch nicht das Zelt mitnehmen, denn Teddy sollte nicht merken, dass er umgezogen war. Also musste er sich auf das Allernötigste beschränken und von allem etwas zurücklassen. Trotzdem gab es jede Menge zu transportieren, und noch hatte er nicht entschieden, wo sein neuer Lagerplatz sein sollte. Am offensichtlichsten bot sich der Teich am anderen Ende des Waldes an, zumindest bis er Zeit hatte, eine andere Stelle mit fließendem Wasser zu finden. Dass er Wasser mit einer Wünschelrute aufspüren konnte, erleichterte das Ganze für ihn natürlich sehr. Allerdings war es eine Sache, Wasser zu finden, danach zu graben eine ganz andere. Aber seine Fähigkeit als Wünschelrutengänger überraschte und freute ihn sehr. Er hatte zuvor nie gesehen, wie so etwas gemacht wurde, die Gabe hatte einfach die ganzen Jahre unerkannt und ungenutzt in ihm geschlummert. Was könnte er vielleicht noch alles? Vermutlich gab es ein Buch, in dem solche magischen Kräfte beschrieben wurden, dann könnte er sich daran versuchen. Aber für derlei hatte er im Moment keine Zeit.

Am schwierigsten würde es sein, die Bodenplane mitzunehmen, ohne dass Teddy es merkte, aber wenn er das Zelt nicht hatte, brauchte er sie wirklich dringend. Bei Regen würde er sich zum Schlafen darin einwickeln müssen, und es sah immer wieder nach Regen aus. Jetzt, im Moment, war es bewölkt und sehr still, überall hing heller Dunst. Das Laub färbte sich golden und gelb und karamellfarben, die Zaunrüben reiften von Grün zu Rot, die Hagebutten und Weißdornbeeren waren schon reif, die Schlehen schimmerten tiefschwarz unter dem lila Hauch. Ein Jammer, dass man sie alle nicht essen konnte, aber es gab noch Brombeeren, und die Edelkastanien hingen voll mit Früchten, die in ihrer Schale aussahen wie kleine grüne Igel – geröstet schmeckten sie köstlich. Als er sich dem Wald näherte, flog ein Reiher tief über der sumpfigen Böschung an einer Seite hinweg – sicher war er auf Froschjagd. Wenn die Menschen alle Stunden des Tages darauf verwenden müssten, genügend zu essen zu finden, so wie die Tiere, hätten sie keine Zeit, Flugzeuge oder Bomben zu bauen. Diese

Erkenntnis, so schlicht und so wahr, beeindruckte ihn tief, und er hatte das Gefühl, etwas damit anfangen zu müssen – einen Brief an die *Times* zu schreiben etwa, oder an den Premierminister, der ihm ziemlich patent erschien und der keinen Krieg wollte. Mittlerweile hatte er sein Lager erreicht – den Bach, die kleine Insel und das bemooste Ufer sahen aus wie ein Zuhause, nur sollte es das doch nicht sein. Er schlug die Zeltklappe auf, kroch hinein, fand einen etwas aufgeweichten Keks und sein Schulheft und begann seine Unentbehrlich-Liste.

»… und um ein Uhr Lunch mit Mr. Teddy in Ihrem Club.«

»O mein Gott! Stimmt! Das hatte ich völlig vergessen. Danke, Miss Seafang.« In seinem Lächeln entdeckte sie dieses »Was sollte ich ohne Sie tun?«, bei dem ihr ganz warm ums Herz wurde.

»Geben Sie mir zehn Minuten, dann sehe ich Hoskins.«

»Sehr wohl, Mr. Edward.«

Guter Gott! Ich werde wohl langsam senil!, dachte Edward. Lunch mit Teddy bedeutete, dass er später nicht zu den Lagerhallen am Fluss fahren konnte, weil Teddy anschließend einen Besuch im Theater oder einen Film erwartete, am besten gefolgt von Tee bei Gunter's. Dabei hatte er sich vorgenommen, früh zu den Lagerhallen und, da sie günstig lagen, von dort nach Wadhurst zu fahren, um Diana zum Dinner auszuführen. Villy hatte er erfolgreich abgewimmelt, so schlecht das auch angekommen war, aber jetzt hatte er sich wirklich in die Bredouille gebracht. Er schob den Stuhl zurück und legte die Füße auf den Schreibtisch, denn in dieser Position konnte er am besten nachdenken. »Wenigstens spiele ich nicht Geige«, sagte er sich mit Verweis auf einen exzentrischen jüngeren Bruder des Brig, der in die Firma eintreten wollte und dann seine Zeit im Büro eben damit verbrachte. Als der Brig ihn darauf aufmerksam machte, wie wenig geschäftsfördernd das sei, erwiderte er, seiner Frau gefalle es nicht, wenn er zu Hause übe. Mittlerweile bezog er von der Firma eine Zuwendung und lebte irgendwo in Nordengland. Dies war sein Büro gewesen, und zwischen den großen, langweiligen Fotos von Männern in weißen Schutzanzügen, die stolz, aber winzig neben gigantischen Baumstämmen standen, hing noch eine verschwommene Aufnahme von Szigeti mit seiner Geige, die Edwards insgeheim mochte.

Also – wenn er Teddy zu den Lagerhallen mitnahm? Kein guter Plan, von dort konnte er nicht mit dem Zug heimfahren. Und wenn er gleich nach dem Gespräch mit Hoskins dorthin fuhr? Besser. Aber vorher musste er bei Diana anrufen.

Das lief nicht gut. Sie sagte, sie habe jemanden aufgetrieben, der den ganzen Tag auf das Baby aufpasste, und sie komme in die Stadt. Ob sie sich zum Lunch treffen könnten? Könnte er sie dann vielleicht später in ihrer Wohnung abholen, aber nicht zu spät, da sie ja zurückfahren müsse? Schließlich einigten sie sich darauf, dass er gegen sechs zu ihr kommen sollte, sie beide früh zu Abend essen würden und er sie dann zu ihrer Schwester fahren würde. Dann konnte er für die Nacht zur Mill Farm fahren, worüber sich Villy freuen würde. Er läutete nach Miss Seafang, die Hoskins hereinführte.

Als Mr. York an dem Morgen die Milch zum Haus hinauftrug, steckte in seiner Westentasche ein Brief. Seit dem Tod seiner Mutter hatte er keinen mehr geschrieben – es hatte keine Veranlassung gegeben –, also war die Spitze des Füllfederhalters rostig geworden, und die Tintenflasche war völlig eingetrocknet. Er musste sich Tinte von Enid borgen, die ständig Briefe schrieb – einen pro Woche, was unglaubliche Kosten nach sich zog, da sie per Post nach Broadstairs geschickt werden mussten: zweiundfünfzig Pence pro Jahr waren das, wie er ihr mehr als einmal vorgehalten hatte. Dann musste er sich überlegen, was er schreiben wollte, und er konnte überhaupt nicht verstehen, wieso das Papier schmutzig wurde, während er nachdachte, aber so war es. Mehrere Bogen brauchte er zu guter Letzt. Schließlich holte er den Milch-Bleistift, mit dem sie die im Haus verbrauchte Milchmenge zusammenrechneten, und setzte den Brief erst einmal auf.

Enids Tinte erwies sich als Frauentinte – lilafarben –, also verfasste er den Brief zum Ausgleich so geschäftsmäßig wie möglich.

»Sehr geehrter Sir«, schrieb er, um den schwierigen und hochtrabenden Namen zu vermeiden. »Bezüglich des Grundstücks hinter den Cottages. Ich könnte vierhundert Quadratmeter für sechzig Pfund verkaufen. Verkauf der Cottages wie besprochen. Insgesamt 560 Pfund. Hochachtungsvoll, Albert York.«

Ein Datum fehlte noch. Bald musste der 27. sein, das wusste er, weil an dem Tag Arthur das rote Kalb abholen würde, also setzte er das unter den Brief, auf die unterste Zeile des Blatts. Die Umschläge hatten sich von selbst verklebt. So musste er erst einen über dem Kessel öffnen, und dann passte der Briefbogen nicht hinein, deswegen faltete er ihn ganz klein und ordentlich zusammen und steckte ihn hinein. Dann musste er sich überlegen, wie er ihn adressierte, was aber überflüssig war, wenn er ihn selbst hinaufbrachte, also schrieb er Mr. William darauf. Fast zehn Uhr abends war es da schon. Trotzdem, zehn Pfund waren zehn Pfund, da biss die Maus keinen Faden ab.

Er suchte den Abort auf, zur hinteren Tür hinaus und einen überwucherten, schmalen geziegelten Pfad entlang. Im Abort roch es nach Bärenklau und Urin und Desinfektionsmittel, aber nachts gab es keine Fliegen. Als er wieder herauskam, hielt er die Nase in den Wind: Er hatte nach Westen gedreht, es würde regnen. Da sollte er besser Dick Cramp – einen von Edie Cramps Brüdern – kommen lassen, damit der ihm half, das letzte Heu von der Wiese im Süden zu holen, für den Fall, dass ein Unwetter losbrach. Dann löschte er die große Öllampe in der Küche und fand im Dunkeln den Weg in sein Schlafzimmer. Dick anzuheuern war weniger kostspielig, als das Heu zu verlieren. Fünfhundert und sechzig Pfund! Er hatte den alten Mann übers Ohr gehauen. Er hätte die Cottages für weit weniger hergegeben, und wenn er jetzt nicht mehr für das Land verlangte, wüsste der Alte vielleicht, dass er ihn reingelegt hatte. Schließlich war er ein Fremder, er kam nicht von hier, Freiwild quasi. Aber er saß nicht auf seinem Geld – das musste man ihm lassen.

Am nächsten Morgen also steckte er den Brief in seine Westentasche und nahm ihn mit zum Haus hinauf, wo er ihn Mrs. Cripps gab, die ihn Eileen weiterreichte, damit sie ihn Mr. Cazalet auf den Frühstücksteller legte.

~

Teddy saß kerzengerade zwischen seinen Eltern im Besucher-Speisesaal des Clubs, vor sich die wunderschöne Speisekarte des Yacht Club, in die oben der Stander geprägt war. Bei allen drei Gängen hatte er die Qual der Wahl: Shrimps in Butter oder geräucherten Lachs als Vorspeise (und eine blöde alte Suppe, aber wer wollte schon die?), als Hauptgericht Lammkoteletts, Steak oder Wildpastete, dazu eine Auswahl blöder Gemüse, und zum Abschluss Sirupkuchen, Brombeer-Apfel-Tarte mit Sahne oder Eis. Schließlich und endlich entschied er sich für Shrimps in Butter und Wildpastete, weil es schicker klang, den anderen Jungen sagen zu können, dass die Wildpastete im Club seines Vaters nicht übel sei, als wenn er das von Koteletts oder Steak behauptete. Sirupkuchen brauchte er gar nicht zu erwähnen, aber den mochte er einfach wahnsinnig gern – er konnte einen Nachtisch erfinden (am ersten Abend eines Trimesters wurden, sobald Dunkelheit herrschte, ausführlich alle Gerichte erörtert, die man in den Ferien gegessen hatte, traditionell gefolgt von deftigen Bemerkungen über die Kost der kommenden Wochen). Es war ein famoser Lunch. Ausnahmsweise einmal schenkten seine Eltern ihm mehr Aufmerksamkeit und führten keine endlos langweiligen Gespräche über Dinge, die ihn unmöglich interessieren konnten, obwohl es ihn an diesem Tag gar nicht gestört hätte, weil das Essen so gut schmeckte. Die Shrimps waren von gebräunter Butter umhüllt, dazu gab es nur für ihn dünne Toast-Dreiecke, die unter einer weißen Serviette auf einem Teller lagen. Die Wildpastete war wie eine Scheibe Kuchen: außen knuspriger, glänzender brauner Teig, dann ungefähr ein Zentimeter nicht ganz durchgebackener Teig – absolut lecker –, dann eine Schicht festes hellbraunes Gelee und schließlich saftige Stückchen rosa Fleisch, das schmeckte, als wäre es fast zu alt, aber nicht ganz. Dazu trank er zwei Gläser Apfelwein. Das Gespräch bestand daraus, dass die Erwachsenen wie üblich ziemlich sinnlose Fragen stellten. »Und was hast du den ganzen Vormittag gemacht?«, erkundigte sich sein Vater.

»Ich habe Mum geholfen, Sachen ins Auto zu schleppen. Wenn eine Bombe auf unser Haus fällt, ist es dann weg?«

»Das denke ich doch, wenn es ein direkter Einschlag ist.«

»Für den Fall der Fälle habe ich meine Zigarettenbilder-Sammlung mitgenommen«, sagte er. »Aber ich finde, es ist schon ganz schön aufregend, oder nicht? Mum und ich haben gesehen, dass sie Luftschutzunterstände bauen, und im Hyde Park haben sie Gräben ausgehoben. Sie glauben doch nicht im Ernst, dass der Krieg im Hyde Park geführt wird, oder? Wenn du noch nicht zu alt wärst, bei welcher Waffengattung würdest du dich melden? Ich würde zur Air Force gehen. Es gibt ein irres neues Flugzeug, Spitfire heißt es, das kann mit dreihundert Stundenkilometern fliegen …« Er unterbrach sich. »Vielleicht sind es auch sechshundert – wie auch immer, es ist das schnellste Flugzeug der Welt. Würdest du zur Air Force gehen, Dad, wenn du nicht zu alt wärst?«

»Ich würde zur Marine gehen. Dafür bin ich nicht zu alt, alter Knabe.«

»Und Mum könnte Krankenschwester werden«, sagte er eifrig, um sie miteinzubeziehen (es war klasse von ihr gewesen, wegen der Socken keinen Aufstand zu machen).

»Ich könnte zu den Wrens gehen«, sagte Villy.

»Was ist das? Ach, danke.« Eine Bedienung hatte ihm mehr Sahne gebracht.

»Das ist die Frauenmarine.«

»Ach. Ich glaube, es wäre besser, wenn du Krankenschwester würdest«, antwortete er wohlmeinend. »Ich finde, dass Frauen nicht auf Schiffe gehören, was sagst du, Dad? Ich meine, Röcke in U-Booten wären dumm …« Er breitete die Hände aus und stieß sein Glas mit Apfelwein um. »Entschuldigung!«

»Kein Problem.« Eine Bedienung kam, um das Verschüttete aufzuwischen. Als Edward Teddys Betretenheit bemerkte, erzählte er: »Heute Vormittag hat ein junger Mann, der bei uns arbeitet, mir mitgeteilt, dass er sich zur Air Force gemeldet hat. Ein fähiger Mann, er wird uns fehlen.«

»Ja, aber es ist doch das, was man tun sollte, Dad, oder nicht? Dad, wenn es Krieg gibt, glaubst du, dass er lange genug dauert, damit ich auch kämpfen darf?«

»Keine Chance«, antwortete Edward sofort und begegnete Villys Blick.

»Können wir den Kaffee nebenan trinken?«, fragte sie. »Eigentlich würde ich gerne eine rauchen.«

»Es ist nach zwei, also darfst du auch hier rauchen, wenn du möchtest. Oder wir gehen nach nebenan. Teddy, bist du fertig?«

»Es sieht so aus.« Aber da diese Bemerkung kein Angebot einer zweiten Portion Sirupkuchen nach sich zog, stand er auf und folgte seinen Eltern in den Raum, in dem sie vor dem Lunch den Aperitif getrunken hatten. Auf dem Weg sprach ein sehr alter Mann mit violettfarbenem Gesicht und weißen Haaren Edward an. »Wie ich sehe, spricht Chamberlain heute Abend im Radio«, sagte er. »Will uns ins Bild setzen – endlich, würde ich meinen. Ist das Ihr Junge?«

Teddy wurde vorgestellt und sprach ihn mit »Sir« an, weil er so schrecklich alt war.

»Und Ihre verehrte Frau Gemahlin. Wie geht es Ihnen, meine Liebe? Darf ich Ihnen etwas Portwein anbieten? Ich schulde Ihrem Gatten Portwein – er hat mich vergangene Woche beim Billard vernichtend geschlagen.«

Mum wollte keinen, aber Dad nahm ein Glas und ließ ihn davon probieren. »Ich habe Portwein bekommen«, würde er sagen. »Nicht übel.«

Sie tranken ziemlich grauen Kaffee aus kleinen Tassen mit gelben Rosen, und er wünschte, sie würden jetzt ins Kino gehen, aber dann begannen Mum und Dad doch eines der Gespräche, in denen es nur um Pläne ging, bei denen sie sich nicht einigen konnten. Wie sich herausstellte, wollte Mum doch nicht zu *Scarface* mitkommen, weil sie sagte, sie habe zu viel zu tun, und Dad musste gleich nach dem Film wieder an die Arbeit, also redeten sie ewig hin und her, wie er nach Sussex zurückkommen sollte. Dabei konnte er doch jederzeit allein im Zug zurückfahren, aber Mum sagte, wenn Dad ihn nach Hause brächte, könnte sie viele andere Sachen, die sie nach Sussex mitnehmen wollte, in seinen Wagen laden. Aber offenbar wollte Dad das nicht, und zu guter Letzt beschlossen sie, dass er, Teddy, von Oxford Circus oder auch von woanders aus mit der U-Bahn nach Holland Park fahren und um sechs bei Mum sein sollte. Das bedeutete, dass kaum Zeit für den Nachmittagstee blieb. Doch als er sie darauf aufmerksam machte, sagte sie nur: »Aber du hast doch gerade einen gewaltigen Lunch verdrückt!«, als hätte das irgendetwas damit zu tun. Er überließ sie ihrem Gespräch und ging auf die Toilette, und als er zurückkam, unterhielten sie sich gar nicht mehr. Bevor Mum ging, warf sie ihm das muntere Lächeln zu, das ihm gar nicht wie ein Lächeln erschien, sagte: »Viel Spaß«, und gab ihm einen Kuss, obwohl er ihr seit Jahren beizubringen versuchte, das nicht vor Fremden zu tun – es saßen mehrere andere Leute im Raum. Sobald sie fort war, rieb er sich das Gesicht an der Stelle, wo Lippenstift sein könnte, und Dad sagte: »Also, jetzt tue ich mal das, was mir keiner abnehmen kann, und dann bin ich gleich wieder da.« Und plötzlich kam ihm alles wieder viel einfacher vor.

»Sonntag hin oder her, das ist egal. Wir müssen immer weiter beten.«

»Aber können wir das nicht einfach bei uns im Zimmer tun?«

Nora schüttelte den Kopf. »Ich glaube, es würde mehr zählen, wenn wir einen Gottesdienst abhalten würden. Außerdem denke ich, dass wir so viele wie möglich sein sollten.«

»Neville, Lydia und Judy werden im Unterricht sitzen.«

»Ja, da kann man nichts machen. Aber Polly würde kommen. Und Clary und Christopher. Und Teddy wahrscheinlich auch.«

»Der ist in London.«

»Ach, stimmt. Na ja, und die Dienstmädchen.«

»Die Dienstmädchen?«

»Vor dem Angesicht Gottes sind alle gleich«, sagte Nora streng.

»Dann muss das doch alles ziemlich langweilig für ihn sein.«

»Louise, wenn du bei etwas derart Wichtigem flapsig werden willst, spreche ich kein einziges Wort mehr mit dir!«

»Dann bin ich's nicht mehr. Ich habe einen sehr vielschichtigen Charakter – sonst wäre ich keine ernsthafte Schauspielerin –, und du kannst nicht erwarten, dass dir alle Seiten an mir gefallen.«

»Wenn wir den Gottesdienst nach dem Nachmittagstee abhalten, könnten die Kinder kommen. Und Miss Milliment auch.«

»Als Nächstes fragst du noch die Großmütter. Und Bully und Cracks.« Das waren ihre persönlichen Spitznamen für die Großtanten, inspiriert von ihrem Aussehen – Dolly als Bulldogge und Flo als Nussknacker.

»Warum nicht? Ich glaube, jeder sollte die Gelegenheit bekommen. Außerdem überlässt die Duchy uns vielleicht den Salon, dann könnten wir Lieder auf dem Klavier spielen.«

Sie verbrachten den Nachmittag mit der Planung des Gottesdienstes und spannten auch Clary und Polly dafür ein. Die Duchy sagte, natürlich könnten sie den Salon haben, müssten aber Stühle aus dem Esszimmer holen und hinterher wieder zurückstellen. Polly schrieb wunderschöne Einladungskarten an alle, die Clary dann zustellte. »Gehört zu ›allen‹ auch Mr. Wren?«, fragte sie beklommen. Es gab Gerüchte, nach denen Mr. Wren knallrot anlief und herumschrie, wenn er am Nachmittag gestört wurde, während er sich oben im Heuschober ausruhte. »Leg die Karte oben auf den Kasten mit dem Hafer«, riet Louise. »Da sieht er sie auf jeden Fall.«

»Ich glaube aber nicht an Gott«, sagte Evie, als Clary sie in der Hängematte entdeckte.

»Ach, na ja, ich denke, das tun einige der anderen, die kommen, auch nicht, aber Sie glauben doch an den Frieden, oder?« Als Evie ihr einen skeptischen Blick zuwarf, ergänzte sie: »Und Hitler mögen Sie doch bestimmt nicht, oder? Er ist derjenige, der einen Krieg will.«

»Nein, Hitler mag ich wirklich nicht. Also gut, du hast gewonnen. Ich komme.«

Mrs. Cripps sagte, bei ihrer Seele, sie könne ihre Küche nicht verlassen, aber trotzdem vielen Dank, wie Clary berichtete. Tante Jessica erklärte, sie werde Grania im Auto hochfahren. Dad gab Zoë eine Fahrstunde, doch als sie sie in der Auffahrt anhielt, sagte er, ja natürlich, sie würden beide kommen. Tante Sybil meinte, sie nehme sehr gerne teil, müsse aber vielleicht Wills mitbringen. Die Einzigen, die sie nicht finden konnte, waren Tante Rachel und Sid, die in die Badeanstalt nach St. Leonards gefahren waren – ein bisschen gemein, dachte Clary, weil sie keines der Kinder gefragt hatten, ob es mitkommen wolle, was natürlich alle gerne getan hätten –, und Christopher, den niemand den ganzen Tag gesehen hatte. McAlpine, der gerade Lauch setzte, unterbrach das Pflanzen, um seine Karte entgegenzunehmen, und betrachtete sie eine ganze Weile mit regloser Miene, bis Clary ihm erzählte, was darauf stand. Da schüttelte er den Kopf und reichte sie ihr zurück, aber mit einem Lächeln, was hieß, dass er nicht verärgert war. Insgesamt war die Idee also ein Erfolg.

Am Nachmittag regnete es heftig, was unangenehm war für Christopher, aber gut für den Lauch. Es vereitelte das Schwimmen, das der Mann in Tunbridge Wells Rachel für ihren Rücken empfohlen hatte, ermöglichte Sid aber, einen ganzen Nachmittag mit ihr allein zu verbringen, ohne die Gefahr, dass unvermittelt Evie auftauchte. Sid fuhr Ruperts Auto, und mit Rachel neben ihr, meinte sie, würde sie jederzeit bis Land's End fahren. »Du kannst es so gut«, sagte Rachel. »Ich würde dir so gern ein Auto schenken«, aber sie wusste, dass Sid es nicht zulassen würde. »Eines Tages lege ich mir eins zu«, sagte sie dann immer. Stolz wie sie war, klang es, als hätte sie es schon längst gemacht, hätte sie nur die Zeit dafür. Ich hätte es gar nicht ansprechen, sondern es ihr einfach schenken sollen, dachte Rachel erneut und betrachtete Sids ernstes Profil: die hohe, ziemlich gewölbte Stirn, die schmale Hakennase (wie ein Indianer, hatte Sid gesagt, als Rachel das erste Mal eine Bemerkung darüber machte), der große Mund mit den dünnen, fein geschnittenen Lippen, der gerade Hals über dem Hemd mit der Krawatte. Sid fuhr vorsichtig, um ruckartige Manöver zu vermeiden. In St. Leonards gab es eine große Badeanstalt, Rachel wollte nicht über die grausamen Steine am Strand in Cooden stolpern. Doch während der Fahrt wurde der hellgraue Himmel immer dunkler, und unvermittelt schüttete es. Und so sahen sie sich *Das Privatleben Heinrichs VIII.* an und tranken Tee in einem Teesalon – ein großartiger Nachmittag, sagte Rachel, obwohl ihr der Film nicht besonders gefallen hatte, außer am Anfang Merle Oberon als Anne Boleyn, aber Sid fand Charles Laughton recht gut.

»Kommt es dir nicht seltsam vor? Jeden Tag schlittern wir weiter in diesen grauenvollen Albtraum hinein, tun aber alle, als wäre nichts Besonderes.« Rachel nahm die ihr angebotene Zigarette und beugte sich vor, damit Sid ihr Feuer gab. »Ich meine, ein Teesalon! Hier sitzen wir bei Toast und Blätterteiggebäck …«

»Aber mein Liebling, was sollen wir denn sonst tun? Es ist ja nicht so, als hätte irgendjemand von uns die geringste Möglichkeit, etwas daran zu ändern.«

»Meinst du, dass wir sie nie gehabt haben? Oder dass wir sie hatten und einfach die falschen Leute gewählt haben?«

»Ich glaube nicht unbedingt, dass wir die falschen Leute gewählt haben. Ich denke, das Klima insgesamt ist nicht gut: die allgemeine Meinung, Unwissenheit, Vorurteile, Selbstgefälligkeit …«

»Wir oder die Deutschen oder beide?«

»Für die Deutschen ist die Ausgangssituation eine andere. Für sie ist alles seit einiger Zeit schon derart schlimm, dass sie sich etwas anderes wünschen, koste es, was es wolle.«

»Glaubst du, sie wollen Krieg?«

»Ich denke, sie rechnen damit. Ich glaube nicht, dass Menschen ihre Heimat und alles, was sie haben, grundlos verlassen.«

»Welche Menschen?«, fragte Rachel erschrocken.

»Die Juden«, antwortete Sid und musterte sie eingehend nach dem geringsten Anzeichen der Ablehnung oder Geringschätzung, was sie um keinen Preis sehen wollte.

»Aber das tun sie doch nicht, oder? Davon habe ich noch nie etwas gehört!«

»Sie verlassen Deutschland seit '36 und kommen hierher oder gehen nach Amerika.«

»Nur, weil du ein oder zwei kennst …«

»Nun ja, ich stimme dir zu, es sind sehr wenige im Vergleich zu den vielen, die noch dort sind. Aber es ist ein Zeichen. Wenn ich beurteilen müsste, ob sich die Lage weiter zuspitzt – das wäre der Faktor, auf den ich am meisten achten würde.«

»Aber Sid, meine Liebste, das ist, weil du …« – sie suchte nach den richtigen Worten –, »weil du …«

»Weil ich Halbjüdin bin?«, beendete Sid die Frage für sie. »Wahrscheinlich hast du recht. Es mag nichts mit meinem Verstand zu tun haben, sondern vielmehr mit meiner Angst.«

»Das verstehe ich jetzt nicht.«

»Ach, das macht nichts.« Plötzlich wünschte sie, sie hätte nie mit diesem Gespräch angefangen. Hier bewegte sie sich auf dünnem Eis, was sie bei dem Menschen, den sie so sehr liebte, nicht riskieren konnte.

Doch Rachel griff nach ihrer Hand. »Sid! Ich verstehe es nicht, aber ich höre dir zu. Ich möchte wissen, was … in dir vorgeht.«

Also gut, dachte Sid, jetzt oder nie. Sie holte tief Luft.

»Für die Deutschen war der Krieg genauso schlimm wie für uns. Aber hinterher wurden sie geschwächt, gedemütigt und daran gehindert, sich selbst zu verteidigen, und sie mussten wirtschaftliche Zwänge akzeptieren, die zu einer galoppierenden Inflation führten. Dann kam jemand des Wegs, der sagte, dass er ihnen ihren Nationalstolz und ihr Identitätsgefühl wiedergeben kann. Eine richtige Führerfigur, ein Machtmensch, wie die meisten Anführer, und er beginnt, eine Autokratie zu errichten. Er rüstet das Land auf, schickt es an die Arbeit, alles schwenkt auf seinen Kurs ein, und seine Vorstellungen des Machbaren wachsen ins Unermessliche. Er ist inzwischen mehr als ein mitreißender Anführer, er bekommt die absolute Macht. Aber die kann er nur behalten, wenn er Eroberungen verkündet und Erfolge liefert – das Sudetenland, Österreich. Um aber ihre Untertanen hinter sich zu vereinen, brauchen Tyrannen meist noch eine Sache, nämlich ein gemeinsames Feindbild. In jeder Bevölkerung gibt es eine Minderheit, die sich dafür anbietet, sei es wegen ihrer Herkunft oder ihres Glaubens: Slawen, Katholiken, du weißt schon, was ich meine. Und dieses Mal sind es meiner Ansicht nach die Juden – zwei Fliegen mit einer Klappe, könnte man sagen. Die Zeit ist reif dafür.«

»Was meinst du mit ›reif dafür‹? Woher weißt du, was die Deutschen gegenüber Juden empfinden?«

»Ich weiß es nicht. Aber ich weiß, was die Menschen hier über sie denken, und wir in England leben in einer Demokratie, bei der kein Machtmensch an der Spitze steht. Der Antisemitismus grassiert überall. Er zeigt sich in Form von Witzen, von Gönnerhaftigkeit und von Ausnahmen, die die Regel bestätigen. ›Normalerweise mag ich Juden ja nicht, aber du bist eine Ausnahme.‹ Das ist der Stoff, aus dem Vorurteile bestehen. Ach ja, und dann werfen sie uns Verfolgungswahn vor, wenn wir es bemerken und verletzt sind. Wir sind die perfekten Sündenböcke.« Ihr fiel auf, dass sie ins »wir« verfallen war, und das tat ihr gut. »Die Ansichten eines Mischlings«, schloss sie, »der oft mehr wegen seines Scharfsinns gerühmt wird als wegen seines Aussehens.«

Sprachlos sah Rachel sie an. Schließlich war es Sid, die den Blick abwandte. »Ich liebe dich«, sagte Rachel daraufhin. »Wirklich sehr.«

Sid streichelte ihr übers Gesicht. »Ich liebe dich«, antwortete sie, »unter anderem dafür, dass du nicht dagegenhältst – nicht widersprichst.«

»Das kann ich nicht. Es stimmt, was du sagst. Ich kann dir nicht widersprechen.«

Als sie vor dem Teesalon auf der Straße standen, schlang Rachel die Arme um Sid und hielt sie lange fest. Die Passanten warfen ihnen neugierige Blicke zu – ein Paar wäre beinahe in sie hineingelaufen –, aber Rachel löste die Umarmung nicht.

Man hatte den Radioapparat des Brig von seinem Arbeitszimmer in den Salon getragen, damit alle Platz fanden, die die Ansprache des Premierministers hören sollten. Die Ansichten, wer zu diesem Kreis gehörte, waren geteilt: Die Duchy fand, die Ansprache könnte unangemessen für die Kinder sein, Lady Rydal vertrat die Meinung, sie könnte für die Mädchen unangemessen sein. Keine der Großmütter hielt die Anwesenheit der Bediensteten für notwendig, aber Rachel und Sid stellten das Gerät von der Mill Farm für das Personal in der Halle in Home Place auf. Tonbridge wurde die Aufgabe zuteil, das Radio zu bedienen, und das Dinner wurde zeitlich so angesetzt, dass es nicht mit der Übertragung zusammenfiel. Die Stühle vom Gottesdienst (der sehr gut verlaufen war, bis Nora den Vorschlag machte, jeder Anwesende solle geloben, im Gegenzug für Frieden auf etwas ihm Wichtiges zu verzichten) waren an Ort und Stelle geblieben, damit jeder, oder praktisch jeder, eine Sitzgelegenheit fand. Die Kinder, mit Ausnahme der vier kleinsten und natürlich Simon, durften schließlich dabei sein und saßen auf dem Boden, nachdem ihre Mütter ihnen eingeschärft hatten, mucksmäuschenstill zu sein und kein Wort zu sagen, solange Mr. Chamberlain sprach. Alle schwiegen. Rupert war, wie er fand, so betroffen wie jeder andere, schließlich müsste er wohl als Einziger im Raum tatsächlich in den Krieg ziehen. Dennoch blickte er gebannt auf all die Anwesenden, die so reglos und still dasaßen, sah von einem Gesicht zum anderen und wünschte, sie würden es nicht für frivol erachten, wenn er die Szene zeichnete. Doch das würden sie: Kunst hatte in der Welt der Cazalets einen ihr genau zugewiesenen Platz.

Zuerst sah er zu seiner Mutter. Die Duchy saß kerzengerade da, die Augen auf das Radio geheftet, als wäre Mr. Chamberlain hier im Raum und spräche zu ihr persönlich. »Wie schrecklich, wie verrückt, wie unglaublich ist es, dass wir hier Gräben ausheben und Gasmasken anprobieren sollten, nur weil in einem fernen Land Streit zwischen Völkern herrscht, über die wir nichts wissen.« Er schaute zu seiner Schwester, die auf dem Sofa lag, Sid auf der Armlehne bei ihren Füßen. Sie schienen gar nicht weiter aufeinander zu achten, doch unvermittelt reichte Sid Rachel einen Aschenbecher, in dem sie ihre Zigarette ausdrückte. »Ich würde nicht zögern, selbst ein drittes Mal nach Deutschland zu fahren, wenn ich glaubte, es hätte einen Zweck.« Er sah zu Polly und Clary, die nebeneinander auf dem Boden saßen, die Arme um die Knie geschlungen: Polly runzelte die Stirn und biss sich auf die Unterlippe, Clary, seine eigene Tochter, beobachtete sie und schwang, während er zusah, die Knie leicht hin und her, sodass sie Pollys berührten. Polly schaute hoch, und ein winziges Lächeln zog über Clarys Gesicht und erfüllte es mit einem Ausdruck solcher Ermutigung und Liebe, dass ihre Schönheit ihm schier den Atem nahm. Benommen schloss er die Augen. Als er sie wieder öffnete, war sie wieder seine übliche Clary, die zu Boden starrte. Den letzten Teil der Rede hatte er verpasst. »Ich bin ein Mann des Friedens aus der Tiefe meiner Seele. Eine bewaffnete Auseinandersetzung zwischen zwei Nationen ist mir ein Albtraum …« Lady Rydal, deren Adlernase sich im Schein der Lampe scharf abzeichnete, ruhte im besten Sessel, den rechten Ellbogen auf die Armlehne gestützt, ihre elisabethanische Hand, besetzt mit großen und etwas verdreckten Diamantringen, lag an ihrer bleichen Wange. Sie trug eine tragische Miene zur Schau, die die meisten Menschen nicht auf Dauer aufrechterhalten könnten, doch solange er sie betrachtete, blieb sie unverändert. Villy saß auf einem unbequemen Esszimmerstuhl daneben und sah im Gegensatz zu ihr schlicht erschöpft aus. Ihrer Mutter ähnelte sie nur entfernt, nicht mehr, als ein wirklich schlechtes Porträt dem Modell ähnelt, dachte er – »das Leben wäre für Menschen, die an die Freiheit glauben, nicht lebenswert …« (ach, will er also doch Krieg?), »aber der Krieg ist etwas Furchtbares, und ehe wir uns darauf einlassen, müssen wir uns vergewissern, ob tatsächlich die großen Themen auf dem Spiel stehen.« Er sah quer durch den Raum, Angela starrte ihn an. Als sie seinen Blick bemerkte, errötete sie. Guter Gott, dachte er, vielleicht hat Zoë ja doch recht! Zoë saß auf der Fensterbank hinter Angela. Er warf ihr eine Kusshand zu, und ihr ängstlicher Ausdruck wich einer unerwarteten Dankbarkeit – etwas, das er immer nur erlebt hatte, wenn er ihr etwas schenkte. In dem Moment, als sein Blick auf seinen Vater fiel, war die Ansprache zu Ende.

»Alle Kinder geben ihrem Großvater einen Gutenachtkuss«, sagte er, »und morgen fangen wir an, einen Unterstand auszuheben. Das war mir völlig entfallen, bis der Bursche mich daran erinnert hat.«

Edward und Diana hörten die Übertragung in einem Pub. Er war zu ihr gefahren, wo sie nach einem kurzen Intermezzo die von ihm mitgebrachte Flasche Champagner tranken. Danach suchte Diana einige Dinge zusammen, die sie mitnehmen wollte, und bis sie schließlich aufbrachen, stellte das Dinner sie vor ein gewisses Problem. Edward schlug vor, noch in London essen zu gehen, aber sie war nervös wegen des Kindes. Also beschlossen sie, unterwegs nach einem Hotel zu suchen, in dem sie essen konnten, doch bis sie schließlich Sevenoaks erreichten, war es zu spät für das einzige Restaurant, das Dinner servierte, und nicht einmal Edward mit seinem Charme konnte das Personal überreden, ihnen noch etwas zuzubereiten. Schließlich fanden sie außerhalb von Tonbridge einen Pub, wo der Wirt meinte, er könne ihnen ein paar Schinkensandwiches anbieten. Er führte sie in ein kleines abgeschlossenes Nebenzimmer, in dem ein Radioapparat stand. Irgendwie lief der Abend nicht gut. Edward hatte wegen seines Verhaltens Villy gegenüber ein schlechtes Gewissen, und im Hinterkopf beschäftigte ihn der Gedanke, dass er später zur Mill Farm fahren und sie damit überraschen wollte. Auch die bevorstehende Rundfunkübertragung lastete auf ihm, schließlich würde sie vermutlich Neuigkeiten der einen oder anderen Art bereithalten. Diana ihrerseits wirkte zerstreut und schien sich offenbar nicht darüber im Klaren zu sein, wie viel Mühe er auf sich nahm, um sich mit ihr zu treffen. Sie war immer noch gekränkt, weil er keine Zeit für einen Lunch mit ihr gehabt hatte, und insgeheim befürchtete sie, Angus könnte aus Schottland anrufen und sich wundern, weshalb sie noch nicht zu Hause war. Sie hatte einen Zahnarzttermin für ihre Fahrt nach London vorgeschoben und die Notwendigkeit angeführt, etwas Wintergarderobe zu holen (im Cottage war es sehr feucht, sie fror ständig). Aber jetzt würde sie wesentlich später zurückkommen, als sich mit diesen Ausflüchten erklären ließe. Sie hatte unterwegs überhaupt nicht halten wollen. »Morgen früh steht das doch alles in der Zeitung«, hatte sie wegen der Ansprache gesagt. »Aber du musst doch etwas essen«, hatte er erwidert. Es war seltsam: Die ganze Schwangerschaft hindurch, die wenige Wochen nach ihrer ersten Begegnung begonnen hatte, war er unglaublich zuvorkommend, großzügig und rücksichtsvoll gewesen. Aber an diesem einen Abend, an dem sie wirklich nervös war, weil sie Jamie so lange allein ließ und ihrer Schwägerin eine Lüge auftischen musste, tat er alles, damit sie sich noch mehr verspätete.

Ohne großen Appetit aß sie von ihrem Sandwich, lehnte ein zweites ab und trank ihren Gin Tonic rasch aus. Dann merkte sie, dass sie ihn damit verstimmte, was sie nun überhaupt nicht wollte, also bat sie ihn um einen zweiten Drink. »So lob ich's mir«, sagte er und ging ihn sofort holen. Sie zog sich die Lippen nach und puderte sich die Nase. Als er mit den Getränken wiederkehrte, fragte sie ihn, was er tun würde, wenn es Krieg gäbe, und er sagte, er würde sich zu jeder Einheit melden, die ihn nähme. »Dann würdest du fortgehen! Ich würde dich nie wiedersehen!«

Aber er widersprach, wahrscheinlich würde sie ihn dann öfter sehen, weil er nicht zu Hause wohnen würde. »Im Gegensatz zu jetzt wüsste niemand so genau, wo ich gerade bin.«

Ich könnte noch jahrelang seine Geliebte sein, dachte sie. So ist das im Krieg, und er könnte auch jederzeit eine Jüngere finden. »Es gefällt mir ganz und gar nicht, dass wir ständig lügen und alles Mögliche verheimlichen müssen«, sagte sie. »Dabei finde ich eigentlich, dass Offenheit das Beste ist.«

»Das weiß ich«, antwortete er zärtlich. »Das ist eines der Dinge, die ich an dir liebe.« Er nahm ihre Hand und küsste sie. Ihr ging auf, dass er den Ball zu ihr zurückgespielt hatte, und sie konnte nichts anderes tun, als ihn aufzuheben und in die Tasche zu stecken.

Dann kam die Ansprache. Am Ende drückte Edward seine Zigarette aus und sagte: »Na, verdammt will ich sein, wenn ich jetzt klüger bin als zuvor. Was meinst du?«

»In meinen Ohren klang es, als wollte er uns schonend auf das Schlimmste gefasst machen.«

»Guter Gott! Ich glaube, da hast du wahrscheinlich recht. Wir sollten weiterfahren. Damit du zu deinem Kleinen zurückkommst.«

Sie verabschiedeten sich im Auto, vor der Pforte zum Cottage, denn Diana wollte nicht, dass ihre Schwägerin ihn sah. Sie küssten sich, und beide glaubten, der andere erwarte einen leidenschaftlichen Kuss, aber Diana konnte keine Leidenschaft aufbringen. Das störte Edward nicht im Geringsten – schließlich war sie im Bett leidenschaftlich genug, und etwas anderes zählte nicht –, aber sie machte sich Sorgen und lag die halbe Nacht wach, gequält von dem Gedanken, dass sie ihn langsam verlor.

»Also verstehst du, dass ich es dir sagen musste, Dad, oder?«

Rupert sah zu ihr hinab, wie sie da vor dem sprudelnden, bemoosten kleinen Rohr hockte. Sie füllten gerade aus der Quelle am Fuß der Anhöhe, kurz vor der Mill Farm, Trinkwasser in Flaschen ab. Ihre Arme waren nass, sie trug eine zerrissene Baumwollbluse, und einer ihrer Strandschuhe hatte ein Loch, aus dem ihr großer Zeh herauslugte. Nie hat sie ein hübsches Kleid, dachte er, und das versetzte ihm einen Stich. »Ja, natürlich kann ich das verstehen.«

»Ich meine, jetzt weiß ich, weshalb Leute Theaterstücke über Treue und Treulosigkeit schreiben. Polly hat es mir gesagt, weil ich ihre allerallerbeste Freundin bin, sie hat sich solche Sorgen gemacht, und natürlich hat sie mir gesagt, dass ich niemandem davon erzählen darf. Aber ich finde, das Ganze ist so ernst, dass wir uns nicht daran halten müssen. Oder?«

»Ich glaube, da hast du recht.« Sie reichte ihm eine gefüllte Flasche, und er gab ihr aus der Kiste eine weitere leere.

»Also denkst du, dass du mit Christopher sprechen könntest? Ich meine, er hat eine Mutter, und sie würde verrückt werden, wenn er verschwindet. Polly glaubt, dass sie völlig durchdrehen würde.«

»Ich werde mir die Sache reiflich durch den Kopf gehen lassen, und dann entscheide ich.«

»Findest du, ich soll Polly sagen, dass ich dir davon erzählt habe?«

»Noch nicht«, antwortete er, als er ihr besorgtes Gesicht sah und sich an den vergangenen Abend während der Ansprache im Radio erinnerte.

»Also, wenn sie mich fragt, muss ich es ihr natürlich sagen, aber ich habe Angst, dass sie wütend auf mich wird und mich verachtet. Sie ist der aufrichtigste Mensch, den ich kenne.«

»Das bist du auch.«

»Wirklich? Aber nicht so wie Polly. Findest du nicht auch, dass sie die hübscheste Person ist, die du je gesehen hast? Außer Zoë, denke ich mal.«

Das rührte ihn derart ans Herz, dass er lachen musste. »Das bist du auch. Ich bin einfach von hübschen Frauen umringt. Obwohl ich nicht finde, dass du hübsch bist, Clary, ich finde dich wunderschön.«

»Dad, sei doch nicht so dumm! Wunderschön!« Er sah, wie sehr sie sich darüber freute. »Was erzählst du da für verrücktes Zeug!« Sie war bis unter die Haarwurzeln errötet. »Ich und schön?«, wiederholte sie und versuchte, ihr Glück hinter Geringschätzung zu verbergen. »Etwas so Albernes habe ich in meinem ganzen Leben noch nicht gehört!«

Der Brig hatte es ernst gemeint mit seiner Bemerkung, alle sollten anfangen, einen Unterstand auszuheben. Er wählte dafür einen Ort zwischen dem Tennisplatz und dem Küchengarten, organisierte Pflöcke und Seile, um den Grundriss abzustecken, trug McAlpine auf, jedes Grabwerkzeug in seinem Fundus zur Verfügung zu stellen, und schickte Clary und Polly aus, um alle zusammenzutrommeln. Rupert, Sybil, Zoë und Sid beteiligten sich ebenfalls. Nur die Duchy, Rachel, der er Briefe diktieren wollte (und deren Rücken keine Grabtätigkeit zuließ), sowie Evie, die auf ihre schwache Schulter verwies, waren entschuldigt. Außerdem hatte Evie eine Nische für sich gefunden: Stundenlang stopfte sie Wäsche aufs Wunderschönste – weit besser als Zoë, die es offenbar aufgegeben hatte – und unterhielt währenddessen die Großtanten mit vorwiegend frei erfundenen Geschichten aus ihrem Leben. Dolly und Flo hielten sie für eine höchst interessante, kunstsinnige Person, wohingegen alle anderen erleichtert waren, sie aus dem Weg zu wissen. Bald erwies sich allerdings, dass nur eine begrenzte Anzahl von Leuten gleichzeitig graben konnte, und so teilte Rupert Schichten ein. Die beiden, die bei Miss Milliment Unterricht haben sollten, wurden zu ihr zurückgeschickt. Billy wurde die Aufgabe übertragen, die Wurzeln zu entfernen, auf die sie sehr bald stießen, hackte sich jedoch die Hand so böse auf, dass er zu Rachel geschickt werden musste, damit die Wunde gesäubert und verbunden würde. Das erwies sich als aufwändiges Unterfangen, weil sich Dreck in seiner Haut drumherum festgesetzt hatte (McAlpine interessierte sich nicht dafür, ob Billy sich wusch, folglich tat er es nie).

»Rotzlöffel!«, sagte McAlpine nur, als er Billys blutüberströmte Hand sah. Er selbst hatte rund eine Stunde gegraben, in der Zeit zweimal so viel geschafft wie alle anderen zusammen und sagte, er gehe jetzt, er habe Arbeit zu tun. Er hielt die ganze Unternehmung für eine fixe Idee der vornehmen Herrschaften.

Auch Villy und Jessica wurden von der Arbeit entbunden – zumindest am Vormittag, weil in Battle ein gewaltiger Einkauf für beide Häuser anstand. Sie einigten sich darauf, dass Jessica Lady Rydal aus dem Bett helfen würde, während Villy die Liste von Home Place abholte. Das kam ihr sehr entgegen, sie litt morgens unter Übelkeit. Die Fahrt nach London am Tag zuvor war schauderhaft gewesen, und die Anstrengung steckte ihr noch in den Knochen. Beim Lunch mit Teddy war ihr klar geworden, dass Edward tatsächlich die Ankündigung des neuen Babys nicht gehört hatte – so ungeheuerlich das scheinen mochte.

In den Stunden vor dem Lunch war es ihr schlicht nicht möglich gewesen, die geplanten Arbeiten effizient zu erledigen, weil im Haus ein solches Durcheinander herrschte – oder vielleicht kein richtiges Durcheinander, es war einfach nur unendlich viel liegengeblieben. Sie wechselte die Bettwäsche ihres ungemachten Ehebetts, fischte vierzehn verschmutzte Hemden aus dem Wäschekorb in Edwards Ankleidezimmer und packte sie ein, damit sie in Sussex gewaschen würden. Von Edna war ein Brief gekommen, in dem sie schrieb, sie könne nicht zurückkehren, da ihre Mutter noch zu schlecht beisammen sei, und sie wolle sie nicht in so weiter Entfernung allein lassen. Umso besser, dachte Villy. Sie hätte sich nicht wohlgefühlt, das arme Mädchen im Fall von Luftangriffen allein im Haus zu wissen. Oder eines Luftangriffs – ein einziger könnte genügen. Sie bat Teddy, ihr zu helfen, das Silber, alle Schulbücher und die Musiknoten in den Flur zu tragen. Dann musste sie sich für den Lunch umziehen, zu dem sie nur sehr unwillig mitging wegen der Art, wie Edward (wie sie dachte) die Nachricht aufgenommen hatte. Als sie dann feststellte, dass er sie gar nicht verstanden hatte, war sie enttäuscht und ärgerte sich über ihren Ärger. Aber vor Teddy konnte sie es ihm natürlich auch nicht sagen. Und da sie darüber nicht reden konnte, fiel ihr auch kein anderes Gesprächsthema ein. Teddy allerdings genoss das Ganze offenbar, und keiner der beiden merkte irgendetwas.

Sie verließ den Club und fuhr von Knightsbridge langsam zur Hyde Park Corner. Gerade, als sie die kleine dunkelgrüne Hütte erreichte, wo die Taxifahrer Tee tranken, einen Imbiss zu sich nahmen und den Gerüchten zufolge wild zockten, beschloss sie aus einer spontanen Eingebung heraus, zu Hermione zu fahren – nur um zu sehen, was sie an neuer Mode hereinbekommen hatte. Schließlich könnte es ihre letzte Gelegenheit sein, und womöglich veranstaltete Hermione aufgrund der Zustände einen ihrer verlockenden Saisonverkäufe.

Das tat sie zwar nicht, freute sich aber sehr, Villy zu sehen. »Was für ein Vergnügen!«, rief sie in ihrem verführerischen, gedehnten Ton, der vielem, was sie sagte, einen neckischen Klang verlieh. »Gerade komme ich vom ödesten Lunch mit Reggie Davenport zurück, habe den ödesten Nachmittag vor mir, und da tauchen Sie auf! Was kann ich für Sie tun, meine Liebe?«

»Ich weiß es nicht. Ich wollte mich nur ein bisschen umsehen und mich aufmuntern lassen.«

»Da haben Sie sich den perfekten Zeitpunkt ausgesucht. Ich habe die himmlischste Herbstkollektion hier hängen, aber die Leute kommen offenbar nicht wie sonst nach London zurück. Verstecken sich wegen Mr. Schicklgruber auf dem Land.«

»Wegen wem?«

»Hitler, meine Liebe. So heißt er tatsächlich, und er war früher Anstreicher. Ich meine, ganz ernst kann man ihn doch wirklich nicht nehmen, oder? Er erweckt nicht den Eindruck, als verfüge er auch nur über einen Funken Charme.« Sie schnippte, und sofort tauchte Miss MacDonald aus irgendwelchen Tiefen des Geschäfts auf. »Sehen Sie nur, wer gekommen ist! Was denken Sie, womit wir Mrs. Cazalet in Versuchung führen könnten?«

»Ich kann nur ein Kleid kaufen, Hermione.«

»Aber natürlich, meine Liebe. Und wenn Sie möchten, kaufen Sie nur ein halbes.«

Eineinhalb Stunden später verließ Villy das Geschäft mit dem schicksten kleinen schwarzen Wollkleid, dessen Ausschnitt und Manschetten mit Jet bestickt waren, dazu ein breiter Gürtel mit Jet-Schnalle, einem Tweedkostüm in der Farbe dunkelblauer Hyazinthen – sehr klassisch und exquisit geschnitten –, einem tiefgrauen Flanellmantel mit einem Besatz aus falschem Astrachanpelz – »am Kleiderbügel sieht er aus wie ein Zelt, meine Liebe, aber er fällt wirklich sehr hübsch. Schlüpfen Sie doch einfach mal hinein«, und einem langärmeligen Crêpe-Kleid mit Wasserfallkragen, das, wie Villy sagte, die Farbe von Brombeersahne habe. »Das müssen wir uns merken, Miss MacDonald, meinen Sie nicht auch? Viel zutreffender als pflaumenfarben.« Beschwingt, wenn auch nicht ganz ohne Gewissensbisse, stieg Villy wieder in den Wagen. Fast sechzig Guineen hatte sie ausgegeben, aber jedes Teil, das sie gekauft hatte, war perfekt. Leicht berauscht fuhr sie zur Lansdowne Road zurück. Erst bei der Ankunft dort wurde ihr bewusst, dass sie von allen Stücken nur den Mantel den Winter hindurch anziehen konnte, er würde bis zum Schluss alles verbergen. Der Gedanke, mit dem sie sich vage getragen hatte – Hermione nach einem Arzt zu fragen –, war ihr gar nicht in den Sinn gekommen. Außerdem wäre es in Miss MacDonalds Anwesenheit sowieso unmöglich gewesen. Und die anderen Sachen konnte sie nach der Geburt tragen. Sie hatte sich seit Monaten nichts mehr gegönnt. Dieser Teil des Tages war das reinste Vergnügen gewesen, wenn auch der eher frivolen Art. Edward würde nichts sagen, er war immer großzügig, wenn sie sich neue Garderobe kaufte; sie wünschte nur, er würde ihr mehr Beachtung schenken. Beglückt überlegte sie, dass sie ihre Neuerwerbungen Jessica vorführen konnte, was sie zuvor nie getan hatte, aber nun konnte Jessica sich selbst schöne Kleidung leisten. Außerdem ist kein einziges Abendkleid darunter, dachte sie abschließend, um ihrem Einkauf einen tugendhaften Anstrich zu verleihen.

Aber der Rest des Tages war absolut höllisch. Stundenlang packte sie alles zusammen und belud den Wagen schließlich selbst, weil Teddy sich verspätete; Edward hatte ihn am Leicester Square abgesetzt, und er hatte sich beim Umsteigen vertan. Als sie schließlich abfuhren, begann es heftig zu regnen, und Teddy erzählte ihr in allen Einzelheiten, was Paul Muni im Film widerfahren war, was nicht nur langweilig war, sondern auch ziemlich unverständlich. Sie kamen erst um acht Uhr in der Mill Farm an und hatten kaum Zeit, zu Abend zu essen, bevor die Rundfunkübertragung begann. Anschließend meinte sie, noch den Wagen ausladen zu müssen, und später wollte sie gerade zu Bett gehen, als aus heiterem Himmel Edward auftauchte und sich als großartige Überraschung präsentierte. Der Mann, den er zum Dinner habe treffen müssen, erklärte er, wohnte, wie sich herausstellte, auf halber Strecke zwischen London und Home Place, und so habe er gedacht, dass sie sich freuen würde, wenn er käme.

»Lass uns noch nicht ins Bett gehen«, sagte er. »Ich bin für einen Whisky Soda. Und du, mein Schatz?«

»Nein danke.« Sie ging zum Sofa zurück und setzte sich.

»Ich glaube, Teddy hat es gefallen.«

»Ja. Er sagte mir, es sei sehr schön gewesen.«

»Ist Jessica noch da?«

»Ja. Sie ist gestern zur Beerdigung gefahren. Raymond hat eine ansehnliche Summe geerbt – und ein Haus.«

»Das freut mich. Solange er nicht alles sinnlos verpulvert.« Es entstand eine Pause. »Beim Lunch heute …«, begann er dann. »Ich hatte den Eindruck, dass du wütend auf mich bist. Das stimmt doch, oder? Worum geht es denn?« Sie wusste, dass er nervös war, weil er an den Fingern und den Nagelrändern herumkratzte – oft sah die Haut regelrecht wund aus. Ihm graute vor Szenen.

»Das stimmt, ich war sauer, ein bisschen zumindest. Neulich habe ich versucht, dir am Telefon etwas zu sagen, aber du hast mitten im Gespräch aufgelegt, und dann ist mir klar geworden, dass du gar nicht gehört hattest, was ich sagte.«

Er erstarrte. »Was war das?«

Sie holte tief Luft. »Ich habe dir gesagt, ich sei mir ziemlich sicher, dass ich wieder schwanger bin.«

Einen Moment sah er sie fassungslos an, Erstaunen und ein Anflug von Erleichterung lagen auf seinem Gesicht, dann begann er zu strahlen, stand auf und nahm sie lächelnd in den Arm. »Guter Gott! Das hast du mir gesagt, und ich habe es nicht gehört? Sie haben draußen in der Straße gebohrt, und Miss Seafang hat gesagt, dass jemand mich auf der anderen Leitung sprechen will. Es tut mir wirklich leid, mein Schatz, du musst mich für einen entsetzlichen Holzklotz gehalten haben!«

»Du freust dich?«

»Natürlich freue ich mich«, sagte er mit Nachdruck. »Obwohl ich auch ein bisschen überrascht bin. Ich dachte, dass du, du weißt schon, Vorkehrungen triffst.«

»Das habe ich auch. Eins ist durchs Netz geschlüpft.«

»Guter Gott!«, wiederholte er, leerte sein Glas und stand auf. »Dann sollten wir wohl besser nach oben gehen. Ich meine, du musst doch völlig erschlagen sein.« Er zog sie auf die Füße.

Beim Auskleiden sagte sie: »Ein bisschen zu alt fühle ich mich ja schon, um noch einmal mit dieser Babygeschichte anzufangen.«

»Unsinn, mein Schatz. Du bist überhaupt nicht alt!« Er küsste sie liebevoll. »Was du brauchst, ist deinen Schönheitsschlaf. Ich muss morgen früh los, aber kümmere dich nicht um mich.«

Als sie jetzt die Steigung zu Home Place hinaufging und das Gespräch Revue passieren ließ, fiel ihr auf, dass er gar nicht auf die Idee gekommen war zu fragen, ob denn sie noch ein Kind wolle. Er war einfach davon ausgegangen, dass sie sich freute. »Jetzt ist es so«, sagte sie sich. »Und wenn es Krieg gibt, dann werden wir vielleicht sowieso alle in die Luft gejagt.«

Nach dem Mittagessen regnete es, wodurch sich ihre Schicht beim Graben erübrigte, wie Louise fand. »Waschen wir uns doch die Haare«, schlug sie vor. Sie hatte gelesen, dass Eigelb sehr gut sein sollte, und wollte das unbedingt ausprobieren. Nora, der ihre Haare völlig gleichgültig waren, meinte, das sei eine ziemliche Verschwendung von Eiern, aber Louise widersprach – sie würden aus dem Eiweiß Baiser zubereiten, und dann wäre es überhaupt keine Verschwendung. »Denn wenn wir nur Baiser machen würden, wäre das Eigelb vergeudet«, erklärte sie.

Daraufhin wusch Louise ihnen beiden die Haare. Noras waren sehr dreckig, und das Wasser, das sie verwendete, war zu heiß, sodass das Eigelb stockte, und zu guter Letzt musste sie noch ein anderes Shampoo verwenden. Trocknen konnten sie ihre Haare auch nirgends, weil das Kaminfeuer im Salon noch nicht brannte. Um sich nicht zu erkälten, legten sie sich mit ihren Badetüchern und Pullovern aufs Bett.

»Als du beim Gottesdienst vorgeschlagen hast, jeder solle im Gegenzug für Frieden auf etwas verzichten«, begann Louise, »was denkst du, weswegen niemand so richtig mitmachen wollte?«

»Ich weiß es nicht. Mummy meinte hinterher, das müsse jeder mit sich selbst ausmachen, aber ich weiß nicht, wie man feststellen kann, ob es sie gestört hat. Wie auch immer, sie sagte, ich würde den Leuten ständig Vorschriften machen und mich in alles einmischen – was ich wirklich oft tue.«

Louise sah sie ehrfürchtig an. Hier ging es nicht um romantische Schwächen wie ein aufbrausendes Temperament oder zu große Freimütigkeit (Taktlosigkeit). Sie wusste, dass sie niemals jemand anderem gegenüber solche Fehler eingestehen würde.

»Deine Haare sehen jetzt klasse aus«, sagte sie, »sie glänzen richtig schön.«

»Ach. Also, im Grunde ist mir das egal. Wenn ich Nonne werde, schneiden sie mir sowieso alle ab. Du könntest deine Eitelkeit aufgeben«, fügte sie hinzu.

»Bin ich eitel? Mein Gesicht gefällt mir nicht besonders.« Sie verbrachte Stunden vor dem Spiegel, frisierte sich, übte das Schminken und probierte unterschiedliche Gesichter aus, um herauszufinden, welches am besten aussah. Einiges davon rieb ihr Nora unter die Nase und sagte, das würde nach ihrem Ermessen mit großer Sicherheit auf Eitelkeit hinweisen. »Aber«, meinte sie abschließend, »du brauchst ja nicht unbedingt etwas aufzugeben, du könntest stattdessen auch etwas tun.«

Da beschloss Louise, dass sie ihre frühere Entscheidung zurücknehmen würde. Wegen des quälenden Heimwehs, das sie im Mädchenpensionat trotz Nora zwangsläufig befallen würde, hatte sie sich nämlich gegen den Besuch der Schule entschieden. Das hieß: Sollte weiter Frieden herrschen, würde sie hingehen, wenn es zum Krieg kam, dann nicht. Sie sagte Nora, sie habe einen Vorsatz gefasst, wolle ihn ihr aber nicht verraten.

»Du brauchst es mir nicht zu erzählen«, antwortete Nora. »Schreib's einfach auf einen Zettel und leg ihn in meinen Stiftkasten. Den habe ich eigens dafür ausgeleert.«

»Hast du das denn schon gemacht?«

»Natürlich. Und ich habe Polly und Clary dasselbe gesagt. Christopher auch und sogar Angela. Teddy allerdings nicht – ihm ist es offenbar egal, ob es Krieg gibt oder nicht.«

»Simon?«

»Vergiss ihn. Jetzt schreib deins auf. Ach, ich habe Miss Milliment gefragt. Ich hab sie gern, und sie sagte, natürlich würde sie sich beteiligen – kein dummes Herumlavieren, wie die Erwachsenen es sonst immer machen und sagen, man müsste beide Seiten betrachten. Nicht bei ihr.«

»Was ist mit den Kleinen?«

»Ich bin noch nicht dazu gekommen, sie zu fragen. Die nehmen wir uns nach dem Nachmittagstee vor.«

Neville, Lydia und Judy fühlten sich insgeheim geschmeichelt, zu einer Besprechung eingeladen zu werden, auch wenn außer ihnen nur noch Nora und Louise daran teilnahmen. Sie standen hintereinander aufgereiht vor Nora, die am Esszimmertisch saß, den Bleistiftkasten neben sich, Papier und Stifte griffbereit.

»Ich habe nichts, worauf ich verzichten kann«, sagte Neville wie aus der Pistole geschossen.

»Deine Eisenbahn«, widersprach Lydia.

»Die brauche ich! Sachen, die man braucht, auf die kann man nicht verzichten.«

»Die brauchst du gar nicht«, sagte Judy. »Ich habe keine Eisenbahn und kann sehr gut ohne sie leben.«

Neville funkelte sie an. »Du bist ja auch nur ein Mädchen«, sagte er vernichtend. Einen Moment verschlug es allen die Sprache. »Also gut«, meinte Nora schließlich, »wenn du auf nichts verzichten willst, könntest du stattdessen etwas tun. Eine Arbeit – irgendetwas.«

»Tonbridge helfen, die Autos zu putzen«, sagte Neville. »Das kann ich machen.«

»Du fragst ihn ständig, ob du das machen darfst«, erwiderte Lydia vorwurfsvoll. »Und du weißt genau, dass er das nicht will. Ich glaube, er kapiert überhaupt nicht, worum es geht«, sagte sie an die anderen gewandt.

»Lassen wir Neville mal beiseite. Was willst du machen?«

»Ich …« Sie kniff die Augen fest zusammen und wippte auf den Füßen. »Ich … ich werde mein ganzes Taschengeld sparen und den Armen geben. Genau!« Sie öffnete die Augen und sah in die Runde, um die Wirkung ihrer Worte abzuschätzen. »Das ist ein gutes Verzichten, oder?«

»Sehr gut«, lobte Nora. »Hier ist dein Zettel. Aber du musst auch draufschreiben, wie viele Wochen du das Taschengeld hergibst.«

»Ach, mindestens ein Jahr«, sagte Lydia großspurig, ganz beseelt von ihrer eigenen Großzügigkeit. »Ich glaube, ein Jahr.«

»Woran erkennst du einen Armen, um es ihm zu geben?«, fragte Neville mürrisch.

»Kinderleicht. Ich gehe einfach zu jemandem und frage ihn, ob er arm ist, und wenn er Ja sagt, dann gebe ich es ihm.«

Schließlich schlugen sie ihr vor, sie könnte es den armen Babys in Tante Rachs Heim geben.

Judy, die, wie Lydia fand, am liebsten den anderen alles nachmachte, sagte, sie werde dasselbe tun. Dann mussten sie sich an den Tisch setzen und ihr Gelübde aufschreiben. Nora nahm sich unterdessen Neville vor.

»Also«, verkündete er schließlich, »ich gebe den Großtanten zweimal am Tag einen Kuss – einen auf jede Wange, zweimal. Solange sie hier sind.«

Es war nicht ganz zufriedenstellend, aber die älteren Mädchen befanden, es sei vermutlich das Beste, was er anzubieten habe.

~

»Abwechslung ist die Würze des Lebens«, sprach Miss Milliment sich Mut zu, als sie nach ihrem Regenmantel wühlte, der mit vielen anderen in der Mill Farm an den Haken im Flur hing. Das Dinner war vorüber, und sie hatte sich vorgenommen, sich davonzustehlen, die Anhöhe hinaufzugehen und sich früh zu Bett zu begeben. Denn um der Wahrheit die Ehre zu geben, war sie völlig erschlagen, wie ihr Bruder Jack zu sagen pflegte. Aber sehr zufrieden und dankbar. Hier war alles anders, selbstredend gab es da die eine oder andere kleine Schwierigkeit, aber nichts, das sich nicht mit der Zeit und etwas Übung lösen ließe. Mithin am schlimmsten war, dass sie ständig nasse Füße hatte, aber das hatte sie sich selbst zuzuschreiben, weil sie es verabsäumt hatte, ihre Schuhe flicken zu lassen. Ich bin so schlimm wie Rosamond in »*The Purple Jar*«, dachte sie. Allerdings hatte es in ihrem Fall nichts damit zu tun, dass sie das Geld für einen exzentrischen Luxus ausgegeben hätte, sondern schlicht und ergreifend damit, dass sich beide ihrer Schuhpaare in beklagenswertem Zustand befanden. Vielleicht würde sie morgen die gute Viola fragen, ob sie mit ihr nach Battle fahren könnte, wo zweifelsohne ein paar Galoschen zu erstehen sein müssten.

Mittlerweile für den Rückweg gekleidet, hob sie den großen Metallriegel der Haustür an. Anscheinend hatte es zu regnen aufgehört, auch wenn der Boden noch sehr nass war. Mit ihrem Schirm und dem Exemplar der *Times* in der Hand, dessen Lektüre Lady Rydal beendet hatte, tappte sie unsicher die Auffahrt hinunter. Es war eine dunkle, stille, sternlose Nacht. Ab und zu erzitterte über ihr ein Baum, und ein Schauer dicker Wassertropfen fiel auf sie herab. Einige Pfützen gab es auch, die sie verständlicherweise nicht sehen konnte. Viola, die Liebe, hatte sich erboten, sie nach Hause zu fahren, womit sie ihr aber unnötig zur Last gefallen wäre. Sie musste sich den Weg so bald wie möglich einprägen, es war nicht weit. Das kleine Gespräch, das sie, begleitet von einem Glas köstlichen Sherrys, mit Viola über ihr Gehalt geführt hatte, war vorüber. Sie hatte sich so ungemein großzügig gezeigt, hatte sich strikt geweigert, sie irgendetwas für ihren Unterhalt bezahlen zu lassen, hatte Verständnis dafür gezeigt, dass sie bereits eine Miete zu bezahlen habe, hatte darauf bestanden, dass die Summe von zwei Pfund zehn Shilling pro Kind pro Woche auch für die drei kleineren Kinder gelten solle, die, wie sie, Villy, wisse, genauso viel Mühe bereiteten (nur zu wahr, aber Miss Milliment hatte viele Arbeitgeber gekannt, die diesen Umstand nicht gewürdigt hätten), und hatte ihr überdies mitgeteilt, dass ihre Reisekosten im Scheck für den ersten Monat enthalten sein würden. »Und somit gibt es keinen Grund, Eleanor, dass du dir nicht nur Galoschen, sondern obendrein auch ein neues Paar Schuhe kaufst.«

Und dann – wieder auf dem Land zu sein! Sie atmete die herrliche Luft ein, die nach feuchtem Laub roch. Das erinnerte sie sehr an zu Hause, an die Abende, wenn sie in der Dämmerung von der Kirche heimgegangen war, nachdem sie sie für einen besonderen Anlass geschmückt hatte, etwa zum Erntedankfest – nach Hause zu Toast und Speckfett und wo sie Papa vorlas, dessen Arbeitszimmer wegen seiner Augen nur schwach beleuchtet sein durfte, was die Lektüre immer etwas schwierig gestaltete. Carlyles *Französische Revolution* war eines seiner Lieblingsbücher gewesen, eine alte Ausgabe, die sie auf einem Kirchenflohmarkt erstanden hatte, aber die Schrift war erschreckend klein gewesen. Ihr Papa hatte immer gesagt, junge Leute bräuchten keine Brille, was sich in ihrem Fall allerdings als unzutreffend herausgestellt hatte. Mit als Erstes hatte sie nach seinem Tod ihre Augen untersuchen lassen, und die Brille hatte einen fabelhaften – ihrer Ansicht nach schier unfassbaren – Unterschied ausgemacht: Plötzlich konnte sie alles Mögliche sehen, das sie vorher gar nicht bemerkt hatte. Zu der Zeit hatte sie auch begonnen, Bilder zu betrachten, einfach, weil sie sie nun sehen konnte. Großartig war das gewesen! Und welches Glück sie jetzt hatte! Das Unterrichten bereitete ihr große Freude, sie hatte ihre drei Mädchen ins Herz geschlossen und war entzückt, Jessicas Nora in ihre Schar aufzunehmen, da Louise unverkennbar große Stücke auf sie hielt. Und die drei Jüngeren: Neville amüsierte sie beständig, aber natürlich würde sie ihn nicht anders behandeln als die beiden Mädchen – da machte sie keine Unterschiede. Wie schön, sich auf ihr kleines Zimmer im Cottage freuen zu können. Die Brontës wären recht entsetzt, wie gut es mir hier ergeht, dachte sie, als sie auf die Auffahrt nach Home Place abbog. Die Brontës kamen ihr in den Sinn, weil sie den Mädchen unter anderem *Villette* als Ferienlektüre aufgegeben hatte. Louise hatte es bereits gelesen, doch Miss

Milliment trug ihr einfach auf, es ein zweites Mal zu lesen, sowie *Der Professor,* und die beiden Werke zu vergleichen. Polly las weder so viel noch so mühelos, aber sie hatte ein scharfes Auge, und Clary – nun ja, Clary war die Auserkorene, das wusste sie. Die Geschichten, die das Mädchen ihr gegeben hatte, als sie sie am Ende ihrer Windpocken besuchte, hatten sie verblüfft. Sie besaßen eine Eleganz, einen Schwung, eine Frühreife, die weit über das Vermögen einer durchschnittlichen Zwölfjährigen hinausgingen. Einige Sujets lagen zweifellos jenseits ihres Horizonts, doch Miss Milliment hatte das bewusst nicht kritisiert, sondern ihre Bemerkungen auf Grammatik, Interpunktion und Orthografie beschränkt und betont, wie gut ihr die Geschichten gefallen hätten. »Man darf nicht eingreifen«, ermahnte sie sich und hegte keinerlei Absicht, irgendetwas dergleichen zu tun. Der schöpferische Prozess mochte ihr in jeder Hinsicht verschlossen sein, dennoch nötigte er ihr Verehrung ab: Viele Menschen waren durch ein übergroßes Maß an falscher Aufmerksamkeit verdorben worden. Clary entwickelte sich auf ganz natürliche Weise, und so sollte es auch bleiben. Das mangelnde Interesse ihrer Familie war vermutlich durchaus von Vorteil.

Jetzt ragte das Haus vor ihr auf, goldenes Licht fiel durch die quadratischen Fenster nach draußen, und als sie an den Küchenräumen vorbeiging, hörte sie entfernt die Geräusche des Personals, das den Abwasch erledigte. Bis sie das Cottage erreicht hatte und die steile Treppe hinaufstieg, war die Wirkung des Gläschens Sherry verflogen, und als sie sich überlegte, im Bett das Kreuzworträtsel zu machen – ein wahrer Luxus , fiel ihr ein, dass die Zeitung voll sein würde mit Artikeln über den tatsächlichen, entsetzlichen Zustand Europas, den sie den ganzen Heimweg über in ihrer leichtfertigen Träumerei ausgeblendet hatte. Sie hatte dermaßen in ihrem Hochgefühl geschwelgt, dass sie darüber völlig den Ernst der Lage vergessen hatte. Falls es Krieg gab … Aber es würde Krieg geben, wenn nicht jetzt, dann später. Sie dachte an die großartigen Renoirs in der Rosenberg and Helft-Galerie, in der sie den halben

Sommer verbracht hatte, und schickte ein Gebet gen Himmel, sie möchten rechtzeitig in Sicherheit gebracht werden.

Hugh betrat Edwards Büro kurz vor der Mittagszeit; sie hatten sich zum Lunch verabredet. Miss Seafang, die neben dem Schreibtisch stand und auf die Briefe wartete, die sie Edward zur Unterschrift vorgelegt hatte, begrüßte ihn mit einem verhaltenen Lächeln.

»Bin gleich bei dir, alter Junge. Setz dich doch.«

Aber Hugh, der den ganzen Vormittag gesessen hatte, schritt weiter durch den großen, mit Lebbekbaumholz getäfelten Raum und tat, als betrachte er die drögen Bilder. Miss Seafang beobachtete ihn mitfühlend. Er sah entsetzlich müde aus, mehr noch als sonst: Ständig und immer machte er sich Sorgen, und das forderte einfach seinen Tribut. Er weckte mütterliche Gefühle in ihr, im Gegensatz zu Mr. Edward, der etwas völlig anderes in ihr weckte. Ihr Blick wanderte zu ihrem Chef zurück. Heute trug er einen Nadelstreifenanzug im blassesten Grau, dazu ein weißes Hemd mit zarten grauen Streifen und eine zitronengelbe ripsseidene Krawatte. Aus seiner Brusttasche lugte die Ecke eines zitronengelb, grau und dunkelgrün gemusterten Seidentuchs. Sein leicht gewelltes Haar glänzte vor Brillantine, und bei jeder noch so kleinen Bewegung verströmte er einen schwachen, eindeutig aufregenden Duft nach Zigarren und Lavendelwasser. Seine linke Hand lag auf dem Schreibtisch, daran der goldene Siegelring mit dem Familienwappen – etwas abgetragen, aber unverkennbar ein brüllender Löwe –, und die goldenen Manschettenknöpfe schimmerten auf den makellosen Ärmeln, aus denen die behaarten Gelenke hervorragten. Um das linke lag eine gebührend elegante und männliche Uhr. In der rechten Hand hielt er den Füllfederhalter, mit dem er die Briefe in seiner großzügigen, etwas nachlässigen Schrift unterzeichnete. Offenbar verweigerte der Füller seinen Dienst, Edward schüttelte ihn zweimal und wandte sich dann an sie. »Ach,

Miss Seafang, jetzt lässt er mich wieder im Stich!« Mit einem kleinen Lächeln holte sie einen weiteren aus der Tasche ihrer Strickjacke. Was würde er nur ohne sie machen?

»Wenn jemand anruft, Mr. Edward, was soll ich sagen, um welche Zeit Sie wieder hier sind?«

»Er kommt heute nicht wieder«, antwortete Hugh. »Ich fahre mit ihm zu den Lagerhallen.«

Edward sah zu seinem Bruder und hob die Augenbrauen. Hugh warf ihm diesen trotzigen und gleichzeitig gutherzigen Blick zu, der so typisch für ihn war.

»Selbstgefälliger Mistkerl«, sagte er. »Dann also die Lagerhallen, Miss Seafang.«

Bracken fuhr sie zu Hughs Club, der näher am Fluss lag als Edwards. Unterwegs hielten sie kurz, um einen *Evening Standard* zu kaufen. Die Reise des Premierministers am Morgen lieferte die Schlagzeilen.

»›Aus der Nessel Gefahr pflücken wir die Blume Sicherheit ...‹«, las Edward laut vor. »Solche Bemerkungen sind eher dein Ding. Was will er uns damit sagen?«

Hugh zuckte mit den Achseln. »Dass er sich keine großen Hoffnungen macht, es aber versuchen will, denke ich«, antwortete er. »Dieses Mal sind Daladier und Mussolini dabei, es hat also den Anschein, als kämen wir jetzt zum Knackpunkt.«

»Welchen Zweck soll es denn haben, dass die dabei sind? Wenn Hitler schon nicht auf unseren Premierminister hört, warum sollte er dann auf die anderen hören?«

»Ich vermute, dass keiner von ihnen einen Krieg will – drei gegen einen, wenn du weißt, was ich meine?«

Edward gab keine Antwort. Er fragte sich, aus welchem Grund Hugh mit ihm zu den Lagerhallen fahren wollte, aber derartige Angelegenheiten wurden nicht in Anwesenheit der Angestellten besprochen.

Dann saßen sie in dem geräumigen Speisezimmer, dessen gewaltige Marmorsäulen und imposant hohe Decken die Gäste wie

Zwerge wirken ließen, vor sich eine Seezunge und dazu ein Glas Rheinwein. Hugh hatte noch immer nichts von den Lagerhallen erwähnt. »Jetzt komm schon, alter Junge«, sagte Edward schließlich, »raus mit der Sprache. Es geht eindeutig um etwas, von dem du meinst, dass ich nicht deiner Meinung bin.«

»Also, es geht um zwei Dinge. Sprechen wir erst einmal vom Holz.« Dann erläuterte er seinen Plan, ihre wertvollsten Baumstämme in den Lea in Sicherheit zu bringen, wo sie im Fall eines Luftangriffs geschützt wären. »Wenn sie bleiben, wo sie jetzt sind – die meisten lagern direkt neben der Sägemühle –, und wir bekommen eine Brandbombe ab, geht alles in Flammen auf. Die Mühle verlieren wir in einem solchen Fall sowieso, doch die können wir ersetzen. Viele der Stämme sind unersetzlich.«

»Aber zum einen ist der Lea gezeitenabhängig, zum anderen ist er sehr schmal, und ich kann mir nicht vorstellen, dass die Behörden uns erlauben, ihn zu blockieren.«

»Wir können bei der Hafenbehörde um Kähne ersuchen, um die Stämme darauf zu lagern, aber du kennst sie doch – bis wir sie tatsächlich bekommen, könnte es zu spät sein. Aber wenn wir das Holz einfach in den Fluss werfen, werden sie um einiges schneller bereit sein, uns die Kähne zu geben, damit der Fluss wieder passierbar ist.«

»Und was ist mit einem Kran? Ohne Kran geht gar nichts.«

»Den haben wir. Ich habe ihn gestern bestellt. Sollte heute Nachmittag da sein.«

»Hast du schon mit dem alten Herrn darüber gesprochen?«

»Nein. Ich finde es besser, ihn vor vollendete Tatsachen zu stellen. Aber ich glaube«, ergänzte er, »dass wir bei der Aktion dabei sein sollten. Sonst bauen sie Mist, oder jemand kommt und behauptet, das sei verboten, und dann brechen sie sofort ab.«

»Wenn wir falschliegen, haben wir uns ganz umsonst immense Kosten aufgehalst, ganz zu schweigen davon, dass wir die Behörden gegen uns aufgebracht haben. Ich meine, sollte am Ende doch noch Frieden ausbrechen.« Edward stockte und begann dann zu lachen. »Nicht zu fassen! Ich hätte derjenige sein sollen, der diese Idee hat, und du derjenige, der Einwände dagegen vorbringt! Was ist bloß in uns gefahren? Meinen Segen hast du. Ich finde die Idee verdammt gut.«

Sie besprachen noch weitere Dinge. Hugh wollte einen neuen Nachtwächter für die Lagerhallen einstellen: Bernie Holmes war mittlerweile seit über dreißig Jahren auf dem Posten. Niemand wusste, wie alt er war, nach Hughs Ansicht aber auf jeden Fall zu alt, um im Fall eines Luftangriffs für die Lagerhallen die Verantwortung zu übernehmen. Edward sagte, sie könnten ihm unmöglich kündigen, und so einigten sie sich darauf, einen jüngeren Mann zu finden, der ihm Gesellschaft leistete. Dann erörterten sie noch die anstehenden Feuerübungen, beziehungsweise Luftschutzübungen, nicht nur für die Arbeiter am Fluss, sondern auch für die Angestellten im Büro. Darüber diskutierten sie eine Weile hin und her, während sie am Flussufer standen und zusahen, wie Männer Ketten um die Enden eines jeden Baumstamms befestigten und das Stahlseil dazwischen straff zogen, den am Seil angebrachten Ring an den Haken des Krans hängten und den Stamm langsam anhoben, bis er über dem Fluss hing, um ihn dann im Schlamm abzusetzen. Es herrschte Ebbe, Gasblasen stiegen auf, der Gestank nach modrigem Seegras und Dieselöl lag in der Luft. Alles dauerte Stunden. Bis halb sechs hatten sie sechzehn Stämme in den Fluss verfrachtet, und da erklärte der Kranführer, für heute sei Schluss; außerdem war ihr Abschnitt im Fluss damit belegt. Edward schlug zwar vor, sich ungeachtet der Eigentumsverhältnisse weiter flussaufwärts zu orientieren, aber Hugh widersprach: Damit würden sie sich ins Unrecht setzen, wenn ihnen die Hafenbehörde dahinterkam. Also machten sie Feierabend, fuhren jeder zu sich nach Hause, um sich frisch zu machen, und trafen sich anschließend bei Hugh wieder, wo das Hausmädchen ein einfaches Essen für sie vorbereitet hatte. Im Radio hörten sie die Neun-Uhr-Nachrichten, aber im Grunde gab es keine, außer dass die Konferenz in München noch andauerte. Hugh rief Sybil an, um ihr Bescheid zu geben, dass er am kommenden Abend nach Home Place fahren werde, unabhängig vom Ausgang der Verhandlungen, und Edward beschloss, seinem Beispiel zu folgen, und rief Villy an. »Alles in Ordnung?«, erkundigten sie sich anschließend jeweils beim anderen. Sie beschlossen, noch einen Whisky zu trinken und dann ins Bett zu gehen.

»Sorgt sich Louise wegen eines möglichen Kriegs?«, fragte Hugh beiläufig.

»Weißt du was, alter Junge, ich habe keine Ahnung. Kommt mir nicht so vor. Wieso? Macht Polly sich Sorgen?«

»Ja, ziemlich große sogar.« Edward bemerkte, dass das nervöse Zucken an Hughs Schläfe begonnen hatte. Er leerte sein Glas. »Hör mal, alter Junge. Du hast einen langen Tag hinter dir, und du machst dir zu viele Sorgen. Bestimmt geht es ihr bestens. Du machst dir zu viele Sorgen«, wiederholte er herzlich, gab ihm einen Klaps auf die Schulter, um tiefere Zuneigung zu verbergen, und ging.

Auf dem Weg die Treppe zum Schlafzimmer hinauf überlegte Hugh, was wohl »zu viel« bedeutete. Zu viel für ihn? Oder zu viel für die Zustände? Das zweite Problem, das er beim Lunch erwähnt hatte, war gar nicht mehr angesprochen worden: dass Edward sich doch zum Kriegseinsatz melden und ihm, Hugh, die ganze Verantwortung für die Firma aufbürden könnte. Außer Rupert trat mit ein. Aber höchstwahrscheinlich würde Rupert ebenfalls eingezogen werden. Allmählich machte sich sein Kopf bemerkbar. Er nahm ein paar Tabletten, damit er einschlief, bevor die Schmerzen zu heftig wurden.

Am Freitagvormittag trug der Brig Sampson auf, zwei Leute zum Graben des Unterstands abzustellen. Ihm war am Tag zuvor klar geworden, dass das Projekt nicht richtig vorankam (einige der Helfer mussten mit Holzspaten arbeiten). »Ich kann mich nicht gleichzeitig um die Behelfstoiletten und den Unterstand kümmern, Mr. Cazalet, Sir«, sagte Sampson, aber sein Einspruch verhallte ungehört. »Unsinn, Sampson, das können Sie bestimmt organisieren.«

An dem Vormittag lieferte Till's aus Battle ein Dutzend Primuskocher. Tonbridge wurde beauftragt, die Wagen aus der Garage zu fahren, die aller Voraussicht nach zur Küche umgebaut werden sollte. Mit Häme verfolgte Wren das Spektakel von seinen Stallungen aus. »Zuerst das Haus, jetzt der Arbeitsplatz – demnächst wird er selbst abgeschafft. Auch kein Schaden.« Er hasste Tonbridge – immer schon.

An selben Vormittag übertrug Miss Milliment Polly die Aufgabe, eine Landkarte von Europa abzupausen und in ihrer schönsten Schrift die Namen der einzelnen Länder einzutragen. Die Karte war natürlich bereits veraltet, weil sie nicht Hitlers neueste Erwerbungen berücksichtigte, die Miss Milliment nun einzeichnete. Ihrer Ansicht nach sollten die Kinder ein gewisses Verständnis davon haben, was da vor sich ging, und wissen, wie die unmittelbar betroffenen Länder aneinandergrenzten.

Mrs. Cripps verbrachte den Vormittag damit, für das Dinner vier Fasane zu rupfen und auszunehmen. Zudem verarbeitete sie die Überreste der Rinderlende zu Hackfleisch für eine Pastete, backte einen Sandkuchen und drei Dutzend Pflaumentörtchen, machte einen Liter Vanillesauce, zwei Reispuddings, einen Liter Brotsauce, Backpflaumengelee und einen Liter Pfannkuchenteig für Würstchenauflauf zum Mittagessen für die Küche und bereitete zwei Zitronen-Baiser-Aufläufe sowie fünfzehn gefüllte Bratäpfel für den Lunch im Esszimmer zu. Zudem überwachte sie das Kochen immenser Gemüseberge – Kartoffeln für die Hackfleischpastete, Kohl als Beilage zum Würstchenauflauf, Karotten, Buschbohnen, Spinat sowie zwei groteske Kürbisse, die McAlpine jedes Jahr auf eine atemberaubende Größe brachte, wofür er regelmäßig mit dem ersten Preis ausgezeichnet wurde ... Die Kürbisse waren, wie Rupert einmal Rachel gegenüber scherzte, das Gemüsependant zu den ordinärsten Seebadpostkarten – kein Vergleich, auf den Mrs. Cripps je verfallen wäre.

Alle gingen ihrer üblichen Beschäftigung nach, außer Rupert, dem zunehmend bewusst wurde, dass er im Grunde nichts zu tun hatte. Er hatte Zoë gegenüber erwähnt, dass Clary seiner Ansicht nach ein paar neue Sachen zum Anziehen brauche, mit dem überraschenden Ergebnis, dass sie mit Jessica und Villy nach Battle gefahren war, um Stoff zu kaufen und ihr daraus ein Kleid zu nähen. Noch während er sich über diese Idee freute, fiel ihm ein, was Clary ihm am vergangenen Tag über Christopher erzählt hatte. Bislang hatte er noch nichts deswegen unternommen. Er war im Billardzimmer, »seinem Atelier«, starrte geistesabwesend auf sein Porträt von Angela und versuchte herauszufinden, was er vergessen hatte. Eine ganze Weile überlegte er, mit wem er wegen des Jungen sprechen oder wen er darüber informieren sollte. Mit Christopher selbst? Aber er kannte ihn kaum, und wenn er es falsch anstellte, könnte er alles nur noch schlimmer machen. In gewisser Hinsicht wäre Jessica die naheliegendste Person, aber nachdem Clary gesagt hatte, sie würde völlig durchdrehen, entschied er sich dagegen. Also Villy. Nein, die war ja in Battle. Rachel – wer sonst? Bei Schwierigkeiten wandte er sich als Erstes an seine Schwester. Er machte sich auf die Suche nach ihr, aber die Duchy sagte, Sid habe sie zu ihrer Behandlung nach Tunbridge Wells gefahren. Dann dachte er: Schwestern, natürlich! Am allerbesten wäre es, mit Angela darüber zu sprechen. Als er ihr damals von seinen schwierigen Überlegungen zu seiner beruflichen Zukunft erzählte, hatte sie sehr vernünftig reagiert. Sie war älter als Christopher, aber nicht zu alt: Vor allen anderen würde er am ehesten auf sie hören. Außerdem war sie fast immer irgendwo in der Nähe.

Er fand sie im Apfelgarten, wo sie lesend in der Hängematte lag.

Sie trug einen weißen Rock und das blassgrüne Hemd, das er ihr für das Porträt geliehen hatte. Sie hörte ihn nicht näher kommen, und er fürchtete, er habe sie richtig erschreckt, denn als er sie ansprach, fuhr sie derart zusammen, dass ihr das Buch aus den Händen ins Gras fiel.

»Entschuldige«, sagte er und hob es auf. »Ich wollte dich wirklich nicht erschrecken.« Er sah auf den Bucheinband. »*Sonnets from the Portuguese*. Ach! Elizabeth Barrett Browning. Sind die Sonette gut? Hat sie sie aus dem Portugiesischen übersetzt?«

»Nein, sie hat sie für Robert geschrieben. Er hat sie immer ›meine kleine Portugiesin‹ genannt. Ich glaube, weil sie ganz schwarze Haare und dunkle Augen hatte.«

Kurz herrschte Stille – er dachte sich, dass er sie in der Hängematte hätte malen sollen –, dann fragte sie: »Gibt es etwas Neues?«

»Oh, meines Wissens nicht. Nein, ich bin gekommen, weil ich mit dir über etwas reden möchte. Sollen wir ein bisschen spazieren gehen?«

»O ja! Gerne.« Sofort schwang sie sich aus der Hängematte und ließ das Buch liegen.

»Wohin möchtest du gehen?«

»Ach, wohin auch immer. Wohin du möchtest.«

»Irgendwohin, wo wir nicht gestört werden.«

»O ja!«, sagte sie wieder.

»Also gut, am Waldrand hinter dem Haus ist ein riesiger alter umgestürzter Baum«, sagte er. »Dorthin bin ich immer mit Clary gegangen, wenn sie Schiffbruch spielen wollte, wie sie es nannte. Komm, gehen wir.«

Teddy war ziemlich verdrossen. Nach dem famosen Tag in London war auf dem Land einfach nicht genug los. Wobei das eigentliche Problem war, dass es niemanden gab, mit dem er etwas hätte unternehmen können: Simon kratzte sich noch und war gereizt, außerdem hatten sie sich zerstritten. Obwohl, wenn Simon wieder auf den Beinen wäre, könnte er sich bestimmt mit ihm versöhnen. Am Vormittag ging er zum Lager. Es sah genauso aus wie zuvor, aber irgendwie kam es ihm anders vor. Verlassen. Kein Ort, an dem man gerne allein sein wollte. Von Christopher war nichts zu sehen. Dann überlegte er sich, er wäre ein römischer Kaiser und erklärte Neville, Lydia und Judy zu seinen Sklaven. Anfangs stimmten sie bereitwillig zu, aber bis sie am Lager angekommen waren, stellte sich heraus, dass ihre Einstellung alles andere als sklavisch war.

»Warum müssen wir die ganze Zeit machen, was du willst?«, fragte Neville.

»Ja, warum?«, stimmte Judy ein.

Er erklärte, dass er schließlich der Kaiser sei, woraufhin Lydia sich prompt zur Königin ausrief. Sie plünderten die Vorräte, ohne ihn um Erlaubnis zu fragen, und als er sie losschickte, um Brennholz zu sammeln, verschwanden sie irgendwohin und kamen ewig nicht zurück. Er überlegte sich, im Fluss einen Damm zu bauen, und wollte sie dafür einspannen, doch das wurde ihnen bald fade, und sie gingen davon. »He!«, rief er ihnen nach, als Judy den beiden anderen folgte. »Wartet mal!« Lydia und Neville blieben stehen und drehten sich um, sie hatten schon die Haselnusshecke erreicht. »Ich habe vergessen, euch etwas zu sagen. Dieser Ort ist geheim.«

»Stimmt nicht. Wir kennen ihn doch«, widersprach Neville sofort.

»Ich meine, geheim für alle anderen.«

»Ja und?«, fragte Judy in einem höchst nervigen Ton.

»Ihr müsst alle zusammen versprechen, dass ihr niemandem davon erzählt.«

»Das Lager ist doch langweilig«, meinte Lydia. »Ich kann mir nicht vorstellen, dass irgendjemand etwas davon wissen will.«

»Ja«, bekräftigte Neville. »Es ist schon fertig. Wir bauen unsere Lager lieber selbst. Wir haben schon Tausende gemacht. Wenn du gewollt hättest, dass wir mitspielen, hättest du uns gleich am Anfang fragen müssen.«

So kam er bei ihnen nicht weiter. Er versuchte es mit Drohungen, doch die ließen sie völlig kalt. »Du kannst uns nicht unser Taschengeld sperren oder uns früh ins Bett schicken.«

»Er hat ein Gewehr«, gab Lydia zu bedenken. »Er könnte uns erschießen.«

»Ja, und das würden die Leute dann herausfinden, und du würdest gehängt werden«, sagte Judy. »Und ich glaube, das würde niemanden stören, nicht einmal deine Mutter, nachdem du deine eigene Schwester erschossen hast.«

»Seid nicht so dumm. Natürlich würde ich dich nie erschießen, Lyd – und auch niemand anderen. Hört mal, ich gebe euch aus meiner Sammlung ein Zigarettenbildchen, eines für jeden, wenn ihr den Mund haltet.«

»Ein Bildchen!«, höhnte Neville. »Für wie blöde hältst du uns eigentlich?«

Zu guter Letzt musste er jedem von ihnen nicht nur zwei Zigarettenbilder, sondern zudem noch ein Eis versprechen. Dann zogen sie davon.

»Allerdings finde ich ja, Teddy, dass du mit jemandem spielen solltest, der so alt ist wie du«, rief Lydia spitz über die Schulter. Sein Stolz verbot es ihm, ihnen zu folgen. Mit verschränkten Armen stand er da und sah ihnen nach, wie sie plaudernd über die Wiese schlenderten, und als er zum Lager zurückkehrte, fühlte er sich einsamer als je zuvor. Es wäre viel besser gewesen, wenn er und Christopher sich nicht gestritten hätten. Jemanden in seinem Alter gab es nicht. Im Internat schon. Sein zweites Jahr dort musste besser werden als das erste. Die ganzen Regeln würden ihn nicht mehr so verwirren, schließlich wusste man nichts von ihnen, bis man sie aus Unkenntnis überschritt. Er würde nicht mehr so schikaniert werden. Entsetzliche Erinnerungen überwältigten ihn: bei laufendem Kaltwasser gefesselt in der Badewanne zu liegen, die sich langsam füllte, und zu wissen, dass er ertrinken würde, wenn sie nicht zurückkämen und ihn losbanden; mit verknoteten nassen Badetüchern geschnickt zu werden – das war im Sommertrimester beim Schwimmen passiert; am Fußende des Betts unter dem Laken eine Kackwurst zu finden; verprügelt zu werden – zweimal –, auch wenn er daraufhin tatsächlich weniger tyrannisiert worden war. Einen einzigen Freund hatte er, ein weiterer Neuer, der ein herausragender Werfer war. Darüber zu sprechen verbat sich. Im Lauf des Jahres hatte er erkannt, dass Stärkere die Schwächeren schikanierten, und beschlossen, stark zu werden, damit zur Abwechslung er jemanden drangsalieren konnte. Squash, das Spiel, das er am besten konnte, hatte ihm auch nichts genützt: Erstjahrgänge durften nicht Squash spielen, was in diesem Jahr aber nicht mehr galt. Den ganzen Sommer über hatte er so getan, als freue er sich aufs Internat, aber in Wirklichkeit stimmte das nicht. Worauf er sich wirklich freute, war, zu alt für die Schule zu sein, und dann, wenn noch Krieg war, würde er zum Militär gehen und der beste Jagdflieger der Welt werden. Jetzt war er vierzehn, bis dahin musste er also noch vier Jahre warten.

»Können wir die Zettel nicht einfach klammheimlich lesen und dann wieder zurücklegen?«

»Louise! Aber natürlich nicht! Ein solches Vertrauen ist heilig!«

»Schon gut, war ja nur eine Idee. Wie viele haben wir denn mittlerweile?«

»Du und ich. Die drei Kleinen. Christopher und Angela.«

»Wie in aller Welt hast du sie dazu überredet?«

»Das tut nichts zur Sache. Unterbrich mich nicht. Miss Milliment, Simon, Ellen – ich habe es bei den Dienstmädchen versucht, aber die meinten, das sei ja sehr nett, aber ihnen würde nichts einfallen. Tante Sybil, Tante Rach, Mummy natürlich und deine Mutter. Onkel Rupe. Ich hab's bei Grania versucht, aber sie sagte, sie würde jederzeit ihr Leben hingeben, damit es keinen Krieg gäbe, aber das nützt natürlich nichts.«

»Warum nicht?«

»Zum einen, weil sie so erfreut war, und zum anderen, weil sie wirklich zu alt ist, um Selbstmord zu begehen. Das musste ich ihr auch sagen, auf nette Art natürlich.«

Es gelang ihr, ganz normal und würdevoll mit ihm zum Haus zurückzugehen, als wäre nichts – oder nichts Besonderes – vorgefallen, oder selbst wenn, dann so, als wäre die Sache bereinigt. Auf der Auffahrt sagte sie, sie müsse zum Lunch zur Mill Farm zurück, und er meinte, aber natürlich. Dann hielt er sie zurück, legte ihr eine Hand auf die Schulter und sagte: »Hör mal, es tut mir wirklich leid. Ich meine, dass ich so begriffsstutzig war und es nicht gesehen habe. Du bist ein wirklich guter Mensch, du wirst einen großartigen Mann finden.« Kurz herrschte Stille, ihr Gesicht war zur Maske erstarrt. »Und die Sache mit Christopher vergisst du nicht?«, fragte er noch.

Sie schüttelte den Kopf und lächelte, was in einer solchen Situation wohl das Richtige war, um ihre Würde zu wahren. »Natürlich nicht«, antwortete sie, drehte sich um und marschierte entschlossen die Auffahrt hinunter. Nach wenigen Metern hörte sie das Klicken der Pforte, er betrat den Garten, doch sie warf keinen Blick zurück. Sie ging weiter die Auffahrt entlang und die Anhöhe hinab, aber nach Hause zurückzukehren, das konnte sie noch nicht. Also bog sie links auf den Feldweg ab, der zu Yorks Farm führte, und als sie ein Gatter in der Hecke erreichte, stieg sie darüber, lief ein Stück über die Stoppeln und ließ sich auf die Erde fallen. Schluchzer schüttelten sie, das ganze wortlose Leid floss aus ihr heraus und überschwemmte sie, als hätte sie nie etwas anderes gekannt. Als die erste Welle der Verzweiflung verebbte und sie sich etwas beruhigt hatte, kehrten die Worte und Gedanken zurück. Was er gesagt hatte, was sie gesagt hatte, und noch beschämender, was sie gedacht hatte, als sie vor Urzeiten aus der Hängematte aufgestanden war. »Ich bin gekommen, weil ich mit dir über etwas reden möchte.« Weshalb war sie davon ausgegangen, dass der ersehnte Moment gekommen war? Dass er ihr sagen wollte, wie sehr er sie liebe? Jetzt fiel ihr kein einziger Grund ein, weshalb sie das gedacht haben sollte, und doch hatte sie das. Und dann später, als sie noch die Möglichkeit gehabt hätte, es für sich zu behalten – warum hatte sie nicht geschwiegen? Warum hatte sie seine Hand genommen und ihn zu sich gedreht? »Ich liebe dich. Ich liebe dich von ganzem Herzen«, hatte sie gesagt und durchlitt jetzt, in der Erinnerung, wie Erkenntnis und, ja, Entsetzen über sein Gesicht zogen, rasch gefolgt von Mitleid, was aber fast genauso schmerzte. Und da hatte es kein Halten mehr gegeben, sie hatte sich alles von der Seele geredet. Sie erzähle es ihm nur, weil es Krieg geben und er an der Front fallen könne, und auf jeden Fall werde er weggehen, und sie werde ihn nicht sehen. »Es wäre mir unerträglich, wenn ich es dir nicht gesagt hätte«, war es aus ihr herausgesprudelt, und nun war es ihr unerträglich, dass sie es ihm gesagt hatte. Jetzt weinte sie genau wie vorhin, nur ohne seine Arme um sie. Denn er hatte sie umarmt, hatte sie zu trösten versucht, hatte ihr all die hilflosen, verzweifelten Dinge gesagt, die nichts bedeuteten. Sie werde darüber hinwegkommen, sie sei so jung, sie habe noch das ganze Leben vor sich (als wäre ein Leben, das aus derartigem Leid bestand, ein Trost!). Mit jedem Wort setzte er sie herab, bagatellisierte alles, was sie empfand. Sein Versuch, ihre Liebe als etwas Flüchtiges darzustellen, nahm ihr alles, was sie hatte. »So etwas würde ich zu dir nie sagen!«, hatte sie geschrien. Daraufhin hatte er geschwiegen. Er hatte sie in den Armen gehalten, bis ihre Tränen versiegten, hatte ihr sein Taschentuch gegeben. Dann hatte er etwas gesagt in der Art, wie gern er sie habe und wie sehr er sie bewundere – an die Worte konnte sie sich allerdings nicht genau erinnern –, hatte gesagt, dass er so viel älter als sie und zudem verheiratet sei, was sie ohnehin wusste. Zum Schluss hatte er gesagt, wie leid es ihm tue, und dass es nichts gebe, was er sagen könne. Das stimmte, wurde ihr klar. Sie trocknete ihre Tränen und putzte sich die Nase. »Behalt das Taschentuch«, sagte er. Dann waren sie wortlos zurückgegangen, bis er in der Auffahrt fragte: »Und die Sache mit Christopher vergisst du nicht?« Aber sie hatte sie vergessen. Die ganze Geschichte über Christopher hatte sie wie in einem Nebel strahlender Vorfreude auf das Kommende wahrgenommen. Nichts kommt mehr, dachte sie. Nichts wird je kommen. Sie drehte sich wieder um, mit dem Gesicht nach unten, und ihre Tränen flossen direkt in die Erde.

~

Als Polly und Clary nach dem Unterricht rechtzeitig zum Lunch nach Home Place zurückkehrten, stellten sie fest, dass die Tür zu ihrem Zimmer offen stand und Oscar natürlich spurlos verschwunden war.

»An der Tür hängt ein Zettel«, sagte Polly den Tränen nah. »Den muss doch jeder lesen können!« Nach einer fieberhaften, aber gründlichen Suche in ihrem Zimmer standen sie auf dem Treppenabsatz und überlegten, was sie als Nächstes tun sollten.

»Es muss eins der Dienstmädchen gewesen sein«, sagte Clary.

»Ja, aber was meinst du, wo er sein könnte? Vielleicht versucht er ja, nach London zurückzulaufen – Katzen machen so etwas.«

»Ich schaue in der Küche nach. Er frisst doch so gern. Du suchst dieses Stockwerk ab.«

Clary sauste nach unten, durch die Halle und die grün bezogene Tür in die Küchenräume, wo sie aber nicht freundlich empfangen wurde.

»Nein, Miss Clary, wir waren nicht in Ihrem Zimmer«, sagten die Hausmädchen, und Mrs. Cripps, die sich in dem Zustand unterdrückter Anspannung befand, der dem Servieren einer jeden Mahlzeit vorausging, fuhr sie sogar an. »Raus mit dir. Du kennst die Regeln. Keine Kinder in der Küche, solange ich anrichte!«

»Darf ich nicht wenigstens kurz nach ihm gucken?«

»Nein, das darfst du nicht. Außerdem ist er nicht hier. Emmeline, wie oft habe ich dir schon gesagt, dass du die Gemüseplatten zum Vorwärmen auf dieses Regal stellen sollst? Jetzt musst du sie unter heißes Wasser halten. Schau dir Flossy an. Sie würde keine andere Katze in ihrer Küche dulden. So, und jetzt raus mit dir.«

Clary sah zu Flossy, die auf dem Fenstersims lag, rund und plüschig wie ein Pelzhut. Flossy, die zu wissen schien, wann Menschen sie betrachteten, hob den Kopf, und Clary wich vor ihrem durchdringenden, heimtückischen Blick zurück.

»Und? Hast du ihn gefunden?«, rief sie aus der Halle.

»Nein.« Pollys blasses Gesicht tauchte über dem Geländer auf. »Ach, wer kann nur so gemein gewesen sein, die Tür offen zu lassen?«

Die meisten Erwachsenen waren im Arbeitszimmer des Brig und hörten Nachrichten, aber ihren Vater und Zoë fand sie im Frühstückszimmer. Die beiden standen vor dem Ausklapptisch und betrachteten einen Stoff, den Zoë gerade auspackte, und Dad hatte ein Glas in der Hand.

»Ach, Clary, schau dir den mal an!«, sagte er.

»Dad, ich kann mir jetzt nichts anschauen. Irgendein richtig gemeiner, dummer Mensch hat die Tür zu unserem Zimmer aufgelassen, und Oscar ist verschwunden, und jetzt können wir ihn nicht finden.«

Zoë hielt inne – sie wickelte gerade den Stoff aus dem Papier –, sah zu Dad und sagte: »Ach, du meine Güte. Ich fürchte, das war ich.«

»Du?« Clary starrte sie an, und alles, was sie Zoë gegenüber empfand, die ganzen Gefühle, von denen sie niemandem erzählte, weil sie so entsetzlich waren, stiegen plötzlich wie Erbrochenes in ihr hoch. »Du! Wer sonst? Du bist so dumm! Wegen dir ist jetzt Pollys Kater verschwunden! Ich hasse dich. Du bist der dümmste Mensch, den ich kenne.«

Ehe sie weiter wüten konnte, packte ihr Vater sie am Arm. »Untersteh dich, so mit Zoë zu reden!«, sagte er. »Du entschuldigst dich, und zwar sofort!«

»Das tue ich nicht!« Sie funkelte ihn an. So hatte er noch nie mit ihr gesprochen, und ihr wurde fast bang zumute.

»Es tut mir wirklich sehr, sehr leid«, sagte Zoë, und Clary dachte: Du lügst! Das sagst du nur Dad zuliebe.

»Wieso bist du überhaupt in mein Zimmer gegangen?«, fragte sie.

»Sie hat nach einem Kleid von dir gesucht, weil sie Stoff gekauft hat, um dir ein neues zu nähen«, antwortete Dad. Sie hörte die Zuneigung in seiner Stimme, die zweifellos nicht ihr galt, und sagte: »Ich wette, das hast du nur Dad zuliebe getan, stimmt's nicht?« Mürrisch starrte sie ihre Stiefmutter an und versuchte um jeden Preis, wütend zu bleiben.

Aber Zoë sah vom Tisch auf, blickte ihr direkt ins Gesicht und sagte: »Ja, verstehst du, ich weiß, wie sehr er dich liebt, und ... natürlich.«

Clary hatte das Gefühl, als hätte Zoë zum allerersten Mal etwas gesagt, das sie ehrlich meinte. Das überforderte sie. Im Lauf des letzten Jahres hatte sie sich zwar zu einer Art Waffenstillstand durchgerungen, aber sich so an ihre Ablehnung und Eifersucht gewöhnt, dass sie das jetzt nicht einfach vergessen konnte. Und da ihr keine gute Antwort einfiel, schlug sie die Hände vors Gesicht und weinte, und ihre Zahnspange, die endlich bequem und nicht mehr so fest saß, fiel heraus, und Zoë hob sie auf, gab sie ihr zurück und sagte: »Wird es nicht schön sein, wenn du sie nicht mehr tragen musst?« Und niemand lachte, was das Allerbeste war.

Oscar wurde erst kurz vor dem Nachmittagstee gefunden, obwohl Polly mittags auf das Essen verzichtete, um nach ihm zu suchen. Als Clary nach dem Lunch wieder zu ihr ging, hatte sie das ganze Haus und die Stallungen abgesucht – und hatte sich mutig Mr. Wren entgegengestellt, der sie anbrüllte, aber zu müde war, um aufrecht zu stehen (»Er ist wieder hingefallen, sobald er aufstand«, erzählte Polly). Auch im Cottage, in der Squashhalle und den Außengebäuden hatte sie nach ihm geschaut, einschließlich des schrecklichen Kohlenkellers beim Gewächshaus. Daraufhin machten sie und Clary sich im Obstgarten, im Wald hinter dem Haus und schließlich entlang der Auffahrt auf die Suche.

»Ich bin schon ganz heiser vor lauter schreien«, sagte Polly.

»Vielleicht ist er auf die Straße gerannt, und jetzt ist er müde und schläft irgendwo«, meinte Clary. »Ich weiß, dass wir ihn finden«, schloss sie, um sie beide aufzumuntern, und Polly glaubte ihr sofort. Am Ende der Auffahrt stand eine große, alte Eiche, und als sie näher kamen, hörten sie ihn. Er saß offenbar ziemlich weit oben im Baum, denn zuerst konnten sie ihn nicht sehen, aber wann immer sie ihn riefen, antwortete er.

»Er will bestimmt runterkommen«, sagte Polly. Clary schlug vor, ihm etwas zu fressen hinzustellen, denn es war ja wohlbekannt, dass Katzen meilenweit riechen konnten. Während sie Futter holte, wollte Polly auf den Baum klettern, aber selbst der unterste Ast war zu hoch für sie. Als Clary mit einer Untertasse mit Fisch zurückkam, war ihre Freundin in Tränen aufgelöst.

»Ich glaube, er kann nicht runterkommen. Er möchte ja, aber er hat Angst«, sagte sie. Sie reckten ihm den Fisch entgegen und riefen. Von Oscar waren kratzende, rutschende Geräusche zu hören, aber er kam nicht herunter.

»Was ist los?«

Sie hatten das Fahrrad nicht gehört. Teddy hatte beschlossen, allein eine Tour zu unternehmen. Sie erzählten ihm, was passiert war. »Wenn ihr wollt, hole ich ihn herunter«, sagte er dann.

»Ach, Teddy, würdest du das tun? Kannst du das wirklich?«

Aber selbst er konnte den untersten Ast nicht erreichen. »Wisst ihr was – wenn ihr mein Fahrrad haltet, stelle ich mich auf den Lenker, dann kann ich den Ast packen.« Das klappte. »Er ist gar nicht so weit oben, ich kann ihn sehen«, sagte Teddy. »Das Problem ist, ich kann nicht mit ihm im Arm heruntersteigen. Au!«, entfuhr es ihm. Dann schlug er vor: »Eine von euch muss eine Tasche oder einen Korb holen und ein langes Seil.«

Also rannten sie los, um die Sachen zu besorgen, aber das dauerte eine Weile. Die Tasche war schnell gefunden, aber nicht das Seil. Schließlich entdeckten sie eins im Gartenschuppen. Zwischendurch ging Polly zu Teddy zurück, um ihm zu erklären, weshalb es so lange dauere. Er reagierte sehr nett und sagte, er habe eine Tafel Autoschokolade, und gerade als Polly einfiel, dass sie nichts zu Mittag gegessen hatte, warf er ihr zwei Stückchen hinunter.

Sie banden ein Ende des Seils um die Henkel der Tasche. Dann wollte Teddy auf den untersten Ast steigen, um sie zu holen. »Legt das restliche Seil in die Tasche«, sagte er. »Oder nein, doch nicht. Werft das Seil zu mir hinauf.« Sie versuchten es immer wieder, und gerade als Teddy fast die Geduld verlor, weil Mädchen einfach nicht werfen konnten, gelang Clary ein richtig guter Wurf, und er fing das Ende auf. Der Rest würde einfach sein, dachte er. Er band das lose Seilende um einen Ast und stieg zu Oscars Höhe hinauf, aber er hatte nicht damit gerechnet, dass es Oscar nicht gefallen könnte, in die Tasche gesteckt zu werden. Er maunzte und kratzte, aber zu guter Letzt gelang es Teddy, ihn in die Tasche zu bugsieren, und dann ließ er die Tasche am Seil hinab. Und das war's.

»Ach, Teddy, du warst großartig!« Polly umarmte ihn. »Ohne dich hätten wir ihn nie retten können.« Clary stimmte ihr zu. Sie hielt die Henkel der Tasche fest zusammen, aber Oscar gelang es trotzdem, wütend den Kopf hinauszustrecken.

»Soll ich ihn für euch zurücktragen?«, erbot Teddy sich. Er strahlte vor Freude, so nützlich gewesen zu sein, und sonnte sich in der Bewunderung der Mädchen.

Clary wollte gerade erwidern, dass das nicht nötig sei, das könnten sie selbst, aber Polly kam ihr zuvor. »Ja, bitte. Ich bin ziemlich müde, und er könnte wieder entwischen.«

Clary schob Teddys Fahrrad, und alle gingen zum Haus zurück und stürzten in den Salon, wo offenbar fast alle versammelt waren, und Clary rief: »Wir haben ihn gefunden! Und Teddy war …«, brach dann aber ab, weil alle so anders waren – sie lächelten, es war wie Weihnachten, und die Duchy sagte: »Kinder, Mr. Chamberlain ist zurückgekommen.« Und als sie Pollys Gesicht bemerkte, fügte sie hinzu: »Polly, dein Vater hat aus London angerufen. Ihm war wichtig, dass du das sofort erfährst. Es wird einen ehrenhaften Frieden geben.« Clary sah, dass Polly käseweiß wurde und die Augen verdrehte, dann fiel sie in Ohnmacht.

»Was habe ich Ihnen gesagt, Mrs. Cripps? Nichts wird so heiß gegessen, wie's gekocht wird.«

»Das zeigt nur wieder einmal, dass man nie wissen kann«, pflichtete sie ihm bei. Sie bereitete gerade Backpflaumen im Speckmantel vor, die es nach dem Fasan geben würde. »Möchten Sie noch einen Pfannkuchen, Mr. Tonbridge?«

»Ich würde nicht Nein sagen. Nein, wie ich gerade sagte, es hat alles auch seine guten Seiten … Na, zumindest können wir jetzt wieder zum Alltag zurückkehren.« Mrs. Cripps, die nie davon abgewichen war, stimmte ihm zu. Für ihn bedeutete es, die vermaledeiten Primuskocher aus seiner Garage zu schaffen, für sie, Dottie wieder in der Küche zu haben, wenn das Mädel endlich aufhören würde, sich dumm und dämlich zu kratzen. An dem Abend lud er sie zum ersten Mal in den Pub ein, was alles andere als Alltag war, und es gefiel ihr sehr gut.

»›Wir betrachten die Vereinbarung, die wir gestern Abend unterzeichnet haben, und das deutsch-britische Flottenabkommen als Symbol für die Hoffnungen unserer beiden Völker, niemals wieder gegeneinander Krieg zu führen.‹« Hugh, der neben Edward im Wagen saß, las aus der Abendzeitung vor, die sie auf dem Weg nach Sussex gekauft hatten.

»Noch mehr?«

»Ja, ein Absatz noch. ›Wir sind übereingekommen, dass gegenseitige Konsultationen auch bei allen weiteren Fragen, die unsere beiden Staaten betreffen, die Lösung allfälliger Probleme darstellen. Zudem sind wir entschlossen, mit unseren Bemühungen zur Überwindung möglicher Ursachen von Differenzen fortzufahren, und so einen Beitrag zur Sicherung des Friedens in Europa zu leisten.‹«

Edward gab ein Brummen von sich. »Famoser Kerl, dieser Chamberlain«, sagte er dann. »Ich muss sagen, ich hätte nicht gedacht, dass er das schaffen würde.«

»Na ja, Beschwichtigungspolitik war es trotzdem, oder nicht? Mir ist nicht ganz klar, wo das Ehrenhafte reinkommt – und die Tschechen vermutlich auch nicht.«

»Jetzt komm schon! Du warst doch derjenige, der um keinen Preis wollte, dass es Krieg gibt. Dir kann man es wirklich nicht recht machen, alter Junge. Gibst du mir einen Glimmstängel?«

Hugh zündete eine Zigarette für ihn an. Als Edward sie entgegennahm, sagte er: »Zumindest haben wir Zeit gewonnen, um aufzurüsten. Selbst als überzeugter Pessimist musst du mir da recht geben.«

»Wenn wir denn aufrüsten.«

»Ach, guter Gott, Hugh! Kopf hoch. Denk an das Vergnügen, das uns bevorsteht, das Holz aus dem Fluss zu holen.«

»Und bei der Hafenbehörde zu Kreuze zu kriechen.« Hugh lächelte. »Ein großes Vergnügen.«

»Glaubst du«, fragte Louise, als sie und Nora an dem Abend miteinander in der Badewanne saßen, »dass alle, die ihr Gelübde in das Kästchen gelegt haben, sich daran halten werden?«

»Ich vermute, das werden wir nie erfahren.« Geistesabwesend fuhr Nora sich mit dem Waschlappen unablässig über dieselbe Stelle am Arm. »Wir können sie fragen, dann fühlen sie sich vielleicht dazu verpflichtet, aber hundertprozentig wissen werden wir es nie. Das muss jeder mit seinem eigenen Gewissen ausmachen. Ich werde meins erfüllen.«

»Sollen wir es uns sagen?« Louise war furchtbar neugierig, was Nora tun wollte. Was konnte schlimmer sein als der Plan, Nonne zu werden?

»Also gut, du zuerst.«

»Nein – du.«

»Ich habe gelobt, dass ich, wenn es keinen Krieg gibt, Krankenschwester werde und nicht Nonne.« Sie sah erwartungsvoll zu Louise. »Weißt du, ich will nicht Krankenschwester werden, aber ich wäre so unglaublich gern Nonne.«

»Ich verstehe.« Das tat sie im Grunde zwar nicht – beide Berufe waren in ihren Augen gleichermaßen entsetzlich, aber so war es nun mal.

»Und was ist mit dir?«

»Ich«, begann sie und versuchte, bescheiden zu klingen, »ich habe geschworen, dass ich, wenn es keinen Krieg gibt, mit dir aufs Internat gehe.«

Nora prustete verächtlich. »Ich dachte, das würdest du auf jeden Fall.«

»Das stimmt nicht. Ich bekomme so schrecklich Heimweh, auch wenn ich nur eine Nacht von zu Hause weg bin. Für dich mag es nach nichts klingen, aber für mich ist es eine große Sache.«

»Ich glaube dir.« Nora sah sie freundlich an. »Aber du wirst bald darüber hinwegkommen.« Eine Bemerkung, die erschreckend erwachsen klang und gar nicht zu ihr passte, dachte Louise.

Angela wartete am Gatter unten an der Auffahrt zur Mill Farm, um Christopher allein abzupassen. Kurz bevor sie zur Farm zurückgekehrt war, hatte Edward Villy am Telefon die Nachricht mitgeteilt, die bei Angela aber nichts weiter auslöste als einen Moment kurzer, vager Dankbarkeit, dass er nicht in den Krieg ziehen musste. Sie war in ihr Zimmer gegangen und hatte die Tür abgeschlossen, bis ihr die Sache mit Christopher wieder einfiel. Also ging sie nach draußen und wartete auf ihn. Sie sah ihn, wie er die Anhöhe heruntergelaufen kam, und als er sie erreichte, blieb er stehen, grüßte sie und wollte gleich weitergehen, doch sie sagte: »Warte, ich möchte mit dir reden.« Doch noch bevor sie richtig erklärt hatte, dass sie nicht verraten dürfe, woher sie es wisse, unterbrach er sie.

»Gibt es irgendetwas Neues über den Krieg?«

»Ach, ja. Es wird keinen geben.«

»Puh!« Nach dem Stoßseufzer fuhr er fort: »Du brauchst gar nicht weiterzureden. Wenn es keinen Krieg gibt, laufe ich nicht weg. Das war mein Gelübde. Du weißt schon – für Noras Kästchen.«

»Dein Gelübde?«

»Natürlich, das war mein Gelübde«, wiederholte er. »Hast du keins geleistet? Aber was ist denn, Ange? Was ist los?« Tränen standen ihr wieder in den Augen, obwohl sie gedacht hatte, sie hätte sich für den Rest ihres Lebens ausgeweint. Er umarmte sie und schüttelte sie sacht, was tröstlich gemeint war.

»Ange! Du Ärmste! Ange!«, sagte er immer wieder.

»Ach, Chris. Ich bin so unglücklich, das kannst du dir gar nicht vorstellen! Warum, kann ich dir nicht sagen, ich bin's einfach«, und sie schmiegte sich an ihn.

»So kenne ich dich gar nicht«, sagte er, »aber es muss ziemlich schlimm sein. Pech.« Trostlose Bilder, wie er wieder in die Tagesschule ging, Dad sarkastische Bemerkungen machte und sich seinetwegen mit Mum stritt, tauchten vor ihm auf. »Zumindest gibt es keinen Krieg. Das wäre das Schrecklichste«, sagte er, während sein neues kleines Lager am Teich zu einem bloßen Feriencamp verblasste. Ihm fiel etwas ein. »Ist dein Gelübde sehr schwierig? Ich meine, jetzt, wo es drauf ankommt?«

»Meines ist sinnlos geworden. Es kommt überhaupt auf nichts mehr an«, antwortete sie, und der Schmerz und der Überdruss in ihrer Stimme berührten ihn sehr. Er nahm ihre Hand.

»Wir müssen einfach nett zueinander sein«, sagte er, und als sie zu ihm aufsah, denn er war größer als sie, sah sie Tränen in seinen Augen. Es war der erste kleine Trost.

»Dann steht jetzt wieder die grundsätzliche Entscheidung an«, sagte Rupert, während er und Zoë sich zum Dinner umzogen.

»Ist es das, was dir durch den Kopf gegangen ist? Den ganzen Tag?«

»Na ja, nicht den ganzen.« Wie schon öfter seit dem Vormittag dachte er an die schwierige, überaus peinliche und verstörende Situation mit dem armen Mädchen. Er hatte das Gefühl, nicht richtig damit umgegangen zu sein, ohne sagen zu können, was denn eigentlich richtig gewesen wäre. Aber er wollte Zoë nichts davon erzählen – das hätte er als Verrat an der armen Angela empfunden –, abgesehen davon war er sich alles andere als sicher, wie Zoë darauf reagieren würde … Aber er brauchte ja nichts zu sagen …

»Ich an deiner Stelle würde tun, wozu du Lust hast.« Sie kniete vor dem Schrank und suchte nach einem bestimmten Paar Schuhe. Das hatte er auch früher schon von ihr gehört, aber dieses Mal klang sie anders – genauso wie am Vormittag mit Clary. Sie entwickelte sich zu jemandem, den man ernst nehmen musste, gerade in dem Moment, in dem er in gewisser Hinsicht aufgehört hatte, zu erwarten oder zu wünschen, dass sie eine solche Frau würde.

»Das hast du schon mal gesagt«, erwiderte er gereizt. Doch als sie sich aufrichtete, sah er, dass sie nicht beleidigt wirkte, sondern vielmehr verletzt, und er schämte sich für seine Gedankenlosigkeit.

»Entschuldige, mein Schatz.«

»Das macht nichts.« Sie setzte sich an die Kommode und kämmte sich die Haare.

»Es ist heute doch etwas passiert, das mich beschäftigt«, begann er zögerlich. »Nein, nicht die Sache mit Clary. Etwas anderes. Aber eigentlich möchte ich dir nicht davon erzählen. Ist das in Ordnung?«

Sie sah ihn im Spiegel an, ohne ein Wort zu sagen.

»Ich meine«, fuhr er fort, »manchmal gibt es doch sogar in einer Ehe Dinge – ganz harmlose Dinge, also für die Ehe harmlos, meine ich –, über die man trotzdem nicht zu sprechen braucht. Findest du nicht auch?«

»Du meinst, dass es Geheimnisse geben kann und dass es in Ordnung ist, sie für sich zu behalten?«

»So in etwa.«

»Aber ja!«, sagte sie. »Ich bin sehr froh, dass du das so siehst. Du hast sicher recht.« Sie stand auf, nahm das rosa Wollkleid von der Stuhllehne, schlüpfte hinein und stellte sich mit dem Rücken zu ihm, damit er es zuknöpfte. »Wichtig sind nicht die anderen«, sagte sie. »Wichtig sind wir.« Als er sich für einen Kuss zu ihr drehte, gab sie ihm einen, sehr freundlich, aber weder sinnlich noch kindlich. Ihn streifte der Gedanke, dass er die aufreizende Kindfrau, die sie gewesen war, allmählich sattgehabt hatte, aber jetzt, verquererweise, fehlte sie ihm.

»Ich wünsche mir, dass du einem Mann alles bist«, sagte er unvermittelt. Früher hätte sie ihn mit einem Blick durch ihre Wimpern angesehen und gefragt: »Wem?«, und er hätte gesagt: »Mir«, und sie ins Bett getragen.

Jetzt sah sie betroffen drein und sagte: »Aber Rupert, ich weiß nicht, ob ich das kann!«

»Das macht nichts. Ich habe gerade beschlossen, ein Geschäftsmann zu werden.«

Darauf erwiderte sie fast förmlich: »Dein Vater wird darüber sehr erfreut sein.« Sie versetzte ihm einen sanften Stoß. »Dann geh und sag's ihm.«

William saß mit seinem abendlichen Glas Whisky in seinem Arbeitszimmer. Er war allein, und ausnahmsweise genoss er es. Wie immer stand die Tür offen, er hörte die beruhigenden Geräusche aus dem Haus: einlaufendes Wasser, knallende Türen, Besteck, das klappernd auf dem Tablett ins Esszimmer getragen wurde, der Klang von Geige und Klavier – sicherlich Sid und Kitty. Er hatte mit Rachel und Sid die Sechs-Uhr-Nachrichten gehört und die beiden dann fortgeschickt. Er war sehr müde. Auf die unglaubliche Erleichterung, die er nach Hughs Anruf aus London empfunden hatte, waren Zweifel gefolgt, von denen die Familie nichts zu wissen brauchte. Irgendetwas an der ganzen Sache – man könnte sie fast eine Transaktion nennen – war ihm zutiefst suspekt, obwohl er keinen Grund dafür benennen konnte. An den Beweggründen des Premierministers gab es nichts zu deuteln, der Mann war aufrichtig und grundanständig. Aber das allein nützte gar nichts, wenn er es nicht mit einem aufrichtigen und anständigen Gegenüber zu tun hatte. Schlimmstenfalls hatten sie sich etwas Zeit erkauft. Weichhölzer würden in nie da gewesenen Mengen gebraucht werden, ebenso wie Harthölzer, sofern mit dem Bau von Schiffen begonnen wurde, was schleunigst geschehen sollte. Er würde Sampson vom Unterstand und den Sanitäreinrichtungen abziehen und ihn an die Cottages setzen. Yorks Brief hatte ihn amüsiert. Der alte Kerl dachte, er habe ihn hereingelegt und er, William, habe zu viel bezahlt – deswegen hatte er die Stirn besessen, noch weitere zehn Pfund für das Land zu verlangen: Ihm war nicht klar, wie viel die Cottages ihm, William, wert waren. Er hätte jederzeit zweihundertfünfzig Pfund mehr bezahlt, hätte York das gefordert. Na, so waren sie beide zufrieden. Er wusste, dass er Kitty mit seinen – inzwischen überflüssigen – Evakuierungsplänen verärgert hatte, aber er würde es wiedergutmachen. Er würde ihr ein neues Grammofon kaufen, einen dieser riesigen Apparate mit dem großen Trichter zum Abspielen von Schallplatten, und sämtliche Beethoven-Sinfonien von Toscanini – das würde sie wieder versöhnen. Rupert hatte vorbeigeschaut und ihm gesagt, dass er in die Firma eintreten werde. Warum also war er nicht besserer Dinge? »Es gefällt mir nicht, dass meine Augen nachlassen«, murmelte er und schenkte sich aus der Karaffe Whisky nach. Für den heutigen Abend hatte er einen guten Port heraufgeholt – einen Taylor Jahrgang '21. Viel davon hatte er nicht mehr. Alles neigte sich dem Ende zu. Wenn meine Augen noch schlechter werden, muss ich das Reiten aufgeben. Er würde sich daran gewöhnen. Er erinnerte sich an das letzte Mal, als er zwei Stunden mit – wie hatte sie doch gleich geheißen? Millicent Greenway, nein, Green*croft*, so war's – in ihrer Wohnung in Maida Vale verbracht hatte. Sie war eine herzensgute Person gewesen. »Denken Sie sich nichts«, hatte sie beim letzten Mal gesagt, »heute ist einfach nicht Ihr Tag.« Er hatte ihr zusammen mit den üblichen fünfundzwanzig Pfund eine Kiste Champagner geschickt. Dann hatte er sich daran gewöhnt, dass es auch damit vorbei war. Kitty hatte es nie gefallen, wie es sich für ein anständiges Mädchen gehörte. Er könnte weiterhin ins Büro fahren, selbst wenn sie auf dem Land blieben und die Chester Terrace verkauften. Auf die Arbeit brauchte er noch nicht zu verzichten. Und es würde keinen Krieg geben.

~

»Würde es dir etwas ausmachen, mich mit meinem Vater allein zu lassen, wenn er kommt?«

»Überhaupt nicht«, sagte Clary. Sie empfand regelrecht Ehrfurcht vor Polly, schließlich kannte sie niemanden, der in Ohnmacht gefallen war. Außerdem hatte Polly erhöhte Temperatur und brütete wahrscheinlich die Windpocken aus. Sobald Hugh kam, ging sie zu Simon.

»Guten Abend, mein Herz.« Hugh setzte sich zu ihr auf die Bettkante. »Ich habe gehört, dass du nicht ganz auf dem Damm bist. Ich habe die Windpocken schon gehabt, also gebe ich dir einen Kuss.« Ihr Gesicht kam ihm sehr heiß vor. Oscar lag neben ihr.

»Na, Poll, das sind doch gute Nachrichten, oder?«

»Richtig gut«, sagte sie. »Weißt du, dass Oscar heute verschwunden ist? Wir haben ihn in einem Baum entdeckt, und ich und Clary haben Teddys Fahrrad festgehalten …«, und dann erzählte sie ihm die ganze Geschichte.

»Auf jeden Fall hast du ihn wiederbekommen.« Hugh streichelte Oscar über den Kopf, und er nieste.

»Jetzt ist alles gut«, sagte er.

»Ja«, pflichtete sie zögernd bei, »einerseits natürlich schon. Aber andererseits natürlich nicht.«

»Wie meinst du das?«

»Weißt du, da ist die Sache mit Noras Kästchen, in das jeder von uns ein Gelübde gelegt hat, damit es keinen Krieg gibt. Und jetzt gibt es keinen, also müssen wir es erfüllen. Zumindest habe ich das Gefühl, dass ich mich daran halten muss. Das ist es.«

»Möchtest du mir sagen, was du gelobt hast?«

»Schon«, sagte sie zögernd, »aber ich möchte nicht, dass irgendjemand anderes davon erfährt.«

»Ich verstehe. Ich werde schweigen wie ein Grab.«

»O Dad!«, sagte sie. »Sei doch nicht so altmodisch!«

»Ich bin so alt«, widersprach er. »Ich kann nichts dafür.« Sie sahen sich an und brachen in Lachen aus. Das klang schon eher nach der Polly, die er kannte.

»Also, es fing damit an, dass wir in die Kirche gingen, und ich sagte, dass ich eigentlich nicht gehen sollte, weil ich mir doch nicht sicher bin, ob ich an Gott glaube, Dad.« Sie sah zu seinem schwarzen Seidenstumpf und fuhr fort: »Ich weiß, dass ich nicht an ihn glaube. Aber Nora sagte, wenn wir darum beten, dass es keinen Krieg gibt, und dann gibt es wirklich keinen, dann wäre das ein Beweis. Als es dann darum ging, etwas zu geloben, dachte ich mir, dass ich an Gott glauben muss, wenn es keinen Krieg gibt. Und das habe ich in das Kästchen gesteckt.«

Sie schien nur kurz innezuhalten, also fragte er: »Und?«

»Na ja, es geht mir genauso wie vorher. Ich spüre nicht das mindeste bisschen Glauben. Wie kann man sich zwingen, an etwas zu glauben? Ich meine, das vorzutäuschen ist sinnlos und wahrscheinlich böse.«

»Da gebe ich dir recht, vortäuschen ist sinnlos.«

»Glaubst du an Gott?«

»Ähm, weißt du, Polly, ich bin mir nicht sicher.«

»Aber du musst doch darüber nachgedacht haben«, sagte sie streng. »In deinem Alter.«

»Ja. Also, nein, wahrscheinlich nicht.«

»Ich meine, angenommen, es gelingt mir zu glauben, und dann gibt es doch Krieg.« Das ist es, dachte er, sie traut der Nachricht nicht.

»Polly, es wird kein Krieg ausbrechen. Es wird Frieden geben.«

»Ich weiß. Aber kannst du feierlich schwören, Dad, dass nie ein Krieg ausbrechen wird?«

»Nein.«

»Siehst du? Ach, es wäre mir lieber, ich hätte auf Zucker im Tee verzichtet oder etwas anderes, das nicht so schwierig ist!«

»Könntest du tauschen?«

»Dad! Das wäre geschummelt!«

»Na ja«, sagte er, »ich finde, wenn du jeden Abend sagst, dass du dir wünschst, du würdest an Gott glauben, und wenn es einen gibt, dann hört er dich.«

»Ich wünsche mir aber nicht, dass ich an ihn glaube.«

»Na, dann könntest du sagen, du wünschst dir, dass du gerne an ihn glauben würdest. Mehr, finde ich, kannst du nicht tun.«

»Und sonst weitermachen wir immer?«

»Ja.«

»Also gut«, sagte sie. »So ist das Leben doch, oder? Weitermachen wie immer.«

»Kommt dir das langweilig vor?«

»Schon, aber wenn man mittendrin steckt, ist es nicht langweilig.«

Zum Abschied gab er ihr einen Kuss. »Dad!«, sagte sie. »Weißt du, was ich am allermeisten an dir liebe? Deine Zweifel. Alles, was du nicht weißt.« Als er die Tür erreichte, rief sie: »Dafür bewundere ich dich wirklich sehr.«

Clary traf Zoë und Rupert auf dem Weg nach unten und blieb stehen. »Oh, Zoë, hallo! Du siehst hübsch aus. Rosa steht dir sehr gut.« Sie war dabei, ihr Gelübde aus dem Kästchen zu erfüllen. Wie soll ich das bloß durchhalten?, fragte sie sich. Mir jeden Tag etwas Nettes einfallen zu lassen, das ich ihr sagen kann. Als sie das Gelübde in das Kästchen gesteckt hatte, war sie davon ausgegangen, sie brauche einfach nur immer etwas zu erfinden. Aber nachdem Zoë aufrichtig zu ihr gewesen war, hatte sie das Gefühl, dass sie auch aufrichtig sein und ernst meinen musste, was sie sagte. Das bedeutete, ständig und in einem fort von Zoës Aussehen zu sprechen. Denn sie musste zugeben, dass Zoë wirklich ausgesprochen hübsch und schön war. Etwas anderes fiel ihr bei Zoë nicht ein. Dann muss ich mich eben an ihr Aussehen halten, dachte sie.

»Ich wette, sie hat gewusst, dass es keinen Krieg geben würde.« Neville war stinksauer. Seiner Ansicht nach war es Noras Schuld, dass ihm diese grauenhaften Aufgabe bevorstand.

»Aber die Tanten werden nach Hause fahren, und dann bist du frei. Für uns ist es viel schlimmer.«

»Ja«, sagte Judy, »sehr viel schlimmer.«

»Kannst du dir vorstellen, ein ganzes Jahr lang überhaupt kein Taschengeld zu haben? Zwölf Monate lang nur von Geschenken zu Weihnachten und zum Geburtstag zu leben?«

»Für mich sind's sechs«, sagte Judy. »Kurz bevor ich meinen Zettel in das Kästchen gesteckt habe, habe ich meine Meinung geändert.« Lydia sah sie voll Abscheu an, und sie errötete.

»Ehrlich, es wäre für uns viel einfacher gewesen, wenn es Krieg gegeben hätte«, sagte Neville. »Ich hätte überhaupt nichts dagegen gehabt. Überall Flugzeuge und Panzer – also, ich finde die toll.«

»Das ist dumm von dir, Neville. Du hättest sterben können.«

»Hätte ich nicht. Vom Himmel aus wäre ich für einen Deutschen nur ein winziger Fleck gewesen – sie hätten mich nicht mal gesehen.«

Es folgte Stille. Dann sagte er: »Wir brauchen uns doch einfach nicht daran zu halten. Wir können so tun, als hätten wir es als Witz verstanden.«

»Das geht doch nicht!«, riefen die beiden Mädchen, aber er sah, dass sie es im Grunde nicht so meinten.

»Ihr könnt ja machen, was ihr wollt«, sagte er. »Aber ich werde es auf jeden Fall so machen.«

»Nun, Miss Milliment, einen derart erfreulichen Ausgang der vergangenen schrecklichen Wochen hätten wir kaum vorhersehen können.«

»In der Tat nicht, Lady Rydal.« Ein kleines Lächeln umspielte Miss Milliments Lippen und verschwand in ihrem Mehrfachkinn. Sie kannte Lady Rydal seit vielen langen Jahren, und erfreuliche Ausgänge gehörten nicht zu ihren Stärken.

Villy kam herein. Sie trug ein schwarzes Kleid, wie man es sich schöner nicht vorstellen konnte. »Ach, du meine Güte! Hier fehlt doch der Sherry!«

»Ich wollte Miss Milliment nicht damit behelligen.« Eine bessere Art wollte Lady Rydal nicht einfallen, Viola zu verstehen zu geben, dass man einer Gouvernante keinen Aperitif anbot, selbst wenn diese aufgrund widriger Umstände beim Dinner mit am Tisch sitzen musste. Ihrer Ansicht nach durfte man nicht zulassen, dass die Demokratie in die falschen Hände geriet. Doch Viola verstand den Wink nicht.

»Ich vermute, dass Miss Milliment schon sehnsüchtig auf ihren wartet«, sagte Villy und reichte beiden ein Glas.

»Nicht sehnsüchtig, Viola, aber zweifellos freue ich mich darauf.« Mit einem dankbaren Lächeln trank Miss Milliment einen Schluck.

Lady Rydal war leicht befremdet und beäugte Miss Milliments bananenfarbenes Ensemble mit Abscheu – es sah aus wie etwas, das man von der Stange kaufen konnte.

»Polly hat die Windpocken bekommen«, berichtete Villy. »Ich muss sagen, ich wünschte, unsere Rasselbande hier würde mal damit voranmachen.«

»Dann hätten Sie kaum noch jemanden, den Sie unterrichten könnten, Miss Milliment«, bemerkte Lady Rydal. »Dennoch«, fuhr sie, wie sie fand, mit äußerster Freundlichkeit fort, »Sie können es sicher kaum erwarten, in Ihr eigenes behagliches kleines Heim zurückzukehren, in Ihre eigenen vier Wände. Auf jeden Fall ergeht es mir so.«

Alle anderen drängten in den Raum. Edward hatte zwei Flaschen Champagner mitgebracht, die Feier begann. Doch immer wieder im Lauf des Abends und während des langen und, Lady Rydals zum Trotz, fröhlichen Dinners voller Gelächter und Herzlichkeit, und vielleicht am meisten, als sie sich fortstahl und den dunklen Weg zum Cottage einschlug, dachte Miss Milliment an ihr Zuhause. Sie dachte an das schäbige Zimmer, das ungeheizt blieb, sofern sie nicht ein Vermögen in die Gasuhr steckte, an das klumpige Bett und die harten, dünnen Decken, die spärliche Deckenlampe mit dem weißen Porzellanschirm, die zum bequemen Lesen nicht nah genug beim Bett hing (im Winter verbrachte man die Abende im Bett, es war die einfachste Möglichkeit, sich warm zu halten), an das Linoleum mit den kaputten Stellen, über die sie ständig zu stolpern drohte, die mokkafarbene Tapete und den Fries mit Orangen und Birnen. Sie dachte an die grauen Netzgardinen vor dem Fenster, durch das es nichts zu sehen gab als Reihenhäuser, die identisch waren mit demjenigen, in dem sie wohnte, kein Baum weit und breit und nichts, was das Auge erfreuen konnte an diesen Abenden, wenn sich die Stunden nach dem einsamen Essen in die Länge zogen, ohne Gesellschaft oder irgendeine Zerstreuung, bis es Zeit war, sich mit ihrem Glas heißen Wassers zur Nacht zurückzuziehen. All diese Dinge drängten sich fordernd und ungebeten in ihren Kopf, und die Wärme, die Festlichkeit, die Geselligkeit und das Behagliche um sie her zerstoben. Aber nicht doch, Eleanor, es geht nicht an, dass du dich der Schwermut überlässt. Du hast großes Glück gehabt, diese wunderbare Abwechslung erleben zu dürfen, diesen schönen Ort, diese Landschaft, diese freundliche Familie. Es war eine richtige Oase – in der sie nicht ewig bleiben konnte.

Im Cottage stand die Tür zu Evies Zimmer offen, es war übersät mit Gepäckstücken und Habseligkeiten.

»Morgen fahre ich nach Hause«, verkündete sie. »Ich habe am Telefon mit meinem Bekannten gesprochen, ich werde in London gebraucht. Das wusste ich schon die ganze Zeit. Ich wusste, dass es keinen Krieg geben würde, aber meine Schwester hört einfach nicht auf mich. Sie muss immer recht haben.« Sie wirkte aufgedreht und überschäumend.

Miss Milliment wünschte ihr eine gute Fahrt und ging in ihr Zimmer. Eine Weile stand sie am offenen Fenster und erfreute sich an der weichen, warmen, feuchten Luft auf ihrem Gesicht. Es roch nach Holzrauch und nach den Kiefern, die im Wald hinter dem Haus standen. Die Schwermut lastete noch auf ihr, was, wie sie dachte, vielleicht daher rühre, weil sich ihr sehnlicher Wunsch nicht erfüllt und sie nicht das Meer gesehen hatte – in der Dunkelheit keine fünfzehn Kilometer entfernt. Jetzt würde es auch nicht mehr dazu kommen. Das mochte der Grund sein. Eleanor, du kannst nicht erwarten, dass alles nach deinen Vorstellungen läuft. Der herrliche Kieferduft! Sie hatte ihn heute zum ersten Mal wahrgenommen, als sie vor dem Dinner ihr Gelübde für Noras Kästchen erfüllt und den Stapel vergilbter Briefe – samt der roten Haarlocke – in den geölten seidenen Tabaksbeutel ihres Vaters gelegt hatte und damit in den Wald gegangen war. Da hatte sie im weichen, verrotteten Laub ein kleines Grab gescharrt und alles darin beerdigt. So würde nach ihrem Tod kein neugieriges, unbeteiligtes Auge sein Andenken besudeln.

Etwas in der Art hatte sie sich schon vor Langem vorgenommen, dennoch war es ihr nicht leichtgefallen. Ihr war so wenig von ihm geblieben, und nach all den Jahren waren die Erinnerungen zu vagen, fernen Bruchstücken verblasst, kleine Reste erstaunlich unzusammenhängender Tatsachen, die nur dank der spärlichen Relikte nicht gänzlich zu Phantasmagorien zerfielen. Und ebendiese Relikte lagen nun sicher vergraben im Wald. Jetzt, da sie seine Briefe nicht mehr lesen konnte, wusste sie, dass auch der Rest von ihm entschwinden würde – schon ersetzte die Fantasie die Erinnerung. So sagte sie (zu sich) Dinge wie: »Er hätte wohl« anstatt »Er hat«. Sie wollte seine Biografie nicht verfälschen.

Sie schloss die Augen, um ihn zum letzten Mal heraufzubeschwören an dem Abend, bevor er nach Südafrika reiste, als er sie in den Garten geführt, ihre Hand genommen und einen der letzten Verse von »Dover Beach« rezitiert hatte:

Drum lass, mein Lieb, uns beide treu
Zusammenstehn – denn dieser Weltenraum,
der aufzutun sich scheint wie Land im Traum,
so vielgestalt, so schön, so neu …

Seine ruhige, hohe, eher schulmeisterliche Stimme (obwohl er das »R« nicht korrekt aussprechen konnte) kehrte wie durch Zauber zu ihr zurück … und dann fielen ihr die letzten Gedichtzeilen nicht ein, und als sie sich zum dunklen Pass vortastete, verklang die Stimme und verstummte ganz.

Mehr war es nicht.

ANMERKUNGEN

ERSTER TEIL

25 *Die Prinzen im Tower:* Eduard V. von England (geb. 1470) und Richard of Shrewsbury (geb. 1473), die Söhne Eduards IV. und Elizabeth Woodvilles, die durch einen Parlamentsakt für illegitim erklärt wurden; Richard III. ließ sie 1483 in den Tower bringen und vermutlich ermorden.

28 *Waterloo-Bridge:* die 1817 eröffnete erste Brücke mit diesem Namen wurde in den frühen 1930er-Jahren wegen nicht zu reparierender Schäden abgerissen und durch einen Neubau ersetzt.

30 *Duchess:* etwas saloppe Bezeichnung für eine ehrfurchtgebietende ältere Frau.

32 *Cromwell Road:* Zur Zeit der Romanhandlung war die Cromwell Road im Bezirk Kensington and Chelsea bereits eine viel befahrene Wohnstraße, in der keine Heckenrosen mehr wuchsen.

33 *Stanley Baldwin* (1867–1947): konservativer britischer Politiker, der in den Zwischenkriegsjahren dreimal das Amt des Premierministers ausübte. In der Simpson-Affäre setzte er sich nachdrücklich für die Abdankung Edwards VIII. ein.

36 *1 Pfund* (in der damaligen vor-dezimalen Zeit waren das 20 Shilling; ein Shilling war 12 Pence) hatte 1937 ungefähr den Gegenwert von heute 40 Euro.

37 *ABC:* Teestuben der Brotbäckerei Aerated Bread Company, die seit den 1860er-Jahren Cafés eröffnete; sie wurden eher von Gästen der unteren Mittelschicht frequentiert.

37 *ganz zu schweigen von den Sonderausstellungen:* Bei britischen Museen und Galerien ist der Eintritt in die ständigen Ausstellungen gemeinhin kostenlos.

40 *Lyons:* eine weitere Kette von Teestuben, betrieben vom Restaurant- und Lebensmittelunternehmen J. Lyons & Co., damals berühmt wegen des Art-déco-Interieurs ihrer Räumlichkeiten; Lyons-Teestuben wurden von einer etwas gehobeneren Klientel besucht als die der ABC.

50 *Margot Asquith* (1864–1945): englische Schriftstellerin und einflussreiche Gestalt der politisch-kulturellen Szene in London.

50 *Lady Nancy Astor* (1879–1964): britische Politikerin amerikanischer Herkunft, die sich als Parlamentsabgeordnete u.a. stark für Frauenrechte und das Frauenwahlrecht einsetzte.

53 *Angela Thirkell* (1890–1961): englisch-australische Autorin populärer Romane, die in jährlicher Folge erschienen.

83 *Idylls of the King:* ein in Großbritannien nach wie vor sehr beliebter Gedichtzyklus von Alfred, Lord Tennyson, entstanden Mitte des 19. Jahrhunderts, in dem er die Artus-Sage nacherzählt.

98 *Die Flamme*, engl. *Sparkenbroke*, von Charles Morgan (1894–1958): In dem 1936 erschienenen Roman beschäftigte sich der Autor, wie in seinen anderen Werken, mit den Themen Kunst, Liebe und Tod und deren Wirkung aufeinander.

119 *Die weite, weite Welt*, engl. *The Wide, Wide World* von Susan Warner (1819–1885), erschienen 1850, ist ein Roman in der Tradition der Erbauungsliteratur und wird in den USA vielfach als der erste Bestseller betrachtet.

137 *»Alles Schöne seh, als wär's ein letztes Mal dir gegeben«:* aus »Fare Well« des englischen Dichters und Schriftstellers Walter de la Mare (1873–1956).

137 *»Um Blumen und Blüten anzusehen …«:* aus dem Gedicht »Loveliest of Trees, the Cherry Tree«, in: *A Shropshire Lad* von A.E. Housman (1859–1936), in dem der Dichter sinniert, dass zwanzig seiner siebzig Jahre bereits vergangen sind.

151 *Louisa May Alcott* (1832–1888): amerikanische Schriftstellerin, die, aus armen Verhältnissen stammend, zu einer sehr erfolgreichen und politisch engagierten Autorin wurde. Insbesondere ihre Jugendbücher der Reihe »Little Women« (dt. »Betty und ihre Schwestern«), in denen sie ihre naturnahe Kindheit beschreibt, gelten in angelsächsischen Ländern als Klassiker.

154 *Crippen:* der seinerzeit sehr berühmte Fall des amerikanischen Arztes Dr. Hawley Harvey Crippen (1862–1910), der in England seine Frau tötete und dafür zum Tode verurteilt wurde.

155 *French Without Tears:* eine Komödie aus dem Jahr 1936 von Terence Rattigham (1911–1977), die in London großen Erfolg hatte und Rex Harrison zum Star machte.

169 *John Evelyn* (1620–1706): englischer Schriftsteller, Gartenbauer und Architekt, der insbesondere wegen seiner ausführlichen Tagebücher bekannt ist.

175 *Dan Budge* (1915–2000): US-amerikanischer Tennisspieler, der u.a. 1937 und 1938 das Herreneinzel in Wimbledon gewann.

175 *Fred Perry* (1909–1995): englischer Tischtennis- und Tennisspieler sowie Modeschöpfer, der 1929 einmal die Tischtennisweltmeisterschaft und dreimal – 1934, 1935 und 1936 – das Herreneinzel in Wimbledon gewann. Er stammte aus der Arbeiterklasse.

176 *Der Verrat des Surat Khan:* US-amerikanischer Film (*The Attack of the Light Brigade)* aus dem Jahr 1936 von Michael Curtiz mit mehreren blutrünstigen Gefechten britischer Truppen in Indien.

178 *Alhambra:* Das Alhambra Theatre im Londoner West End war ein bekanntes Varietétheater, in dem die Ballets Russes mehrmals auftraten. Es wurde 1936 geschlossen.

185 *Douglas Strachan* (1875–1950): bekanntester schottischer Designer von Buntglasfenstern im 20. Jahrhundert.

195 *Coldstream Guards:* 1650 gegründetes und damit ältestes Regiment der britischen Armee, das eines der fünf Leibregimenter der Königin stellt.

207 *Überreste des gärtnerischen Schmucks anlässlich der Krönung:* George VI. hatte zwar bereits am 11. Dezember 1936 die Nachfolge seines zurückgetretenen Bruders Edward VIII. angetreten, die Krönung fand aber erst am 12. Mai 1937 statt.

210 *Mary Webb* (1881–1927), englische Schriftstellerin, deren Gedichte und Romane sich nicht nur durch genaue Naturbeschreibungen und treffende Psychogramme auszeichnen, sondern auch durch tragische und fatalistische Elemente.

225 *Bronisław Huberman* (1882–1947): polnischer Geiger.

225 *Die d'Arányi-Schwestern:* Jelly (1893–1966) und Adila (verheiratete Fachiri; 1886–1962) waren ungarische Schwestern und namhafte Violinistinnen, die sich beide in England niederließen.

226 *Arthur Somervell* (1863–1937): englischer Komponist und der Großvater der Autorin.

226 *Fritz Kreisler* (1875–1962): österreichischer Komponist und Violinist, der ab 1915 in den USA lebte.

226 *Joseph Joachim* (1831–1907): österreichischer Geiger, Dirigent und Komponist, einer der berühmtesten Violinisten seiner Zeit.
227 *Gagliano:* der Name einer im 17. und 18. Jahrhundert vorwiegend in Neapel tätigen Geigenbauerfamilie.

ZWEITER TEIL

248 *George Frederic Watts* (1817–1904), bedeutender englischer Maler und Bildhauer des Viktorianismus.
248 *Landseer*, vermutlich Edwin Landseer (1802–1873): englischer Landschafts- und Tiermaler; womöglich auch sein Neffe George Landseer (1829–1878), ebenfalls ein Maler, der lange Jahre in Indien tätig war.
252 *Jin Ping Mei:* ein chinesischer Sittenroman aus dem 16. Jahrhundert, der zahlreiche erotische Passagen enthält.
253 *Where The Rainbow Ends:* ein 1911 erstmals aufgeführtes Theaterstück für Kinder mit sehr vielen musikalischen Einlagen, das 49 Jahre lang nahezu ohne Unterbrechung in der Weihnachtszeit in London aufgeführt wurde.
254 *P. D. Ouspensky* (1878–1947): esoterischer russischer Schriftsteller und Lehrer, der sich Anfang der 1920er-Jahre in England niederließ.
262 *Slade:* Die Slade School of Fine Art in London gilt als eine der angesehensten Kunstakademien weltweit.
274 *Vice Versa:* ein heiterer Roman des englischen Schriftstellers und Journalisten Thomas Guthrie (1856–1934), in dem Vater und Sohn eine Weile die Rollen tauschen müssen.
295 *Pinewood:* Pinewood School, ein 1875 in der Grafschaft Berkshire gegründetes Internat für Jungen bis dreizehn Jahre.
315 *Howard Spring* (1889–1965): ein Waliser Journalist und Schriftsteller, der in seinen späteren Lebensjahren in Großbritannien zu den meistgelesenen Autoren gehörte.
319 *dass er keinen Kabinettsposten bekam:* ein Verweis auf Winston Churchill (1874–1965), der als Mitglied der konservativen Partei bereits Anfang der 1930er-Jahre vor Hitler gewarnt hatte, womit er sich aber zu der Zeit unter seinen Parteifreunden viele Feinde machte.
325 *Die Lunts:* Alfred Lunt (1892–1977) und seine Frau Lynn Fontanne (1887–1983), ein amerikanisches Schauspielerpaar, das in zahlreichen Theaterstücken am Broadway, aber auch in London auftrat.
325 *Emlyn Williams* (1905–1987): populärer britischer Theater- und Filmschauspieler, der auch selbst Dramen schrieb.
326 *Bentley's:* ein gehobenes Londoner Restaurant, das auf Fisch und Austern spezialisiert ist und seit 1916 existiert.
343 *Central:* The Royal Central School of Speech & Drama, 1906 in London gegründete Schauspielschule, an der u. a. Laurence Olivier 1924 seine Ausbildung begann.
343 *RADA*: Royal Academy of Dramatic Art, 1904 in London gegründete Schauspielschule, die zu den ältesten und angesehensten in Großbritannien zählt.
349 *Leslie Howard* (1893–1943): englischer Schauspieler, insbesondere nach 1939 wegen seiner Rolle als Ashley Wilkes in *Vom Winde verweht* bekannt.

349 *Robert Taylor* (1911–1969): amerikanischer Schauspieler, der sich in den späteren 1930er-Jahren immenser Beliebtheit erfreute.

363 *Generalstreik:* Bei dem landesweiten neuntägigen Generalstreik 1926 heuerte die Regierung Freiwillige aus der Ober- und Mittelschicht an, um größere Ausfälle im öffentlichen Leben zu vermeiden.

376 *Colonel Lindbergh:* Charles Lindbergh (1902–1974): amerikanischer Pilot, dem 1927 die erste Alleinüberquerung des Atlantiks gelang und der sich vehement gegen den Eintritt der USA in den Zweiten Weltkrieg aussprach.

377 *Ruby M. Ayres* (1881–1955): englische Autorin von Liebesromanen, in denen sie häufig auch heldenhafte Soldaten glorifizierte.

377 *Margaret Irwin* (1889–1967): englische Autorin historischer Romane, die wegen ihrer detaillierten Recherche geschätzt wurde.

385 *Me and My Girl:* ein Musical, das nach seiner Premiere im Dezember 1937 im Londoner West End sagenhaften Erfolg mit über 1500 Vorstellungen hatte und in den folgenden Jahrzehnten mehrfach wieder aufgeführt wurde.

385 *Carroll Gibbons* (1903–1954): ein aus Amerika gebürtiger Pianist und Bandleader, der eine eigene Kapelle gründete und sich in den 1920er- und 1930er-Jahren in England großer Popularität erfreute.

394 *Henry Justice Ford* (1869–1941): englischer Maler und Buchillustrator, der seinerzeit sehr berühmt war.

398 *Cranford:* ein Roman der englischen Autorin Elizabeth Gaskell (1810–1865), veröffentlicht 1853, in dem das Leben in einer viktorianischen Kleinstadt porträtiert wird.

410 *The Lady:* die älteste, seit 1885 in London verlegte englische Frauenzeitschrift.

410 *denk an Jamie:* Zu der Zeit war Kindern unter 14 Jahren in Großbritannien der Zutritt zu Pubs verboten.

419 *Mrs. Patrick Campbell:* Der Ehename der berühmten und sehr erfolgreichen englischen Schauspielerin Beatrice Stella Tanner (1865–1940), die in Bezug auf Homosexuelle angeblich gesagt haben soll, ihr sei gleichgültig, was sie machten, »solange sie es nicht auf der Straße tun und die Pferde scheu machen«.

447 *Peter Lely* (1618–1680): niederländischer Maler, der den Großteil seiner Laufbahn in England verbrachte und zum führenden Porträtisten bei Hof aufstieg.

451 *The Last of England:* ein Gemälde des englischen Malers Ford Madox Brown (1821–1893), das Auswanderer auf einem Schiff vor der englischen Küste zeigt.

493 *Gunter's Tea Shop:* Ein 1757 gegründeter und bis 1956 existierender Teesalon im vornehmen Londoner Stadtteil Mayfair, der sich in höheren Gesellschaftskreisen großer Beliebtheit erfreute.

521 *The Purple Jar:* eine in England sehr bekannte Kurzgeschichte der anglo-irischen Autorin Maria Edgeworth (1768–1849), in der die junge Rosamond dringend neue Schuhe braucht, sich von dem Geld stattdessen jedoch ein Glasgefäß kauft, dessen betörende Optik sich dann als Illusion erweist.

522 *Villette:* ein Roman der englischen Schriftstellerin Charlotte Brontë (1816–1855) aus dem Jahr 1853.

523 *Der Professor* (engl. *The Professor*): Charlotte Brontës erster Roman, der erst posthum veröffentlicht wurde.

546 *zum dunklen Pass:* Etwas später folgt in dem Gedicht *Dover Beach* die Zeile »Wir stehn hier wie auf dem dunklen Pass«.

Und so geht es
im nächsten Band weiter …

Home Place, Sussex, und London
1939–1941

Als im September 1939 Großbritannien dem Deutschen Reich den Krieg erklärt, verbringt die Familie Cazalet wie in jedem Jahr den Sommer in Sussex. Wegen der drohenden Luftangriffe auf London wird beschlossen, dass Frauen und Kinder in Home Place bleiben. Rupert und Edward melden sich freiwillig zum Militärdienst, während Hugh das Familienunternehmen weiterführt.

In Home Place geht das Leben zunächst seinen beschaulichen Gang, auch wenn sich zunehmend Einschränkungen bemerkbar machen und jede Hand gebraucht wird, um die anstehenden Aufgaben zu bewältigen. Die siebzehnjährige Louise bricht als Erste aus, doch auch ihre jüngeren Cousinen Polly und Clary suchen nach Wegen, in diesen schwierigen Zeiten ihre Träume zu bewahren.

~ Auszug aus Band 2 ~

September
1939

Jemand hatte das Radiogerät ausgeschaltet, und trotz der vielen Menschen im Raum herrschte absolute Stille – in der Polly spürte und beinahe auch zu hören glaubte, wie ihr Herz klopfte. Solange niemand sprach und sich niemand bewegte, herrschte noch Frieden, die allerletzten Minuten …

Aber der Brig, ihr Großvater, bewegte sich doch. Schweigend stand er auf, blieb einen Moment stehen, legte eine Hand zitternd auf die Lehne seines Stuhls und fuhr sich mit der anderen langsam über die trüben Augen. Dann ging er durch den Raum und gab seinen beiden ältesten Söhnen, Pollys Vater Hugh und ihrem Onkel Edward, nacheinander einen Kuss. Sie wartete, dass er auch Onkel Rupe küsste, doch das tat er nicht. Sie hatte ihn noch nie einen Mann küssen sehen, aber das hier erschien ihr eher wie eine Entschuldigung und eine Ehrenbezeugung. Es ist dessentwegen, was sie durchgemacht haben, als es das letzte Mal Krieg gab, und weil es umsonst war, dachte sie.

Polly sah alles. Sie sah, dass Onkel Edward dem Blick ihres Vaters begegnete und ihm zuzwinkerte, und dass sich das Gesicht ihres Vaters verzog, als erinnerte er sich an etwas, an das zu denken er kaum ertragen konnte. Sie sah ihre Großmutter, die Duchy, stocksteif dasitzen und Onkel Rupert mit einem Ausdruck blanker Wut anstarren. Sie ist nicht auf ihn wütend, sie hat Angst, dass er eingezogen wird. Altmodisch, wie sie ist, glaubt sie, es wären nur die Männer, die kämpfen und sterben müssen. Sie versteht nichts. Polly verstand alles.

Allmählich rutschten alle auf ihren Stühlen hin und her, tuschelten miteinander, zündeten sich Zigaretten an, die Kinder wurden zum Spielen nach draußen geschickt. Das Allerschlimmste war eingetreten, und sie machten mehr oder minder weiter wie sonst. Genau das tat ihre Familie in kritischen Situationen. Als es vor einem Jahr einen ehrenhaften Frieden gegeben hatte, da waren alle plötzlich ganz anders gewesen, aber Polly hatte das gar nicht richtig mitbekommen, denn kaum war sie von ihrer Überraschung und Freude überwältigt worden, hatte es sich angefühlt, als hätte ihr jemand einen Schlag versetzt. Sie war in Ohnmacht gefallen. »Du bist weiß geworden und hast die Augen verdreht, und dann bist du umgekippt. Es war maßlos spannend«, hatte ihre Cousine Clary gesagt und das in ihr *Erfahrungsbuch* notiert, das sie führte für die Zeit, wenn sie Schriftstellerin sein würde. Jetzt spürte Polly, dass Clary sie ansah, und gerade, als sich ihre Blicke begegneten und Polly zustimmend nickte, ja, komm, lass uns verschwinden, setzte in der Ferne das an- und abschwellende Heulen einer Sirene ein, und ihr Cousin Teddy rief: »Ein Luftangriff! Wahnsinn! So schnell!«, und alle standen auf, und der Brig sagte, sie sollten ihre Gasmasken holen und in der Halle warten, um gemeinsam zum Unterstand zu gehen. Die Duchy verschwand, um die Dienstboten zu informieren, ihre Mutter Sybil und Tante Villy meinten, sie müssten Wills und Roly aus dem Pear Tree Cottage holen, und Tante Rach sagte, sie müsse zur Mill Farm, um der Vorsteherin mit den evakuierten Kindern zu helfen – kurz, kaum jemand tat, was der Brig wollte.

»Wenn du deine Schreibsachen mitnehmen möchtest, trage ich deine Maske«, erbot sich Polly, während sie in ihrem Zimmer nach den Kartons mit ihren Gasmasken suchten. »Mist! Wo haben wir sie hin?« Sie hatten sie immer noch nicht gefunden, als die Sirene wieder losging, jetzt aber nicht auf- und abschwellend, sondern mit einem gleichmäßigen Heulton. »Entwarnung!«, rief jemand aus der Halle.

»Muss ein falscher Alarm gewesen sein«, sagte Teddy. Er klang enttäuscht.

»Obwohl wir da unten in dem schrecklichen Unterstand sowieso nichts mitbekommen hätten«, meinte Neville. »Und wahrscheinlich habt ihr schon gehört, sie benutzen den Krieg als Ausrede, um nicht an den Strand zu fahren. So etwas Ungerechtes habe ich in meinem ganzen Leben noch nicht gehört.«

»Sei nicht so dumm, Neville!«, zischte Lydia. »In Kriegszeiten fährt man nicht an den Strand.«

Allgemein herrschte eine streitsüchtige Stimmung, fand Polly, obwohl es ein warmer Septembermorgen war, ein Sonntag. Draußen roch es nach Mr. McAlpines Laubfeuer, und alles sah aus wie immer. Die Kinder waren aus dem Salon geschickt worden – die Erwachsenen wollten sich unterhalten, und das ärgerte natürlich alle, die nicht dazugehören durften. »Ist ja nicht so, als würden sie die ganze Zeit Witze erzählen und brüllen vor Lachen, wenn wir da sind«, sagte Neville, als sie in die Halle abzogen. Bevor jemand ihm beipflichten oder widersprechen konnte, steckte Onkel Rupert den Kopf zur Tür des Salons hinaus und rief: »Jeder, der seine Maske nicht finden konnte, geht sie jetzt suchen, und in Zukunft werden sie im Waffenraum aufgehoben. Und zwar zack, zack.«

»Es ärgert mich wirklich, zu den Kindern gezählt zu werden«, sagte Louise zu Nora auf dem Weg hinunter zur Mill Farm. »Sie werden stundenlang zusammensitzen und unser weiteres Leben verplanen, als wären wir Schachfiguren. Wir sollten zumindest die Möglichkeit haben, Einspruch zu erheben, bevor sie uns vor vollendete Tatsachen stellen.«

»Da bleibt einem nichts anderes übrig, als ihnen zuzustimmen und dann zu tun, was man für richtig hält«, antwortete Nora. Womit sie vermutlich meinte, zu tun, was sie wollte, dachte Louise.

»Was hast du nach der Kochschule vor?«

»Dahin gehe ich jetzt nicht zurück. Ich fange eine Ausbildung als Krankenschwester an.«

»O nein, bitte nicht! Bleib doch noch bis Ostern. Dann können wir gemeinsam abgehen. Ohne dich würde es ganz schrecklich werden. Außerdem wette ich, dass sie niemanden unter siebzehn Krankenschwester werden lassen.«

»Mich nehmen sie«, sagte Nora. »Und du kommst bestimmt zurecht. Das mit deinem Heimweh ist doch schon viel besser geworden, das Schlimmste hast du überstanden. Es ist einfach Pech, dass du ein Jahr jünger bist und noch warten musst, um etwas wirklich Nützliches zu machen. Aber dann kannst du viel besser kochen wie ich …«

»Als ich«, korrigierte Louise sie automatisch.

»Also gut, als ich, und das wird sehr nützlich sein. Du kannst dich beim Militär als Köchin bewerben.«

Eine durch und durch unschöne Vorstellung, dachte Louise. Im Grunde wollte sie überhaupt nichts Nützliches machen. Sie wollte eine große Schauspielerin werden, was Nora, wie sie mittlerweile wusste, für ungemein trivial hielt. Darüber hatten sie in den Ferien heftig … nun ja, nicht richtig gestritten, aber hitzig diskutiert, und seitdem hielt sich Louise mit ihren Zukunftsplänen etwas bedeckt. »Schauspielerinnen sind nicht notwendig«, hatte Nora gesagt, aber auch eingeräumt, dass es, wenn es keinen Krieg gäbe, relativ gleichgültig sei, was Louise mache. Im Gegenzug hatte Louise den Nutzen von Nonnen hinterfragt (Noras Berufswunsch, den sie jetzt allerdings hintanstellen musste – zum Teil, weil sie im vergangenen Jahr gelobt hatte, nicht Nonne zu werden, wenn es keinen Krieg gäbe, und jetzt, weil Krankenschwestern in den kommenden Monaten und Jahren dringend gebraucht würden). Aber Nora hatte erwidert, Louise habe keine Vorstellung von der Bedeutung des Gebets und wie notwendig Menschen seien, die ihr Leben dem Beten weihten. Das Problem war, dass es Louise nicht interessierte, ob die Welt Schauspielerinnen brauchte oder nicht, sie wollte einfach eine sein. Ihre Einstellung war Noras also moralisch unterlegen, was den Vergleich ihrer beider Charaktere in Bezug auf ihren Wert eher unerfreulich gestaltete. Aber Nora kam jeder eventuellen indirekten Kritik zuvor, indem sie unweigerlich einen viel schwerer wiegenden und abstoßenderen Fehler ansprach. »Überheblichkeit ist wirklich eins meiner großen Probleme«, sagte sie etwa, oder: »Sollte ich je auch nur probehalber als Novizin angenommen werden, scheitere ich bestimmt an meiner schrecklichen Selbstgerechtigkeit.« Was konnte man darauf erwidern? Eigentlich wollte Louise sich gar nicht so eingehend kennen, wie Nora es tat. »Wenn du wirklich glaubst, dass du so bist, wie kannst du es dann ertragen?«, hatte sie am Ende des Streits/der hitzigen Diskussion gefragt.

»Mir bleibt ja nichts anderes übrig. Aber zumindest bedeutet es, dass ich weiß, woran ich arbeiten muss. Und jetzt ertappe ich mich schon wieder dabei! Ich bin überzeugt, dass du deine Fehler auch kennst, Louise. Im tiefsten Inneren tun das die meisten Menschen. Es ist der erste Schritt.«

Im Versuch, Nora doch noch vom Wert der Schauspielkunst zu überzeugen, hatte Louise Genies wie Shakespeare, Tschechow und Bach angeführt. (Bach hatte sie als List eingefügt, weil er, wie man wusste, sehr religiös gewesen war.) »Du glaubst doch nicht im Ernst, dass du jemand wirst wie sie!« Daraufhin war Louise verstummt. Denn in einem ganz kleinen, geheimen Winkel ihrer selbst war sie überzeugt, dass sie tatsächlich so jemand werden würde – zumindest eine Bernhardt oder ein Garrick (denn die Männerrollen hatten es ihr schon immer besonders angetan). Ebenso wie alle früheren Auseinandersetzungen, die sie mit anderen geführt hatte, blieb auch diese ungelöst, nur war sie danach noch überzeugter, dass sie genau das tun wollte, und Nora war noch verbissener der Ansicht, dass sie es nicht wollen sollte.

»Andauernd kritisierst du mich!«, hatte sie geschrien.

»Du mich auch«, hatte Nora zurückgeschossen. »So gehen Menschen eben miteinander um. Außerdem bin ich mir nicht sicher, ob es wirklich Kritik ist – vielleicht hat es mehr damit zu tun, einen Menschen an bestimmten Maßstäben zu messen. Das mache ich bei mir selbst auch, und zwar ständig«, hatte sie hinzugefügt.

»Und natürlich genügst du immer deinen Erwartungen.«

»Aber natürlich nicht!« Ihr unschuldig funkelnder Blick der Entrüstung hatte Louise erneut verstummen lassen. Als sie allerdings die buschigen Augenbrauen ihrer Freundin betrachtete und den leichten, aber unverkennbaren Ansatz eines Damenbarts auf ihrer Oberlippe, war sie doch froh, nicht wie Nora auszusehen, was in gewisser Weise auch eine Kritik darstellte. »Ich halte dich für einen viel besseren Menschen als mich«, hatte sie gesagt, ohne hinzuzufügen, dass sie trotzdem lieber sie selbst war.

»Ja, ich könnte wohl irgendwo als Köchin arbeiten«, sagte sie jetzt, als sie in die Auffahrt zur Mill Farm einbogen, wo sie bis vor zwei Tagen gewohnt hatten. Am Freitagvormittag war beschlossen worden, dass alle von dort in die neuen Cottages des Brig ziehen sollten, die zu einem ziemlich großen Haus umgebaut und Pear Tree Cottage getauft worden waren wegen des uralten Birnbaums im Garten. Dort gab es acht Schlafzimmer, aber die waren belegt mit Villy und Sybil sowie Edward und Hugh am Wochenende, Jessica Castle, die mit Raymond ihren jährlichen Besuch abstattete (er war an dem Tag nach London gefahren, um Miss Milliment und Lady Rydal abzuholen), und so blieb nur noch Platz für Lydia und Neville sowie die ganz Kleinen, Wills und Roland.

Der Umzug ins Pear Tree Cottage hatte den ganzen Tag in Anspruch genommen. Die älteren Kinder waren nach Home Place umquartiert worden, wo bereits Rupert und Zoë wohnten sowie die Großtanten und Rachel. Am Samstag war die Kinderherberge eingetroffen: fünfundzwanzig Säuglinge und Kleinkinder, sechzehn Schwesternschülerinnen sowie die Vorsteherin und Schwester Crouchback. Sie waren in zwei Bussen gekommen, gefahren von Tonbridge und Rachels Freundin Sid. Die Schwesternschülerinnen sollten in der Squashhalle schlafen, die mittlerweile mit drei mobilen Toiletten und einer höchst widerspenstigen Dusche ausgestattet war. Die Vorsteherin und die Schwester waren mit den Kindern in der Mill Farm untergebracht und wurden nachts von wechselnden Schwesternschülerinnen unterstützt. Am Samstagnachmittag hatte Nora vorgeschlagen, dass sie und Louise das Dinner für die Schwesternschülerinnen zubereiteten, was Tante Rachel mit großer Dankbarkeit annahm. Sie war seit dem Morgengrauen auf den Beinen und völlig erschöpft von dem Versuch, die Squashhalle so herzurichten, dass Menschen dort nicht nur schlafen, sondern auch ihre persönlichen Habseligkeiten aufbewahren konnten. Das Kochen hatte sich als ausgesprochen schwierig erwiesen, weil alle Küchenutensilien von der Mill Farm ins Pear Tree Cottage gewandert waren und die Ausstattung der Kinderherberge in die Irre gegangen war; der Lastwagen der Firma Cazalet, der sie transportierte, sollte erst um neun Uhr abends auftauchen. So mussten die beiden das Essen im Pear Tree Cottage zubereiten, und Villy sollte es mit ihnen zur Mill Farm fahren. Das bedeutete, unter dem fast beleidigend herablassenden Blick Emilys zu arbeiten, nach deren Verständnis Damen und ihre Töchter nicht einmal ein Ei zu kochen imstande waren. Außerdem zeigte sie ihnen nur höchst widerwillig, wo Dinge aufbewahrt wurden, zum einen, weil sie bei der ganzen Aufregung nicht wusste, wo ihr der Kopf stand, und zum anderen, weil sie sowieso nicht wollte, dass sie ihre Sachen verwendeten. Louise musste zugeben, dass sich Nora wunderbar taktvoll verhielt und offenbar jegliche Beleidigung an ihr abperlte. Sie bereiteten zwei riesige herzhafte Aufläufe zu, und Louise backte eine Ladung süßer Hefebrötchen, weil sie das gerade gelernt hatte und sich sehr gut darauf verstand. Das Essen wurde dankbar angenommen, und die Vorsteherin bezeichnete sie beide als Retterinnen in der Not.

Als sie das Haus erreichten, empfing sie Babygeschrei. Nora meinte, dass der Fliegeralarm die Kleinen wohl aus ihrem Vormittagsschlaf gerissen hatte und sie dann auch noch in den Unterstand gebracht worden waren, den der Brig hatte bauen lassen. »Obwohl mir völlig schleierhaft ist, wie die Schwestern bei einem Luftangriff nachts von der Squashhalle rechtzeitig dorthin kommen wollen«, fügte sie hinzu. Louise versuchte sich vorzustellen, wie in der Dunkelheit Bomben aus dem Nichts herabfielen, und schauerte. Waren die Deutschen zu so etwas wirklich in der Lage? Wahrscheinlich nicht, dachte sie, aber sie sagte nichts, weil sie es im Grunde gar nicht wissen wollte.

Die Vorsteherin und Tante Rach waren in der Küche. Tante Rach packte Teekisten aus, die Vorsteherin saß am Tisch und schrieb Listen.

Eine Schwesternschülerin füllte aus einer gigantischen Vorratsdose Trockenmilchportionen ab, eine andere stand am Herd und sterilisierte Fläschchen in zwei Töpfen. Es herrschte die muntere Atmosphäre einer Krisensituation.

»Not kennt kein Gebot«, sagte die Vorsteherin gerade. Louise fand, dass ihr Gesicht Ähnlichkeit mit dem einer naturverbundenen Queen Victoria hatte: die gleichen ziemlich vortretenden blassblauen Augen und die gleiche kleine Hakennase, die gleichen vollen, birnenförmigen Wangen, jedoch in der Farbe von Blumentöpfen, durchzogen von geplatzten Äderchen. Ihre Figur hingegen war reinste Queen Mary – die gepolsterte Statur der Jahrhundertwende. Sie trug ein langärmliges marineblaues Sergekleid, dazu eine frisch gebügelte weiße Schürze und eine Kappe mit gestärktem Schleier.

»Wir sind hier, um mit dem Lunch zu helfen«, erklärte Nora.

»Euch schickt der Himmel«, sagte Tante Rachel. »In der Speisekammer liegen ein paar Lebensmittel, aber ich habe mich noch nicht richtig darum gekümmert. Irgendwo ist auch ein Schinken, glaube ich, und Billy hat ein paar Salatköpfe gebracht.«

»Und dann sind da noch die Backpflaumen, die Schwester Crouchback gestern Abend eingeweicht hat«, warf die Vorsteherin ein. »Ich lege großen Wert darauf, dass meine Mädchen ihre Backpflaumen bekommen – das spart ein Vermögen an Feigensirup.«

»Sie müssen aber noch gedünstet werden«, gab Nora zu bedenken. »Ich glaube nicht, dass sie bis zum Lunch abgekühlt sind.«

»In der Not frisst der Teufel Fliegen«, sagte die Vorsteherin, klemmte ihren Füller oben an ihre Schürze und erhob sich, wobei ihre Gelenke knacksten.

Louise bot an, die Backpflaumen zu dünsten.

»Nehmen Sie die Flaschen noch nicht vom Herd. Wenn die schon zwanzig Minuten dort stehen, fresse ich einen Besen. Ach, Miss Cazalet, wo wären wir ohne unsere fleißigen Helferinnen? Aber nicht doch, Miss Cazalet, Sie heben sich noch einen Bruch!« Rachel gab ihren Versuch auf, eine Teekiste aus dem Weg zu räumen, und ließ sich von Nora helfen. Mittlerweile weinten noch mehr Kinder.

»Mr. Hitler hat unsere Routine völlig durcheinandergebracht. Wenn es so weitergeht, muss ich ihm einmal persönlich schreiben. Der Vormittag ist eine geradezu irrwitzige Zeit für einen Bombenangriff. Aber da sieht man es wieder einmal – Männer!«, sagte sie. »Ich frage nur kurz Schwester Crouchback, ob sie noch etwas auf die Liste setzen möchte – allerdings ist heute Sonntag, nicht? Da haben die Läden geschlossen. Nun ja, besser spät als nie.« Damit stürmte sie zur Tür hinaus und stieß fast mit einer Schülerin zusammen, die zwei Eimer dampfender Windeln trug. »Machen Sie doch die Augen auf, Susan. Und stellen Sie die zum Einweichen nach draußen, sonst vergeht allen der Appetit.«

»Ja, Frau Vorsteherin.« Alle Schwesternschülerinnen trugen kurzärmelige malvenfarben-weiß gestreifte Baumwollkleider und schwarze Strümpfe.

»Schau doch mal, ob du Sid findest, Herzchen, ja?«, bat Tante Rachel. »Wir müssen vor dem Lunch der Schwesternschülerinnen möglichst viele Teekisten aus der Küche schaffen. Sie ist oben beim Verdunkeln.«

Aus dem Englischen von
Ursula Wulfekamp

Eine Serie,
die süchtig macht

Freuen Sie sich auf Band 2:
Die Zeit des Wartens

ALLE LIEFERBAREN TITEL, INFORMATIONEN UND SPECIALS
FINDEN SIE ONLINE

www.dtv.de dtv

Noch mehr von den CAZALETS

Sie würden am liebsten gleich weiterlesen?
Jetzt auf **www.dtv.de/cazalet** zum Fan-Newsletter anmelden und auf dem Laufenden bleiben: die nächsten Bände, Hintergrundinfos rund um die Cazalet-Saga und die exklusive Chance für Newsletter-Abonnenten, den zweiten Band zu gewinnen!

www.dtv.de dtv